Familie ist für mich die Gemeinschaft von Ehepaar und Kindern, in der Leben, Liebe und Vertrauen ihren besonderen Platz haben. Ehe und Familie stehen unter Gottes Segen, und sie werden auch besonders geschützt vom Grundgesetz unseres Landes. Ich freue mich, dass trotz mancher gesellschaftlicher Veränderungen und Probleme die Familie ein Lebensideal für viele Menschen ist – und dass viele dieses Ideal mit Mut und Kraft in die Tat umsetzen! Dazu will die Kirche als verlässliche Partnerin an der Seite stehen und Hilfen anbieten, wo immer dies möglich ist. Möge auch das nun neu aufgelegte »Christliche Hausbuch für die Familie« diesem Zweck dienen, ein guter Begleiter »durch das Jahr und durch das Leben« sein und so eine interessierte Leserschaft finden. Gottes Segen!

Kardinal Karl Lehmann, Bischof von Mainz

Durch das JAHR durch das LEBEN

Das christliche Hausbuch
für die Familie

Kösel

Durch das Jahr – durch das Leben
Das christliche Hausbuch für die Familie

verfasst von Hermann Garritzmann, Leopold Haerst,
Heinrich Heming, Peter Neysters, Hubert Rüenauver,
Karl Heinz Schmitt, Klaus Tigges

Neuausgabe 2012
durchgesehen und bearbeitet von
Peter Neysters und Karl Heinz Schmitt

Illustrationen von
Mascha Greune, München

MIX
Papier aus verantwor-
tungsvollen Quellen
FSC® C011124
FSC
www.fsc.org

Verlagsgruppe Random House FSC® N001967

4. Auflage
Copyright © 2012, 1982 Kösel-Verlag, München,
in der Verlagsgruppe Random House GmbH,
Neumarkter Str. 28, 81673 München
Umschlag: fuchs_design, München, unter Verwendung
einer Illustration von Mascha Greune
Gestaltung und Herstellung: Armin Köhler, Vaterstetten
Repro: Helio Repro GmbH, München
Druck und Bindung: Mohn Media, Gütersloh
Printed in Germany
ISBN 978-3-466-37048-1
www.koesel.de

Liebe Leserin, lieber Leser!

Sie haben das Buch vielleicht geschenkt bekommen oder selbst gesucht und gefunden. Sie denken vielleicht daran, in nächster Zeit zu heiraten, Sie leben in einer Partnerschaft, in einer Familie als Mutter oder Vater, mit einem oder mehreren Kindern, eigenen oder adoptierten, aus der jetzigen oder auch aus früheren Beziehungen, alleinerziehend oder mit einem Partner ...

Bunt und vielfältig sind die Bedingungen und Lebensformen von Familie und Partnerschaft. Selbst angesichts manches Scheiterns und mancher auch persönlich erlebter Schwierigkeiten bleibt die Hoffnung, dass es doch gelingen sollte: Eine glückliche Familie, eine glückliche Partnerschaft, das war und ist auch heute die Sehnsucht vieler Menschen. Aber wie kann das gehen? Ungeachtet aller Anforderungen von außen, von Kindergarten und Schule, von Gesellschaft und Beruf, von Moden und Trends – immer prägt die Biografie der Partner entscheidend das Familienleben. Offen oder unausgesprochen entstehen Erwartungen, in bewusster oder unbewusster Erinnerung an das Leben in der eigenen Herkunftsfamilie: »Bei uns zu Hause gab es an Weihnachten immer ... Wir haben sonntags meist ... Ich durfte als Kind auch nicht ...«

Vielleicht sind Sie katholisch oder evangelisch, vielleicht gehören Sie einer anderen oder keiner Religion an. Viele Menschen suchen auch in ihrer religiösen Überzeugung Hilfe und Anregung zur Gestaltung des Familienlebens. Selten allerdings sind beide Partner noch in gleicher Intensität von einem gemeinsamen katholischen, evangelischen oder auch allgemein christlichen Glauben geprägt. Häufiger ist es nur ein Partner, der eine gewisse religiöse Bindung mitbringt. Zunehmend treffen verschiedene Religionen, etwa Christentum und Islam, aufeinander. Entstehen so nicht zusätzliche Konflikte? Sollte man deshalb Religion nicht, ähnlich wie Politik, aus der Familie heraushalten? Oder kann nicht Religion gerade auch bei der Suche nach einem glücklichen oder wenigstens halbwegs gelingenden Familienleben hilfreich sein?

Wir selbst sind überzeugt: Richtig verstandene Religion kann Lebenshilfe und Lebenskraft sein. Christlich glauben heißt: Ich verlasse mich darauf, dass Gott bei uns ist und mit uns geht. In guten und in bösen Tagen. Denn sein Versprechen ist: »Ich will, dass sie das Leben haben und es in Fülle haben« (Johannes 10,10). Deshalb wollen wir hier Anregungen weitergeben, mit denen christliche Eltern bei der Gestaltung ihres Familienlebens gute Erfahrungen gemacht haben – ein »Prüfangebot« vielleicht auch für Nichtchristen.

Vor 30 Jahren, 1982, ist dieses Buch zum ersten Mal erschienen. Hunderttausenden von Familien ist es seither ein guter Begleiter gewesen. Die Zeiten ändern sich, und so haben wir das Buch immer wieder überarbeitet und die Anregungen vieler Familien aufgegriffen. Nun liegt es wieder neu durchgesehen, ergänzt und aktualisiert vor.

Über dieses Buch

Dieses Buch möchte Hilfen zu einem Familienleben in Gottes Namen geben. Es informiert, regt zum Nachdenken an und zeigt Möglichkeiten zur Gestaltung des Alltags, der Sonn- und Feiertage des Lebens und des Jahres auf. Es ist ein Nachschlagewerk über manch Wissenswertes und Nachahmenswertes im Leben einer Familie – durch das Jahr und durch das Leben.

Durch das Leben

Zunächst werden verschiedene Etappen des vorehelichen, ehelichen, familiären und nachfamiliären Lebens in den Blick genommen. Ein solcher Lebenslauf kennt viele Haltepunkte. Da gilt es innezuhalten und einander Halt zu geben. Da wissen wir: Solche Ereignisse müssen einfach gefeiert werden. Das sind die Feste im Lebenslauf des Einzelnen und der Familie. Der Begriff »Fest« macht es deutlich. Hier wollen wir etwas »fest«-machen und es deshalb auch »fest«-lich begehen. → S. 13 ff.

Sakramente – Feiern des Glaubens

Christen feiern bestimmte Situationen im Leben auch, um sich neu der Gegenwart Gottes zu vergewissern. Mit allen Sinnen wollen wir spüren, dass Gott da ist. Diese Feiern werden Sakramente genannt. Es sind die Feiern des Vertrauens auf Gottes Gegenwart in besonderen Lebenssituationen → S. 194 ff.; zu den einzelnen Sakramenten siehe im Kapitel »Durch das Leben« → S. 13 ff.

Unter dem Segen Gottes

Das ganze Leben und alles, was uns umgibt, können wir unter den Segen Gottes stellen. Unser Wort »segnen« kommt aus dem Lateinischen *signare;* es bedeutet »besiegeln«. Mit dem Namen Gottes besiegeln. Ein anderes Wort für »segnen« ist im Lateinischen auch »benedicere«, wörtlich übersetzt = »Gutes sagen oder wünschen«. Segnen kann so auch bedeuten: Gottes Güte und Gottes Gegenwart wünschen. → S. 200 ff.

Das Leben ins Gebet nehmen

Wir dürfen unser Leben auch ins Gebet nehmen. Beten heißt, sein Leben vor Gott bringen. Gott lässt sich ansprechen. Er ist da. Er braucht zwar nicht unser Gebet. Denn er weiß, was uns guttut. Wir selbst brauchen das Beten, um uns nicht in uns selbst zu verschließen, sondern unser Leben in Worten, Gedanken und Gefühlen zum Ausdruck und zur Sprache bringen zu können. In Lob und Dank, in Bitte und Klage, in Worten und Gesten, laut oder leise. Unser Beten geht nicht ins Leere: Gott ist da! → S. 208 ff.

Durch den Jahreskreis

Jeder persönliche und familiäre Lebenslauf ist eingebettet in den Lauf der Zeit, in den Jahreskreis. Das Kirchenjahr unterscheidet sich zeitlich von dem weltlichen Jahr. Es beginnt mit der Advents- und Weihnachtszeit. Feste und Bräuche, die sich am Lebenslauf Jesu orientieren – wie Weihnachten, Ostern und Pfingsten – oder auch Gedenktage großer Heiliger geleiten uns durch das Jahr. Es sind Feste und Haltepunkte, wo wir uns getragen wissen in einer großen Gemeinschaft der Christen und vieler Menschen, die gemeinsam versuchen, ihr Leben durch das Jahr im Vertrauen auf das Dabeisein Gottes zu gestalten. In den Festen des Jahres vergewissern wir uns immer wieder neu in vielen Zeichen und Bräuchen seiner Gegenwart. → S. 232 ff.

Nachbarn im Glauben

Es gibt nicht nur Christen in unserem Land, in unserer Stadt, in unserer Nachbarschaft oder auch in unseren Familien. Viele gehören anderen Religionen an, mit denen uns Christen manches verbindet, von denen uns aber auch vieles unterscheidet. Zusehends mehr Menschen gehören keiner Religion oder Konfession an. Mit allen aber verbindet uns die gleiche Menschenwürde. Wir alle, jede und jeder Einzelne, sind Ebenbilder Gottes. So können wir in jedem »Ebenbild«, in jedem menschlichen Leben etwas von Gott entdecken. Die verschiedenen Religionen wird man am ehesten kennenlernen, wenn man ihre Feste nachvollziehen oder sogar mitfeiern kann. → S. 408 ff.

Namenstage

Der große Namenskalender kann dazu dienen, einen Namen für ein Kind zu finden bzw. sich seines eigenen Namens neu zu vergewissern und diesen auch als Namenstag zu begehen. »Ich habe dich bei deinem Namen gerufen«, sagt Gott und meint dies ganz persönlich. Bei der Feier des eigenen Namenstages kann dies neu bewusst werden. → S. 434 ff.

Begriffe des Glaubens

Über einzelne Aspekte und Begriffe des christlichen Lebens und den Inhalt dieses Buches informieren Sie sich am schnellsten, indem Sie im »Kleinen Glaubenslexikon« oder im Register nachschlagen. → S. 446 ff. und 453 ff.

Das Leben ist wie ein Baum

Das Symbol des Baumes prägt dieses Buch. Das Leben – gerade in und mit der Familie – ist wie ein Baum. Wie er kennt der Lebenslauf Zeiten des Wachsens und Neuwerdens, des Aufblühens und der Blüte, des Fruchtbringens und der Ernte und nicht zuletzt auch des Vergehens und vorläufigen Absterbens. Wenn der Stamm und die Zweige aber tragfähig genug und fest verwurzelt im lebensschaffenden Grund sind, dürfen wir immer wieder mit neuem Leben rechnen. Im tragenden Kreuz des Baumes liegt die Kraft und Verheißung zum Leben.

Wir hoffen, dass Sie beim Blättern, Lesen und Suchen in diesem Buch Mut und Zuversicht und viele gute Anregungen für Ihr Familienleben finden.

Karl Heinz Schmitt
Peter Neysters

Inhalt

Durch das
LEBEN

WORT AN WORT

Wir wohnen
Wort an Wort

Sag mir
dein liebstes
Freund

meines heißt
DU

Rose Ausländer

Verliebt, verlobt, verheiratet ...

Die erste Liebe – für jede und jeden anders

Irgendwann bricht sie auf, die Liebe zwischen Jungen und Mädchen, zwischen Mann und Frau …

»Als ich Melanie kennenlernte, verstanden wir uns beide auf Anhieb, ja, wir waren richtig verliebt ineinander, einfach unzertrennlich. Dann lernte ich im Urlaub ein anderes Mädchen kennen. Ich habe Melanie den Laufpass gegeben. Sie hat sehr darunter gelitten, aber das war mir damals egal. Nach längerer Zeit traf ich sie dann wieder. Mir wurde plötzlich klar, was ich gemacht hatte …«

Da hat es gefunkt: Bei diesem Paar auf den ersten Augen-Blick; bei jenem Paar erst später, auf den zweiten Blick. Aber irgendwann und irgendwie springt er über, der Funke der Faszination: Unglaublich, was passiert, wenn die erste, die ganz große Liebe, plötzlich und unerwartet uns »überfällt«. In England sagt man zu Recht: »to fall in love«.

»Wir kannten uns schon seit unseren Kindertagen. Wir haben miteinander gespielt, sind zusammen in die Schule gegangen, später sind wir zusammen tanzen gewesen. Aber da war nichts … Nach einigen Jahren haben wir uns zufällig wieder getroffen. Da hat es bei uns beiden ganz schön gefunkt. Wir wussten, wir gehören zusammen und wir bleiben zusammen …«

»Nie hätte ich gedacht, dass ich so an Thomas hängen könnte. Aber jetzt ist er weg und ich weiß nicht, wo. Ich bin sehr einsam. Manchmal führe ich Selbstgespräche, manchmal fange ich an zu schreien. Ich liebe ihn doch! Ich werde damit nicht fertig! Wie soll bloß alles weitergehen? Ich kann nur noch weinen. Kein anderer kann mir Thomas ersetzen …«

»Für Peter und mich war es eigentlich schnell klar, dass wir zueinander passten. Bis es dann seine Eltern merkten … Ich war »nur« Sekretärin, er studierte; ich kam aus einfachen Verhältnissen, sein Vater leitete ein großes Unternehmen; unsere Familie war aus der Kirche ausgetreten, seine Familie ziemlich katholisch … Es war eine schlimme Zeit; seine Eltern setzten alles daran, uns auseinanderzubringen. Aber wir haben zusammengehalten …«

»Wir lernten uns beim Tanzen kennen. Irgendwo in einer Disco. Wir haben uns dann wieder verabredet und uns mehrmals getroffen. Irgendwann merkte ich dann, dass ich so richtig verliebt in ihn war. Wann das passierte? – Das kann ich auch nicht genau sagen. Es war irgendwann da …«

Wege der Liebe

Die Wege der Liebe verlaufen selten geradlinig und ungebrochen. Sie sind immer weniger vorhersehbar, schon gar nicht berechenbar. Es gibt unterwegs Höhen und Tiefen, Aufstiege und Abstiege, gelegentlich sogar gefährliche Gratwanderungen. Und es gibt Umwege, Irrwege, »Holzwege« bis hin zur Ausweglosigkeit, aber auch immer wieder Auswege und neue Wege zueinander.

Die Beziehung zweier Menschen ist nie etwas Fertiges, Abgeschlossenes, Endgültiges. Sie kennt keinen Stillstand, wohl aber Bewegung. Zwei Menschen machen sich auf den Weg, bewegen sich aufeinander zu und sind »bewegt«: innerlich angerührt, mitunter sogar aufgewühlt von den vielfältigen Erfahrungen, die sie miteinander machen. Der Weg ist das Ziel – und hoffentlich nie das Ende.

Jede Generation muss ihren Weg finden, für sich neue Zugänge zu Liebe und Ehe erschließen. Das geht nicht ohne Spannungen und Widerstände. Sich verabschieden – sich trennen – sich neu binden. In jeder Familie geschieht das auf je eigene Weise. Wer aufbricht, muss zurücklassen können.

Aufbruch

Den Anker lösen,
abstoßen vom Ufer
und offen sein
für neue Begegnungen,
die auf uns warten.
Die alten eingefahrenen Wege
verlassen können
und spüren:
wir sind getragen
im Strom des Lebens.

Barbara Cratzius

Wahnsinnig verliebt

Einerseits will ich es dir
mit einem Flugzeug
an den Himmel schreiben,
andererseits will ich es dir
nur unter der Bettdecke
in dein Ohr flüstern.

Jedenfalls schreibe ich dir
einen wunderschönen Brief
und lege ihn in den Kühlschrank,
damit er schön frisch bleibt.

Norbert Höchtlein

Leg mich wie ein Siegel auf dein Herz,
wie ein Siegel an deinen Arm!
Stark wie der Tod ist die Liebe,
die Leidenschaft ist hart wie die Unterwelt.
Ihre Gluten sind Feuergluten,
gewaltige Flammen.
Auch mächtige Wasser
können die Liebe nicht löschen;
auch Ströme schwemmen sie nicht weg.

Das Hohelied 8,6–7a

Der richtige Partner ...

Für die Ehe ist es nicht so wichtig,
den richtigen Partner zu finden,
sondern der richtige Partner zu sein.
Griechenland

Wählen können bedeutet Alternativen haben: aussuchen – abwägen – prüfen – entscheiden. Bei der (endgültigen) Partnerwahl ist es nicht viel anders. Die Erfahrungen in verschiedenen Partnerschaften sind die »Prüfsteine« für eine letztverbindliche Entscheidung: für sie, für ihn – und für keine andere, für niemand anderen! Eine solche verbindliche Zusage für einen Menschen schließt Absagen an andere Menschen ein – jetzt und zukünftig. Im Für und Wider, im Pro und Kontra, erfahren junge Paare ganz konkret die Zwiespältigkeit menschlicher Entscheidungsprozesse, die bis zur »inneren Zerreißprobe« führen kann. Wenn dann aber die Entscheidung endgültig getroffen ist, kann sie erlösend und befreiend wirken.

Adam und Eva lustwandeln im Paradies.
»Liebst du mich?«, fragt Adam zärtlich.
Eva: »Wen denn sonst?«

Eltern sehen die Wahl ihrer Söhne und Töchter nochmals mit ganz anderen Augen: Kann das mit den beiden wohl gut gehen? Passt er oder sie in unsere Familie? Muss es denn ausgerechnet diese Frau, dieser Mann sein? Schade, dass es mit Thomas/mit Petra nicht geklappt hat. Wir hatten uns schon so an ihn/ an sie gewöhnt! Solche oder ähnliche Fragen, Bedenken oder gar Sorgen mögen aus der Sicht der Eltern verständlich sein. Aber nicht sie, sondern die Tochter, der Sohn haben sich zu entscheiden und ihren Weg zu gehen. Dann sich nicht einzumischen, sich selbst keine Vorwürfe zu machen und – was das Wichtigste ist – weiterhin zum Sohn, zur Tochter zu stehen, das ist unbestritten eine große Herausforderung an die elterliche Liebe.

Den alten Griechen war eine seltsame Geschichte überliefert, die die Anziehungskraft zwischen Mann und Frau in überaus bildhafter Sprache zu erklären versucht: Ganz am Anfang gab es Menschen, die waren rund. Jeder dieser Menschen hatte vier Füße und vier Hände, zwei Gesichter und zwei verschiedene Geschlechtsteile. Diese »Kugelmenschen« wurden mit der Zeit mächtig und bedrohten die Götter in ihrer heiligen Wohnung. Die Götter schlugen zurück. Sie wollten die Menschen nicht ausrotten, sondern nur schwächen. So beschlossen sie, die »Kugelmenschen« auseinanderzuschneiden: Die eine Hälfte zu einer Frau, die andere Hälfte zu einem Mann. Seit dieser Zeit – so der griechische Mythos – haben Mann und Frau Sehnsucht nach der fehlenden Hälfte, Sehnsucht nach ihrer »Ganzheit«.

Wir können gerade von dem Menschen,
den wir lieben, am wenigsten sagen,
wie er sei. Wir lieben ihn einfach.
Das ist das Erregende, das Abenteuerliche,
das eigentlich Spannende, dass wir
mit den Menschen, die wir lieben,
nicht fertig werden: weil wir sie lieben,
solang wir sie lieben.
Max Frisch

BUCHEMPFEHLUNG
Auf dem Weg zu zweit kann folgendes Büchlein helfen: Peter Neysters, Zueinander Ja sagen. Das Abenteuer der Liebe wagen, München 2011.

Lebensweisheiten zu Liebe, Glück und Ehe

Dass sich Sprichwörter so oft widersprechen, darin liegt die Weisheit.

Liebe bezahlt sich mit Liebe – was darüber hinausgeht, sind leere Worte.
Spanien

Wenn man über etwas, das wunderbar ist, sich nicht wundert, hört es auf, wunderbar zu sein.
China

Liebe ist ein Glas, das zerbricht, wenn man es unsicher oder zu fest anfasst.
Russland

Wo es Liebe regnet, wünscht keiner einen Schirm.
Dänemark

Wenn Mann und Frau auch auf dem gleichen Kissen schlafen, so haben sie doch verschiedene Träume.
Mongolei

Zwei Menschen, die sich lieben, reißen ein Gebirge nieder.
Arabien

Wenn wir heiraten, übernehmen wir ein versiegeltes Schreiben, dessen Inhalt wir erst erfahren, wenn wir auf offener See sind.
Schottland

Die Liebe gleicht einem Ring, und der Ring hat kein Ende.
Japan

In der Liebe fügen sich Himmel und Erde zusammen.
Brasilien

Das Lächeln, das du aussendest, kehrt zu dir zurück.
Indien

Sexualität und Zärtlichkeit – mit allen Sinnen lieben

Widersprüchliche Erfahrungen

Sexualität kann beglücken, erfüllen, selig machen, Menschen vereinen. Sexualität kann enttäuschen, ausbeuten, demütigen, Menschen entzweien.

Kein Grat ist so schmal wie der zwischen Lust und Verlust, Leidenschaft und Leid, Verlässlichkeit und Verlassenheit.

Diese widersprüchlichen Erfahrungen – im Positiven wie im Negativen – erleben gerade auch junge Menschen buchstäblich »am eigenen Leib«. In kaum einem anderen Lebensbereich sind Menschen zum einen so empfänglich und zum anderen so empfindlich wie in Liebe, Zärtlichkeit, Sexualität.

Sinn(en)vielfalt menschlicher Sexualität

Menschliche Sexualität ist auf vielfache Weise sinnenfreudig und sinnvoll zugleich. Sie bedarf dieser verschiedenen Deutungen, damit sie den Menschen – ob Jung oder Alt – zur bedeutsamen Liebes- und Lebenserfahrung wird.

Identität

Sexualität zeigt uns an, wer wir sind. Über Körper und Sinne nehmen wir uns in unserer Umwelt wahr. Wir legen viel Wert auf unser Aussehen, weil es uns Ansehen verleiht. Sexualität ist identitätsstiftend: Wir fühlen uns wohl in unserer Haut, zu Hause in unserem Körper, wissen uns bestätigt und nehmen uns an, so wie wir sind.

Beziehung

Wer wir wirklich sind, lassen uns andere wissen. Lust, Gefühl, Sinn erfahren wir in der Beziehung zu anderen. Die Worte, die uns lieben und leben lassen, hören wir von anderen: Ich liebe dich! Ich verzeihe dir! Ich verlass mich auf dich!

Sexualität ist beziehungsstiftend: Menschlich leben heißt, in Beziehungen leben.

Lust

Sexualität hat mit Lust zu tun, mit dem lustvollen Wechselspiel von Spannung und Entspannung, mit dem lustvollen Erleben des eigenen Körpers und dem des anderen.

Sexualität ist luststiftend: Über Körper und Sinne wird die Liebe sichtbar, hörbar, riechbar, (be-)greifbar.

Fruchtbarkeit

Sexualität schafft Lust auf Leben – im Doppelsinn des Wortes. Sie hält die Liebe zweier Menschen lebendig, voller Leben. Und sie schenkt neues Leben, wird fruchtbar im Kind. Sexualität ist lebensstiftend: Sie verhilft zum Leben, sie lässt Menschen leben.

Wenn auch der Aspekt der Fruchtbarkeit in der Sexualität junger Menschen vorerst noch keine Rolle spielt, so kommen doch die Sinnaspekte Identität, Beziehung, Lust bereits zur Geltung. Das macht den exklusiven Wert ihrer Liebe, Zärtlichkeit und Sexualität aus. Christen können diese Wert-Schätzung noch vertiefend begründen, wenn sie darauf verweisen, dass Liebe und Sexualität gute Gaben des Schöpfergottes sind. Es ist die Aufgabe der Menschen, mit dieser Gabe Gottes verantwortlich umzugehen und sie kreativ in ihren Liebesbeziehungen fruchtbar werden zu lassen.

Wenn in der Hl. Schrift von Geschlechtsverkehr die Rede ist, dann wird das Wort
»erkennen« gebraucht: Mit dem Partner eins
werden, ihn so erkennen, wie er ist, in seinem
Handeln und Denken, in seinem Wollen und
Fühlen, in seiner Sehnsucht und Liebe. Dieses
»Erkennen« will hören und sehen und riechen
und schmecken und tasten und berühren –
den anderen »umfassend« kennenlernen.
Zärtlich zu sein will gelernt werden. Junge
Menschen, die sich lieben, freuen sich über
Liebkosungen und Zärtlichkeiten. Sie sind
erfinderisch darin, doch bisweilen sind sie
unsicher und wissen nicht, wo sie Grenzen
setzen sollen. Entscheidend in solchen Situationen ist, dass sie den Mut haben und zu
lernen bereit sind, mit dem Partner über
alles zu sprechen, was sie denken, fühlen und
erwarten – und damit auch über die Ausdrucksformen ihrer Zärtlichkeit.
Spielraum und Stufen der Zärtlichkeit sind
weit; sie sind wie ein spannender Weg durch
vielfältige und immer wieder überraschende
Landschaften. Ein ganzes Leben ist nötig,
sie zu erkunden, und doch bleibt das Wunder
des anderen unergründlich.

Der lange Weg zur Ehe

Die Entwicklung ist unübersehbar: Es wird immer später geheiratet (wenn überhaupt). Die Ausbildungszeiten haben sich verlängert; das Alter bis zur beruflichen Etablierung hat sich erhöht. Der weitaus größte Teil der jungen Paare lebt vor der Eheschließung über Jahre unverheiratet zusammen. Der Beginn der Elternschaft verlagert sich bis in die dreißiger Lebensjahre, immer mehr Paare heiraten erst nach der Geburt des ersten Kindes.

Radikale Veränderungen

Erst Liebe, dann Ehe, später Familie – dieses Phasenmodell früherer Generationen hat heute seine Selbstverständlichkeit verloren. Die Vielfältigkeit des Lebens und aller Lebensbereiche spiegelt sich auch in den Familien, in den Partnerschaften und nicht zuletzt in den Lebens- und Liebesformen der jungen Menschen wider. Entsprechend bunt gestaltet sich die heutige Beziehungslandschaft: vom Single und lockeren Wochenendbeziehungen über Partnerschaften mit und ohne Trauschein bis hin zu Familien mit leiblicher oder sozialer Elternschaft.

(Junge) Paare heiraten heute nicht mehr, um endlich zusammenleben zu können; oft reift dieser Entschluss erst, wenn sie ein Kind bekommen wollen oder dieses bereits »unterwegs« ist. Die meisten aber leben vorher schon über Jahre zusammen. Weit seltener als noch vor einigen Jahren gehen solche Partnerschaften in eine Ehe über. Immer häufiger werden sie nach Jahren aufgelöst und neue Partner bzw. Partnerinnen gesucht.

Die Ursachen und Hintergründe dieser Entwicklung sind zunächst einmal in den gewaltigen Umwälzungen im Lebenslauf junger Erwachsener zu suchen. In einer Lebensphase, in der noch ihre Eltern traditioneller-

weise geheiratet und eine Familie gegründet haben, müssen sie die vielfachen Probleme um den Ausbildungsabschluss und Berufseintritt bewältigen. Oft ist auch noch ganz unklar, wo sie einen Arbeitsplatz finden und danach auch ihren Wohnort suchen. Pendeln und Wochenendbeziehungen prägen häufig diese Phase. Erst, wenn das alles geklärt ist, fühlen sie sich frei für die weitere Lebensplanung.

Was frühere Generationen Ende zwanzig mehr oder weniger abgeschlossen hatten, steht der heutigen mit dem 30. Geburtstag erst noch bevor: endlich erwachsen werden, materiell unabhängig vom Elternhaus sein und auf eigenen Füßen stehen können. Erst in den dreißiger Lebensjahren werden die Weichen für den weiteren Lebensweg gestellt. Und die Wege führen immer häufiger in eine ungewisse Zukunft – mit wachsender Perspektivlosigkeit, gerade für die jüngere Generation.

Mein Grund für eine Heirat wäre kein vernünftiger. Ich bin unvernünftig romantisch, wenn ich so ein »Ja« ausspreche. Und zwar als Superlativ von: Ich liebe dich. Und dann viele Kinder, die einen Vater bekommen, der seine Frau liebt und von ihr geliebt wird. Eine Familie, die zusammenlebt.
Markus, 25 Jahre

Leben mit »Ja, aber …«

So steht das junge Erwachsenenalter unter den Vorzeichen von *Ungewissheit, Unsicherheit, Unentschiedenheit, Unverbindlichkeit* und *Vorläufigkeit*. Die weithin noch ungeklärte und nach allen Seiten offene Lebenssituation führt zu einer Haltung des vorsichtigen Abwägens und Abwartens, des Zögerns und

Zauderns. Das ganze Leben steht gewissermaßen noch unter dem Vorbehalt des »Ja, aber ...«. Da sind auch die Liebesbeziehungen nicht ausgenommen.

Wichtige Fragen

> Können junge Menschen in einer Zeit *unverbindlicher* Lebensbedingungen bereits *verbindliche* Lebensentscheidungen treffen?

> Können sie sich *ohne zuverlässige* Lebensperspektiven überhaupt auf *verlässliche* Liebesbeziehungen einlassen?

> Schließt nicht vielfach erfahrenes »*Leben auf Widerruf*« – Kündigung inbegriffen – in den verschiedensten Lebensbereichen eine »*Zusage ohne Widerruf*« einem anderen Menschen gegenüber vorläufig aus?

> Lassen die leidvollen Erlebnisse des Scheiterns menschlicher Beziehungen im Elternhaus, unter Geschwistern, Freunden und Kollegen nicht misstrauisch werden gegenüber der eigenen Bindungsfähigkeit wie auch der Bindungsbereitschaft anderer Menschen?

> Können junge Paare in einer Lebensphase, die entscheidend von *Vorläufigkeiten und Vorbehalten* geprägt ist, einander eine *endgültige und bedingungslose* Zusage geben »bis dass der Tod uns scheidet«?

Vor diesem Hintergrund wird es verständlich, wenn zusehends mehr junge Paare zunächst eine Lebensgemeinschaft bevorzugen, die noch nicht die letztverbindliche Konsequenz einer Ehe verlangt. Aus einem anfanghaft noch zögernden und zaudernden »Ja, aber« kann sich später dann ein eindeutiges »Ja, ohne Wenn und Aber« entwickeln. Aus einem begrenzten, noch überprüfbaren Miteinander kann schließlich ein unbefristetes und vor allem überzeugtes Füreinander erwachsen.

Unsere Überlegungen haben gezeigt, dass es die nichteheliche Lebensgemeinschaft als solche nicht gibt. Alles kommt darauf an, mit sensiblem Unterscheidungsvermögen die verschiedenen einzelnen Situationen einschätzen und differenzieren zu lernen. Am wichtigsten ist die Gruppe derer, die eine Ehe nicht von vornherein ausschließen (»Probe-Ehe«). Man darf solche Lebensgemeinschaften nicht pauschal gleichsetzen mit beliebig abbrechbaren Partnerschaften und von vornherein als ganze diffamieren. Oft ist in ihnen nämlich die Sehnsucht nach der Gewissheit in der Liebe verborgen gegenwärtig. In vielen Gemeinschaften dieser Art lebt eine aufrichtige Gesinnung und ein ernsthafter Wille, den wirklich verlässlichen Partner zu finden.

Kardinal Karl Lehmann

Stellenwert der Ehe

Von Ehe und Familie erwartet auch die junge Generation (wieder) *soziale Stabilität* und eine gewisse *ökonomische Sicherheit*. Beides ist im jungen Erwachsenenalter oft noch längst nicht gegeben! Von daher ist das voreheliche Zusammenleben eher als eine »typische« Lebensform für diese Lebensphase zu sehen und zu bewerten. Ist sie nicht gleichsam eine Antwort auf die zahlreichen ungewissen und ungeklärten Zukunftsfragen dieser Generation? Wer für sich und das eigene Leben (noch) keine Zukunft sieht, wird sich (vorerst) wenig Hoffnung machen für das gemeinsame Leben in einer Ehe.

Dennoch hat die Ehe auch für die jüngere Generation einen ungebrochen hohen Stellenwert. Vielleicht halten gerade die Wertschätzung der Ehe und die oft überhöhten Anforderungen an die Qualität der ehelichen Partnerschaft sie noch davon ab, den entscheidenden Schritt zu tun und sich auf das Wagnis einer Ehe einzulassen. Nicht die

Ehe selbst steht zur Diskussion, eher schon ihr Zeitpunkt angesichts des deutlich veränderten Lebenslaufs junger Menschen.

»Wer denkt, heiratet nicht«, sagt ein Sprichwort aus Portugal. Das ist kein Plädoyer dafür, bedenken- und gedankenlos in die Ehe zu gehen. Nachdenklichkeit ist durchaus gefragt! Aber Ehe ist nicht berechenbar, lässt sich nicht ausrechnen. Wer zu viel denkt und bedenkt, wird letzlich das »Risiko Ehe« scheuen.

Zur Ehe fähig werden

Die Fähigkeit zu Liebe und Partnerschaft fällt uns nicht einfach in den Schoß. Wir müssen sie mit viel Fantasie, Kreativität und durchaus auch mit Anstrengung entfalten und pflegen. Folgende Entwicklungsschritte sind dabei wichtig:

Sich selbst annehmen und mit sich selbst im Klaren sein: Seine eigenen Stärken und Schwächen, seine Hoffnungen und Ängste sehen, beurteilen und bejahen können.

Sich selbst in seiner eigenen Geschlechtlichkeit annehmen: Sich mit seinem Frau- oder Mannsein identifizieren, seine Triebe und Bedürfnisse wahrnehmen und mit ihnen umgehen lernen.

Zärtlich zueinander sein: Mit viel Fantasie und Einfühlungsvermögen einander über Sinne und Körper entdecken und wahrnehmen.

Sich aus kindhafter Elternbindung lösen: Zu eigenen Entscheidungen fähig sein und sich diese nicht abnehmen oder auch aufzwingen lassen.

Unbewusste Wunsch- und Leitbilder durchschauen: Sich in Werten, Zielen und Lebensgestaltung nicht von außen (»man«) beeinflussen und bestimmen lassen.

Spannungen ertragen können: Die eigenen Ansprüche relativieren; Schwierigkeiten, Hindernisse und Widerstände aushalten und angehen können.

Zum Gespräch fähig sein: Sich dem anderen öffnen und das Gespräch mit ihm immer wieder suchen.

Sich an den Partner frei binden: Sich frei für diesen Partner entscheiden und diesen Entschluss als endgültige Bindung akzeptieren und durchhalten können.

Verantwortung übernehmen: Das eigene Leben verantworten; die Lebensaufgaben, die sich aus einer Freundschaft und später aus einer Ehe ergeben, als gemeinsame Sache sehen und miteinander zu bewältigen suchen.

Es ist das größte Kunstwerk, dass zwei Menschen, die sich einmal überhaupt nicht gekannt haben, den Versuch machen, miteinander alt zu werden.
Hanns Dieter Hüsch

Verlobung feiern

Früher gehörte die Verlobung zum festen Brauch auf dem Weg zur Hochzeit. Eine Verlobung wird auch heute wieder zunehmend als sinnvoll erlebt:

> Das Paar möchte sich selbst den Wunsch, später zu heiraten, bestätigen und bekräftigen. Dies soll im Austauschen und Tragen der Ringe zeichenhaft sichtbar gemacht werden: »Wir gehören zusammen, und wir wollen zusammenbleiben, das geloben und zeigen wir.«

> Das Paar möchte den Verwandten, Freunden und Bekannten seine Verbindung »offiziell« bekannt geben und mit ihnen zusammen feiern: »Dass wir uns füreinander entschieden haben, ist ein Grund zu feiern.

Ihr sollt mitfeiern und unseren Weg auch weiterhin begleiten.«

› Das Paar kann die eigene Liebesgeschichte im Glauben ausdrücken wollen: »Wir erfahren uns und unsere Beziehung als ein ›göttliches‹ Geschenk. Dafür möchten wir Gott danken und ihn um seine Hilfe für unsere gemeinsame Zukunft bitten.«

Die Feier der Verlobung wird so zu einer wichtigen Station auf dem Weg zur Ehe. Dabei können kirchliche und weltliche Feier miteinander verbunden werden. Denkbar ist ein Wortgottesdienst oder eine Eucharistiefeier im Kreis der Familien, der Freunde und Gäste. Im Gottesdienst werden dann die Ringe gesegnet.

Zur Segnung der Ringe

Herr, unser Gott, segne diese Ringe,
die N. und N. als Zeichen ihrer
gegenseitigen Zuneigung tragen wollen.
Halte deine Hand über die Verlobten
und führe sie, wenn es deinem Willen
entspricht, zum Bund der Ehe.
Durch Christus unseren Herrn. Amen.

Gebet zur Verlobung

Herr Jesus Christus,
du hast uns deine Liebe und Treue
bis in den Tod bewahrt.
Stärke die junge Liebe der beiden,
die sich treu bleiben wollen,
und führe sie zur Hochzeit vor deinen Altar.
Der du in der Einheit des Heiligen Geistes
mit Gott dem Vater lebst und herrschst
in Ewigkeit.

Zur Danksagung

Wir sind glücklich und dürfen
einander glücklich machen.
Danke, dass wir uns gefunden haben, Herr.
Danke, dass wir gesund sind und
unsere Zukunft planen können.
Danke für die Augen, mit denen wir
einander anschauen.
Danke für alle Zärtlichkeiten,
die wir miteinander tauschen.
Wir danken dir und legen unser Glück
in deine Hand.
Du machst alles gut, du bist die Liebe.
Lass uns einander immer besser
kennenlernen und erkennen,
ob wir füreinander bestimmt sind.
Wir lieben uns, wir danken dir.

Die Trauung

Am Beginn einer Ehe steht die Trauung. Ein symbolträchtiges Wort: Wer heiratet, traut sich – im Doppelsinn des Wortes. Nur wer sich wagt, sich riskiert, sich das zutraut, »traut« sich zu heiraten. Wir wissen nicht, was in den nächsten Jahren und Jahrzehnten alles auf uns zukommt – und dennoch gehen wir das Wagnis Ehe mit all seinen Unwägbarkeiten und Ungewissheiten ein. Wer sich traut, traut sich!
Christen gründen ihr Vertrauen und ihr Sich-Trauen auf die Zusage Gottes: *Du bist zu unwiderruflicher Liebe fähig!* Diese Liebe ist getragen von Partnerschaft, Treue und Verantwortung für die Nachkommenschaft. Sie kann allerdings auch ohne bewusstes Bekenntnis zum Glauben der Kirche gelebt werden. Von daher erkennt die Kirche jede eheliche Gemeinschaft, die diese Kriterien erfüllt, als unauflösliche Liebesgemeinschaft an.

Das Sakrament der Ehe

Kleine Geschichte der christlichen Ehe

Die Form der Eheschließung richtete sich nach den Bräuchen und Gesetzen des Landes, in dem die Christen lebten. Im 4. Jahrhundert sind der priesterliche Segen und das Gebet bei der Eheschließung nachzuweisen. Im 12. Jahrhundert wurde die Ehe in die Reihe der sieben Sakramente aufgenommen. Im Unterschied zu den anderen Sakramenten sind es die Eheleute selbst, die sich das Sakrament der Ehe spenden.

Immer war die Beteiligung der Öffentlichkeit an der Eheschließung gefordert, wenn auch auf unterschiedliche Art und Weise. Im Mittelalter konnte man, wenn man wollte, einen Priester bitten, den Segen über die Ehe zu sprechen. Auf dem Konzil von Trient im 16. Jahrhundert schuf die Kirche eine verbindliche Form. Es wurde Pflicht, die (sakramentale) Ehe vor dem Priester und zwei Zeugen, also öffentlich, zu schließen. Diese Rechtsform wurde Voraussetzung für die kirchlich-öffentliche Anerkennung der Ehe. Der Grund für diese Rechtsform (Formpflicht) war: Damals registrierte der Staat die Eheabschlüsse noch nicht, und auch von der Kirche wurden sie nur mangelhaft festgehalten. Dies führte zu einer Anhäufung von »heimlichen Ehen« (Klandestinehen = Eheabschluss ohne jede Registrierung oder Bekanntmachung in der Öffentlichkeit); dadurch bestand die Gefahr von Untreue oder Doppelehen.

Nach der Französischen Revolution erhob auch der Staat die Forderung des öffentlichen, rechtssicheren Eheabschlusses. Die standesamtliche Trauung wurde eingeführt. Einige Länder vermieden die Doppeltrauung (standesamtlich und kirchlich) und erkannten die kirchliche Eheschließung als Ehe im

> **Ehe** stammt aus dem althochdeutschen êwa oder dem altsächsischen êo und ist etwa mit »Bündnis«, »Vertrag« oder »Gesetz« zu übersetzen. Der alte Begriff lebt in süddeutschen Dialekten noch fort in »ehaft« = ehrhaft (rechtsgültig).
> **Heirat** stammt aus dem althochdeutschen *hirat* und meint »Obsorge für das Heim«.

Sinne des Staates an. In anderen Ländern – so in der Bundesrepublik Deutschland – blieben es getrennte Vorgänge; vor der kirchlichen Eheschließung findet auf dem Standesamt der zivile Eheabschluss statt.

Hier hat sich seit dem 1. Januar 2009 das staatliche Recht geändert: Eine kirchliche Eheschließung kann nun auch ohne vorherige standesamtliche Eheschließung stattfinden, was bislang verboten war. Andererseits hat aber eine kirchliche Trauung keinerlei rechtliche Bedeutung im Zivilbereich. Der Kirche ist deshalb daran gelegen, nach wie vor die Praxis einer vorherigen standesamtlichen Trauung beizubehalten, um auch die Rechtswirksamkeit der Ehe zu sichern. Von daher soll eine kirchliche Trauung ohne zivile Eheschließung nur in Ausnahmefällen erfolgen. Hierzu muss über den Pfarrer eine bischöfliche Erlaubnis eingeholt werden.

Wir wissen,
dass Gott bei denen,
die ihn lieben,
alles zum Guten führt.
Aus dem Römerbrief 8,28

Ehe – ein Sakrament

In der katholischen Kirche wird die Ehe ein Sakrament genannt. Nicht die Feier der kirchlichen Trauung ist das Sakrament, sondern das gesamte eheliche Leben. Wo Frau und Mann sich auf ihre Liebe einlassen und diese auch in eigenen Kindern oder in Verantwortung für andere Menschen fruchtbar werden lassen, wo sie ihre Sehnsucht nach Liebe und Glück lebendig halten und im alltäglichen Leben immer wieder zu Versöhnung und Umkehr bereit sind, da wird die Ehe zum Zeichen der Liebe Gottes. Gottes Liebesgeschichte mit den Menschen wird in menschlichen Liebesgeschichten leibhaftig erfahren.

Feierlicher Schlusssegen bei der Trauung

Gott, der allmächtige Vater,
bewahre euch in seiner Liebe,
und der Friede Christi wohne stets
in eurem Hause.
A.: Amen.
Gott segne euch
alle Tage eures Lebens,
er gebe euch treue Freunde
und den Frieden mit allen Menschen.
A.: Amen.
Seid in der Welt Zeugen der göttlichen Liebe
und hilfsbereit zu den Armen und Bedrückten,
damit sie euch einst
in den ewigen Wohnungen empfangen.
A.: Amen.
Und euch alle,
die ihr zu dieser Feier versammelt seid,
segne der allmächtige Gott,
der Vater und der Sohn und der Heilige Geist.
A.: Amen.

Kirchlich heiraten:
Den Lebens-Bund feiern

Die kirchliche Heirat setzt eine freie und bewusste Entscheidung voraus. Manchmal fällt es Brautpaaren schwer zu begründen, warum sie kirchlich heiraten wollen. Häufig drücken sie ihre Erwartungen und Hoffnungen so aus:

»... weil die kirchliche Trauung besonders feierlich ist«

Hinter dieser scheinbar oberflächlichen Begründung steht eine Ahnung von der Bedeutung des Sakramentes. Die Höhepunkte ihres Lebens, wie etwa die Hochzeit, wollen Menschen von jeher festlich begehen und damit in ihrem Leben festmachen. Wir durchbrechen den Alltag und feiern unser Leben als Fest.

Wenn die Lebenswege zweier Menschen immer mehr aufeinander zulaufen und sich zu einem Weg verbinden, dann ist Grund zu Freude und Dankbarkeit, zu Fest und Feier – auch mit und vor Gott. Inneres Erleben und Wünschen verlangt nach äußeren Zeichen. Die Hoffnung auf Verlässlichkeit, Endgültigkeit und Ausschließlichkeit findet sich in den Zeichen der kirchlichen Trauung bestätigt: im Tauschen der Ringe, im Ja-Wort, im Verschränken der Hände und in der Umschließung mit der Stola des Priesters.

»... weil wir um Gottes Segen für unsere Ehe bitten«

Junge Paare, die sich lieben und heiraten wollen, leben in einem Spannungsfeld widerstreitender Gefühle. Hoffnung und Zuversicht, dass ihre Ehe gut wird, wechseln ab mit Unsicherheit und Zweifel, ob die Ehe wohl gelingen wird.

Unser Glaube sagt uns, dass wir nicht alles selbst tun und leisten können, ja nicht einmal brauchen. Wir können uns immer auf jemanden verlassen, der »Ja« zu uns sagt und uns beisteht.

Im Glauben nennen wir diese Zusage Gottes »Segnen«. Es kommt vom lateinischen *benedicere* und bedeutet »gut sprechen« oder »wohlsagen«. Segen Gottes meint dann: Gott sagt uns Menschen Gutes zu, er will unser Wohl, er steht uns wohlwollend zur Seite. Bei der kirchlichen Trauung wird um diesen Segen gebeten. Die Eheleute dürfen gewiss sein, dass Gott das Gelingen ihrer Ehe will. Sakrament der Ehe heißt: »Ihr beiden braucht euren Eheweg nicht allein zu gehen. Ich, Gott, bin bei euch und werde immer mit euch gehen. Ich werde mit euch sein, wohin auch immer euer Weg euch führen wird.«

»... weil der Glaube unsere Ehe fester bindet und uns Halt gibt«

Wer heiratet, hat den festen Wunsch, ein Leben lang zusammenzubleiben. Von der kirchlichen Trauung erhoffen sich die Paare eine größere Festigkeit ihrer Ehe. Sie ahnen oder spüren, dass das Sakrament der Ehe nicht nur den Anfang der Ehe, sondern die gesamte Ehegeschichte prägt. Das Versprechen »vor Gottes Angesicht« und die Zusage Gottes werden immer wieder in der Ehe gelebt und erneuert, wenn die Eheleute einander vertrauen, füreinander da sind, miteinander Freude und Leid teilen, füreinander und für andere zu Zeugen des liebenden Gottes werden.

Zwei sind besser als einer allein. Denn wenn sie hinfallen, richtet einer den anderen auf. Doch wehe dem, der allein ist, wenn er hinfällt, ohne dass einer bei ihm ist, der ihn aufrichtet. Außerdem: Wenn zwei zusammen schlafen, wärmt einer den anderen; einer allein – wie soll der warm werden? Und wenn jemand einen Einzelnen auch überwältigt, zwei sind ihm gewachsen, und eine dreifache Schnur reißt nicht so schnell.
Aus dem Buch Kohelet 4,9a.10–12

»Mischehe« – heute noch ein Problem?

Zuneigung und Liebe, die zwei Menschen zusammenführen, machen vor Konfessionsgrenzen nicht halt. Für ein konfessionsverschiedenes, besser »konfessionsverbindendes« Paar können folgende Fragen zum Problem werden:
› Soll uns der katholische oder evangelische Pfarrer trauen?
› Können sich an der Trauung auch beide Pfarrer beteiligen?
› In welcher Kirche sollen unsere Kinder getauft und erzogen werden?
› Wohin gehen wir später zum Gottesdienst? In welcher Gemeinde machen wir mit?

Die katholische Kirche und die evangelischen Kirchen sind sich in den letzten Jahren nähergekommen. Alte Streitfragen wurden aufgearbeitet und ausgeräumt; dennoch sind die Kirchen noch nicht so weit, dass sie volle Glaubens- und Kirchengemeinschaft haben. Darum sind auch die Probleme der konfessionsverbindenden Ehen nicht beseitigt; doch mühen sich beide Kirchen, den Partnern zu einem Gelingen ihrer Ehe zu verhelfen.

1. Konfessionsverbindende Ehe

Die *evangelische* Kirche kennt für konfessionsverbindende Ehen keine Bedingungen oder Rechtsbeschränkungen. Bisherige Bestimmungen in den Kirchenordnungen, die dem entgegenstanden, sind aufgehoben worden. In der *katholischen* Kirche muss für eine Ehe mit einem evangelischen Christen eine Erlaubnis eingeholt werden, die in Deutschland die Pfarrer erteilen können. Dem katholischen Partner werden dazu folgende Fragen gestellt:
› Wollen Sie in Ihrer Ehe als katholischer Christ leben und den Glauben bezeugen?
› Sind Sie sich bewusst, dass Sie als katholischer Christ die Pflicht haben, Ihre Kinder in der katholischen Kirche taufen zu lassen und im katholischen Glauben zu erziehen?
› Versprechen Sie, sich nach Kräften darum zu bemühen, dieses sittliche Gebot zu erfüllen, soweit das in Ihrer Ehe möglich ist?

Der evangelische Partner ist über die Verpflichtungen und Versprechen des katholischen Partners rechtzeitig zu unterrichten. Bei der Erfüllung des Versprechens, die Kinder katholisch zu taufen und zu erziehen, hat der katholische Christ aber auf das Gewissen seines nichtkatholischen Partners Rücksicht zu nehmen.

2. Befreiung (Dispens) von der Formpflicht

Formpflicht meint: Die kirchlich gültige Eheschließung eines Katholiken erfolgt bei der kirchlichen Trauung, indem die Brautleute vor dem katholischen Geistlichen und zwei Zeugen ihren Ehewillen erklären. Die evangelische Kirche erkennt die Willenserklärung der Brautleute vor dem Standesamt schon als Eheschließung an. Darum sollte bei einer konfessionsverbindenden Eheschließung zunächst versucht werden, die kirchliche Trauung vor einem katholischen Priester in der katholischen Kirche zu feiern. An dieser liturgischen Feier der Eheschließung kann auch der evangelische Pfarrer beteiligt sein.
Falls es aber dem katholischen Teil nicht möglich ist, entsprechend der für ihn verpflichtenden Form – in der katholischen Kirche vor dem katholischen Priester oder Diakon – zu heiraten, kann der zuständige Bischof von dieser Formpflicht befreien. Dafür muss ein wichtiger Grund vorliegen, und die übrigen Voraussetzungen, die für eine Trauung eines konfessionsverbindenden

Paares allgemein gelten, müssen gegeben sein. Den Dispensantrag stellt der katholische Partner über seinen Pfarrer an den Bischof.

3. Mögliche Formen der Trauung

Somit sind folgende Trauungsformen möglich, wenn die entsprechenden Bedingungen gegeben sind:

> Trauung vor dem katholischen Priester in der katholischen Kirche;
> Trauung vor dem katholischen Priester in der katholischen Kirche unter Beteiligung des evangelischen Pfarrers (sog. gemeinsame Trauung oder ökumenische Trauung);
> evangelische Trauung vor dem evangelischen Pfarrer in der evangelischen Kirche mit Dispens von der Formpflicht;
> evangelische Trauung vor dem evangelischen Pfarrer in der evangelischen Kirche unter Beteiligung des katholischen Priesters mit Dispens von der Formpflicht (sog. gemeinsame Trauung oder ökumenische Trauung).

Die Trauung eines konfessionsverbindenden Paares in der katholischen Kirche findet in der Regel in einem Wortgottesdienst statt.

Beide Kirchen bieten zur Klärung all dieser Fragen ein Brautgespräch zwischen Pfarrer und Brautpaar an. Konfessionsverbundene Paare sollten sich von den Seelsorgern beider Kirchen beraten lassen. Das Trauegespräch kann auch mit beiden Pfarrern zugleich geführt werden.

Jede Kirche möchte, dass auch die konfessionsverbundene Ehe gelingt, und sie will dazu ihren Beitrag leisten.

Ich will mit dem gehn, den ich liebe.
Ich will nicht ausrechnen, was es kostet.
Ich will nicht nachdenken, ob es gut ist.
Ich will nicht wissen, ob er mich liebt.
Ich will mit ihm gehn, den ich liebe.
Bertolt Brecht

Leben in der konfessionsverbindenden Ehe

Das Gespräch über religiöse Fragen ist selbst zwischen Eheleuten nicht immer einfach. Oft bleibt es bei dem Hinweis »Wir glauben an denselben Gott«. Doch dieser Glaube ist immer sehr konkret in einer Kirche gewachsen. Katholische und evangelische Traditionen prägen. Spätestens bei der Geburt eines Kindes stellt sich dann die Frage, in welcher Kirche die Taufe stattfinden soll. Es gibt keine allgemein christliche Kirche. Hier müssen sich die Eltern entscheiden. Dabei darf keiner der Partner zu einem Handeln gegen sein Gewissen gezwungen werden. Der Ehepartner, der der Taufe und Erziehung seiner Kinder in der anderen Konfession zustimmt, soll sich nicht aus der religiösen Erziehung heraushalten.

Die Chance einer konfessionsverbindenden Ehe liegt darin, dass die Partner über den Zaun der eigenen Konfession zu schauen lernen. Dabei entdecken sie Gemeinsamkeiten, aber auch Fremdes, beispielsweise was die Gestaltung von Gottesdiensten angeht. Oft wird es nicht nur zu einem Gespräch über den Gottesdienst, sondern auch über die Gestaltung des gesamten Sonntags kommen. Gemeinsame Gottesdienstbesuche helfen, die andere Kirche besser zu verstehen. Dabei kann der eine entdecken, wo das religiöse Leben des anderen wurzelt. Schon die Ausstattung des Kirchenraumes, die Lieder, die Riten, Zeichen und Gesten geben Anlass zu Fragen und verlangen Deutungen und Erklärungen. Ähnliches gilt für Feste und Feiern im Laufe des Kirchenjahres. »Was ist Anlass und Bedeutung des Buß- und Bettages?«, fragt der katholische Partner. »Warum feiert die katholische Kirche Fronleichnam?«, so die Frage der evangelischen Partnerin. Zu vielen Zeiten und Festen des Kirchenjahres hat sich in beiden Kirchen ein vielfältiges Brauchtum entwickelt, das das Leben in der Familie bereichern kann.

»Eheleute, die verschiedenen Kirchen angehören, können nicht alle Probleme und
Unterschiede, die sich in einer langen und
leidvollen Geschichte zwischen den Kirchen
ergeben haben, lösen. Aber wenn sie einander
in ihrer Verschiedenheit achten und den
anderen in seinem Glauben und seiner Kirche
begleiten, gewinnen sie auch selber einen
tieferen Zugang zum Glauben, entdecken
sie im zunächst Fremden das Gemeinsame,
gewinnen sie so Erfahrungen und schaffen
Voraussetzungen, ohne die das Gespräch
zwischen den Kirchen nicht weiterführt.
Müssen sie bisweilen schmerzlich unter der
noch bestehenden Spaltung der Christenheit
leiden, so tragen sie doch dazu bei, dass
neue Wege gefunden werden zu dem Ziel
der Einheit in Christus.«

Aus: Die konfessionsverschiedene Ehe. Gemeinsames
Wort der Deutschen Bischofskonferenz und des Rates
der Evangelischen Kirche in Deutschland (1985)

Eine Ehe, zwei Religionen – die christlich-islamische Ehe

In der Bundesrepublik Deutschland leben
zunehmend Menschen islamischen Glaubens.
Viele sind hier geboren und aufgewachsen,
begegnen gleichaltrigen Deutschen in Kindergarten, Schule und Ausbildung, am Arbeitsplatz und in der Freizeit. So können
Freundschaft und Liebe zwischen Christen
und Muslimen wachsen. Wer eine Frau bzw.
einen Mann islamischen Glaubens heiratet,
sollte um das Ehe- und Familienverständnis
dieser Religion wissen.

Die katholische Trauung

Die gültige kirchliche Eheschließung mit
einem Partner einer anderen Religion (Muslime, aber auch Buddhisten, Hindus, Juden)
erfordert die bischöfliche Dispens vom Ehe-
hindernis der Religionsverschiedenheit.

Das katholische Eherecht erwartet von diesen
Partnern großes Entgegenkommen in der
Frage der Kindererziehung. Das wird ihnen
nicht leichtfallen. Die islamische Tradition
betrachtet beispielsweise das Kind eines Mus-
lims als Muslim, dagegen steht für den katholischen Partner die Verpflichtung zur Taufe
und christlich-katholischen Erziehung ge-
meinsamer Kinder. Vorab muss deshalb Ein-
mütigkeit in der Kindererziehung bestehen,
in der die Gemeinsamkeiten beider Religionen betont werden sollen. Sprechen wichtige
Gründe gegen die katholische Trauung, kann
das Paar eine Dispens von der Formpflicht
erlangen.

Wenn einer der Partner nicht (mehr) glaubt

Für Christen wird es in der sich verschärfenden Diasporasituation eher die Ausnahme
denn die Regel sein, einen Partner zu finden,
der ihre Lebenseinstellung teilt und sich
ebenso wie sie in Glaube und Kirche behei-
matet weiß. In fast allen Lebensbereichen,
wie Schule, Ausbildung, Beruf, Freizeit sowie
in den meisten Gruppen und Cliquen, wie
Freundes- und Kollegenkreis, sind sie in der
Minderheit – buchstäblich in der »Vereinzelung« (= Diaspora). Der Großteil der Gleichaltrigen ist zwar noch getauft, aber eher »reli-
giös gleichgültig«. Zudem wächst die Zahl
der Ungetauften. Sie bilden heute bereits die
drittstärkste »Konfession«.

Hier muss in einem oft langwierigen und
äußerst mühsamen Prozess ein tragender
Lebensgrund für die Partnerschaft wie für
die Elternschaft gefunden werden. Bei beiden
Partnern können Grundhaltungen für eine
Ehe, wie Treue, gegenseitige Wertschätzung,
Versöhnungsbereitschaft, Verantwortung für
das Leben, vorhanden sein. In dem Maße,
wie diese Grundhaltungen gepflegt werden,
tragen sie zum Gelingen einer solchen Lebensgemeinschaft bei.

Hochzeitsvorbereitungen

Die Hochzeit früh genug vorbereiten

Nehmen Sie rechtzeitig – spätestens sechs Monate vor dem geplanten Hochzeitstermin – Kontakt mit Ihrem Pfarrer auf (bei konfessionsverbundenen Paaren mit beiden zuständigen Pfarrern bzw. Pfarrerin). Bei diesem Kontakt können die zwei wichtigsten Termine vereinbart werden: die Hochzeit und der Zeitpunkt für das Traugespräch.

Beide Kirchen verlangen von den Partnern die Vorlage eines Taufzeugnisses. Bei evangelischen Partnern genügt der Eintrag im Familienstammbuch. Der Taufschein katholischer Partner darf nicht älter als ein halbes Jahr sein. In beiden Kirchen erhalten Sie die Unterlagen bei dem Pfarramt der Gemeinde, in der Sie getauft worden sind. Vor der kirchlichen Trauung legen Sie noch die Bescheinigung Ihrer zivilen Eheschließung vor.

Das Traugespräch

> Das Brautpaar und Pfarrer(in) lernen sich kennen.
> Persönliche Fragen können angesprochen werden, z. B. Probleme mit Glaube und Kirche.
> Das Eheverständnis der katholischen und evangelischen Kirche kommt zur Sprache.
> Trauanmeldung (evangelisch) bzw. das Ehevorbereitungsprotokoll (katholisch) werden ausgefüllt.
> Der Traugottesdienst, sein Aufbau und sein innerer Sinn werden besprochen bzw. miteinander vorbereitet.
> Lieder, biblische Lesungen, Fürbitten und Gebete können gemeinsam ausgesucht werden.
> Es kann darüber gesprochen werden, in welcher Konfession die Kinder einmal getauft werden sollen.
> Auch eher organisatorische Fragen stehen an, z. B. besonderer Blumenschmuck in der Kirche, Auswahl der Musikstücke, Fotografieren im Traugottesdienst – ja oder nein usw.

Wir trauen uns ...

Trauen Sie sich, mit anderen Paaren ins Gespräch zu kommen

Kirchlicherseits werden – an manchen Orten in Zusammenarbeit mit der evangelischen Kirche – Gesprächskreise zur Ehevorbereitung angeboten. Solche Gespräche mit anderen Paaren, die heiraten wollen, und mit Eheleuten und Seelsorgern können helfen, die eigenen Vorstellungen und Erwartungen an die gemeinsame Zukunft zu klären. Themen solcher Gesprächstreffen können sein:

> Partnerschaftliche Ehe, Selbstverständnis von Mann und Frau
> Die eigenen Lebensgeschichten und zukünftigen Lebensperspektiven
> Umgang mit Konflikten und Krisen in der Ehe

Trauen Sie sich, Unterstützung anzunehmen

Viele Bistümer bieten Gesprächs- und Kommunikationstrainings für Paare an, die dabei helfen, den Alltag gut zu überstehen und einander achtsam wahrzunehmen – damit die Liebe bleibt und aus kleinen Krisen keine großen werden müssen.

Eine gute Unterstützung sind auch die »Ehebriefe«, die Anregungen für die Gestaltung des Zusammenlebens geben: In den meisten

Eine persönlich gestaltete Einladung oder Anzeige
mit Ihrem Trauspruch kann ausdrücken,
was Ihnen die Traufeier und die Ehe bedeuten:

Die Erfahrung lehrt uns,
dass Liebe nicht darin besteht,
dass man einander ansieht,
sondern dass man gemeinsam
in gleicher Richtung blickt.

Antoine de Saint-Exupéry

Die Liebe erträgt alles, glaubt alles,
hofft alles, hält allem stand.
Die Liebe hört niemals auf.

1 Korinther 13,7 f.

Den Weg durchs Leben kann man nur
Hand in Hand zurücklegen.

Eugène Ionesco

Du bist in unserer Mitte, Herr,
und dein Name ist
über uns ausgerufen.
Verlass uns nicht.

Jeremia 14,9

Wer den anderen liebt, lässt ihn gelten,
so wie er ist, wie er gewesen ist
und wie er sein wird.

Michel Quoist

Denn wo zwei oder drei
in meinem Namen versammelt sind,
da bin ich mitten unter ihnen.

Matthäus 18,20

Kleine Checkliste weiterer Hochzeitsvorbereitungen

> Äußeren Rahmen der Hochzeitsfeier überlegen; alle Papiere zur Trauung besorgen; Eheschließung beim Standesamt anmelden, Termin der standesamtlichen und kirchlichen Trauung aufeinander abstimmen.
> Gaststätte oder Restaurant auswählen, evtl. Musik bestellen; Hochzeitsanzeigen und Einladungen in Druck geben oder als Briefe vorbereiten; Hochzeitskleidung besorgen; evtl. die Hochzeitsreise vorbereiten; Urlaub beantragen.
> Trauzeugen aussuchen; Einladungen verschicken oder die Einzuladenden besuchen.
> Übernachtungsmöglichkeiten für auswärtige Gäste festlegen; Fotografen bestimmen; ein Brautauto besorgen; Ringe gravieren und anpassen lassen.
> Blumen für Kirche und Festsaal besorgen; evtl. Einladung zum Polterabend verschicken.
> Hochzeitsanzeigen in der Tageszeitung aufgeben; Brautstrauß (und Streublumen) aussuchen.
> Was noch zu erledigen ist: Kleingeld als »Trinkgeld«, Adresse bei der Post angeben für Glückwünsche, letzte Rückfragen ...
> Ruhe und Besinnung – spätestens einen Tag vor der Hochzeit.

Bistümern in Deutschland bekommt das Paar zur Trauung einen ersten solchen Ehebrief überreicht; weitere werden auf Wunsch in regelmäßigen Abständen zugeschickt. Informationen dazu unter www.ehebriefe.de.

*Vielleicht ist Glück nur ein Tarnwort
für Segen.*
Traugott Giesen

Alte Hochzeitsbräuche neu entdecken

Zur Hochzeit einladen

In vielen Gegenden besorgte früher ein vom Brautpaar beauftragter »Hochzeitsbitter« die Einladung der Gäste. In der Hand trug er einen mit Blumen und bunten Bändern geschmückten Stock. An der Seite hing die (Schnaps-)Flasche, die ihm immer wieder zu füllen war. An jedem Hause klopfte er an und sagte seinen Spruch, meist ein langes Gedicht. Dabei zählte er auch die Speisenfolge auf und ermahnte, Messer und Gabel mitzubringen. Der »Hochzeitsbitter-Spruch« endete meist mit den Worten:

*»Nun macht euch fein, aber nicht zu fein,
Braut und Bräutigam wollen gern
die Feinsten sein.«*

Alle, die an der Hochzeitsfeier teilnehmen wollten, gaben dem Hochzeitsbitter ein buntes Band für seinen Stock »zur Unterstützung seines Gedächtnisses«. Heute kann das Brautpaar die Gäste besuchen und persönlich einladen. Es kann ihnen mitteilen, was es als »Hochzeitsgeschenk« (Tanzspiel, Hochzeitszeitung, gespielte »Liebeserinnerungen«, Ratespiel, eigene Hochzeitserinnerungen) erwartet. Es kann durch einen kurzen Text etwas von dem ausdrücken, was ihm am Hochzeitsfest und für die künftige Ehe besonders wichtig ist (siehe Vorschläge S. 33).

Polterabend feiern

Das Polterfest ist älter als unsere christlichen Hochzeitszeremonien. Von alters her glaubte man, mit dem Lärm zerbrechender Töpfe und Pfannen, Kannen und Krüge vor dem Haus der Braut die bösen Geister fortzuscheuchen. Weil Glas ein Symbol für Glück ist, das ja gerade in der künftigen Ehe heil bleiben soll, durfte kein Glas zerworfen werden. Die Polterscherben mussten auf jeden Fall aus Steingut oder Porzellan bestehen.

Der Polterabend wird meist als »offenes Haus« betrachtet: Das Paar lädt zuvor ein, aber Nachbarn und Freunde können auch unangemeldet erscheinen und mitfeiern.

Als Alternative zum Polterabend gibt es mancherorts den Brauch des *Junggesellen(innen)abschieds*: Geschwister und Freundeskreis überraschen Bräutigam bzw. Braut (jeweils getrennt) mit einem Wochenende in bestimmter Verkleidung und mit lustigen Aufgaben und listigen Vorgaben.

Das weiße Hochzeitskleid

»Ganz in Weiß« – so stellen wir uns eine richtige Braut vor. Mit der Farbe Weiß verbinden wir Reinheit und Vollkommenheit, Freude und Festlichkeit, Leben und ungebrochenes Licht.

So ist seit urchristlicher Zeit Weiß die Farbe des Taufkleides. Sie ist darüber hinaus die Farbe für die Kleidung bei allen Festen, an denen eine Lebenswende gefeiert wird, so bei der Hochzeit, bei der Erstkommunion, beim Eintritt ins Kloster oder beim Tod.

In Verbindung mit dem (Braut-)Schleier drückt sich im weißen Brautkleid die Suche nach Schutz und Geborgenheit aus.

Ein schöner Brauch ist es, aus dem Brautkleid oder dem Schleier später das Taufkleid für das Kind zu nähen.

Der Brautstrauß

Blumen sind Zeichen des Lebens und waren deshalb in früherer Zeit ein Mittel der Geisterabwehr. Blumen sind zugleich Symbol der Liebe und der guten Wünsche. Die besonderen Hochzeitspflanzen waren früher Rosmarin und Myrten. Der Brautstrauß kann auch etwas von den persönlichen Wünschen und der Blumenvorliebe der Braut und des Paares ausdrücken:

> Welche Blumen sind uns besonders wichtig?
> Was drückt diese oder jene Blume für uns aus?
> Welche Farben können wir auf welche Hoffnungen für unsere Ehe übertragen? ... Damit der Bund unserer Ehe so frisch und bunt wie dieser Bund von Blumen werde!

Liebesgedichte

Die schönsten Liebesgedichte werden nicht aufgeschrieben sondern gelebt.

Alle Liebesgedichte sind letzten Endes Gedichte für Gott.

Christine Busta

Die Hochzeitskerze

Kerzen gehören seit dem Mittelalter zu jeder Traufeier. Sie sollen die Gebete um Glück und Segen zum Himmel tragen. In manchen Gegenden trägt die Braut statt des Blumenstraußes eine reich verzierte Kerze, die während des Gottesdienstes auf dem Altar steht. In anderen Gegenden wird die Kerze von einem Kind getragen, das den Brautzug damit eröffnet. Oft ist es üblich, dass die Kerze von den Trauzeugen gestiftet, vielleicht sogar selbst gestaltet wird. Ein sinnvolles Geschenk für das Brautpaar ist deshalb ein Kerzenständer, sodass die Hochzeitskerze später ihren eigenen Platz in der Wohnung bekommen kann und an Hochzeitstagen zur Erinnerung angezündet wird. Die Hochzeitskerze brennt schon beim Einzug oder wird zu Beginn der Trauung an der Osterkerze entzündet.

Brot und Licht

Brot und Licht spielten von jeher bei der Hochzeit eine große Rolle. So prangte in Westfalen inmitten der Hochzeitstafel ein Riesenbrot mit einer Kerze. Das Brot wurde anschließend an die Armen verteilt, die Kerze in die Kirche gestellt. – In Schlesien oder in Hessen reichte der Bräutigam der Braut oder die Brautmutter dem Paar beim Einzug in das neue Heim ein Stück Brot von einem frischen Laib. Ein Stückchen davon verwahrte die Braut für alle Zeiten; der Rest des Brotlaibs wurde an die Armen verteilt. Brot kann Zeichen in unserem Leben wie für unsere Ehe sein:

> Brot miteinander teilen – den anderen teilnehmen lassen an meinem Leben.
> Für das tägliche Brot sorgen – den Alltag gemeinsam durchstehen.
> Brot für andere übrig haben – für andere Menschen offen sein.
> Bitte um das tägliche Brot – auf einen anderen angewiesen sein.

Tischgebet

Braut oder Bräutigam können vor dem Hochzeitsmahl beten:

*Guter Gott, vor dir haben wir heute
einander das Ja-Wort gegeben.
Du willst mit uns sein in guten
und schlechten Tagen.
Segne du unser Mahl, das erste Mahl
in unserer Ehe, das wir empfangen dürfen
mit all unseren Gästen.
Stärke uns durch dieses Mahl und
durch alle künftigen Mahlzeiten.
Wir bitten dich auch für alle unsere Gäste.
Wir bitten dich, lass sie auch in Zukunft
unsere Gäste sein und uns
mit Rat und Tat zur Seite stehen.
Amen.*

Die Feier der Trauung

Die Trauung wird in Verbindung mit der Messe oder mit einem Wortgottesdienst gefeiert. Sie findet im Anschluss an die Predigt statt.

Befragung nach der Bereitschaft zur christlichen Ehe

Die folgenden Fragen richtet der Zelebrant (von lateinisch *celebrare* für »feiern, preisen«) zunächst an den Bräutigam, dann an die Braut.

Zelebrant: N., ich frage Sie: Sind Sie hierher gekommen, um nach reiflicher Überlegung und aus freiem Entschluss mit Ihrer Braut N./Ihrem Bräutigam N. den Bund der Ehe zu schließen?

Antwort: Ja.

Zelebrant: Wollen Sie Ihre Frau/Ihren Mann lieben und achten und ihr/ihm die Treue halten alle Tage ihres/seines Lebens?

Antwort: Ja.

Die folgenden Fragen richtet der Zelebrant an beide Brautleute gemeinsam.

Zelebrant: Sind Sie bereit, die Kinder anzunehmen, die Gott Ihnen schenken will, und sie im Geiste Christi und seiner Kirche zu erziehen?

Antwort: Ja. *(Diese dritte Frage unterbleibt, wenn die Umstände – z.B. das Alter der Brautleute – es nahelegen.)*

Zelebrant: Sind Sie bereit, als christliche Eheleute Mitverantwortung in der Kirche und in der Welt zu übernehmen?

Antwort: Ja.

Die Segnung der Ringe

Wenn die Ringe nicht bereits gesegnet sind, geschieht das jetzt. Sie werden auf einem Teller (Tablett) vor den Zelebranten gebracht. Dieser spricht darüber ein Segensgebet.

Die Vermählung

Die Brautleute können für die Erklärung des Ehewillens zwischen zwei Formen wählen:
> dem Vermählungsspruch oder
> der Vermählung durch das Ja-Wort.

Beide Formen sind mit dem gegenseitigen Anstecken der Eheringe verbunden.

Vermählungsspruch

Zelebrant: So schließen Sie jetzt vor Gott und vor der Kirche den Bund der Ehe, indem Sie das Vermählungswort sprechen. Dann stecken Sie einander den Ring der Treue an.

Die Brautleute wenden sich einander zu.

Der Bräutigam nimmt den Ring der Braut und spricht:
N., vor Gottes Angesicht nehme ich dich an als meine Frau. Ich verspreche dir die Treue in guten und bösen Tagen, in Gesundheit und Krankheit, bis der Tod uns scheidet. Ich will dich lieben, achten und ehren alle Tage meines Lebens.

Der Bräutigam steckt der Braut den Ring an und spricht:
Trag diesen Ring als Zeichen unsrer Liebe und Treue: Im Namen des Vaters und des Sohnes und des Heiligen Geistes.

Danach nimmt die Braut den Ring des Bräutigams und spricht:
N., vor Gottes Angesicht nehme ich dich an als meinen Mann. Ich verspreche dir die Treue in guten und bösen Tagen, in Gesundheit und Krankheit, bis der Tod uns scheidet. Ich will dich lieben, achten und ehren alle Tage meines Lebens.

Die Braut steckt dem Bräutigam den Ring an und spricht:
Trag diesen Ring als Zeichen unsrer Liebe und Treue: Im Namen des Vaters und des Sohnes und des Heiligen Geistes.

Vermählung durch das Ja-Wort

Der Zelebrant fordert die Brautleute auf, durch das Ja-Wort ihren Ehewillen zu erklären:
So schließen Sie jetzt vor Gott und vor der Kirche den Bund der Ehe, indem Sie das Ja-Wort sprechen. Dann stecken Sie einander den Ring der Treue an.

Die folgenden Texte werden zunächst vom Zelebranten und Bräutigam und anschließend vom Zelebranten und von der Braut gesprochen:

Zelebrant: N., ich frage Sie vor Gottes Angesicht: Nehmen Sie Ihre Braut N. an als Ihre Frau und versprechen Sie, ihr die Treue zu halten in guten und bösen Tagen, in Gesundheit und Krankheit, und sie zu lieben, zu achten und zu ehren, bis der Tod Sie scheidet?

Antwort: Ja.

Zelebrant: Nehmen Sie den Ring, das Zeichen Ihrer Liebe und Treue, stecken Sie ihn an die Hand Ihrer Braut und sprechen Sie: »Im Namen des Vaters und des Sohnes und des Heiligen Geistes.«

Der Bräutigam nimmt den Ring, steckt ihn der Braut an und spricht:

Im Namen des Vaters und des Sohnes und des Heiligen Geistes.

Zelebrant: N., ich frage Sie vor Gottes Angesicht: Nehmen Sie Ihren Bräutigam N. an als Ihren Mann und versprechen Sie, ihm die Treue zu halten in guten und bösen Tagen, in Gesundheit und Krankheit, und ihn zu lieben, zu achten und zu ehren, bis der Tod Sie scheidet?

Antwort: Ja.

Zelebrant: Nehmen Sie den Ring, das Zeichen Ihrer Liebe und Treue, stecken Sie ihn an die Hand Ihres Bräutigams und sprechen Sie: »Im Namen des Vaters und des Sohnes und des Heiligen Geistes.«

Die Braut nimmt den Ring, steckt ihn dem Bräutigam an und spricht:
Im Namen des Vaters und des Sohnes und des Heiligen Geistes.

Bestätigung der Vermählung

Zelebrant: Reichen Sie nun einander die rechte Hand. – Gott der Herr hat Sie als Mann und Frau verbunden. Er ist treu. Er wird zu Ihnen stehen und das Gute, das er begonnen hat, vollenden.

Der Zelebrant legt die Stola um die ineinandergelegten Hände der Brautleute. Er legt seine rechte Hand darauf und spricht:
Im Namen Gottes und seiner Kirche bestätige ich den Ehebund, den Sie geschlossen haben.

Der Zelebrant wendet sich an die Trauzeugen und an die übrigen Versammelten und spricht:
Sie aber, N. und N. (die Trauzeugen), und alle, die zugegen sind, nehme ich zu Zeugen dieses heiligen Bundes. »Was Gott verbunden hat, das darf der Mensch nicht trennen« (Matthäus 19,6).

Die Segnung der Neuvermählten und die Fürbitten

Die Brautleute knien nieder. Der Zelebrant spricht über sie ein Segensgebet (Brautsegen). Es folgen die Fürbitten, die von den Eltern, Verwandten und Freunden der Brautleute vorgetragen werden können.

Wunsch für die Ehe

In eurer Ehe soll es keinen Tag geben,
da ihr sagen müsst:
Damals haben wir uns geliebt,
heute ist die Liebe gestorben.
Kein Tag, an dem ihr sagt:
Wir haben keine Freunde,
die uns verstehen, die mit uns sprechen,
die uns zuhören, die uns helfen,
die mit uns leiden, die sich mit uns freuen.
Kein Tag, an dem ihr sagt:
Ich bin so allein, du bist mir so fremd.
Ihr möget einander Gutes tun,
ihr möget einander trösten und verzeihen.
Ihr sollt Pläne schmieden,
und eure Sehnsüchte mögen sich erfüllen.
Die Tür eurer Wohnung möge
offen sein für Menschen,
die euch wichtig sind und denen ihr
wichtig seid,
die Rat geben und denen ihr raten könnt.
Eure Ehe bleibe spannend, und
ihr möget alle Spannungen aushalten.
Eure Ehe bleibe glücklich,
indem ihr eurer Treue traut,
euch in der Treue Gottes
aufgehoben wisst.
Dann wird für euch und für andere
eure Ehe ein Zeichen der Hoffnung
und des Mutes.
Gottes Liebe möge in eurer Liebe
greifbar und spürbar werden,
denn Gott will in uns
sichtbar werden.

Hochzeitsjubiläen

1 Jahr	**Baumwollene Hochzeit** – Man schenkt Praktisches, also etwa baumwollenes Tuch.
5 Jahre	**Hölzerne Hochzeit** – Die Ehe scheint Bestand zu haben. Man schenkt Beständiges, also etwa Holzgeschnitztes.
6 ½ Jahre	**Zinnerne Hochzeit** – Die Ehe sollte von Zeit zu Zeit wieder aufpoliert werden. Geschenke, die dies ebenso brauchen, gibt es ja zahlreich, über Zinn hinaus.
7 Jahre	**Kupferne Hochzeit** – Die Ehe scheint so beständig zu sein, dass sie Patina (Altersschmuck) anzusetzen verspricht. Man schenkt Kupferpfennige als Unterpfand des Glücks.
8 Jahre	**Blecherne Hochzeit** – Die Ehe hat ihren alltäglichen und nutzbringenden Weg gefunden. Beliebtes Geschenk sind Kuchenformen, auch »Kuchenblech« genannt.
10 Jahre	**Rosenhochzeit** – Die Ehe, jetzt richtig »rund«, kann sich über die Rosen wieder der Myrten des 1. Hochzeitstages erinnern. Es ist schon ein Fest mit Gästen, die den Eheleuten wichtig sind. Und was kann man guten Freunden nicht alles schenken!
12 ½ Jahre	**Petersilienhochzeit** – Die Ehe soll grün und würzig bleiben. Das, was zu diesem Tag an Schmackhaftem verzehrt wird, bringen die Gäste mit.
15 Jahre	**Gläserne oder Kristallene Hochzeit** – Die Ehe soll in den Beziehungen zwischen Mann und Frau durchsichtig und klar sein. Als Geschenke bieten sich Gläser und Kristall an, denn einiges davon mag in der Ehe bereits in Scherben gegangen sein.
20 Jahre	**Porzellanhochzeit** – Fest, glänzend und zugleich empfindlich ist die Ehe geworden. Neues Geschirr kann eingeweiht werden.
25 Jahre	**Silberne Hochzeit** – Die Ehe, die nun ein Viertel-Jahrhundert dauert, hat ihren bleibenden Wert unter Beweis gestellt. Das Fest vereint die Verwandten und Freunde, das Jubelpaar trägt Silberkranz und Silbersträußchen.
30 Jahre	**Perlenhochzeit** – Die Ehejahre reihen sich aneinander wie die Perlen einer Kette. Es ist Gelegenheit, der Ehefrau eine neue Perlenkette zu schenken.
35 Jahre	**Leinwandhochzeit** – Wie gute Leinwand hat sich die Ehe als unzerreißbar erwiesen. Manches ist allerdings aufgebraucht; der Wäscheschrank muss neu aufgefüllt werden.
37 ½ Jahre	**Aluminiumhochzeit** – Die Ehe und das Glück waren dauerhaft. Als Geschenk ist alles das geeignet, was mit Erinnerungen zu tun hat. Ein ruhiges Fest der Erinnerungen kann gefeiert werden.

40 Jahre	**Rubinhochzeit** – Das Feuer der Liebe hält und trägt immer noch. Der Ehering bekommt mit dem Rubin den Edelstein der Liebe und des Feuers.
50 Jahre	**Goldene Hochzeit** – Wie Gold hat die Ehe allem standgehalten und sich als fest und kostbar erwiesen. Manche Ehepaare wechseln neue Ringe.
60 Jahre	**Diamantene Hochzeit** – Nichts kann die Ehe mehr angreifen, sie ist unzerstörbar geworden. Dies wird bei den folgenden Jubiläen noch verstärkt ausgedrückt:
65 Jahre	**Eiserne Hochzeit**
67 ½ Jahre	**Steinerne Hochzeit**
70 Jahre	**Gnadenhochzeit**
75 Jahre	**Kronjuwelenhochzeit**

Im Laufe einer Ehe gibt es – neben der »Silbernen« und der »Goldenen« Hochzeit – noch so manche weitere Ehejubiläen. Ihre Bezeichnungen, nicht alle allzu ernst zu nehmen, weisen auf ganz originelle Möglichkeiten des Feierns und Sich-Erinnerns hin. Und für die Familie, für Freundes- und Kollegenkreise sind sie ein Fingerzeig, welche Geschenke an diesem Jubiläumstag dann »fällig« sind.

Die Ehe leben

Es gibt keinen Punkt,
an dem wir stehen bleiben könnten
und sagen:
Jetzt haben wir's.
So muss es sein:
So werden wir es immer machen!
Wir sind immer unterwegs.

Ingeborg Bachmann

Ehe – eine Lebensgeschichte

Ich nehme dich an
und verspreche dir die Treue
in guten und in bösen Tagen,
in Gesundheit und Krankheit.
Ich will dich lieben, achten und ehren,
solange ich lebe.
Versprechen bei der kirchlichen Trauung

Ehe ist nicht, Ehe wird – auch nach fünf, zehn, zwanzig und noch mehr Ehejahren. Nichts fordert so viel Wandel wie eine lebendige Ehe. Nur wer sich aufmacht, stößt zu neuen Ufern vor. Nur wer sich aufmacht, ist offen für neue Entwicklungen in seiner Ehe.

Die Zukunft erwartet man nicht:
Man geht ihr entgegen!
Aus Lateinamerika

Ehen dauern heute – trotz späteren Heiratsalters – bedeutend länger als früher. Wer heiratet, hat eine bewegte Lebensgeschichte vor sich: zu zweit leben, sich für Kinder entscheiden, mit Kindern Familie leben, Kinder wieder freigeben, Ehe neu weiterleben, Großeltern werden.

1. Die Ehe beginnt

»Die Liebe hat ihre eigene Sprache; die Ehe kehrt zur Landessprache zurück.« Diese alte russische Volksweisheit kennzeichnet wohl zutreffend die Situation der ersten Ehejahre. Die Zeit des Verliebtseins ist vorbei, der berühmte Ehealltag mit seiner »normalen« Sprache beginnt. Die (jungen) Eheleute haben feststellen müssen, dass manche ihrer Erwartungen, Wünsche und Träume von der Wirklichkeit überholt sind. Diese Zeit der »Enttäuschung« hat neben bitteren Erfahrungen auch positive Seiten: Beide Partner werden frei von Illusionen und »Bildern«, die sie geblendet haben – sie können sich eigentlich jetzt erst richtig entdecken und lieben lernen. Sie dürfen nun so sein, wie sie wirklich sind oder gern sein wollen. Was vorher fasziniert hat, wird jetzt eher realistisch gesehen; was vorher unentdeckt blieb, kann jetzt faszinieren. Die Eheleute erkennen sich in ihrer Andersartigkeit und nehmen sich gegenseitig mit ihren Stärken und Schwächen an. Nicht allen aber gelingt das, sodass manche Ehen bereits nach wenigen Jahren an diesem Anspruch zerbrechen.

Unsere Liebe hat uns den Mut gegeben, uns für immer aneinander zu binden. Aber auch das Vertrauen, dass du bei uns bist, in jedem Augenblick unserer Ehe.
Herr, täglich entdecken wir Neues aneinander, Neues auch an unserer Liebe. Wir danken dir, dass wir füreinander da sein dürfen. Erhalte uns unsere Liebe, auch wenn wir einander enttäuschen: Mit dir können wir sie immer wieder erneuern.

2. Aus der Ehe wird Familie

Denkst du an ein Jahr,
säe ein Samenkorn;
denkst du an ein Jahrzehnt,
pflanze einen Baum;
denkst du an ein Jahrhundert,
erziehe einen Menschen.
Aus China

Die Geburt eines Kindes ist ein wichtiges Ereignis, für viele wie ein Wunder. Die Eheleute werden Vater und Mutter. Im Ja zum Kind drücken sie Lebensmut, Lebensfreude, Lebenshoffnung aus. Kinder weisen über den Tag hinaus. Sie sind Geschenk und anvertraute Aufgabe. Durch sie verändert sich auch die eheliche Beziehung.
Vieles, was vorher wie selbstverständlich möglich war, muss nun eingeschränkt werden oder wird erschwert: der spontane Besuch bei Freunden, die ungestörte Nachtruhe, der Wochenendausflug, die Theaterfahrt und nicht zuletzt die Berufstätigkeit beider Ehepartner. Gerade jetzt dürfen die Eltern nicht vergessen: *Sie sind zwar Eltern geworden, aber Eheleute geblieben!* Sie müssen auch weiterhin

ihre Interessen, Bedürfnisse und Wünsche als Eheleute wahrnehmen und je eigene und gemeinsame Unternehmungen verwirklichen können. Dabei ist es wichtig, dass sie über den Kreis der Familie hinaus Freunde haben und in Gruppen und Vereinen mittun.
Immer mehr Paaren bleibt allerdings das Glück, eigene Kinder zu bekommen, verwehrt. Die Gründe sind vielfältig. Auch ungewollte Kinderlosigkeit ist eine Aufgabe, die gemeinsam bewältigt werden muss.

Vater im Himmel, wir danken dir für unsere Kinder, die Freude und die Aufgabe unserer Ehe. Gib uns ein frohes Familienleben. Lass uns immer das Vertrauen unserer Kinder behalten und hilf uns beiden, dass wir auch weiterhin eine glückliche Ehe führen. Halte uns alle in deiner Liebe!

3. Und bleibt Ehe

Einen Menschen lieben,
heißt einwilligen,
mit ihm alt zu werden.
Albert Camus

Wenn die Kinder das Elternhaus verlassen, dann leben die Eheleute oft noch zwanzig Jahre und länger ihre Ehe. Sie haben nun wieder mehr Zeit und Muße füreinander. Sie können vieles unternehmen und tun, was früher wegen der Kinder nicht möglich war. Manche lang ersehnten Wünsche lassen sich nun erfüllen.

Verantwortung, können sie sich ihnen mit viel Verständnis und großer Geduld zuwenden. Was sie früher bei den eigenen Kindern oft vermisst haben, das besitzen sie nun in Fülle: Zeit und Muße zum Erzählen, Vorlesen, Spielen, Spaßmachen.

Der neu gewonnene Freiraum kann jedoch schon bald eingeschränkt werden, wenn die eigenen alten Eltern pflegebedürftig werden und mitunter rund um die Uhr betreut werden müssen. Hier muss realistisch eingeschätzt werden, was für alle Beteiligten zumutbar ist. Damit die Pflegenden später nicht selbst zu »Pflegefällen« werden.

Vielen Eheleuten fällt es aber zunächst schwer, mit dieser neuen Situation fertig zu werden. Es braucht Zeit, sich wieder neu aufeinander einzustellen. Der Ruhestand führt nicht selten dazu, dass die Außenkontakte sich verringern und die Eheleute sich zurückziehen. Mit zunehmendem Alter werden die Ehepartner mehr und mehr voneinander abhängig. Gebrechlichkeit und Krankheit fordern gegenseitige Solidarität und Hilfe. Viele ältere Ehepaare bleiben jung mit ihren Enkelkindern. Befreit von der unmittelbaren

Jetzt haben wir, Gott sei Dank,
wieder mehr Zeit füreinander.
Unsere Kinder brauchen nur noch
gelegentlich unsere Hilfe.
Oft spüren wir, dass wir nun allein sind.
Aber eigentlich sind wir froh,
wieder ganz füreinander da sein zu können.
Herr, lass uns neu entdecken,
was wir einander bisher bedeutet haben
und auch zukünftig bedeuten werden.

Bis dass der Tod uns scheidet

Wie der Ring den Finger ganz umschließt,
so umschließe das Band der Treue jene beiden,
welche diese Ringe tragen.
Herr Jesus Christus, segne diese Ringe
und schütze diese Ehe vor allem,
was sie je bedroht.
Ein Segen bei der kirchlichen Trauung

Das Treueversprechen der Eheleute war über Generationen hinweg gestützt und abgesichert durch die »Institution Ehe«. Sie regelte das Zusammenleben der Eheleute und legte sie auf ihre Rollen und Funktionen fest. Mann und Frau wussten, wer sie füreinander waren und wie sie miteinander auszukommen hatten. Diese Gewissheit versprach Berechenbarkeit, Kontinuität und Stabilität – und damit eine Grundsicherung des gemeinsamen Lebens. Es gab andererseits aber auch starre Reglementierungen und soziale Zwänge. Heute stehen diesen »alten« Bedürfnissen nach Sicherheit, Verbindlichkeit und Geborgenheit die »neuen« Wünsche nach Autonomie, Unabhängigkeit und Selbstbestimmung gegenüber. Zwischen Bindung und Freiheit fühlen sich viele junge Paare hin- und hergerissen. Den vielfältigen Freiheitsmöglichkeiten stehen die vielfach begrenzten Freiheitsfähigkeiten der Menschen und Paare gegenüber. Für alle spürbar wächst das Risiko der Freiheit und damit zugleich der Bedarf nach neuen Orientierungs- und Ordnungsrahmen.

Eine Rückbesinnung auf die »Institution Ehe« bedeutet keineswegs einen Rückfall in vergangene Zeiten mit einem Bündel an Vorschriften und Reglementierungen. Formen und Riten, Zeichen und Symbole jedoch helfen den Menschen in ihren vielfältigen und vielschichtigen Beziehungen. Sie geben ihnen Aufschluss über Stand und Stellenwert ihrer Verbindung und erinnern an die Verbindlichkeit getroffener Beschlüsse und Vereinbarungen.

Mit Blick auf die Ehe kann gesagt werden: Gerade das Treueversprechen im Sinne einer verbindlichen Lebensentscheidung bedarf mehr denn je der Einbindung und Unterstützung durch die »Institution Ehe«. Entscheidend wird sein, wie der institutionelle Charakter einer Ehe von den Paaren wahrgenommen wird: als entlastend oder belastend für ihre Beziehung, als förderlich oder hinderlich für ihre Liebe. Das Eheversprechen »bis dass der Tod uns scheidet« muss Bindung und Freiheit vereinen. Das ist kein Gegensatz. Beide Pole sind vielmehr darauf angelegt, sich wechselseitig zu ergänzen.

Was Treue alles vermag …

Ein hoher Beamter fiel bei seinem König in Ungnade. Der König ließ ihn im obersten Raum eines Turmes einkerkern. In einer mondhellen Nacht aber stand der Gefangene oben auf der Zinne des Turmes und schaute hinab.

Da sah er seine Frau stehen. Sie machte ihm ein Zeichen und berührte die Mauer des Turmes. Gespannt blickte der Mann hinunter, um zu erkennen, was seine Frau hier tat. Aber es war für ihn nicht verständlich, und so wartete er geduldig auf das, was da kam.

Die Frau am Fuß des Turmes hatte ein honigliebendes Insekt gefangen; sie bestrich die Fühler des Käfers mit Honig. Dann befestigte sie das Ende eines Seidenfadens am Körper des Käfers und setzte das Tierchen mit dem Kopf nach oben an die Turmmauer, gerade an die Stelle, über der sie hoch oben ihren Mann stehen sah. Der Käfer kroch langsam dem Geruch des Honigs nach, immer nach oben, bis er schließlich dort ankam, wo der gefangene Ehemann stand.

Der gefangene Mann war aufmerksam und lauschte in die Nacht hinein, und sein Blick ging nach unten. Da sah er das kleine Tier über die Rampe klettern. Er griff behutsam nach ihm, löste den Seidenfaden, befreite das Insekt und zog den Seidenfaden langsam und vorsichtig zu sich empor.

Der Faden aber wurde immer schwerer, es schien, dass etwas daran hing. Und als der Ehemann den Seidenfaden ganz bei sich hatte, sah er, dass am Ende des turmlangen Fadens ein Zwirnfaden befestigt war.

Der Mann oben zog nun auch diesen Faden zu sich empor. Der Faden wurde immer schwerer, und siehe, an seinem Ende war ein kräftiger Bindfaden festgemacht. Langsam und vorsichtig zog der Mann den Bindfaden zu sich empor. Auch dieser wurde immer schwerer. Und an seinem Ende war dem Mann eine starke Schnur in die Hand gegeben.

Der Mann zog nun die Schnur zu sich heran, und ihr Gewicht nahm immer mehr zu, und als das Ende in seiner Hand war, sah er, dass hier ein starkes Seil angeknotet war. Das Seil machte der Mann an einer Turmzinne fest. Das Weitere war ganz einfach und selbstverständlich. Der Gefangene ließ sich am Seil hinab und war frei. Er ging mit seiner Frau schweigend in die stille Nacht hinaus und verließ das Land des ungerechten Königs.

Indisches Märchen

In guten wie in bösen Tagen

Herr, mein Gott:
Wir Menschen und Meere –
Sollen wir denn stets zwischen Ebbe
und Flut schwingen?
Dom Helder Camara

Überall, wo Menschen zusammenleben, gibt es Höhen und Tiefen, Ebbe und Flut, »gute wie böse Tage«. Es kann im Leben nicht alles glattgehen, ohne Meinungsverschiedenheiten, Unstimmigkeiten, Konflikte, ja Streit. Das alles gehört ganz natürlich und ganz selbstverständlich zum Miteinander von Menschen – auch und gerade in der Ehe.

Konflikte entstehen in der Regel dadurch, dass widersprüchliche Wünsche, Interessen, Einstellungen und Gewohnheiten aufeinander stoßen. Einer beansprucht etwas, was der andere nicht hergeben will; einer will etwas durchsetzen, was der andere nicht mitmachen kann. Auch in Ehe und Familie begegnen sich Menschen, die nicht in allem übereinstimmen und sich über vieles erst verständigen und einigen müssen. Das verläuft nicht immer reibungs- und spannungslos.

Sehnsucht nach Harmonie

Konflikte aber stehen im Widerspruch zur menschlichen Sehnsucht nach Harmonie, Eintracht, Frieden. Gegenüber den Anforderungen und Belastungen des beruflichen Alltags soll gerade das Leben in Ehe und Familie für Ausgleich, Entspannung und Ruhe sorgen: möglichst keinen Ärger, keine Spannungen, keine Streitigkeiten. Dann schon lieber einmal oder auch mehrmals »um des lieben Friedens willen« nachgeben.
Damit ist aber kein einziger Konflikt gelöst! Vielmehr wird er verharmlost, unterdrückt, beiseitegeschoben, mehr oder weniger verdrängt. Die Folge: Wie ein Schwelbrand frisst er sich unter der Oberfläche weiter, bis er sich eines Tages zum Flächenbrand ausweitet. Ein anderes Bild: Wer ständig Ärger, Aggressionen und Enttäuschungen herunterschluckt, muss damit rechnen, dass irgendwann einmal »das Fass zum Überlaufen« kommt.

Ein Ehepaar ist so zerstritten, dass die
beiden kein Wort miteinander reden.
Er legt auf ihren Nachttisch einen Zettel:
»Um sieben Uhr wecken!«
Am nächsten Morgen erwacht er um acht
Uhr und findet auf seinem Nachttisch einen
Zettel: »Wach auf, es ist sieben Uhr.«

Konflikte bedeuten nicht gleich Zerwürfnis der Partner oder gar Zerstörung der Ehe. Im Gegenteil, sie sind eine Chance zur Besinnung und Umkehr. Sie machen bewusst, dass etwas nicht stimmt, dass etwas anders und besser gemacht werden muss. Leben ist nicht nur Harmonie und Ausgleich, sondern immer auch Spannung und Auseinandersetzung.

Lieber sich gehörig streiten
als sich schlecht befrieden.
Aus der Mongolei

Konflikte austragen

*Man sollte dem anderen die Wahrheit
wie einen Mantel hinhalten,
damit er hineinschlüpfen kann,
und sie ihm nicht wie einen nassen
Lappen um die Ohren schlagen.*
Max Frisch

Einen Konflikt offen und fair austragen, bedeutet:

Klar und eindeutig miteinander reden

Es ist hilfreicher, auch in schwierigen Situationen sich unmissverständlich die Meinung zu sagen, als mit den Problemen hinter dem Berg zu halten. Allein schon Mimik und Gestik verraten die Stimmungslage. Allerdings sind diese »Äußerungen« oft doppeldeutig und geben Anlass zu weiteren Missverständnissen.

Behauptungen begründen

Im Streitgespräch wird vieles behauptet, was weder nachgewiesen noch überprüft werden kann. Wer pauschal verurteilt, zwingt den Partner in die Verteidigung und dann zum Gegenangriff.

Verallgemeinerungen vermeiden

Im Streit neigen Menschen zu Verallgemeinerungen. Schnell werden einzelne Verhaltens- und Reaktionsweisen als (all-)gemeine Haltung ausgelegt und verurteilt. »Das ist typisch für dich. So bist du nun mal.« Wer kann mit einem solchen Vorwurf (weiter-)leben?

Hintergründe klären

Die Ursachen von Spannungen und Konflikten können in der Sache selbst oder in der Beziehung liegen. Hinter vermeintlich sachlichen Streitpunkten verbergen sich nicht selten Störungen in der ehelichen Beziehung.

Ärger und Aggressionen aussprechen

Beim Streit kommen Ärger und Aggressionen ins Spiel. Wenn sie nicht allzu lange unterdrückt werden, können sie so ausgesprochen werden, dass sich der andere nicht verletzt fühlen muss.

Belastbarkeit des anderen erkennen

Kaum ein Mensch ist jederzeit gleichermaßen belastbar. Es gibt Stunden oder auch Tage, wo ein Streit nicht (mehr) zu verkraften ist. Wird die Auseinandersetzung vertagt, gilt der Grundsatz: Aufgeschoben ist nicht aufgehoben.

Einander verzeihen können

Wer später sein Unrecht einsieht oder seine unüberlegten Worte am liebsten zurückholen möchte, muss sich auch entschuldigen können. Wer um diese Entschuldigung gebeten wird, sollte auch verzeihen können. Beides fällt nicht immer leicht. Aber dies allein ermöglicht Neuanfang und Veränderung.

Wenn Ehen zerbrechen

Zwischen Gelingen und Scheitern

Zwischen Gelingen und Scheitern, zwischen diesen beiden Lebenspolen bewegen sich heute die Liebes-, Ehe- und Familienbiografien der Menschen. Die gesellschaftlichen Veränderungen mit ihren vielfältigen Umbrüchen in allen Lebensbereichen lassen junge Ehepaare unter völlig anderen Voraussetzungen ihre Beziehung beginnen als noch ihre Eltern. Die traditionellen, oft geschlechtsspezifischen Vorgaben, die einst die Einstellungen und Verhaltensweisen vor und in der Ehe bestimmten, haben an Plausibilität verloren. Die herkömmlichen Leitbilder von Ehe und Familie werden zusehends abgelöst von neuen Idealvorstellungen partnerschaftlichen Zusammenlebens.

Liebe in Zeiten des Umbruchs wird immer mehr auch zum »Problem« in den Ehen und Familien. Aus Liebe kommt es zur Ehe, der Liebe wegen bleibt die Ehe bestehen. Die Liebe zwischen Mann und Frau ist das entscheidende »Bindemittel« – sie kann ewig währen, sie kann aber auch schnell vergehen. Das Ideal einer Liebesehe kennt nach wie vor das Gelingen, zunehmend aber auch das Scheitern.

Erst wenn man weiß, dass sie enden kann, hat man den Anfang der Liebe erreicht.
Eva Strittmatter

Vielfältige Ursachen

Es gibt keine *ein*-deutigen Erklärungen für das Scheitern von Ehen, sondern eher *mehr*-deutige Begründungsversuche. Wie bei einem Wollknäuel lassen sich die unterschiedlichsten Fäden und Stränge subjektiver wie objektiver Beweg- und Hintergründe nur schwer entwirren. Lebensbiografische Daten, paarspezifische Entwicklungen, soziale Lebensbedingungen und gesellschaftliche wie mediale Einflüsse vermischen sich. Jede Trennung und Scheidung ist ein Gemenge von persönlicher und fremder Schuld, von inneren Umbrüchen und äußeren Umständen. Ihr Prozess ist eine »unendliche« (Leidens-) Geschichte – vorher und nachher.

Denn die *Kränkung des Ichs* und die *Entwertung der (eigenen) Person* sind das zentrale Problem. Wo eine Ehe »stirbt«, sterben mit ihr auch Träume und Hoffnungen, Sehnsüchte und Wünsche nach gelingendem Leben. Die Menschen sind zutiefst enttäuscht, bis ins Innerste getroffen, verletzt, mitunter fühlen sie sich auch gedemütigt und erniedrigt. Sie sind »tod«-unglücklich! Es braucht seine Zeit, bis die Wunden vernarben und die notwendige Trauerarbeit geleistet ist.

Kein heil-loses Ende

Wichtig für eine solche »Trauerarbeit« sind folgende Phasen:

> Trauer und Leid zulassen.
> Sich der Frage nach den vielfältig verflochtenen und selten einseitigen Schuldanteilen stellen.
> Eigene Versäumnisse und Verkümmerungen eingestehen.
> Sich der guten gemeinsamen Zeiten in der Beziehung erinnern.
> Sich auch die »guten Seiten« am Partner bzw. der Partnerin vergegenwärtigen.

Ein solcher Prozess kann mit der Zeit zur notwendigen Aussöhnung auch mit dieser Lebensphase führen. Versöhnte Vergangenheit lässt eine bessere Zukunft erwarten.

Nichts bleibt

Tage kommen und gehen
alles bleibt wie es ist
Nichts bleibt wie es ist
es zerbricht wie Porzellan
Du bemühst dich
die Scherben zu kleben
zu einem Gefäß
und weinst
weil es nicht glückt.

Rose Ausländer

Der vermeintliche Schluss einer Beziehung muss nicht ihr heil-loses Ende bedeuten. Gelegentlich finden die Partner nach einer gewissen Zeit der Trennung Wege, auch eine verdorrte Liebe mit neuem Leben zu erfüllen. In den meisten Fällen ist jedoch ein Zustand eingetreten, der jede menschliche Kraft und Möglichkeit überfordert. Dann sind Trennung und Scheidung der einzige Weg, sich und vor allem auch die Kinder vor gegenseitiger Zerstörung zu bewahren. Absterben und Aufleben – diesen Rhythmus kennt nicht nur die Natur, sondern auch die Lebens- und Beziehungswelt der Menschen. Trennung und Scheidung können auch heilsam wirken.

Eltern bleiben

Auch wenn die Eheleute sich trennen, so bleiben sie doch Eltern. Das Kind bzw. die Kinder brauchen *beide* Eltern – mehr als je zuvor. Die *gemeinsame* Verantwortung bleibt bestehen. Das Kindeswohl erfordert persönlichen Umgang mit beiden Eltern. Dies bedarf klarer Absprachen unter allen Beteiligten. Auf keinen Fall dürfen Spannungen und Zerwürfnisse der Erwachsenen zulasten der Kinder ausgetragen werden.

Dabei sollten die Eltern klären,

> bei wem die Kinder künftig leben (Aufenthalt),
> falls sie überwiegend bei einem Elternteil leben: auf welche Weise der Kontakt zum anderen Elternteil gewährleistet wird (dabei sollten auch Ferien, Feiertage, Geburtstage berücksichtigt werden),
> welche Angelegenheiten der Kinder künftig gemeinsam entschieden werden sollen,
> wer für welche Bereiche allein zuständig sein wird,
> wie der Unterhalt der Kinder sichergestellt werden kann.

Geschieden und wiederverheiratet

»Bis dass der Tod uns scheidet ...«, dieses Versprechen bedeutet für katholische Christen: Unsere Ehe ist unauflöslich, unwiderruflich, endgültig. »Was Gott verbunden hat, darf der Mensch nicht trennen«, heißt es in der Bibel (Matthäus 19,6).

Die *katholische* Kirche kennt zwar die Trennung von »Tisch und Bett«, aber keine Scheidung und folglich auch keine Wiederheirat, wie sie aus dem weltlichen Recht bekannt sind. Nach der zivilen Gesetzgebung kann eine Ehe nach Ablauf bestimmter Fristen geschieden werden. Danach ist eine erneute Heirat möglich. Nach kirchlichem Recht gilt dagegen, dass jede Ehe – kirchlich gültig, sakramental geschlossen und geschlechtlich vollzogen – durch keine weltliche Macht geschieden werden kann.

Wenn aufgrund falscher Voraussetzungen eine Ehe eingegangen worden ist, z.B. unter Zwang oder bei psychischer Eheunfähigkeit, kann in solchen oder ähnlichen Fällen nach katholischem Recht die Ehe für »nichtig« erklärt bzw. »annulliert« werden. Ehescheidung nach zivilem Recht und Ehenichtigkeit nach kirchlichem Recht sind zwei grundverschiedene Vorgänge. Bei einer Scheidung wird eine gültige Ehe zivilrechtlich aufgelöst. Bei einer Ehenichtigkeit wird dagegen kirchenamtlich festgestellt, dass eine ungültige Ehe bestand. In jeder Diözese gibt es dafür ein kirchliches Gericht (Offizialat), dessen Anschrift über die Pfarrämter zu erfragen ist.

Auch die *evangelische* Kirche bekennt sich zur Unauflöslichkeit der Ehe, da sie Gottes Willen entspricht. Weil der Mensch jedoch aufgrund seiner Begrenztheit und Schwäche den Willen Gottes verfehlen kann, ist eine Scheidung nach gewissenhafter Prüfung der Eheleute möglich.

Das Dilemma, in dem sich die katholische Kirche und eben viele katholische Christinnen und Christen befinden, ergibt sich aus dieser Problemstellung: Wie kann die Kirche einerseits den Anspruch auf Unauflöslichkeit der Ehe bekennen und andererseits ihr mögliches Scheitern aufgrund menschlicher Unzulänglichkeit und Begrenztheit anerkennen? Weiter muss ernsthaft gefragt werden: Gibt es für einen Partner nicht auch ein mehr oder weniger schuldloses Verlassenwerden?

Und noch entscheidender stellt sich für Christen die Frage: Selbst wenn aufgrund persönlicher Schuld eine Ehe gescheitert ist – kann und muss nicht jede Schuld Vergebung finden und damit auch wieder zur vollen Aufnahme in die Gemeinschaft der Kirche führen? Warum wird einzig die Schuld hinsichtlich einer gescheiterten Ehe nicht vergeben, während jede andere Schuld in der Kirche Vergebung findet?

Angesichts der Not der Betroffenen erwarten viele katholische Christinnen und Christen von der Kirche, dass noch einmal intensiv und miteinander darüber nachgedacht wird, wie gleichzeitig die Unauflöslichkeit einer ehelichen Gemeinschaft im Glauben gefördert werden kann, aber auch in Situationen des schuldhaften Versagens und Zerbrechens einer solchen Gemeinschaft durch Vergebung ein Neuanfang in einer zweiten Ehe ermöglicht wird. Dass dies dem Evangelium nicht völlig widersprechen kann, zeigt die Praxis der christlich-orthodoxen Kirche, die nach dem Scheitern einer ersten Ehe den Christinnen und Christen die Möglichkeit eröffnet, sich erneut auf die Zusage Gottes einzulassen: Du bist zur unwiderruflichen Liebe fähig, auch wenn du in deiner ersten Liebe gescheitert bist oder versagt hast!

Noch einmal sprechen
vom Glück der Hoffnung auf Glück.
Erich Fried

Einklang

Als ein Mann, dessen Ehe nicht gut ging, seinen Rat suchte, sagte der Meister: »Du musst lernen, deiner Frau zuzuhören.« Der Mann nahm sich diesen Rat zu Herzen und kam nach einem Monat zurück und sagte, er habe gelernt, auf jedes Wort, das seine Frau sprach, zu hören.

Sagte der Meister mit einem Lächeln: »Nun geh nach Hause und höre auf jedes Wort, das sie nicht sagt.«

Anthony de Mello

Über den Tod hinaus

Wer einen Menschen liebt, setzt für
immer seine Hoffnung auf ihn.

Gabriel Marcel

der tod

hin und wieder
bringt der briefträger
eine todesanzeige
schwarzer rand

vorige woche
waren wir betroffen
der kollege meines mannes
fast genauso alt wie er
tot
plötzlich
sie sind gerade zwei jahre
verheiratet
und hatten
das erste kind bekommen

so sicher ist das leben nicht
sagte mein mann
da sieht man
wie wertvoll jede stunde ist
jeder tag
jeder abend
an dem wir
noch
zusammen sind

der tod
unser heimlicher gast
und freund
bruder tod
wer mit ihm lebt
dem macht er das leben intensiver
farbiger schöner

du sollst
das leben
nicht vor dir herschieben
auf morgen verschieben
oder auf nächstes jahr
sagt der tod
jeder tag
jede minute
ist ewigkeit

der tod
treibt die kostbarkeit des lebens
auf die spitze
ich habe es gesehen
bei meinen großeltern
in den letzten jahren ihres lebens
da lebten sie mit dem tod
der tod ist unser freund
sagte meine großmutter
da spürte man
jeden tag
wie die freude aneinander
und ihre liebe und sorge füreinander
kostbarer wurden
und manchmal dachte ich:
bei ihnen
ist diesseits und jenseits
schon eins

Wilhelm Willms

Gebet für den verstorbenen Ehepartner

Vater, du hast meinen Mann (meine Frau) zu dir genommen.
Wir sind ein Stück unseres Lebens miteinander gegangen.
Wir haben vieles miteinander geteilt, Freud und Leid,
frohe und schwere Stunden. Es war schön,
wenn auch nicht immer leicht. Dafür danke ich dir.
Nun hat mein Mann (meine Frau) zuerst das Ziel erreicht.
Ich bleibe allein zurück. Lohne ihm (ihr) alle Liebe und Treue
mit ewiger Freude; mir aber gib Kraft zu sagen:
Dein Wille geschehe, auch wenn dein Weg unbegreiflich ist.
Und lass uns im Himmel mit dir vereint sein.
Maria, Trösterin der Betrübten, bitte für uns.

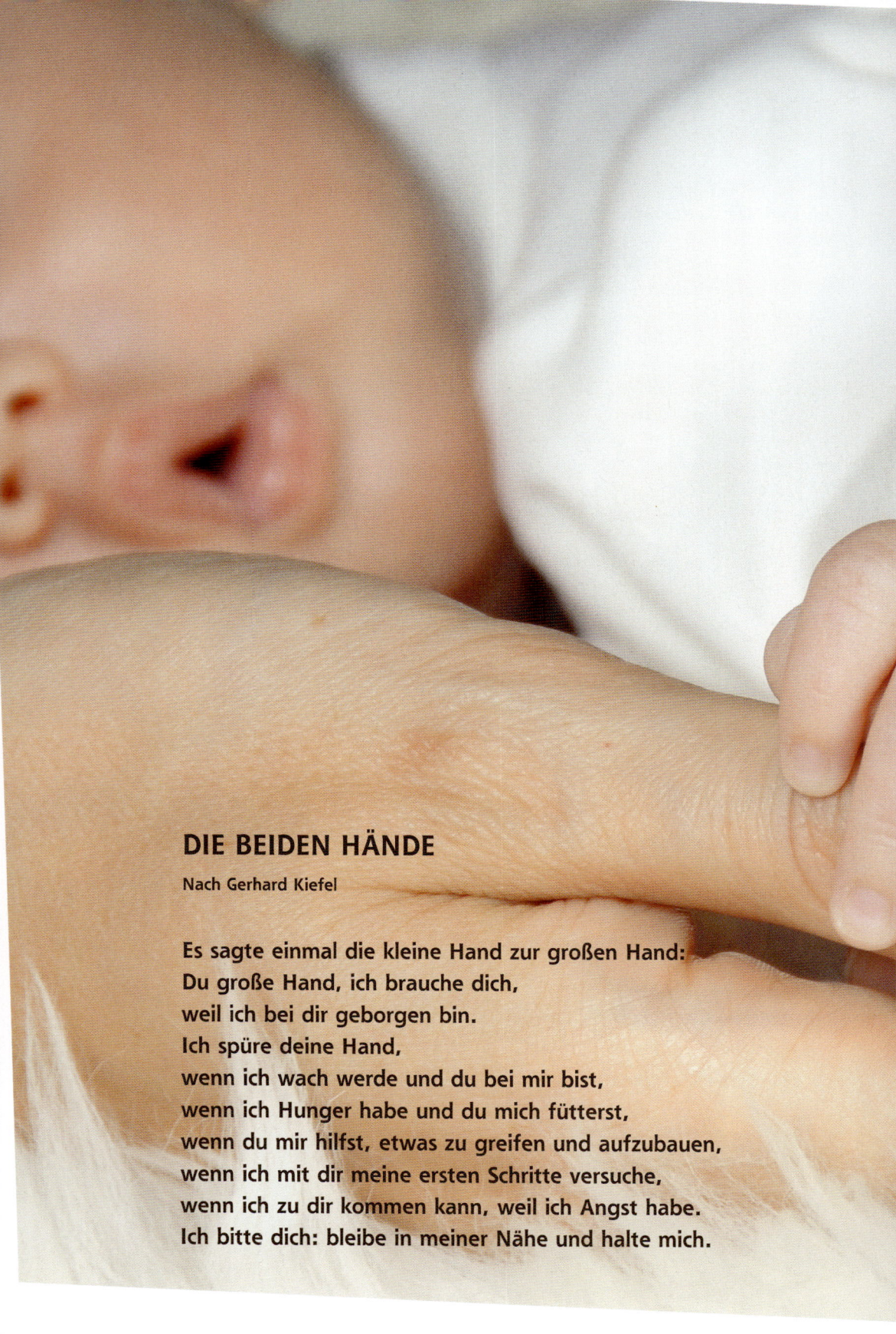

DIE BEIDEN HÄNDE

Nach Gerhard Kiefel

Es sagte einmal die kleine Hand zur großen Hand:
Du große Hand, ich brauche dich,
weil ich bei dir geborgen bin.
Ich spüre deine Hand,
wenn ich wach werde und du bei mir bist,
wenn ich Hunger habe und du mich fütterst,
wenn du mir hilfst, etwas zu greifen und aufzubauen,
wenn ich mit dir meine ersten Schritte versuche,
wenn ich zu dir kommen kann, weil ich Angst habe.
Ich bitte dich: bleibe in meiner Nähe und halte mich.

Geburt und Taufe

Und es sagte die große Hand zur kleinen Hand:
Du kleine Hand, ich brauche dich,
weil ich von dir ergriffen bin.
Das spüre ich,
weil ich viele Handgriffe für dich tun darf,
weil ich mit dir spielen, lachen und herumtollen kann,
weil ich mit dir kleine, wunderbare Dinge entdecke,
weil ich deine Wärme spüre und dich lieb habe,
weil ich mit dir zusammen wieder bitten und danken kann.
Ich bitte dich: bleibe in meiner Nähe und halte mich.

Leben weitergeben

Nachts

Wir schlafen nicht.
Ein Kind soll kommen.
Wir haben einen Bauch
voll Lebenslust
genommen.

Wir lassen drei
krumm sein und grade.
Das Glück ist unsere Angst,
dass uns kein Morgen
schade.

Peter Maiwald

Späterer Berufseintritt – spätere Heirat – spätere Familiengründung: Vieles verlagert sich in die 30er-Lebensjahre. Spätestens dann stellt

sich die Frage nach der Realisierung des (früheren) Kinderwunsches. Die Hoffnung eines Paares, seine Liebe sichtbar, greifbar, »fruchtbar« werden zu lassen im Kind, ist oft verbunden mit der Sorge um den Arbeitsplatz eines Partners. Manchen Paaren stellt sich die Frage, ob sie sich überhaupt ein Kind »leisten« können – bei ihren wirtschaftlichen Verhältnissen und den unsicheren Zukunftsaussichten.

Es tauchen aber auch andere Fragen auf: Wie ist das eigentlich, wenn man Vater oder Mutter wird? Wird sich dann für uns nicht allzu viel ändern – in unserer Ehe, in unserem Beruf? Werden wir dann überhaupt noch genügend Zeit für uns haben? Und nicht zuletzt: Können wir den hohen Anforderungen an die Erziehung eines Kindes angesichts einer wenig kinderfreundlichen Umgebung und vielfacher Verunsicherungen überhaupt gerecht werden? Noch bedrängender können diese Fragen werden, wenn Eltern sich weitere Kinder wünschen, aber unsicher oder uneins sind über die Zahl der Kinder und den richtigen Zeitpunkt.

Leben heißt
langsam geboren werden.
Antoine de Saint-Exupéry

Die Eltern tragen hier ganz persönlich die Verantwortung; das bestätigt unter dem Stichwort »Verantwortete Elternschaft« auch ein Text des Zweiten Vatikanischen Konzils:

In ihrer Aufgabe, menschliches Leben weiterzugeben und zu erziehen, die als die nur ihnen zukommende Sendung zu betrachten ist, wissen sich die Eheleute als mitwirkend mit der Liebe Gottes des Schöpfers und gleichsam als Interpreten dieser Liebe. Daher müssen sie in menschlicher und christlicher Verantwortlichkeit ihre Aufgabe erfüllen und in einer auf Gott hinhörenden Ehrfurcht durch gemeinsame Überlegung versuchen, sich ein sachgerechtes Urteil zu bilden. Hierbei müssen sie auf ihr eigenes Wohl wie auf das ihrer Kinder – der schon geborenen oder zu erwartenden – achten; sie müssen die materiellen und geistigen Verhältnisse der Zeit und ihres Lebens zu erkennen suchen und schließlich auch das Wohl der Gesamtfamilie, der weltlichen Gesellschaft und der Kirche berücksichtigen. Dieses Urteil müssen im Angesicht Gottes die Eheleute letztlich selbst fällen.

Zweites Vatikanisches Konzil,
Die Kirche in der Welt von heute,
Art. 50

Wenn Sie wissen, dass Sie schwanger sind ...

und ein Kind erwarten, erfüllen neben Gefühlen des Glücks und der Freude auch Unsicherheiten und Ängste diese Zeit des gemeinsamen Wartens. Wie wird unser Kind werden? Wird es gesund sein? Wie wird die Geburt verlaufen? Und welchen Namen sollen wir dem Kind geben?
Es gibt vieles zu überlegen in diesen Wochen und Monaten ...
Das, was da heranwächst, ist ein Mensch – vom Augenblick der Empfängnis an. Im Erbgut der ersten Körperzelle, die durch die Vereinigung des männlichen Samens mit der Eizelle der Frau entstand, ist schon die ganze Veranlagung des einen Menschen enthalten: also sein künftiges Aussehen und die Farbe

seiner Augen ebenso wie seine Talente und Fähigkeiten. Das kann werdende Eltern zum Staunen bringen und dankbar werden lassen vor diesem kostbaren Geschenk. Mann und Frau sollten zusammen »schwanger« gehen und sich auf das »wunderbare« Ereignis der Geburt vorbereiten:

> im Gespräch über das, was sie fühlen, empfinden und denken
> in einem Kurs für werdende Eltern
> durch das Einrichten eines Kinderzimmers und das Besorgen der ersten Kinderwäsche
> ...

Gebet für ein Kind vor der Geburt

Herr und Gott, wir erwarten unser Kind.
Wir möchten so gern, dass es ein gesundes und fröhliches Kind wird. Aber wir wollen es annehmen, wie du es uns gibst.
Nun bitten wir dich:
schenke ihm deine Liebe.
Wir wollen es schützen, so gut wir können, schon jetzt, da wir es erwarten.
Hilf in der Stunde der Geburt.
Wir wollen unser Kind aufnehmen in deinem Namen und ihm den Weg zeigen, auf dem es dich finden kann.
Schenke ihm ein erfülltes und glückliches Leben, und lass es zum Segen werden für alle, die ihm begegnen.
Nimm es allzeit in deinen Schutz.

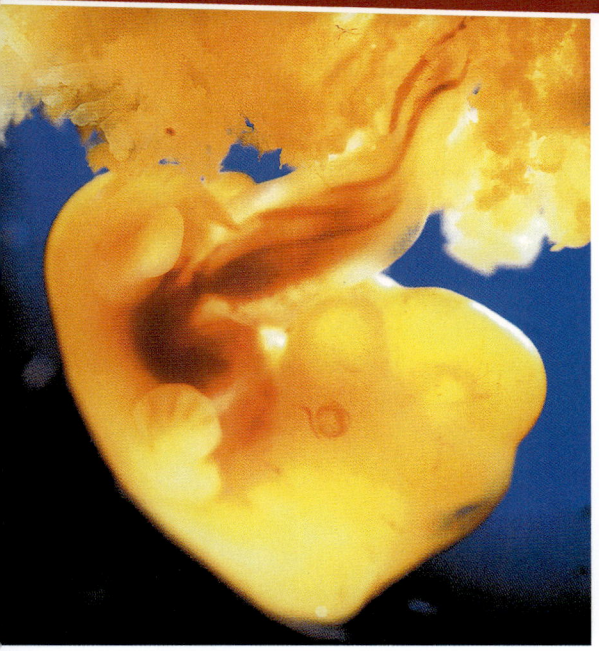
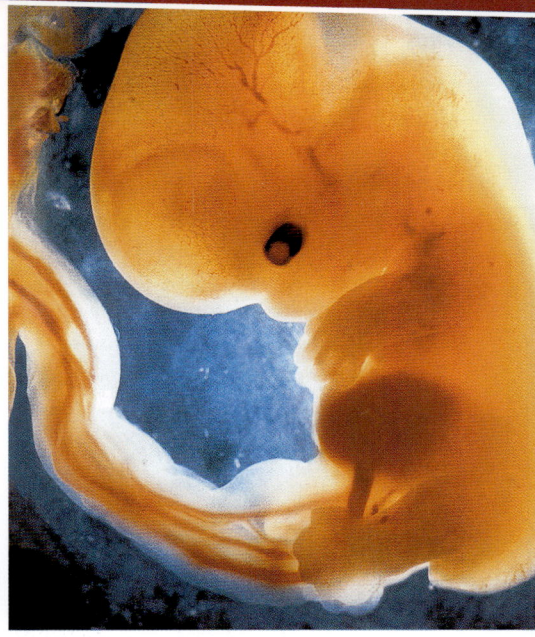

Ein Kind entsteht

1. bis 3. Monat

Drei Wochen nach der Empfängnis, der Verschmelzung von Ei- und Samenzelle, hat das Kind die Form eines Sesamkorns – flach, oval, gerade einmal einen Millimeter lang. In den kommenden Tagen wächst es schnell, am Ende der vierten Woche ist es bereits drei bis vier Millimeter groß. Dies ist die entscheidende Zeit der Organbildung, das Herz beginnt bereits zu schlagen. Wieder zwei Wochen später ist die Leber in der Lage, erstes eigenes Blut zu bilden. Das Baby wiegt nun, am Ende des 2. Schwangerschaftsmonats, ein halbes Gramm und ist etwa anderthalb Zentimeter lang.

Zu Beginn des 3. Monats entwickelt sich das Gehirn rasant: Bis zu 100.000 neue Nervenzellen entstehen pro Minute. Das Baby besteht vor allem aus Herz und Hirn: Der Körper ist nicht größer als der Kopf. Das Baby ist erst 50 Tage alt, da beginnt es – kaum größer als drei Zentimeter –, sich zu bewegen: So wird das entstehende Gleichgewichtsorgan geschult, die Muskeln werden stimuliert. Bis zum Ende des 3. Monats sind alle Organe bereits angelegt, sie müssen nun nur noch wachsen und reifen. Das Baby bewegt sich bereits lebhafter, es kann den Kopf drehen, kleine Fäuste machen, atmen üben und trinkt in kleinen Schlucken Fruchtwasser.

4. und 5. Monat

Kurze Aktiv- und Ruhephasen wechseln sich beim Kind im 4. Monat gleichmäßig ab, es gähnt und hat Schluckauf, strampelt mit den Beinen, führt die Händchen zum Mund, spielt mit der Nabelschnur. Es könnte sogar schon Laute von sich geben, so weit sind seine Stimmbänder mit 77 Tagen bereits entwickelt. Das kleine Herz hat im Alter von 90 Tagen schon eine Pumpleistung von rund 100 Litern pro Tag, der Herzschlag kann jetzt von außen abgehört werden.

Im 5. Monat ist der eigene Kreislauf des Babys vollkommen funktionsfähig. Im Rücken bilden sich mehr und mehr Knochen und alle Muskeln gewinnen an Länge und Volumen. Die Hautfunktionen reifen von Tag zu Tag, um den 125. Tag herum bilden sich Rillen in den Fingerspitzen, wie sie auf der ganzen Welt nur dieses Baby hat: Ab jetzt könnte das Kind schon seine Fingerabdrücke hinterlassen!

6. bis 9. Monat

Ab dem 6. Monat wächst das Baby kräftig, Knochen und Muskulatur nehmen zu, die Beine werden länger: Es strampelt ordentlich, was die Mutter zunehmend zu spüren bekommt. Manchmal lutscht es am Daumen. Noch vor dem 150. Lebenstag – etwa die Hälfte der Schwangerschaftszeit ist nun vorbei – ist das Hörorgan im Innenohr fertig ausgebildet. Das Baby kann von jetzt an richtig hören: Es hört den verlässlich trommelnden Herzschlag seiner Mutter, das Gurgeln und Gluckern ihres Darms, das zischende Pulsieren der Nabelschnur und der großen Blutgefäße und natürlich die Stimme der Mutter. An ihrem Duft und ihrer Stimme könnte es seine Mutter jetzt schon sicher von anderen Menschen unterscheiden. Etwa drei Wochen später lösen sich die Verklebungen der Augenlider, das Baby kann die Augen öffnen und schließen.

Mit Ende des 9. Monat ist der Bewegungsspielraum für das Baby in der Gebärmutter so eng geworden, dass es normalerweise zu keinen großen Lageveränderungen mehr kommt und es sich weniger bewegt. Durch die zunehmende Enge hält es seine gebeugten Arme und Beine gekreuzt und meistens dicht an sich gezogen, aber manchmal muss es sich strecken – das ist deutlich zu spüren. Es ist Zeit, den Mutterleib zu verlassen. Noch sind die Lungenbläschen voll Fruchtwasser: Ein Drittel davon wird während der Wehen durch die Nase herausgedrückt, ein Drittel wird durch die Blutkapillaren und ein weiteres Drittel über die Lymphkapillaren der Lunge aufgenommen. Ihren letzten Reifeschritt machen die Lungenbläschen mit dem allerersten Atemzug, den das Baby nimmt.

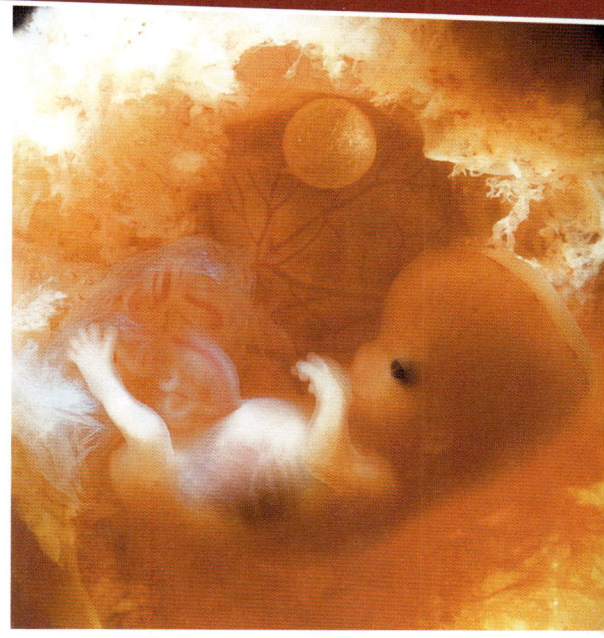

Abb. links: Dieser Embryo ist gerade 40 Tage alt und misst eineinhalb Zentimeter. Schon hat sich eine kleine Hand entwickelt, auch die Finger sind andeutungsweise vorhanden.

Abb. Mitte: Knapp sieben Wochen sind seit dem Lebensbeginn vergangen. Der winzige, zwei Zentimeter große Embryo schwimmt in seinem Fruchtwassersack, an der Nabelschnur fest verankert, durch die das Blut pulsiert, das alles mitbringt, was er braucht.

Abb. rechts: Dieses kleine Wesen ist etwa zehn bis elf Wochen alt und nur fünf Zentimeter groß. Aber sein Körper und seine Gliedmaßen, sein Knochengerüst und seine Organe sind bereits bis in die Einzelheiten ausgebildet.

BUCHEMPFEHLUNG

Lennart Nilsson/Lars Hamberger, Ein Kind entsteht, München 2009.

Der Überblick über die Stufen der Entwicklung eines Kindes beruht auf dem Manuskript für ein Schwangerschaftsbuch der bekannten Eltern- und Säuglingsberaterin Vivian Weigert, das im Winter 2013 im Kösel-Verlag erscheint (ca. 400 Seiten, ISBN 978-3-466-34550-2).

Das Kind ist da!

Ihr Kind hat das Licht der Welt erblickt. Die Anstrengungen und Schmerzen der Geburt sind schon fast vergessen. Wenn Sie Ihr Kind in den Armen halten, dann wird Ihnen so richtig bewusst: Ihr Kind – ein Junge oder Mädchen – ist da. Sie empfinden es ganz von selbst: Unser Kind ist auf uns angewiesen. So hilflos, so klein. Es ist, obwohl zum richtigen Zeitpunkt geboren, eine »Frühgeburt«. Viel zu früh auf dieser Welt, um ohne die Hilfe anderer in der Welt bestehen zu können. Zum Überleben braucht es unsere Liebe, unsere Aufmerksamkeit und ganz viel Zeit.

»Das ist Fleisch von unserem Fleisch, Blut von unserem Blut, Leben von unserem Leben«, können Eltern in Anlehnung an ein Wort aus der Heiligen Schrift (Genesis 2,23) sagen.

Als Mutter und Vater erleben Sie Freude, Stolz und Verantwortungsgefühl, aber auch Unsicherheit und Ängstlichkeit. Sie erkennen sich in Ihrem Kind wieder. Ihr Name lebt weiter in diesem Kind. Durch Ihr Kind haben Sie einen handfesten Grund, Gott zu danken und ihn zu bitten, dieses Kind zu segnen und Ihnen bei Ihrer Aufgabe als Vater und Mutter zu helfen.

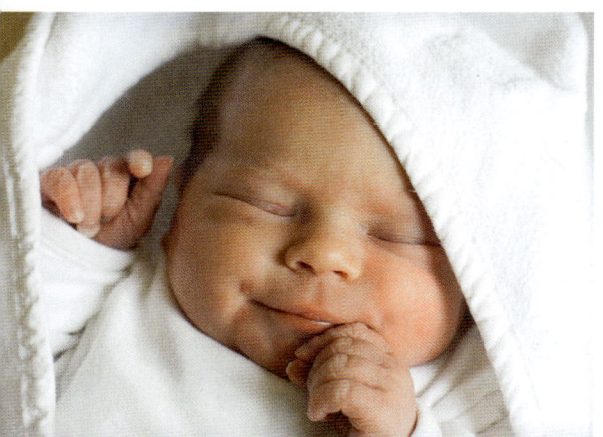

Ich trage deinen Namen, Herr,
und bin doch namenlos.
Verloren bin ich oft –
kann ich gefunden werden?

Mag man die Massen
auch statistisch fassen,
aus Menschen Nummern machen.
Du, Herr, rufst mich stets
bei meinem Namen.
Gebet aus Asien

Das Kind braucht einen Namen

Diese Redewendung brauchen wir oft im übertragenen Sinne, wenn wir für irgendeine Sache einen Namen suchen. Für Sie als Eltern gilt sie jedoch ganz wörtlich und ausdrücklich: Sie müssen Ihrem Kind einen Namen geben (eine kleine Hilfe kann das Namensregister im Anhang sein, S. 434 ff.).

Jeder Mensch will einen Namen haben, möglichst einen guten. Denn der Name eines Menschen steht für seine Person, für seine Einzigartigkeit, für seine Ursprünglichkeit. Deshalb sind wir zeitlebens auf unseren »guten Namen« bedacht.

Ich habe dich bei deinem Namen gerufen,
du bist mein.
Jesaja 43,1

Wenn Sie Ihr Kind demnächst bei seinem Namen rufen, weiß es: Ich bin gemeint – und niemand anders. Dieser Name wird Ihr Kind sein Leben lang begleiten. Da es bei der Auswahl seines Namens kein Mitspracherecht hat, ist Ihr Kind ganz auf Sie und Ihren »gu-

Segne dieses Kind

T: Lothar Zenetti; M: Erna Woll
Aus: Lieder vom neuen Leben, Fidula-Verlag, Boppard/Rhein

A 1. Seg - ne die - ses Kind und hilf uns, ihm zu hel - fen,

dass es se - hen lernt mit sei - nen eig - nen Au - gen

V das Ge - sicht sei - ner Mut - ter und die Far - ben der Blu - men

und den Schnee auf den Ber - gen und das Land der Ver - hei - ßung.

2. A Segne dieses Kind und hilf uns, ihm zu helfen, /
dass es hören lernt mit seinen eignen Ohren /
V auf den Klang seines Namens, auf die Wahrheit
der Weisen, / auf die Sprache der Liebe und das
Wort der Verheißung.

3. A Segne dieses Kind und hilf uns, ihm zu helfen, /
dass es greifen lernt mit seinen eignen Händen /
V nach der Hand seiner Freunde, nach Maschinen
und Plänen, / nach dem Brot und den Trauben
und dem Land der Verheißung.

4. A Segne dieses Kind und hilf uns, ihm zu helfen, /
dass es reden lernt mit seinen eignen Lippen /
V von den Freuden und Sorgen, von den Fragen
der Menschen, / von den Wundern des Lebens
und dem Wort der Verheißung.

5. A Segne dieses Kind und hilf uns, ihm zu helfen, /
dass es gehen lernt mit seinen eignen Füßen /
V auf den Straßen der Erde, auf den mühsamen
Treppen, / auf den Wegen des Friedens in
das Land der Verheißung.

6. A Segne dieses Kind und hilf uns, ihm zu helfen, /
dass es lieben lernt mit seinem ganzen Herzen.

ten Geschmack« angewiesen. Die richtige Wahl zu treffen ist heute nicht so einfach. Viele Namen sind zunächst einmal vom Klang her ansprechend; die einen erinnern Sie vielleicht an ganz bestimmte Menschen, die Ihnen wichtig geworden sind, andere wiederum an bekannte Persönlichkeiten des öffentlichen Lebens. Vielleicht aber möchten Sie Ihrem Kind mit seinem Namen ganz bewusst ein Vorbild mit auf den Lebensweg geben: Frauen und Männer, die menschliche oder religiöse Werte in ihrem Leben in besonderer Weise verwirklicht haben. Der Name könnte dann so etwas wie ein »Lebensprogramm« sein.

In diesem Sinne können viele Heilige der Kirche zu einem »richtigen« Namenspatron für Ihr Kind werden. Schließlich bedeutet Patron – vom Ursprung des Wortes her – »Förderer« oder »Gönner«.

*Jedes Kind bringt die Botschaft mit sich,
dass Gott die Menschheit noch nicht
aufgegeben hat.*
Rabindranath Tagore

Jeder Mensch ist ein eigenes Land.
Aus Tansania

*Kinder sind Gäste,
die nach dem Weg fragen.*
Aus Korea

*Kinder sind wie Bücher.
Wir können in sie hineinschreiben
und aus ihnen lesen.*
Peter Rosegger

Kinder sind wie eine Brücke zum Himmel.
Aus Persien

*So werde ich meinen Namen auf dich legen
und ich werde dich segnen.*
Nach Numeri 6,27

*Gott spricht: Siehe her,
ich habe dich eingezeichnet
in meine Hände.*
Jesaja 49,16

*Jesus sagte: Lasst die Kinder
zu mir kommen, hindert sie nicht daran!
Denn Menschen wie ihnen
gehört das Himmelreich.*
Matthäus 19,14

*Seht, wie groß die Liebe ist,
die der Vater uns geschenkt hat:
Wir heißen Kinder Gottes,
und wir sind es.*
1 Johannes 3,1

*Jedes Kind braucht einen Engel,
der es schützt und der es hält.
Jedes Kind braucht einen Engel,
der es auffängt, wenn es fällt.*
Klaus Hoffmann

Wieder zu Hause – als Familie

Ihr Kind, vor allem wenn es das erste ist, bringt viele Veränderungen in Ihr Leben. Es dauert einige Wochen, bis Sie nachvollziehen können: »Ich bin Mutter.« – »Ich bin Vater.« – »Wir sind eine Familie geworden«. Man muss es sich zunächst immer wieder selbst sagen.

Mit dem Kind kommen viele Erfahrungen auf Sie zu, die neu und überraschend sind. Es gibt schöne Momente, in denen Sie sich als Eltern immer wieder freuen können:

> Das Kind lacht Sie zum ersten Mal an und dann immer häufiger.
> Es erkennt Sie an Ihrer Stimme und an Ihrem Gesicht und strampelt schon erwartungsvoll.
> Es verfolgt mit den Augen Dinge, die sich bewegen, und versucht nach bunten Sachen zu greifen.

Es gibt aber auch Situationen, die belastend sind und in denen Sie sich überfordert fühlen können:

> Das Kind schreit anhaltend; Sie sind in Sorge, können aber keinen Grund für dieses Schreien finden.
> Das Kind wird nachts häufig wach; Sie müssen immer wieder aufstehen, obwohl Sie dringend selbst Ruhe brauchen.
> Das Kind wird krank und Sie sind in großer Sorge, weil Sie »das Schlimmste« befürchten.

Liebes Kind, dein Weg beginnt

Liebes Kind, dein Weg beginnt.
Jetzt bist du noch klein.
Vor dir liegt die große Welt,
und die Welt ist dein:

Bunte Blumen, roter Ball,
Sonne, Wolkenflug,
Lieben, Lachen, Flötenspiel,
Arbeit, Brot genug.

Blätterfallen, Schmerz, Verzicht,
Angst und Einsamkeit,
Abschiednehmen, Schweigen, Nacht,
gute, böse Zeit.

Geh den Weg und nimm es an,
was dir Gott bemisst,
weil in allem, was geschieht,
er dir nahe ist.

Martin Gotthard Schneider

»Wir geben die Geburt unseres Kindes bekannt«

Die Freude über die glückliche Geburt wollen Sie sicher teilen, mit Ihren Eltern und Geschwistern, mit Freunden, Bekannten und Arbeitskollegen – durch eine Anzeige in der Zeitung oder durch selbst gestaltete oder gedruckte Karten und Briefe.

Jedes Kind ist einzigartig. Deshalb sollten Sie auch versuchen, der Geburtsanzeige ein möglichst »persönliches Gesicht« zu geben – durch die persönlichen Daten, erste Fotos oder durch Texte, die Ihnen gut gefallen und so etwas wie einen Wunsch für das Kind ausdrücken. Vielleicht finden Sie auch etwas zu dem Namen, den Sie für Ihr Kind gewählt haben.

Und wenn wir keine eigenen Kinder bekommen können …

Erfahrungen eines Ehepaares

Als wir heirateten, war es für uns gar keine Frage: Wir wollten nicht nur ein Kind, wir wünschten uns mehrere. Doch dann kam alles ganz anders. Wir mussten feststellen: So einfach und selbstverständlich, wie wir uns das vorstellten, ist das gar nicht mit dem Kinderkriegen – war es zumindest für uns nicht. Anfangs nahmen wir das ja noch leicht hin, führten das Nicht-schwanger-Werden noch auf dieses oder jenes zurück.

Dann unternahmen wir was: Wir liefen von einem Arzt zum anderen, machten eine Untersuchung nach der anderen, bis wir nicht mehr konnten und nicht mehr wollten … Dann stand die endgültige Entscheidung an: Wollten wir allein bleiben oder eine Familie werden, indem wir ein Kind annehmen?

Wir entschieden uns für Familie! Wir setzten uns mit einer Vermittlungsstelle für Pflege- und Adoptivkinder in Verbindung und ließen uns sagen, wie schwer es sei und wie lange es dauern könne, ein Kleinkind zur Adoption zu erhalten. Wir stellten trotzdem den Antrag, füllten eine Menge Fragebögen aus (manche Fragen gefielen uns gar nicht), brachten Ge-

---

Die Ehe ist aber nicht nur zur Zeugung von Kindern eingesetzt, sondern die Eigenart des unauflöslichen personalen Bundes und das Wohl der Kinder fordern, dass auch die gegenseitige Liebe der Ehegatten ihren gebührenden Platz behalte, wachse und reife. Wenn deshalb das – oft so erwünschte – Kind fehlt, bleibt die Ehe dennoch als volle Lebensgemeinschaft bestehen und behält ihren Wert sowie ihre Unauflöslichkeit.

Zweites Vatikanisches Konzil,
Die Kirche in der Welt von heute, Art. 50

sundheits- und Führungszeugnisse bei, kurz: eine »Schwangerschaft« unter den Augen der öffentlichen Verwaltung.

Wir hatten Glück, schneller als erwartet wurde uns ein Kind angekündigt. – Wir waren glücklich, als unser Kind geboren wurde. Aber damit ging unsere »Schwangerschaft« eigentlich erst richtig los. Da gab es noch so viele Institutionen, die gefragt werden wollten, da waren noch so viele Unwägbarkeiten: Blieb die Mutter bei ihrer Entscheidung? Würden wir das Kind auch endgültig bekommen? Als wir das Kind dann im Krankenhaus besuchen durften, durch die Glasscheibe durften wir schauen, mehr nicht, da war es unser Kind geworden, ganz einfach unser Kind. Nach relativ kurzer Zeit bekamen wir unsere zweite Adoptiv-Tochter geschenkt. Ganz andere Probleme und Schwierigkeiten gab es dabei, ganz anders sah »unsere Schwangerschaft« aus ... Jetzt haben wir zwei Töchter, unsere Kinder. Wir können uns nicht mehr vorstellen, ohne Kinder zu sein. Und wir können uns auch nicht vorstellen, dass wir mit leiblichen Kindern anders umgehen würden, zu ihnen ein anderes Verhältnis haben würden als zu unseren beiden Adoptivkindern.

Wenn Sie Beratung suchen

Wenn Sie ein Kind adoptieren oder für einige Zeit in Pflege nehmen wollen, aber auch wenn Sie Fragen rechtlicher oder finanzieller Art haben oder in Erziehungsfragen unsicher sind, wenden Sie sich an den Sozialdienst katholischer Frauen (SKF) oder an das örtliche Jugendamt.

Darüber hinaus kann es für Sie hilfreich sein, sich regelmäßig in einer Gruppe mit anderen Pflege- und Adoptiveltern und gegebenenfalls mit Fachleuten zum Gespräch und zum Erfahrungsaustausch zu treffen, um mancherlei Fragen zu klären, aber auch, um sich gegenseitig Mut zu machen. Familienbildungsstätten und Jugendämter laden häufig zu solchen Gesprächen ein.

Ein Wunschkind um jeden Preis?

Jahrelange Tests, Temperaturkurven aufzeichnen, Sexualität und Liebe nach Plan als »Leben für den Eisprung« (so eine betroffene Frau), Medikamente, Operationen, Auseinandersetzung mit den künstlichen Befruchtungs- und Fortpflanzungstechniken aller Art, außerdem die permanente Zerreißprobe zwischen Hoffen und Bangen – all das wirkt sich auf Körper und Seele der Frauen und Männer ebenso aus wie auf ihr Zusammenleben. Für jedes betroffene Paar stellt sich die Frage: »Wollen wir ein eigenes Kind um jeden Preis?«

Bei ungewollter Kinderlosigkeit geht es auf keinen Fall um persönliches Versagen oder persönliche Schuld, sondern um ein unausweichliches Schicksal, das bei allem Schmerz und Leid letztlich doch akzeptiert sein will.

Etwa 15 bis 20 Prozent aller Ehepaare bleiben in Deutschland ungewollt kinderlos. Innerhalb von zwei Jahrzehnten hat sich diese Zahl fast verdoppelt. Neben organischen Ursachen gibt es noch weitere sehr vielschichtige Gründe.

Wir lassen unser Kind taufen

Vielleicht wollen Sie Ihr Kind taufen lassen, weil Sie denken …

… unser Kind soll in die Gemeinde/Kirche aufgenommen werden.

… unser Kind soll den Segen Gottes erhalten.

… unser Kind soll christlich erzogen werden.

oder weil Sie denken …

… wir wollen die Geburt unseres Kindes feiern.

… unser Kind soll später im Kindergarten und in der Schule keine Schwierigkeiten bekommen.

… wir wollen altes Familienbrauchtum pflegen.

Vielleicht denken Sie auch daran, Ihr Kind jetzt noch nicht taufen zu lassen, weil es sich später selbst entscheiden soll. Praxis der Kirche war es seit den ersten Jahrhunderten, nicht nur Erwachsene zu taufen, die sich aus eigenem Entschluss für den Glauben an Gott und für den Weg Jesu Christi entschieden hatten, sondern auch die (unmündigen) Kinder solcher Eltern.

Kinder können sich natürlich noch nicht selber für den Glauben und damit für die Taufe entscheiden; aber sie können im Zusammenleben mit den Eltern den Glauben erleben und entdecken. Als Väter und Mütter wollen Sie Ihren Kindern einen Lebensweg im christlichen Geist eröffnen, den diese später durch ihr eigenes »Ja« im Sakrament der Firmung bestätigen.

Mit der Taufe erklären Sie zudem Ihre Bereitschaft, Ihr Kind mit der christlichen Lebensart vertraut zu machen und es im Glauben zu erziehen.

Einladung zum Taufgespräch

Liebe Mutter, lieber Vater,

Sie haben Ihr Kind bei uns zur Taufe angemeldet. Es soll ein Christ werden.

Vieles, was in der Vergangenheit selbstverständlich war, ist heute nicht mehr so. Das gilt auch für die Taufe. Als Christ zu leben bedarf einer bewussteren Entscheidung als noch vor einigen Jahren. Wir brauchen zum Christsein gegenseitige Unterstützung und Begleitung. Der erste Ort hierfür ist die Gemeinde, die »Glaubensgemeinschaft vor Ort«.

Deshalb möchten wir uns gern mit Ihnen zu einem ersten Gespräch vor der Taufe treffen. Hierzu sind auch die Paten Ihres Kindes eingeladen, die Ihnen als Christen bei der Erziehung Ihres Kindes beistehen wollen. Ihre Gesprächspartner werden außer dem Pfarrer bzw. dem Kaplan auch andere Eltern aus der Gemeinde sein.

Vielleicht spüren Sie und andere Eltern auch das Bedürfnis nach einer intensiveren Beschäftigung mit dem eigenen Glauben, um Ihr Kind dann auch verantwortlich auf seinem Lebens- und Glaubensweg begleiten zu können. Wir können die Feier der Taufe auch in zwei Stufen begehen und in der Zwischenzeit zusammen mit anderen Eltern in einigen Treffen den Glauben neu bedenken. Die erste Feier würde vor allem die Freude über das neugeborene Kind zum Ausdruck bringen und mit der Salbung des Kindes auch um den Segen Gottes bitten. Die spätere, zweite Stufe der Feier wäre dann die eigentliche Taufe.

Miteinander sollten wir überlegen, welchen Weg Sie gehen wollen.

Mit herzlichem Gruß
Ihr Pfarrer

taufe
oder mit allen wassern
gewaschen

wir möchten nicht
dass unser Kind
mit allen wassern
gewaschen wird

wir möchten
dass es
mit dem wasser der gerechtigkeit
mit dem wasser der barmherzigkeit
mit dem wasser der liebe und
des friedens
reingewaschen wird

wir möchten
dass unser kind
mit dem wasser
christlichen geistes
gewaschen
übergossen
beeinflusst
getauft wird ...

wir möchten
und hoffen
dass unser kind
das klima des evangeliums findet
wir möchten nicht
dass unser kind mit allen wassern
gewaschen wird

deshalb
in diesem bewusstsein
in dieser Hoffnung
in diesem glauben
tragen wir unser kind
zur kirche
um es der kirche
der gemeinde zu sagen
was wir erwarten
für unser kind
was wir hoffen
für unser kind

wir erwarten viel
wir hoffen viel

Wilhelm Willms

Die Taufpaten

Das Patenamt entstand in der frühen Kirche, als vor allem Erwachsene getauft wurden. Der Pate bürgte für den erwachsenen Taufbewerber und führte ihn in die Gemeinde ein. Bei der *Kindertaufe* übernehmen die Paten zusammen mit den Eltern die Aufgabe, das Kind auf seinem Lebensweg im Glauben zu begleiten. Die Paten stehen auch stellvertretend für die Bereitschaft der Gemeinde, das Kind aufzunehmen.

Das Patenamt kann jeder übernehmen, der katholisch ist, das 16. Lebensjahr vollendet und die Sakramente der Taufe, Eucharistie und Firmung empfangen hat. Ein Pate sollte nicht zu alt sein, damit er nach menschlichem Ermessen längere Zeit seine Aufgabe wahrnehmen kann.

Zusammen mit einem katholischen Paten kann auch ein evangelischer Christ Taufzeuge werden.

Die Feier der Taufe

Eröffnung

Zu Beginn versammeln sich alle am Eingang der Kirche.

Der Priester – die Taufe kann auch von einem Diakon gespendet werden – begrüßt die Taufgemeinde und bittet die Eltern zu sagen, welchen Namen sie ihrem Kind gegeben haben und was sie von der Kirche erbitten.

Bei der Taufe halten die Mutter oder der Vater das Kind auf ihren Armen.

Wortgottesdienst

Im Wortgottesdienst soll der Glaube der Eltern, der Paten und der ganzen Gemeinde gestärkt werden. Danach bezeichnen der Priester, die Eltern und die Paten das Kind auf der Stirn mit dem Zeichen des Kreuzes:

»Mit großer Freude empfängt dich die Gemeinschaft der Glaubenden. Im Namen der Kirche bezeichne ich dich mit dem Zeichen des Kreuzes. Auch deine Eltern und Paten werden dieses Zeichen Jesu Christi, des Erlösers, auf deine Stirn zeichnen.«

In den Fürbitten werden die Wünsche und Anliegen der Anwesenden ausgesprochen und vor Gott getragen (siehe S. 73). Abschließend spricht der Priester ein Gebet über das Kind.

Spendung der Taufe

Segnung des Taufwassers

Der Priester segnet nun das Taufwasser. Er betet dazu:

»Wir bitten dich, allmächtiger, ewiger Gott, schau gnädig auf deine Kirche und öffne ihr den Brunnen der Taufe. Dieses Wasser empfange vom Heiligen Geist die Gnade deines eingeborenen Sohnes. Die Menschen, die du als dein Abbild geschaffen hast, reinige im Sakrament der Taufe von der alten Schuld. Aus Wasser und Heiligen Geist lass sie auferstehen zum neuen Leben.«

Glaubensbekenntnis

Der Priester bittet die Eltern und die Paten, in Erinnerung an ihre eigene Taufe dem Bö-

Was die Zeichen und Gesten bei der Taufe bedeuten

Das **Kreuzzeichen** ist das Zeichen der Liebe Gottes, die er uns durch die Hingabe seines Sohnes Jesus und dessen Tod am Kreuz ganz besonders gezeigt hat. Dieses Zeichen geben der Priester, die Eltern und die Gemeinde als ihr Zeichen hier weiter.
Dieses erste Kreuzzeichen kann von den Eltern als bleibendes Zeichen auch in der weiteren Entwicklung des Kindes wiederholt werden beim Gebet, beim Zubettbringen, beim Verlassen des Hauses, vor einer Reise, vor einer Aufgabe, in Krankheit.

Es ist ein schönes Zeichen, wenn Eltern und Paten, Freunde und Verwandte ihre persönlichen **Bitten** und Wünsche für das Kind sagen.

Wasser ist ein Zeichen für Leben und Geborenwerden: Wie der Mensch aus dem Geburtswasser des mütterlichen Leibes zum biologischen Leben geboren wird, so wird er durch das Wasser der Taufe zum christusähnlichen, ewigen Leben geboren. Wasser bedeutet aber auch Reinigung und Abwaschen, ja sogar

Vernichtung: Der Getaufte wird durch diese Reinigung (in der alten Kirche erfolgte die Taufe wirklich durch Untertauchen) zu einem »neuen Menschen«. Ein neuer Anfang in der Christusgemeinschaft ist möglich.
Jedes spätere Segnen mit Weihwasser in der Kirche oder zu Hause wird zu einem Erinnern an die Taufe.

Dem **Glaubensbekenntnis** der Eltern und Paten stimmen auch die Vertreter der Gemeinde zu, indem es alle gemeinsam beten oder singen. Die Mitglieder der Gemeinde bezeugen damit ihren Glauben, zeigen aber auch, dass sie sich für den Glauben des Täuflings mitverantwortlich fühlen.

Mit **Chrisam** – einer Mischung aus Olivenöl und Balsam – gesalbt sein bedeutet, zu Christus (dem »Gesalbten«) zu gehören. Dieses Zeichen besiegelt jenes neue Leben, das wir in der Taufe bekommen haben. Gleichzeitig ist es auch Begabung mit dem Geist, und das ist im Wohlgeruch des Chrisams auch sinnlich zu erfahren.

Das **Taufkleid** ist ein Zeichen der »umfassenden« Gemeinschaft mit Christus. Die Kraft Christi ist um uns wie ein Gewand, das Gott uns bereithält, damit wir es anlegen.
Das Zeichen des weißen Kleides begleitet den Christen durch sein Leben, auch bei anderen Sakramenten (z. B. Erstkommunion und Hochzeit).

Die Osterkerze ist das Symbol für den auferstandenen Christus. Er lebt, sein Licht erleuchtet den Lebensweg. Von diesem Licht bekommt die **Taufkerze** ihr Licht. Bei der Übergabe der Kerze wird deutlich, dass die Eltern dieses Licht Christi für ihr Kind durch ihre Lebensweise ausstrahlen wollen.

sen zu widersagen und ihren Glauben zu bekennen.

Sie sprechen gemeinsam »Ich widersage« und bekennen ihren Glauben mit der Versicherung »Ich glaube«.

Taufe

Danach gießt der Priester Wasser über den Kopf des Kindes und sagt dabei: N., ich taufe dich im Namen des Vaters und des Sohnes und des Heiligen Geistes.

Salbung mit Chrisam

Dann salbt der Priester das Kind mit Chrisam: *»Aufgenommen in das Volk Gottes wirst du nun mit dem heiligen Chrisam gesalbt, damit du für immer ein Glied Christi bleibst, der Priester, König und Prophet ist in Ewigkeit.«*

Überreichung des Taufkleides

Dem Neugetauften wird das weiße Kleid überreicht und angezogen.

Überreichen der Taufkerze

Vater oder Pate entzünden die Taufkerze an der Osterkerze und halten die brennende Kerze in der Hand.

Die Tauffeier endet mit dem gemeinsamen Vaterunser. Anschließend spendet der Priester der Taufgemeinde den Segen.

Taufe in zwei Stufen

Wenn Eltern sich entscheiden, die Taufe ihres Kindes auch als Gelegenheit zur Vertiefung ihres eigenen Glaubens wahrzunehmen, so kann die Taufspendung (seit 2007) in zwei Stufen erfolgen. Zwischen beiden Feiern finden mehrere Treffen und Gespräche, auch mit anderen Eltern, statt.

In der ersten Feier wird die Eröffnung des Weges zur Taufe begangen. In dieser Feier soll die Freude über das neugeborene Kind zum Ausdruck kommen, und es wird um

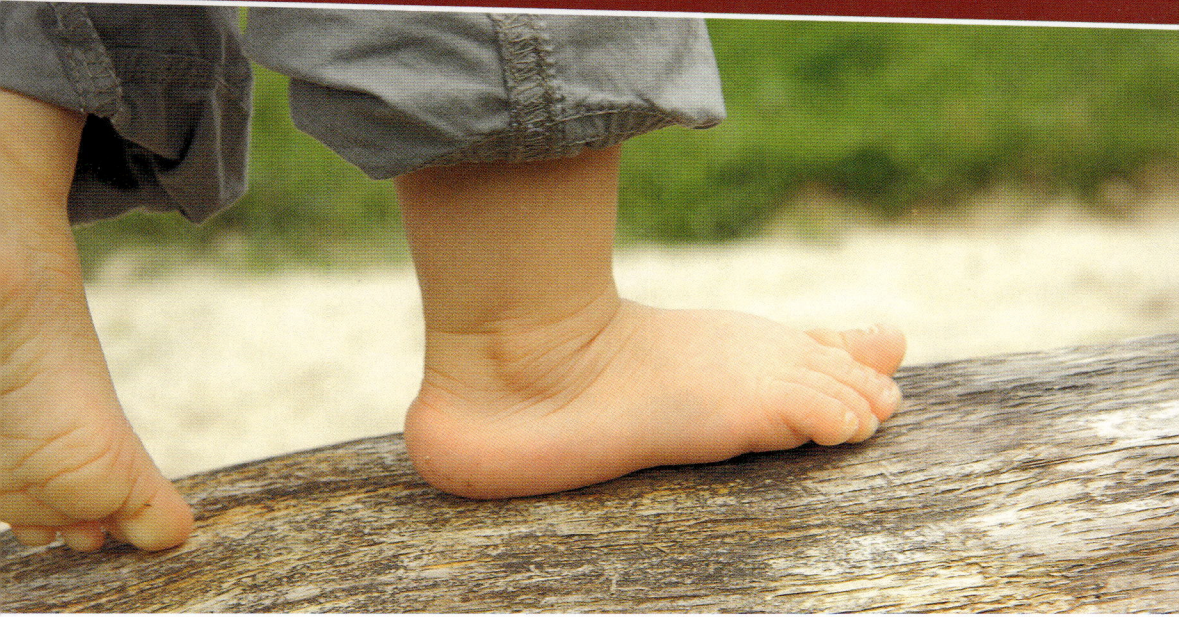

Gottes Segen gebeten. Die Elemente dieser Feier sind:

> Worte aus der Heiligen Schrift
> Überreichung der Heiligen Schrift
> Bereitschaftserklärung der Eltern und Paten zur christlichen Erziehung des Kindes
> Bezeichnung des Kindes mit dem Kreuz
> Fürbitten
> Salbung mit dem Katechumenöl
> Segensgebet

Die zweite Stufe der Feier nach einer intensiven Vorbereitungszeit hat dann die Taufe selbst zum Mittelpunkt. Elemente dieser Feier sind:

> Segnung des Taufwassers
> Glaubensbekenntnis
> Taufe
> Salbung mit Chrisam
> Überreichung von Taufkleid und Taufkerze

BUCHEMPFEHLUNG
Claudia Hofrichter/Matthias Ball, Wir möchten, dass unser Kind getauft wird. Die Taufe verstehen und feiern, München 2008

Altchristliches Segensgebet

Der Herr sei vor dir,
um dir den rechten Weg zu zeigen.
Der Herr sei neben dir,
um dich in die Arme zu schließen
und dich zu schützen
gegen Gefahren von links und rechts.
Der Herr sei hinter dir,
um dich zu bewahren
vor der Heimtücke böser Menschen.
Der Herr sei unter dir,
um dich aufzufangen, wenn du fällst,
und dich aus der Schlinge zu ziehen.
Der Herr sei in dir,
um dich zu trösten,
wenn du traurig bist.
Der Herr sei um dich herum,
um dich zu verteidigen,
wenn andere über dich herfallen.
Der Herr sei über dir,
um dich zu segnen.
So segne dich (euch) der gütige Gott.
Amen.

Elternbriefe »du und wir«

Zur Taufe und auch danach bis zum 9. Lebensjahr erhalten Eltern fortlaufend die Elternbriefe »du und wir« auf Wunsch kostenlos zugeschickt. Die »Elternbriefe« gehen jeweils auf die altersgemäße Entwicklung des Kindes ein und geben den Eltern Hinweise, wie sie die Entwicklung ihres Kindes fördern können. Darüber hinaus sprechen sie Erziehungsfragen an und zeigen mögliche Ansätze für die religiöse Erziehung des Kindes.
Sie können die Elternbriefe in der Regel bei Ihrem zuständigen Pfarramt bestellen. Wenn die Pfarrgemeinde sich nicht an der Initiative »Elternbriefe« beteiligt, können Sie diese auch direkt bestellen:
> im Internet unter www.elternbriefe.de (auch online lesbar oder zum Download)
> über die Geschäftsstelle »Elternbriefe du und wir« e.V., Mainzer Str. 47, 53179 Bonn

Wir bitten für uns und unsere Kinder

Bei einer Taufe können von Eltern und Paten Fürbitten vorbereitet und gesprochen werden, etwa:
> Wir wollen Gott bitten, dass dieses Kind in unserer Familie immer eine Heimat haben wird, in der es sich geborgen und verstanden weiß.
> Wir wollen Gott bitten, dass unser Kind stets gute Freunde findet, die ihm echte Hilfe und Halt auf seinem Lebensweg geben.
> Wir wollen Gott bitten, dass wir als Eltern und Großeltern, Paten, Freunde und Verwandte durch den Kontakt mit unserem Kind viel Freude erfahren und wir alle ihm das Verständnis entgegenbringen, das es braucht.
> Wir wollen Gott bitten, dass unser Kind in seinem Leben gesund bleiben und glück-

lich wird. Herr, gib ihm die Kraft, Schwierigkeiten nicht aus dem Weg zu gehen, sondern sie hoffnungsvoll zu überwinden.

Was kann man zur Taufe schenken?
> Eine Taufkerze für das Kind kaufen und evtl. selber verzieren.
> Den Eltern anbieten, das Taufkleid zu nähen.
> Ein kleines Kreuz oder ein Bild für das Kinderzimmer auswählen, das auch dem Kind etwas sagt.
> Ein Buch, eine Geschichte, ein Bild zum Namen des Kindes finden.
> Ein kleines Weihwasserbecken für die Wohnung kaufen (oder töpfern), das (auch in seiner Form) an den Taufbrunnen erinnern kann.
> Bücher und andere Hilfen zum religiösen Leben in der Familie mitbringen.
> Etwas aus der Geschichte der Gemeinde, in die das Kind aufgenommen wird, »ausgraben«.
> Den Eltern einige »kinderfreie Nachmittage« schenken.

Wir bitten dich, o Gott,
um Leben,
damit wir sehen können,
wie unsere Kinder heranwachsen;
um Geduld,
damit wir sie lehren können,
ohne sie zu bevormunden;
um Weisheit,
damit unsere Taten sie nicht mit Vorurteilen
belasten;
um Liebe,
damit wir sie zu ihrem Ziel führen können;
um Segen,
damit wir zu dem Weg,
den sie einschlagen werden,
ja sagen können.
Gebet aus Bolivien

Mit Kindern leben

AN EIN KIND

Wenn wir lange
genug warten,
dann wird es kommen.
Heute noch, fragt das Kind.
Heut oder morgen. Ein Schiff,
musst du wissen, braucht Zeit.
So weit und breit wie das Meer.
Dann bist du groß.
Dann steigen wir ein
und machen die Reise.
Zusammen. Wir beide.
Und jeder auf seine Weise.

Elisabeth Borchers

Gemeinsam die Welt entdecken

»Kinder machen Menschen«, sagt ein afrikanisches Sprichwort. Gebündelte Lebenserfahrung eines kinderreichen Volkes! In ihrem grenzenlosen Vertrauen, ihrer vorbehaltlosen Offenheit, ihrer entwaffnenden Zuneigung und umwerfenden Fröhlichkeit fordern Kinder uns Erwachsene auf, (wieder) Mensch zu sein. Durch die Kinder und mit den Kindern schauen wir die Welt und das Leben mit anderen Augen an. Mit ihnen können wir – wie Kolumbus – auf Entdeckungsreise gehen.

Wir Erwachsene brauchen Kinder! Sie rücken manches zurecht, was sich im Laufe der Zeit in unserer »verrückten Welt« an Werten verrückt hat. Kinder fragen nach (Hinter-)Gründen, wo wir Erwachsene uns oft mit Oberflächlichkeiten zufriedengeben. Mit ihren Warum-Fragen zwingen sie uns zum vertieften Nachdenken.

Kinder erziehen

So etwas wie ein »Adlerhorst« ist auch das Elternhaus. Ihr Kind wächst vorerst in einem »warmen Nest« auf – es braucht Ihre Zuwendung, Geborgenheit, Zärtlichkeit. Mit einem alten Wort ausgedrückt: Ihr Kind braucht »Nestwärme«. Aber eines Tages wird auch Ihr Kind »flügge«. Dann verlässt es den »Adlerhorst« – zuerst mit vorsichtigen Flügelschlägen, später mit einem kräftigen Abflug. Bis dahin ist es ein langer Weg mit vielen Höhen und Tiefen, mit Umwegen und Abwegen, aber auch mit Auswegen und Zuwegen. Für diesen mitunter auch beschwerlichen und mühsamen Weg sind Wegbegleiter – Eltern, Geschwister, Freunde – unersetzlich.

Die »weg-weisende« Erziehung vollzieht sich zunächst in der Familie: am Menschen und unter Menschen. Als Mutter und Vater führen Sie Ihr Kind in Ihre Lebenswelt ein, machen es vertraut mit den Lebensregeln und Lebensgewohnheiten Ihrer Familie. Ihre Welt ist (vorerst) auch die Welt Ihres Kindes. Das gibt Sicherheit und verspricht Beständigkeit. Es braucht diese Wurzeln, damit Ihr Kind wachsen und werden kann.

Das Leben der Eltern ist das Buch,
in dem die Kinder lesen.
Augustinus

Der Adlerhorst

Der Adlerhorst, in dem die Jungen aufwachsen, befindet sich hoch oben auf einer Felsenklippe, über einem tiefen Abgrund. Wenn die Jungen so weit sind, dass sie flügge werden sollen, werden sie vom alten Adler aus dem Nest gejagt. Sie piepsen und sträuben sich: Sie können ja noch nicht fliegen. Aber der alte Adler lässt nicht locker. Und plötzlich packt er das erste der Jungen mit seinen Krallen, fliegt über den Abgrund und lässt es fallen. Das Junge zappelt mit den Flügeln und versucht zu fliegen, aber es gelingt nicht, und es stürzt, und immer schneller fällt der hilflose kleine Vogel in den Abgrund. Der Zuschauer denkt schon: Bald muss es am Boden zerschellen. Plötzlich schießt der alte Adler, der ruhig seine Kreise gezogen hat, steil nach unten, fängt das Kleine im Fallen auf und trägt es wieder nach oben, und das Spiel beginnt von Neuem. Langsam lernt der junge Adler seine Flügel zu gebrauchen; er kann selber fliegen und mit großen Schwingen die Luft durchschneiden.

Wenn mein Vater mit mir geht

Wenn mein Vater mit mir geht,
dann hat alles einen Namen,
Vogel, Falter, Baum und Blume.
Wenn mein Vater mit mir geht,
ist die Erde nicht mehr stumm.
Kommt die Nacht und
kommt das Dunkel,
zeigt mein Vater mir die Sterne.
Er weiß, wie die Menschen leben,
weiß, was recht und unrecht ist,
sagt mir, wie ich werden soll.

Josef Guggenmos

Geschwister haben

Eine Schwester oder einen Bruder zu bekommen, löst bei Geschwistern oft widersprüchliche Gefühle aus. Das ist zweifellos eine aufregende »Sache«, aber da wächst auch eine große Konkurrenz heran.

Plötzlich interessieren sich alle nur noch für das Baby. Grund genug zur Eifersucht. Darum wird das ältere Kind versuchen, sich bei den Eltern wieder Zeit zu »stehlen«, indem es sich auch wie ein Baby verhält: das Fläschchen braucht, gewickelt werden will ...

In dieser Situation ist es wichtig, dem Kind zu erklären, warum Mutter und Vater jetzt mehr Zeit für das Baby brauchen. Die Eltern können es beim Wickeln, Füttern und Zu-Bett-Bringen mitmachen lassen und ihm aus seinen eigenen ersten Lebensmonaten erzählen: »Schau mal, so haben wir das auch mit dir gemacht, als du klein warst.«

So lernt das Kind leichter, den neuen Konkurrenten als Schwester und Bruder anzunehmen und später sogar als »Gewinn« zu erleben.

Es macht einfach Spaß:

> nicht alleine in einem Zimmer schlafen zu müssen, sondern zusammen mit einem Bruder oder einer Schwester,

> miteinander viel spielen zu können,
> ältere Geschwister zu haben, die schon Geschichten vorlesen können,
> miteinander ein Geheimnis zu haben und den Eltern nichts zu verraten
> und vieles andere mehr.

Ein Kind lernt so mit seinen Geschwistern:

> Es ist interessanter, wenn mehrere ihre Ideen zu einem Spiel beitragen.
> Es ist wichtig, auf andere Kinder und ihre Schwächen Rücksicht zu nehmen und ihnen zu helfen.
> Wir können uns gegenseitig etwas leihen und miteinander teilen.
> Wenn wir Streit haben, müssen wir gemeinsam eine Lösung suchen und uns wieder vertragen.

Das alles bedeutet nicht, dass Einzelkinder benachteiligt und im Leben weniger »Chancen« haben. Nur müssen die Eltern mehr darauf achten, dass sie ein Haus der »offenen Tür« haben, dass ihr Kind andere Kinder oft und gern mitbringen kann oder viel bei Nachbarskindern und Freunden spielt und ruhig auch einmal dort über Nacht bleibt.

Wenn das Kind behindert ist

Es gibt keine Norm für das Menschsein. Manche Menschen sind blind oder taub, andere haben Lernschwierigkeiten, eine geistige oder körperliche Behinderung – aber es gibt auch Menschen ohne Humor, ewige Pessimisten, unsoziale und sogar gewalttätige Männer und Frauen. Dass Behinderung nur als Verschiedenheit aufgefasst wird, das ist das Ziel, um das es uns gehen muss. In der Wirklichkeit freilich ist Behinderung nach wie vor die Art von Verschiedenheit, die benachteiligt wird. Es ist eine schwere, aber notwendige, eine gemeinsame Aufgabe für uns alle, diese Benachteiligung zu überwinden. Maßstäbe für Behinderung sind zufällig und fragwürdig. Jedenfalls darf man nicht allgemein von »Behinderten« sprechen, das würde den ganzen Menschen betreffen. In Wahrheit sind doch nur Teilbereiche, einzelne Fähigkeiten eingeschränkt.

Richard von Weizsäcker

»Hauptsache gesund!«, antworten die werdenden Eltern seit jeher auf die Frage, was »es« denn werden soll. Und auch, wenn sie schon wissen, was »es« wird, ob Junge oder Mädchen, bleibt die Sorge um ein gesundes Kind. Die Geburt ist ein »freudiges Ereignis«. Umso größer ist der Schock, wenn Eltern mit der Behinderung ihres Kindes konfrontiert werden.

»Das traf uns wie ein Schlag. Warum ausgerechnet wir? Was haben wir falsch gemacht? Was wird aus unseren Zukunftsplänen? Wie werden unsere Verwandten, Freunde und Nachbarn reagieren? Und wie werden wir mit dem Unverständnis und den Vorurteilen unserer Umwelt fertig werden?« Solche und ähnliche bohrende Fragen quälen betroffene Mütter und Väter, die damit oft in eine tiefe Lebens- und auch Glaubenskrise geraten.

Es braucht seine Zeit, um zu erkennen, dass die Fragen nach Ursachen und Hintergründen – nicht zuletzt die Frage »Warum gerade wir?« – letztlich keine Antworten finden. Es braucht seine Zeit, den neugierigen Blicken und dem mitleidigen, mitunter auch zweifelhaften Kopfschütteln der Leute standzuhalten. Und es braucht seine Zeit, im Umgang mit dem behinderten Kind Freude und Glück über die kleinen unscheinbaren Fortschritte wahrzunehmen. »Am meisten hat uns Thomas selbst geholfen. Mit seiner ungestümen Liebe und Zuwendung, mit seiner Fröhlichkeit und Lebensfreude hat er uns für all unsere Mühen mehr als entschädigt«, eine solche Aussage einer Mutter zeigt den »Sinneswandel«: vom ersten Schock über alle Belastungen, Sorgen und Nöte des Alltags zur dankbaren Annahme und Anerkennung der familiären Lebenssituation.

Herr, wir haben ein behindertes Kind. In dieser großen Belastung für unsere Familie begleite du uns jetzt in besonderer Weise: Bewahre uns vor der Gefahr, die Lebensfreude zu verlieren. Lass es auf unser Lächeln antworten und jedes gute Wort wie einen Sonnenstrahl ins Herz aufnehmen. Lass es uns (und den Geschwistern) ans Herz wachsen. Geh du mit auf den vielen Wegen zu Ärzten und Therapeuten. Stärke uns, wenn wir die gaffenden Blicke der Leute ertragen müssen. Du hast dich immer besonders um Kranke gekümmert, so lege auch jetzt deine Hand auf uns und stärke uns, damit wir diesem Kind gerecht werden können.

Willi Hoffsümmer

Zeit haben für die Kinder

Was sich Kinder am meisten wünschen: dass ihre Eltern Zeit für sie haben – Zeit zum Schmusen, Zeit zum Verstecken und Suchen, Zeit zum Spielen und Singen, Zeit zum Erzählen und Vorlesen, Zeit zum Basteln und Werken, Zeit, um sich zu verkleiden und andere Rollen zu spielen. Und immer ist diese Zeit viel zu schnell vorbei.

Von Heinrich IV., König von Frankreich, wird Folgendes erzählt: Eines Tages betrat der österreichische Gesandte das Audienzzimmer, um mit dem König eine höchst wichtige Angelegenheit zu besprechen. Er sah sich um und erstarrte: Denn der König kroch auf allen vieren um den Tisch herum. Auf seinem Rücken saßen zwei seiner Kinder und trieben ihr königliches Pferd vergnügt schreiend an. Der König beendete seelenruhig seine Runde, schickte die Kleinen hinaus und wandte sich dem Gesandten zu. »Haben Sie auch Kinder?«, fragte er. Und als dieser bejahte, meinte er: »Dann werden Sie das ja verstehen.« Sprach's und verhandelte mit ihm nach allen Regeln der Staatskunst.

Was man mit Kindern alles machen kann

Die großen Feste in der Advents-, Weihnachts- und Osterzeit und die persönlichen Feiertage wie Geburtstag und Namenstag wollen in der Familie »feste« gefeiert werden: Es wird gebastelt, gekocht und gebacken, verziert und geschmückt, Spiele werden ausgesucht und Einladungen gestaltet. Gerade auch zum Kindergeburtstag lassen sich viele Eltern einiges einfallen. Schwieriger ist es dann schon, die Kinder zu »beschäftigen« an einem Regennachmittag, während einer Reise im Auto oder an einem Sonntag. Wie oft fragen sie dann: Was sollen wir jetzt spielen? Vielleicht finden Sie für solche Gelegenheiten etwas in diesem Ideenkoffer:

Der »Ideenkoffer«

In diesem Koffer sollten jederzeit Scheren, Kleber, Faltpapier, Styroporkugeln, Stoff- und Wollreste, Kerzenwachs, Knetmasse, kleine Pappschachteln, Papierrollen und vieles mehr sein. Das ist schon ein wunderbarer Anfang für viele Spiele! Hier noch ein paar Vorschläge:

> Lernen Sie einige Falttechniken, um damit aus Papier Flugzeuge, Schiffe, Fangbecher und anderes herzustellen.

> Aus Naturmaterialien (Tannenzapfen, Eicheln, Kastanien, Wurzeln, Äpfeln) lassen sich mit Streichhölzern, Draht und Klebstoff Tiere basteln.

> Fingerspiele: allein mit den Fingern kann man viele Geschichten spielen.

Abzählverse

> Dreck, Dreck, Dreck,
> geht immer wieder weg!

> Eine kleine Mickymaus
> zog sich ihre Hosen aus,
> zog sie wieder an,
> und du bist dran.

> Ine mine mei,
> Zucker in den Brei,
> Butter in den Kuchen,
> du musst suchen.

> Eine Geschichte vorlesen, die notwendigen Requisiten dazu suchen oder basteln und dann gemeinsam nachspielen. Oder nur den Anfang der Geschichte lesen und selbst ein Ende erfinden.
> Aus großen Pappkartons entsteht schnell ein Haus oder eine Burg, die noch angemalt und innen gestaltet werden kann. Danach kommen sicher noch weitere Spielideen, was man mit dem Papphaus alles machen kann.
> Malen Sie auf ein altes Betttuch einige Straßenzüge, Kreuzungen, Wiesen, Spielplätze. Mit kleinen Autos, Figuren, Klötzen und Bausteinen entsteht daraus eine wunderschöne Stadt zum Spielen.
> In den Koffer gehört auch ein dickes Buch mit vielen Geschichten.

Spiele für einen Kindergeburtstag

Schnapp

Material: eine Leine und kleine Süßigkeiten (Bonbons etc.), die man daran aufreihen kann

Eine Leine wird gerade so hoch gespannt, dass die Kinder sie nur springend mit dem Mund erreichen können. An der Leine hängen Süßigkeiten, die jedes Kind mit dem Mund zu schnappen versucht. Die Hände müssen dabei auf dem Rücken bleiben. Man kann die Leine auch an einem Ende festhalten und auf- und niederwippen lassen.

Lustige Köpfe

Material: aufgeblasene Luftballons, Buntpapier, Scheren, Bast, Filz, Stoff- und Wollreste usw., Klebstoff

Die aufgeblasenen Luftballons werden in lustige Gesichter verwandelt. Die Kinder gestalten die Gesichter, indem sie aus dem vorhandenen Material Augen, Nase, Ohren und Haare anfertigen und ankleben. Die fertigen Köpfe können dann auf Pappröhren gestellt werden.

Gut aufgepasst

Material: was im Raum vorhanden ist

Die Kinder gehen im Raum herum und sehen sich genau um. Nach zwei Minuten verlassen alle den Raum. Nun werden einige Gegenstände vertauscht oder ganz weggenommen, z.B. Bilder, Blumenvasen, Stühle. Es können auch noch Sachen dazugelegt werden. Die Kinder müssen nun herausfinden, was sich alles verändert hat. Sie können das gemeinsam oder jedes für sich tun.

Tiere raten

Material: Papierkarten mit aufgemalten Tieren

Zwei Kinder stehen sich gegenüber, die Hände nach hinten verschränkt. Auf dem Rücken jedes Kindes wird eine Karte mit einer Tierfigur befestigt. Die Kinder müssen dann mit geschlossenen oder auch zusammengebundenen Füßen umeinander herumhüpfen und versuchen herauszukommen, welches Tier auf dem Kärtchen des Gegenübers gemalt ist.

Ballon-Ball

Material: aufgeblasener Luftballon und weitere Reserveballons

Zwei Mannschaften versuchen, den Ballon durch Schläge mit der flachen Hand über die Grundlinie der anderen Mannschaft zu treiben. Es kann auch mit »Toren« gespielt werden, z. B. mit zwei Kartons oder Papierkörben. Spannend wird es vor allem dann, wenn die Mannschaften ohne Torwart spielen.

Stoßseufzer

Es ist nicht leicht, Herr,
hochgestimmt zu sein.
Denn eben fand ich im Bad
drei und ein halbes Paar schmutziger
Strümpfe am Boden.

Ach, wie oft
habe ich den Kindern das schon gesagt!
Immer wieder vergessen sie es.

Natürlich finde ich Entschuldigungen für sie.
Zu viel stürmt auf sie ein:
die Schularbeiten –
die anderen kleinen Verpflichtungen –
und hin und wieder brauchen sie
auch einmal freie Zeit.

Trotzdem, einiges müssen sie lernen.
Und wohin die schmutzigen Socken kommen,
gehört dazu.

Herr, gib mir Geduld.
Lass mich aber auch unbestechlich sein.
Manchmal muss ich die eigenen Kinder
so sehen,
als gehörten sie anderen, nicht mir.
Dass ich sie sehe, wie sie wirklich sind,
und nicht weich werde,
dazu hilf mir bitte.
Amen.

Jo Carr/Imogene Sorley

Mit Kindern glauben lernen

Religiöse Erziehung beginnt nicht erst dann, wenn Kinder bewusst Fragen stellen, sondern eigentlich von Geburt an – ja vielleicht schon während der Schwangerschaft.

Die Kinder erfahren

› Meine Eltern haben mich lieb, so wie ich bin. Sie nehmen mich in den Arm, streicheln mich, geben mir etwas zu essen, sprechen mit mir.
› Sie bringen mich abends ins Bett, geben mir einen Kuss und machen mir ein Zeichen auf die Stirn.
› Wenn ich krank bin, sorgen sie sich um mich und bleiben an meinem Bett.

»Ich weiß, dass der liebe Gott die Welt und alle Vögel und Pflanzen geschaffen hat, aber das Beste, was er gemacht hat, bin ich.«
Karin

»Ich stelle mir Gott vor, dass es ihn gibt und nicht gibt. Man kann sagen: halb und halb.«
Christian

So oder ähnlich erfahren Kinder in ihrer Familie Geborgenheit, Liebe, Vertrauen und Treue. Und alle diese Erfahrungen sind zutiefst auch religiöse Erfahrungen. Lange bevor Sie dem Kind von Gott erzählen oder mit ihm beten, hat es schon das Wichtigste über Gott erfahren: Gott hat mich lieb. Bei ihm bin ich geborgen. Ich kann ihm vertrauen. Er ist zuverlässig und treu. Er bleibt immer in unserer Nähe. Das Kind lernt glauben durch Vater und Mutter.

Die Kinder erleben

› Die Eltern beten mit uns, sie danken Gott, wenn sie sich freuen, sie bitten Gott, wenn sie in Sorge sind um unsere Familie oder um andere Menschen.
› Die Eltern segnen uns, wenn wir abends im Bett liegen oder wenn wir aus dem Haus gehen.
› Wir haben in der Wohnung Bilder, Zeichen und Bücher, die uns von Jesus erzählen und von anderen Menschen, die so zu leben versucht haben wie er.
› Am Sonntag treffen wir uns mit anderen in der Kirche und feiern gemeinsam Gottesdienst.
› Die Eltern überlegen, wie sie anderen Menschen helfen können, die krank sind, Not haben oder hungern.

Die Eltern werden so durch Wort und Beispiel zu ersten Glaubensboten und -zeugen ihrer Kinder.

Aber es gibt heute auch immer mehr Mütter und Väter, die über ihre Kinder wieder oder ganz neu mit Glaube und Kirche in Kontakt kommen. Mit ihnen sehen sie die Welt mit ganz anderen Augen und staunen mit ihnen über das Wunder der Schöpfung. Über die Kinder und ihre Fragen ergibt sich manchmal ein neuer Zugang zum Gott unseres Lebens und unserer Welt.

Ihr seid das Salz der Erde.
Wenn das Salz seinen Geschmack verliert,
womit kann man es wieder salzig machen?
Es taugt zu nichts mehr, es wird weggeworfen
und von den Leuten zertreten.
Matthäus 5,13

Von Jesus erzählen

Nach dem Tode Jesu haben die ersten Christen begonnen, anderen Menschen davon zu erzählen, was Jesus gesagt hat und was sie mit ihm zusammen erlebt haben. Diese Erfahrungsberichte wurden zunächst mündlich und dann schriftlich weitergegeben. Wir finden sie heute im Neuen Testament. Die Botschaft Jesu hat viele Menschen froh gemacht und ihnen Mut gegeben, christlich zu leben. Auch heute bringen Eltern ihren Kindern den Glauben nahe, indem sie von Jesus erzählen und sich bemühen, als Christen zu leben. Vater und Mutter können ihren Kindern erzählen, dass Jesus die Kinder ganz besonders gern gehabt hat.

Es gibt heute viele schöne Bilderbücher, Kinderbibeln, Poster, Bilder und Lieder, die Ihnen helfen können, anschaulich von Jesus zu erzählen. Aus der Fülle der Angebote gilt es zu prüfen und auszuwählen. Dabei werden Ihnen die Erzieherinnen im Kindergarten oder die Mitarbeiter der Katholischen öffentlichen Bücherei Ihrer Pfarrgemeinde helfen können.

Mit den Kindern in der Familie beten

Wenn Eltern mit ihren Kindern in der Familie beten, beginnen sie im Gebet ein Gespräch mit Gott, danken ihm, loben ihn und sagen ihm ihre Bitten und Sorgen. Alles, was ihnen Freude gemacht hat, was sie erlebt haben, was sie ärgert und bedrückt, das können sie im Gebet vor Gott bringen. Und die Eltern ermuntern ihre Kinder, selbst auch im Gebet das zu nennen, wofür sie danken und worum sie Gott bitten möchten. Denn Beten, das ist Erzählen mit Gott. Wir erzählen

Gott von unserem Leben und unseren Erfahrungen, vertrauen ihm an, was uns bewegt. Bei kleinen Kindern werden die Eltern helfen, von dem Erleben am Tag zu erzählen, indem sie dem Kind kurze Sätze vorsprechen oder einfache Fragen stellen.

Manche Eltern werden die Gebete mit den Kindern frei formulieren. Andere Eltern greifen lieber auf vorgeformte Gebetstexte zurück, in denen sie eigene Erfahrungen und Anliegen wiederfinden. Mit der Zeit werden sich den Kindern einzelne Gebete einprägen. Dies erleichtert dann auch das gemeinsame Beten.

Wo ich gehe,
wo ich stehe,
bist du, lieber Gott,
bei mir.
Wenn ich dich
auch niemals sehe
weiß ich dennoch,
du bis hier.

Es gibt noch andere Formen des Betens: ein Lied singen, eine biblische Geschichte erzählen, miteinander sprechen, gemeinsam ein Bild anschauen oder auch einmal einen Moment bewusst stille sein. Auch die verschiedenen Formen des Brauchtums im Laufe des Jahres, z. B. die gemeinsame Runde um den Adventskranz, zählen dazu.

»Feste Bräuche« sollte es auch beim Beten geben. Beten ist zwar nicht an feste Zeiten gebunden, aber es ist für Eltern und Kinder hilfreich, gewohnte Gebetszeiten zu haben. Die Zeiten werden in den einzelnen Familien unterschiedlich sein. Für viele ist der Abend eine günstige Gelegenheit, sich nach dem Abendessen am Tisch oder im Kinderzimmer gegenseitig vom Tag zu erzählen und miteinander zu beten.

Jesus segnet die Kinder

Jesus kam mit seinen Jüngern in ein Dorf. Als nun im Dorf bekannt wurde, dass Jesus da war, da kamen Väter und Mütter mit ihren Kindern zu ihm. Sie wollten Jesus bitten, dass er ihre Kinder anrührte. Sie wollten, dass ihre Kinder bei Jesus wären. Aber die Jünger, die die Eltern mit den Kindern kommen sahen, ärgerten sich sehr. Es ging doch nicht an, dass ihr Meister von Kindern gestört würde. Darum schimpften sie mit den Vätern und Müttern. Sie wollten sie gleich wieder wegschicken. Als Jesus das sah, wollte er es nicht zulassen. Er sagte zu seinen Jüngern: »Lasst die Kinder zu mir kommen und steht ihnen nicht im Wege. Den Kindern gehört Gottes Reich!« Dann ermahnte er seine Jünger und sprach zu ihnen: »Das sollt ihr wissen: Wenn ihr das Reich Gottes nicht so annehmen wollt wie ein Kind, dann werdet ihr nicht hineinkommen!«

Und als er das gesagt hatte, schloss er die Kinder in seine Arme. Er legte ihnen seine Hände auf den Kopf und segnete sie.

Nach Markus 10, 13–6

Die eigenen Kinder loslassen können

Wenn die Kinder älter werden, wollen sie nicht mehr den ganzen Tag zu Hause bleiben – sie wollen nach draußen und mit anderen Kindern spielen. Und sie wollen einen Freund oder eine Freundin haben.

Schließlich haben die Eltern viel zu wenig Fantasie, was man mit Pfützen, Käfern, Nägeln, Kletterbäumen, Dauerlutschern, Pappkartons, Klebstoff, Filzstiften alles machen kann.

Wenn Kinder miteinander spielen, wird das nicht immer reibungslos verlaufen. Sie müssen lernen, mit anderen Kindern zurechtzukommen, auch wenn es hin und wieder Schwierigkeiten gibt.

In dieser Zeit werden die Eltern ihr Kind nach und nach loslassen und es bei den ersten Gehversuchen unterstützen. Dabei ist der Kindergarten eine wichtige Station. Ein Kind erlebt dort, in einer Gruppe mit anderen Kindern zusammen zu sein, zu spielen und zu sprechen. Für Einzelkinder ist es wichtig, im Kindergarten mit anderen Kindern zu toben, etwas zu teilen, sich anzupassen, Fragen zu stellen und Konflikte auszutragen. Nach und nach wird das Kind immer größere Teile des Weges zum Kindergarten und zurück ge-

hen lernen – und das nicht ohne Stolz. Wenn es aus dem Kindergarten nach Hause kommt, will es von seinen Eindrücken erzählen. Darum braucht es die Mutter oder den Vater als aufmerksame Zuhörer.

Die Erzieherinnen in den Kindergärten laden häufig zu Gesprächen ein, bei denen Eltern und Erzieherinnen gemeinsam ihre Erfahrungen mit den Kindern austauschen und auch Fragen der religiösen Erziehung ansprechen können.

Bei diesen Gesprächen finden die Eltern auch Anregungen, was sie mit ihrem Kind zu Hause tun können. Sie entdecken Spiele, Werkmaterialien, Bücher und viele neue Ideen.

Mit dem ersten Schultag erfolgt der nächste wichtige Schritt zur Selbstständigkeit. Nun lernt das Kind selbst lesen, schreiben, rechnen – und damit angeblich den »Ernst des Lebens« kennen. Aber in dem Alter macht Lernen eigentlich noch richtig Spaß!

Für die Eltern dagegen stellen sich jetzt ernsthafte Fragen, die sich in den nächsten Jahren fortsetzen werden: Wie bewerten wir Leistung und freie Entfaltung des Kindes? Was bedeutet uns seine Entwicklung in Relation zu seelischen Erfolgserlebnissen? Inwieweit darf bzw. muss das Kind seine eigenen Wege gehen? Wann und wo haben wir Grenzen zu setzen?

Die Antworten fallen von Kind zu Kind ganz unterschiedlich aus – seiner Individualität und der jeweiligen familiären Situation entsprechend.

Kinder und Uhren dürfen nicht ständig aufgezogen werden, man muss sie auch gehen lassen.
Jean Paul

Lasst euch die Kindheit nicht austreiben

**Liebe Kinder!
Lasst euch die Kindheit nicht austreiben!**

Schaut, die meisten Menschen legen ihre Kindheit ab wie einen alten Hut. Sie vergessen sie wie eine Telefonnummer, die nicht mehr gilt. Ihr Leben kommt ihnen vor wie eine Dauerwurst, die sie allmählich aufessen, und was gegessen worden ist, existiert nicht mehr. Man nötigt euch in der Schule eifrig von der Unter- über die Mittel- zur Oberstufe. Wenn ihr schließlich droben steht und balanciert, sägt man die »überflüssig« gewordenen Stufen hinter euch ab, und nun könnt ihr nicht mehr zurück! Aber müsste man nicht in seinem Leben wie in einem Hause treppauf treppab gehen können? Was soll die schönste erste Etage ohne den Keller mit den duftenden Obstborten und ohne Erdgeschoss mit der knarrenden Haustür und der scheppernden Klingel? Nun – die meisten leben so! Sie stehen auf der obersten Stufe, ohne Treppe und ohne Haus, und machen sich wichtig. Früher waren sie Kinder, dann wurden sie Erwachsene, aber was sind sie nun? Nur wer erwachsen wird und Kind bleibt, ist ein Mensch! Wer weiß, ob ihr mich verstanden habt. Die einfachen Dinge sind so schwer begreiflich zu machen!

Seid nicht zu fleißig! Bei diesem Ratschlag müssen die Faulen weghören. Er gilt nur für die Fleißigen, aber für sie ist er sehr wichtig. Das Leben besteht nicht nur aus Schularbeiten. Der Mensch soll lernen, nur die Ochsen büffeln. Ich spreche aus Erfahrung. Ich war als kleiner Junge auf dem besten Wege, ein Ochse zu werden. Dass ich's, trotz aller Bemühung, nicht geworden bin, wundert mich heute noch.

Der Kopf ist nicht der einzige Körperteil. Wer das Gegenteil behauptet, lügt. Und wer die Lüge glaubt, wird, nachdem er alle Prüfungen mit Hochglanz bestanden hat, nicht sehr schön aussehen. Man muss nämlich auch springen, turnen, tanzen und singen können, sonst ist man, mit seinem Wasserkopf voller Wissen, ein Krüppel und nichts weiter.
Lacht die Dummen nicht aus! Sie sind nicht aus freien Stücken dumm und nicht zu eurem Vergnügen. Und prügelt keinen, der kleiner und schwächer ist als ihr! Wem das ohne nähere Erklärung nicht einleuchtet, mit dem möchte ich nichts zu tun haben. Nur ein wenig warnen will ich ihn. Niemand ist so gescheit oder so stark, dass es nicht noch Gescheitere und Stärkere als ihn gäbe. Er mag sich hüten. Auch er ist, vergleichsweise, schwach und ein rechter Dummkopf.

Erich Kästner

Kommunion feiern

Jesus, der Herr, nahm in der Nacht,
in der er ausgeliefert wurde, Brot,
sprach das Dankgebet, brach das Brot
und sagte: Das ist mein Leib für euch.
Tut dies zu meinem Gedächtnis!
Ebenso nahm er nach dem Mahl
den Kelch und sprach: Dieser Kelch
ist der Neue Bund in meinem Blut.
Tut dies, sooft ihr daraus trinkt,
zu meinem Gedächtnis.

1 Korinther 11,23–25

Beim Wort genommen

Was heißt es,
wenn wir sagen …

»Wir gehen zur Kommunion«

Kommunion (lateinisch: *communio*) heißt wörtlich »Gemeinschaft«. »Wir gehen zur Kommunion« bedeutet also: Wir gehen in die Gemeinschaft, in die Gemeinschaft mit Jesus Christus und seiner Kirche. »Wir empfangen die Kommunion« bedeutet auch: Gemeinschaft kann man nicht machen, man kann sie nicht erzwingen. Wir glauben, dass uns die Gemeinschaft mit Gott und den Menschen geschenkt wird.

»Wir gehen in die Kirche«

So sagen die meisten Christen, wenn sie zum Gottesdienst gehen. Kirche verwirklicht sich vor allem in der Feier der Eucharistie. Hier feiert die Gemeinschaft der Christen, woher sie kommt, wo sie steht und wohin sie geht. Die Eucharistiefeier ist die Mitte christlichen Lebens, das wichtigste Zeichen der Kirche. Darin sind sich alle Konfessionen einig.

Umso leidvoller ist die Erfahrung, dass Christen verschiedener Bekenntnisse in verschiedene Kirchen gehen, dass sie auf verschiedene Art und Weise die Eucharistie feiern. Für Katholiken und Protestanten, für Orthodoxe und Anglikaner, für alle Christen ist es nur schwer zu verstehen, dass das Sakrament der Gemeinschaft, die Kommunion, zum Ausdruck der Trennung geworden ist.

Christen bemühen sich heute um die Einheit der Kirchen (Ökumene). Sie wollen, dass alle wieder dieselbe Kirche und dieselbe Feier meinen, wenn sie sagen: »Wir gehen in die Kirche.«

»Wir feiern Eucharistie«

»Eucharistie« (griechisch) heißt Danksagung. Dankbarkeit ist die Grundhaltung der Christen. Christen danken für ihr Leben und für die ganze Schöpfung. Sie danken für die Güte und Treue Gottes, für die Gemeinschaft mit Jesus Christus und seiner Kirche; sie danken für die Zuversicht und Hoffnung, die sie aus der Erfahrung der Liebe Gottes schöpfen können. »Lasset uns danken dem Herrn, unserm Gott«, ruft der Priester zu Beginn des Hochgebetes in der Feier der Eucharistie, und die Gemeinde antwortet: »Das ist würdig und recht.«

»Wir gehen in die Messe«

Messe (lateinisch: *missa*) heißt wörtlich Sendung. »Ite, missa est«, »Gehet hin in Frieden«, heißt es zum Schluss der heiligen Messe. Ursprünglich wurde auch nur dieser letzte Teil des Gottesdienstes »missa« genannt. Aber schon seit dem 5. Jahrhundert wird damit die gesamte Eucharistiefeier bezeichnet.

»Wir feiern das Abendmahl«

So sagen vor allem unsere evangelischen Mitchristen und verweisen damit auf den Ursprung der Eucharistie, auf das Abendmahl, das Jesus vor seinem Leiden und Sterben mit seinen Aposteln hielt und bei dem er uns aufgetragen hat: »Tut dies zu meinem Gedächtnis!« Die Messe ist die feierliche Erinnerung und Erneuerung dieser Mahlgemeinschaft mit Jesus Christus und mit allen, die sich zu seiner Kirche bekennen.

Wenn Brot geteilt wird

Im Januar 1944 – ich war Soldat in Russland – wurde unsere Stellung überrannt. Wir ließen alles stehen und liegen und flohen in die Winternacht bei dreißig Grad Kälte: ziellos, irgendwohin …

Nach 24 Stunden ohne Rast und Verpflegung trafen wir, fünf Soldaten, auf eine kleine Häusergruppe. Dort war alles verlassen. Nur in einem Haus war Licht. Wir traten ein. Im Haus waren eine alte Frau, die »Großmutter«, sowie eine junge Frau mit vier Kindern.

»Wir wollen Brot«, sagte einer von uns. Die junge Frau drängte uns hinaus: »Hier gibt es kein Brot mehr!« Die Großmutter vermittelte, ging in den Erdkeller und brachte ein großes, rundes, selbst gebackenes, aber hartes Brot mit. Dann zog sie ein Messer, teilte den Laib und gab allen etwas davon: den Landsern, der Mutter, den Kindern und sich selbst. Es war still. Alle aßen von dem letzten Laib. Als wir gegessen hatten und ausgeruht waren, brachen wir wieder auf, stießen am nächsten Morgen auf andere deutsche Soldaten. Damit waren wir der möglichen Gefangenschaft entgangen, die Brot-Teilung schaffte Kraft zum Weitergehen.

Wilhelm Lenzen

Tischgemeinschaft

Mit dem an einem Tisch?

Mit dem? Nein! Niemals!

In der Schule:

Nein, ich will nicht mit dem an einen Tisch.
Der hat schon mal gelogen.
Meine Mutter sagt das auch.
Nein, ich will nicht mit der an einen Tisch.
Die ist nie gewaschen.
Von der kriege ich nur Läuse!

Zu Hause:

Nein, die würden wir niemals einladen.
Zu denen gehen wir auch nicht hin.
Mit denen an einem Tisch?
Da müsste man sich ja schämen.
Der Vater ist ein Betrüger.
Der kann sich doch nirgends mehr
blicken lassen.
Der hat im Gefängnis gesessen.
Also wirklich nicht mit jedem.
Man ist doch schließlich wer.

In Galiläa vor zweitausend Jahren, Matthäus hat es aufgeschrieben:

Diese Steuereintreiber,
diese Gauner, diese Landesverräter,
die halten es mit den Römern,
mit Heiden, mit Unreinen.
Mit denen an einen Tisch?
Nein! Niemals!

Das ist gegen das Gesetz.
Das ist gegen Gott.
Das ist Sünde.
Diese Blutsauger!
Die wirtschaften doch nur
in ihre eigene
Tasche.
Die bereichern sich an unserem Geld.
Diese Verbrecher!
Jesus geht vorüber.
Auf der Straße. In Kapernaum.
Da sitzt ein Steuereintreiber
in seinem Büro.
Er heißt Matthäus.

Jesus sagt:
Du da! Komm mit mir! Ich brauche dich!
Der springt auf.
Er kommt aus seinem Büro gestürzt.
Alles lässt er stehen und liegen.
Er geht mit Jesus.
Er sagt:
Komm in mein Haus. Sei mein Gast.

Jesus kommt zu ihm mit seinen Jüngern.
Sie sitzen bei Matthäus zu Tisch,
bei dem Steuereintreiber.
Jesus bricht das Brot.
Sie essen.

Andere Steuereintreiber kommen,
Freunde des Matthäus,

und viele andere,
die einen schlechten Ruf haben.
Sie sitzen zu Tisch mit Jesus,
mit seinen Jüngern, mit Matthäus.
Sie essen. Sie sind fröhlich.

Pharisäer kommen vorbei.
Die wissen so gut Bescheid mit dem Gesetz,
mit den alten Vorschriften,
mit dem Gesetz von Gott.
Dieser Jesus!
Sie sind aufgebracht:
Der isst mit denen. Der trinkt mit denen.
Der kann nicht von Gott sein. Der nicht.
Der muss verrückt sein.

Sie reden mit den Jüngern:
Er, euer Lehrer,
weshalb isst er mit diesem Gesindel,
weshalb gerade mit denen?
Jesus hört das.
Er blickt die Pharisäer an:
Ich will euch sagen, weshalb!
Nicht die Gesunden brauchen den Arzt,
sondern die Kranken.
Die, die übel dran sind,
die brauchen mich.

Matthäus hat das alles aufgeschrieben:
Was die Pharisäer denken:
Mit solchen an einem Tisch? Nein!
Was Jesus sagt:
Ja, gerade mit denen. Das will Gott.

Nach Matthäus 9,9–13

Gott, unser Vater,
wir danken dir
von ganzem Herzen
für deinen Sohn Jesus.
Er war ein Freund
aller Unglücklichen.
So aß er mit allen,
die ihn brauchten,
mit den Sündern
und denen,
die von Gott nichts wissen
wollten.
Denn er hatte sie alle lieb
und wollte,
dass sie nichts mehr trennt.
Wir bitten dich,
guter Vater,
segne uns an deinem Tisch
und mach,
dass wir wie Freunde
zusammenhalten.

Das Wunder der Kirche

Ich habe einmal, kniend im Steppensand, mit einigen Hereros in Südwestafrika das Mahl des Herrn gefeiert. Keiner verstand auch nur einen Laut von der Sprache des anderen. Aber als ich mit der Hand das Kreuzeszeichen machte und den Namen »Jesus« aussprach, strahlten ihre dunklen Gesichter auf. Wir aßen dasselbe Brot und tranken aus demselben Kelch, und sie wussten nicht, was sie mir alles an Liebe erweisen sollten. Wir hatten uns nie gesehen. Soziale und geografische und kulturelle Grenzen standen zwischen uns. Und doch umschlossen uns Arme, die nicht von dieser Welt sind. Da fiel es mir wie Schuppen von den Augen, und ich begann, die Pfingstgeschichte zu begreifen. Ich verstand das Wunder der Kirche.

Helmut Thielicke

Die heilige Messe

Die äußere Form der Messe hat sich im Verlaufe der Geschichte immer wieder verändert. Aber in ihrem Kern ist sie geblieben, was sie immer schon war: Gedächtnis des Lebens, des Sterbens und der Auferstehung Jesu Christi.

Dies feiern wir als Geheimnis unseres Glaubens:

»Deinen Tod, o Herr, verkünden wir,
deine Auferstehung preisen wir,
bis du kommst in Herrlichkeit.«

Heute haben wir zwei Hauptteile in der heiligen Messe, den Wortgottesdienst und die Eucharistiefeier. Eingerahmt werden beide durch einen Eröffnungs- und Entlassungsteil.

1. Eröffnung

Zu Beginn der Messe begrüßt der Priester die versammelten Gläubigen und führt sie in den Gottesdienst ein. In der Eröffnung kann das eine Mal stärker der Gedanke der Buße und die Bitte um Vergebung, ein anderes Mal das freudig-festliche Lob betont werden. Es folgt das Tagesgebet, in dem das besondere Anliegen des jeweiligen Tages zum Ausdruck kommt.

2. Wortgottesdienst

An Sonn- und Feiertagen werden mindestens zwei, oft drei Lesungen vorgetragen: zuerst ein Text aus dem Alten Testament, dann ein Abschnitt aus den Briefen des Neuen Testamentes und schließlich als Höhepunkt ein Text aus einem der vier Evangelien. Dazu stehen die Gläubigen auf und bekreuzigen sich. Sie wollen damit ausdrücken: Es ist der Herr, unser Gott, der zu uns spricht. Die anschließende Predigt soll helfen, das Wort Gottes in unserer heutigen Situation zu hören und zu verstehen.

Nach der Verkündigung bekennt die Gemeinde ihren Glauben (Credo). Hieran schließen sich die Fürbitten an. In ihnen werden die großen Anliegen der Welt und der Kirche sowie die Sorgen und Nöte der Gemeinde vor Gott getragen.

3. Eucharistiefeier

Gabenbereitung

Die Eucharistiefeier beginnt mit der Bereitung der Gaben auf dem Altar. Brot (Hostien), Wein und Wasser werden durch Ministranten oder durch Gläubige aus der Gemeinde zum Altar gebracht. Damit soll auch ausgedrückt werden, dass mit diesen Gaben jeder sich selbst darbringen möchte. In diesem Sinne ist auch die Geldsammlung (Kollekte) zu verstehen, die in vielen Kirchen vor den Altar gebracht wird.

Gepriesen bist du, Herr, unser Gott,
Schöpfer der Welt. Du schenkst uns
das Brot, die Frucht der Erde und
der menschlichen Arbeit. Wir bringen
dieses Brot vor dein Angesicht,
damit es uns das Brot des Lebens werde.

Gepriesen bist du, Herr, unser Gott,
Schöpfer der Welt. Du schenkst uns
den Wein, die Frucht des Weinstocks und
der menschlichen Arbeit. Wir bringen
diesen Kelch vor dein Angesicht,
damit er uns der Kelch des Heiles werde.

Gebete zur Gabenbereitung

Hochgebet

Im Hochgebet werden diese Gaben zur viel größeren Gabe Gottes an uns. Der Opfergedanke, der in allen Religionen anzutreffen ist, wird hier umgekehrt: Es ist nicht der Mensch, der Gott opfert, sondern Gott ist es, der sich dem Menschen in liebender Hingabe schenkt. Für uns ist er in Jesus Christus Mensch geworden bis zum Tod, ja bis zum Tod am Kreuz.

Das Hochgebet ist vor allem ein Dankgebet. Es geht auf das Abendmahlsgeschehen selbst zurück: »Er nahm …« (Gabenbereitung), »er dankte …« (Hochgebet) »und reichte es seinen Jüngern …« (Kommunion).

Das eucharistische Hochgebet beginnt mit dem Wechselspruch zwischen Priester und Gemeinde:

P: *Der Herr sei mit euch.*
A: *Und mit deinem Geiste.*
P: *Erhebet die Herzen.*
A: *Wir haben sie beim Herrn.*
P: *Lasset uns danken dem Herrn,*
   unserem Gott.
A: *Das ist würdig und recht.*

»*Das ist mein Leib … Das ist mein Blut.*«

Wenn der Priester diese Worte sagt, spricht nach der Überzeugung der Kirche durch ihn Christus selbst. Unter den Gestalten von Brot und Wein wird Jesus Christus gegenwärtig. Hier, in der Mitte des Hochgebetes, bekennt die Gemeinde anbetend und preisend:

»*Deinen Tod, o Herr, verkünden wir,*
und deine Auferstehung preisen wir,
bis du kommst in Herrlichkeit.«

Kommunion

Nach dem Hochgebet wird zunächst das Vaterunser gesprochen. Es erhält so den Charakter eines Tischgebetes. Danach können sich die Gläubigen als Zeichen des Friedens die Hand geben.

Bei besonderen Anlässen, beispielsweise bei einer Hochzeit oder am Gründonnerstag, wird zur Kommunion auch der Kelch gereicht. Dass dies – zumindest in der römisch-katholischen Kirche – nicht immer geschieht, hat vor allem äußere Gründe. Aber ob nun in der Form des Brotes oder in der Form des Weines: die wesentliche Gabe ist der Herr selbst. Er gibt sich uns zur Speise und befähigt uns so zum Dasein füreinander. In der Kommunion werden wir zum Leib Christi, zur Gemeinschaft der Christen. Wir werden Kirche.

4. Entlassung

Nach einem abschließenden Gebet segnet der Priester die Gemeinde und entlässt sie mit dem freudigen Ruf:
»*Gehet hin in Frieden*« – »*Ite, missa est*«.

Die Gemeinde antwortet:
»*Dank sei Gott*« – »*Deo gratias*«.

Der »Grundriss« der heiligen Messe

Eröffnung

sich versammeln	Begrüßung
sich bereiten	Schuldbekenntnis
	Kyrie
	Gloria
	Tagesgebet

Wortgottesdienst

hören	Lesung(en)
	Evangelium
	Predigt
antworten	Glaubensbekenntnis
	Fürbitten

Eucharistiefeier

bereiten (»Jesus nahm Brot und Wein ...«)	Gabenbereitung Kollekte

danken
(»... sprach das Dankgebet ...«)
	Hochgebet
	› Präfation
	   (lateinisch: Einleitung, Vorrede)
	› Einsetzungsbericht
	› Großer Lobpreis: »Durch ihn und
	   mit ihm und in ihm ...«

empfangen (»... und reichte es/ihn seinen Jüngern.«)	Kommunion › Vaterunser › Friedensgruß › Mahl › Gebet

Entlassung

gesandt werden	Segen
	Sendung

Das Fest der Erstkommunion

Liebe Eltern,

in einigen Wochen beginnt in unserer Gemeinde die Erstkommunionvorbereitung. Auch Ihr Kind möchten wir dazu einladen. Das Fest der Erstkommunion soll zu einem Tag werden, an den es sich noch lange mit Freude erinnert. Jetzt darf das Kind in der heiligen Messe erstmals die Kommunion empfangen. Es ist damit voll in die katholische Gemeinde aufgenommen und nimmt teil an der Gemeinschaft der Christen untereinander und mit Christus. Dies wollen wir an dem kommenden Festtag – Sie in Ihrer Familie und wir miteinander in der Gemeinde – feiern.

Wie in den vergangenen Jahren werden sich wieder einige Eltern in kleinen Gruppen mit den Kindern über mehrere Wochen treffen. Im gemeinsamen Tun und Sprechen wollen sie versuchen, die heilige Messe und ihre Bedeutung für unser Leben kennenzulernen. Vielleicht überlegen auch Sie, ob Sie eine solche Gruppe übernehmen können. Als Pfarrer werde ich Sie bei dieser Aufgabe unterstützen.

Ihr Kind soll erfahren: Die Kommunion und die heilige Messe sind für mein Leben und für meinen Alltag etwas ganz Wichtiges. Zu dieser Erfahrung findet Ihr Kind nur, wenn es spürt: Die heilige Messe ist auch für meine Eltern und andere erwachsene Christen ganz wichtig.

Sie, die Eltern, sind in jeder Hinsicht besondere Wegweiser für Ihr Kind. Sie dürfen aber keine Wegweiser sein, die am Rande des Weges stehen bleiben und dem Kind nur sagen, wohin es gehen soll. Sie werden erst dann hilfreiche Wegweiser sein, wenn Sie mitgehen, wenn Sie Ihr Kind in der Vorbereitungszeit – und darüber hinaus – begleiten und ihm auch auf dem Weg des Glaubens vorangehen. Wir möchten Sie dabei unterstützen. Deshalb laden wir Sie ein zu einigen Elterngesprächen.

Dabei wollen wir überlegen, wie wir gemeinsam die Vorbereitung in der Gemeinde und in der Familie gestalten können.

Ich freue mich auf das Gespräch und die Zusammenarbeit mit Ihnen und grüße Sie

Ihr Pfarrer

Gemeinsamer Weg mit mehreren Familien

Viele Eltern kennen sich schon aus der Kindergartenzeit ihrer Kinder bzw. seit den ersten Jahren in der Grundschule. So tun sich manche von ihnen zusammen und bereiten ihre Kinder gemeinsam auf die Erstkommunion vor. Miteinander wollen sie ihren Glauben bewusster leben und ihre Kinder daran teilhaben lassen. So feiern sie etwa die Zeiten und Feste des Kirchenjahres und treffen sich häufiger zum Austausch und zu gemeinsamen Unternehmungen. Nicht selten bleiben solche Familien auch nach der Erstkommunion in *Familienkreisen* oder *Familiengruppen* zusammen. Bei den meist regelmäßigen Treffen finden sie Gelegenheit, sich in Fragen der Erziehung, der Eltern- und Partnerschaft sowie über Möglichkeiten einer christlichen Lebensgestaltung auszutauschen und sich gegenseitig zu bestärken.

Mit jüngeren Kindern

Sie kennen vielleicht die Begriffe *»Frühkommunion«* oder *»Rechtzeitige Erstkommunion«*. Mit diesen Begriffen sollen Eltern ermutigt werden, ihr Kind bereits vor dem 3. Schuljahr auf den ersten Empfang der hl. Kommunion vorzubereiten, in einem Alter, in dem das Kind *»den Leib des Herrn von gewöhnlicher Speise zu unterscheiden vermag«* (vgl. 1 Korinther 11,29). Wenn Ihr Kind regelmäßig mit Ihnen zusammen über eine längere Zeit die hl. Messe besucht und mitgefeiert hat, wenn Sie Ihrem Kind »das Besondere« der hl. Kommunion verdeutlichen können und wenn Ihr Kind mit Ihnen zur hl. Kommunion »mitgehen« möchte, dann sollten Sie der Ermutigung zur »rechtzeitigen Erstkommunion« entsprechen. Die Verbindung mit der Gemeinde kann sich ausdrücken in einem Gespräch mit dem Pfarrer und mit der – späteren – Teilnahme Ihres Kindes an der Vorbereitung und gemeinsamen feierlichen Erstkommunion mit den Kindern seines Alters in der Gemeinde. Bis dahin sollte das Kind nur gemeinsam mit den Eltern die Kommunion empfangen.

Die Wochen vor dem Fest

Mit Kindern etwas unternehmen

Eine »ungewöhnliche« Wanderung: eine Abend- oder Nachtwanderung, um Dunkelheit und Licht zu erleben; eine Morgenwanderung, um Stille und erwachendes Leben wahrzunehmen; eine Bergwanderung, um Aussicht zu genießen; ein Erkundungsgang, um Pflanzen und Tiere kennenzulernen ...

Geschichten erzählen

Dem Kind abends eine Geschichte vorlesen oder erzählen. Das können Märchen, selbst erfundene Geschichten, biblische Geschichten, Legenden von Heiligen sein. In der Pfarrbücherei oder in einer Buchhandlung sind Tipps für gute Kinderbücher zu erhalten.

Kinder wollen erzählen

Häufig wehren wir ab, haben keine Zeit, wenn unser Kind etwas erzählen möchte, was ihm wichtig ist. Deshalb: sich bewusst Zeit nehmen zum Zuhören, mit dem Kind über alles sprechen, was es an diesem Tag erlebt und getan hat. Auch Kleinigkeiten ernst nehmen, Gutes verstärken, bei Unzulänglichkeiten und Enttäuschungen Mut machen und trösten.

Gemeinsam beten

Mit dem Kind am Morgen und am Abend ein kurzes Gebet sprechen. Der Alltag kommt so in eine lebendige Beziehung zu Gott und unserem Glauben.

Weitere Anregungen finden Sie vor allem in den Kapiteln »Advent- und Weihnachtszeit«, »Fasten- und Osterzeit« und bei den »Bräuchen im Jahreskreis«.

Das Leben ist bunt

Aus natürlichen (= in der Natur zu finden-den) Dingen können wir Bilder »malen«. Durch das Zerreiben von Blüten und Pflanzen entstehen Farben. Kleine Zweige, Blüten, Blätter, Gräser, Farn lassen sich in Bilder verarbeiten. Man braucht nur Papier (oder ein weißes Tuch), Klebstoff – und etwas Fantasie dazu.

Abfälle verwandeln

So vieles werfen wir einfach weg. Das sind nur Reste, das ist wertlos und überflüssig. Einmal solche Reste und Weggeworfenes – zu Hause und draußen – sammeln und damit kreativ gestalten: Collagen, Figuren, Fantasiegebilde ...

Den Kreuzweg gehen

In der näheren Umgebung gibt es sicher einen Kreuzweg. Verbunden mit einem Ausflug, können wir diesen Kreuzweg gehen. Dabei können wir einzelne Stationen auswählen, die uns besonders viel sagen, und vor ihnen beten (siehe hierzu S. 365–373). – Einen Kreuzweg können wir auch selbst gestalten, sei es aus Ton, Plastilin oder Knetgummi, mit Malstiften oder als Collage.

Lichter entzünden

In die Zeit der Erstkommunionvorbereitung fallen meist einige Feste, die in enger Beziehung zum Licht stehen (Allerseelen, St. Martin, Totensonntag, Advent, Weihnachten, Lichtmess, Ostern). Wir können diese Licht-Feste besonders gestalten, Kerzen herstellen, Gottesdienste besuchen.

Ein Tag des Dankens

Einen Tag lang auf die vielen kleinen und großen Selbstverständlichkeiten achten, die gar nicht so selbstverständlich sind, und dafür den anderen danken. Abends darüber sprechen, wofür wir alles dankbar sein können und wem wir es verdanken.

Mit anderen teilen

Die eigene Zeit mit anderen teilen. Besuche oder Einkäufe erledigen, mit kleineren Kindern spielen. Spielzeug und Bücher, die noch gut erhalten sind, verschenken. Eine Spardose für Hungernde in der Welt aufstellen.

Spuren des Glaubens

Generationen vor uns haben auch ihre »Glaubensspuren« hinterlassen, etwa in Kapellen, Wegkreuzen, Kreuzwegen, Bildstöcken oder Haus-Inschriften. Solche Glaubens-Spuren ausfindig machen, erwandern und genau anschauen. Vielleicht laden Sie auch zu einem Gebet oder Lied ein; vielleicht können wir etwas über die Geschichte und Entstehung erkunden.

Brot backen und teilen

Von einem selbst gebackenen Brot können wir einer anderen Familie etwas bringen. Wir können auch andere zu einer gemeinsamen Brot-Zeit zu uns einladen, etwa andere Kommunionkinder mit ihren Familien.

Stockbrot backen

Wenn die Möglichkeit besteht, irgendwo ein offenes Feuer zu machen, lässt sich dort gut Stockbrot backen.

Stockbrot-Backen ist am schönsten mit vielen zusammen. Der fertige Teig wird zu kleinen Kugeln (etwa 5 cm Durchmesser) geformt, auf lange, angespitzte Stöcke gespießt und etwas in die Länge gezogen. Den Brotteig über die Glut, aber nicht in die Flamme halten und den Stock drehen. Beim Drehen darauf achten, dass das Brot möglichst gleichmäßig braun wird.

Stockbrot-Rezept

500 g Weizenmehl
1 Päckchen Backpulver
(oder Hefe, schmeckt besser)
1 Prise Zucker
1 Prise Salz
30 g Butter
Milch
evtl. gedünstete Zwiebelstückchen, Kümmel

Zubereitung:

Alle Zutaten (bei Verwendung von Hefe auf eigene Art der Zubereitung achten, die aber in jedem Backbuch zu finden ist) miteinander mengen, sodass ein guter Knetteig entsteht, der aber nicht zu fest sein darf.

Wie soll unser Fest der Erstkommunion aussehen?

Das Fest der Erstkommunion ist in erster Linie ein Fest des Kindes. Es sollte darum zunächst nach den Bedürfnissen und Wünschen des Kindes und weniger nach denen der Erwachsenen ausgerichtet werden.

> Das fängt an bei der Frage: Wen laden wir ein? Wen möchte das Kind, wen möchten die Eltern einladen? Das kann auch zu der Frage führen: Sollen wir alle am Kommuniontag selbst einladen oder können wir Freunde und Verwandte nicht auch später einladen? Wir könnten dann den Festtag als Tag unserer Familie gestalten, eventuell nur mit den Paten und Großeltern zusammen. Wir sollten dies mit unserem Kind gemeinsam überlegen.

> Ebenso die Fragen rund um das Essen: Wo wollen wir zu Mittag essen? Zu Hause oder in einem Restaurant? Gibt es dort Auslauf- oder Spielmöglichkeiten für die Kinder? – Was wollen wir zu Mittag essen? Nicht alles, was die Erwachsenen für besonders gut halten, sind auch die Lieblingsspeisen der Kinder.

> Es gibt viele lustige Spiele, die Erwachsenen wie Kindern gleich viel Freude machen und die eine Familienfeier zu einer Feier der ganzen Familie werden lassen. Auch der Erstkommuniontag wird durch solche Spiele nicht »entheiligt«, im Gegenteil!

> Alle Gäste können in der Einladung gebeten werden, ein Foto aus ihrer Kindheit, möglichst ein Foto von der eigenen Erstkommunion (oder Konfirmation) mitzubringen. Die Fotos werden alle zusammengelegt oder an eine Pinnwand geheftet und nummeriert. Alle raten, wer auf welchem Foto abgebildet ist.

> Eltern, Großeltern, Paten und Gäste erzählen, was sie von ihrer Erstkommunion (oder Konfirmation) noch besonders gut in Erinnerung haben.

Kommunionkleidung

Es ist ein schöner und alter Brauch, dass Jungen und Mädchen am Tag ihrer Erstkommunion festlich gekleidet sind. Das bedeutet nicht, dass sie wie kleine Erwachsene herumlaufen müssen, vielmehr soll die Kleidung darauf hinweisen, dass heute ein besonderer Tag ist, ein Festtag.

Die Mädchen tragen ein weißes Kleid in Erinnerung an das Taufkleid oder ein anderes festliches Kleid. Jungen tragen oft einen Anzug, an den sie einen kleinen Zweig stecken: Er kann ein Symbol sein für das neue Leben, das in der Taufe geschenkt wurde. Auch hier geht es vor allem um die festliche Kleidung, sodass ebenso auch eine dunkle Hose mit einem Blazer oder mit Hemd und Weste möglich ist.

In einigen Pfarreien ist es inzwischen üblich, dass die Kommunionkinder einheitliche helle Kutten, auch Alben genannt, tragen. Die Kutten sind nach dem Vorbild der liturgischen Gewänder für Messdiener, Lektoren usw. gestaltet. Durch die einheitliche Regelung soll vor allem vermieden werden, dass die Kleidung an diesem Tag wichtiger wird als der Empfang des heiligen Brotes.

Kommunionkerze

Die Kommunionkerze ist wie die Taufkerze ein Zeichen des Lichtes, das durch Jesus Christus in die Welt gekommen ist, in unser Leben. Es ist darum sinnvoll, die Taufkerze am Erstkommuniontag erneut anzuzünden oder sie auch direkt, falls die Gemeinde es nicht anders vorsieht, als Kommunionkerze zu verwenden. Die Kerze kann mit kleinen Myrtenzweigen und weißen Schleifen geschmückt werden.

In manchen Gemeinden gestalten die Kinder ihre Kommunionkerze selbst: In Bastelgeschäften gibt es vorgestanzte Symbole, Buchstaben und Zahlen aus Wachs sowie Wachsplatten und -stifte in vielen Farben, mit denen die Kerze verziert werden kann, etwa mit einer Weinrebe, mit Brot und Trauben, mit Brot und Ähren oder anderen Symbolen der Kommunion.

In den folgenden Jahren kann sie bei besonderen Gelegenheiten wieder angezündet werden, um an diesen Festtag zu erinnern, z. B. zu Ostern, am Kommuniontag, am Geburtstag, zur Firmung.

Geschenke

Ein kleines Geschenk, mit viel Liebe ausgesucht, kann das Anliegen des Erstkommuniontages besser unterstreichen als teures Spielzeug. Zum Beispiel:

› ein Leuchter für die Kommunionkerze
› ein Kinderbuch
› eine Bilderbibel
› eine CD mit religiösen Kinderliedern
› ein Kreuz
› das »Gotteslob« (kath. Gebet- und Gesangbuch)

> eine Einladung zu einem Spielnachmittag
> ein Gutschein für einen gemeinsamen Besuch im Zirkus (Zoo, Märchenwald ...)
> ein »Poesie-Album«, in das sich alle Gäste einschreiben
> ein größerer Wechselrahmen, in den Fotos zur Erinnerung an den Erstkommuniontag eingelegt werden (evtl. vorher die Bitte an alle Gäste, ein Foto von sich mitzubringen)
> ein Beitrag für Kinder in der »Dritten Welt«, die selten oder nie etwas geschenkt bekommen.

EINE KINDERBIBEL-EMPFEHLUNG
Die Bibel für Kinder und alle im Haus. Erzählt und erschlossen von Rainer Oberthür, München 2004 (empfohlen von der Jury des katholischen Kinder- und Jugendbuchpreises).

Glückwunsch

Kommunion bedeutet:

G äste
E ssen
M iteiander
E ucharistie
I ch
N achbarschaft
S egen
C hristen
H aus
A lltag
F eier
T isch

Eine solche Gemeinschaft wünschen wir dir.

Der Tag geht zu Ende

Die Eltern sollten sich beim Zubettgehen ihres Kindes Zeit nehmen für einen kleinen Tagesrückblick:
> Was war heute besonders schön?
> Was war nicht so schön?
> Wen möchten wir in unseren Dank für diesen Tag mit einschließen?

Beim abschließenden Gebet kann vielleicht noch einmal ein Gedanke des Festgottesdienstes oder der Dankandacht aufgegriffen werden. Die Eltern sollten sich diese Zeit für ihr Kind auch dann nehmen, wenn noch Gäste im Hause sind.

Vereint um einen Tisch – Fragen

Wo möchte ich auf dem Bild sitzen?
Mit wem möchte ich reden?
Mit wem möchte ich Brot teilen?
Wessen Hand möchte ich halten?
Wessen Hand soll mich halten?
Wem möchte ich was schenken?
Vom wem möchte ich mich beschenken lassen?
Wo bin ich verwundet oder behindert?
Mit wem möchte ich über mein Verwundetsein sprechen?
Respektiere ich die Vielheit und Verschiedenheit von Menschen?
Möchte ich überhaupt an diesem Tisch sitzen?
Wie kann mein und unser Leben zu einem immer währenden Fest werden?

Wir sind deine Gäste

Jesus,
du hast mich zu deinem Mahl eingeladen.
Ich danke dir dafür.
Aber du hast nicht nur mich eingeladen.
Ich habe viele Menschen
am gemeinsamen Tisch gesehen:
alte und junge,
fröhliche und traurige,
gesunde und kranke,
reiche und arme.
Wir alle sind deine Gäste.
Wir sollen füreinander da sein,
denn du hast uns alle ohne Unterschied lieb.

Hermine König

Schuld und Versöhnung

Die Schuld gehört zu
unserem Leben
wie das tägliche Brot.
Alfred Delp

Schuld und Versöhnung im Leben der Familie

Das Brot

Die Liebe zwischen einem Mann und einer Frau ist längst an den toten Punkt gekommen. Seitdem er nichts mehr verdient und sie nichts mehr zu essen hat, ist das vollends der Fall. Leer und hungrig sind sie. Ewig hungrig sitzen sie sich, wenn er abends heimkommt, gegenüber. Und er sagt: »Gib Brot«, sie: »Gib Geld.« Sie denkt, wenn er doch endlich ginge. Aber er geht nicht. Er geht auch an dem Abend nicht, als sie ihn anschreit, dass er nichts tauge. Er geht in die Küche und sie meint, er esse das letzte Stück Brot. Als sie in die Küche kommt und triumphierend »hat es dir geschmeckt« sagt, liegt das Brot noch da, ist in Streifen geschnitten und schön hergerichtet. Das ist für sie so gewaltsam und plötzlich, so wie ein Blitz einen Nachthimmel zerreißt oder wie die Sonne durch eine Finsternis plötzlich Licht sieht. »Komm, du musst etwas essen«, sagt er. »Ich habe keinen Hunger mehr, ich werde nie mehr Hunger haben«, erwidert sie und schiebt ihm den Kanten hin. Sie sehen sich an und stehen sich eine Weile regungslos gegenüber. Sie starren sich in die Gesichter, wie Schiffbrüchige nach ihrer Rettung die Sonne anstarren, die Erde und den fernen Himmel. Und sie beginnen sich zu verstehen. Sie sieht dann, wie er den Kanten in den Mund schiebt. Sie nimmt den anderen Kanten und isst und lächelt wieder.

Friedrich August Kloth

Schuldig werden dürfen

Niklas hat beim Toben im Wohnzimmer Mutters beste Vase zerstört. Zwar ohne Absicht, aber die Mutter hatte oft genug gewarnt. Niklas hat große Angst, seiner Mutter die Tat zu »beichten« ...

Verständnis erwarten

Seit zwei Tagen gehen sie sich aus dem Weg. Es hatte Streit gegeben, böse Worte, Vorwürfe, und keiner wollte nachgeben. »Aber«, so dann ihr letzter Versuch vorgestern, »das wenigstens musst du doch zugeben ...« »Ich muss überhaupt nichts zugeben«, fiel er ihr ins Wort, und seitdem herrscht Funkstille.

Nicht vorschnell urteilen

Am Mittagstisch: »Ich habe eigentlich gegen niemand etwas, außer gegen den Peter, der sich beim Direktor über mich beschwert hat; gegen die Frau Mechthild, die im Haus so gerne tratscht; gegen Herrn Krämer, der ständig betrunken ist; gegen die Karin, die immer so blöööd ist ...«

Sich streiten und sich aussprechen

Anne, 14 Jahre, will sich von ihrem Vater nicht mehr vorschreiben lassen, wann sie nach Hause kommen muss. Es gibt einen großen Krach: Der Vater schreit, Anne heult und rennt schließlich wütend aus der Wohnung. Die Mutter und der jüngere Bruder Thomas müssen hilflos zuschauen; auch ihnen ist die Laune gründlich verdorben. Als es am nächsten Tag zu einer versöhnlichen Aussprache zwischen Vater und Tochter kommt, atmen alle befreit auf.

An die »Streithähne«

Das war wohl ein Riesenkrach: laut geworden, gegenseitig angeschrien, gestritten wie nie zuvor. Die Vorwürfe saßen, hatten getroffen wie K.O.-Schläge ...
Wenig später fürchterlich erschrocken – beide am meisten über sich selbst. Wir kannten uns nicht wieder, wir waren »außer uns« gewesen ...
Und das sollte nun alles »vergeben und vergessen« sein, als wäre alles halb so schlimm? Es braucht seine Zeit, das Vergeben – und noch mehr Zeit das Vergessen. Manche Verletzungen heilen nur langsam, manche Narben verheilen nie ganz. Vergeben ja, vergessen nein?
Wenn Sie einander vergeben, sich wieder miteinander aussöhnen, wird nichts einfach ungeschehen gemacht, noch wird Schuld so ohne Weiteres aufgehoben. Sie sagen nicht Ja zu schuldhaftem Verhalten. Wohl aber sagen Sie Ja zu diesem Menschen mit seiner Schuld. Und gemeinsam können Sie auf die heilende Kraft der Versöhnung vertrauen. Sie baut Brücken über noch so tiefe Abgründe. Gewährte Vergebung ver-eint; verwehrte Vergebung ent-zweit!

Lieber Gott,
bis jetzt geht's mir gut.
Ich habe noch nicht getratscht,
die Beherrschung verloren,
war noch nicht muffelig, gehässig,
egoistisch oder zügellos.
Ich habe noch nicht gejammert, geklagt,
geflucht oder Schokolade gegessen.
Die Kreditkarte habe ich
auch noch nicht belastet.
Aber in etwa einer Minute
werde ich aus dem Bett klettern
und dann brauche ich wirklich
deine Hilfe ...

Zumutungen des Glaubens

In unserer Zeit gilt oft: »Jeder ist seines Glückes Schmied.« Das christliche Menschenbild fordert eine solche Einstellung radikal heraus, es ist eine Zumutung:

Erste Zumutung: Ich bin abhängig von anderen Menschen. Meine Entfaltung und Leistungsfähigkeit sind auf das Wohlwollen und die Zuneigung anderer Menschen angewiesen. Ich bin anderen »etwas schuldig«. Schuld kann man letztlich nicht mit sich allein ausmachen. Schon das Neue Testament schlägt vor, »sich mit dem Bruder auszusöhnen«. Wir machen allerdings die Erfahrung, dass die Möglichkeit echter menschlicher Versöhnung sehr begrenzt und manchmal auch unmöglich ist.

Zweite Zumutung: Ich bin abhängig von Gott. Glauben heißt akzeptieren, dass die eigene Schuld bei Gott aufgehoben ist. Es ist das Heilsangebot des Glaubens angesichts des Schreckens der Welt, angesichts der eigenen Abgründe. Das Glaubensangebot heißt: Versöhnung mit sich selbst. Vielfach wird unterschätzt, wie schwer es fallen kann, dieses Angebot anzunehmen. Dieser Glaube braucht auch einen Ausdruck. Dazu gehört das Sakrament der Versöhnung. Und in jeder Eucharistiefeier und in den besonderen Zeiten des Kirchenjahres wie der Fastenzeit und im Advent haben das Nachdenken über die Schuld und die Zeichen der Versöhnung ihren Ort.

Dritte Zumutung: Voraussetzung für Entschuldigung ist das Eingeständnis der Schuld. Ich muss Verantwortung für mein Handeln übernehmen. Hingeworfenes Entschuldigen und Beschuldigen anderer ist eine Flucht vor der Verantwortung. Wie weit reicht persönliche Verantwortung? Angesichts der Komplexität der Welt ist diese Frage nicht einfach zu klären. Ein Minimalanspruch könnte sein, eine Verantwortung auszubilden, welche über das eigene Nahfeld hinausreicht.

Monika Jakobs

Gebet

Herr Jesus Christus,
du bist vom Vater gesandt
zu heilen, was verwundet ist:
Herr, erbarme dich.

Du bist gekommen,
die Sünder zu berufen:
Christus, erbarme dich.

Du bist zum Vater heimgekehrt,
um für uns einzustehen:
Herr, erbarme dich.

Aus der Bußfeier der heiligen Messe

Die große Schuld des Menschen
sind nicht die Sünden, die er begeht
– die Versuchung ist mächtig
und seine Kräfte sind gering –,
die große Schuld des Menschen ist,
dass er jeden Augenblick
die Umkehr tun kann
und nicht tut.

Martin Buber

Versöhnungswunsch

Möge dein Arm nicht schwach werden,
wenn du die Hand
zur Versöhnung ausstreckst.

Möge dein Fuß nicht ermüden,
wenn du auf dem Weg
zu deinem Widersacher bist.

Und mögen dir die Flügel
eines Engels wachsen,
wenn du von diesem Gang
zurückkehrst.

Irischer Segenswunsch

Das Gleichnis von der Güte des Vaters zu seinen beiden Söhnen

Man hat dieses Gleichnis Jesu das Evangelium im Evangelium genannt, weil es den Kern der Frohen Botschaft in einer einzigen Geschichte erzählt.

Bischof Wilhelm Kempf

Weiter sagte Jesus: Ein Mann hatte zwei Söhne. Der jüngere von ihnen sagte zu seinem Vater: Vater, gib mir das Erbteil, das mir zusteht. Da teilte der Vater das Vermögen auf. Nach wenigen Tagen packte der jüngere Sohn alles zusammen und zog in ein fernes Land. Dort führte er ein zügelloses Leben und verschleuderte sein Vermögen. Als er alles durchgebracht hatte, kam eine große Hungersnot über das Land und es ging ihm sehr schlecht. Da ging er zu einem Bürger des Landes und drängte sich ihm auf; der schickte ihn aufs Feld zum Schweinehüten. Er hätte gern seinen Hunger mit den Futterschoten gestillt, die die Schweine fraßen, aber niemand gab ihm davon. Da ging er in sich und sagte: Wie viele Tagelöhner meines Vaters haben mehr als genug zu essen und ich komme hier vor Hunger um. Ich will aufbrechen und zu meinem Vater gehen und zu ihm sagen: Vater, ich habe mich gegen den Himmel und gegen dich versündigt. Ich bin nicht mehr wert, dein Sohn zu sein; mach mich zu einem deiner Tagelöhner. Dann brach er auf und ging zu seinem Vater. Der Vater sah ihn schon von Weitem kommen, und er hatte Mitleid mit ihm. Er lief dem Sohn entgegen, fiel ihm um den Hals und küsste ihn. Da sagte der Sohn: Vater, ich habe mich gegen den Himmel und gegen dich versündigt; ich bin nicht mehr wert, dein Sohn zu sein. Der Vater aber sagte zu seinen Knechten: Holt schnell das beste Gewand und zieht es ihm an, steckt ihm einen Ring an die Hand und zieht ihm

die Schuhe an. Bringt das Mastkalb her und schlachtet es; wir wollen essen und fröhlich sein. Denn mein Sohn war tot und lebt wieder; er war verloren und ist wiedergefunden worden. Und sie begannen, ein fröhliches Fest zu feiern.

Sein älterer Sohn war unterdessen auf dem Feld. Als er heimging und in die Nähe des Hauses kam, hörte er Musik und Tanz. Da rief er einen der Knechte und fragte, was das bedeuten solle. Der Knecht antwortete: Dein Bruder ist gekommen, und dein Vater hat das Mastkalb schlachten lassen, weil er ihn heil und gesund wiederbekommen hat. Da wurde er zornig und wollte nicht hineingehen. Sein

Das weiße Band am Apfelbaum

Einmal saß ich bei einer Bahnfahrt neben einem jungen Mann, dem sichtlich etwas Schweres auf dem Herzen lastete. Schließlich rückte er dann auch damit heraus, dass er ein entlassener Sträfling und jetzt auf der Fahrt nach Hause sei. Seine Verurteilung hatte Schande über seine Angehörigen gebracht, sie hatten ihn nie im Gefängnis besucht und auch nur ganz selten geschrieben. Er hoffte aber trotzdem, dass sie ihm verziehen hatten. Um es ihnen aber leichter zu machen, hatte er ihnen in einem Brief vorgeschlagen, sie sollten ihm ein Zeichen geben, an dem er, wenn der Zug an der kleinen Farm vor der Stadt vorbeifuhr, sofort erkennen könne, wie sie zu ihm stünden. Hatten die Seinen ihm verziehen, so sollten sie in dem Apfelbaum an der Strecke ein weißes Band anbringen.

Wenn sie ihn aber nicht wieder daheim haben wollten, sollten sie gar nichts tun, dann werde er im Zug bleiben und weiterfahren, weit weg. Gott weiß, wohin.

Als der Zug sich seiner Vaterstadt näherte, wurde seine Spannung so groß, dass er es nicht über sich brachte, aus dem Fenster zu schauen. Ein anderer Fahrgast tauschte den Platz mit ihm und versprach, auf den Apfelbaum zu achten. Gleich darauf legte er dem jungen Sträfling die Hand auf den Arm. »Da ist er«, flüsterte er, und Tränen standen ihm plötzlich in den Augen, »alles in Ordnung. Der ganze Baum ist voller weißer Bänder.« In diesem Augenblick schwand alle Bitternis, die ein Leben vergiftet hatte. »Mir war«, sagte der Mann später, »als hätt' ich ein Wunder miterlebt. Und vielleicht war's auch eines.«

Nach John Kord Lagemann

Vater aber kam heraus und redete ihm gut zu. Doch er erwiderte dem Vater: So viele Jahre schon diene ich dir, und nie habe ich gegen deinen Willen gehandelt; mir aber hast du nie auch nur einen Ziegenbock geschenkt, damit ich mit meinen Freunden ein Fest feiern konnte. Kaum aber ist der hier gekommen, dein Sohn, der dein Vermögen mit Dirnen durchgebracht hat, da hast du für ihn das Mastkalb geschlachtet. Der Vater antwortete ihm: Mein Kind, du bist immer bei mir, und alles, was mein ist, ist auch dein. Aber jetzt müssen wir uns doch freuen und ein Fest feiern; denn dein Bruder war tot und lebt wieder; er war verloren und ist wiedergefunden worden.
Lukas 15,11–32

Protestiert der ältere Sohn nicht zu Recht?

»Das ist ungerecht«, sagt der ältere Sohn, der immer daheim geblieben ist. Und auch unser Gefühl erhebt sich zum Protest. Denn das, was wir Recht und Gerechtigkeit nennen, ist durchkreuzt, ist als Maßstab unbrauchbar geworden, überholt.

Der jüngere Sohn

Er hat keine Lust mehr, zu Hause zu bleiben. Er zieht aus, macht sich ein lustiges Leben, wirft mit dem Geld seines Vaters um sich und denkt nicht an morgen. Doch irgendwann ist das Geld ausgegeben. Die sogenannten »Freunde« haben ihn verlassen. Es geht ihm sehr schlecht. Schließlich sieht er keinen anderen Ausweg mehr. Er beschließt, nach Hause zurückzukehren.

Der Vater

Als er seinen Sohn sieht, reagiert er wie ein guter Vater: Er läuft seinem Sohn entgegen, umarmt ihn, gibt ihm ein neues Kleid und feiert mit ihm voll Freude seine Rückkehr. »Denn«, das ist seine einzige Erklärung, »mein Sohn war tot und lebt wieder; er war verloren und ist wiedergefunden worden.«

Der ältere Sohn

Genau das aber ärgert den älteren Sohn. Er fühlt sich betrogen, ungerecht behandelt. Er ist immer daheim geblieben, hat dem Vater geholfen und hat sich so seine Liebe – wie er meint – redlich verdient. Und jetzt kommt sein Bruder, dieser Taugenichts, und sein Vater hat nichts Besseres zu tun, als für ihn das Mastkalb zu schlachten. »Nein, Vater, das geht zu weit, das ist ungerecht ... Und wenn ihr das feiern wollt, dann ohne mich ...«

Der Vater

Und was tut der Vater? So wenig, wie er seinen jüngeren Sohn vergessen konnte, so wenig kann er es nun übersehen, dass sein älterer Sohn draußen bleibt. Wieder geht er hinaus, seinem Sohn entgegen. Er hört seine Vorwürfe an. Er bittet ihn, sich mitzufreuen und mitzufeiern.

Und wir?

Nimmt der ältere Sohn die Einladung an? Geht er mit zum Festmahl? Wir erfahren es nicht. Die Erzählung bricht ab. Die Zuhörer Jesu – und wir selbst – sind plötzlich in das Geschehen eingetreten. Sind auch wir die Daheimgebliebenen, die ein anständiges Leben führen, die sich nichts zuschulden kommen lassen? Wie verhalten wir uns unseren Mitmenschen gegenüber, wenn sie gescheitert oder schuldig geworden sind? Vielleicht finden wir Kraft, ihnen zu helfen und ihnen zu verzeihen, wenn sie darum bitten. Aber mit ihnen feiern? Sich mit ihnen freuen?

Ja, die Liebe Gottes ist »ungerecht«. Wir können sie uns nicht durch Leistung erzwingen. Sie ist ganz und gar Geschenk.

Vergebung heißt nicht das Ja zu einer vergangenen Schuld, wohl aber das Ja zu einem Menschen mit seiner vergangenen Schuld.
Otto Hermann Pesch

Die Zehn Gebote Gottes – An-Gebote zur Freiheit

Aus dem Alten Testament, nach Exodus 20,2–17

Dann sagte Gott zu Mose:
Ich bin Jahwe, euer Gott, der euch aus
Ägypten herausgeführt hat.
Ich habe euch aus der Sklaverei geführt.
Deshalb (ist es gut für euch):

1. Die anderen Götter

Ihr braucht neben mir keine anderen Götter
zu haben. Versucht nicht, ein Gottesbild
anzufertigen, das aussieht wie irgendetwas
am Himmel oben, auf der Erde unten oder
im Wasser. Macht euch nicht abhängig von
etwas, das andere wie Götter verehren.
Denn ich, Jahwe, bin einzig.

Neu bedacht:

Die »anderen Götter« haben heute viele Namen: Erfolg, Karriere, Macht, Geld, Hobby, Schönheit ..., aber auch: Wissenschaft, Technik, Aberglaube ... Faszinieren sie uns so, dass wir uns ihnen unterwerfen?

Das Foto zeigt den Berg Sinai, auf dem Mose der Überlieferung nach die Zehn Gebote empfangen hat.

2. Im Namen Gottes

Missbraucht meinen Namen nicht und
sprecht ihn nicht gedankenlos aus.

Neu bedacht:

»Im Namen Gottes« missbrauchen Menschen täglich ihre Macht. »Im Namen Gottes« werden Kriege geführt, Menschen unterdrückt, Umwelt zerstört. Selbst Jesus wurde »im Namen Gottes« ans Kreuz geschlagen.

3. Sabbat – Sonntag

Denkt an den Sabbat, haltet ihn heilig! Sechs
Tage könnt ihr arbeiten. Am siebten Tag ist
Ruhetag, er ist Gott geweiht. An ihm sollt ihr
keine Arbeit tun: ihr nicht und auch nicht
eure Kinder und auch nicht eure Diener und
auch nicht eure Tiere und auch nicht fremde
Menschen, die gerade bei euch wohnen. Denn
in sechs Tagen hat Gott Himmel, Erde und
Meer gemacht. Am siebten Tag ruhte er.
Darum hat Gott den Sabbattag gesegnet und
ihn für heilig erklärt.

Neu bedacht:

Der Sonntag befreit den Menschen von bloßer Betriebsamkeit. Das könnte der Sonntag sein: innehalten; Abstand gewinnen; sich ausruhen; Zeit haben für Gott, für sich selbst, für andere, sich freuen, feiern, genießen, danken – die Freundlichkeit Gottes »schmecken«.

4. Jung und Alt

Ehre deinen Vater und deine Mutter und sorge für sie, damit auch du lange in dem Land lebst, das Gott dir gibt.

Neu bedacht:
Altsein bedeutet vielfach: rückständig, lästig, abgeschoben, eigensinnig; Jungsein dagegen: aufgeschlossen, dynamisch, lebensfroh, modern. – Ihr Alten, denkt daran: Auch ihr wart einmal jung! Ihr Jungen, denkt daran: Auch ihr werdet einmal alt!

5. Mitmensch

Du darfst niemanden ermorden.

Neu bedacht:
Nicht nur gegen Mord richtet sich dieses Gebot, sondern gegen alles, was das Leben von Menschen bedroht: Hunger, Krankheit, Krieg und Armut, aber auch Neid, Rücksichtslosigkeit, Rachsucht. »Du sollst deinen Nächsten lieben wie dich selbst« – darin gipfeln Forderung und Beispiel Jesu Christi.

6. Treue

Bleibe deiner Frau treu und zerstöre nicht die Liebe anderer Menschen.

Neu bedacht:
Liebe verwirklicht sich in der Treue. Sich selbst treu bleiben: sich selbst nichts vormachen, den eigenen Standpunkt vertreten, zu sich stehen und sich annehmen ...
Dem anderen treu sein: mich ihm anvertrauen, im Gespräch bleiben, zärtlich und ehrlich sein, Interesse zeigen ...

7. Eigentum

Du darfst nicht stehlen.

Neu bedacht:
Stehlen bedeutet auch: jemanden übervorteilen und ausbeuten, mich an meinen Besitz klammern, nicht teilen und schenken können.

8. Wahrheit

Du darfst vor Gericht nicht falsch gegen andere Menschen aussagen.

Neu bedacht:
Das Gegenteil: »Ehrlich sein« – zu dem stehen, was ich bin, sage und tue. »Ehrlich sein« – einschreiten, wenn Wahrheit verletzt wird; Vertrauen unter den Menschen stiften.

9. und 10. Freiheit

Verlange nicht nach dem Besitz und nach der Frau deines Nächsten.

Neu bedacht:
Nicht nur der Ehebruch selbst, schon die Absicht, die Ehe zu brechen, wendet sich gegen Gott und Mensch. Nicht nur der Diebstahl, schon die Absicht, einem anderen etwas wegzunehmen, ist gottlos und unmenschlich.
Die Freiheit des Menschen, seine Möglichkeit, zu wollen oder eben nicht zu wollen, wird hier zum Maßstab seiner Ebenbildlichkeit Gottes erhoben.

Wir feiern Versöhnung

Die Kirche kennt viele Möglichkeiten, wie wir uns mit Gott und den Menschen versöhnen können, wie wir die Vergebung unserer Sünden erlangen und feiern können:

› **Wenn wir uns mit anderen aussöhnen.** Der Wille dazu ist Voraussetzung für die Versöhnung mit Gott. »Wenn ihr beten wollt und ihr habt einem anderen etwas vorzuwerfen, dann vergebt ihm, damit auch euer Vater im Himmel euch eure Verfehlungen vergibt« (Markus 11,25).

› **Wenn wir auf etwas verzichten,** um anderen zu helfen. »Denn die Liebe deckt viele Sünden zu« (1 Petrus 4,8).

› **Wenn wir im Vaterunser beten:** »Vergib uns unsere Schuld, wie auch wir vergeben unseren Schuldigern.«

› **Wenn wir in der Heiligen Schrift lesen.** Deshalb bittet der Priester nach dem Evangelium: »Herr, durch dein Evangelium nimm hinweg unsere Sünden.«

› **Wenn wir zu Beginn der Messe unsere Schuld bekennen** und der Priester bittet: »Nachlass, Vergebung und Verzeihung unserer Sünden gewähre uns der allmächtige und barmherzige Herr.«

› **Wenn wir einen Bußgottesdienst mitfeiern.** Schuldig-Werden und Vergebung sind nicht allein Angelegenheiten des Einzelnen mit »seinem« Gott; sie gehen die ganze menschliche und kirchliche Gemeinschaft etwas an.

› **Wenn wir getauft werden.** Das Sakrament der Taufe ist das erste Sakrament der Versöhnung, der Umkehr zu einem Leben in der Gemeinschaft mit Gott und seiner Kirche.

› **Wenn wir das Sakrament der Krankensalbung empfangen.** In unserem Herzen werden wir gesund; das gibt uns Mut zu neuem Leben.

› **Wenn wir das Sakrament der Buße empfangen.** In unserem Leben werden wir begleitet von Gottes ständigem Angebot zu Umkehr, Versöhnung und Neuanfang.

Kleine Geschichte des Bußsakramentes

Ein Blick zurück in die bewegte Geschichte der Kirche zeigt, dass die äußere Form des Bußsakramentes sich schon mehrfach gewandelt hat. Aber sein Anliegen ist immer gleich geblieben: die Feier der Umkehr zu neuem Leben, die Feier der Wiederversöhnung mit Gott und der Kirche.

Die Anfänge

In den ersten christlichen Jahrhunderten wurde das Bußsakrament nur selten, möglicherweise nur einmal im Leben empfangen. Gegenstand der sakramentalen Vergebung waren vor allem die Sünden Glaubensabfall, Mord, Ehebruch und zunehmend auch andere schwere Vergehen. Dies galt vor allem dann, wenn sie durch ihre Öffentlichkeit in der Gemeinde schweres Ärgernis verursacht hatten. Der Sünder musste seine schwere Schuld, seine »Todsünde«, dem Bischof bekennen und schloss sich damit für 40 Tage (österliche Bußzeit) öffentlich vom Kommunionempfang aus. In dieser Zeit betete die Gemeinde für ihn. Zum Abschluss der

> In einer rabbinischen Geschichte heißt es: »Jeder von uns ist über einen Faden mit Gott verbunden. Wenn einer eine Sünde begeht, reißt der Faden durch. Bereut der Mensch seine Schuld, so knüpft Gott den Faden wieder zusammen, was bedeutet, dass der Faden kürzer wird und somit den Menschen näher zu Gott bringt.«

Bußzeit wurde er schließlich durch eine Versöhnungsfeier wieder in die Gemeinschaft aufgenommen.

Die Entstehung der Beichte

Im sechsten Jahrhundert entstand die Gewohnheit, auch nicht-öffentliche oder weniger schwere Sünden persönlich dem Priester zu bekennen. Die Lossprechung wurde vom Priester dem Einzelnen erteilt. Auch die auferlegte Buße wurde privat vollzogen. Der Priester war zur Geheimhaltung verpflichtet (»Beichtgeheimnis«). Diese noch heute übliche Form des Sakramentes verdeutlicht recht gut, dass nicht nur »öffentliche Sünder« dieses Sakrament der Buße empfangen, sondern jeder Christ, der schuldig geworden ist. Dadurch wird sichtbar, dass Jesus Christus und seine Kirche jederzeit und ohne Bedingung zur Versöhnung bereit sind.

Verschiedene Formen der Sündenvergebung

Diese Wandlung der Bußpraxis hatte zur Folge, dass die anderen Formen der Versöhnung und der Sündenvergebung in den Hintergrund gedrängt wurden. Wer zur Kommunion gehen wollte, ging vorher beichten (etwa seit dem 13. Jahrhundert). Viele erinnern sich sicher noch an die Jahres- oder Monatsbeichte mit Kommunionempfang beim folgenden Sonntagsgottesdienst. An den anderen Sonntagen (und Werktagen) ging man zwar zur Messe, aber nicht zur Kommunion.

In den letzten Jahrzehnten ist den Gläubigen wieder deutlich bewusst geworden, dass der Kommunionempfang zur vollen Teilnahme an der Messe gehört. Der Bußakt zu Beginn der Eucharistiefeier oder eine der anderen Formen der Sündenvergebung machen dazu bereit. Die sakramentale Feier der Versöhnung in der Beichte hat nach wie vor ihre besondere Bedeutung. In ihr kann die befreiende und tröstende Kraft der Versöhnung persönlich erfahren werden.

Das Bußsakrament heute

Unter den gottesdienstlichen Formen der Buße nimmt das Bußsakrament eine herausragende Stellung ein. Das persönliche Bekenntnis, das dem Charakter von Schuld und Sünde als einem zutiefst personalen Geschehen entspricht, ist Begegnung des Sünders mit dem verzeihenden Gott.
Die deutschen Bischöfe

Die Wesensmerkmale des Bußsakramentes sind: Reue, persönliches Bekenntnis, Lossprechung. Und aus der Reue erwächst die Bereitschaft zur Umkehr und zur Wiedergutmachung.

Die Beichte im Beichtstuhl

Sie ist die bekannteste Form der Beichte. Besonders in alten Kirchen ist der Beichtstuhl prunkvoll ausgestattet. Dies unterstreicht die Bedeutung der Feier. Der Priester handelt im Namen Christi und im Namen der kirchlichen Gemeinschaft. Nach dem Bekenntnis der Sünden spricht der Priester ein kurzes Wort der Verkündigung, auf das ein Gespräch folgen kann. Dann nennt er eine Buße, die die Bereitschaft zur Wiedergutmachung verdeutlichen soll, und erteilt die Lossprechung mit den Worten:
Gott, der barmherzige Vater, hat durch den Tod und die Auferstehung seines Sohnes die Welt mit sich versöhnt und den Heiligen Geist gesandt zur Vergebung der Sünden. Durch den Dienst der Kirche schenke er dir Verzeihung und Frieden. So spreche ich dich los von deinen Sünden im Namen des Vaters und des Sohnes und des Heiligen Geistes. – Amen.

Das Beichtgespräch

Es kann in einem geschlossenen Raum, im Pfarrhaus oder auch unterwegs, z. B. auf einer Wallfahrt, stattfinden. Für viele ist die Atmosphäre eines Gespräches persönlicher und vertrauter. Im Laufe der Aussprache bekennt der Beichtende seine Schuld und zeigt seine Bereitschaft zur Wiedergutmachung. Der Priester spricht die Vergebungsworte und legt dabei dem Beichtenden die Hände auf.

Welche Form der Beichte der Christ auch wählt, er braucht keine Sorge zu haben, etwas falsch zu machen. Wenn er ernsthaft die Aussöhnung mit Jesus Christus und seiner Kirche sucht, wird jeder Priester ihm dabei behilflich sein. Dies gilt für Kinder, die zum ersten Mal dieses Sakrament empfangen, ebenso wie für Jugendliche und Erwachsene, die nach langer Zeit wieder zur Beichte gehen.

Ent-schuldigungen

> Alles halb so schlimm
> Wieder einmal Pech gehabt
> Selbst schuld
> Kann doch nichts dafür
> Einfach schlecht gelaufen
> Entschuldigen – wofür?

Oder doch: Schuldig geworden – schuldig geblieben? Kann Beichten helfen ...?

Der gemeinsame Bußgottesdienst

Er macht deutlich, dass Umkehr und Hinwendung zu Gott auch für die Gemeinschaft notwendig sind. Im Bußgottesdienst bekennt die Gemeinde ihre Schuld und bittet Gott um Verzeihung. Der Bußgottesdienst kann aber auch der persönlichen Gewissensbildung dienen. Im Hören und Auslegen des Wortes Gottes begegnen wir Jesus Christus und kommen dadurch auch zur Einsicht in unsere persönliche Schuld und zur Reue. Auch wenn der Bußgottesdienst keine Form des Bußsakramentes ist, so werden dem Einzelnen dank der Fürbitte der Kirche wirklich Sünden vergeben.

Die Vergebung von schweren Sünden bedarf jedoch der sakramentalen Lossprechung in der persönlichen Beichte. In vielen Gemeinden werden vor allem in der Advents- und Fastenzeit Bußgottesdienste gehalten.

Das Fest der Versöhnung

In vielen Gemeinden werden heute neue und ergänzende Wege gegangen, um vor allem Jugendlichen, z. B. bei der Firmvorbereitung, oder jungen Erwachsenen einen zeitgemäßen Zugang zum Sakrament der Versöhnung zu ermöglichen. Im Anschluss an die meditativ oder kreativ gestaltete Versöhnungsfeier – oft als »Nacht der Versöhnung« begangen und mit einem gemeinsamen Frühstück abgeschlossen – werden meist auch persönliche Beichtgespräche angeboten. Viele Jugendliche haben einen eher unverkrampften, weniger vorbelasteten und damit offenen Zugang zur Beichte.

Gebet zur Danksagung
Ich danke dir, Herr, für die Vergebung,
die ich erfahren habe,
und für den Mut zu einem neuen Beginn.
Ich danke auch für die Versöhnung
mit der Kirche, der ich mit meiner Schuld
Schaden zugefügt habe.
Ich will mir Mühe geben,
nicht nur mit Worten dankbar zu sein.
Auch ich will vergeben,
wenn andere mir schaden oder mir wehe tun.
Ich weiß, Herr, es wird nicht alles
ganz anders werden in meinem Leben.
Aber ich vertraue darauf, dass du mich nicht
verwirfst und dass die Kirche mir immer
wieder deinen Frieden schenkt, auch wenn
nicht alles gelingt, was ich mir vornehme.
Ich danke dir, Herr, dass ich solches Vertrauen
haben darf, weil du unsere Schuld getragen
hast und weil dein Erbarmen fortlebt in
deiner Kirche.
Gotteslob, Nr. 60/5

Gewissensbildung mit Kindern

Wenn wir vom Gewissen sprechen, reden wir oft vom »schlechten Gewissen«. Eine »innere Stimme« hält uns vor: Das, was wir getan haben, war nicht richtig, war nicht gut. So etwas hätten wir nicht tun dürfen. Wir haben oder wir bekommen »Gewissensbisse«.

Das Gewissen ist eine Anlage im Menschen, die ihn befähigt, zwischen »Gut« und »Böse« zu unterscheiden. *Was* aber gut und *was* böse ist und damit zum Maßstab seiner Gewissensentscheidung wird, das erkennt der Mensch aufgrund seiner Erziehung und seiner Erfahrung. Das Gewissen bildet sich, es wächst und weitet sich aus. Es lässt sich am ehesten mit der Sprache vergleichen. Jedem gesunden Menschen ist die Sprachfähigkeit als Anlage mitgegeben. Welche Sprache er spricht, wie er sich auszudrücken vermag, das hängt entscheidend davon ab, was er als Sprache in seiner unmittelbaren Umwelt vorfindet.

Was gut und was böse ist, erfährt das Kind zunächst von den Eltern. Sie vermitteln ihm bestimmte Werte, die sie für wichtig und gut ansehen. Christliche Eltern orientieren ihr Leben an dem Hauptgebot der Gottes- und Nächstenliebe und an den Zehn Geboten. Sie werden sich bemühen, auf dieser Grundlage das Gewissen ihres Kindes zu formen.

Dabei sind bestimmte Phasen der Gewissensbildung auszumachen.

Das Kind richtet sich nach dem Verhalten der Eltern

Bereits das Kleinkind erfährt: das eine Verhalten löst bei den Eltern Zustimmung und Freude aus, das andere Ablehnung und Ärger. Das eine ist gut, das andere ist böse. Das Kind richtet sein Verhalten nach den unmittelbaren Reaktionen der Eltern. Was Lob und Zuwendung einbringt, wird beibehalten; was auf Widerstand oder Absage stößt, wird aufgegeben, spätestens, wenn der »Reiz des Verbotenen« verflogen ist. Das kindliche Gewissen fragt ganz einfach: Was ist erlaubt? Was ist verboten?

Das Kind erinnert sich an das Verhalten der Eltern und handelt entsprechend

Mit zunehmendem Alter erweitert sich die Welt des Kindes. Spielplatz, Straße, Kindergarten werden zu wichtigen Erfahrungsfeldern. Das Kind bleibt nicht mehr ausschließlich im Blickfeld der Eltern. Dennoch erinnert es sich ihrer Reaktionen und nimmt sie zum Maßstab seines Verhaltens auch außerhalb der Familie. »Mami will das nicht«

oder »Vater schimpft dann«, mit diesen oder ähnlichen Worten weist es sich selbst zurecht. Wollen Eltern mit der Zeit erreichen, dass ihr Kind zu christlichen Wertmaßstäben für sein Verhalten findet, die auch ohne ihre Anwesenheit oder Kontrolle beachtet werden, dann müssen sie ihre Forderungen begründen, einsichtig machen und vor allem selbst zu leben versuchen.

Das (ältere) Kind trifft eigenverantwortliche Entscheidungen

Beispielhaftes Verhalten und entsprechende Begründungen geben dem Kind Einblick, warum es sich so und nicht anders verhalten soll. Erst die Einsicht ermöglicht eigenverantwortliche Entscheidungen für ein sach- und wertgerechtes Verhalten. In dieser Phase ist es den Kindern schon möglich, ihre Lebenssituationen zusehends mehr an dem Hauptgebot der Gottes- und Nächstenliebe und an den Weisungen der Zehn Gebote zu messen. So finden sie allmählich zu einer persönlichen Lebensgestaltung. Je älter ein Kind wird, desto nachhaltiger fragt es: »Was ist gut für mich und meine Umwelt? Was ist nicht gut?« Dadurch lernt es mit der Zeit, einzelne Situationen besser zu erfassen, zu beurteilen und sach- und situationsgerecht – und damit eigenverantwortlich – zu handeln. Für den Christen ist die persönliche und freie Gewissensentscheidung oberste Richtschnur seines Handelns.

Die abendliche Besinnung

Kinder lieben einen festen Ritus, wenn sie abends zu Bett gehen. Vater oder Mutter erzählen oder lesen eine Gute-Nacht-Geschichte vor, schmusen mit dem Kind, decken es zu, legen die Puppe oder das bevorzugte Stofftier an seine Seite, wünschen ihm eine Gute Nacht und segnen es. Für das Kind muss sich dies allabendlich bis ins Einzelne genau wiederholen. Ein wesentlicher Bestandteil des Zubettgehens ist auch der abendliche Rückblick. Das Kind erzählt, was es tagsüber alles erlebt hat.

> Was war heute besonders schön?
> Was habe ich gut gemacht?
> Was war nicht so schön?
> Was habe ich falsch gemacht?

Die Eltern können dem Kind sagen, worüber sie sich heute besonders gefreut haben oder was sie geärgert hat. Die abendliche Besinnung bietet Eltern und Kindern Gelegenheit, sich gemeinsam über bestimmte Erlebnisse zu freuen oder sich miteinander auszusprechen, wenn am Tage weniger Erfreuliches vorgefallen ist. Für das Gute des Tages danken wir, für das Böse bitten wir um Verzeihung.

Guter Gott,
vielen Dank für den schönen Tag.
Hab die Mutter lieb, hab den Vater lieb,
hab auch deinen Tobias lieb. Amen.

Lieber Gott,
du freust dich mit uns,
du lachst mit uns, du weinst mit uns.
Hilf uns, Gutes zu tun.
Verzeih uns, wenn wir Böses getan haben.

Lieber Gott,
wir danken dir für diesen schönen Tag.
Bleibe bei uns in dieser Nacht
und morgen
und allezeit. Amen.

Vorbereitung auf die Beichte in Familie und Gemeinde

Die Kinder gehen in der Regel vor der Erstkommunion zur Erstbeichte. Sie werden in vielen Gemeinden in kleinen Gruppen von ehrenamtlich tätigen Frauen und Männern (Katecheten) darauf vorbereitet. Viele Eltern tun sich schwer mit der Beichte. Oft haben sie selbst lange nicht mehr gebeichtet und fühlen sich außerstande, die Vorbereitung ihrer Kinder zur Erstbeichte zu unterstützen.

Was können Sie in dieser Situation tun?

❯ Sie können sich von den Seelsorgern und Katecheten ausführlich über die heutige Buß- und Beichtpraxis informieren lassen. Anlässlich der Vorbereitung der Kinder auf die Erstbeichte bieten die Gemeinden Gesprächsabende für Eltern an. Vielleicht entdecken Sie neu die Bedeutung von Buße und Beichte für Ihr eigenes Leben.

❯ Sprechen Sie mit Ihrem Kind über das, was es in Gruppe, Gemeinde und Religionsunterricht während der Beichtvorbereitung erfährt und lernt.

❯ Begleiten Sie Ihr Kind, wenn zu einem gemeinsamen Bußgottesdienst eingeladen wird.

❯ Nehmen Sie sich für die abendliche Besinnung mit Ihrem Kind ausreichend Zeit und erzählen Sie ihm einige Geschichten Jesu über die Güte und Barmherzigkeit Gottes.

❯ Sprechen Sie mit Ihrem Kind über den menschenfreundlichen Gott, der sich besonders den Kindern zugetan weiß.

❯ Versuchen Sie in Ihrer Familie eine Atmosphäre der Versöhnungsbereitschaft zu erhalten bzw. herzustellen, und geben Sie sich und Ihren Kindern immer wieder die Möglichkeit des Neuanfangs.

❯ Leben Sie mit Ihrer Familie ein »Haus der offenen Tür«, damit Ihr Kind frühzeitig erfährt, dass die Familie sich nicht selbst genügt, sondern auch für andere da ist.

Die Feier der Erstbeichte in Familie, Gruppe, Gemeinde

Die Erstbeichte ist für Ihr Kind ein besonderes Erlebnis. Es wäre schade, wenn sie im Alltag unterginge und nicht eigens in Gemeinde, Kindergruppe oder Familie gefeiert würde.

In manchen Gemeinden ist es inzwischen guter Brauch geworden, dass Kinder, Eltern, Katecheten und Seelsorger im Anschluss an die Erstbeichte gemeinsam im Pfarrheim die Feier fortsetzen – mit Kakao, Kaffee und Kuchen, aber auch mit Spielen und Liedern. Sollte das in Ihrer Gemeinde noch nicht der Fall sein, regen Sie eine solche Feier auf dem Elternabend an und erklären Sie Ihre Bereitschaft zur Mitarbeit. Sollte es in Ihrer Gemeinde aus räumlichen oder anderen Gründen nicht möglich sein, könnte eine kleine Feier in der Kindergruppe stattfinden. Sprechen Sie darüber mit Ihrem Kind, mit den anderen Eltern und mit den Katecheten. In einer Gruppe, die sich schon gut kennt, lässt sich besser spielen, singen und erzählen.

Nur wo Licht ist, ist auch Schatten …

»Schau nicht auf unsere Sünden, sondern auf den Glauben deiner Kirche ...«, so heißt es in den Gebeten der Messfeier. Gottes Zuspruch im Guten ist der Weg, auf dem er dem Menschen auch in seinem Versagen und seiner Schuld begegnen will. Seine Ermutigung zum Guten ist die beste »Vorsorge« gegen das Böse. Wo immer auch Schatten ist, ist zuallererst einmal Licht!

Sünde ist zu wenig Liebe – Eine Gewissenserforschung

1. Nicht, dass ich mir für die Familie zu wenig Zeit nehme,

ist meine Sünde – wann haben wir die schon? –, sondern dass ich nicht versuche, von mir zu erzählen, dass ich alles selbstverständlich finde, dass ich oft keine Lust habe zum gemeinsamen Spiel, dass ich auch nicht zuhöre und zu verstehen suche.

»Sünde ist zu wenig Liebe.
Herr, wir bekennen unsere Schuld.«

2. Nicht, dass es zu Haus knallt,

ist meine Sünde, sondern dass ich keine Initiative zu einem Gespräch ergreife und den anderen dann am Boden liegen lasse. Ich haue die Tür zu – und lenke mich ab. Und die anderen bleiben erledigt zurück, und der Streit bleibt unerledigt liegen.

»Sünde ist zu wenig Liebe.
Herr, wir bekennen unsere Schuld.«

3. Nicht, dass ich mit meinem Mitmenschen aneinandergerate,

ist meine Sünde, sondern dass sie mich gar nicht interessieren, dass ich mich mit der Not, dem Elend und Leid, mit dem sich mein Nachbar herumschlägt, nicht belasten will. Es ist ja seine Sache! Soll er sehen, wie er damit fertig wird.

»Sünde ist zu wenig Liebe.
Herr, wir bekennen unsere Schuld.«

4. Nicht, dass ich das Leben in vollen Zügen genieße,

ist meine Sünde, sondern dass ich darüber die Not und das Elend von Menschen nicht wahrnehme und mich damit einfach abfinde. Nicht, dass ich für meine Freude und mein Glück so viel tue, ist meine Sünde, sondern dass mir das Unglück meiner Umgebung so gleichgültig ist.

»Sünde ist zu wenig Liebe.
Herr, wir bekennen unsere Schuld.«

5. Nicht, dass ich mein Recht und meine Freiheit durchsetzen will,

ist meine Sünde, sondern dass ich mit meinem Egoismus anderen ihre Rechte, ihre Freiheit, ihre Chance nehme oder ihnen damit das Leben schwer mache.

»Sünde ist zu wenig Liebe.
Herr, wir bekennen unsere Schuld.«

6. Nicht, dass ich in heikler Situation lüge,

ist meine Sünde, sondern dass ich oft verlogen bin, dass ich Theater spiele, dass ich nicht den Mund aufmache, wenn ein anderer das Opfer von Lügen wird.

»Sünde ist zu wenig Liebe.
Herr, wir bekennen unsere Schuld.«

7. Nicht, dass ich bestimmte Menschen nicht leiden kann,

ist meine Sünde, sondern dass ich oft mein Urteil über sie fertig habe, dass sie bei mir so abgestempelt sind, dass sie keine Chance mehr haben.

»Sünde ist zu wenig Liebe.
Herr, wir bekennen unsere Schuld.«

8. Nicht, dass ich über jemanden spreche,

ist meine Sünde, sondern dass ich seinen Ruf zerstöre oder auf seine Kosten groß rauszukommen versuche.

»Sünde ist zu wenig Liebe.
Herr, wir bekennen unsere Schuld.«

9. Nicht, dass ich an Gott zweifle,

ist meine Sünde, sondern dass ich nicht leidenschaftlich im Gespräch mit anderen oder in bewusster Stille nach einem neuen Zugang zu Gott suche.

»Sünde ist zu wenig Liebe.
Herr, wir bekennen unsere Schuld.«

10. Nicht, dass ich die Kirche leid bin,

ist meine Sünde, sondern dass ich viel kritisiere, aber nicht bereit bin, mitzuhelfen, um es besser zu machen.

»Sünde ist zu wenig Liebe.
Herr, wir bekennen unsere Schuld.«

Gott und der Mist

Der berühmte Prediger und Dominikanermönch Johannes Tauler (1300–1361) hat den christlichen Umgang mit Schuld in einer seiner Predigten einmal sehr plastisch zum Ausdruck gebracht. Er greift darin eine uns noch geläufige Redensart auf, wenn jemand etwas Falsches getan hat: »Da hast du aber Mist gemacht!« Johannes Tauler sagt dazu:

»Das Pferd macht den Mist in den Stall. Und obgleich der Mist Unsauberkeit und üblen Geruch an sich hat, so zieht doch dasselbe Pferd denselben Mist mit großer Mühe auf das Feld; und daraus wächst der edle schöne Weizen, der edle süße Wein, der niemals wüchse, wäre der Mist nicht da. Nun, dein Mist, das sind deine eigenen Mängel, die du nicht beseitigen, nicht überwinden noch ablegen kannst; die trage mit Mühe und Fleiß auf den Acker des liebreichen Willen Gottes in rechter Gelassenheit deiner selbst. Streue deinen Mist auf dieses edle Feld, daraus sprießt ohne einen Zweifel in demütiger Gelassenheit edle, wonnigliche Frucht auf!«

So kann Schuld zu einer *felix culpa*, einer »Glück bringenden Schuld« werden, wie Christen in der Osternacht singen.
Unsere Schuld vor Gott bringen, den ganzen Mist auf das Feld Gottes tragen – das kostet manchmal etwas »Mühe und Fleiß«. Aber ein solches Eingestehen der Schuld, verhindert unsere Seele zur »Rumpelkammer« werden zu lassen.

Schuld wird nicht getilgt,
wenn man sich nicht zu ihr
als der eigenen Schuld bekennt.
Carl Friedrich von Weizsäcker

Unsere Schatten

»Es war einmal ein Mann«, so erzählt eine Geschichte aus der Weisheit Asiens, »es war einmal ein Mann, den ängstigte der Anblick seines eigenen Schattens so sehr, dass er beschloss, ihn hinter sich zu lassen. Er sagte zu sich: Ich laufe ihm einfach davon. So stand er auf und lief davon. Aber der Schatten folgte ihm mühelos. Er sagte zu sich: Ich muss schneller laufen. Also lief er schneller und schneller, lief so lange, bis er tot zu Boden sank.«

Es war einmal ein Mann ... – ein Mann – eine Frau – Sie – ich – jedermann. Jedermann hat seinen Schatten, nicht nur wenn die Sonne scheint. Er gehört zu uns, er folgt uns auf dem Fuße. Unsere Schatten haben verschiedene Gestalt ... Es gibt Konflikte, die sich wie ein Schatten über die Familie legen; wenn Eltern auf einmal spüren: Unsere Kinder sind uns fremd geworden, wir verstehen sie nicht mehr. Wir haben versucht, unser Bestes zu geben, und es ist, als ob das alles ins Leere geht. Aber auch: Wenn Kinder spüren, dass der Anspruch großer Worte nicht durch das Verhalten der Erwachsenen gedeckt ist, und enttäuscht ihre eigenen Wege gehen ...

Schatten unserer Endlichkeit, Schatten unserer Lebensgeschichte, dazu gehört auch der Schatten unserer Schuld. Wer von uns kann sagen, dass er einfach gut ist; wer von uns muss nicht zugeben, dass bei aller Liebe irgendwo doch noch ein Stück Selbstsucht mit im Spiel ist. Oft genug machen wir anderen das Leben schwer oder gehen ihnen ans Leben: Wir machen sie herunter, um selbst groß herauszukommen ...

Es war einmal ein Mann, den ängstigte der Anblick seines eigenen Schattens so sehr, dass er sagte: Ich laufe ihm einfach davon. In der Tat: Es ist oft zum Davonlaufen. Der Anblick des eigenen Schattens kann uns Angst einjagen. Zum Davonlaufen ... Weg von den Konflikten, weg von den zerbrochenen Beziehungen, weg von den Halbheiten und Inkonsequenzen, von Versagen und Schuld, weg, weit weg, ja nichts mehr davon hören, ja nichts mehr davon sehen ...

Muss die Schatten-Geschichte so enden, dass man sich totläuft? Nein, es gibt noch eine andere Möglichkeit. Die Erzählung deutet sie an, in einem Nachsatz: »Wäre der Mann in den Schatten eines Baumes getreten, so wäre er seinen eigenen Schatten losgeworden. Aber darauf kam er nicht.« ...

Wo ist ein Baum, der unseren Schatten aufnimmt? Hier sind wir mit unserer Geschichte am Ende. Hier beginnt eine andere Geschichte, Gottes Geschichte mit uns. Gott hat sich der Sache angenommen, er hat sich unserer Schuld angenommen. Er hat in unserer Mitte einen Baum aufgerichtet: den Baum des Kreuzes. Und er lädt uns ein, uns unter das Kreuz zu stellen.

Wer das tut, der muss nicht mehr von Angst gejagt vor seinem Schatten davonlaufen. Er darf sich aufgenommen und geborgen wissen. Dann kann er innehalten und sich seinem Schatten stellen. Er kann die finsteren Punkte wahrnehmen, die Dunkelheiten, die zu ihm gehören, sein Versagen, seine Pleiten, seine Sünden. Er kann dazu stehen, weil er sich geborgen weiß. Er muss sie nicht bei anderen suchen oder in den namenlosen Strukturen, er kann an seine eigene Brust schlagen. Er muss sich nicht herausreden, er kann sie sich eingestehen und sie aussprechen, dem anderen gegenüber, nicht zuletzt im Sakrament der Versöhnung.

Das ist wie eine Befreiung, wie eine Erlösung – in der Tat ein erlösendes Wort. Gott lädt uns ein, dass wir uns unter den Baum des Kreuzes stellen. Damit sind nicht mit einem Schritt alle Probleme gelöst und alle Konflikte versöhnt. Wer wollte das sagen – unter dem Kreuz! Damit ist unser Versagen nicht entschuldigt …

Das ganze Evangelium ist eine Einladung, sich in den Schatten des Kreuzes zu stellen. Ich gebe diese Einladung an Sie alle weiter mit dem Wort des Apostels Paulus: »Gott war es, der in Christus die Welt mit sich versöhnt hat … und uns das Wort von der Versöhnung (zur Verkündigung) anvertraute. Wir sind also Gesandte an Christi statt, und Gott ist es, der durch uns mahnt. Wir bitten an Christi statt: Lasst euch mit Gott versöhnen!« (2 Korinther 5,19f.)

Bischof Franz Kamphaus in seinem Fastenhirtenbrief »Vergebung der Sünden«

Ertragt euch gegenseitig, und vergebt einander, wenn einer dem anderen etwas vorzuwerfen hat. Wie der Herr euch vergeben hat, so vergebt auch ihr!
Kolosserbrief 3,13

Firmung – verantwortlich leben

Jetzt bin ich schon 16 Jahre
jeden Tag mit mir zusammen.
Ich glaube, es wird langsam Zeit,
dass ich weiß, wer ich bin.

Barbara

Man muss irgendwie herauskriegen,
was es heißt, am Leben zu sein.

Stefan

Die Qual der Wahl

Vieles war bisher fraglos.
Allmählich aber tauchen Fragen auf:

> Wer bin ich?
> Wer steht zu mir?
> Wozu bin ich da?
> Was soll ich werden?
> Wie sehen mich die anderen?
> Wie geht es weiter?

Wie heute der Weg zu mir selbst verläuft – der Prozess der Selbstfindung –, ist immer weniger vorhersehbar und berechenbar. Vorgeschriebene Lebenswege, vorgegebene Lebensentwürfe, klar umrissene Lebenskonzepte lassen sich kaum mehr finden. Der Weg in die Lebenswirklichkeit, in die Realität alltäglichen Lebens verläuft selten geradlinig und oft anders als gedacht. Die ersten Gehversuche sind häufig zögernd und zaudernd, gelegentlich beschwerlich und mühsam. Eine Vielfalt von Möglichkeiten, Versprechungen und Verheißungen erwartet uns – und fordert unsere ganz persönlichen Entscheidungen heraus. Immer wieder heißt es für uns: abwägen, auswählen, beschließen, verantworten! Wer die Wahl hat, hat die Qual.

Ein roter Faden

Das Leben ist eben nicht aus einem Guss, eher gleicht es einem Flickenteppich. Stück für Stück muss passend zusammengesetzt werden. Und der rote Faden, der alles durchzieht wie eine Leitlinie? Oft bleibt er verborgen, doch gelegentlich – bei bestimmten Ereignissen und Erlebnissen – schimmert er auf und weist die Richtung.

Wer den »roten Faden« in seinem Leben entdecken will, muss manches einfach erproben, wagen, riskieren, dabei Richtiges und Falsches machen dürfen, gute und weniger gute Erfahrungen sammeln. Wie immer dann unser Weg weitergehen wird, es wird mit uns weitergehen.

Ich werde nicht alles erreichen,
was ich will.
Aber ich werde alles ausprobieren,
was ich kann.
Tobias

Fragen an das Leben

Wegweiser sind gefragt, Ansprechpartner und Gesprächspartner werden gesucht! Das können gleichaltrige Freundinnen und Freunde oder Geschwister sein. Doch auch die Eltern sind und bleiben wichtig. Oft liegen Welten zwischen den Generationen, aber trotz völlig verschiedener Lebenssituationen und Lebenserfahrungen sind manche Fragestellungen an das Leben doch vergleichbar:

Dialog mit der Jugend

Wer einen Dialog
Herbeiführen will
Muss sich herablassen
Herabneigen
Von sich absehen
Sich zuwenden und zuneigen
Muss nicht besitzen wollen
Darf nicht besitzergreifend sein
Nur wenig Vorschriften machen
Besser keine
Gelegentlich vorsichtig Empfehlungen
anbieten
Unsichtbar die Hand darüberhalten
Unhörbar anders denken
Sich nicht als Erwachsener aufspielen
Fehler nicht gleich als Schande empfinden
Irrtümer gestatten

Dennoch das Recht haben
Sich Sorgen machen zu dürfen
Kummer aufspüren und teilen
Sich wechselseitig erziehen
Sich gegenseitig ernst nehmen
Zusammen essen und trinken
Die Fantasie fördern
Ungeduld kreativieren
Aufbegehren durchhalten
Zusammen traurig sein
Nicht immer alles besser wissen
Am besten nichts besser wissen
Sondern trösten
Ratlosigkeit teilen
Wärme herstellen
Bindungen spüren lassen
Liebe

Hanns Dieter Hüsch

> Jugendliche in der Pubertät beginnen bewusster und ernsthafter nach dem Wozu und Wohin des Lebens zu fragen.
> Eltern in der Lebensmitte fragen sich oft wieder: Wozu mein bisheriges Leben? Wo-

hin geht der weitere Lebensweg, mit dem Partner/der Partnerin, im Beruf, mit den Kindern ...?
> Zwei Generationen begegnen sich mit ähnlichen Fragen in der gleichen Familie. Es ist gut, wenn beide sich eingestehen, dass sie, wenn sie ihr Leben betrachten, Sehnsüchte und Wünsche, Ängste und Zweifel haben.

Firmung – ein »starkes« Sakrament

In dieser schwierigen, aber auch entscheidenden Lebensphase mit ihren vielen Herausforderungen und Ansprüchen ist die Firmung im wahrsten Sinne des Wortes ein »starkes« Sakrament. Firmung – vom lateinischen *firmare* – heißt ja stärken, festigen, bekräftigen. Die Firmung will stark machen für das Leben! Gerade in dieser oft labilen Situation des Übergangs. Viel Gegenwind schlägt Jugendlichen bei der Verwirklichung ihrer ersten Berufs- und Lebenspläne entgegen; da braucht es den Rückenwind des Geistes Gottes. Der Weg in die Selbstständigkeit erfordert viel Kraft, Mut und Zuspruch.

Aber ihr werdet die Kraft des Heiligen Geistes empfangen,
der auf euch herabkommen wird.
Apostelgeschichte 1,8

Christen – vom Geist Gottes begabt

In der Firmung werden wir als Christen, d. h. als Gesalbte und Besiegelte, erneut mit dem Geist Gottes bestärkt. Was in der Taufe geschehen ist, dem stimmen wir nun bewusst zu.

Das Pfingstereignis

Als der Pfingsttag gekommen war, befanden sich alle am gleichen Ort. Da kam plötzlich vom Himmel her ein Brausen, wie wenn ein heftiger Sturm daherfährt, und erfüllte das ganze Haus, in dem sie waren. Und es erschienen ihnen Zungen wie von Feuer, die sich verteilten; auf jeden von ihnen ließ sich eine nieder. Alle wurden mit dem Heiligen Geist erfüllt und begannen, in fremden Sprachen zu reden, wie es der Geist ihnen eingab. In Jerusalem aber wohnten Juden, fromme Männer aus allen Völkern unter dem Himmel. Als sich das Getöse erhob, strömte die Menge zusammen und war ganz bestürzt; denn jeder hörte sie in seiner Sprache reden. Sie gerieten außer sich vor Staunen und sagten: Sind das nicht alles Galiläer, die hier reden? Wieso kann sie jeder von uns in seiner Muttersprache hören: Parther, Meder und Elamiter, Bewohner von Mesopotamien, Judäa und Kappadozien, von Pontus und der Provinz Asien, von Phrygien und Pamphylien, von Ägypten und dem Gebiet Libyens nach Zyrene hin, auch die Römer, die sich hier aufhalten, Juden und Proselyten, Kreter und Araber, wir hören sie in unseren Sprachen Gottes große Taten verkünden. Alle gerieten außer sich und waren ratlos. Die einen sagten zueinander: Was hat das zu bedeuten? Andere aber spotteten: Sie sind vom süßen Wein betrunken.

Apostelgeschichte 2, 1–13

Wind wird in der Bibel als Symbol für die Erfahrung der Gegenwart Gottes gebraucht.

Feuer wird in der biblischen Bildaussage als Leben spendendes Element gesehen, das verzehrt und umwandelt.

Pfingsten ist das jüdische Fest der Früherernte. Die Juden feierten an diesem Fest auch die Gesetzesverkündigung am Sinai.

Süßer Wein war ein besonders starkes Rauschgetränk. Oft war er mit Gewürzen vermischt und mit Honig versetzt.

In fremden Zungen reden ist ein Reden in religiöser Ekstase, das als ein Sprechen nicht menschlichen, sondern himmlischen Ursprungs angesehen wird. Die dabei gebrauchten fremden Laute können aber verstanden und gedeutet werden.

Gefirmt mit Gottes Kraft, dem Heiligen Geist

Wir haben das Versprechen Jesu Christi:

Und ich werde den Vater bitten, und er
wird euch einen anderen Beistand geben,
der für immer bei euch bleiben soll.
Es ist der Geist der Wahrheit … Ich werde
euch nicht als Waisen zurücklassen.
Johannes 14,16–18

Der Beistand aber, der Heilige Geist,
den der Vater in meinem Namen senden wird,
der wird euch alles lehren und euch an alles
erinnern, was ich euch gesagt habe.
Johannes 14,26

Die Frucht des Geistes aber ist Liebe,
Freude, Friede, Langmut, Freundlichkeit,
Güte, Treue, Sanftmut und Selbstbeherr-
schung.
Galaterbrief 5,22–23

Auf dem Weg zur Firmung

Das *neue Leben,* das der Christ in der Taufe empfängt, soll wachsen und sich entfalten. Für ein Kind geschieht das zunächst, indem es am Glaubensleben in Familie und Gemeinde teilnimmt und »mitglaubt«.
Jugendlichen genügt das alles so nicht mehr. Je älter sie werden, umso mehr sollen sie eigene Glaubensschritte tun. Sie müssen selbst *entscheiden,* welchen *Weg* sie einschlagen, welches Lebensprogramm sie wählen, welches Ziel sie sich setzen.

Firmvorbereitung

Einladung
Mit diesem Brief laden wir Dich ein. Eine Einladung kann man annehmen oder ablehnen. Eine Einladung wozu?, wirst Du fragen. Firmung hat etwas mit Deinem Glauben zu tun, mit Deinem Leben in der Kirche. Damals bei Deiner Taufe haben Deine Eltern und Paten gesagt: Wir glauben, und auch unser Kind soll ein Christ werden. Jetzt bist Du so alt, dass Du selbst sagen kannst: Ich glaube, ich will als Christ leben.
Es soll Dein eigener Wunsch sein, die Firmung zu empfangen.
Die Vorbereitung dazu erfolgt in Gruppen mit Jugendlichen Deines Alters und erwachsenen Gesprächspartnern.
Dein Pfarrer

Verschiedene Wege der Vorbereitung
Die Einübung und Übernahme christlichen Lebens sind heute nichts Selbstverständliches mehr. Oft kommen Jugendliche erst wieder aus Anlass der Firmung in Kontakt mit Kirche und Gemeinde.
Die unmittelbare Vorbereitung auf die Firmung geschieht in Gruppen. Die Wege, die diese Gruppen gehen, können sehr unter-

Ich glaube an den Heiligen Geist

Ich glaube,
dass er meine Vorurteile abbauen kann.

Ich glaube,
dass er meine Gewohnheiten ändern kann.

Ich glaube,
dass er meine Gleichgültigkeit überwinden kann.

Ich glaube,
dass er mir Fantasie zur Liebe geben kann.

Ich glaube,
dass er mir Warnung vor dem Bösen geben kann.

Ich glaube,
dass er meine Traurigkeit besiegen kann.

Ich glaube,
dass er mir Liebe zu Gottes Wort geben kann.

Ich glaube,
dass er mir Minderwertigkeitsgefühle nehmen kann.

Ich glaube,
dass er mir Kraft in meinem Leben geben kann.

Ich glaube,
dass er mir einen Bruder, eine Schwester an die Seite geben kann.

Ich glaube,
dass er mein Wesen durchdringen kann.

Karl Rahner SJ

schiedlich sein. Das ist gut so, denn sowohl die äußeren Bedingungen und Voraussetzungen sind von Gemeinde zu Gemeinde verschieden als auch die »Bedingungen« des Heiligen Geistes. Der Geist Gottes lässt sich nicht auf bestimmte Wege seines Wirkens »festschreiben«.

› So treffen sich in vielen Gemeinden die Gruppen über einen längeren Zeitraum wöchentlich für etwa zwei Stunden oder sie konzentrieren sich auf ein oder zwei Wochenenden oder auf eine ganze (Ferien-)Woche, in der das Miteinander-Leben und -Erleben im Mittelpunkt stehen.

› In anderen Gemeinden kommen alle Firmbewerber im Pfarrheim zusammen und können sich je nach Neigung und Interesse einen Workshop oder Arbeitskreis aussuchen.

› In bestimmten Gruppen oder Gemeinden stehen Gespräche und Diskussionen im Mittelpunkt, in anderen sind gemeinsames Handeln und Unternehmungen vorherrschend.

› Hier wird eine langfristige, arbeitsteilige Projektarbeit bevorzugt, da bauen die Verantwortlichen auf kurze Einsätze in verschiedenen Einrichtungen der Gemeinde.

› Unterschiede bestehen auch darin, ob und wie die Eltern in die Vorbereitung einbezogen werden. Werden sie nur über den Vorbereitungsweg informiert? Gibt es Treffen zwischen den Gruppen der Firmbewerber und den Eltern? Werden Mitarbeiter für die Firmvorbereitung bewusst aus dem Kreis der Eltern gesucht oder gibt es einen »festen Stamm«, der dafür »zuständig« ist?

Kein Weg kann für sich beanspruchen, der allein richtige zu sein. Entscheidend ist vor allem eines: Gespräche *und* gemeinsames Tun sollen den Heranwachsenden helfen, Fragen und Probleme des eigenen Lebens besser zu erkennen und aus dem Glauben an Jesus Christus und dem Geist Gottes Orientierung

für dieses Leben zu gewinnen. Es geht für sie um die Beantwortung der Frage: »Glauben – *wie geht das?*« Christsein kann aber keiner für sich allein, sondern nur in Gemeinschaft. Und dafür brauchen junge Menschen engeren Kontakt mit glaubenden Christen und mit der Gemeinde.

»Ein Stück Zukunftsmusik« wäre dies: Nicht der Firmtermin wird vorgegeben und mit ihm der zeitliche Rahmen der Firmvorbereitung, sondern: Die Firmgruppen entscheiden sich gemeinsam mit ihren Begleitern für einen Termin, wenn sie der Auffassung sind, jetzt hinreichend auf den Empfang des Sakramentes vorbereitet zu sein.

Das Firmalter

Unendlich viel ist in den vergangenen Jahren über das geeignetste Firmalter diskutiert und gestritten worden. Entscheidender als eine bestimmte Altersangabe dürfte aber die Beantwortung folgender Fragen sein:

› Wie ist die Lebens- und Glaubenssituation des Heranwachsenden?

› Kann in der Anmeldung/Bewerbung zur Firmung auch eine bewusstere Zustimmung zu einem christlichen Leben vermutet werden?

› Wie selbstständig und verantwortlich entscheiden die Jugendlichen in anderen Lebenssituationen (mit)?

Diese Fragen ehrlich beantworten heißt, das Firmalter eher höher anzusetzen und von der Firmung geschlossener Jahrgänge Abstand zu nehmen. Die untere Grenze »nicht vor dem 12. Lebensjahr« dürfte dann meist zu niedrig sein.

Der Firmpate/die Firmpatin

Sie sind persönliche Begleiter und Helfer des Firmanden. Die Jugendlichen sollen deshalb ihren Paten selbst auswählen. Es kann durchaus der eigene Taufpate sein, aber auch jeder andere erwachsene Christ, der selbst gefirmt ist. Dem Gefirmten ist der Pate weiterhin Helfer und Gesprächspartner. Das Patenamt kann auch von einer Gruppe wahrgenommen werden, die dann bei der Firmung selbst von einem Mitglied aus ihren Reihen vertreten wird. Bei der Firmung legt der Pate dem Firmand als Zeichen der Stärkung und Begleitung die Hand auf die rechte Schulter.

Der Spender der Firmung

Mit der Spendung der Firmung sind in erster Linie die Bischöfe beauftragt. Das macht die Zugehörigkeit des einzelnen Christen zur Gesamtkirche deutlich und zeigt, dass er in ihr Verantwortung trägt. Bei entsprechender Größe der Diözese können auch andere Priester des Bistums mit der Firmspendung beauftragt werden.

Die Firmfeier mit der Gemeinde

Weil Taufe, Firmung und Eucharistie als Einführungssakramente zusammengehören, sollte die Firmung innerhalb einer Eucharistiefeier gespendet werden.

Firmung bedeutet auch endgültige Aufnahme in die Gemeinde. Sie ist nicht nur ein Fest der Jugendlichen und ihrer Eltern und Paten. Durch die Beteiligung der Gemeinde soll deutlich werden, dass die Firmung den Christen in neuer Weise mit der Kirche verbindet. Vor der Gemeinde bekennen die Firmbewerber ihre Bereitschaft zur Mitarbeit in der Kirche und versprechen, sich um ein christliches Leben zu bemühen. Diesen Auftrag können sie umso besser erfüllen, je stärker die Gemeinschaft der Gläubigen sie trägt und stützt.

Gestaltung des Firmtages zu Hause

Hierfür sind vor allem die gefirmten Jugendlichen selbst verantwortlich. Es ist schließlich ihr Fest. Sie haben sich für die Firmung ent-

schieden. Sie sollten deshalb rechtzeitig mit ihren Eltern und Geschwistern überlegen:

- › Wen laden wir zur Firmung ein? (persönliche Freunde, Paten, Verwandte ...)
- › Wie können wir ein gemeinsames Essen gestalten? (Lieber einfach und beengt zu Hause als in einer anonymen Gaststätte?)
- › Was können wir nach dem Essen tun?
- › Wie halte ich es mit den Geschenken? – Vielleicht könnte in der Firmgruppe abgesprochen werden, sich zur Firmung einen Geldbetrag schenken zu lassen, mit dem ein entsprechendes Projekt in der Pfarrei oder in der Dritten Welt unterstützt wird.

Der Weg geht weiter

Vielleicht können die Gruppentreffen auch nach der Firmung fortgesetzt werden. In jedem Falle sollte die Gemeinde in Kontakt mit den jungen Christen bleiben. Dies gelingt am besten über Jugendgruppen, Treffpunkte und Freizeiten. Hier können die Jugendlichen ihr Leben mit anderen teilen, bedenken, besprechen und feiern. Aus solchen Begegnungen entstehen oft Freundschaften für ein gutes Stück des Lebens.

Die Feier der Firmung

Spendung der Firmung

Die Firmung wird innerhalb einer Messfeier gespendet, und zwar nach dem Evangelium. Die Firmanden bekennen feierlich vor dem Bischof und der ganzen Gemeinde ihren Glauben.

Der Bischof (B) fragt die Firmanden:
Widersagt ihr dem Satan und all seiner Verführung?
Die Firmanden (F) antworten:
Ich widersage.

Die Gaben des Heiligen Geistes – Geschenke Gottes

Manchmal verteilt auch Gott Geschenke – mitten in unseren Alltag hinein. Die Firmung ist ein Tag, an dem Gott in besonderer Weise seine Gaben verteilt.

Weisheit – damit du nicht wegen unwichtiger Dinge aus der Haut fährst.

Einsicht – damit du einsiehst, dass immer gut ist, was Gott mit dir vorhat.

Rat – damit dir in schwierigen Fällen eine Lösung einfällt.

Stärke – damit du auch Schwierigkeiten verkraftest.

Erkenntnis – damit du erkennst, was richtig und falsch, gut und böse ist.

Frömmigkeit – damit du immer mit Gott in Kontakt bleibst.

Gottesfurcht – damit du nie anfängst zu denken, Menschen könnten so groß wie Gott sein.

B *Glaubt ihr an Gott, den Vater, den Allmächtigen, den Schöpfer des Himmels und der Erde?*
F *Ich glaube.*
B *Glaubt ihr an Jesus Christus, seinen eingeborenen Sohn, unseren Herrn, der geboren ist von der Jungfrau Maria, der gelitten hat und begraben wurde, von den Toten auferstand und zur Rechten des Vaters sitzt?*
F *Ich glaube.*
B *Glaubt ihr an den Heiligen Geist, die heilige katholische Kirche, die Gemeinschaft der Heiligen, die Vergebung der Sünden, die Auferstehung der Toten und das ewige Leben?*
F *Ich glaube.*
B *Das ist unser Glaube, der Glaube der Kirche, zu dem wir uns in Jesus Christus bekennen.*

Nach der Erneuerung des Taufbekenntnisses betet der Bischof:
Lasset uns beten, Brüder und Schwestern, zu Gott, dem allmächtigen Vater, dass er den Heiligen Geist herabsende auf diese jungen Christen, die in der Taufe wiedergeboren sind zu ewigem Leben. Der Heilige Geist stärke sie durch die Fülle seiner Gaben und mache sie durch seine Salbung Christus, dem Sohne Gottes, ähnlich.

Nach einer kurzen Stille streckt der Bischof die Hände über die Firmanden aus und betet:
Allmächtiger Gott, Vater unseres Herrn Jesus Christus, du hast diese jungen Christen in der Taufe von der Schuld Adams befreit, du hast ihnen aus dem Wasser und dem Heiligen Geist neues Leben geschenkt. Wir bitten dich, Herr, sende ihnen den Heiligen Geist, den Beistand. Gib ihnen den Geist der Weisheit und der Einsicht, des Rates, der Erkenntnis und der Stärke, den Geist der Frömmigkeit und der Gottesfurcht. Durch Christus, unsern Herrn. A: Amen.

Jeder Firmand tritt nun, begleitet von seinem Paten, kurz vor den Bischof und nennt ihm

seinen Namen. Der Bischof legt ihm die Hand auf den Kopf und zeichnet mit Chrisam ein Kreuz auf seine Stirn. Dabei spricht er:
N., sei besiegelt durch die Gabe Gottes, den Heiligen Geist.

Der Firmand antwortet:
Amen.

Darauf verabschiedet ihn der Bischof mit dem Gruß:
Der Friede sei mit dir.

Zeichen der Firmung

Die Worte und Handlungen bei der Spendung eines Sakramentes sind sichtbare äußere Zeichen. Sie sind Zeichen für das, was Gott an uns und mit uns tut. Was die Worte und Handlungen bei der Firmung bezeichnen, das geschieht auch in uns.

Die wichtigsten Zeichen bei der Firmung sind:
> Handauflegung
> Salbung
> Besiegelung

Handauflegung

Wenn ich jemandem die Hand auf die Schulter lege, möchte ich ihm zeigen, dass ich zu ihm stehe, dass er mit mir rechnen kann. Wenn ein Vater seinem Kind die Hand auflegt, so zeigt er damit an, dass er es annimmt und beschützt. Im Alten Testament bedeutet das Auflegen der Hände darüber hinaus, den Segen Gottes weitergeben. Im Neuen Testament lesen wir, wie Jesus den Kindern die Hände auflegt und sie segnet (Markus 10,16). Durch das Auflegen der Hände wurde auch die Vollmacht zu wichtigen Diensten in der alten Kirche weitergegeben. Dies geschieht

heute noch z.B. bei der Weihe zum Diakon oder Priester.

Die Handauflegung durch den Bischof bei der Firmung will ausdrücken:
> Gott schützt dich.
> Gott segnet dich und steht zu dir.
> Gott beauftragt dich, als Christ zu leben.

Salbung

Ein weiteres Zeichen der Firmung ist die Salbung mit Chrisam. Chrisam ist eine Mischung aus Olivenöl und Balsam und wird am Gründonnerstag vom Bischof geweiht.
Die Salbung ist zunächst ein Zeichen der Heiligung und Kräftigung. So werden Wunden gesalbt, damit sie besser heilen. Schon im Alten Testament ist die Salbung Zeichen für die Anwesenheit des Geistes Gottes. Könige, Priester und Propheten wurden deshalb gesalbt. Gottes Geist sollte ihnen die Kraft geben, das Volk nach dem Willen Gottes zu führen. So wird auch Jesus im Neuen Testament der »Christos«, d.h. der Gesalbte, genannt. »Gesalbter« heißt im Griechischen »Christos«, im Hebräischen »Messias«. Mit der Zeit wurde der Ehrentitel »Christos« für Jesus zum Eigennamen: »Jesus Christus«.
Bei der Taufe wird das Kind durch die Salbung zu einem Christen. Die Salbung bei der Firmung macht deutlich, dass die erste Salbung zum Christen bei der Taufe nun vom Jugendlichen selbstverantwortlich bestätigt und übernommen wird.

Gott aber, der uns und euch in der Treue zu Christus festigt und der uns alle gesalbt hat, er ist es auch, der uns sein Siegel aufgedrückt und als ersten Anteil (am verheißenen Heil) den Geist in unser Herz gegeben hat.
2 Korinther 1,21–22

Ich kann Christi Hand heute sein

> Wenn ich Vorurteile abbauen helfe.
> Wenn ich aufmerksam wahrnehme, wo Menschen an den Rand gespielt werden.
> Wenn ich bereit bin, mich in einem Projekt für andere zu engagieren.
> Wenn ich den Mut habe, für meine Überzeugung einzutreten, und anderen das gleiche Recht einräume.
> Wenn ich zu Hause auch einmal die Einstellung meiner Eltern oder Geschwister zu verstehen versuche.
> Wenn ich ...

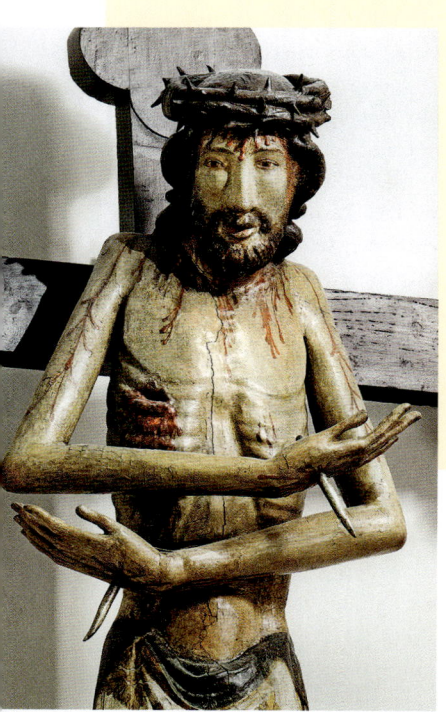

Besiegelung

Bei der Firmung spricht der Bischof: »Sei besiegelt durch die Gabe Gottes, den Heiligen Geist.«

Dabei macht er ein Kreuzzeichen auf die Stirn. Dieses Kreuz haben bei der Taufe neben dem Priester auch die Eltern und Paten zum ersten Mal auf die Stirn des Kindes gezeichnet. Sie wollten damit zum Ausdruck bringen, dass sie durch ihr persönliches Leben den Segen Gottes weitergeben wollen. Viele Eltern machen auch später ihrem Kind ein Kreuzzeichen auf die Stirn, wenn es zur Schule geht oder für längere Zeit verreist.

In der Besiegelung soll die unverbrüchliche Treue Gottes zum Ausdruck kommen. So wie ein Siegel das Geschriebene beglaubigen, vor Fälschung schützen, seine Echtheit garantieren und die Unversehrtheit bewahren soll, so schützt und bewahrt uns Gott selber durch seinen Geist, den Christus uns gegeben hat. Paulus schreibt im Brief an die Epheser:

Durch Christus habt ihr das Siegel des verheißenen Heiligen Geistes empfangen, als ihr den Glauben annahmt.
Epheser 1,13

Das christliche Leben, das wir mit der Taufe übernommen haben, wird also durch die Firmung noch einmal besiegelt und beglaubigt. Gott nimmt seine Zusage nicht zurück. So sagt man auch, die Firmung prägt uns ein »unauslöschliches Merkmal« ein. Deshalb kann die Firmung – wie auch die Taufe – nur einmal im Leben empfangen werden.

Wenn Gott den Menschen misst, legt er das Maßband nicht um den Kopf, sondern um das Herz.
Aus Irland

Auch im Glauben erwachsen werden

Ein »zweites« Zur-Welt-Kommen

Jugend ist so etwas wie ein »zweites« Zur-Welt-Kommen – bewusster, intensiver, aber auch fragender und suchender. Jugendliche suchen nach Identität, Orientierung, Wert und Sinn. Die Kinderwelt mit ihren Sicherheiten und Vertrautheiten liegt hinter ihnen; Loslösung, Aufbruch und Neuorientierung sind angesagt. Wichtige Weichen für das zukünftige Leben sind zu stellen; grundsätzliche Entscheidungen stehen an.

An solchen »Wechselfällen« des Lebens brechen Sinnfragen auf, oft ganz radikal, im wahrsten Sinne des Wortes *bis an die Wurzel gehend.* Zumal dann, wenn menschliches Leben an seine Grenzen stößt: im Angesicht zerbrochener Beziehungen in Familie oder Freundschaft, in Situationen persönlicher Schuldverstrickungen, bei unmittelbaren Leid- und Todeserfahrungen. Das »zweite« Zur-Welt-Kommen so mancher Jugendlicher erfolgt heute unter erschwerten Lebensbedingungen. Das Leben wird fragwürdig, und ebenso der Glaube.

»Mehr-Wert« des Glaubens

Auch im Glauben gilt es, erwachsen zu werden, vom »lieben Gott« der Kindheit Abschied zu nehmen. Hier verliert ein Mensch seinen gelernten und gewohnten Glauben. Hier zerbricht »sein« Gott, sein Gottesbild. Wo die einstige Gewissheit des Glaubens wegbricht, müssen sich junge Menschen ihres Glaubens erst einmal vergewissern. Wo Glaube nicht mehr selbstverständlich ist, muss Glaube »verständlich« gemacht werden – durch Eltern, Freunde, Lehrer, Seelsorger.

Christlicher Glaube hat sein »Sinn-Monopol« verloren. Es gibt eine Vielfalt an Sinn-Angeboten: von fernöstlichen Religionen über verschiedene Sekten bis hin zu esoterischen und psychologischen Ratgebern. Es gibt so etwas wie eine »spirituelle Marktwirtschaft«. Unter den vielfältigen Konkurrenten muss sich christlicher Glaube als tragfähiges Sinn-Angebot ausweisen. Was ist der *»Mehr-Wert«* des Glaubens? Hat mit Gott mein Leben »mehr« Sinn?

Was auch können wir Besseres tun,
wir in unserer Lage,
als sämtliche Reimworte auf Gott
hinzuschreiben
und den Endreim offenzulassen.
Erich Kästner

Leben ohne Gott

Jugendliche und Erwachsene begegnen heute in ihrem unmittelbaren Verwandten-, Freun-

Bei Gott hast du Kredit

Kredit kommt vom lateinischen Wort *credere:* »glauben, vertrauen«.

Die Bank sagt:
Credo – ich schenke dir Vertrauen, denn du bist kreditwürdig und wirst unser Geld zurückzahlen.

Gott sagt:
Credo – ich glaube an dich. Meine Gaben sind bei dir gut angelegt.

Der Mensch sagt:
Credo – ich glaube an dich, Gott, und vertraue dir mein Leben an.

Dein Credo?
Bei Gott kannst du in roten Zahlen stehen.

des- und Kollegenkreis vielen Menschen, denen Gott nichts bedeutet. Sie sind zufrieden mit dem, was sie haben, mit dem, was sie sind. Ja, oft leben sie ganz gut ohne Gott. Solche Menschen fordern in besonderer Weise heraus: Mehr denn je müssen Christen heute ihren Glauben vor sich und anderen rechtfertigen. Sie leben in einer sich verschärfenden Diaspora-Situation. In mehr oder weniger allen Lebensbereichen außerhalb christlicher Familie und Gemeinde sind junge Menschen buchstäblich »Vereinzelte« (*Diaspora* = Zerstreuung, Vereinzelung). Sie treffen kaum noch auf Gleichaltrige, die mit ihnen glauben. Allein glauben aber geht auf Dauer nicht. Das gilt heute oft auch für die Familie – sie wird selbst zur Diaspora. »Glaubende« leben mit »Nicht-mehr-Glaubenden« zusammen. »Wir Christen werden Fremdlinge sein selbst unter denen, die wir lieben«, hat bereits 1962 der Theologe Karl Rahner prophezeit.

Wenn Gott einen Namen hätte,
wie würde er lauten?
Und würdest du ihm den ins Gesicht sagen,
wenn du vor ihm stündest in all
seiner Glorie?
Was würdest du fragen, wenn du nur
eine einzige Frage hättest?
Joan Osbourne

Offenes Gespräch

Umso wichtiger ist das Gespräch zwischen Eltern und Jugendlichen. Die religiöse Orientierung junger Menschen hängt immer noch sehr stark ab von dem, was sie im Elternhaus an Glaubenserfahrungen und religiöser Lebenspraxis mitbekommen. Anhaltspunkte für ein solches Gespräch könnten sein:

Bei den Eltern:
> Vertrauen in die eigenen guten Erziehungsabsichten setzen.

> Frei sein von vorschnellen Schuldgefühlen, etwas falsch gemacht zu haben.
> Eigene Fragen zulassen.
> Sich der eigenen Jugend erinnern.
> Fragen der Jugendlichen ernst nehmen.
> Günstige Gesprächsgelegenheiten wahrnehmen.
> Mut haben, auch persönliche Enttäuschungen und Zweifel mitzuteilen.
> Sich kenntlich machen mit dem, was man denkt, liebt, glaubt und hofft.

Bei den Jugendlichen:
> Zu den eigenen Fragen und Problemen stehen.
> Nicht vorschnell Antworten übernehmen, sondern selbst ernsthaft suchen.
> Sich in die Lebenssituation der Eltern versetzen.
> Verhalten und Einstellungen der Erwachsenen gerecht beurteilen.
> Im Gespräch zur Information bereit sein.
> Rechenschaft über die Absicht der eigenen Fragen geben.

Was bleibt?

Was bleibt, wenn Kinder beginnen, ihre eigenen Wege zu gehen?
Unser Wort bleibt: Du hast immer eine offene Tür, wenn du heimkommst, in jedem Zustand. Unser Vertrauen, das sie am dringendsten brauchen, wenn wir meinen, es sei unterbrochen, bleibt. Das Gebet, das noch Brücken baut, wo alle Brücken abgebrochen scheinen. Und die zuverlässige Güte Gottes, der sie führt, wie er uns geführt hat. »Himmel und Erde vergehen. Mein Wort bleibt in Ewigkeit«, sagt Jesus Christus. Wer sich um Kinder sorgt, findet hier, wenn alles auseinanderbricht, den festen Boden, auf dem er mit ihnen zusammenbleiben kann.

Jörg Zink

Zum Dienst in der Kirche berufen

Alle Christen sind berufen

Katholische Christen bilden als Kirche eine große Gemeinschaft: die Weltkirche mit dem Papst an der Spitze. Das christliche Leben und die Bestärkung im Glauben vollziehen sich vor allem in kleinen Gemeinschaften, in Gemeinden und Pfarreien.

Hier wird der Glaube im Dienst am Nächsten und an den Fernen gelebt (Caritas), hier wird der Glaube verkündet (Predigt, Katechese, Gespräche …) und schließlich in den verschiedensten Gottesdiensten gefeiert (Eucharistie, Sakramente, Wortgottesdienste). Zu diesen Diensten sind alle Christen durch Taufe und Firmung berufen. Im 1. Petrusbrief 2,9 heißt es von allen Christen:

Ihr seid ein auserwähltes Geschlecht,
eine königliche Priesterschaft, ein heiliger
Stamm, ein Volk, das sein Eigentum wurde,
damit ihr die Großtaten dessen verkündet,
der euch aus der Finsternis in sein wunder-
bares Licht gerufen hat.

Zur Unterstützung und Sicherstellung dieser Aufgaben aller Christen braucht es in der Kirche Menschen, die sich ganz, meist hauptberuflich, zum Dienst in der Kirche und an den Christen verpflichten.

Vielfältige Berufungen im Dienst der Kirche

Vielleicht hat man als Mädchen oder Junge eine Gemeindereferentin, eine Ordensfrau oder auch einen Priester einmal näher kennengelernt. Vielleicht ist man durch Berichte neugierig geworden. Ob das ein Beruf für mich sein könnte? Nicht nur ein Job, sondern eine Aufgabe, die mich ganz erfüllt und natürlich auch meinen Lebensunterhalt sichert?

Manch einer weiß gar nicht,
was in ihm lebt
und wessen er fähig ist,
bis er angerufen wird.
Romano Guardini

Priester

Die Weihe zum Beruf des Priesters ist ein Sakrament. Dies bedeutet: Gott selbst nimmt den Menschen in den Dienst. Die Handauflegung durch den Bischof im Weihegottesdienst bringt dies zum Ausdruck. Der Priester soll Garant des Willens Gottes in dieser Welt und vor allem in der Gemeinschaft der Christen sein. Sein Auftrag ist es, die Christen darin zu bestärken, dass der Glaube getan, gelebt, verkündet und vor allem in den Sakramenten gefeiert wird. Seine vornehmliche Sorge gilt der Einheit und der Versöhnung, die in besonderer Weise in der Eucharistiefeier zum Ausdruck kommt.

Vielfältige Aufgaben

Der Priester geht dorthin, wo Menschen geboren werden, wo junge Menschen in die Gemeinschaft aufgenommen werden, wo Menschen leben, arbeiten und feiern, wo Menschen leiden und nach Auswegen aus Nöten suchen, wo Menschen sterben.
Er erfüllt diese Aufgaben als

> Leiter oder Mitarbeiter einer oder mehrerer Gemeinden (Pfarrer, Pastor, Kaplan oder Vikar)
> Seelsorger für Kinder, Jugendliche, Erwachsene oder ältere Menschen

> Religionslehrer
> Seelsorger im Krankenhaus/Hospiz
> Notfallseelsorger bei Polizei oder Feuerwehr und anderes mehr.

Persönliche Voraussetzungen

Die Voraussetzungen für den Priesterberuf sind:

> persönliche Beziehung zu Jesus Christus
> wachsender Glaube und Leben in der Kirche
> Offenheit für das Leben der Menschen
> Teamfähigkeit
> psychische Belastbarkeit
> Bereitschaft zum ehelosen Leben
> Kontakt- und Kommunikationsfähigkeit
> Verantwortungsbereitschaft und soziale Kompetenz
> Interesse an der Theologie

Man muss im Leben
darauf achten,
wann für einen
das Stichwort fällt.
Sören Kierkegaard

Diakon

Seit dem Zweiten Vatikanischen Konzil wurde der Beruf des Diakons wieder eingeführt. Er soll vor allem den diakonischen, d. h. dienenden Auftrag der Kirche wieder neu betonen. Diakon ist das griechische Wort für Diener, Helfer. Auch der Diakon wird durch den Bischof geweiht und ist somit in besonderer Weise für den Dienst der Kirche beauftragt. Neben der Sorge um Kinder, Jugend, Familie, Alte und Kranke ist er auch in der Verkündigung tätig. Er predigt und bereitet auf die Sakramente vor. Er übernimmt liturgische Aufgaben, kann die Taufe spenden, bei der kirchlichen Trauung assistieren und das kirchliche Begräbnis vollziehen.

Persönliche Voraussetzungen

Die persönlichen Voraussetzungen sind die gleichen wie bei einem Priester. Der Beruf des Diakons steht aber auch verheirateten Männern offen. Er kann hauptberuflich oder ehrenamtlich ausgeübt werden.

Rede nur von Gott,
wenn du gefragt wirst,
aber lebe so,
dass du gefragt wirst.

Gemeindereferent/in und Pastoralreferent/in

Diesen Beruf üben Frauen und Männer aus. Nach einem Studium der Theologie an der Fachhochschule oder Universität arbeiten sie – verheiratet oder unverheiratet – hauptberuflich zusammen mit Priestern und Diakonen in einer oder mehreren Pfarreien. Gemeinsam mit anderen Christen suchen und leben sie ihren Glauben und arbeiten mit an einer lebendigen, Frucht bringenden Kirche. Sie sind in allen Bereichen der Seelsorge tätig, außer der Sakramentenspendung. Häufig arbeiten sie auch als Religionslehrer, Krankenhausseelsorger, in Caritas- und Bildungseinrichtungen. In einigen Diözesen haben sie einen besonderen bischöflichen Auftrag, kirchliche Beerdigungen vorzunehmen.

Persönliche Voraussetzungen

Es sind in etwa die gleichen wie bei Priestern und Diakonen. Der seelsorgliche Dienst berührt allerdings nicht unerheblich das Familienleben Verheirateter. Von daher ist das Einverständnis des Ehepartners Voraussetzung für die Übernahme des Berufs.

Genauere Informationen zu kirchlichen Berufen gibt es auf der Homepage www.katholisch.de (dort unter Beruf + Bildung).

Ordensfrau (Nonne) und Ordensmann (Mönch)

Seit der Zeit des Urchristentums wussten sich Frauen und Männer dazu berufen, wie Jesus zu leben: arm, ehelos, gehorsam, um ihr ganzes Leben in den Dienst Gottes stellen zu können. Dabei entstanden vielfältige Formen und Ausprägungen von Orden.

Es gibt Gemeinschaften der Stille und Zurückgezogenheit, die ihren Dienst darin sehen, die Welt mit ihren Sorgen und Nöten bittend vor Gott zu bringen – ein wichtiger Dienst des Friedens und der Versöhnung der Menschen. Andere sehen ihren Dienst in der unbedingten Hingabe an die Menschen, ihnen in ihren Sorgen und Nöten beizustehen. Sie sind tätig in Bereichen der Caritas, der Bildung, der Medizin und der Pastoral. Die meisten Gemeinschaften leben in Klöstern (von lateinisch *claustrum* = abgeschieden).

Was Gott von dir will,
das musst du
Auge in Auge mit ihm
zu erfahren suchen.
Edith Stein

Persönliche Voraussetzungen

Für ein Ordensleben kommt als Voraussetzung noch die Bereitschaft dazu, nach den evangelischen Räten der Armut, der Ehelosigkeit und des Gehorsams in einer Gemeinschaft zu leben. Die »evangelischen Räte« sind Einladungen (»Räte«), die im Leben Jesu und in der Heiligen Schrift (»evangelisch« = biblisch) begründet sind.

Kloster auf Zeit

Immer mehr Ordensgemeinschaften laden (junge) Frauen und Männer ein, einige Tage, Wochen oder Monate mit ihnen zu leben, zu Ruhe und Besinnung zu kommen und das Leben im Kloster kennen und auch wertschätzen zu lernen.

Ja oder Nein

Du kannst dir nicht
ein Leben lang
die Türen alle offen halten,
um keine Chance zu verpassen.

Auch wer durch keine Türe geht
und keinen Schritt nach vorne tut,
dem fallen Jahr für Jahr
die Türen eine nach der anderen zu.

Wer selber leben will,
der muss entscheiden:
Ja oder Nein –
im Großen und im Kleinen.

Wer sich entscheidet, wertet, wählt,
und das bedeutet auch: Verzicht.
Denn jede Tür, durch die er geht,
verschließt ihm viele andern.

Man darf nicht mogeln
und so tun,
als könne man beweisen,
was hinter jener Tür geschehen wird.

Ein jedes Ja
– auch überdacht, geprüft –
ist zugleich Wagnis
und verlangt ein Ziel.

Das aber ist die erste aller Fragen:
Wie heißt das Ziel,
an dem ich messe Ja und Nein?
Und: Wofür will ich leben?

Paul Roth

Informationen zu »Kloster auf Zeit« im deutschsprachigen Raum gibt es unter www.orden.de.

Krank sein

Ich weiß nicht,
ob der Himmel niederkniet,
wenn man zu schwach ist,
um hinaufzukommen.
Christine Lavant

Durch Krankheit wird vieles anders

Ich bin krank.
Mein Leben hat sich verändert.
Was gestern noch ging,
ist heute nicht mehr möglich.
Ans Bett gebunden,
auf fremde Hilfe angewiesen,
Untersuchungen ertragen,
auf Ergebnisse warten.
Ich fühle mich hin- und hergerissen
zwischen Hoffnung und Angst.

Oft genug ohne jede Vorwarnung, mitunter von heute auf morgen, von einer Minute auf die andere: ein Unfall, ein Schlaganfall und schon wird der Gesunde zum »Krankheitsfall«. Die Krankheit versetzt den Menschen in eine neue, völlig ungewohnte Situation:

> Herausgerissen aus der gewohnten Umgebung.
> Abgeschnitten vom täglichen Umgang mit den Mitmenschen.
> Unfähig, seiner Arbeit nachzugehen.
> Verurteilt zum Nichtstun.
> Ausgeliefert dem Wohlwollen anderer.
> Erfahren müssen, wie brüchig und anfällig das Leben ist.

In dieser Situation braucht der Mensch, mehr noch als alle medizinische Betreuung, die Erfahrung menschlicher Nähe und Zuwendung. Er sehnt sich nach Menschen, die einfach bei ihm sind, die ihn in der Angst nicht allein lassen, die seine Schmerzen lindern, die ihm helfen, seine Krankheit nicht nur zu ertragen, sondern zu guter Letzt auch anzunehmen.

Denn die Krankheit kann auch zu tieferer Einsicht führen, gelegentlich sogar zu einer »gesünderen« Lebenseinstellung. Sie kann dem Menschen helfen, das Wesentliche und Bleibende in seinem Leben zu entdecken und neu zu bedenken. Sie kann zu bewussterem Leben anregen oder dem Leben eine andere Richtung geben. Die Frage nach Gott stellt sich ganz neu, auf bedrängende Art und Weise.

Gott,
eine einzige Frage bin ich.
Warum?
Warum gerade jetzt?
Warum gerade hier?
Warum gerade das?
Warum gerade ich?
Anton Rotzetter

Der Gesunde hat viele Wünsche,
der Kranke nur einen.
Aus Indien

Aus Gesprächen mit Kranken

> Dass ich hier liege, das hat mich ganz aus der Bahn geworfen. Ich bin ja noch nie krank gewesen. Eigentlich wehre ich mich sogar dagegen. Ich bin ständig bemüht, mir nichts anmerken zu lassen. Aber dann spüre ich, es geht einfach nicht. Und ich denke mir, vielleicht ist diese Erfahrung für mich sogar ganz wichtig.
> Wie lange liege ich hier wohl noch? Wenn so gar kein Ende abzusehen ist, verliert

man die Geduld. Ich bin es leid, ich mag einfach nicht mehr.

> Das Schlimmste für mich ist, dass ich dauernd Hilfe brauche. Für jede Kleinigkeit muss ich jemanden bitten. Das kommt mir ganz schwer an. Ausgerechnet ich, die nie einen anderen nötig hatte.

> Ich freue mich, dass mich so viele besuchen kommen. Bei manchem geht mir ja die Rederei auf die Nerven. Aber andere kommen, mit denen hatte ich gar nicht gerechnet. Da lernt man Menschen auch mal von einer ganz anderen Seite kennen.

> Ich habe erfahren müssen, das Leben geht auch ohne mich weiter. Erst dachte ich, die Welt müsste stehen bleiben. Aber ich habe gelernt, auch anderen mal Verantwortung zu überlassen. Das macht mich inzwischen ruhig und gelassen.

> Ich glaube, es sieht ernst aus. Sie reden mir zwar alle gut zu und sie tun hier, was sie können. Aber ich spüre selbst, was los ist … Irgendwie muss ich jetzt alleine damit fertig werden, und doch habe ich Angst vor der Wahrheit.

> Wenn mir das einer vorher gesagt hätte. Ich kann es nicht ertragen, hier zu liegen, während andere das Leben genießen. Ich hatte so viele Pläne. Soll das jetzt alles vorbei sein? Und welchen Sinn hat das alles? Ich verstehe das nicht. Warum muss gerade mich das treffen?

> Seit meiner Kindheit habe ich mich nie mehr so intensiv mit Gott beschäftigt. Ich hatte ja auch sonst kaum Zeit dazu oder habe mir auch eingebildet, es ginge auch so. Und dann war plötzlich alles anders. Ich habe wieder beten gelernt.

Die aber, die dem Herrn vertrauen,
schöpfen neue Kraft,
sie bekommen Flügel wie Adler.
Sie laufen und werden nicht müde,
sie gehen und werden nicht matt.
Jesaja 40,31

Zwölf Uhr mittags

Dem Pfarrer einer Stadt im Ruhrgebiet fiel ein alter, bescheiden wirkender Mann auf, der jeden Mittag die Kirche betrat und sie kurz darauf wieder verließ. So wollte er eines Tages von dem Alten wissen, was er denn in der Kirche tue. Der antwortete: »Ich gehe hinein, um zu beten.« Als der Pfarrer verwundert meinte, er verweile nie lange genug in der Kirche, um wirklich beten zu können, meinte der Besucher: »Ich kann kein langes Gebet sprechen, aber ich komme jeden Tag um zwölf und sage: *Jesus, hier ist Johannes.* Dann warte ich eine Minute, und er hört mich.«

Einige Zeit später musste der Mann ins Krankenhaus. Ärzte und Schwestern stellten bald fest, dass er auf die anderen Patienten einen heilsamen Einfluss hatte. Die Trostbedürftigen fühlten sich getröstet, und die Traurigen konnten auch mal lachen. »Johannes«, bemerkte die Stationsschwester irgendwann zu ihm, »die Leute sagen, du hast diese Veränderung bewirkt. Trotz deiner schweren Erkrankung bist du immer gelassen, fast heiter.« »Schwester«, meinte Johannes, »dafür kann ich nichts. Das kommt durch meinen Besucher.«

Doch niemand hatte bei ihm je Besuch gesehen. Er hatte keine Verwandten und auch keine engeren Freunde. »Dein Besucher«, fragte die Schwester, »wann kommt der denn?«

»Jeden Mittag um zwölf. Er tritt ein, steht am Fußende meines Bettes und sagt: *Johannes, hier ist Jesus.*«

Nach einer alten Erzählung

Jesus begegnet Kranken

Die Hl. Schrift sieht in der Krankheit ein Zeichen dafür, dass wir in einer Welt leben, die unvollkommen ist. Diese Welt ist kein Paradies. Auch Christus machte aus der Welt kein Paradies. Aber er wollte den Menschen helfen und sie zum Heil führen.

Jesus begegnet dem Menschen, einem kranken Menschen. Er, der von oben kommt, ist bei ihm, ganz unten, in den Niederungen der Angst, der Schmerzen, der Trauer, des Alleinseins, getrennt von den ungetrübten Freuden des Lebens, vom unbeschwerten Glück menschlichen Miteinanderseins.

Bitte um Segen

Gottes Hand
behüte und beschütze mich.
Gottes Hand
umfange und stütze mich.
Gottes Hand
trage und halte mich.
Gottes Hand
segne und heile mich.

Irischer Segensspruch

Der Kranke hebt die Hände, Ausdruck der Hoffnung, Geste des Vertrauens. Jesus ist ihm ganz nahe, berührt ihn mit der Hand, legt sie ihm auf die Stirn – Zeichen der Liebe und Annahme, Geste der Heilung.

Jesus will Menschen heil machen, dass sie sehen, hören, sprechen, gehen, leben können … Doch Jesus schenkt durch seine Nähe mehr als das: Jesus will Mut machen, Kraft und Gelassenheit geben. Er nimmt nicht jedes Leid, aber er hilft, dass wir es tragen können. Sich von ihm heilen lassen heißt, dass wir uns von ihm erneuern lassen, ein neuer Mensch werden, an der Wurzel, in unserer Mitte: »Dein Glaube hat dich heil gemacht!«

Wenn in unserer Familie jemand krank wird

Da sein

Nicht jede Krankheit ist gleich ernst oder sehr schwer. Dann geht es vor allem darum, dem Kranken zu helfen, dass ihm die Zeit nicht zu lang wird: mit ihm sprechen, Neuigkeiten erzählen von dem, was »draußen« geschieht, oder ihm etwas vorlesen. Vor allem für ein krankes Kind müssen wir uns Zeit nehmen, um mit ihm zu spielen oder ihm Geschichten zu erzählen.

Wer krank ist, hat vor allem Angst vor dem Alleinsein. Deshalb ist das Wichtigste, was wir für ihn tun können, bei ihm zu sein, seine Hand zu halten, Gesicht und Haare zu streicheln, ihm ein gutes Wort zu sagen. Kleine Aufmerksamkeiten sind da oft eine große Hilfe. Wir können die Kissen zurechtrücken, Stirn und Lippen kühlen, die Füße wärmen; das tun, was nötig ist, oder was die Liebe uns zu tun rät.

Zuhören und Mut zusprechen

Kranken tut es gut, über ihre Schmerzen und Ängste zu sprechen und Verständnis zu finden. Da ist Zuhören zunächst wichtiger als Reden! Wenn wir aber mit ihnen sprechen, sollten wir ihnen Dinge sagen, die guttun und Mut machen. Wir sollten den kranken Menschen wissen lassen, was er uns bedeutet, was er für uns und für andere getan hat; ihn an wichtige und frohe Ereignisse erinnern und ihm dafür danken.

Die Wahrheit sagen

Am schwersten ist die Frage zu beantworten, ob und wann wir dem Kranken die Wahrheit über seinen ernst gewordenen Zustand sagen sollen. Es gibt dafür keine allgemeine Regel. Rücksicht und menschliches Einfühlungsvermögen sind entscheidend. Der Kranke

spürt meistens selbst, wie es um ihn steht. Mit ihm über seinen ernsten Zustand sprechen, heißt ja nicht, alle Hoffnung zu zerschlagen. Vielmehr können wir ihm helfen, dass die Angst vor dem möglichen Sterben durch das Vertrauen auf Gottes Liebe gemildert wird.

Das »Zuhause« erhalten

Bei schwerer Krankheit wird der Aufenthalt im Krankenhaus oft unvermeidlich sein. Dann ist es wichtig, dass wir dem Kranken unserer Nähe vergewissern und alles tun, um ihm eine möglichst vertraute Umgebung zu schaffen.

Vor allem, wenn es zum Sterben kommt, dürfen wir ihn nicht mehr allein lassen. Wenn es die äußeren Voraussetzungen möglich machen, sollte er zu Hause sterben dürfen. Bei der Pflege, die sonst überfordern würde, können kirchliche und private Pflegedienste Hilfestellung leisten.

Nicht nur für den Kranken, auch für uns selbst sind Krankheit und Sterben schwere, aber auch reiche Erfahrungen für das Leben.

auslegung von lukas 8,26 ff.

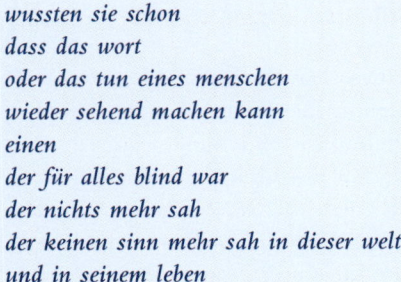

wussten sie schon
dass die nähe eines menschen
gesund machen
krank machen
tot und lebendig machen kann

wussten sie schon
dass die nähe eines menschen
gut machen
böse machen
traurig und froh machen kann

wussten sie schon
dass das wegbleiben eines menschen
sterben lassen kann
dass das kommen eines menschen
wieder leben lässt

wussten sie schon
dass die stimme eines menschen
einen anderen menschen
wieder aufhorchen lässt
der für alles taub war

wussten sie schon
dass das wort
oder das tun eines menschen
wieder sehend machen kann
einen
der für alles blind war
der nichts mehr sah
der keinen sinn mehr sah in dieser welt
und in seinem leben

wussten sie schon
dass das zeithaben für einen menschen
mehr ist als geld
mehr als medikamente
unter umständen mehr
als eine geniale operation

wussten sie schon
dass das anhören eines menschen
wunder wirkt
dass das wohlwollen zinsen trägt
dass ein vorschuss an vertrauen
hundertfach auf uns zurückkommt

wussten sie schon
dass tun mehr ist als reden

wussten sie das alles schon

wussten sie auch schon
dass der weg vom wissen über das reden
zum tun
interplanetarisch weit ist

Wilhelm Willms

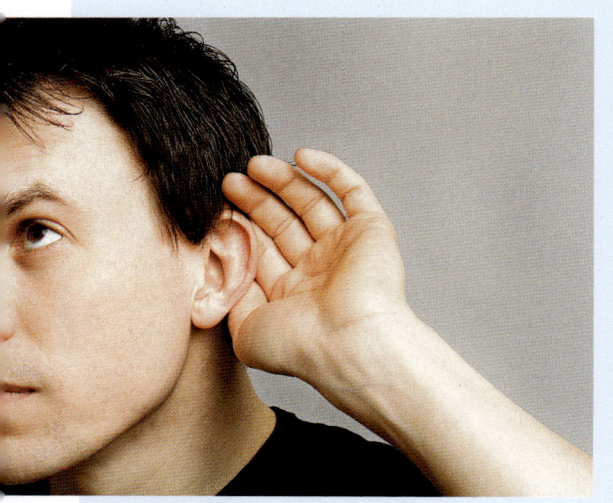

Die Krankensalbung

Sakrament des Lebens

Ist einer von euch krank?
Dann rufe er die Ältesten der Gemeinde
zu sich; sie sollen Gebete über ihn
sprechen und ihn im Namen des Herrn
mit Öl salben. Das gläubige Gebet wird
den Kranken retten, und der Herr
wird ihn aufrichten; wenn er Sünden
begangen hat, werden sie ihm vergeben.
Jakobus 5,14–15

Die Krankensalbung hilft uns, Krankheit, Gebrechlichkeit (des Alters) und Sterben in Gemeinschaft mit Gott und Gottes Hilfe anzunehmen und zu bestehen. Auch junge Menschen werden krank und brauchen Stärkung und Ermutigung.

Vielen ist die Bezeichnung »Letzte Ölung« noch vertraut, zumal der Priester früher oft erst im letzten Moment gerufen wurde. Aber diese Bezeichnung ist irreführend, denn die Krankensalbung ist ein Sakrament des Lebens und nicht des Todes. Sie ist dies in zweifacher Hinsicht: als Hoffnung auf *erneuertes Leben* nach Gesundung und Genesung – und als Hoffnung auf *neues Leben* im Geheimnis des Todes. Darum kann die Krankensalbung auch mehrfach gespendet werden.

Nicht nur in akuter Lebensgefahr, sondern zum Beispiel auch vor einer schweren Operation wird die Krankensalbung die Lebenshoffnung stärken und das Vertrauen zu Gott festigen.

In manchen Gemeinden ist es schon zu einer guten Gewohnheit geworden, zu bestimmten Anlässen alte oder kranke Menschen zum Empfang der Krankensalbung in einer gemeinsamen Feier einzuladen.

Wie leicht ist es für mich,
mit dir zu leben, Herr!
An dich zu glauben,
wie leicht ist das für mich!
Wenn ich zweifelnd nicht mehr
weiterweiß
und meine Vernunft aufgibt,
wenn die klügsten Leute nicht
weiter sehen
als bis zum heutigen Abend
und nicht wissen,
was man morgen tun muss –
dann sendest du mir
eine unumstößliche Gewissheit,
dass du da bist
und dafür sorgen wirst,
dass nicht alle Wege zum Guten
gesperrt werden.
Alexander Solschenizyn

Die häusliche Feier der Krankensakramente

Auf einem Tisch im Zimmer des Kranken, der von ihm gut zu sehen ist, werden bereitgestellt:

> das Kreuz als Zeichen der Erlösung,
> eine oder mehrere Kerzen als Symbol des auferstandenen Herrn, der das »Licht des Lebens« ist,
> Weihwasser, das an die Taufe und die Christusgemeinschaft erinnert,
> etwas Watte (bei der Krankensalbung).

Auch wenn die Krankensalbung im Krankenhaus gespendet wird, sollten die Angehörigen dabei sein und mit dem Personal die Vorbereitungen besprechen. Schon bevor der Priester kommt, wird man bei dem Kranken sein und je nach Schwere der Krankheit mit ihm sprechen und mit ihm beten.

Der Geist des Herrn ruht auf mir,
denn der Herr hat mich gesalbt.
Er hat mich gesandt,
damit ich den Armen eine gute Nachricht bringe;
damit ich den Gefangenen die Entlassung verkünde
und den Blinden das Augenlicht,
damit ich die Zerschlagenen in Freiheit setze
und ein Gnadenjahr des Herrn ausrufe.
Lukas 4,18–19

Wenn es möglich ist, können auch Freunde oder Hausbewohner zur Teilnahme an der Feier der Krankensalbung eingeladen werden.

Bei längerer Krankheit kann der Seelsorger um eine wiederholte Spendung der Krankenkommunion gebeten werden. Auch Familienangehörige können dem Kranken die Kommunion nach der Feier der heiligen Messe mit nach Hause bringen.

Texte und Gebete zur Krankenkommunion

Priester: *Friede sei mit diesem Haus und mit allen, die darin wohnen.*
Der Priester besprengt das Zimmer und den Kranken mit Weihwasser:
Dieses geweihte Wasser erinnert uns an den Empfang der Taufe und an Christus, der uns durch sein Leiden und seine Auferstehung erlöst hat.
Der Priester begrüßt den Kranken und alle, die bei ihm sind. Er lädt sie ein, mit ihm zu beten, dass der Kranke Erleichterung und Heil finde durch die Gnade und die Kraft Christi.
Wenn keine sakramentale Beichte abgelegt wird, folgt das gemeinsame Schuldbekenntnis.
Alle: *Ich bekenne Gott, dem Allmächtigen, und allen Brüdern und Schwestern, dass ich Gutes unterlassen und Böses getan habe; ich habe gesündigt in Gedanken, Worten und Werken durch meine Schuld, durch meine Schuld, durch meine große Schuld. Darum bitte ich die selige Jungfrau Maria, alle Engel und Heiligen und euch, Brüder und Schwestern, für mich zu beten bei Gott, unserem Herrn.*
Priester: *Der allmächtige Gott erbarme sich unser. Er lasse uns die Sünden nach und führe uns zum ewigen Leben.*
Alle: *Amen.*

Lesung aus der Heiligen Schrift

Als Jesus nach Kafarnaum kam, trat ein Hauptmann an ihn heran und bat ihn: Herr, mein Diener liegt gelähmt zu Hause und hat große Schmerzen. Jesus sagte zu ihm: Ich will kommen und ihn gesund machen. Da antwortete der Hauptmann: Herr, ich bin nicht wert, dass du mein Haus betrittst; sprich nur ein Wort, und mein Diener wird gesund. Auch ich muss Befehlen gehorchen und habe Soldaten unter mir; sage ich nun zu einem: Geh!, so geht er, und zu einem andern: Komm!, so kommt er und zu meinem Diener: Tu das!, so tut er es.
Jesus war erstaunt, als er das hörte, und sagte zu denen, die ihm nachfolgten: Amen, ich sage euch: Einen solchen Glauben habe ich in Israel noch bei niemandem gefunden.
Und zum Hauptmann sagte Jesus: Geh! Es soll geschehen, wie du geglaubt hast. Und in derselben Stunde wurde der Diener gesund.
Matthäus 8,5–13

Fürbitten

(Die Fürbitten wie auch die Lesung aus Matthäus 8 sind nur als Beispiele zu betrachten.)

Wir wenden uns in vertrauensvollem Gebet aus der Kraft unseres Glaubens an den Herrn und bitten inständig für unsere(n) Bruder (Schwester) N.

Herr, komme mit deinem Erbarmen und stärke unsere(n) Bruder (Schwester) mit der heiligen Salbung.
Alle: *Wir bitten dich, erhöre uns.*

Mache ihn (sie) frei von allem Übel und allem Bösen.
Alle: *Wir bitten dich, erhöre uns.*

Stehe all denen bei, die sich in dienender Sorge des (der) Kranken annehmen.
Alle: *Wir bitten dich, erhöre uns.*

Lasst uns nun alle zusammen zu Gott dem Vater beten, wie unser Herr Jesus Christus uns zu beten gelehrt hat:
Alle: *Vater unser im Himmel …*

Jesus Christus hat uns beim Abendmahl die Speise seines Leibes und Blutes geschenkt, damit wir im Leben mit ihm vereint sind und im Sterben die Verheißung seiner Auferstehung empfangen:

Wer mein Fleisch isst und mein Blut trinkt, hat das ewige Leben, und ich werde ihn auferwecken am letzten Tag.
Johannes 6,54

Priester: *Seht das Lamm Gottes, das hinwegnimmt die Sünde der Welt.*
Alle: *Herr, ich bin nicht würdig, dass du eingehst unter mein Dach, aber sprich nur ein Wort, so wird meine Seele gesund.*
Priester: *Christus bewahre dich und führe dich zum ewigen Leben.*

Danach empfängt der Kranke die heilige Kommunion. (Außer dem Kranken können auch die Angehörigen die Kommunion empfangen. In dem einen Herrn sind sie so dem Kranken noch tiefer verbunden. Nach der Kommunion bleibt noch Gelegenheit zu stillem Gebet.)

Priester: *Lasst uns beten.*
Gütiger Vater, in deinem Sohn Jesus Christus zeigst du uns den Weg, die Wahrheit und das Leben. Erbarme dich unseres Bruders (unserer Schwester), der (die) jetzt seine (ihre) ganze Hoffnung auf dich richtet und dir vertraut.
Du hast ihn (sie) mit dem Leib (und dem Blut) deines Sohnes gestärkt.
Schenke ihm (ihr) neue Lebenskraft und Zuversicht in diesen Tagen und Wochen.
Durch Christus, unseren Bruder und Herrn.
Alle: *Amen.*

Priester: *Es segne euch der allmächtige Gott, der Vater und der Sohn und der Heilige Geist.*
Alle: *Amen.*

Texte und Gebete zur Krankensalbung

Die Krankensalbung beginnt wie die Feier der Krankenkommunion. Nach den Fürbitten legt der Priester dem Kranken schweigend die Hände auf. Dies ist ein Zeichen, dass der Herr bei ihm ist, ihm seine Kraft und seinen Schutz schenkt. Dann salbt der Priester die Stirn des Kranken:
Durch diese heilige Salbung helfe dir der Herr in seinem reichen Erbarmen, er stehe dir bei mit der Kraft des Heiligen Geistes.
Alle: *Amen.*
Der Priester salbt die Hände des Kranken:
Der Herr, der dich von Sünden befreit, rette dich, in seiner Gnade richte er dich auf.
Alle: *Amen.*
Priester: *Lasst uns beten:*
Wir bitten dich, Herr, unser Erlöser: durch die Kraft des Heiligen Geistes hilf diesem (dieser)

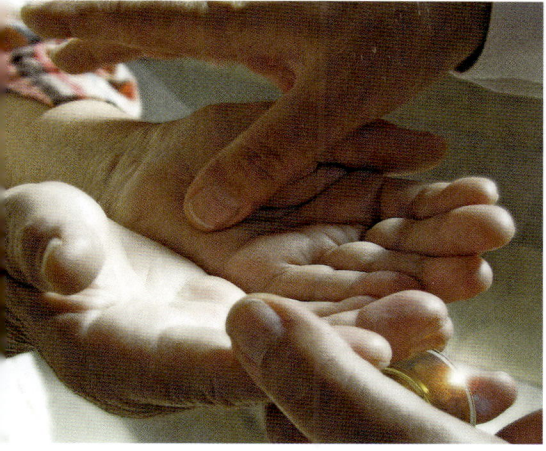

Kranken in seiner (ihrer) Schwachheit. Heile seine (ihre) Wunden und verzeih ihm (ihr) die Sünden. Nimm von ihm (ihr) alle geistigen und körperlichen Schmerzen. In deinem Erbarmen richte ihn (sie) auf und mache ihn (sie) gesund an Leib und Seele.
Der du lebst und herrschst in alle Ewigkeit.
Alle: Amen.

Unser Kind ist krank

Herr, wir machen uns große Sorgen.
Sonst ist es so lebhaft,
dass es uns fast zu viel wird.
Jetzt vermissen wir das Laufen durch die
Wohnung, die Unordnung im Kinderzimmer,
das laute Lachen, sein wissbegieriges Fragen.
Herr, lass es nicht zu lange dauern
mit der Krankheit.
Zeig uns, wie wir helfen können.
Gib ihm und uns Geduld.
Herr, du hast die Kinder gesegnet und
die Kranken geheilt. Schenke auch
unserem kranken Kind deine Liebe.

Mein Partner ist krank

Herr, du lehrst uns beten:
Dein Wille geschehe.
Gerade weil wir uns lieben,
ist es für uns in dieser Stunde schwer
zu begreifen, dass du gut bist.
Mein Partner ist krank, schwer krank,
vielleicht unheilbar krank.
Ich bitte dich, lass ihn gesund werden.
Wenn seine Krankheit noch lange andauert,
schenke ihm Geduld und mir die Kraft,
ihm Mut zu machen.
Herr, wir wollen uns nicht wehren
gegen das Kreuz,
das du uns tragen lässt.
Aber du weißt, wie schwer das sein kann.
Wir brauchen deine Kraft,
damit wir auch im Kreuz
noch deine Liebe erkennen.

Gebet eines Jugendlichen in Krankheit

Mein Gott, warum bin ich krank?
Wie lange noch?
Warum?
Bisher war ich gesund,
habe unter Gesunden gelebt
und die Kranken nicht gesehen.
Nun ist auf einmal alles anders.
Jetzt weiß ich, was leiden heißt.
Alles war selbstverständlich,
auch das Leben und die Gesundheit.
Ich hatte nie Zeit und doch viel Zeit
für alles Mögliche.
Jetzt geht meine Zeit nutzlos dahin.
Ist diese Zeit der Krankheit nutzlos?
Ich weiß es nicht.
Du, Gott, weißt es allein.
Bleibe du bei mir, in Krankheit und
Gesundheit.
Und: Lass mich gesund werden
zu einem neuen Anfang.

Alt werden

Das Alter ist für mich kein Kerker, sondern ein Balkon,
von dem man zugleich weiter und genauer sieht.
Marie Luise Kaschnitz

Alt werden und jung bleiben?

Das Alter und die Alten scheinen *das* Thema in unserer Gesellschaft geworden zu sein. Überall wird über den »demografischen Faktor« diskutiert. Gemeint ist damit: Die Alten werden immer mehr und immer älter; die Jungen dagegen immer weniger und zugleich immer stärker belastet. Mit Sorge wird über das Ungleichgewicht der Generationen gesprochen, gelegentlich sogar über die Alt(en)-lasten geklagt.

Das Bild unserer Gesellschaft ist weithin geprägt von der Dynamik und Vitalität der Jugend. So wollen alle alt werden und jung bleiben! Doch die Klage über den Verlust an Jugendlichkeit verkennt den Gewinn an Altersweisheit!

Alt werden und sich dennoch jung (er-)halten – zwischen tatsächlichem und »gefühltem« Alter liegen oft Jahre, ja Welten. Man fühlt sich weitaus jünger, als man ist. Soweit dabei das Altern nicht verdrängt wird, können Neugier und Lust das neue Lebensalter bereichern. Dann werden die gewonnenen Jahre tatsächlich zum Gewinn und die ständig steigende Lebenserwartung lässt im wahrsten Sinne des Wortes noch einiges vom Leben erwarten.

In der Jugend bald die Vorzüge
des Alters gewahr zu werden,
im Alter die Vorzüge der Jugend
zu erhalten,
beides ist nur ein Glück.
Johann Wolfgang von Goethe

Dass wir älter werden, das liegt letztlich nicht in unserer Hand. *Wie* wir älter werden, darauf können wir zweifellos Einfluss nehmen.
Mit dem Alter hat unser Leben seine Jahre bekommen. Diese Jahre auch mit Leben zu

füllen, wird zur Lebensaufgabe im Alter. Solche Einsicht und solche Zuversicht können uns »jung halten«, ohne dass wir jung bleiben müssen.

Wir werden alle einmal alt ...

Wann habe ich gemerkt, dass ich älter werde?

› Als wir bei den gelegentlichen Treffen mit Freunden immer wieder die alten Geschichten erzählten.

› Als ich beim Fußball spürte, wie mir die Luft ausging.

› Als ich beim Geburtstag feststellte, dass die Jahre immer schneller vergehen.

› Als ich beim Einkaufen nach Hosen aus der vorigen Saison suchte.

› Als ich im Garten meiner Eltern den Nussbaum sah, den ich selbst gepflanzt hatte.

› Als ich bei den Todesanzeigen auf das Alter geachtet habe.

› Als ich ...

Was ein Alter im Sitzen sieht,
kann ein Junger nicht einmal
im Stehen erblicken.
Aus Nigeria

Nimm gütig den Ratschlag der Jahre an,
indem du großzügig preisgibst
die Dinge der Jugend.
Inschrift in der St. Paulskirche
in Baltimore

Zwischen den Generationen

Für Samay

Wir kommen weit her
liebes Kind
und müssen weit gehen
keine Angst
alle sind bei dir
die vor dir waren
deine Mutter, dein Vater
und alle, die vor ihnen waren
weit weit zurück
alle sind bei dir
keine Angst
wir kommen weit her
und müssen weit gehen
liebes Kind

Dein Großvater
8. Mai 1985

Heinrich Böll an seine Enkelin Samay

Es geht um das »Zwischen-Menschliche« von Jungen und Alten. Fragt man ganz allgemein nach ihrem gegenwärtigen Verhältnis, dann findet sich quer durch alle Altersgruppen eine durchweg negative Einschätzung. Von einem Generationenkonflikt war immer schon die Rede; neuerdings warnt man sogar vor einem heraufziehenden »Krieg der Generationen«. Das Ende des Generationenvertrages zeichne sich ab. Ein völlig anderes Bild ergibt sich bei Fragen nach den persönlichen Erfahrungen: Über alle Generationengrenzen hinweg werden sie als gut und vertrauensvoll bezeichnet. Die familiäre Verbundenheit von Alt und Jung – vor allem von Großeltern und Enkeln – ist so stabil wie kaum eine andere soziale Beziehung. Im unmittelbaren Umfeld scheint der Generationenpakt noch intakt: Familienbande sind stark und belastbar. Sie sind die beste »Altersvorsorge«.

Fragen an die jüngere Generation

› Kenne ich ältere Menschen in meiner Umgebung?
  Welche Kontakte habe ich zu ihnen? Wie spreche ich mit ihnen?
› Was weiß ich vom Leben meiner Eltern und meiner Großeltern?
› Wie denken sie im Nachhinein über ihre Kindheit und Jugend?
› Was lese ich über alte Menschen in Zeitungen und Zeitschriften?
› Was geht in mir vor, wenn ich alte Menschen sehe?
› Möchte ich so im Alter leben wie meine Eltern/Großeltern?
› Wie stelle ich mir mein Alter vor?

Fragen an die ältere Generation

› Was denke ich von der heutigen Jugend?
› Wie spreche ich über sie?
› Welchen Eindruck macht mein Leben auf die jüngere Generation?
› Was lese ich in Zeitungen und Zeitschriften von der Jugend?
› Was weiß ich vom Leben der Kinder in den Schulen heute, was von den Jugendlichen in der Ausbildung oder von den jugendlichen Arbeitslosen?
› Wie offen bin ich jungen Leuten gegenüber? Gebe ich mir Mühe, mit ihnen ins Gespräch zu kommen?
› Wie habe ich mir früher als junger Mensch mein Alter vorgestellt?

Die Welt liegt zwischen den Menschen,
und dieses Zwischen ist heute
der Gegenstand großer Sorge.
Hannah Arendt

Schönes Gesicht

Ich blicke so gern
das Gesicht meiner Mutter an.
Ein Gesicht,
umrahmt von dünnem,
fast weißem Haar;
ein Gesicht,
in dem man lesen kann,
dass ihr Leben schwer,
aber nicht ohne Freude war.
Ein Gesicht
von Furchen des Leids
und Fältchen des Lachens
durchgraben,
noch immer
von wachen Augen erhellt,
die so oft durchschaut
und getröstet haben.

Ich blicke so gern
das Gesicht meiner Mutter an,
das die scheidende Jugend
nicht künstlich
an sich band;
das so selbstverständlich
Reifen und Altern gewann,
als hätten wir's niemals
anders gekannt.

Christa Peikert-Flaspöhler

Zwischen jungen Kindern und alten Eltern

Menschen in der Mitte des Lebens stehen zwischen Jung und Alt. Sie haben eigene Kinder, kleinere und große, um die sie sich sorgen. Sie haben alte Eltern, die sich um sie gesorgt haben und denen nun ihre Sorge gilt. Als ich neulich mit meinem zweieinhalbjährigen Sohn und meiner alten Mutter zum Einkaufen ging – beide an der Hand führend, damit die Unebenheiten des Weges sie nicht verunsicherten –, da wurde mir schlagartig bewusst: In keiner Lebensphase stehen wir noch einmal so sehr zwischen den Generationen, zwischen Alt und Jung. Wir wissen uns für beide verantwortlich. Gelegentlich bedrücken uns ihre Fragen und Probleme, häufiger erfahren wir Freude und Glück. Meine alten Eltern sind nicht nur Oma und Opa. Sie hören es gern, wenn ich »Mutter« und »Vater« zu ihnen sage. Sie freuen sich, wenn ich Zeit für sie habe, sie anrufe oder gar ihnen einen Brief schreibe. Auch mir bedeuten sie viel. Ich weiß nicht, wie lange ich sie noch bei mir habe. Sie verlangen keinen Dank. Und ich weiß, dass ich ihnen nur wenig wiedergeben kann für alles, was ich von ihnen erfahren habe.

Große Bäume spenden
für andere Schatten
und stehen selbst
in der Sonnenglut.
Aus Afrika

Der alte Großvater

Es war einmal ein steinalter Mann, dem waren die Augen trüb geworden, die Ohren taub, und die Knie zitterten ihm. Wenn er nun bei Tische saß und den Löffel kaum halten konnte, schüttete er Suppe auf das Tischtuch, und es floss ihm auch etwas wieder aus dem Mund.

Sein Sohn und dessen Frau ekelten sich davor, und deswegen musste sich der alte Großvater endlich hinter den Ofen in die Ecke setzen, und sie gaben ihm sein Essen in ein irdenes Schüsselchen und noch dazu nicht einmal satt; da sah er betrübt nach dem Tisch, und die Augen wurden ihm nass. Einmal auch konnten seine zitterigen Hände das Schüsselchen nicht festhalten, es fiel zur Erde und zerbrach. Die junge Frau schalt, er sagte aber nichts und seufzte nur.

Da kaufte sie ihm ein hölzernes Schüsselchen für ein paar Heller, daraus musste er nun essen.

Wie sie da so sitzen, da trägt der kleine Enkel von vier Jahren auf der Erde kleine Brettlein zusammen. »Was machst du da?«, fragte der Vater. »Ich mache ein Tröglein«, antwortete das Kind, »daraus sollen Vater und Mutter essen, wenn ich groß bin.«

Da sahen sich Mann und Frau eine Weile an, fingen endlich an zu weinen, holten also fort den alten Großvater an den Tisch und ließen ihn von nun an immer mitessen, sagten auch nichts, wenn er ein wenig verschüttete.

Brüder Grimm

Miteinander wohnen …?

Nicht immer gestaltet sich das Zusammenleben zwischen alten Menschen und jungen
Familien problemlos. Äußere Lebensbedingungen und Wohnsituationen sind häufig
Ursache für eine gespannte Beziehung zwischen alten Eltern und erwachsenen Kindern.
Wer zusammenlebt, braucht sein eigenes
Leben. Es muss Grenzen geben, die es zu res-
pektieren gilt, damit aus dem Miteinander
kein Gegeneinander wird.

Bei meinen Kindern wohnen

»Bei meinen Kindern zu wohnen ist ja sehr
schön. Meine Enkel kommen mich oft besuchen, immer ist jemand da – Langeweile kenne ich kaum. Manchmal fällt es mir aber sehr
schwer, wenn ich sehe, was die jungen Leute
so machen. Da muss ich schon aufpassen, dass
mir keine böse Bemerkung entweicht, sonst
gibt's zu leicht Ärger.«

Im Altenheim wohnen

»Anfangs fiel mir das Leben im Heim nur
unter alten Leuten schwer, ich war viel allein.
Inzwischen habe ich hier Freunde gefunden,
mit denen ich viel unternehmen kann. Jetzt
fahre ich auch gelegentlich zu meinen Kindern. Das Zusammensein verläuft viel harmo-
nischer als früher, wo wir uns täglich sahen.«

Allein wohnen

»Ich bin froh, dass ich meine eigene Wohnung noch halten kann. Zum Putzen kommt
meine Tochter vorbei, sie wohnt ja gleich um
die Ecke. Dort gehe ich auch beinahe täglich
hin, um noch mal unter Menschen zu sein
und mit jemandem zu reden.«

Vater im Himmel,
du hast uns beschenkt mit den Enkelkindern.
Unser Leben ist durch sie reicher geworden,
unsere Freude größer.
Wir danken dir dafür.
Wir wollen den Weg unserer Enkelkinder
mit Geduld begleiten.
Im Gebet empfehlen wir sie deinem
besonderen Segen.
Hilf du ihnen, dass sie im Glauben
an dich ihr Leben gestalten.
Amen.

Großeltern als Miterzieher

Viele Großeltern haben Zeit und Ruhe, sich
um ihre Enkelkinder zu sorgen. Manche ver-
sichern, für ihre eigenen Kinder nicht so viel
Zeit gehabt zu haben wie für ihre Enkel. Für
die Kinder ist diese Erfahrung von unschätz-
barem Wert. Ihre sonstige Umgebung, Eltern
und andere Erwachsene, sind oft zu sehr von
der Hektik des Berufs und Alltags bestimmt.
Sie haben nicht selten zu wenig Zeit für die
Kinder, um mit ihnen zu spielen, ihnen zuzuhören, für sie da zu sein.

Großeltern sind Eltern,
die vom lieben Gott
eine zweite Chance bekommen.
Aus Holland

Großeltern sind oft schon von den Zwängen des Alltags befreit. Sie bieten dem Kind einen geschützten Lebensraum, in dem es sich entfalten kann. Dieser Lebensraum, gefüllt mit Geduld, Liebe und Gewährenlassen, ist für die Erziehung des Kindes höher einzuschätzen als die mögliche Gefahr einer Verwöhnung durch die Großeltern.

Darüber hinaus verkörpern Großeltern im wahrsten Sinne des Wortes geradezu die Familientradition. Sie können alte Fotos aus der Familiensammlung erklären und alles in bunt ausgeschmückten Erzählungen zum Leben erwecken. Sie sind es, die den Kindern Märchen und alte Lebensweisheiten erschließen, die ihnen biblische Geschichten erzählen und mit ihnen alte Volkslieder singen. Sie führen sie ein in alte Bräuche des Jahreskreises.

*Ich gelangte zum Unglauben,
nicht durch die Konflikte der Dogmen,
sondern durch die Gleichgültigkeit
meiner Großeltern.*
Jean-Paul Sartre

Die Beziehung zwischen den Eltern und Großeltern ist nicht frei von Spannungen und Konflikten. Da gibt es unterschiedliche Auffassungen über die Art der Erziehung. Eltern reagieren verärgert, wenn ihnen die

»Und als ich auflegte, ist sie gestorben …«

Meine Oma hatte ein uraltes grünes Telefon. Wenn ich mit ihr sprach, knirschte es alle paar Sekunden – ich verstand sie schlecht, sie mich auch kaum, sie war schwerhörig. Ich war der letzte Mensch, der mit ihr gesprochen hat, durch dieses Telefon. Ich war sieben, und als ich auflegte, ist sie gestorben. Mein Vater fand sie mit dem Hörer in der Hand. Sie hatte nie aufgelegt.

Ich war traurig, aber nicht so sehr, denn ich wusste ja, wo ich sie erreichen konnte. Sie hatte bloß das Netz gewechselt. Das, auf dem wir jetzt sprechen, ist störungsfrei.

Alexander Wutzler

Großeltern durch eine übermäßige Großzügigkeit den Enkeln gegenüber in den Rücken fallen. Unterschiedliche Lebensgewohnheiten in Kleidung oder bei den Mahlzeiten können zu Auseinandersetzungen führen. Vor allem die religiöse Einstellung ist oft Grund zu schweigend übergangenen Spannungen, wenn Großeltern anstelle der gleichgültigen Eltern (oder umgekehrt) die Enkel zu Gebet und Gottesdienstbesuch anhalten wollen.

Vom Ruhestand zum Un-Ruhestand

Noch ein langes Programm

Ein Kaufmann hatte hundertfünfzig Kamele, die seine Stoffe trugen, und vierzig Knechte und Diener, die ihm gehorchten. An einem Abend lud er seinen Freund Saadi zu sich. Die ganze Nacht fand er keine Ruhe und sprach fortwährend über seine Sorgen, Nöte und die Hetze seines Berufs. Er erzählte von seinem Reichtum in Turkestan, sprach von seinen Gütern in Indien, zeigte ihm die Grundbriefe seiner Ländereien und seine Juwelen. »O Saadi«, seufze der Kaufmann, »ich habe nur noch eine Reise vor. Nach dieser Reise will ich mich endlich zu meiner wohlverdienten Ruhe setzen, die ich so ersehne wie nichts anderes auf der Welt. Ich will persischen Schwefel nach China bringen, da ich gehört habe, dass er dort sehr wertvoll sei. Von dort will ich chinesische Vasen nach Rom bringen. Mein Schiff trägt dann römische Stoffe nach Indien, von wo ich indischen Stahl nach Halab bringen will. Von dort will ich Spiegel und Glaswaren in den Jemen exportieren und von dort Samt nach Persien einführen.«
Mit einem träumerischen Gesichtsausdruck verkündete er dem ungläubig lauschenden Saadi: »Und danach gehört mein Leben der Ruhe, Besinnung und Meditation, dem höchsten Ziel meiner Gedanken.«

Nach einer Geschichte des persischen Dichters und Mystikers Saadi (13. Jahrhundert)

Wünsche vor dem Rentenalter
> Endlich das ganze Jahr über Urlaub!
> Mein eigener Herr sein …
> Nach hartem Arbeitsleben in den wohlverdienten Ruhestand gehen.

> Viel Zeit für die Enkelkinder haben!
> Reisen in alle Welt!
> Noch mal was Neues anfangen …

Ängste vor dem Ruhestand
> Was wird aus meiner Arbeit?
> Ich verliere mein geregeltes Leben.
> Viele sterben bald nach ihrer Pensionierung.
> Nur noch zu Hause herumsitzen.
> Ohne Kontakt zu Arbeitskollegen.
> Dann gehöre ich zum »alten Eisen«.

Und wenn's dann so weit ist …

»Ich weiß mit meiner Zeit nichts mehr anzufangen.«
Ich weiß nicht so recht, was ich mit meiner vielen Freizeit machen soll. In meinem bisherigen Leben war alles total bestimmt vom Beruf: Aufstehen, das Haus verlassen, Mittagspause, Feierabend, Schlafengehen.

»Ich verliere meine Freunde!«
Seit ich nicht mehr zur Arbeit gehe, fehlt mir das Gespräch mit den vertrauten Kolleginnen. Sie haben so manche schwere Sorge in den letzten Jahren mitgetragen. Wen hab ich jetzt noch?

»Mir fällt die Decke auf den Kopf.«
Jetzt sitze ich tagelang zu Hause rum und habe nichts Rechtes zu tun. Ich möchte mal wieder raus. Mit den Kollegen reden, über Politik und Sport diskutieren, überhaupt mal wieder andere »Luft schnuppern«.

»Was bin ich noch wert?«
Jahrelang fand ich Anerkennung in meinem Beruf. Da konnte ich etwas leisten, das wurde

mir bestätigt, und nicht nur in Form des Monatslohns. Wer sagt mir jetzt, was ich wert bin? Was wird aus mir?

»Ich habe jetzt weniger Zeit als vorher!«

Jeden Tag nur ins Blaue zu leben und auf die Gunst der Stunde zu hoffen, hat mich anfangs krank gemacht. Darum habe ich begonnen, mir immer etwas vorzunehmen für die nächste Woche. So kann ich mich auf etwas freuen.

»Ich habe neue/alte Bekannte gefunden.«

Plötzlich hatte ich Zeit, alte Bekanntschaften aufzufrischen. Ich konnte Besuche machen und auch mal länger als »übers Wochenende« bleiben. Aus alten Bekannten sind inzwischen neue Freunde geworden.

»Ich kann jetzt mehr unternehmen.«

Endlich habe ich auch tagsüber während der Woche Zeit, etwas zu unternehmen: Rad fahren, ein Museum besuchen, ins Kino gehen ... Dieser regelmäßige »Ausflug« tut mir sehr gut, er lässt mich meinen Ruhestand genießen.

»Ich werde noch gebraucht.«

Neulich habe ich für den Altenclub unserer Pfarrei einen Tagesausflug organisiert. Alle haben mir nachher bestätigt, dass es eine gelungene Sache war. Das tut mir so richtig gut.

Gebet einer Schnecke

Du weißt, Herr,
ich bin nicht eine der Schnellsten,
ich trage mein Haus,
habe Stummelfüße,
muss lange nachdenken über den Weg,
die Augen sehn bis zum nächsten Grashalm,
vielleicht bin ich
manchmal an dir vorübergekrochen

und habe dich nicht erkannt –
vergib, Herr,
der du zählst die Schleimspuren
im Schotter,
und lass, wenn auch spät,
die Lastenträger, die langsamen,
ankommen bei dir.

Rudolf Otto Wiemer

Sein Testament machen

Es gibt drei verschiedene Testamentsarten:
> das eigenhändige Testament,
> das öffentliche Testament und
> das Nottestament.

Das eigenhändige Testament

Das eigenhändige Testament, das den Regelfall darstellt, muss vom Erblasser selbst geschrieben oder unterschrieben sein und in verständlicher Sprache und Schrift die Erben bezeichnen. Es muss *handschriftlich* verfasst sein. Ein Testament sollte folgenden Inhalt aufweisen:
> Kennzeichnung als Testament
> Genaue Beschreibung, welche Personen welche Gegenstände und Werte erben sollen. Sowohl die Person als auch das zu vererbende Gut sollen eindeutig und zweifelsfrei benannt werden. Es empfiehlt sich, die Erbberechtigten mit vollem Namen zu benennen und nicht nur mit dem Grad ihrer Verwandtschaftszugehörigkeit.
> Es können Bedingungen an die Erbverfügung geknüpft werden, jedoch nur, wenn diese nicht gegen ein gesetzliches Verbot oder die guten Sitten verstoßen.
> Ort und Datum
> Unterschrift

Man kann das eigenhändige Testament amtlich verwahren lassen. Zuständig ist hierfür jedes Amtsgericht. Durch die amtliche Verwahrung ändert sich jedoch nichts am Inhalt und an der Gültigkeit des Testaments.

Das öffentliche Testament

Mit einem Notar kann man die Errichtung eines sogenannten öffentlichen Testaments besprechen. Es gibt zwei Formen:
> Das Testament wird mit seinem vollen Inhalt mündlich zu Protokoll des Notars gegeben, das heißt, es wird die Erklärung des Letzten Willens zu Protokoll genommen.
> Der Erblasser übergibt bereits ein fertiges Schreiben mit der mündlichen Erklärung, dass dieses Schreiben den Letzten Willen enthält.

Ist man sich nicht sicher, wie man ein Testament verfassen soll, so ist das öffentliche Testament zu Protokoll des Notars zu empfehlen.

Nottestament

Nun kann auch ein Notfall eintreten, sodass eine Testamentsniederlegung nur mit Einschränkungen möglich ist.

Bürgermeister-Testament

Kann ein Notar nicht mehr geholt werden, da der Erblasser zu sterben droht, so kann der Bürgermeister einer Gemeinde, in der man sich gerade aufhält, die Niederschrift vornehmen. Der Bürgermeister muss zur Beurkundung zwei Zeugen hinzuziehen.

Drei-Zeugen-Testament

Ist auch kein Bürgermeister mehr zu erreichen, so genügen drei Zeugen. Diese drei Zeugen sollten im Testament jedoch nicht bedacht werden. Die drei Zeugen hören sich das Testament an, verfertigen eine Niederschrift und unterschreiben diese.

Nottestamente werden automatisch ungültig, wenn der Erblasser drei Monate nach dieser Niederschrift noch lebt.

Patientenverfügung und Vorsorgevollmacht

Viele Menschen machen sich Sorgen über die letzte Phase ihres Lebens. Sie fragen sich: Wie wird es mit mir zu Ende gehen? Werde ich einmal zu Hause sterben können oder wird man mich ins Krankenhaus bringen? Werden dann Menschen bei mir sein, mir beistehen und Kraft geben? Werde ich unerträgliche Schmerzen haben? So schwer solche Fragen sind, es ist gut, ihnen nicht auszuweichen.

Für den Fall, dass ich im ernsten Krankheitsfall nicht mehr selbst über die Behandlung entscheiden kann, ist es hilfreich, rechtzeitig eine Patientenverfügung und Vorsorgevollmacht auszustellen. Eine Patientenverfügung ist eine vorsorgliche schriftliche Erklärung, dass man in solchen Situationen keine Behandlung mehr wünscht, wenn diese nur dazu dient, den Sterbeprozess künstlich zu verlängern. Zusätzlich können Sie durch eine Vorsorgevollmacht eine Person Ihres besonderen Vertrauens benennen, die an Ihrer Stelle mit den behandelnden Ärzten alle erforderlichen Entscheidungen absprechen kann, wenn Sie selbst dazu nicht mehr in der Lage sind.

Eine ausführliche Beschreibung und Formulare einer christlichen Patientenverfügung mit Vorsorgevollmacht können Sie kostenlos beziehen bei:

› Sekretariat der Deutschen Bischofskonferenz, Kaiserstraße 161, 53113 Bonn (Internet: www.dbk.de/themen/christliche-patientenvorsorge)
› Kirchenamt der Evangelischen Kirche in Deutschland, Herrenhäuser Straße 12, 30419 Hannover (Internet: www.ekd.de/download/patientenvorsorge.pdf)

Die als Hilfestellung gedachte Handreichung wurde von der Deutschen Bischofskonferenz, dem Rat der Evangelischen Kirche in Deutschland und weiteren Mitgliedern der Arbeitsgemeinschaft Christliche Kirche in Deutschland gemeinsam erstellt.

Auch ein »Testament« …

Viel kann ich nicht mehr tun für Dich, Deine Frau und die Kinder. Vielleicht hin und wieder eine Kleinigkeit: in der Stadt eine Besorgung machen oder im Frühjahr und Sommer in Deinem Garten das Unkraut jäten oder mich mit den Kindern beschäftigen, wenn es nicht zu turbulent dabei wird. Ich weiß, dass ich Euch manchmal auf die Nerven gehe mit meinem Altwerden, meiner Krankheit, mit meinem Gerede. Du hättest mich abschieben können, damals vor drei Jahren, als Deine Mutter starb. Du hättest mich in einem Altersheim unterbringen können. Wir hätten es spielend bezahlen können. Du hast es nicht getan, Du hast mich bei Dir aufgenommen. Du hast keine großen Worte gemacht, es war irgendwie selbstverständlich für Dich. Auch ich bin kein Mann großer Worte, aber ich möchte versuchen, Euch so wenig wie möglich zur Last zu fallen. Ich weiß, je älter ich werde, umso schwerer wird mir dies fallen, aber durch die Bemerkung Deiner Frau, damals, als ich den ersten Abend bei Euch verbrachte, als sie sagte: »So, Opa, jetzt bleibst du für immer bei uns«, wusste ich, dass ich ein neues Zuhause hatte, dass ich angenommen war, dass ich geliebt war bis zu meinem letzten Tag. Und wenn Du später, vielleicht aber auch schon in ganz kurzer Zeit, mein Testament öffnest und diesen Brief mit dabei findest, sollst Du wissen: Ich danke Dir, Deiner Frau und den Kindern für das neue Zuhause, für die zweite Heimat, die Ihr mir gegeben habt, für alle Liebe, auch wenn es vielleicht nicht immer einfach und ohne Sorgen war, denn was Ihr mir gegeben habt, kann ich nicht in Worten ausdrücken, aber Ihr sollt wissen, ich habe jeden Tag an Eurer Seite wie ein kostbares, wunderbares Geschenk empfunden. Danke.

Danke für alles …
Euer Vater

Anfragen an den Glauben

Das eigentliche, einzige und tiefste Thema
der Welt- und Menschheitsgeschichte,
dem alle anderen untergeordnet sind, bleibt
der Konflikt des Unglaubens und Glaubens.
Johann Wolfgang von Goethe

Kaum eine Lebensgeschichte bleibt ohne Brüche: Ein- und Abbrüche, aber auch Auf- und Durchbrüche kennzeichnen die Lebensläufe der Menschen. Gleiches gilt auch für ihre Glaubensbiografien.

»Die frommen Alten«, dieses Bild von der ungebrochenen Glaubenskraft und der unerschütterlichen Kirchentreue der älteren Generation ist »frommes Wunschdenken«. Die Glaubensbiografien der Älteren sind ebenso wie die der Jüngeren von einschneidenden Lebensereignissen beeinflusst wie etwa Geburt oder Verlust eines Kindes oder Enkelkindes, Trennung oder Scheidung, Krankheit oder Tod eines nahen Angehörigen. Spätestens an solchen Schnittstellen des Lebens brechen stets verdrängte oder selten zugelassene Nöte und Zweifel auf. Ein bisher unangefochtener Glaube kann verloren gehen und endlose Fragen aufwerfen, quälende Fragen, ernst zu nehmende Fragen.

Denn die großen Sinnfragen stellen sich, bedrängender denn je, wo das Leben sich im Rückblick zusehends verlängert, im Ausblick aber dramatisch verkürzt. Was das Leben vor und nach dem Tod zu guter Letzt ausmacht, auf diese entscheidende Lebensfrage kommen viele Menschen im Alter wieder zurück.

Wir können gottlos werden,
aber Gott lässt uns nicht los.

Ich steh vor dir mit leeren Händen, Herr;
fremd wie dein Name sind mir deine Wege.
Seit Menschen leben, rufen sie nach Gott;
mein Los ist Tod, hast du nicht
                          andern Segen?
Bist du der Gott, der Zukunft mir verheißt?
Ich möchte glauben, komm mir doch entgegen.

Von Zweifeln ist mein Leben übermannt,
mein Unvermögen hält mich ganz gefangen.
Hast du mit Namen mich in deine Hand,
in dein Erbarmen fest mich eingeschrieben?
Nimmst du mich auf in dein gelobtes Land?
Werd ich dich noch mit neuen Augen sehen?

Sprich du das Wort, das tröstet und befreit
und das mich führt in deinen großen Frieden.
Schließ auf das Land, das keine
                          Grenzen kennt,
und lass mich unter deinen Kindern leben.
Sei du mein täglich Brot, so wahr du lebst.
Du bist mein Atem, wenn ich zu dir bete.

Huub Oosterhuis

Goldene Hochzeit

*Wie Gold hat die Ehe
allem standgehalten
und sich als fest und
haltbar erwiesen.*

»Du bist ein *Gold*stück!« – Sicherlich hat das Ihr Ehepartner schon einmal zu Ihnen gesagt. Das bedeutet doch: Du bist für mich kostbar, du bist wertvoll. Faszination geht von dir aus, genauso wie von einem Stück *Gold:* Es funkelt und glitzert und zieht Menschen in seinen Bann.
Schon immer haben sich Menschen auf die Suche nach diesem edlen Metall gemacht und vieles dabei riskiert, nicht selten die eigene Existenz.

Wenn Sie nun auf fünfzig Jahre gemeinsamen Lebens zurückblicken, können Sie voller Dankbarkeit sagen, dass Ihre persönliche *Gold*suche »erfolgreich« war, dass die Entscheidung für den Lebenspartner *goldrichtig* war. Sie haben wohl schwierige Lebensphasen als auch *goldene* Zeiten erlebt. So wie *Gold* sehr haltbar und beständig ist und daher hohen Wert besitzt, so hat sich Ihre Ehe als haltbar und beständig erwiesen. Die meisten Eheringe sind aus *Gold* angefertigt: Zeichen für Haltbarkeit und Beständigkeit. *Gold* und *goldene* Gegenstände strahlen Schönheit aus. Auch von Menschen sagen wir, dass sie schön sind. Am schönsten ist der Mensch, den man liebt. Denn schön ist alles, was man mit Liebe betrachtet. Auch wenn Ihr Gesicht von einem langen Leben gezeichnet ist, auch

wenn sich in ihm Krankheit und Sorgen widerspiegeln: Ihr Partner wird dort dennoch Schönes entdecken. Und vielleicht in Ihren Augen so etwas wie den Glanz des *Goldes.*
Sie feiern das Fest Ihrer *Goldenen* Hochzeit. Vielfältige Erfahrungen haben Sie miteinander machen können. Die wohl wichtigste: Ihr Partner ist mit *Gold* nicht aufzuwiegen.

Das »Jubeljahr« im Alten Testament

Du sollst sieben Jahreswochen, siebenmal sieben Jahre, zählen; die Zeit von sieben Jahreswochen ergibt für sich neunundvierzig Jahre. Im siebten Monat, am zehnten Tag des Monats, sollst du das Signalhorn ertönen lassen; am Versöhnungstag sollt ihr das Horn im ganzen Land ertönen lassen. Erklärt dieses fünfzigste Jahr für heilig, und ruft Freiheit für alle Bewohner des Landes aus! Es gelte euch als Jubeljahr.
Levitikus 25,8–10

Jedes fünfzigste Jahr war für die Israeliten ein heiliges Jahr; sie sollten feiern und das ganze Jahr lang nicht arbeiten. So ist auch der 50. Hochzeitstag Anlass, ein Jubeljahr zu feiern. Und wenn von »Jubelhochzeit« gesprochen wird und die Eheleute als »Jubelpaar« angeredet werden, dann schlagen diese Worte eine Brücke zu unseren Vorfahren im Glauben, den Israeliten. Denn das Wort »Jubel« stammt aus der Sprache des Alten Testaments und heißt im Hebräischen *jobél.* Damit war das Signalhorn gemeint, das zum 50. Jahr geblasen wurde.

50 Jahre in Liebe und Treue

...Weißt Du noch: der Krieg hatte schon begonnen, als wir uns das erste Mal sahen. Es war bei einer kleinen Festlichkeit, die ein Verwandter nach seiner Hochzeit für einige Kolleginnen und Kollegen ausgerichtet hatte. Wir sahen uns nach dieser Begegnung noch einige wenige Male und entdeckten dabei unsere Zuneigung füreinander. Dann konnten wir uns nur noch gelegentlich schreiben und schließlich auch das nicht mehr. Acht Jahre vergingen mit Krieg und Gefangenschaft ...

Plötzlich standest Du vor mir, heimlich von meinem Bruder Hans herbeigeholt. Wir sahen uns an ... ein wenig forschend Du, dann aber wussten wir beide: wir gehörten einander, wir würden es miteinander wagen.

Wir verlobten uns bald, und nach zehn Monaten waren wir verheiratet und hatten sogar eine eigene kleine Wohnung. Wir waren glücklich.

Wir bekamen vier Kinder. Sie sind inzwischen erwachsen, aber die Sorgen um sie sind mit dem Erwachsensein nicht geschwunden. Du hast große Geduld mit den Kindern gehabt und hast sie noch. Du weißt, wir haben es nicht einfach gehabt. Wir brauchten zwar nicht zu hungern und konnten uns gelegentlich auch ein kleines Vergnügen erlauben, aber zu viel Luxus hat es nie gereicht.

Ferienreisen waren selten. Wichtiger war uns eine ausreichend große Wohnung, und wir entschlossen uns, ein kleines Haus zu bauen, in dem wir alle Platz haben würden. Alles Ersparte wurde hierfür verwandt. Später, als wir mit unseren Kindern unser Häuschen bewohnten, mussten Zinsen und Tilgung der Schulden Vorrang haben.

Wir sind beide nicht mehr jung. Haben wir viel versäumt? Manche Bekannten möchten uns sagen: »Warum musstet ihr denn auch vier Kinder haben? Warum habt ihr euch stattdessen nicht mehr gegönnt?« Und insgeheim mögen sie wohl mit dem Finger an die Stirn tippen. Dann machen sie Pläne für den nächsten Urlaub und für den Kauf eines neuen Autos.

Davon erzählen sie uns.

Wir haben gelernt, ihnen geduldig zuzuhören und zu schweigen.

Womit sollten wir auch schon protzen? Und doch, – war es nicht schön, trotz aller Einschränkungen?

Schön, trotz vieler Sorgen? – Schön, weil wir uns liebten und noch lieben!

Liebe hat kein Alter,
sie wird ständig geboren.
Blaise Pascal

Segensgebet

Vor fünfzig Jahren haben Sie sich
am Traualtar für Ihr ganzes Leben
Liebe und Treue versprochen.
Am Tag Ihrer Goldenen Hochzeit
reichen Sie sich in Dankbarkeit
vor Gott die Hand,
wie Sie es vor 50 Jahren getan haben,
als Sie sich das Sakrament
der Ehe spendeten.
Heute bitten wir um Gottes Segen,
damit Sie in ihm geborgen bleiben
bis ans Ende Ihres Lebens:

Herr und Gott,
wir preisen deinen Namen,
denn du hast dieses Ehepaar
in guten und in bösen Tagen
mit deinem Schutz begleitet.
Schenke ihm die Fülle deines Heils.
Segne dieses Jubelpaar,
das gekommen ist,
um dir Dank zu sagen.

Wir bitten um die Gnade,
dass diese Ehegatten
dich in frohen Tagen loben,
in der Trauer bei dir Trost finden
und in der Not deine Hilfe erfahren.
Gewähre ihnen ein hohes Alter
in Gesundheit, schenke ihnen
Weisheit des Herzens und
Stärke des Glaubens.
Gib ihnen einst die Vollendung
in deiner Herrlichkeit.
Darum bitten wir durch
Christus, unseren Herrn.
Amen.

Aus dem Dankgottesdienst
zur Goldenen Hochzeit

Gebet zum Hochzeitstag

Herr Jesus Christus,
heute ist der 50. Jahrestag unserer Hochzeit.
Wir danken dir von Herzen für alles,
was du uns damals und seither
geschenkt hast.
Wir bitten dich auch weiterhin
um deinen Segen.
Lass deine Liebe und deinen Frieden
immer in unseren Herzen und
in unserem Heim sein.
Führe uns als treue Diener deines Reiches
einmal in deine ewigen Wohnungen.

Ich bleibe derselbe, so alt ihr auch werdet,
bis ihr grau werdet, will ich euch tragen.
Ich habe es getan, und ich werde euch
weiterhin tragen.
Jesaja 46,4

Vielleicht ein Bote draußen steht
Und tritt gleich bei mir ein;
Vielleicht, noch eh der Tag vergeht,
Werd ich zu Hause sein.
Hermann Hesse

Sterben und Tod

Begegnung mit dem Tod

Streitlied zwischen Leben und Tod

So spricht das Leben:
Die Welt ist mein,
Mich preisen die Blumen und Vögelein,
Ich bin der Tag und der Sonnenschein.
So spricht das Leben:
Die Welt ist mein.

So spricht der Tod:
Die Welt ist mein,
Dein Leuchten ist nur eitel Pracht,
Sinkt Stern und Mond in ewige Nacht.
So spricht der Tod:
Die Welt ist mein.

So spricht das Leben:
Die Welt ist mein,
Und machst du Särge von Marmorstein,
Kannst doch nicht sargen die Liebe ein.
So spricht das Leben:
Die Welt ist mein.

So spricht der Tod:
Die Welt ist mein,
Ich habe ein großes Grab gemacht,
Ich habe die Pest und den Krieg erdacht.
So spricht der Tod:
Die Welt ist mein.

So spricht das Leben:
Die Welt ist mein,
Ein jedes Grab muss ein Acker sein,
Mein ewiger Samen fällt hinein.
So spricht das Leben:
Die Welt ist mein.

Aus dem 16. Jahrhundert

Der Tod hat viele Namen

In früheren Zeiten wurde der Tod oft als Person dargestellt: ein menschliches Skelett mit der Sense in der Hand. Vielleicht wollte man damit sagen, dass der Tod nichts Allgemeines, nicht eine fremde Macht, nicht irgendein Schicksal ist, sondern ein Ereignis, das uns persönlich betrifft. Nicht nur der eigene Tod, auch der Tod nahestehender und geliebter Menschen berührt uns persönlich. Wir haben Angst, vom Tod berührt zu werden, mit dem Tod in Berührung zu kommen.

Der Tod aber begegnet uns in vielfältiger Gestalt. Mit verschiedenen Gesichtern und verschiedenen Namen trifft er Menschen in unterschiedlichsten Situationen:

> Judith, 24 Jahre – gestorben bei einem Verkehrsunfall auf der Reise nach Spanien.
> Tobias, 9 Jahre – starb an einer unheilbaren Krankheit.
> Ursula, 36 Jahre – Selbstmord durch eine Überdosis Schlaftabletten.
> Manfred, 46 Jahre – bricht im Büro zusammen: Herzinfarkt.
> Sabine, 20 Jahre – tot gefunden nach einer Heroinspritze.
> Rolf, 53 Jahre – nach langem Krankenhausaufenthalt an Krebs gestorben.
> Maria, 81 Jahre – nach einem erfüllten Leben gestorben.
> Angela, 60 Jahre – ...
> Bernd, 28 Jahre – ...

Der Tod stellt viele Fragen

So sicher wir wissen, dass wir alle einmal sterben werden, so unsicher macht uns jedes Sterben, jeder Tod, den wir erleben. Immer drängen sich Fragen auf:

> Wie konnte Gott dies zulassen?
> Warum musste sie so jung und so plötzlich sterben?
> Warum hat sie mit ihrem Leben Schluss gemacht?
> Wie geht es jetzt weiter ohne den Vater?
> Was hat das Leben noch für einen Sinn ohne unser Kind?
> Gibt es ein Leben nach dem Tod?
> Wo sind die Toten?
> Wo finde ich Trost?

Viele Menschen haben Angst vor dem Tod, können keine Toten sehen. Sie wollen nicht einmal das Sterben eines nahen Angehörigen miterleben. Andere spüren, dass der Tod nicht das letzte Wort im Leben des Menschen sein kann. Es kann doch nicht alles umsonst gewesen sein: alle Liebe, alle Freude, alle Mühe, alles Leid, alles Gute, alles Schwere, alle Hoffnung und alle Sehnsucht. Christen vertrauen gerade im Tod auf das Wort Jesu und die Verheißung der Auferstehung.

Ich bin die Auferstehung und das Leben:
Wer an mich glaubt, wird leben,
auch wenn er stirbt.
Johannes 11,25

BUCHEMPFEHLUNG
In allen Fragen zu Sterben, Sterbebegleitung und Trauer berät einfühlsam:
Peter Neysters/Karl Heinz Schmitt, Getröstet werden. Das Hausbuch zu Leid und Trauer, Sterben und Tod, München 2012.

Trost suchen

Eine gute Nachricht in der Trauer – gegen den Tod

Wir glauben an die Auferstehung der Toten. Wenn wir Christen das sagen, dann haben wir dafür einen Grund. Der Grund ist Jesus Christus. Er hat sich mit dem Tod und seinen Vorboten – mit Angst, Krankheit und Schuld – nicht abgefunden. Er ergriff Partei für das Leben; er heilte und ermutigte, wo er konnte. Er litt mit den Trauernden.

> »Trost« meint ursprünglich »Vertrag« oder »Bündnis«. Es hängt zusammen mit dem Wort »trauen« und »treu«.

Und auch ihm blieb der Tod nicht erspart. Doch Gott hat ihn dem Tod entrissen. Gott hat ihn auferweckt. Der Tod hat nicht mehr das letzte Wort. Gott hat das letzte Wort. Gott ist der Tod des Todes. Er ist das Leben der Toten. Jesus hat das Schicksal der Toten geteilt. So wie er einer von uns Lebenden geworden ist, so ist er auch einer von den Toten geworden. Er ist, um es in einem Bild der alten Kirche zu sagen, »hinabgestiegen zu den Toten«. Er hat sich mit den Toten verbündet. Und Gott hat in der Auferweckung ihnen allen das Leben geschenkt. Das ist der Grund, der uns Christen an das Leben der Toten glauben lässt. Gott lässt uns im Namen Jesu Christi für die Toten hoffen.

Die Kirche bekennt im Glaubensbekenntnis der heiligen Messe:
»Wir erwarten die Auferstehung der Toten und das Leben der kommenden Welt.«

Trauer und Trost

Wir trauern vor allem um Menschen, denen wir uns verbunden fühlen. Ihnen wollen wir über den Tod hinaus treu bleiben. Trost will nicht die Trauer nehmen. Trost will teilnehmen, mittragen.

In unserem Sprachgebrauch sagen wir manchmal von einem Menschen »Er ist nicht ganz bei Trost« und meinen damit, dass er nicht ganz ›in Ordnung‹, nicht ganz ›heil‹ ist. Er kann erst wieder »bei Trost« sein, wenn er geheilt und in Ordnung gebracht ist. Trost will heilen. Gerade auch in der Trauer, wenn das Leben durch den Tod gestört oder zerstört wurde.

Trost will wieder in Ordnung bringen. Als Christen vertrauen wir dabei jedoch nicht nur auf unsere eigene Kraft der Treue und des Trostes. Als Christen suchen und erfahren wir Trost in der Treue und Zusage Gottes, dass wir leben werden.

Solcher Trost vertreibt nicht die Trauer, aber er lässt sie zu einem Weg der Heilung werden. So schreibt der Apostel Paulus in einem Brief an die Gemeinde der Thessalonicher:

Brüder, wir wollen euch über
die Verstorbenen nicht in Unkenntnis lassen,
damit ihr nicht trauert
wie die anderen, die keine
Hoffnung haben.
Wenn Jesus – und das ist unser Glaube –
gestorben und auferstanden ist,
dann wird Gott durch Jesus auch
die Verstorbenen zusammen mit ihm
zur Herrlichkeit führen.
… Tröstet also einander mit
diesen Worten!
1 Thessalonicher 4,13–14.18

Wenn ein Mensch stirbt

Der Sterbeprozess und seine Phasen

Bei sterbenskranken Menschen lassen sich oft verschiedene Zustände und Entwicklungen beobachten. Einige davon sind auch in der Geschichte unten von Leo Tolstoi wiederzuerkennen.

1. Verdrängung, Abweisung, Rückzug

Der Sterbende ahnt etwas vom bevorstehenden Tod, aber er verdrängt diesen Gedanken immer wieder. Manche beginnen ungewohnte Aktivitäten zu entwickeln und entwerfen große Pläne. Andere ziehen sich innerlich zurück, werden abweisend. Die Gefühle können stündlich schwanken.

2. Ärger, Protest, Misstrauen

Dies richtet sich gegen die eigenen Angehörigen, aber auch gegen die Ärzte, die seiner Meinung nach mehr wissen, als sie sagen, nicht zuletzt gegen Gott. Er wird misstrauisch, wenn ihm Angehörige aus Mitleid jeden Wunsch erfüllen wollen. Er wehrt sich gegen seine Krankheit, will sie nicht annehmen.

Er hatte Schmerzen, der Mann, große Schmerzen, unerträgliche Schmerzen. Er lag auf seinem Bett und konnte sich kaum bewegen. Die Krankheit hatte ihn gepackt. Es war Krebs, und er hatte Angst, Angst vor dem Sterben. Er kämpfte und setzte sich zur Wehr und wollte es nicht wahrhaben. Und er wusste doch genau: es ist alles zu Ende.

Es gibt keine Rettung mehr.

Immer näher und näher kam das, was ihn so entsetzte.

Es war wie ein großes und schwarzes Loch, in das er hineingepresst werden sollte. Und er begann zu schreien. Er wollte nicht in das Loch.

Und er schrie und schrie und hörte nicht auf – drei Tage lang.

Seine Frau und sein Junge mussten alles mitanhören. Es war schrecklich.

Und nach drei Tagen war es plötzlich wie ein starker Stoß.

Und er stürzte ab in das Loch.

Und da wurde er ganz still.

Was war geschehen?

In seiner Verzweiflung hatte er mit den Händen um sich geschlagen. Und da war seine Hand auf den Kopf seines Jungen gefallen. Der hatte sich heimlich in das Sterbezimmer geschlichen. Und der Junge ergriff die Hand des Vaters und presste sie an sich.

Und in diesem Augenblick sah der Sterbende seinen Jungen an – und er tat ihm leid.

Und er sah seine Frau an, die hereingetreten war. Tränen überströmten ihr Gesicht. Sie tat ihm leid.

Und er wollte es ihnen sagen: Ihr tut mir leid. Aber er konnte nicht mehr sprechen.

Und er wusste: Wenn ich gestorben bin, wird alles leichter für sie.

Und er dachte: ich will es tun.

Ich will sterben.

Und da war es still geworden mit einmal und ganz ruhig. Wie gut und wie einfach, dachte er. Und der Schmerz – er hörte ja auf.

Und die Angst – wo ist sie? Er konnte sie nicht mehr finden. Und der Tod – wo war er? Da war keine Angst mehr.

Und der Tod hatte keine Macht mehr über ihn. Zwei Stunden später war er gestorben.

Nach Leo Tolstoi

Gebete aus der Heiligen Schrift

Ob wir leben oder ob wir sterben,
wir gehören dem Herrn.
Römer 14,8

Zu dir, Herr, erhebe ich meine Seele.
Psalm 25,1

Der Herr ist mein Licht und mein Heil.
Psalm 27,1

Muss ich auch wandern in finsterer Schlucht,
ich fürchte kein Unheil;
denn du bist bei mir.
Psalm 23,4

Vater, wenn du willst, nimm diesen Kelch
von mir! Aber nicht mein,
sondern dein Wille soll geschehen.
Lukas 22,42

Herr, in deine Hände lege ich
voll Vertrauen meinen Geist.
Psalm 31,6

Herr Jesus, nimm meinen Geist auf.
Apostelgeschichte 7,59

Bleibe bei uns, Herr,

denn es will Abend werden,
und der Tag hat sich geneigt.
Bleibe bei uns
und bei deiner ganzen Kirche.
Bleibe bei uns
am Abend des Tages,
am Abend unseres Lebens,
am Abend der Welt.
Bleibe bei uns
mit deiner Gnade und Güte,
mit deinem Wort und Sakrament,
mit deinem Trost und Segen.
Bleibe bei uns,
wenn über uns kommt
die Nacht der Trübsal und Angst,
die Nacht des Zweifels und der
Anfechtung,
die Nacht der Armut und Flucht,
die Nacht der Einsamkeit und
Verlassenheit,
die Nacht der Krankheit und Schmerzen,
die Nacht des bitteren Todes.
Bleibe bei uns
und bei all deinen Gläubigen
in Zeit und Ewigkeit.
Amen.

3. Handel um das Leben

Oft wird der Sterbende plötzlich wieder zutraulich. In scheinbar guter Gestimmtheit, oft sogar scherzhaft, handelt er mit dem Arzt um sein Leben. Wie lange es denn noch dauern könne, wie viele Wochen er ihm denn noch gäbe ... Auch mit Gott wird »verhandelt«.

4. Depression und Widerstandslosigkeit

Der Sterbende gibt sich selber auf. Er hat keine Lebenskraft und keinen Lebensmut mehr. Er will nicht mehr. Zunehmend weist er andere Menschen ab, lässt allenfalls noch die Familie an sich heran und verschließt sich allmählich ganz in sich selbst.

5. Annahme des Sterbens, Ergebenheit, Ruhe

Es erfolgt keine Auseinandersetzung mehr mit dem Sterben. Es wird nicht mehr als Leiden erfahren. Der Todkranke kann nun in Frieden sterben. Der Tod wird nicht mehr als Feind gesehen, sondern als zum Leben gehörend.

Wir sind nur Gast auf Erden
und wandern ohne Ruh
mit mancherlei Beschwerden
der ewigen Heimat zu.

Die Wege sind verlassen,
und oft sind wir allein.
In diesen grauen Gassen
will niemand bei uns sein.

Nur einer gibt Geleite,
das ist der Herre Christ:
er wandert treu zur Seite,
wenn alles uns vergisst.

Gar manche Wege führen
aus dieser Welt hinaus.
O dass wir nicht verlieren
den Weg zum Vaterhaus!

Und sind wir einmal müde,
dann stell ein Licht uns aus,
o Gott, in deiner Güte,
dann finden wir nach Haus.

Georg Thurmair

Gott,
dankbar möchte ich sein,
das Schmerzhafte dir überlassen
und in Frieden miteinander gehen.
Segne meine Tage.
Segne meine Lieben.
Segne mein Gehen.
Gerda und Rüdiger Maschwitz

Jesus, dir leb ich,
Jesus, dir sterb ich,
Jesus, dein bin ich
im Leben und im Tod.

Traditionelles Gebet

Wie können wir einem Sterbenden helfen?

› Beistehen, vor allem den Sterbenden nicht allein lassen. Er muss die Treue, die Zuverlässigkeit Gottes konkret erfahren in Menschen, die jetzt zu ihm stehen bis in den Tod.

› Beistand kann spürbar zum Ausdruck gebracht werden, indem ich die Hand des Sterbenden halte. Vielleicht auch die Hand zum Zeichen des Segens auf den Kopf lege. Gerade Sterbende haben ein großes Bedürfnis nach spürbarer Geborgenheit und Annahme.

› Solange der Sterbende selbst noch sprechen kann, sollten wir ihn sich aussprechen lassen: auch seinen Ärger, seine Mutlosigkeit und seine Angst. Diese gilt es nicht auszureden, sondern mit ihnen auszuhalten.

› Einen Priester sollten wir rufen, wenn der Sterbende dies selbst wünscht oder nach aller Erfahrung wünschen würde.

› Die Hörfähigkeit des Sterbenskranken bleibt oft bis in die Bewusstlosigkeit hinein erhalten. Dies ist wichtig für unsere Gespräche am Krankenbett. Weil er noch bis in den Tod hinein hören kann, können wir auch mit ihm und für ihn beten. Indem wir beten, bekennen wir: Wir sind nicht allein. Gott ist bei uns.

Das Sterbesakrament

Das eigentliche Sterbesakrament ist die Feier und der Empfang der heiligen Kommunion. Sie wird auch »Wegzehrung« genannt, weil sie Nahrung und Stärkung auf dem Weg von diesem Leben ins ewige Leben sein soll.

Wer mein Fleisch isst und mein Blut trinkt, hat das ewige Leben und ich werde ihn auferwecken am Letzten Tage.
Johannes 6,54

Die Wegzehrung

Der Zeitpunkt für die Wegzehrung ist die unmittelbare Todesgefahr – im Gegensatz zur Krankensalbung, die schon bei jeder schweren Krankheit eines Menschen gespendet werden soll. Sie kann auch innerhalb einer häuslichen Feier der heiligen Messe empfangen werden. Dies sollten Sie mit dem Priester Ihrer Pfarrei absprechen. Er wird Ihnen dann auch sagen, was dazu an Vorbereitung evtl. nötig ist. In jedem Fall sollten beim Empfang der Wegzehrung möglichst die Angehörigen, Freunde und Nachbarn dabei sein. Der Kranke erneuert beim Empfang der Wegzehrung noch einmal das Bekenntnis des Glaubens, das schon bei seiner Taufe gesprochen wurde und das er selber bei der Erstkommunion und Firmung erneuert hat:

Glaubst du an Gott den Vater ...
an Jesus Christus ...
an den Heiligen Geist ...
Antwort: *Ich glaube.*

Bei der Spendung der heiligen Kommunion sagt der Priester: *Christus bewahre und führe dich zum ewigen Leben.*
Der Kranke antwortet: *Amen.*

Zum Schluss betet der Priester:
Gott, dein Sohn ist für uns der Weg, die Wahrheit und das Leben. Schau gnädig her auf deine(n) Diener (Dienerin); er (sie) hat sich deinen Verheißungen anvertraut und ist gestärkt durch den Leib und das Blut deines Sohnes. Lass seine (ihre) Hoffnung nicht zuschanden werden. Gib, dass er (sie) in Frieden das Kommen deines Reiches erwarte. Durch Christus unseren Herrn.
Alle: *Amen.*

Der Versehgang

In einer Sterbesituation können auch die Sakramente der Buße, Krankensalbung und der Eucharistie empfangen werden. Dies wird dann *Versehgang* genannt. Der Priester begrüßt den Kranken und die Anwesenden und besprengt sie mit Weihwasser.
Nach einem kurzen Gebet hört er die Beichte des Kranken (dabei verlassen die Angehörigen und Freunde kurz das Zimmer) oder er lädt zu einem allgemeinen Schuldbekenntnis ein, bei dem alle dabeibleiben. Dann wird noch einmal das Glaubensbekenntnis erneuert, anschließend werden Fürbitten gesprochen. Diese können auch von einzelnen Anwesenden gesprochen werden.
Nach der Krankensalbung reicht der Priester dann die heilige Kommunion mit den gleichen Worten wie bei der Wegzehrung.
Der Segen über den Sterbenden und die Anwesenden schließt die Feier ab.

Vorbereitung für Wegzehrung und Versehgang

› In der Nähe des Krankenbettes steht ein kleiner Tisch mit einem Kreuz, Kerzen und vielleicht einigen Blumen. Wenn möglich, sollte etwas Weihwasser in einem kleinen Gefäß bereitstehen, auf das ein Palmzweig zum Sprengen des Weihwassers gelegt wird. (Das Weihwasser können Sie in Ihrer Pfarrkirche bekommen.)

› Als Kerze kann auch die Taufkerze des Sterbenden dienen. Sie macht deutlich, dass der Sterbende in dem Glauben, in dem er getauft wurde, auch stirbt, um zum ewigen Leben zu erwachen.

› Die gleiche Hoffnung kann auch durch eine kleine Osterkerze zum Ausdruck gebracht werden, die Sie vielleicht noch von der Feier der Osternacht zu Hause haben.

› Für den Empfang der heiligen Kommunion legen Sie dem Kranken ein kleines weißes Tuch (Serviette) auf das Bett.

› Sollte auch die Krankensalbung gespendet werden, können Sie noch etwas Watte auf den Tisch stellen, mit der der Priester sich und evtl. dem Kranken die Salbe abtupfen kann.

› Findet die Wegzehrung oder der Versehgang im Krankenhaus statt, so erkundigen Sie sich bei den zuständigen Stationsschwestern, ob die entsprechenden Vorbereitungen getroffen werden. Falls nicht, erbitten Sie sich die Möglichkeit, diese Vorbereitungen persönlich zu treffen. In jedem Falle sollten wir dem Sterbenden und uns diesen Dienst nicht versagen und deshalb auch an dem letzten Gottesdienst im Krankenzimmer teilnehmen.

Wenn jemand gestorben ist

Folgende Schritte sind zunächst zu tun:

> Rufen Sie den Hausarzt des Kranken bzw. den Notarzt, der die Todesursache feststellen und den Totenschein ausstellen muss (falls dies nicht im Krankenhaus geschieht).

> Benachrichtigen Sie Ihren zuständigen Pfarrer. Vereinbaren Sie mit ihm ein Gespräch für die Terminabsprache und Gestaltung der Begräbnismesse und der Beerdigung.

> Nehmen Sie Kontakt mit einem Bestattungsinstitut auf, mit dem Sie alle notwendigen Dinge regeln können.

Lassen Sie sich jedoch nicht alles aus der Hand nehmen. Überlegen Sie am besten mit einem Angehörigen oder mit einem guten Freund die Einzelheiten. Als Christ wollen Sie dem Sterben eines nahen Angehörigen auch den Ausdruck geben, der seiner und Ihrer Glaubensüberzeugung entspricht. Dies geschieht nicht nur durch die Sorge um ein christliches Begräbnis, sondern zeigt sich auch in den anderen öffentlichen Bekundungen: in den Todesanzeigen, dem Sterbebild, der Danksagung, der Kranzschleife und nicht zuletzt in der Gestaltung des Grabmals.

Todesanzeigen und Totenzettel (Totenbilder)

Es ist Brauch, den Tod eines Menschen durch persönliche Briefe oder Karten und auch öffentlich in der Zeitung anzuzeigen. Darüber hinaus gibt es Totenbilder bzw. Totenzettel, die bei der Begräbnismesse oder bei der Beerdigung den Anwesenden zur Erinnerung mitgegeben werden. Solche Anzeigen sollten mit einem christlichen Symbol oder Bild gestaltet werden. Dazu eignen sich vor allem Auferstehungsbilder. Durch ein Symbol kann oft mehr zum Ausdruck gebracht werden als durch Worte. Jedoch bedarf das Symbol der Deutung durch das Wort.

 Kreuz – Grundsymbol christlichen Glaubens. Es kann auch in der Gestalt des Lebensbaumes dargestellt werden.

 Ähre – Zeichen der Frucht und der Auferstehung: »Was gesät wird, ist verweslich, was auferweckt wird, unverweslich.« *1 Korinther 15,42*

 Lamm – Zeichen Christi, der sich geopfert hat, ein Bild für den auferstandenen Herrn, der seinem Volk Anteil an seiner Herrlichkeit gibt.

 Hand – Zeichen des Schöpfers und des Vollenders: »Die Rechte des Herrn wirkt mit Macht. Ich werde nicht sterben, sondern leben.« *Psalm 118,16–17*

 Licht – Symbol für Christus; dargestellt im Bild der Osterkerze oder der Sonne: »Ich bin das Licht der Welt, wer mir nachfolgt, wird nicht in der Finsternis umhergehen, sondern wird das Licht des Lebens haben.« *Johannes 8,12*

 **Kranz** – Zeichen des Sieges über den Tod: »Sei treu bis in den Tod; dann werde ich dir den Kranz des Lebens geben.« *Offenbarung 2,1*

Diese Symbole eignen sich auch zur Gestaltung des Grabsteins. Ein Text der Heiligen Schrift, Zeugnisse von Christen oder Worte aus der Liturgie der Kirche können das Symbol verdeutlichen.

Aus der Heiligen Schrift

*In deine Hände lege ich voll Vertrauen
meinen Geist; du hast mich erlöst,
Herr, du treuer Gott.*
Psalm 31,6

*Wer an den Sohn glaubt,
hat das ewige Leben.*
Johannes 3,36

*Ich bin gekommen, damit sie das Leben
haben und es in Fülle haben.*
Johannes 10,10

*Ich bin die Auferstehung und das Leben:
Wer an mich glaubt, wird leben,
auch wenn er stirbt.*
Johannes 11,25

*Wenn das Weizenkorn nicht in die Erde fällt
und stirbt, bleibt es allein;
wenn es aber stirbt, bringt es reiche Frucht.*
Johannes 12,24

*Das Wort ist glaubwürdig:
Wenn wir mit Christus gestorben sind,
werden wir auch mit ihm leben.*
2 Timotheus 2,11

*Er wird alle Tränen von ihren Augen
abwischen: Der Tod wird nicht mehr sein,
keine Trauer, keine Klage, keine Mühsal.
Denn was früher war, ist vergangen.*
Offenbarung 21,4

Selig die Toten, die im Herrn sterben.
Offenbarung 14,13

Unsere Heimat aber ist im Himmel.
Philipper 3,20

Zeugnisse von Christen

*Aus Gottes Hand
empfing ich mein Leben,
unter Gottes Hand
gestaltete ich mein Leben,
in Gottes Hand
gebe ich mein Leben zurück.*

*Ihr, die ihr mich so geliebt habt,
seht nicht auf das Leben,
das ich beendet habe,
sondern auf das,
welches ich beginne.*
Augustinus

*Unruhig ist unser Herz, o Gott,
bis es ruht in dir.*
Augustinus

*Ich sterbe nicht,
ich trete ins Leben ein.*
Theresia von Lisieux

*Wer Ostern kennt,
kann nie verzweifeln.*
Dietrich Bonhoeffer

*Mein Vater, ich verstehe dich nicht,
aber ich vertraue dir.*
M. Basilea Schlink

*Unsere Toten gehören
zu den Unsichtbaren,
aber nicht zu den Abwesenden.*
Johannes XXIII.

Kränze und Kranzschleifen

Der Kranz ist ein Ausdruck des Glaubens, Zeichen des Sieges über den Tod.

Um eine Überfülle an Kränzen zu vermeiden, könnte man aber auch daran denken, im Sinne des Verstorbenen um eine Spende für ein bestimmtes Projekt zu bitten, z. B. für eine Missionspfarrei, für Misereor oder Adveniat, für ein Kinderdorf, für ein besonderes Anliegen des Verstorbenen.

Wenn Kränze mit Kranzschleifen versehen werden, sollte darauf in aller Kürze das Wesentliche ausgedrückt werden.

Auf der linken Seite der Schleife kann stehen:

In Dankbarkeit
In Liebe und Treue
Im Vertrauen auf Gott
Lebe in Christus
Im Glauben an das ewige Leben

Auf der rechten Schleife:

der Name

Die Totenwache

Mit wenigen Ausnahmen – in einigen ländlichen Gebieten – erfolgt die Aufbahrung des Toten heute nicht mehr zu Hause und meist auch nicht mehr in der Kirche. Oft bleibt den Angehörigen nur ein kurzer Besuch in der Aufbahrungshalle des Friedhofs. Ein stilles Gebet erinnert an die früher übliche Totenwache, bei der Angehörige, Freunde und Nachbarn zwischen dem Todes- und Begräbnistag gemeinsam an der Bahre des Verstorbenen beteten.

Aber man sollte auch heute zwischen Todestag und Begräbnis ein fürbittendes gemeinschaftliches Beten ermöglichen. Der Pfarrbesuchsdienst einer Gemeinde könnte z. B. die Nachbarschaft über den Tod informieren und zu einem gemeinsamen Gebet entweder im Haus des Verstorbenen (nach Rücksprache mit den Angehörigen) oder in der Pfarrkirche einladen.

Anregungen zu einer solchen Totenwache finden Sie im Gotteslob, Nr. 80.

Die kirchliche Begräbnisfeier – Exequien

Die Bezeichnung Exsequien, vor allem für die Begräbnismesse, kommt von dem lateinischen Wort *exsequi* – geleiten. Dem Verstorbenen wird ein letztes Geleit zum Grab gegeben. Je nach örtlicher Situation haben sich verschiedene Bräuche erhalten, die auch in der Begräbnisliturgie berücksichtigt werden.

Eine erste Möglichkeit: Im Trauerhaus bzw. in der Trauerhalle beginnt der Priester mit der Eröffnung der Liturgie, in der Kirche wird anschließend die heilige Messe miteinander gefeiert und danach folgt die Beisetzung.

Eine zweite Möglichkeit: Nach der heiligen Messe in der Kirche folgt ein Wortgottesdienst in der Trauerhalle bzw. Friedhofskapelle und schließlich die Beerdigung.

Eine dritte Möglichkeit: Der Wortgottesdienst findet in der Trauerhalle bzw. Friedhofskapelle statt. Anschließend erfolgt die Beerdigung.

Eine vierte Möglichkeit bei einer Urnenbeisetzung: Die Gemeinde versammelt sich direkt in der Friedhofskapelle oder im Krematorium. Dort erfolgt dann ein Wortgottesdienst mit der Beisetzung bzw. der Verabschiedung.

Wenn die Gemeinde am Grab versammelt ist, spricht der Priester oder Diakon ein Gebet zur Segnung des Grabes. Nach einem kurzen Wort aus der Hl. Schrift sagt er:

Wir übergeben den Leib der Erde. Christus, der von den Toten auferstanden ist, wird auch N. N. zum Leben erwecken.

Dann sprengt der Priester Weihwasser auf den Sarg und betet:
Im Wasser und im Heiligen Geist wurdest du getauft, der Herr vollende an dir, was er in der Taufe begonnen hat.

Er wirft Erde auf den Sarg und spricht:
Von der Erde bist du genommen, und zur Erde kehrst du zurück. Der Herr aber wird dich neu gestalten.

Schließlich zeichnet er das Kreuzzeichen über den Sarg bzw. steckt ein Kreuz in die Erde und sagt:
Im Kreuz unseres Herrn Jesus Christus sei dir und uns allen Auferstehung und Heil.
Der Friede sei mit dir.
(vgl. Gotteslob, Nr. 81–91)

Es folgen noch *Fürbitten* für den Verstorbenen und für die trauernden Angehörigen. Alle Anwesenden beten das *Vaterunser*. Der Priester schließt die Feier mit einem *Gebet* und dem *Segen*. Zum Zeichen des Gedenkens und der Anteilnahme ist es mancherorts üblich, zum Grab hinzutreten und Blumen oder Erde in das Grab zu werfen. Den Angehörigen kann man dann am Grab seine Anteilnahme bekunden.

Feuerbestattung und Urnenbeisetzung

Ursprünglich war die Feuerbestattung für Christen nicht gestattet. Hintergrund war, dass die Einführung der Feuerbestattung im 19. Jahrhundert von kirchenfeindlichen Tendenzen getragen war und oft als bewusster Protest gegen den Glauben an die Auferstehung durchgeführt wurde. Im Jahr 1964 hob die katholische Kirche dieses Verbot auf, da die Feuerbestattung inzwischen kaum noch mit einer antikirchlichen Einstellung verbunden ist und in den großen Städten mehr und mehr zunimmt. Daher kann auch eine kirchliche Begräbnisfeier bei einer Feuerbestattung erfolgen, entweder vor der Einäscherung oder bei der Urnenbeisetzung.

Meist findet die Feier im Zusammenhang mit der Einäscherung statt, da die Urnenbeisetzung oft sehr viel später und dann ohne weitere kirchliche Mitwirkung vollzogen wird.

Wenn die kirchliche Feier erst bei der Urnenbeisetzung am Grab gehalten wird, verläuft sie ähnlich wie bei der Beisetzung eines Sarges.

Beileidskarten

Menschen, die einem etwas bedeuten, kann man gut leiden. Jemanden leiden können heißt, ihn gern haben auch und gerade, wenn er am Tod eines Menschen leidet. Gerade jetzt braucht er Beistand – unser Bei-leid, ein Zeichen der Verbundenheit gerade im Leid. Am besten können wir unser Mitleiden durch einen Besuch bei den Angehörigen des Toten ausdrücken. Dies ist vor allem einige Zeit nach der Beerdigung wichtig. Gerade dann wird ihnen der Verlust des Verstorbenen oft erst richtig bewusst. Unmittelbar nach dem Tod kann man den Angehörigen eine Karte oder einen Brief schreiben, entweder mit einem persönlichen Text oder etwa:

Im Glauben an die gemeinsame Auferstehung und mit dem Versprechen, des Verstorbenen auch in meinem Gebet zu gedenken, spreche ich Ihnen meine Teilnahme aus …

In unserem gemeinsamen Glauben an die Auferstehung spreche ich Ihnen meine Teilnahme aus …

Danksagungen

Sie sollten möglichst schlicht gestaltet sein. Ein Totenbild kann beigelegt werden. In manchen Orten ist es üblich, die Danksagungen auch als Zeitungsanzeige aufzugeben. Wo das Sechswochen-Amt Brauch ist, sollte man mit der Danksagung auch die Einladung zur Teilnahme an dieser Eucharistiefeier verbinden. Die Danksagungen könnten lauten:

In diesen Tagen des Leids war es uns ein großer Trost, nicht allein gelassen zu werden. Allen, die uns persönlich, besonders durch die Teilnahme am Gottesdienst und der Beerdigung, gezeigt haben, wie sehr sie unseren Schmerz mittragen, danken wir aufrichtig …

In den Tagen der Trauer … haben Sie uns durch Ihre Anteilnahme Trost gegeben. Wir danken Ihnen dafür.

Gedächtnis der Toten

Die Gemeinschaft mit dem Toten kann für uns Lebende hilfreich sein, um falsche Maßstäbe in unserem Leben zu durchschauen und manches zurechtzurücken, was uns vielleicht allzu wichtig erscheint. Jeder Mensch wird sich an Tote erinnern, denen er besonders viel zu verdanken hat: Eltern, Großeltern, Lehrer, Priester, Nachbarn, Freunde. Es ist gut, Freunde unter den Toten zu haben; sie können uns helfen zu leben.

> Am Todestag sollte beim Gebet in der Familie immer des Verstorbenen gedacht werden. Vielleicht kann man hierzu seine Taufkerze bzw. Sterbekerze oder Osterkerze aufstellen oder auch ein Bild des Verstorbenen.
> Der Besuch auf dem Friedhof mit einem kurzen Gebet am Grab zeigt unsere Verbundenheit.
> Mancherorts ist es üblich, am Jahrestag eine heilige Messe für den Verstorbenen zu feiern, an der Angehörige und Freunde wieder teilnehmen.
> In jeder heiligen Messe gedenkt die christliche Gemeinde aller, die gestorben sind und mit denen wir uns weiterhin verbunden wissen.

In der Totenmesse beten wir:

*Erbarme dich unseres Bruders N.
(unserer Schwester N.), den (die) du
aus dieser Welt zu dir gerufen hast.
Durch die Taufe ist er (sie) Christus
gleichgeworden im Tod: gib ihm (ihr)
auch Anteil an der Auferstehung,
wenn Christus die Toten auferweckt
und unsern irdischen Leib seinem
verklärten Leib ähnlich macht.
Dann wirst du alle Tränen trocknen,
und wir werden dich, unsern Gott, schauen,
wie du bist. Wir werden dir ähnlich sein
auf ewig und dein Lob singen ohne Ende.*

Durch die Trauer zu neuem Lebensmut

Gerade dann, wenn ein geliebter Mensch gestorben ist, sind wir untröstlich – scheinen wir in Trauer zu erstarren. Wir können und müssen die Trauer nicht verdrängen, sondern dürfen sie durchleben.

Mein Leben bleibt stehen

Der Tod eines Menschen kann lähmen. Alles Leben wird plötzlich leer, alle Räume sind leblos, alles wird kalt und stumm. Dieses Gefühl dauert oft lange an, weit über den Tag der Beerdigung hinaus. Irgendwann kommt der Alltag wieder. Aber: Wer kümmert sich um meine Wunden? Sich nichts anmerken lassen? Alle Kontakte abbrechen? Jetzt brauche ich jemanden, der bei mir ist, Menschen, die mir beistehen in meiner Trauer.

Und sie saßen bei ihm auf der Erde
sieben Tage und sieben Nächte;
keiner sprach ein Wort zu ihm.
Denn sie sahen, dass sein Schmerz
sehr groß war.
Ijob 2,13

Mein Lebenswille ist erschüttert

Oft weiß ich nicht mehr, wie es weitergehen soll. Ich bin reizbar, ungerecht und auch leicht erregbar. Das Leben scheint seinen Sinn verloren zu haben. Ich bin mir selbst und anderen lästig. Oft fühle ich mich hilflos und ohnmächtig. Mache vielleicht mir und anderen Vorwürfe, dass wir nicht alles getan haben, um sein bzw. ihr Leben zu retten. Jetzt gilt es, die Verwirrung des Lebens neu zu ordnen. Dies gelingt am ehesten mit einem nahestehenden Menschen, dem ich mich anvertrauen kann. Mit ihm können weitere Lebensschritte besprochen werden.

Mein Elend ist aufgezeichnet bei dir: Sammle
meine Tränen in einem Krug, zeichne sie auf
in deinem Buch.
Psalm 56,9

Meinem Leben neu zustimmen

Hat meine Trauer ihre Zeit? Kommt die Freude wieder? Allmählich kehren das Leben und der Mut zum Leben zurück. Der Verstorbene ist nun auf eine neue Weise nahe. Er ist nicht weg. Er hindert mich nicht mehr, mich neu dem Leben zuzuwenden. Ich kann mein Leben wieder neu bejahen, kann Pläne schmieden.

Weinen hat seine Zeit
und Lachen hat seine Zeit.
Verlieren hat seine Zeit
und Suchen hat seine Zeit.
Kohelet 3,1

Augenschein

Zur Nacht hat ein Sturm
alle Bäume entlaubt
sieh sie an, die knöchernen Besen.
Ein Narr, wer bei diesem Anblick glaubt
es wäre je Sommer gewesen.

Und ein größerer Narr, wer träumt und sinnt
es könnt je wieder Sommer werden.
Und grad diese gläubige Narrheit, Kind,
ist die sicherste Wahrheit auf Erden.

Dieses Gedicht hat der Schauspieler Ernst Ginsberg – gezeichnet von schwerer Krankheit – kurz vor seinem Tod geschrieben.

Mit Kindern über den Tod sprechen

Ich weiß, wie es geht, wenn man stirbt,
man fliegt dann ganz hoch
und dann fängt man an zu brennen.
Nein, man friert – dann ist es ganz kalt.
Gespräch zwischen Kleinkindern

Tot sein ist Schlafen, aber ohne Schnarchen.
Werden wir alle zu Standbildern,
wenn wir tot sind?
Junge, 4 Jahre

Was tut Gott mit einem, wenn man tot ist,
isst er einen dann auf?
Wir essen doch auch tote Hühner!
Junge, 4 Jahre

Früher dachte ich immer,
dass, wenn man stirbt,
Gott ein Tier aus einem macht,
und wenn man dann wieder stirbt,
dann wird man eine Pflanze.
Mädchen, 8 Jahre

Och, Menschen sterben eigentlich nicht,
denn sie kriegen Kinder
und die kriegen auch wieder Kinder,
und so geht ihr Leben eigentlich immer weiter.
Junge, 6 Jahre

Warum bist du so traurig?
Opa kommt doch in den Himmel,
dort hat er keine Schmerzen mehr
und ist nie mehr krank,
und dort gibt es auch keinen Krieg mehr.
Mädchen, 4 Jahre

Wie Kinder sich den Tod vorstellen

Das Kleinkind, etwa bis zum 3. Lebensjahr, hat noch keine genaue Vorstellung vom Tod eines Menschen. Es spürt nur, dass der Verstorbene nicht mehr da ist. Aber oft genug meint es, dass er irgendwann wiederkommt. Erst im Kindergartenalter verstehen die Kinder allmählich, was es bedeutet, wenn ein Mensch stirbt, doch verbindet sich für die Kinder der Tod ganz eng mit dem Altsein. Nur alte Menschen sterben. Wenn ein Kind etwa durch einen Unfall stirbt, wird dies kaum verstanden. Kinder können geradezu gefühllos darüber reden. Eltern sind oft erschrocken, wie nüchtern Kinder in diesem Alter über den Tod sprechen.

Später, etwa mit Beginn des 6. Lebensjahres, fragen Kinder: Wo sind die Toten? Was passiert, wenn man stirbt?

Erst mit 8 oder 9 Jahren empfinden Kinder auch gefühlsmäßig mit, wenn jemand stirbt. Sie werden traurig und weinen, wenn sie vom Tod eines Verwandten oder eines Freundes oder Klassenkameraden erfahren.

Erwachsene können Schmerz und Trauer nicht vor Kindern verbergen. Es ist deshalb besser, offen und ehrlich mit ihnen darüber zu sprechen und sie auch zur Beerdigungsfeier mitzunehmen.

Hinweise für Eltern

1. Kinder müssen die Möglichkeit bekommen, über die kleineren Verluste in ihrem Leben zu trauern.

Ermöglichen Sie den Kindern zum Beispiel, über den Verlust eines Tieres zu trauern. Dann werden die Kinder eines Tages auch

Großmama stirbt

Abends sitzen beide Kinder bei der Mutter.
»War Großmama in dem Sarg, der mit dem Auto weggefahren ist? Wohin haben sie sie gebracht?«, fragt Robert.
»In die Leichenhalle beim Friedhof. Dort steht der Sarg, bis sie begraben wird.« »In diesem engen Sarg, Mama? Und wenn sie aufwacht, wie kommt sie da raus?«
»Sie ist tot. Der Arzt hat es festgestellt. Wir sehen sie hier nie mehr wieder.«
»Und wohin kommt sie dann?«
»In die Erde, auf den Friedhof neben Großpapa.«
»In ein Loch in die Erde?« »Frag doch nicht so«, brummelt Otto. »Lass ihn«, sagt Mama, »Großmama kommt in die Erde. Die Hülle des Menschen, sein Körper, löst sich auf, wenn er tot ist; sie wird wieder zu Erde.«
»Und Großmama?«
»Großmama auch. Aber das, was Großmama war, lebt weiter. Sie hat euch sehr lieb gehabt, ihr sie auch, das wird nie verloren gehen.«
»Bleibt es in der Luft?« »Ich weiß nicht, aber ich kann mir nicht vorstellen, dass überhaupt etwas verloren geht. Wir weinen nur, weil wir den Menschen, den wir lieben, nicht mehr bei uns haben. Wir können ihn nicht mehr anrühren, nicht mehr sehen, nicht mehr hören, nicht mehr küssen. «
»Ich höre Großmama trotzdem«, sagt Otto plötzlich.
»Geht sie zum lieben Gott, so wie ein Engel?«, fragt Robert.
»Das weiß ich nicht. Ich glaube, dass Gott sie aufnimmt. Wie, weiß ich nicht, aber ich weiß, dass sie für immer in den Frieden eingeht.«
»Was ist Frieden?«
»Ein Ort oder ein Zustand, wo man durch nichts mehr verwirrt oder gekränkt wird, wo man nicht mehr Angst hat.«
»So, als wenn ich schlafe?«
»Nein, das glaube ich nicht.«
»Eigentlich könnte man ja gleich tot sein, wenn alles so schön ist. Warum bin ich auf der Erde?«, sagt Otto mürrisch.
»Um zu leben«, antwortet die Mutter.
»Das heißt, um viele Erfahrungen zu machen, gute und schlechte, um die Welt kennenzulernen, um Glück zu finden, zu wachsen, zu lernen, zu helfen und zu lieben. Jedes Leben führt zu einem Tod. Nur was gelebt hat, kann sterben. Der Tod gehört zu jedem Leben. «

Antoinette Becker

besser in der Lage sein, mit dem größeren, sie stärker berührenden Verlust eines Menschen umzugehen.

2. Kinder müssen lernen, die Endgültigkeit des Todes zu begreifen.

Benutzen Sie keine missverständlichen Umschreibungen des Todes, wie: »Sie ist von uns gegangen« oder »Er ist eingeschlafen«. Kinder verstehen solche Aussagen leicht wörtlich und sind dann verwirrt. – Wenn Sie an ein Leben nach dem Tod glauben und dies Ihren Kindern vermitteln möchten, so verweisen Sie dennoch darauf, dass sie den verstorbenen Menschen (oder das verstorbene Tier) auf Erden nicht wiedersehen werden.

3. Kinder müssen die Möglichkeit bekommen, sich von Verstorbenen zu verabschieden.

Erlauben Sie den Kindern, den Toten noch einmal zu sehen und an der Beerdigung teilzunehmen (wenn auch vielleicht nur kurze Zeit). Kein Kind ist für die Teilnahme an solchen Ritualen zu jung!

4. Kinder müssen genügend Gelegenheit bekommen, ihre Gefühle über einen Verlust durchzuarbeiten.

Helfen Sie den Kindern, ihre Eindrücke und Gefühle angesichts des Todes zu verarbeiten: Ermuntern Sie sie, hierüber zu sprechen, es im Spiel auszudrücken, Bücher darüber anzuschauen und zu lesen oder auch kreative Ausdrucksformen zu wählen (malen, Gedichte schreiben).

5. Kinder müssen ermuntert werden, ihre Gefühle zu zeigen.

Zensieren Sie die Gefühle Ihrer Kinder nicht! Erlauben Sie ihnen, zu weinen, wütend zu sein oder auch zu lachen. Zeigen Sie Anteilnahme für ihre Gefühle; sagen Sie zum Beispiel: »Ich sehe, du bist traurig. Du vermisst Großmutter. Möchtest du mit mir darüber sprechen?«

6. Kinder brauchen das sichere Gefühl, dass ihre Fragen ehrlich beantwortet werden.

Geben Sie ihnen die Gewissheit, dass Sie ihren Fragen nicht ausweichen und dass Sie ihnen verständliche Antworten geben werden. Lassen Sie den Anstoß zu solchen Fragen vom Kind ausgehen und beantworten Sie nur solche Fragen, die das Kind auch wirklich gestellt hat.

Wie Jugendliche über den Tod denken

Viele Jugendliche wollen nicht an den Tod denken. Manchmal reden sie sogar sehr kühl und teilnahmslos von Sterben und Tod eines Familienangehörigen.
Doch verbergen sich hinter dieser Sachlichkeit oft Unsicherheit und Angst. Stirbt ein Freund oder jemand, zu dem die Jugendlichen eine besonders gute Beziehung hatten, so können sie ebenso stark mitempfinden

und trauern und weinen. Manchmal kommt ihnen dann sogar der Gedanke, selbst nicht mehr weiterleben zu wollen. So schmerzlich kann der Tod sie berühren.

Todessehnsucht und Weltschmerz können dann empfindsame Jugendliche überkommen. Solche Gefühle stellen sich auch ein, wenn sie große Enttäuschung in einer Freundschaft verarbeiten müssen. Eltern bleibt in solchen Situationen oft nicht mehr, als an solchem Leid teilzunehmen: da sein, zuhören, ernst nehmen.

Herr,

ich verstehe den Tod nicht,
auch nicht beim Anblick eines Toten.
Ich weiß,
auch ich werde sterben
irgendwann
oder demnächst …
aber dieser Gedanke lässt mich kalt,
denn er ist noch ohne Inhalt für mich.
Und doch fürchte ich mich vor
dem Begreifen. –
Dein Wort verheißt ewiges Leben,
denen, die auf dich hoffen.
Auch das verstehe ich nicht.
Aber ich möchte hoffen,
ich möchte vertrauen,
ich möchte glauben,
ich möchte leben! –
Herr, dein Wille geschehe.

Ich selbst habe schreckliche Angst
vor dem Tod. Und wenn einer stirbt,
den ich kenne, dauert es immer lange,
bis ich wieder ruhig schlafen kann.
Angela, 13 Jahre

Wenn der Tod nicht da sein würde,
gäbe es auf der Welt bald keinen Platz
für Lebewesen. Der Tod bildet für die Organe
des Körpers und des Gehirns ein Ende.
Viele Menschen meinen, die Seele würde
noch erhalten bleiben und dass Gott der Seele
des Menschen ein ewiges Leben biete. Der
Mensch versucht sich durch diesen Gedanken
zu trösten. Er meint, wenn er böse war, würde
er keinen guten Platz im Jenseits erhalten.
Das ganze Geschehen ist für mich ein
biologischer Vorgang. Der Körper verwandelt
sich zu Aas und wird zu Erde. Er schenkt
anderen Lebewesen Nahrung. An seinem
Platz erhält ein anderer Mensch sein Leben.
Wenn der Mensch nach seinem Tode noch
einmal leben könnte, dann würde er gewiss
keinen Fehler mehr machen.
Udo, 18 Jahre

Ich habe solche Angst vor dem Tod,
dass ich wohl Schlaftabletten nehmen würde,
um ihn nicht zu merken.
Tobias, 19 Jahre

Mein Freund sollte bei mir sein,
mir die Hand halten, bis alles vorbei ist.
Bis zuletzt möchte ich an das Liebste denken,
was ich besitze.
Lea, 17 Jahre

Sterben lernen – bewusster leben lernen!

Herr, lehre uns bedenken,
dass wir sterben müssen,
auf dass wir klug werden.
Psalm 90,12

Was dem Leben Sinn gibt – gibt auch dem Tod einen Sinn

Die Art und Weise, wie wir mit unserem Leben auf den Tod hin umgehen, ist auch ein Zeugnis für unsere Auffassung vom Tod. Betrachten wir all das Vergangene nur in Trauer als einen nicht wieder einholbaren Verlust, oder sehen wir auch die Chancen der Gegenwart und der Zukunft?

Das Leben muss man das ganze Leben
lernen, und, was dich vielleicht noch
mehr erstaunen mag: Das ganze Leben lang
muss man sterben lernen.
Seneca

Lebensregeln

Der evangelische Theologe Jörg Zink hat einige Lebensregeln genannt, die zugleich auch Vorbereitungen auf das Sterben sein könnten:

> Mit der Zeit umgehen lernen, Tage, Stunden und Augenblicke ausschöpfen.
> Jedem Tag sein eigenes Recht geben; dem Spiel, dem Gespräch, den Plänen, dem Werk, der Fröhlichkeit, dem Nachdenken und dem Schlaf seine eigene Schönheit und Schwere lassen.
> Nach Möglichkeit nichts tun, dessen Wiederholung man nicht wünschen kann.
> Allabendlich jeden Streit beenden und nichts Ungeordnetes durch die Tage und Wochen schleppen.

> Anderen ihre Schuld vergeben und Vergebung für eigene Schuld erbitten.
> Jede hohe Meinung über sich selbst abbauen.
> Dinge, Geld und Einfluss immer gelassener weggeben.
> Jeden Tag, jede Woche, jedes Jahr im Rückblick prüfen. Von einem Rückblick zum anderen mit weniger Wehmut, mit mehr Genauigkeit und mehr Dankbarkeit zurücksehen.

Mein großes Gebet ist, ein gutes Ende zu
finden: in irgendeiner Weise mit meinem Tod
das zu besiegeln, wofür ich gelebt habe.
Pierre Teilhard de Chardin

Das Zeitliche segnen

Unser Wissen um den Tod hat auch seine positive Seite: Im Angesicht des Todes duldet das Leben keinen Aufschub. Wir stehen »in der Zeit«. Und diese Zeit ist endgültig. Wie oft leben wir bedenkenlos in den Tag hinein. Wie oft tun wir so, als könnte uns der Tod nichts anhaben, als hätten wir alle Zeit der Welt noch vor uns.

Unsere Vorfahren wussten um ihre begrenzte Zeit: »Das Zeitliche segnen« war ihre Redeweise über das Ende des Lebens. Der Sterbende bereitete sich auf den Tod vor, indem er Abschied nahm von der irdischen Welt, der »Zeitlichkeit«, und zugleich Gottes Segen auf sie herabwünschte.

Menschen, die sich in Einheit mit ihrer Lebenswelt und der Schöpfung erleben, werden eher verstehen und besser annehmen können, dass inmitten des Lebens der Tod ständig anwesend ist.

Frühere Generationen hatten vermutlich ein viel unbefangeneres Verhältnis zum Tod, weil

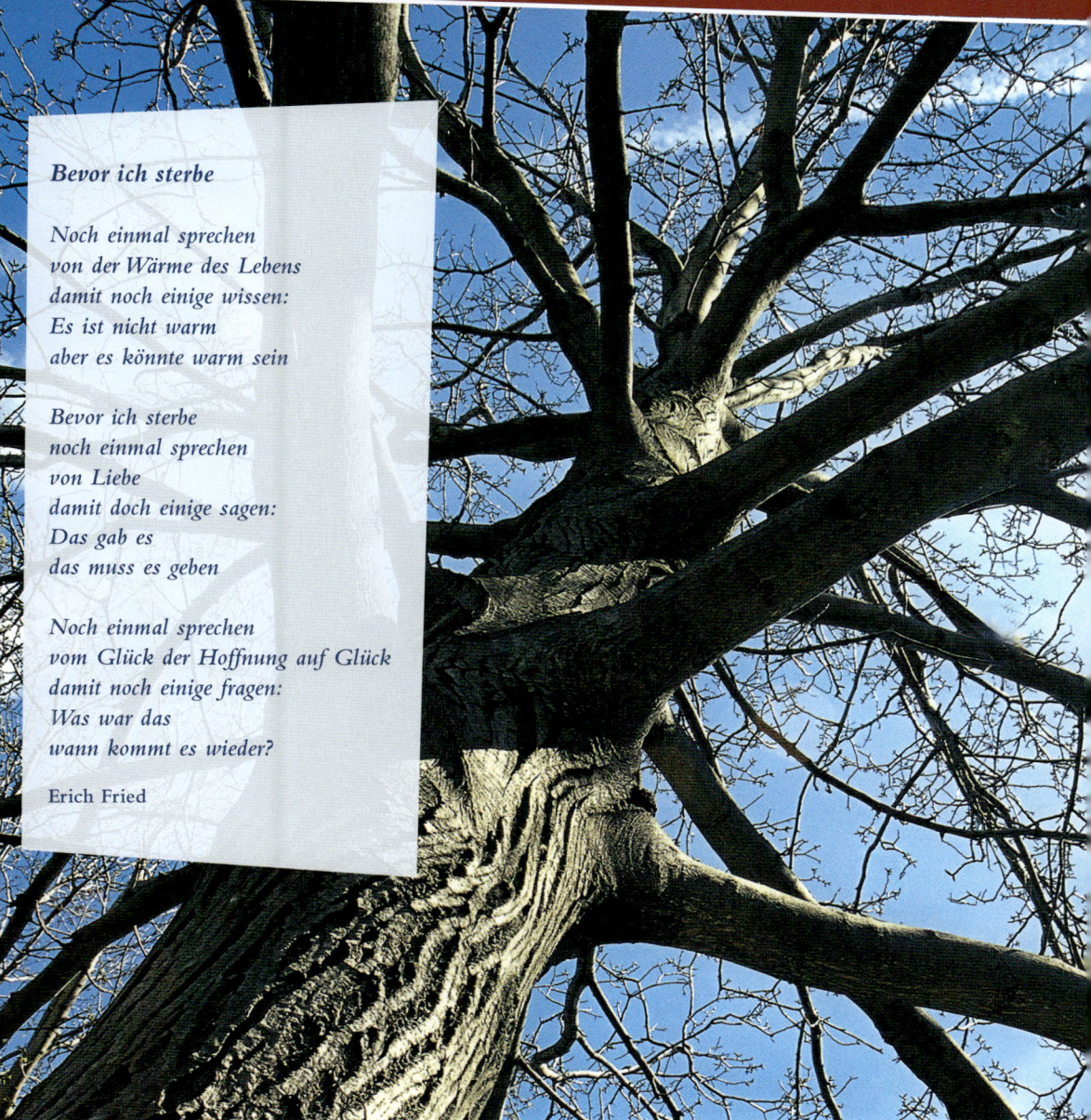

Bevor ich sterbe

Noch einmal sprechen
von der Wärme des Lebens
damit noch einige wissen:
Es ist nicht warm
aber es könnte warm sein

Bevor ich sterbe
noch einmal sprechen
von Liebe
damit doch einige sagen:
Das gab es
das muss es geben

Noch einmal sprechen
vom Glück der Hoffnung auf Glück
damit noch einige fragen:
Was war das
wann kommt es wieder?

Erich Fried

sie auf dem Land in ganz unmittelbarer Abhängigkeit von Leben und Sterben, von Wachsen und Vergehen in der Natur lebten. Tiere und Pflanzen sterben, damit andere Lebewesen leben können. Leben bedeutet immer auch Sterben, wie Sterben immer auch Leben bedeutet. Könnten wir dem Tod in diesem Sinne seinen Platz im Leben zuordnen, würde er seinen bedrohlichen Schrecken verlieren. Und das Leben würde ein Mehr an Gelassenheit und an Lebensfreude gewinnen. Dann könnte am Ende die Zustimmung stehen, dass das Leben unausweichlich begrenzt und niemand unsterblich ist.

Feste und Feiern des Lebens

Sakramente:
Feiern des Glaubens

Ein Fest feiern

Das muss gefeiert werden ...

So sagen wir bei einem unverhofften Wiedersehen, nach bestandenem Examen, bei einem Jubiläum. Gerne feiern wir mit anderen unseren Geburtstag oder Namenstag. Weihnachten und Ostern muss man einfach feiern. Die Taufe eines Kindes, die Hochzeit eines Brautpaares und auch die Beerdigung eines Menschen sollen »feierlich« sein.

Es ist menschliche Eigenart zu feiern. Bestimmte Ereignisse des Lebens, Stationen im Lebenslauf, besondere Tage und Zeiten im Jahreskreis werden in allen Menschheitskulturen gefeiert. Hin und wieder müssen wir innehalten; wir können nicht einfach alles im Alltag des Lebens weiterlaufen lassen, wir können uns nicht gehen und treiben lassen. Wir müssen hin und wieder unser Leben »fest«-machen, ein *Fest* feiern:

> Fest-machen und ein Fest feiern für mich selbst, damit ich wieder spüre, woher ich komme, wo ich stehe und wohin ich gehe.
> Ein Fest feiern mit anderen, weil ich ihre Anerkennung und ihre Gemeinschaft brauche.
> Ein Fest feiern mit Gott, weil er Antwort auf die Fragen meines Lebens und Orientierung in der Geschichte der Welt geben kann.

Das Leben gemeinsam begehen

Gerne laden wir zu Familienfesten Eltern und Großeltern, Verwandte und Freunde ein: Menschen, mit denen wir uns verbunden wissen. Bei solchen Festen wird von früher erzählt, die eigene Lebensgeschichte wird lebendig und gegenwärtig. »Weißt du noch damals, als ...?« Dabei blättern wir in Fotoalben, schauen uns Dias, Filme oder Videos aus der Vergangenheit an.

Aber auch an die Zukunft denken wir. Dem Geburtstagskind oder dem Brautpaar wünschen wir Glück und Segen für die kommende Zeit. So macht jedes wirkliche Fest die Vergangenheit und Zukunft des Lebens gegenwärtig. Dabei erleben wir die Gegenwart intensiver und erfüllter – die Zeit vergeht wie im Flug.

Ein Fest begehen wir immer mit anderen, nie allein. Wir »begehen« ein Stück unseres Lebens, schreiten es sozusagen miteinander aus. Eltern und Großeltern bezeugen durch ihre Gegenwart, woher wir kommen, Partner und Freunde, wo wir stehen, und Kinder, wohin wir gehen.

> »Fest« leitet sich ab vom lateinischen »festum« und bezeichnet im Alltag der Römer den Tag der Arbeits- und Gerichtspause. Dieser Tag ist der religiösen Feier gewidmet. Eng hängt damit auch das Wort »Feier« zusammen, das ebenfalls aus dem Lateinischen kommt, von *feriae*. *Festum* und *feriae* haben als gemeinsames Urwort *fesna*, d. h. Heiligtum. Fest und Feier stehen in enger Verbindung mit dem Heiligen. Im Englischen heißt deshalb auch der Feiertag *holiday*, heiliger Tag.

Miteinander feiern

> Wir feiern und *sitzen zusammen* und lassen so *die Auseinandersetzung* des Alltags ein Stück hinter uns.
> Wir feiern und *unterhalten* uns und geben somit unserem Leben neuen (Unter-)*Halt*.
> Wir feiern, essen und trinken und halten damit nicht nur »Leib und Seele« zusammen, sondern auch unsere Familie, Nachbarschaft und Freundschaft.

Das setzt jedoch eine grundsätzliche Zustimmung zum Leben, eine gemeinsame Hoffnung auf zukünftiges Leben voraus. Den Beginn einer Ehe können wir nur feiern, wenn wir die gleiche Hoffnung für diese Gemeinschaft haben.

In diesem Sinne ist auch die Trauer eine Feier: Uns verbindet die Hoffnung, dass dieser Tod nicht das Ende ist.

Wir brauchen nicht zu verzweifeln,
nicht zu trauern wie solche,
die keine Hoffnung haben.
1 Thessalonicher 4,13

Feste und Feiern leben von der Übereinstimmung in Fragen unserer Herkunft, unserer Aufgabe und unserer Zukunft.

Kein Fest ohne Gott

Der Philosoph Josef Pieper schreibt: »Es gibt kein Fest ohne Götter – mag es der Karneval sein oder die Hochzeitsfeier.« – Gut essen, ausreichend trinken, kräftig singen und ausgelassen tanzen gehören zu einem wirklichen Fest. Aus der Ordnung des Alltags heraustreten, vielleicht auch einmal »aus der Rolle fallen« und die üblichen Umgangsformen auf den Kopf stellen – dies können wir nur, wenn wir uns auf jemanden verlassen können, der uns hält und trägt, der den Lauf und die Zukunft des Lebens und der Welt garantiert. Sonst wäre jedes Fest eine trügerische Illusion, gerade auch angesichts der Fülle von Leid und Elend in der Welt.

Als Christen glauben wir, dass unser Leben und die Geschichte dieser Welt von Gott getragen sind und zu einem guten Ende kommen werden.

Christus sagt: Ich will,
dass sie das Leben haben und
es in Fülle haben.
Johannes 10,10

Feiertag ist »holiday« – ist heiliger Tag, an dem wir etwas von jener heilen, gottgewollten Welt erleben dürfen.

Sakramente – Feiern des Glaubens an wichtigen Stationen des Lebens

Sakrament kommt vom lateinischen *sacramentum*, d. h.»unverbrüchliche Besiegelung«. Jesus Christus wird das **Ur-Sakrament** genannt, weil in ihm die Menschenliebe Gottes unverbrüchlich spürbar und bestätigt wurde. Die Kirche wird **Grund-Sakrament** genannt, weil in ihrer Gemeinschaft diese Menschenfreundlichkeit Jesu für alle spürbar und erlebbar bleiben soll. Dies geschieht in der Kirche vor allem durch die Feier der sieben Sakramente: Taufe, Kommunion, Firmung, Buße, Krankensalbung, Ehe, Priesterweihe. Die Zahl Sieben der Sakramente ist auch symbolisch zu verstehen. Sie ist Symbol für die enge Verbindung Gottes mit der Welt, denn sie ist zusammengesetzt aus der Drei = der Zahl Gottes (Dreifaltigkeit) und der Vier = Zahl der Welt (z. B. vier Elemente: Feuer, Wasser, Luft und Erde, oder die vier Himmelsrichtungen).

Fragen des Lebens

Geburt, Erwachsenwerden, Schuld, schwere Krankheit, Eheschließung, Priesterweihe und nicht zuletzt Sterben und Tod sind Ereignisse, die gedeutet sein wollen, bei denen wir haltmachen und uns neu orientieren müssen. Das Leben selber gibt hier keine Antwort auf die Fragen, die sich in solchen Situationen stellen:

> Lohnt es sich überhaupt, in dieser Welt groß zu werden und zu leben?
> Wie gehen wir um mit unserer Schuld?
> Kann ich mich einem Menschen ein Leben lang anvertrauen?
> Kann ich mich auf Dauer dem Dienst Gottes in seiner Kirche widmen?
> Gibt es Hoffnung und Trost auch bei schwerer Krankheit, ja selbst im Tod?

Orientierung durch Jesus Christus

In solchen Situationen vertrauen wir Christen auf Gott. In Jesus Christus hat er für alle sichtbar seine Güte und Menschenfreundlichkeit geoffenbart. In ihm können wir spürbar die liebende, vergebende, heilende und gemeinschaftsstiftende Hand Gottes erfahren:

> Jesus Christus legt den Kindern die Hände auf und segnet sie. Damit zeigt er: Ich habe euch gern! Ich verlasse euch nicht! Wehe denen, die euch etwas antun!
> Der schuldig gewordenen Ehebrecherin streckt er die Hand der Versöhnung entgegen.
> Brautpaaren sichert er zu: Ihr seid zu unwiderruflicher Liebe fähig!
> Kranken legt er die tröstende Hand auf.
> Tote berührt er und erweckt sie zu neuem Leben.
> Sozial, politisch oder auch religiös benachteiligte Menschen führt er an einem Tisch zusammen und teilt mit ihnen das Essen. Beim letzten Abendmahl teilt er in den Zeichen von Brot und Wein sich selbst mit. Es ist bis heute die Feier der liebenden Gemeinschaft Gottes mit allen Menschen.

Die ausgestreckten Hände der Kirche

Die Kirche als der fortlebende Christus streckt in den Sakramenten der Taufe, Kommunion, Firmung, Buße, Krankensalbung, Ehe und Priesterweihe die liebenden Hände Jesu Christi aus. Sie führt zur Begegnung mit Christus selbst; sie lädt ein, sich seinen Händen anzuvertrauen. Christus hat heute keine anderen spürbaren Hände als die der Kirche und jeder Pfarrgemeinde.

In ihrer gelebten Gemeinschaft, in der Spendung und Feier der Sakramente muss für

Menschen in wichtigen Situationen des Lebens die Güte und Menschenliebe Gottes erfahrbar werden.

Die grenzenlose Güte Gottes

Dies heißt nicht, dass Gott mit seiner Liebe und Güte den Menschen ausschließlich in der Kirche und ihren Sakramenten begegnet. Vielmehr gilt: Die Wege Gottes sind vielfältig. So können Menschen durchaus schon etwas von jener Güte und Menschenfreundlichkeit erfahren, wo ihnen selber einmal Schuld vergeben oder neue Hoffnung geschenkt wurde. Im Leben der Kirche und vor allen Dingen in den Feiern der einzelnen Sakramente wird diese Güte und Gnade Gottes jedoch (be-)greifbar. Was sonst ungestaltet, unbenannt und unsicher bleibt, gewinnt hier Gestalt und Sicherheit.

Sakramente sind Feiern des Glaubens

Deshalb wollen solche Begegnungen des Menschen mit den ausgestreckten Händen der Kirche an wichtigen Stationen seines Lebens gefeiert werden. Wie bei allen Feiern des Lebens gewinnen wir dadurch neuen Halt. Wir erleben und spüren, wenn wir mit anderen die Taufe oder Hochzeit in der Gemeinschaft der Kirche begehen, etwas von der gütigen und liebenden Hand Gottes, etwas, worauf wir uns verlassen können.

Der Auftrag der Kirche ist es, die Hand Gottes ausgestreckt zu halten. An jedem Einzelnen liegt es, ob er diese Hand in den entsprechenden Lebenssituationen ergreift. Sakramente zeigen zwar die unverbrüchliche Treue Gottes an, der seine Hand nie zurückzieht, sie üben aber keine magische Kraft aus. Vielmehr verlangen sie ehrliche Bereitschaft, sich der Hand Gottes anzuvertrauen. Das meint »glauben«.

Deshalb setzen Sakramente den Glauben voraus. Sie sind Feiern des Glaubens.

Christus wird in Zeichen und Worten spürbar

Solche Christusbegegnungen in den Sakramenten bringt die Kirche durch elementare Dinge unseres Lebens zum Ausdruck. Es sind Wasser, Brot, Wein, Salböl, das Auflegen der Hände, das Ja-Sagen.

Durch die Worte, die die Feier der Sakramente begleiten, werden diese Symbole eindeutig zu Zeichen der Liebe Christi erklärt. Die Feier und die Worte verändern die Zeichen, machen sie wirksam.

So kann ein Strauß Rosen zum Zeichen der Liebe oder der Versöhnung werden, wenn ich ihn mit Worten oder Gesten der Liebe überreiche.

So kann das Wasser zum Zeichen für neues Leben werden, das Brot zum Zeichen für Jesus Christus und seine Gemeinschaft mit den Menschen wie auch der Menschen untereinander. Es sind wirkende Zeichen der Liebe Gottes.

Feiern des Glaubens in alltäglichen Lebenssituationen: Sakramentalien

Wir feiern als Glaubende aber nicht nur so entscheidende Lebenssituationen wie Geburt, Heirat oder den Tod. Auch in alltäglicheren Situationen vergewissern wir uns gern der Güte und des Beistandes Jesu Christi und seiner Kirche: wenn wir eine Wohnung oder ein Haus segnen, wenn die Früchte der Erde gesegnet werden, wenn wir Bilder oder Kreuze, Autos oder Felder segnen oder auch eine Kirche weihen. Auch hier wollen wir uns der schützenden Hand Jesu Christi feiernd bewusst werden.

Solche zeichenhaften Feiern nennen wir Sakramentalien. Sie sind so etwas wie das »Kleingeld der Sakramentalität«, so etwas wie die Ranken der großen sakramentalen Feiern, verschieden je nach Bräuchen und Sitten des Lebens in den jeweiligen Regionen des Landes.

Damit es ein Fest wird ...

Manche Familien tun sich heute schwer mit der Gestaltung ihrer Feiern. Wegen der geringen Kinderzahl bleiben Feste wie Taufe, Erstkommunion, Hochzeit usw. oft einmalige Ereignisse in der Familie, sodass ihnen die Tradition fehlt. Einzelkinder erleben die Feste nicht bei Geschwistern. Die Großeltern leben oft nicht mehr am gleichen Ort und können immer weniger durch ihre Gegenwart und Erzählungen die Tradition der Feste garantieren. »Die Feste feiern, wie sie fallen«, sagt man. Das ist wichtig, gerade auch in der Familie, wo wir noch am ehesten aus einer gemeinsamen Hoffnung leben und daran hin und wieder das Leben festmachen können.

Den Raum und die Wohnung gestalten

Alle unsere Sinne wollen angesprochen werden. Ein schön gedeckter Tisch, Blumen, Girlanden und Kerzen laden zum Verweilen ein. Die Art der Zimmergestaltung prägt schon den Charakter der Feier. So spüren wir im Kerzenschein und Duft des Tannenbaumes an Weihnachten etwas von Wärme und Geborgenheit bei unserem Zusammensein in unserer Familie. Die Girlanden und bunten Lichter des Karnevals regen an, sich einmal »gehen zu lassen« in aller Ausgelassenheit.

Sich schön kleiden

Manche halten die Art der Kleidung für nebensächlich. Und doch spüren wir, dass Kleidung auch eine bestimmte Einstellung zum Ausdruck bringen kann. Man denke an die Verkleidung beim Spiel der Kinder, durch die sie einmal in eine andere Rolle schlüpfen können. So macht auch die Festkleidung sichtbar, dass wir einmal Abstand nehmen von der Routine des Alltags.

Gemeinsam essen

Nichts verbindet so sehr wie das gemeinsame Essen. Es soll uns an einem Tisch zusammenführen, wo wir uns Zeit lassen, wo wir miteinander genießen, schmecken und reden können. Vielleicht klingt manchen Eltern noch die Mahnung im Ohr: »Beim Essen wird nicht geredet!« Gerade zum Gegenteil sollten wir uns beim Essen ermuntern: Erzählt bei Tisch, was euch freut oder bedrückt! Die Tischgemeinschaft ist keine Schweigegemeinschaft, sondern eine Erzählgemeinschaft.

Geschichten des Lebens und Glaubens erzählen

Jedes Fest lebt von der Erzählung. Im Erzählen wird das Leben weitergegeben. In den Erzählungen der Großeltern und Eltern spüren Kinder, was Tradition bedeutet und wie sehr sie das Leben in der Familie geprägt hat und weiterhin prägt. Im Erzählen von Mär-

chen und Geschichten werden Träume und Hoffnungen der Menschen lebendig gehalten. Die Erzählungen des Glaubens in den biblischen Geschichten und die Legenden der Heiligen können Orientierung im Leben geben.

Singen und tanzen

Das Leben wird nicht nur mit Worten gefeiert und begangen. Unser ganzer Körper mit all seinen Sinnen kann Freude und Trauer zum Ausdruck bringen. Im gemeinsamen Lied und in der Bewegung des Tanzes fühlen wir uns miteinander verbunden. Auch dies ist eine Sprache unserer Hoffnung und unseres Glaubens.

Miteinander spielen

Im Spiel werden Eltern und Kinder Partner. Sie verlassen ihre Rollen der Über- und Unterordnung. Nur noch den Regeln des Spiels unterworfen, lösen sie sich zeitweise aus den oft anstrengenden Verpflichtungen des Alltags.

Über die Familie hinaus

Zu vielen Familienfesten laden wir Gäste ein: Freunde und Freundinnen, Bekannte und Verwandte. Feste und Feiern verbinden uns auch über die Familie hinaus. Dies gilt in besonderer Weise für uns Christen. Hier wird sich die »kleine Kirche« der Familie immer wieder auch verbunden wissen mit der großen Kirche, der Pfarrgemeinde. In dem Maße, wie in den Familien wirklich gefeiert wird, werden auch Familien in der Gemeinde Feste mitfeiern und gestalten können. Diese lassen erleben, dass wir in der Familie nicht wie auf einer Insel allein mit unseren Hoffnungen, Sehnsüchten und Ängsten sind. Die Feiern der Kirche sind Ausdruck des Glaubens und der Hoffnung, die uns mit allen Christen verbindet.

Durch den
TAG
durch die
WOCHE

Unter dem Segen Gottes

Der Herr segne dich und behüte dich.
Der Herr lasse sein Angesicht leuchten
über dir und sei dir gnädig.
Numeri 6,24–25

Segenszeichen

An besonderen Stationen unseres Lebens, aber auch für unseren Alltag wünschen wir uns Gottes Segen. Unser deutsches Wort »segnen« ist vom lateinischen *signare* abgeleitet. Es bedeutet wörtlich »bezeichnen« im Sinne von »siegeln« oder »besiegeln«.

Als Christen dürfen wir im Namen Gottes segnen. Wir führen sozusagen sein Siegel. Seinen Namen und damit seinen Schutz und seine Gegenwart dürfen wir wie mit einem Siegel auf Menschen und Gegenstände »drücken«. Die Form und die Gestalt dieses »Siegels«, dieses »Segens« ist das Kreuz. Im Zeichen des Kreuzes soll die allumfassende Liebe Gottes zum Ausdruck kommen. Das Kreuz verbindet symbolisch in der Senkrechten Himmel und Erde, Gott und Mensch. In der Waagerechten nach rechts und links umschließt es alle Menschen und den ganzen Erdkreis.

Segnen mit dem großen Kreuzzeichen

Mit den Worten »Im Namen des Vaters und des Sohnes und des Heiligen Geistes« machen katholische Christen große Kreuzzeichen über ihren Körper: von der Stirn zur Brust und weiter zur linken und rechten Schulter. Damit wollen sie sich ganz unter Gottes Schutz stellen. In diesem Kreuzzeichen wird das bewusst und geradezu körperlich spürbar.

Segnen mit dem kleinen Kreuzzeichen

Es ist mehr als eine schöne Geste, wenn wir einander mit dem kleinen Zeichen des Kreuzes segnen, das wir mit dem Daumen auf die Stirn zeichnen. So stellen wir einander unter den Schutz Gottes und vertrauen uns ihm an. Eltern machen dieses Segens-

Wettersegen

Im Frühjahr und Sommer, vor allem in den Monaten Mai und Juni, in denen früher häufig auch Flur- und Bittprozessionen stattfanden, wird der Schlusssegen im Gottesdienst oft mit der Bitte um gutes Wetter verbunden:

V: Gott, der allmächtige Vater, segne euch und schenke euch gedeihliches Wetter; er halte Blitz, Hagel und jedes Unheil von euch fern.
A: Amen.
V: Er segne die Felder, die Gärten und den Wald, und schenke euch die Früchte der Erde.
A: Amen.
V: Er begleite eure Arbeit, damit ihr in Dankbarkeit und Freude gebrauchet, was durch die Kräfte der Natur und die Mühe des Menschen gewachsen ist.
A: Amen.
V: Das gewähre euch der dreieinige Gott, der Vater und der Sohn und der Heilige Geist.
A: Amen.

zeichen ihrem Kind abends vor dem Einschlafen auf die Stirn oder wenn es morgens aus dem Haus geht. Wir können einander segnen, wenn wir uns in besonderen Lebenssituationen Gott anvertrauen wollen und dies auch spüren möchten, etwa vor einer längeren Reise, vor einem Tag mit schweren Entscheidungen, vor einer Operation.

Drei kleine Kreuzzeichen

In der heiligen Messe zeichnen sich die Gottesdienstteilnehmer vor dem Evangelium drei kleine Kreuzzeichen auf Stirn, Mund und

Herz. Dies drückt die Bitte aus, dass Gott in unserem Denken, Sprechen und Fühlen bei uns sein und bleiben möge.

Segnen mit Weihwasser

Wenn wir eine katholische Kirche betreten, findet sich gleich am Eingang ein Gefäß mit Weihwasser. Mit dem Weihwasser bekreuzigen wir uns in Erinnerung an unsere Taufe, in der Gott uns ausdrücklich seine Zusage bestätigt hat: »Ich bin bei dir.«
Weihwasser können wir aus der Kirche auch mit nach Hause nehmen. So können wir uns auch hier immer wieder unseres Getauftseins bewusst werden, wenn wir uns mit diesem Wasser am Abend oder Morgen segnen: »Im Namen des Vaters und des Sohnes und des Heiligen Geistes.«

Großer Segen

Ein großer Segen wird vom Papst am Osterfest gesprochen. Er heißt »Urbi et orbi«, weil er über die Stadt Rom und den Erdkreis gesprochen wird.
In der evangelischen Kirche wird im Gottesdienst oft der große Segen aus dem Alten Testament gesprochen:

Der Herr segne und behüte euch.
Der Herr lasse sein Angesicht
über euch leuchten
und sei euch gnädig;
Er wende euch sein Antlitz zu
und schenke euch seinen Frieden.
Numeri 6,24–26

Segnung von Gegenständen

Oft werden auch Gegenstände gesegnet: Kerzen, Rosenkränze, Schmuck-Kreuze, Medaillen oder auch Fahrzeuge. Wir besiegeln sie sozusagen mit dem Namen Gottes, damit sie uns an seine Gegenwart erinnern und sie –

etwa bei der Segnung von Fahrzeugen und Häusern – unter seinem Schutz stehen, und damit auch wir.

Reise- und Pilgersegen

Der Gott des Weges
segne und beschütze dich
Brich auf zum Pilgern
aus sorgenvollen Gedanken
aus erstarrten Gewohnheiten
aus einengenden Erwartungen
Sei achtsam unterwegs
mit Leib und Seele
mit allen Sinnen
mit Zuversicht und ganzem Herzen
Gott begleite dich
wenn dein Weg in eine neue Richtung führt
wenn du schwankenden Boden betrittst
wenn du Natur, Menschen
und Kultur begegnest
Die Sonne erwärme dein Gesicht
der Wind stärke deinen Rücken
der Regen erfrische dein Leben
die Wegweiser mögen dich
zu deinen Zielen führen
Der Gott des Weges
segne und beschütze dich

Peter Müller

Die Segnung des Hauses oder der Wohnung

Die Segnung eines Hauses oder einer Wohnung soll zum Fest der ganzen Familie werden. Bei der Vorbereitung kann überlegt werden, wie die Haussegnung mit Gesang oder Musik verschönert werden kann. Auch gemeinsames Essen und Trinken gehören dazu.

Freunde suchen aus Anlass der Haussegnung oft nach einem geeigneten Geschenk. Viele freuen sich über

> ein schönes Kreuz
> Bilder der Namenspatrone
> ein Weihwasserbecken oder –krug
> eine gut gestaltete Bibel
> einen – evtl. selbst geschriebenen oder gestalteten – Hausspruch.

Alter Haussegen
Freude dem, der kommt.
Friede dem, der hier verweilt.
Segen dem, der weiterzieht.

Es ist auch üblich, Salz und Brot mitzubringen als Zeichen für die lebensnotwendigen Dinge im Haus.

Die Haussegnung oder Segnung einer Wohnung entspricht alter christlicher Sitte. Jesus gebot seinen Jüngern, beim Betreten eines Hauses diesem und seinen Bewohnern den Frieden zu wünschen (Lukas 10,5).

Um diesen Frieden des Herrn bitten wir, wenn das Haus oder die Wohnung gesegnet wird.

Vergesst die Gastfreundschaft nicht;
denn durch sie haben einige,
ohne es zu ahnen, Engel beherbergt.
Hebräerbrief 13,1–2

Eröffnung

V: *Im Namen des Vaters und des Sohnes und des Heiligen Geistes. Amen. Der Friede sei mit diesem Haus und mit allen, die darin wohnen.*
A: *Und mit deinem Geiste.*
V: *Herr Jesus Christus, du hast verheißen: Wo zwei oder drei in meinem Namen versammelt sind, da bin ich mitten unter ihnen.*
Herr, erbarme dich.
A: *Herr, erbarme dich.*
V: *Du hast versprochen, dass der Vater jedes Gebet erhört, das wir in deinem Namen an ihn richten.*
Christus, erbarme dich.
A: *Christus, erbarme dich.*
V: *Du hast uns durch deinen Tod und deine Auferstehung zu Mitbürgern der Heiligen und zu Hausgenossen Gottes gemacht.*
Herr, erbarme dich.
A: *Herr, erbarme dich.*
V: *Lasset uns beten.*
Herr Jesus Christus, du bist in das Haus des Zachäus eingekehrt. Komme auch zu uns mit deinem Segen, der du lebst und herrschest in alle Ewigkeit.
A: *Amen.*

Worte aus der Heiligen Schrift

Halte deine Augen offen über diesem Haus
bei Nacht und bei Tag, über der Stätte,
von der du gesagt hast, dass dein Name
hier wohnen soll.
1 Könige 8,29a

Wenn nicht der Herr das Haus baut,
müht sich jeder umsonst, der daran baut.
Wenn nicht der Herr die Stadt bewacht,
wacht der Wächter umsonst.
Psalm 127,1

Das Haus der Stolzen reißt der Herr nieder,
den Grenzstein der Witwe aber macht er fest.
Sprichwörter 15,25

Wir wissen: wenn unser irdisches Zelt abge-
brochen wird, dann haben wir eine Wohnung
von Gott, ein nicht von Menschenhand
errichtetes ewiges Haus im Himmel.
2 Korinther 5,1

Wenn ihr in ein Haus kommt,
dann wünscht ihm Frieden.
Wenn das Haus es wert ist, soll der Friede,
den ihr ihm wünscht, bei ihm einkehren.
Matthäus 10,12.13a

Es folgt eine kurze Ansprache des Priesters
oder auch aus dem Kreis derjenigen, die in
die neue Wohnung einziehen.

Segensgebet

V: *Lasset uns beten: Gepriesen bist du, Vater,*
weil dein Sohn Jesus Christus zu unserem Heil
Mensch geworden ist und uns durch Wort und
Beispiel gelehrt hat, deinen Willen zu tun.
Blicke in Güte auf dieses Haus und verleihe ihm
deinen Segen. Erhöre die Bitten, die wir, vereint
mit seinen Bewohnern, an dich richten, und
schenke ihnen Frieden und Freude im Heiligen
Geist, Erfolg in ihren Unternehmungen und
Schutz vor allen Gefahren. Bewahre sie vor fal-
schem Vertrauen auf vergängliche Güter und lehre
sie, dass du selbst das Ziel unseres Lebens bist.
Darum bitten wir durch Christus, unseren Herrn,
A: *Amen.*

Der Priester besprengt die einzelnen Räume
mit Weihwasser. Unterdessen können die Anwesenden beten oder singen.

Lieder zur Auswahl aus dem Gotteslob

Wer unterm Schutz des Höchsten steht, Nr.
291; Herr, unser Herr, wie bist du zugegen,
Nr. 298; Solang es Menschen gibt auf Erden,
Nr. 300; Nahe wollt der Herr uns sein, Nr. 617

Fürbitten

V: *Lasset uns jetzt beten zu Gott, in dessen Liebe*
wir geborgen sind: Himmlischer Vater, wir haben
nun dieses Haus / diese Wohnung gesegnet, damit
du bei den Menschen bist, die hier wohnen. Ge-
leite sie auf ihrem Lebensweg in schweren und
frohen Tagen.
A: *Wir bitten dich, erhöre uns.*
V: *In diesem Haus / dieser Wohnung sind Gäste*
stets willkommen. Sie werden Freude und Glück
in dieses Haus / diese Wohnung tragen. Wir bitten
dich Herr, schenke den Menschen, die hier woh-
nen, auch die Kraft, die Tür denen zu öffnen, die
Hilfe und Trost suchen.
A: *Wir bitten dich, erhöre uns.*
V: *Wir bitten dich auch für alle, die in diesen Wän-*
den von Krankheit und Leid bedrängt werden.
Lass sie nicht mutlos werden und Heilung finden.
A: *Wir bitten dich, erhöre uns.*
V: *Lasset uns beten, wie der Herr uns zu beten*
gelehrt hat:
A: *Vater unser … Denn dein ist das Reich …*
V: *Als die Apostel hinter verschlossenen Türen ver-*
sammelt waren, trat der Herr in ihre Mitte und
sprach: Frieden hinterlasse ich euch, meinen Frie-
den gebe ich euch. Dieser Friede des auferstan-
denen Herrn soll auch die Mitte dieses Hauses /
dieser Wohnung sein. Der Friede des Herrn sei
allezeit mit euch.
A: *Und mit deinem Geiste.*

Schlusssegen

V: *Heute ist diesem Haus Heil widerfahren. Der*
Friede und der Segen mögen auf ihm ruhen und
seine Bewohner erfüllen. Das gewähre euch der
dreieinige Gott, der Vater und der Sohn und der
Heilige Geist.
A: *Amen.*

Einladung zu einer tasse jasmintee
Treten Sie ein, legen Sie Ihre
traurigkeit ab, hier
dürfen Sie schweigen
Reiner Kunze

Durch den Tag

Ich bitte nicht um Wunder und Visionen, Herr,
sondern um Kraft für den Alltag.
Lehr mich die Kunst der kleinen Schritte.

Antoine de Saint-Exupéry

Dem Tag ein Gesicht geben

»Ein Tag ist wie der andere.« – »Kein Tag ist wie der andere.« Beides stimmt. So unterschiedlich erleben wir den Lauf des Tages. Erlebnisse, Stimmungen, Gesundheit oder Krankheit, Arbeit oder Freizeit prägen die Stunden und Zeiten des Tages. In vielen Familien werden nur noch wenige Stunden des Tages gemeinsam verbracht. Oft ergibt sich erst am Abend ein wenig Zeit füreinander. Kostbare, lebensnotwendige Zeit. Freie Tage am Wochenende oder im Urlaub lassen die Tageszeiten bewusster erleben.

Dennoch: Zu jeder Tageszeit können wir wertvolle Erfahrungen machen.

... den Geräuschen des Tages lauschen,
als wären es Akkorde der Ewigkeit.
Karl Kraus

Guten Morgen

Ein neuer Tag beginnt. Wir empfinden ihn ganz unterschiedlich. Nach einer guten Nacht fällt es manchmal schwer aufzustehen. Nach einer schlaflosen Nacht, in der uns Krankheit oder Sorgen quälten, ist der Morgen wie eine Erlösung.

Ein neuer Tag liegt vor uns. Ein neuer Anfang ist möglich: *Morgen* – Zeit des Aufstehens – Sinnbild auch der Auferstehung – neues Leben erwacht. Ich kann bei anderen neues Leben wecken durch mein Lächeln, mein gutes Wort, meinen freundlichen Gruß.

Morgengebete

Herr, allmächtiger Gott,
am Beginn dieses neuen Tages
bitten wir dich:
Schütze uns heute durch deine Kraft.
Bewahre uns vor Verwirrung und Sünde.
Lass uns denken, reden und tun,
was recht ist vor dir.
Durch Christus, unsern Herrn. Amen.
Gotteslob, Nr. 14/2

Alles meinem Gott zu Ehren
in der Arbeit, in der Ruh!
Gottes Lob und Ehr zu mehren,
ich verlang und alles tu.
Meinem Gott nur will ich geben
Leib und Seel, mein ganzes Leben.
Gib, o Jesus, Gnad dazu.
Duderstadt, 1724

Die Nacht ist vergangen, der Tag ist da,
lasst uns wachen und nüchtern sein
und abtun, was uns träge macht,
dass wir leben unter seiner Sonne
und ihn preisen, unseren Gott,
vom ersten Morgenlied an
bis zur Ruhe der Nacht.
Jörg Zink

Ich bitte dich, Herr, um die große Kraft,
diesen kleinen Tag zu bestehen,
um auf dem großen Wege zu dir
einen kleinen Schritt weiterzugehen.
Ernst Ginsberg

Morgengebete mit Kindern

Lieber Gott, ich bitte dich,
schau auch diesen Tag auf mich.
Was ich denke, red und tu,
gib deinen Segen mir dazu.

O Gott, du hast in dieser Nacht
so väterlich für mich gewacht.
Ich lob und preise dich dafür
und dank für alles Gute dir.
Bewahre mich auch diesen Tag
vor Sünde, Tod und jeder Plag.
Und was ich denke, red und tu,
das segne, liebster Vater, du.
Beschütze auch, ich bitte dich,
o heil'ger Engel Gottes, mich.
Maria, bitt an Gottes Thron
für mich bei Jesus, deinem Sohn,
der hochgelobt sei allezeit
von nun an bis in Ewigkeit. Amen.

Lieber Vater im Himmel,
wir haben gut geschlafen.
Wir danken dir.
Wir können laufen und springen.
Wir danken dir.
Wir können sehen und hören.
Wir danken dir.
Wir können spielen und lustig sein.
Wir danken dir.
Wir haben zu essen und zu trinken.
Wir danken dir.
Wir sind gesund und lebendig.
Wir danken dir. Amen.

Lieber Gott, ich danke dir,
dass ich so gut geschlafen habe.
Manches Schöne habe ich geträumt.
Aber ich habe auch ein bisschen
Angst gehabt.
Bleibe du heute bei mir, wenn ich jetzt
in die Schule gehe. Hilf auch Vater und
Mutter heute bei ihrer Arbeit. Amen.

Wir können auch selber ein Gebet für den Tag formulieren, indem wir »Danke« sagen für die vergangene Nacht und für den Tag bitten, etwa so:

Ein schönes Zeichen des Gebetes kann auch ein kleines Kreuzzeichen sein, das Mutter oder Vater sich gegenseitig und auch den Kindern auf die Stirn zeichnen, wenn sie das Haus verlassen.

Guter Gott,
wir danken dir für die vergangene Nacht.
Nun hat ein neuer Tag angefangen.
Du schenkst uns diesen Tag.
Zeige uns heute,
was gut und was nicht gut ist.
Hilf du uns heute, gut zueinander zu sein
und gut zu allen Menschen,
denen wir an diesem Tag begegnen.
Amen.

Mitte des Tages

Wende des Tages. Die Sonne hat ihren Höhepunkt erreicht. Mittagspause – Zeit der Unterbrechung – Mahlzeit – Pause im Tageslauf. Vielerorts läuten die Glocken um 12 Uhr. Sie rufen zur Einkehr, zum Gebet, zu Tisch. Nach alter Tradition wird der »Engel des Herrn« gebetet.

Engel des Herrn

V: *Der Engel des Herrn brachte Maria die Botschaft,*
A: *und sie empfing vom Heiligen Geist.*
Gegrüßet seist du, Maria …
V: *Maria sprach: Siehe, ich bin die Magd des Herrn;*
A: *mir geschehe nach deinem Wort.*
Gegrüßet seist du, Maria …
V: *Und das Wort ist Fleisch geworden*
A: *und hat unter uns gewohnt.*
Gegrüßet seist du, Maria …
V: *Bitte für uns, heilige Gottesmutter,*
A: *dass wir würdig werden der Verheißungen Christi.*
V: *Lasset uns beten. – Allmächtiger Gott, gieße deine Gnade in unsere Herzen ein. Durch die Botschaft des Engels haben wir die Menschwerdung Christi, deines Sohnes, erkannt. Lass uns durch sein Leiden und Kreuz zur Herrlichkeit der Auferstehung gelangen. Darum bitten wir durch Christus, unsern Herrn.*
A: *Amen.*

Tischgebete

Vor dem Essen

Komm, Herr Jesus, sei unser Gast,
und segne, was du uns bescheret hast.

O Gott, von dem wir alles haben,
wir danken dir für diese Gaben.
Du speisest uns, weil du uns liebst.
O segne auch, was du uns gibst.
Amen.

Aller Augen warten auf dich, o Herr;
du gibst ihnen Speise zur rechten Zeit.
Du öffnest deine Hand
und erfüllst alles, was lebt, mit Segen.

Herr, segne uns und diese deine Gaben,
die wir von deiner Güte nun empfangen,
durch Christus, unsern Herrn.
Amen.

Vater, wir leben von deinen Gaben.
Segne das Haus, segne das Brot.
Gib uns die Kraft,
von dem, was wir haben,
denen zu geben in Hunger und Not.

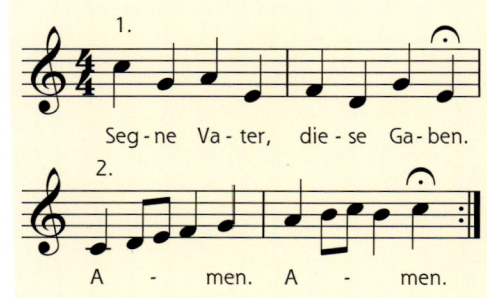

Nach dem Essen

Wir danken dir, allmächtiger Gott,
für alle deine Wohltaten, der du lebst
und herrschest in Ewigkeit.
Amen.

Dir sei, o Gott, für Speis und Trank,
für alles Gute Lob und Dank.
Du gabst, du willst auch künftig geben.
Dich preise unser ganzes Leben.
Amen.

Wir wollen danken für unser Brot,
wir wollen helfen in aller Not.
Wir wollen schaffen, die Kraft gibst du.
Wir wollen lieben, Herr, hilf dazu.

Du hast uns mit Leib und Leben beschenkt
und hast uns zu Essen gegeben.
Du Vater, der die Sterne lenkt,
lenke auch unser Leben.
Thomas Moore

Gebete mit Kindern

Alle guten Gaben,
alles, was wir haben,
kommt, o Gott, von dir!
Wir danken dir dafür.

Wir danken dir, du treuer Gott,
für unser gutes täglich Brot.
Lass uns in dem, was du uns gibst,
erkennen, Herr, dass du uns liebst.

Jedes Tierlein hat sein Essen,
jedes Blümlein trinkt von dir.
Hast auch unser nicht vergessen,
guter Gott, wir danken dir.

Gott schuf die Erde und dich und mich,
er schuf die Pflanzen, die Tiere, den Fisch.
So wollen wir mit Freude und Dank
*   jetzt essen*
und auch die anderen nicht vergessen.

Oder ein frei formuliertes Gebet:

Lieber Gott, wir haben wieder genug
zu essen. Manchmal nehmen wir es
als selbstverständlich hin.
Wir wollen all denen danken,
die dieses Essen zubereitet haben.
Wir wollen auch an alle denken,
die nicht so viel haben.
Schenke uns immer die Bereitschaft
zu teilen. Lass alle Menschen satt werden.
Amen.

Gott,
wenn wir Hunger haben,
haben wir ausreichend zu essen.
Wenn wir Durst haben,
haben wir ausreichend zu trinken.

Andere haben Hunger
und kaum etwas zu essen.
Wieder andere haben Durst
und kaum etwas zu trinken.

Wir, die wir reichlich
zu essen und zu trinken haben,
lass uns um die besorgt sein,
die hungrig und durstig sind.

Guten Abend

Abend ist die Zeit, in der wir heimkommen. Zeit des Wiedersehens der Kinder mit ihren Eltern, der Ehegatten, der Freunde ... Der Feierabend.

Der Abend führt zusammen. In vielen Ländern sitzen, spielen und reden die Menschen in den Abendstunden lange miteinander.

Am Abend können wir in Ruhe auch zu uns selbst kommen: Zeit der Sammlung, nicht nur der Zerstreuung, etwa durch Fernsehen und andere Medien. Zeit des Rückblicks vor Gott im Gebet. Allein – mit dem Partner – mit den Kindern.

Der Abend ist auch Sinnbild für den Abschied, für das Sterben und für den Tod. Wieder ein Tag vergangen – doch mit der Hoffnung auf einen neuen Morgen. Jeder neue Tag ist ein Geschenk.

Abendgebete mit Kindern

Am Abend ist am ehesten Zeit für ein persönliches Gebet. Gerade mit Kindern kann das Abendgebet auch eine kleine Rückschau auf den Tag sein:

> Worüber habe ich mich heute gefreut?
> Was ist mir heute schwergefallen?
> Wem habe ich heute Unrecht getan?
> Wem habe ich eine kleine Freude gemacht?
> Für wen möchte ich beten?

Aus den Erinnerungen, die von diesen Fragen geweckt werden, können dann Eltern oder Kinder ein persönliches Gebet formulieren. Dieses Gebet kann abschließen mit einem kleinen Vorsatz für den kommenden Tag:

> Wem möchte ich morgen eine kleine Freude machen, ein gutes Wort sagen, ein wenig helfen, wen zum Spielen oder zu den Hausaufgaben einladen?

Abendgebete

Herr, in deine Hände lege ich voll Vertrauen meinen Geist. Es segne und behüte mich der allmächtige und barmherzige Gott, der Vater, der Sohn und der Heilige Geist.

Danke für alles, was heute schön war, was andere für mich getan haben, was ich erleben und erfahren durfte, für alle Menschen, die mir begegnet sind ... Verzeih mir alles, was ich nicht recht gemacht habe, wenn ich andern geschadet habe, wenn andere vergebens von mir Hilfe erwartet haben ... Ich bitte dich für Eltern, Geschwister und für alle, die unglücklich sind, die in Sorgen leben, für alle, die nie satt werden. Sei du mit den Einsamen und Sterbenden und zeige mir jeden Tag, wie ich helfen kann. Segne uns alle und schenke eine ruhige Nacht.

Müde bin ich, geh zur Ruh,
schließe beide Augen zu.
Vater, lass die Augen dein
über meinem Bette sein!

Hab ich Unrecht heut getan,
sieh es, lieber Gott, nicht an!
Deine Gnad und Jesu Blut
macht ja allen Schaden gut.

Alle, die mir sind verwandt,
Gott, lass ruhn in deiner Hand.
Alle Menschen, groß und klein,
sollen dir befohlen sein.

Kranken Herzen sende Ruh,
nasse Augen schließe zu.
Lass den Mond am Himmel stehn
und die stille Welt besehn.

Luise Hensel (1798–1876)

Wir bitten dich, gütiger Vater,
schenk uns in dieser Nacht das Licht
deiner Gegenwart; lass uns, deine Diener,
in Frieden schlafen und wecke uns morgen
in deinem Namen, damit wir gesund
und froh einen neuen, von deinem Licht
erfüllten Tag beginnen.
Aus dem Abendgebet der Kirche

Bleibe bei uns, Herr,
denn es will Abend werden,
und der Tag hat sich geneigt.
Bleibe bei uns und bei deiner
ganzen Kirche.
Bleibe bei uns am Abend des Tages,
am Abend des Lebens, am Abend der Welt.
Bleibe bei uns mit deiner Gnade und Güte,
mit deinem heiligen Wort und Sakrament,
mit deinem Trost und Segen.
Bleibe bei uns, wenn über uns kommt
die Nacht der Trübsal und Angst,
die Nacht des Zweifels und der Anfechtung,
die Nacht des bitteren Todes.
Bleibe bei uns und bei allen
deinen Gläubigen
in Zeit und Ewigkeit. Amen.

Bevor des Tages Licht vergeht
o Herr der Welt, hör dies Gebet:
Behüte uns in dieser Nacht
durch deine große Güt und Macht.
Friedrich Dörr

Guter Gott,
wir danken dir für den vergangenen Tag.
Wir haben so viel erlebt heute …
Wir haben gespielt, und wir haben gelacht.
Wir haben geweint, und wir
haben gezankt.
Wir haben uns gefreut, und wir
waren traurig.
Wir haben uns lieb gehabt,
und wir haben einander wehgetan.
Wenn wir anderen verzeihen,
dann verzeihst du uns.
Segne uns alle
und gib uns allen eine gute Nacht.
Segne auch alle die,
die es nicht so gut haben wie wir,
die krank sind oder hungrig,
die traurig sind oder einsam. Amen.

Lieber Vater im Himmel,
das war ein schöner Tag heute.
Wir danken dir.
Wir sind gesund geblieben, uns ist
nichts passiert.
Wir danken dir.
Andere waren freundlich und gut zu uns.
Wir danken dir.
Du bleibst gut zu uns,
auch wenn wir nicht alles gut
gemacht haben.
Wir danken dir.
Wenn wir heute anderen wehgetan haben,
dann wollen wir morgen gut zu ihnen sein.
Schütze du uns in dieser Nacht
und lass uns alle gut schlafen. Amen.

Gute Nacht

Nacht – Zeit des Schlafens; Zeit der Dunkelheit. Manchmal auch Zeit der Sorge und des Wachens. In der Nacht bin ich mit mir und meinem Leben allein. Ich bin nicht von der Umwelt beansprucht und gefordert. Ich kann zu mir selbst finden. Zeit der Freiheit für meine Gefühle: Zeit der Liebe und Zärtlichkeit – aber auch der Ängste; Zeit des Unterbewussten, der Träume; auch durch sie komme ich zu mir selbst. Vertraut geworden mit dem, was mich in der Tiefe bewegt, kann ich Kraft sammeln für einen neuen Aufstieg: Die Mitte der Nacht ist der Anfang des Tages.

Ich hoffe auf dich, Herr!
Meine Seele wartet auf dich
wie ein Wächter auf den Morgen,
sehnlicher, ja,
als ein Wächter auf den Morgen wartet.
Nach Psalm 130,6

Gebet in schlafloser Nacht

Mein Gott,
ich kann nicht einschlafen.
So viele Gedanken gehen mir
durch den Kopf.
Es war zu viel, was in den letzten
Tagen auf mich zukam.
Ich mache mir Sorgen darüber,
was morgen sein wird.
Herr, lass mich ruhig werden.
Schenke mir jetzt den Schlaf,
den ich brauche, um morgen den Tag
bestehen zu können.

Einverständnis

Da du schon alles weißt,
mag ich nicht beten –
tief atme ich ein,
lang atme ich aus,
und siehe:
Du lächelst.

Kurt Marti

Grundgebete des Glaubens

Das Kreuzzeichen

*Im Namen des Vaters und des Sohnes
und des Heiligen Geistes.
Amen.*

Ehre sei dem Vater

*Ehre sei dem Vater und dem Sohn
und dem Heiligen Geist,
wie im Anfang, so auch jetzt und allezeit
und in Ewigkeit. Amen.*

Das Gebet des Herrn

*Vater unser im Himmel,
geheiligt werde dein Name.
Dein Reich komme.
Dein Wille geschehe,
wie im Himmel so auf Erden.
Unser tägliches Brot gib uns heute.
Und vergib uns unsere Schuld,
wie auch wir vergeben unsern Schuldigern.
Und führe uns nicht in Versuchung,
sondern erlöse uns von dem Bösen.
Denn dein ist das Reich und die Kraft
und die Herrlichkeit in Ewigkeit.
Amen.*

Ave Maria

*Gegrüßet seist du, Maria, voll der Gnade,
der Herr ist mit dir. Du bist gebenedeit
unter den Frauen, und gebenedeit ist die
Frucht deines Leibes, Jesus.
Heilige Maria, Mutter Gottes,
bitte für uns Sünder jetzt und in der Stunde
unseres Todes. Amen.*

Das Apostolische Glaubensbekenntnis

*Ich glaube an Gott,
den Vater, den Allmächtigen,
den Schöpfer des Himmels und der Erde,
und an Jesus Christus,
seinen eingeborenen Sohn, unsern Herrn,
empfangen durch den Heiligen Geist,
geboren von der Jungfrau Maria,
gelitten unter Pontius Pilatus,
gekreuzigt, gestorben und begraben,
hinabgestiegen in das Reich des Todes,
am dritten Tage auferstanden von den Toten,
aufgefahren in den Himmel;
er sitzt zur Rechten Gottes,
des allmächtigen Vaters;
von dort wird er kommen,
zu richten die Lebenden und die Toten.
Ich glaube an den Heiligen Geist,
die heilige katholische Kirche,
Gemeinschaft der Heiligen,
Vergebung der Sünden,
Auferstehung der Toten
und das ewige Leben.
Amen.*

Der Text des »Großen Glaubensbekenntnisses«
findet sich im Gotteslob, Nr. 356. Hinweise zum
Rosenkranz hier in diesem Buch S. 403, der Text
des Magnifikat steht auf S. 401.

Durch die Woche

In Zeitnot geraten wie in ein Netz
ist der Mensch,
atemlos hetzt er durch sein Leben
und wischt sich den Schweiß.
Ein Fluch des Jahrhunderts ist diese Eile.

Jewgeni Jewtuschenko

Die Zeit gestalten

»Kommen Sie gut durch die Woche«, hören wir im Radio am frühen Montagmorgen auf der Fahrt zur Arbeit. Eine wohlmeinende Aufmunterung, eine kleine Ermahnung oder doch eher ein frommer Wunsch, eine nichtssagende Floskel?

Die Woche – das sind die Werktage, die Arbeitstage, die Diensttage, das ist der ganz normale Alltag. Die Woche – das bedeutet Leistung, Belastung, Termindruck, Hektik, Stress. In der Woche mangelt es uns an vielem: an Zeit, an Ruhe, an Muße, an Tiefgang. Der Alltag holt uns immer wieder ein, mit all seinen Alltäglichkeiten, seinen Gewohnheiten, seiner Routine, seiner Eintönigkeit.

Jedoch: Die meiste Zeit unseres Lebens verbringen wir die Woche über. Die meiste Zeit unseres Lebens ist Werktag, Arbeitstag, Wochentag. Die meiste Zeit unseres Lebens ist eben Alltag. Ist es der »graue Alltag«, vor dem es einem »grauen« mag und der auf Dauer zerstörerisch wirken kann – seelisch wie körperlich? Oder ist es doch eher der »bewährte« Alltag? Vieles ist vorgegeben, vieles wiederholt sich, vieles hat sich bewährt und will bewahrt sein, vieles hat sich als hilfreich und entlastend erwiesen. Das alles gibt Halt und Sicherheit, das alles verspricht Stabilität und Beständigkeit.

Ohne den normalen und unkomplizierten Alltag wäre Leben kaum möglich, weder in Schule, Beruf oder Freizeit noch in Ehe oder Familie. Der Alltag findet zu seinem eigenen Rhythmus. Da reichen oft wenige Worte und kleine Zeichen, Winke und Gesten aus. Sie können uns mit dem Alltag versöhnen. Und dann kommen wir wirklich gut durch die Woche.

Wenn ich Zeit hätte ...

»Guten Tag«, sagte der kleine Prinz.
»Guten Tag«, sagte der Händler.
Er handelte mit höchst wirksamen, durststillenden Pillen. Man schluckt jede Woche eine und spürt überhaupt kein Bedürfnis mehr zu trinken.
»Warum verkaufst du das?«, sagte der kleine Prinz. »Das ist eine große Zeitersparnis«, sagte der Händler. »Die Sachverständigen haben Berechnungen angestellt. Man erspart dreiundfünfzig Minuten in der Woche.«
»Und was macht man mit diesen dreiundfünfzig Minuten?«
»Man macht damit, was man will ...«
»Wenn ich dreiundfünfzig Minuten übrig hätte«, sagte der kleine Prinz, »würde ich ganz gemächlich zu einem Brunnen laufen ...«

Antoine de Saint-Exupéry

Im alten Rom war die gemächliche, langsame Bewegung ein Zeichen von Freiheit. Wer rannte, war ein Sklave. Und heute?

Alle Tage Alltag?

Alltagstrott

Der Wecker rasselt – früh aufstehen – schnell frühstücken – die Tasche packen – Auto aus der Garage – verstopfte Straßen – Parkplatzsuche – so eben pünktlich im Büro – immer die gleichen Akten; immer dieselben Kollegen; immer der gleiche Betrieb – das vorgeschriebene Pensum leisten – Essen in der Kantine – wieder über Akten sitzen – die Kollegen als Nervensägen – pünktlich Feierabend machen – mit dem Auto nach Hause – bleierne Müdigkeit – zu Hause die Frau mit den neuesten Hiobsbotschaften – Abendessen – Fernsehen, zu nichts anderem mehr fähig – rechtzeitig zu Bett gehen – in den neuen (All-)Tag schlafen.

Das Leben besteht aus vielen kleinen Münzen, und wer sie aufzuheben weiß, hat ein Vermögen.
Jean Anouilh

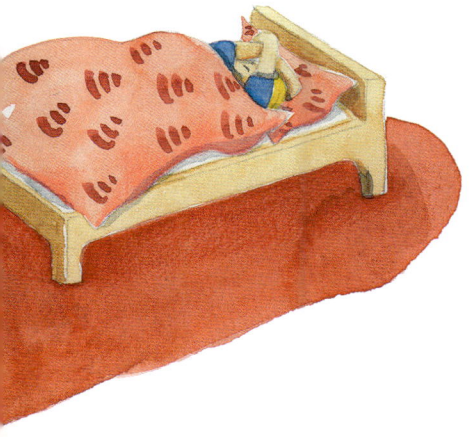

Wider den Alltagstrott

ein Steckenpferd reiten
Sport treiben
ein »Haus der offenen Tür« haben
Freunde und Kollegen besuchen
einen Tanzkurs mitmachen
ins Kino gehen
eine Kinder- oder Jugendgruppe leiten
das Gespräch am Arbeitsplatz suchen
in Eltern- oder Bürgerinitiativen mitmachen
Überstunden abbauen
an Weiterbildungsmaßnahmen teilnehmen
Theater besuchen
Abendwanderung machen
das Fernsehen einmal abschalten
Gäste einladen
…

Tik tak

»Alles geht nach der Uhr«, sagt Frau Ureburegurli. »Um ein Uhr haben die Kinder gegessen, bis zwei Uhr arbeiten sie an den Schulaufgaben, bis fünf Uhr dürfen sie spielen, um halb sechs essen sie Abendbrot, danach lernt die Großmutter noch mit den Kindern, und von abends sieben bis morgens sieben schlafen sie. Um acht gehen sie zur Schule, und um zwölf Uhr dreißig sind sie wieder zu Haus.« »Ich bin gespannt«, sagt Frau Lustibustigiero, die Nachbarin, »wie lange es dauert, bis ihre Kinder nur noch tik tak sagen.«

Irmela Wendt

Mensch und Arbeit

Arbeiten, um zu leben – leben, um zu arbeiten

Die Arbeit ist so alt wie die Menschheit: Steinbeile schleifen, Pyramiden bauen, Felder bepflanzen, Autos konstruieren, Raketen zünden. Die Arbeit hat heute viele Gesichter: Schichtarbeit, Forschungsarbeit, Büroarbeit, Hausarbeit, Schularbeit, Fließbandarbeit, Sonntagsarbeit.

Menschen müssen arbeiten, um leben zu können. Sie müssen ihren Lebensunterhalt verdienen. Arbeit und Beruf bedeuten aber mehr! In ihnen sollen die Einzelnen ihre Begabungen und Fähigkeiten – ihre »Talente« – einbringen und verwirklichen können, zum eigenen Wohl, aber auch zum Wohl der Gemeinschaft. Viele können ihre Arbeit aber nur noch als Broterwerb oder als »Job« verstehen, der die notwendigen Mittel für das »eigentliche Leben« in Familie, Freizeit und Urlaub verschafft. Die Zahl der Menschen wächst, denen es heute schwerfällt, in ihrer täglichen Arbeit Lebenssinn zu erfahren. Die Arbeitsbedingungen lassen es vielerorts kaum zu: ständig steigende Leistungsanforderungen mit starken körperlichen und geistig-seelischen Belastungen, Flexibilität und Mobilität mit zunehmendem Arbeitsplatz- und Berufswechsel, Begrenzung der eigenen Gestaltungsmöglichkeiten im Arbeitsvollzug, fehlende oder geringe Kontakte zu Arbeitskollegen, Routine und Leerlauf im Arbeitsprozess ...

Das Gleiche tun – und doch nicht dasselbe

Drei Bauarbeiter waren dabei, Steine zu behauen, als ein Fremder zu ihnen trat und den ersten Arbeiter fragte: »Was tun Sie da?«
»Sehen Sie das denn nicht?«, meinte der und sah nicht einmal auf. »Ich behaue Steine!«
»Und was tun Sie da?«, fragte der Fremde den zweiten.
Seufzend antwortete der: »Ich muss Geld verdienen, um für meine Familie Brot zu beschaffen. Meine Familie ist groß.« Der Fremde fragte auch einen dritten: »Was tun Sie da?«
Dieser blickte hinauf in die Höhe und antwortete leise und stolz:
»Ich baue einen Dom!«

Keine Arbeit haben

»Seit 30 Jahren habe ich in der Firma die Knochen hingehalten – und nun die Kündigung!«
Ein Arbeiter um die fünfzig

»Ich habe schon zig Bewerbungen geschrieben, aber immer nur Absagen bekommen – ich werde wohl nicht gebraucht.«
Eine arbeitslose Jugendliche

»Seit die Kinder mich nicht mehr so sehr beanspruchen, versuche ich verzweifelt, wieder in meinen alten Beruf zurückzukehren – aber ich bin wohl schon zu alt.«
Eine Hausfrau und Mutter

An die Arbeitslosigkeit von Millionen von Menschen scheinen wir uns gewöhnt zu haben. Aber hinter den millionenfach ausgewiesenen Zahlen in den Statistiken der Arbeitsagenturen steht das persönliche Schicksal von Männern und Frauen, von Jugendlichen und Erwachsenen, von Arbeitern und Akademikern, von Deutschen und Ausländern. Und viele von ihnen haben eine Familie, sodass noch weitere Millionen von der Arbeitslosigkeit »betroffen« sind.

Solidarität – nicht mehr als:
> eine Parole in den Sonntagsreden?
> ein Motto für den 1. Mai?
> ein Lippenbekenntnis ohne Konsequenzen?

Oder doch noch – eine Aufforderung an uns alle:
> an Politiker, Unternehmer, Gewerkschafter, Arbeitgeber, Arbeitnehmer, Bürger, Christen ...
> an jeden Einzelnen von uns!

Solange die Erwerbsarbeit die existenzielle Grundlage für die Sicherung des Lebensunterhalts, die soziale Integration und persönliche Entfaltung des Einzelnen ist, ist es die Aufgabe einer sozial verpflichteten und gerechten Gesellschaftsordnung, allen Frauen und Männern, die dies brauchen und wünschen, den Zugang und die Beteiligung an der Erwerbsarbeit zu eröffnen. Ihnen sollen die mit der Erwerbsarbeit verbundenen Chancen der Teilnahme, der sozialen Integration, der Existenzsicherung und der persönlichen Entfaltung eröffnet werden ...
Aus ethischer Sicht steht bei der Frage des Teilens der vorhandenen Arbeit eine schwierige Aufgabe des Interessenausgleichs an: zwischen den Arbeitslosen, den Arbeitnehmern mit niedrigem Einkommen, den Arbeitnehmern mit höherem Einkommen, den Haushalten mit mehreren Besserverdienenden und den Unternehmen, aber auch zwischen Voll- und Teilzeitbeschäftigten sowie zwischen den Geschlechtern. So bedeutet geteilte Arbeit eben auch geteilten Lohn.

Rat der EKD und Deutsche Bischofskonferenz

Aus den biblischen Schöpfungs-erzählungen

Gott segnete sie und Gott sprach zu ihnen: Seid fruchtbar und vermehrt euch, bevölkert die Erde, unterwerft sie euch, und herrscht über die Fische des Meeres, über die Vögel des Himmels und über alle Tiere, die sich auf dem Land regen. Dann sprach Gott: Hiermit übergebe ich euch alle Pflanzen auf der ganzen Erde, die Samen tragen, und alle Bäume mit samenhaltigen Früchten. Euch sollen sie zur Nahrung dienen.

Genesis 1,28–29

Der Sonntag

Erster Tag der Woche

»Ein schönes Wochenende!«, so verabschieden wir uns am Ende der Arbeitswoche. So berechtigt dieser Wunsch auch sein mag, so ganz »richtig« ist er nicht – zumindest für uns Christen. Denn der Sonntag ist eigentlich nicht der letzte Tag und damit das Ende der Woche. Wochenende ist der Samstag; der Sonntag ist Wochenanfang. Für Christen ist er der erste Tag der neuen Woche und damit ein ganz besonderer Tag. Nicht nur der Zahl nach, sondern auch seiner Bedeutung wegen.

Denn ohne Sonntag wären alle Tage nur Werktage – im wahrsten Sinne des Wortes. Dann zählte allein unser Werken und Arbeiten! Als ob wir alles in unserem Leben selbst schaffen und bewerkstelligen könnten. Für Christen jedenfalls steht die Woche, stehen die Werk- und Arbeitstage eindeutig unter dem Vorzeichen des Sonntags. Vom Sonntag fällt ein anderes Licht auf die Woche. Am Sonntag erinnern sich Christen immer wieder der Weltzugewandtheit und der Lebensfreundlichkeit Gottes. Ihn feiern sie als den Gott ihres Lebens am ersten Tag der Woche – bevor sie anfangen zu arbeiten.

Ein ungläubiger Spötter schrieb an den gläubigen Schriftsteller einer Tageszeitung:
»Geehrter Herr! Dieses Jahr habe ich jeden Sonntag auf dem Felde gearbeitet, und im Herbst jeden Sonntag geerntet. Meine Ernte ist wesentlich besser als die meiner Nachbarn, die jeden Sonntag in die Kirche liefen. Was sagen Sie dazu?«
Der Schriftsteller veröffentlichte den Brief und schrieb darunter: »Gott begleicht seine Rechnung nicht immer im Oktober.«

Der Sonntag als erster Tag der Woche erinnert uns an den ersten Tag der Schöpfung. Gott hat diese Welt und unser Leben gewollt. Er ist der Schöpfer! Am Sonntag, dem ersten Tag der Woche, ist Jesus von den Toten auferweckt worden. Am Sonntag feiern wir deshalb den Sieg des Lebens über den Tod. Der Tod ist nicht das Letzte. Es wird ein endgültig glückliches Leben für jeden Menschen geben über den Tod hinaus. Etwas von dieser Lebensfülle dürfen wir in der Feier des Sonntags erfahren, deren Mittelpunkt für Christen der Gottesdienst ist.

Freier Tag oder Feiertag?

Unser »Familiensonntag«
Es lohnt sich, einmal den Fragen nachzugehen:

> Wie verbringen wir das Wochenende/den Sonntag?
> Wie unterscheidet sich bei uns der Sonntag vom Alltag?
> Was gefällt uns an unseren Wochenenden, was möchten wir gern anders haben?

Dazu ein Vorschlag: Die Rückseite einer Tapetenrolle oder ein großes Blatt Papier wird quer über den Tisch gelegt. Eltern und Kinder sagen möglichst spontan ihre Wünsche und Ideen für ein »Familienwochenende« und schreiben sie mit einem Stift auf, ohne dass die anderen ihren Kommentar dazu abgeben. Wenn alles »Schwarz auf Weiß« dasteht, wird über die einzelnen Vorschläge gesprochen. Jedes Familienmitglied hat aus seinen Ideen einen Wunsch frei, zum Beispiel:

- › Zoo besuchen
- › durch den Wald streifen und ausgefallene Dinge sammeln
- › Gesellschaftsspiele machen
- › zusammen singen und musizieren
- › abends essen gehen
- › Fahrradtour machen
- › mit Vater raufen
- › Museum besichtigen
- › zu Freunden fahren
- › Geschichten erzählen
- › Nachtwanderung

Aus dem Tagebuch eines Siebzehnjährigen

»Dann geht das Wochenende – vor allem der Sonntag – an einem vorbei. Es ist furchtbar: Wenn nun mal die Zeitfressmaschine nicht da ist, dann fühlt man sich überflüssig! Alltags wird man angefangen, aber sonntags fängt einen niemand an, und darum weiß man nicht, was man anfangen soll. Das ist ein wirklicher Missstand!«

Der »Was-du-willst«-Sonntag

Jeder in der Familie darf einmal einen Sonntag nach seinen Wünschen und Vorstellungen planen und gestalten. Es ist sein »Was-du-willst«-Sonntag. Alle anderen in der Familie machen mit.

Klar ist, dass jeder zunächst den Plan für »seinen« Sonntag den anderen vorlegt und mit ihnen abspricht. Schließlich müssen alle zustimmen können. Niemand darf dabei überfahren werden.

Wie gerne würde ich sie mal wieder sehen, die Sonntagsmenschen. Heute gibt es nur noch Trainingshosenmenschen – Laufschuhmenschen ... Ich freue mich immer auf den Sonntag.
Peter Handke

Der »Einladungs-Sonntag«

Alle sind reihum sonntags bei einem Familienmitglied zu Gast. Dieses Mal geht es also nicht um die eigenen Wünsche, sondern vielmehr um die der anderen. Der Gastgeber erhält pro Person eine bestimmte Summe Geld, die vorher für alle »Einladungs-Sonntage« vereinbart wird. Damit muss er den ganzen Tag haushalten. Das fängt mit dem Frühstück an und endet mit dem Abendessen. Dazwischen wollen die Gäste unterhalten werden. Zoo, Schwimmbad, Museum oder Kino kosten Geld. Ganz zu schweigen vom Mittagessen, auch wenn nur Butterbrote in den Rucksack kommen oder im Schnellrestaurant höchstens Kartoffelsalat mit Würstchen zugebilligt wird. Viele Kinder werden vielleicht zum ersten Mal erfahren: Ein Tag ist ganz schön lang. Wir können viel machen.

Es wurde unter ihnen kein Sonntag

Eines Tages kamen unter einem großen Baum die Tiere zusammen, weil auch sie einen Sonntag haben wollten, wie die Menschen. Der König der Tiere, der Löwe, erklärte: Das ist ganz einfach. Wenn ich eine Gazelle verspeise, dann ist für mich Sonntag. Das Pferd meinte: Mir genügt schon eine weite Koppel, dass ich stundenlang austraben kann, das ist für mich Sonntag. Das Schwein grunzte: Eine richtige Dreckmulde und ein Sack Eicheln müssen her, dann ist für mich Sonntag. Das Faultier gähnte und bettelte: Ich brauche einen dicken Ast, um zu schlafen, wenn es bei mir Sonntag werden soll. Der Pfau stolzierte einmal um den Kreis, zeigte sein prächtiges Federkleid und stellte höflich, aber bestimmt fest: Nur ein Satz neuer Schwanzfedern, er genügt für meinen Sonntag.

So erzählten und erklärten die Tiere stundenlang, und alle Wünsche wurden erfüllt. Aber es wurde unter ihnen kein Sonntag. Da kamen die Menschen vorbei und lachten die Tiere aus:

Ja, wisst ihr denn nicht, dass es nur Sonntag wird, wenn man mit Gott wie mit einem Freund spricht?

Nach einer afrikanischen Sage

Kleine Geschichte des Sonntags

Von Anfang an haben Christen den Sonntag als »Tag des Herrn« gefeiert. Nach dem jüdischen Kalender war der Tag der Auferstehung Jesu der Tag nach dem Sabbat, also der erste (Arbeits-)Tag der Woche. Bei Markus heißt es: »*Am ersten Tag der Woche* kamen sie in aller Frühe zum Grab, als eben die Sonne aufging« (Mk 16,2). Selbstverständlich war der Sonntag noch kein öffentlicher Feiertag. Er war ein Werktag wie jeder andere auch. Die Christen versammelten sich am frühen Morgen vor Arbeitsbeginn.

Die wöchentliche Versammlung war schon bald das entscheidende Erkennungszeichen der Christen. Von den ersten Christengemeinden heißt es in der Apostelgeschichte: »Sie hielten an der Lehre der Apostel fest und an der Gemeinschaft, am Brechen des Brotes und an den Gebeten« (Apg 2,42). Nicht zufällig heißt das griechische Wort für Kirche *ekklesia*, »*Versammlung*«.

Wegen der sonntäglichen Zusammenkunft waren die Christen schon in frühen Zeiten und in manchen Ländern bis heute Benachteiligung und Verfolgung ausgesetzt. So wurden bereits im Jahre 304 in der Nähe von Karthago neunundvierzig Personen zum Tode verurteilt, weil sie sich gegen den Befehl des Kaisers zum Gottesdienst versammelten. Nach den Beweggründen ihres Handelns befragt, gaben sie zur Antwort: »Weil die Herrenfeier nicht ausgelassen werden darf; weil es so geboten ist; wir können nicht leben, ohne den Herrentag zu feiern.«

Der Sonntag als arbeitsfreier Tag wurde im Jahre 321 vom römischen Kaiser Konstantin durch Gesetz vorgeschrieben. Aber erst im Mittelalter setzte sich die sonntägliche Arbeitsruhe durch. Seit dieser Zeit gibt es auch das Doppelgebot von Arbeitsruhe und Gottesdienstversammlung.

In den ersten drei Jahrhunderten war wohl eine eigene Vorschrift zur Mitfeier des sonntäglichen Gottesdienstes überflüssig. Wer als Christ leben wollte, versammelte sich mit den anderen in aller Frühe zum Gottesdienst. Das war später nicht mehr so selbstverständlich. Seit dem Hochmittelalter gibt es das Kirchengebot, das den katholischen Christen verpflichtet, an der sonntäglichen Eucharistiefeier teilzunehmen. Der sonntägliche Kirchgang ist nach wie vor ein ganz wichtiges (wenn auch nicht das einzige!) Zeichen, mit dem Christen ihre Zugehörigkeit zur christlichen Gemeinde voreinander und für andere sichtbar machen.

Die Eucharistiefeier ist Höhepunkt und Mitte der christlichen Gemeinde. Das Wort »Sonntag« leitet sich ab vom lateinischen *dies solis*, d.h. »Tag der Sonne«. Die Römer weihten diesen Tag ihrem Sonnengott. Die Christen übernahmen die Bezeichnung, deuteten sie aber in ihrem Sinne: Christus ist »die Sonne der Gerechtigkeit«, Christus ist »das Licht der Welt«. Am Sonntag, dem »Tag des Herrn« (it. *domenica*, frz. *dimanche*), feiern die Christen in besonderer Weise Tod und Auferstehung ihres Herrn Jesus Christus.

Ja, du bist heilig,
großer Gott,
du bist der Quell aller Heiligkeit.
Darum kommen wir
vor dein Angesicht
und feiern in Gemeinschaft
mit der ganzen Kirche
den ersten Tag der Woche
als den Tag, an dem Christus
von den Toten erstanden ist.

Aus dem Zweiten Hochgebet
der heiligen Messe

Nicht dem Druck des Gebotes gebeugt

Ihr sollt nicht kommen,
dem Trott der Gewohnheit folgend,
dem Zwang der Verhältnisse
dienend,
dem Druck des Gebotes gebeugt:
ohne Wunsch,
ohne Willen,
ohne Freiheit,
ohne Freude.
Mit der Liebe,
die nichts für sich behält,
lade ich euch ein.
Als Bruder,
als Freund,
als der,
dem ihr alles bringen dürft,
was euch freut,
was euch quält,
was euch ängstigt,
was euch zornig macht,
warte ich auf euch.
Als der,
der eure Hingabe fordert,
euren Einsatz verlangt,
euer Ja zum Bruder will,
rufe ich euch her.
Damit ihr gesättigt
sättigen könnt,
damit ihr getröstet
Trost verschenkt,
damit ihr geliebt
zu Liebenden werdet.

Christa Peikert-Flaspöhler

Eine Stunde, die mir guttut!

»Muss man jeden Sonntag zur Kirche?«, wird manchmal gefragt. Gott braucht unseren Kirchenbesuch nicht. Sondern:

Die »eine Stunde« am Sonntag – der Besuch der sonntäglichen Eucharistiefeier – kann mir guttun, wird mir guttun, denn:

> Ich habe Gelegenheit, zur Ruhe zu kommen.

> Ich darf abschalten, einfach nur da sein.

> Ich kann nachdenken

… über mich und mein Leben.

… über meine Beziehungen zu den Menschen, die mir wichtig sind.

… über mein Engagement »draußen«.

… über »Gott und die Welt«.

… über …

> Ich darf alles, was ich auf dem Herzen habe, vor IHN bringen, im Danken, Bitten, Loben und Klagen.

> Ich kann auftanken.

> Vielleicht entdecke ich – kleine und große – Zusammenhänge, wo ich im Alltag nur Bruchstücke sehe.

> Mir wird Vergebung zugesprochen, ich kann neu anfangen.

> Ich erlebe Gemeinde, Gemeinschaft, die mich stützt; ich erfahre: »Ich bin nicht allein!«

> Ich höre SEIN Wort, die *gute* Botschaft.

> Mir wird Mut zugesprochen.

> Ich darf IHM begegnen, im Wort und im Mahl.

> ER sagt mir: »Ich mag dich. Du bist mir wichtig.«

> Ich treffe Bekannte und Freunde.

Ich muss das alles nicht leisten, ich muss nichts leisten. Ich bin eingeladen, angenommen, so wie ich bin. Das alles ist Geschenk. Gott sei Dank!

Gib der Seele einen Sonntag und dem Sonntag eine Seele.
Peter Rosegger

»Der Sonntag ist unbezahlbar«

Dinge gibt's, die sind unbezahlbar: das Leben, der Atem, Stimme und Sprache, die Liebe, das Vertrauen und auch die Sonne und der Sonntag. Nicht nur Dinge – Menschen gibt's, die sind unbezahlbar: »Mensch, du bist unbezahlbar ...!«

Das gilt vor allem im Blick auf Jesus: »Du bist unbezahlbar!« Was er getan hat, das ist nicht zu bezahlen, für kein Geld in der Welt. Wir sind nicht durch einen vergänglichen Preis losgekauft, nicht um Silber oder Gold, sondern mit dem kostbaren Blut Christi (vgl. 1 Petrus 1,18f.). Er hat nicht etwas, er hat sich selbst für uns gegeben. Er ist einfach unbezahlbar, ein Geschenk des Himmels.

Wer so beschenkt wird, hat allen Grund, zu feiern und zu danken ...

Das ist der Grund unserer Feier hier, das ist der Grund des Sonntags. Wir feiern den unbezahlbaren Jesus Christus. Das ist das Erste. Das ist Thema eins des christlichen Lebens. Das steht am Anfang unseres Lebens. Aller Kaufkraft zum Trotz leben wir letztlich von dem, was wir nicht bezahlen können, vom Unbezahlbaren. Das wird uns geschenkt. Das Entscheidende im Leben ist unbezahlbar.

Sonntag – Wochenende. – Wir ahnen wohl gar nicht, was unter uns kaputtgeht an Grundgegebenheiten des menschlichen Daseins. Manches, was wir als die große Befreiung von starren Gesetzen – etwa dem Sonntagsgebot –, als Emanzipation preisen, wird uns bald wie ein Gespenst in seiner Unmenschlichkeit überfallen. Ob es sich nicht am Ende herausstellt, dass unser Singen und Feiern, unser Gotteslob, das nicht nach Nutzen und Zweck fragt und nicht an Leistung und Erfolg orientiert ist, das Allerhumanste und Allermenschlichste ist und uns aus den Klauen der Zwecke befreit? Die Feier des Sonntags hat Auswirkungen auf die Woche, auf unser Leben. Wenn wir den Sonntag feiern, wird auch der Werktag österlicher, sonntäglicher. Wir sollten es ständig einüben, das Unbezahlbare zu feiern, den Unbezahlbaren zu feiern. Wir sollten es ständig einüben, den Sinn dafür wachzuhalten, dass der andere neben mir unbezahlbar ist. Wir sollten es ständig einüben, dem anderen absichtslos zu begegnen – eben nicht, um etwas von ihm haben zu wollen –, jemanden »rein« anzuschauen.

Manches, was wir als Gemeinde heute tun, können wir getrost anderen überlassen. In einem sind wir nicht zu ersetzen, das ist unsere erste und letzte Berufung, das rechtfertigt unsere Existenz vor Gott und der Welt:

*Lasst uns den Sinn
für das Unbezahlbare
wachhalten!*

*Lasst uns den Sinn
für den Unbezahlbaren
wachhalten!*

Lasst uns den Sonntag feiern!

Bischof Franz Kamphaus

»... auf dass Sonntag wird«

1. Alle Tage ist kein Sonntag

Der Sonntag ist mehr als ein beliebiger Werktag. Er ragt aus dem Alltag heraus. Wir können den Sonntag als »Ruhe-Tag« neu entdecken: Wenn wir uns Zeit lassen, wenn wir ausgiebig frühstücken und dabei erzählen, zu Mittag den Tisch etwas festlicher schmücken und »gut« essen, am Nachmittag gemeinsam etwas unternehmen oder miteinander spielen und singen, am Abend die »Gute-Nacht-Zeremonie« (Geschichte, Gebet, Geschmuse) bei den Kleinen ausdehnen oder mit Großen das längst fällige Gespräch führen. Der Sonntag will gestaltet sein, seine Form finden, ohne dass er in ein starres Konzept gepresst wird.

2. Der Sonntag (»Tag der Sonne«) ist ein froher Tag

Die Juden sagen: »Es ist Sünde, am Sabbat traurig zu sein; und wenn man Traurige kennt, sollte man wenigstens *einem* Traurigen helfen, dass er froher werde.« Eltern und Kinder sollen planen und tun, was gemeinsam Freude macht. Das heißt nicht, Probleme und Schwierigkeiten einfach beiseiteschieben; das heißt aber wohl, darüber die Sonnenseiten des Lebens nicht zu vergessen, ja, sie an diesem Tag besonders erfahrbar zu machen. Vielleicht gelingt es Eltern und Kindern, an diesem Tag weniger zu kritisieren und aneinander herumzunörgeln, mehr die guten Seiten im anderen zu sehen und ihn durch anerkennende Worte zu ermutigen. Am Sonntag hat die Freude ihren Platz, damit wir erfahren: Leben ist nicht nur Aufgabe, sondern auch und zuerst Gabe, Geschenk.

3. Der Sonntag ist der »Tag der offenen Tür«

Die Familie lebt nicht für sich allein. Da sind die nahen und »etwas weiteren« Verwandten, da gibt es Freunde, Nachbarn, Kollegen. Es bringt Leben ins Haus, wenn verwandte oder befreundete Familien mit etwa gleichaltrigen Kindern zu Besuch kommen. Die Gespräche, aber auch die Spiele werden reizvoller. Es gibt neue Gedanken und Ideen! Und wenn die Familie selbst anderswo zu Gast ist, erlebt sie, wie andere miteinander leben und ihren Sonntag gestalten.

4. Der Sonntag ist ein arbeitsfreier Tag

Einsichtig ist, dass in vielen Betrieben, z. B. im Gaststättengewerbe, in Verkehrsbetrieben, in der Energieversorgung, in Krankenhäusern, in den Pfarrgemeinden, auch sonntags gearbeitet werden muss. Daneben zeigt sich jedoch heute ein anderer gefährlicher Trend: Immer mehr Unternehmen gehen, vorwiegend aus wirtschaftlichen und technischen Gründen, zur Sonntagsarbeit über. Das Wort von der »flexiblen Arbeitszeit« macht die Runde. Samstag und Sonntag werden zunehmend zu Regelarbeitstagen, die »gleitende Sieben-Tage-Woche« breitet sich aus. Für eine Familie kann das konkret bedeuten, dass der Vater am Dienstag, die Mutter am Donnerstag und die Kinder am Sonntag ihren »Sonntag« haben. Aber dann gibt es keinen gemeinsamen Sonntag mehr, weder in der Familie noch in der Gesellschaft.

Damit steht der Sonntag auf dem Spiel. Und wir stehen vor der Frage: Lassen wir uns in unserer Arbeit durch den Sonntag unterbrechen, oder wollen wir zu einer ununterbrochen tätigen Produktions-Gesellschaft verkommen?

Der Denkzettel

Ein Jude ging durch seinen Weinberg, traf auf eine schadhafte Stelle der Umzäunung und überlegte lange, wie er sie ausbessern könne.

Dann kam ihm zu Bewusstsein, dass so etwas gegen den Sabbat war.

Um sich einen Denkzettel zu geben, beschloss er: An dieser Stelle werde ich den Zaun NIE ausbessern.

Chassidische Geschichte

5. Der Sonntag –
Tag unserer Lebenshoffnung

Christen bezeichnen den Sonntag als »Tag des Herrn«. Gerade deshalb dürfen sie sich erinnern lassen, was Jesus selbst dazu gesagt hat: »Der Sabbat ist für den Menschen da, nicht der Mensch für den Sabbat« (Markus 2,27). Der Sonntag ist ein »menschenfreundlicher« Tag. Es geht um den Einzelnen in und außerhalb der Familie, dass er sich freuen kann und froh sein darf.

Im Holländischen Katechismus heißt es:

»Nicht arbeiten zu brauchen ist ein göttliches Gefühl. So ist der Sonntag gedacht: als Tag der Festlichkeit, des Etwas-mehr-Mensch-Seins ... Er ist der Tag des Aufatmens in der Atmosphäre Gottes.«

Dieses Bild drückt aus: Der Sonntag ist nicht da für das Auto, für Geschäfte, für langweilige Partys – auch nicht für das »In-die-Kirche-gehen-Müssen«. Wer den Sonntag richtig feiert, wird Gott ungezwungen danken und in diesem Sinne Eucharistie feiern wollen.

Im Judentum gibt es den Satz: »Der Sabbat hat Israel mehr gehalten als Israel den Sabbat.« Das gilt wohl auch für die Christen. Sie müssen erst wieder den Sonntag als *Feiertag* entdecken, als den Tag, an dem Christus von den Toten auferstanden ist. Sonntag feiern heißt dann: den Tag unserer Lebenshoffnung freudig begehen.

Durch das
JAHR

Januar hat Eis und Schnee.
Februar tut auch noch weh.
März lässt erste Veilchen blühn,
im April die Wolken ziehn.
Mai bringt hellen Sonnenschein,
Juni lädt zur Heumahd ein.
Juli schenkt uns Urlaubsfreud,
im August ist Erntezeit.
Im September: Herbstbeginn!
Der Oktober stürmt dahin.
November ist nass und kalt,
Dezember bringt
die Weihnacht bald.

Bruno Horst Bull

Namensfeste und Bräuche im Jahreskreis

Unser Kalender

Unsere Erde dreht sich alle 24 Stunden einmal um sich selber – das ist unser **Tag**.

Unsere Erde bewegt sich in 365 Tagen, 5 Stunden, 48 Minuten und 46 Sekunden einmal um die Sonne – das ist unser **Jahr**.

Jahr und Tag sind unsere Zeit. Und wer diese Zeit messen will, muss zum Himmel hinaufschauen, das ist heute so wie vor vielen Tausenden von Jahren:

Frühlingsanfang: 21. März, Tag und Nacht sind gleich lang.

Sommeranfang: 21. Juni, der längste Tag und die kürzeste Nacht.

Herbstanfang: 23. September, Tag und Nacht sind gleich lang.

Winteranfang: 21. Dezember, der kürzeste Tag und die längste Nacht.

Am 21. März und am 23. September fallen die Strahlen der Sonne senkrecht auf den Äquator, der wie ein Gürtel um die Mitte unserer Erdkugel läuft. An diesen beiden Tagen ist das Sonnenlicht gleichmäßig über die Erde verteilt; Tag und Nacht sind überall gleich lang. Am 21. März beginnt auf der nördlichen Erdhälfte der Frühling, auf der südlichen Erdhälfte der Herbst. An diesem Tag geht am Nordpol eine lange Nacht zu Ende, während am Südpol eine ebenso lange Nacht beginnt. An diesen beiden äußersten Punkten der Erde im Norden und im Süden gibt es nur einen einzigen Tag, den Polartag, und eine einzige Nacht, die Polarnacht – beide dauern ein halbes Jahr.

Der Gregorianische Kalender

Im Märchen von »Dornröschen« schlafen alle Menschen hundert Jahre, bevor sie wieder aufwachen. So ähnlich muss es den Römern gegangen sein, als sie am Donnerstag, dem 4. Oktober 1582, abends einschliefen und am anderen Morgen aufwachten und feststellten, dass Freitag, der 15. Oktober 1582, angebrochen war. Im Märchen waren eine böse Fee und ein guter Prinz Ursache für das seltsame Geschehen. – Im Jahre 1582 war Papst Gregor XIII. der »Zauberer«. Und sein »Zauber« war nichts anderes als die Neuordnung des Julianischen Kalenders, der seit Julius Cäsars Zeiten langsam, aber unaufhaltsam ins Rutschen gekommen war. Das Julianische Jahr dauerte um elf Minuten und vierzehn Sekunden länger als das Sonnenjahr. Nicht viel, aber in sechzehn Jahrhunderten häufen sich Minuten und Sekunden zu Stunden und Tagen. So lag im Jahr 1582 der Frühlingsanfang statt am 21. März bereits zehn Tage früher. Sonnenlauf, Natur und Kalender stimmten nicht mehr überein. Viele Menschen waren aber zunächst einmal eher verwirrt. Es dauerte deshalb auch noch Jahrhunderte, bis die neue Ordnung als Kalender für die ganze Welt anerkannt wurde. Die protestantischen Länder wollten sich natürlich nicht vom Papst die Zeit vorschreiben lassen. Schließlich sahen sie aber ein, dass der neue Kalender weder katholisch noch protestantisch war. Er entsprach dem Sonnenjahr so genau, wie noch kein Kalender vorher.

Der Hundertjährige Kalender

Die Geschichte mit dem »Hundertjährigen Kalender« beginnt in einem fränkischen Kloster bei Bamberg nach dem Dreißigjährigen Krieg (1648).

Die großen Entdecker dieser Zeit hatten bereits herausgefunden, dass der Mond um die Erde und die Erde mit anderen Planeten um die Sonne kreist. Aber die meisten Menschen kannten diese Wahrheit noch nicht und hielten sich immer noch an das, was sie täglich mit den Augen sehen konnten: Die Erde ist der Mittelpunkt, um den sich die Planeten drehen. »Planeten« nannte man die sieben sichtbaren Gestirne, die am Tageshimmel auf- und untergehen oder nachts an den Sternbildern vorüberwandern: Sonne, Mond, Merkur, Venus, Jupiter, Saturn und Mars. Jeder von diesen sieben Planeten beherrschte nach Meinung der Menschen ein Jahr lang die Erde und das Leben der Pflanzen, Tiere und Menschen und vor allem auch das Klima.

Hierüber machte der Abt Mauritius Knauer in dem Kloster bei Bamberg sich so seine eigenen Gedanken: Wenn alle sieben Jahre derselbe Planet die Erde beeinflusst, dann mussten sich die jeweiligen Planetenjahre gleich oder ähnlich sein. Dann müsste sich auch das Wetter alle sieben Jahre wiederholen.

So dachte er, baute sich einen hohen Beobachtungsturm und begann 1652, sieben Jahre lang Tag für Tag alles zu beobachten und aufzuschreiben. Nach seinen Beobachtungen verfasste er einen »Beständigen Hauskalender«, der »Sommerbau, Herbstsaat, Winterbau, Obst, Hopfen, Weinbau, Wind, Güsse, Ungewitter, Ungeziefer, Fische, Krankheiten und besondere Witterung unter den herrschenden Planeten« enthielt.

Der Abt muss sehr enttäuscht gewesen sein, als im Frühjahr 1659 die nächsten sieben Jahre begannen und das Wetter sich ganz und gar nicht nach seinem Sternenplan richtete.

Etwa fünfzig Jahre später fiel eine Abschrift dieser Wetterbeschreibungen einem schlauen Geschäftsmann aus Erfurt in die Hände. Für ihn spielte es keine Rolle, dass seine Vorlage eine unsichere Abschrift war, dass Seiten und Daten durcheinandergeraten waren, dass bereits der Abt Knauer seinen Irrtum eingesehen hatte. Er witterte und machte sein Geschäft; 1701 erschien die »Wettervorhersage« unter dem Titel:

»Auf Hundert Jahr gestellter
Curioser Calender
Nemlich von 1701 bis 1801.
Darinnen zu finden,
Wie ein jeder Hauss-Vatter,
hohes und niedriges Standes,
solche ganze Zeit über
nach der sieben Planeten Einfluss
sein Hauswesen mit Nutzen
einrichten möge.«

Dieser Kalender wurde ein Bestseller. Der »Hundertjährige Kalender« war geboren. Manchmal stimmte das Wetter auch zufällig mit den Angaben im »Hundertjährigen Kalender« überein. Allerdings soll es auch heute noch Leute geben, die dem »Hundertjährigen Kalender« mehr trauen als der Wetterkarte im Fernsehen.

Ein neues Jahr nimmt seinen Lauf

Ein neues Jahr nimmt seinen Lauf.
Die junge Sonne steigt herauf.
Bald schmilzt der Schnee,
bald taut das Eis.
Bald schwillt die Knospe schon am Reis.
Bald werden die Wiesen voll Blumen sein,
die Acker voll Korn, die Hügel voll Wein.
Und Gott, der ewig mit uns war,
behüt uns auch im neuen Jahr.
Und ob wir nicht bis morgen schaun,
wir wollen hoffen und vertraun.

Volksgut

WINTER

Schneeflocken

Es schneit, hurra, es schneit!
Schneeflocken weit und breit!
Ein lustiges Gewimmel
kommt aus dem grauen Himmel.

Was ist das für ein Leben!
Sie tanzen und sie schweben.
Sie jagen sich und fliegen,
der Wind bläst vor Vergnügen.

Und nach der langen Reise,
da setzen sie sich leise
aufs Dach und auf die Straße
und frech dir auf die Nase.

Volksgut

Warum die Eiche im Winter ihre Blätter behält

Der mächtigste und festeste Baum ist bei uns die Eiche. Eichen werden nicht nur sehr groß und dick und alt. Sie werden auch nie ganz kahl. Erst wenn im Frühjahr das neue Laub zu sprießen beginnt, fallen die letzten Blätter des Vorjahres ab. – Warum das so ist, erzählt eine alte Legende:

Einst bat der Teufel den lieben Gott, er möge ihm die Herrschaft über die Wälder überlassen, damit er auch irgendwo auf der Erde Herr sei. In seiner Güte schlug es ihm Gott nicht ab. Doch sollte Satans Herrschaft erst beginnen, wenn alle Bäume des Waldes ohne Laub wären.
Voll Sorge hörten die Bäume von dieser Abmachung, die sie dem Bösen ausliefern sollte. Und die starke Eiche beschloss, des Teufels Anliegen zu durchkreuzen. Mit aller Kraft hielt sie ihre welken Blätter im Herbst und im Winter fest, bis das neue Grün des Frühlings spross. So machen es die Eichen seither Jahr für Jahr; und der dumme Teufel wartet noch immer vergeblich auf den Tag, an dem er seine Herrschaft über die Wälder antreten kann.

Wir bauen ein Futterhäuschen

Viele Vögel haben uns jetzt verlassen. Sie waren uns Freunde im Sommer mit ihrem munteren Gesang. Nur wenige sind bei uns geblieben, wollen uns auch im Winter nicht alleinlassen: Meisen und Spatzen, Rotkehlchen und Goldhähnchen. Viel brauchen wir nicht. Nur eine Bodenplatte, zwei Bretter für das Dach und vier Haltestäbe. Die Boden- und Dachbretter können wir uns in einem Heimwerkermarkt oder in einer Schreinerei zuschneiden lassen. Am besten aus einer Tischlerplatte, etwa 12 Millimeter stark und in einer Größe von 30 x 40 Zentimetern. Vielleicht finden wir aber auch in unserem Keller Bretter, die wir uns passend zurechtschneiden können.

Zwei Bretter vernageln oder verleimen wir zu einem Schrägdach. Wir können das Dach noch stärker befestigen, wenn wir in den Winkel eine Rund- oder Vierkantleiste einschrauben. Je nach Dachneigung schneiden wir die vier Eckpfosten zurecht. Von der Länge dieser Eckpfosten ist es abhängig, wie weit das Dach über die Bodenplatte hinausragt. Wir schneiden die Eckstäbe entsprechend zu und befestigen sie mit Nägeln oder Schrauben an der Bodenplatte und dann am Dach. Damit der Wind später das Vogelfutter nicht von der Bodenplatte wegfegt, nageln wir rund um die Platte oder außen um die Eckpfosten noch vier etwa 3 Zentimeter breite Latten.

Das Dach können wir auch noch verschönern. Entweder flechten wir aus Stroh eine Matte, die wir auf das Dach kleben. Oder wir suchen Schilfrohr und belegen damit das Dach. Mit ganz dünnen Holzplättchen lässt sich das Dach auch »verschiefern«; allerdings müssen wir dann das Holz mit wetterfestem Holzschutz-Lack streichen.

Unser Futterhäuschen ist nun fertig. Aufstellen können wir es auf dem Balkon oder auf der Fensterbank oder in einem Baum mit Draht befestigen.

Den Vögeln streuen wir regelmäßig fetthaltiges Futter – Sonnenblumenkerne, Hirse oder Getreidekörner – in ihr Haus.

Vogelfutter-Mischung im Vogelfutter-Topf

Um Vogelfutter selbst zu machen, brauchen wir zunächst einmal als Zutaten:
Rindertalg (aus der Schlachterei), Sonnenblumenkerne und Getreidekörner. Für die Zubereitung: einen Kochtopf, einen Blumentopf, einen Kochlöffel aus Holz, eine Schnur und einen Löffel. Wir wärmen den Rindertalg im Topf an, lassen ihn aber nicht zu heiß werden. Wir schütten Sonnenblumenkerne und Getreidekörner dazu und vermischen sie mit dem Talg.

Um den Kochlöffel binden wir eine Schnur und stecken ihn durch das Loch im Blumentopf, mit dem Löffelende nach unten. Dann stellen wir den Blumentopf aufrecht hin und füllen ihn mit der Vogelfuttermischung. Damit wir die Masse gut festdrücken können, darf sie nicht mehr flüssig sein. Vom Rest der Mischung können wir eine Kugel machen, in die wir eine Schnur zum Aufhängen mit hineinkneten.

Den Vogelfuttertopf hängen wir mit der Öffnung nach unten in einen Baum oder an eine andere – möglichst windgeschützte – Stelle; ebenso die Futterkugel. Wann werden sich die ersten Vögel herantrauen?

Spiele im Schnee

Viele Spiele im Schnee und auf dem Eis sind allen bekannt und brauchen gar nicht beschrieben werden: Schlitten fahren, Schneeballschlacht, Schneemann bauen, Ski laufen, Schlittschuh fahren, Eishockey spielen, schlittern (ohne Schlittschuhe) … Nur eine kurze Eisbahn, und schon gibt es in den verschiedensten Gegenden ganz unterschiedliche Ausdrücke für das, was man auf diesem Eis tun kann: schlittern, schleifen, schlindern, schindern, schorren, schnurren, schüsseln, schlickern, schleistern, glitschen, glennern, hötschen, eben: schlittern.

Alles Mögliche können wir allein, miteinander oder gegeneinander im Schnee spielen.

Einen Adler bauen

Jeder legt sich rücklings in eine unberührte Schneefläche und streckt die Arme seitwärts aus. Nun werden die Arme gehoben und immer wieder in den Schnee geschlagen, möglichst hoch über den Kopf hinaus und allmählich unten zum Körper hin. So entstehen ausgebreitete Schwingen. – Wer nun ganz vorsichtig aufsteht, wird hinter sich im Schnee einen schönen Vogel entdecken.

Schneeball-Zielwurf

Nachdem ein Schneemann gebaut worden ist, wird ihm ein Plastikeimer oder ein alter Hut auf den Kopf gesetzt. Aus einer Entfernung von 10–20 Metern zielen wir mit Schneebällen auf die Kopfbedeckung. Jeder Treffer gibt einen Punkt. Wer den Eimer oder Hut herunterwirft, erhält zwei Punkte. Zum Trost: Sollten wir den Schneemann versehentlich mal mitten ins Gesicht treffen, ihm tut das wirklich nicht weh – und es ist auch schnell wieder ausgebessert!

Wir stellen mehrere Konservendosen oder kleine Eimer mit der Öffnung nach oben hintereinander. Jeder darf – aus einer vorher vereinbarten Entfernung – zehn harte Schneebälle werfen. Wer landet mit möglichst vielen in den Dosen?

Spurenjagd im Schnee

Dieses Spiel entwickelt sich ähnlich wie die bekannte Schnitzeljagd. Wenn wir ein unberührtes Gelände zum Spielen finden, können wir die Sägespäne oder Papierschnitzel durch Tritt- oder Skispuren ersetzen. Blinde Spuren als Irrwege sind erlaubt. Geschickte Spieler versuchen nach Anlegen einer Blindspur rückwärts in den eigenen Trittspuren bis zur Hauptspur zurückzutappen. In ihrem Versteck verbarrikadieren sich die »Füchse« in einer Schneeburg oder in einer Vertiefung und empfangen die »Jäger« mit Schneebällen.

Ringrodeln

Quer zu einer nicht zu steilen Rodelbahn werden gut einen halben Meter über den Köpfen der Rodelnden in größeren Abständen Schnüre gespannt. Sie dürfen auf keinen Fall so weit durchhängen, dass sie die Schlittenfahrer gefährden können. An diesen Schnüren werden mitten über die Bahn an dünnen Nähgarnfäden mehrere Ringe mit einem Durchmesser von etwa 5 Zentimetern aufgehängt.

Jeder Fahrer muss nun versuchen, möglichst viele Ringe mit der Hand abzureißen oder mit einem Bambus- oder Haselnussstab aufzuspießen. Nur wer dabei nicht aus der Bahn gerät (und vorher nicht bremst), erhält einen Punkt.

Schlittschuhlaufen mit Hindernissen

Wer hüpft während der Fahrt über ein Hindernis oder überwindet gar zwei Hindernisse?

Wer schlägt mit einem Stock eine Büchse vom Pfahl?

Wer kann während der Fahrt ein Taschentuch vom Eis aufnehmen?

Wer kann unter einem Seil, das allmählich immer tiefer gespannt wird, am längsten – und am tiefsten natürlich – hindurchfahren und sich dann auch wieder aufrichten?

Schlittschuhstafette

Wie beim herkömmlichen Stafettenlauf werden Mannschaften gebildet. Sie stellen sich an einer Startlinie auf.

In größerer Entfernung werden Wendemarken gekennzeichnet. Auf ein Startkommando laufen die ersten Stafettenläufer los, umrunden die Wendemarke, laufen zurück und geben dem nächsten Läufer mit Handschlag das Startzeichen.

Dieses Spiel lässt sich auch als Pendelstaffel durchführen, bei der sich jeweils die Hälfte der Mannschaften gegenüberstehen.

Die Natur erleben

Tierspuren

Bei einem Spaziergang durch einen tief verschneiten Winterwald begegnen wir so manchen Tierspuren im Schnee. Wenn wir genau hinschauen, entdecken wir Unterschiede. Wir können uns die Spuren merken oder aufmalen und zu Hause in einem Buch nachschauen, von welchem Tier welche Spuren sind.

Schnee- und Eiskristalle

Auch im Winter gibt es Blüten zu bewundern! Schneeflocken und Eisgebilde stellen sich als Sterne und Blüten dar. Wir brauchen nur ein Vergrößerungsglas zu nehmen und einzelne Flocken genau zu betrachten.

Jahresringe

Der Winter ist die Zeit des Holzschlages. Die Bäume, die von den Waldarbeitern gefällt werden sollen, sind vom Förster gekennzeichnet. Aus den herausgeschlagenen »Fällkeilen« können wir eine Holzsammlung anlegen. – An frischen Baumstümpfen lassen sich durch Abzählen der Jahresringe das Alter und gute und schlechte Wachstumsjahre des Baumes bestimmen.

Besondere Tage und Feste

2. Februar – Mariä Lichtmess

Der 2. Februar war schon im 5. Jahrhundert vor Christus in Rom ein hoher Feiertag, der mit einem Umzug mit Kerzen und Fackeln begangen wurde. Seit über 1000 Jahren feiert die katholische Kirche an diesem Tag das Fest der »Darstellung des Herrn« im Tempel. Aber schon Jahrhunderte vorher fand an diesem 40. Tag nach Weihnachten eine Lichterprozession statt, die die alte römisch-heidnische Sühneprozession ablösen sollte.

Das Fest Mariä Lichtmess hat seinen Namen von der Kerzenweihe an diesem Tag. In katholischen Gegenden werden alle Kerzen geweiht, die im Laufe des Jahres in der Kirche oder in der Familie gebraucht werden.

Wir können für jedes Familienmitglied oder für jede Jahreszeit eine Kerze aus flüssigem Wachs selbst ziehen und sie mit Zierwachs schmücken, etwa mit Symbolen oder Bildern der Jahreszeiten. Wir besuchen einen Lichtmess-Gottesdienst und lassen dort unsere Kerzen segnen.

3. Februar – Blasiussegen

Der heilige Blasius, einer der 14 Nothelfer und Bischof von Sebaste in Armenien, war ein unerschütterlicher Bekenner des christlichen Glaubens. Er wurde 316 unter Kaiser Licinus gefoltert und enthauptet. Der Legen-

de nach rettete er, bereits verhaftet und gefesselt, durch sein Gebet einem Jungen das Leben, der an einer Fischgräte zu ersticken drohte. Auf dieses Ereignis geht seine Verehrung als Schutzheiliger bei Halskrankheiten zurück.

Im Blasiussegen wird Gesundheit und Schutz vor Halsleiden erbeten. Der Segen wird alljährlich am 3. Februar, dem Gedenktag des heiligen Blasius, erteilt. Der Priester hält zwei übereinander gekreuzte Kerzen in der Hand und spricht das Segensgebet: »Auf die Fürsprache des heiligen Blasius bewahre dich der Herr vor Halskrankheiten und allem Bösen. Es segne dich Gott, der Vater und der Sohn und der Heilige Geist.«

14. Februar – Valentinstag

Der Valentinstag, den Liebende am 14. Februar begehen, geht zurück auf den heiligen Valentin. Er lebt vermutlich im 3. Jahrhundert als Bischof in Terni. Der Legende nach soll der Heilige einem Liebespaar gegen den Willen der Eltern zur Ehe und dann auch zur Flucht verholfen haben. Dem kaiserlichen Verbot zum Trotz traute er Paare, die zu ihm kamen, nach christlichem Ritus, und stand ihnen mit Rat und Tat zur Seite. Schließlich wurde er wegen seines Glaubens hingerichtet.

Valentin ist als Schutzpatron der Liebenden heutzutage zu neuen Ehren gekommen. Als Symbol der Liebe und damit des Valentinstags gilt das rote Herz. Es wird oft in Verbindung mit einem Blumenstrauß verschenkt. Weitaus wichtiger als alle Geschenke aber ist die Liebe, die vom Herzen kommt.

Heiliger Valentin,
gibt Acht auf uns,
denn unsere Liebe
ist so groß
und unsere Kräfte
sind oft so klein.

JANUAR
»Der Mensch im Widerspruch«

6. Januar: Erscheinung des Herrn –
Heilige Drei Könige

Herkunft und Bedeutung

Für die Römer begann bereits ein halbes Jahrhundert vor Christi Geburt das Jahr mit dem Monat Januar. Für uns ist dies erst seit 1691 aufgrund einer Bestimmung des Papstes Innozenz XII. der Fall. Benannt ist der Januar nach dem Gott Janus: Er war der Hüter und Schützer der Türen und Tore. Janus wird mit zwei Gesichtern dargestellt; das eine sieht, was drinnen, das andere, was draußen geschieht. Janus wurde bei den Römern zu dem Gott allen Anfangs: Das eine alte Gesicht sieht in die Vergangenheit, das andere junge Gesicht sieht in die Zukunft.

Alte Namen

Hartung = kältester Monat
Wolfsmond = Paarungszeit der Wölfe
Eismond oder Schneemond

Sternzeichen

Vom 22. Dezember bis 20. Januar:
der Steinbock
Den unter diesem Sternzeichen Geborenen sagt man nach, sie seien langsame, aber gründliche Menschen. Ihr Stein ist der apfelgrüne Chrysopras, der die Angst besiegt und die Hoffnung lebendig hält. Es folgt der Wassermann.

Bauernregeln

> Ist der Jänner kalt und weiß,
  wird der Sommer sicher heiß.
> Januar muss vor Kälte knacken,
  wenn die Ernte gut soll sacken.
> Wenn Gras wächst im Januar,
  wächst es schlecht das ganze Jahr.
> Im Januar viel Regen, wenig Schnee,
  tut Bergen, Tälern und Bäumen weh.

Rezept: Rotwein-Punsch

*1 Flasche Rotwein, 2–3 Esslöffel Zucker,
2–3 Tassen Wasser, Saft von ½ Orange und
½ Zitrone, 1–2 Nelken, Zimt, 1 Schuss Rum*

Den Wein mit Wasser, Zucker, Zimt und Nelken mischen, vorsichtig erhitzen, aber nicht kochen. Dann durchsieben, Rum und Saft zugeben und in feuerfesten Gläsern servieren.

Von guten Mächten

Von guten Mächten treu und still umgeben,
behütet und getröstet wunderbar, –
so will ich diesen Tag mit euch leben
und mit euch gehen in ein neues Jahr;

noch will das alte unsre Herzen quälen,
noch drückt uns böser Tage schwere Last.
Ach Herr, gib unsern aufgeschreckten Seelen
das Heil, für das du uns geschaffen hast.

Und reichst du uns den schweren Kelch, den bittern,
des Leids, gefüllt bis an den höchsten Rand,
so nehmen wir ihn dankbar ohne Zittern
aus deiner guten und geliebten Hand.

Doch willst du uns noch einmal Freude schenken
an dieser Welt und ihrer Sonne Glanz,
dann woll'n wir des Vergangenen gedenken,
und dann gehört dir unser Leben ganz.

Lass warm und hell die Kerzen heute flammen,
die du in unsre Dunkelheit gebracht,
führ, wenn es sein kann, wieder uns zusammen!
Wir wissen es, dein Licht scheint in der Nacht.

Wenn sich die Stille nun tief um uns breitet,
so lass uns hören jenen vollen Klang
der Welt, die unsichtbar sich um uns weitet,
all deiner Kinder hohen Lobgesang.

Von guten Mächten wunderbar geborgen
erwarten wir getrost, was kommen mag.
Gott ist bei uns am Abend und am Morgen
und ganz gewiss an jedem neuen Tag.

Dietrich Bonhoeffer
Geschrieben Ende 1944 im Kellergefängnis der
Prinz-Albrecht-Straße in Berlin

Namenstage im Januar

1.	**Neujahr/Namensgebung des Herrn • Hochfest der Gottesmutter Maria**		
	Wilhelm	Benediktiner in Cluny, Abt in Dijon 10./11. Jh.	*Willensstarker Schützer*
2.	Basilius	(der Große) aus Kappadokien, Bischof von Cäsarea, Kirchenlehrer 4. Jh.	*Der Königliche*
	Gregor	von Nazianz, Bischof, Kirchenlehrer 4. Jh.	*Der Wachsame*
	Dietmar	Erster Bischof von Prag 10. Jh.	*Im Volk berühmt*
3.	Genovefa	aus Nonterre, Büßerin 5./6. Jh.	*Schicksalsweberin*
	Odilo	aus der Auvergne, Abt in Cluny 10./11. Jh.	*Der Glückliche*
	Irmina	(Hermine) Ehefrau, dann Äbtissin in Trier 7./8. Jh.	*Die Erhabene*
4.	Angela	von Foligno, Büßerin u. Mystikerin 13./14. Jh.	*Die Engelhafte*
	Maro	(Marius) Bischof von Lausanne 6. Jh.	*Der Seemann*
	Roger	Zisterzienser-Mönch u. Abt in Ellant 12. Jh.	*Stark wie ein Speer*
5.	Emilie	Jungfrau, Büßerin 6. Jh.	*Die Eifrige*
6.	**Erscheinung des Herrn (Fest seit dem 4. Jh.)**		
	Kaspar, Melchior, Balthasar	Die drei Magier (»Könige«) aus dem Morgenland, die dem Stern nach Betlehem folgten. Die Namen und die Dreizahl sind nicht biblisch, sondern erst im Laufe der Zeit entstanden (ab dem 3. Jh.)	*Der Schatzbewahrer, Mein König ist Licht, Gott schützt mich*
	Pia	Nonne in Quedlinburg 12. Jh.	*Die Fromme*
	Wiltrud	Herzogstochter aus Lothringen, Ehefrau, dann Äbtissin an der Donau 10. Jh.	*Die willensstarke Frau*
7.	Valentin	Abt und Bischof in Rätien, Missionar im Alpengebiet 5. Jh. (Patron des Bistums Passau, Helfer gegen Epilepsie)	*Der Starke*
	Raimund	von Penafort, Dominikaner-Mönch in Barcelona, Rechtsgelehrter und Schriftsteller 12./13. Jh.	*Durch Rat schützend*
	Reinold	Mönch, Abt in Köln 10. Jh. (Patron von Dortmund)	*Der im Rat Waltende*
	Sigrid	Schafhirtin bei Poitiers 5. Jh.	*Sieghafte Beraterin*
8.	Severin	Pilger u. Mönch 5. Jh. (Patron von Bayern; zweiter Diözesanpatron von Linz)	*Der Strenge*
	Erhard	aus Südfrankreich, Bischof von Regensburg 7./8. Jh. (zweiter Patron des Bistums; Patron der Bauern und Schuhmacher)	*An Ehre stark*
	Gudula	belgische Nonne 7./8. Jh. (Patronin von Brüssel)	*Die Gute, die Gütige*
9.	Julian	Ehemann, Krankenpfleger aus Ägypten, Märtyrer 3./4. Jh. (Patron der Gastlichkeit)	*Aus dem Geschlecht der Julier; von göttlicher Herkunft*
	Eberhard	Prämonstratenser u. Propst in Schäftlarn 12. Jh.	*Stark wie ein Eber*
	Alice	aus Remiremont, Ordensgründerin 16./17. Jh.	*Von edlem Stand*
10.	Gregor X.	Papst 13. Jh.	*Der Wachsame*
	Paulus	von Theben, Einsiedler 3./4. Jh.	*Der Geringe*
	Wilhelm	aus Donjeon, Zisterzienser-Mönch, Bischof von Bourges 12./13. Jh.	*Willensstarker Schützer*
11.	Paulin	aus Aquileja, Patriarch dort 8./9. Jh.	*Der Geringe*

12.	Tatiana	Märtyrerin in Rom 2./3. Jh. (?)	*(?)*
13.	Hilarius	Bischof von Poitiers, Kirchenlehrer 4. Jh.	*Der Heitere*
	Gottfried	Graf von Cappenberg, Prämonstratenser 11./12. Jh.	*Friede in Gott*
	Jutta	aus Huy bei Lüttich, Ehefrau u. Mutter, dann Einsiedlerin 12./13. Jh.	*Die Gottesbekennerin*
14.	Reiner	Prämonstratenser-Propst in Arnsberg 12. Jh.	*Der mächtige Krieger*
	Berno	Zisterzienser, dann Bischof von Schwerin 12. Jh.	*Der Bär*
15.	Arnold	(Janssen) 1837–1909, Gründer des Steyler Missionsordens, Seligsprechung am 19.10.1975	*Herrscher, adlergleich*
16.	Marzellus I.	Papst 3./4. Jh.	*Gott (Mars) geweiht*
	Tillo	(Tillmann) aus Westfalen, Mönch 7./8. Jh.	*Ein brauchbarer Mann*
	Theobald	von Geisling, Franziskaner-Mönch in Österreich (»Apostel Österreichs«)	*Der Tapfere im Volk*
17.	Antonius	aus Ägypten, Mönchsvater u. Einsiedler 3./4. Jh. (Patron der Bauern)	*Der vorn Stehende*
18.	Priska	junges Mädchen, Märtyrerin 1. oder 3. Jh.	*Nach alter Sitte*
	Odilo	Herzog v. Bayern, stiftet Niederaltaich, 8. Jh.	*Reichtum, Glück*
19.	Marius	Märtyrer in Rom 3./4. Jh. (?)	*Der Seemann*
	Ratmund	Abt in Niederaltaich 11. Jh.	*Schützer des Rates*
	Heinrich	von Stauten, Mönch in Clairveaux 12./13. Jh.	*Geschickter Herrscher*
20.	Fabian	Papst 3. Jh. (Patron der Töpfer u. Zinngießer)	*Fabier von Geburt*
	Sebastian	aus Mailand, Märtyrer in Rom 3. Jh. (Helfer der Sterbenden, Patron gegen Seuchen)	*Der Erhabene*
21.	Agnes	jugendliche Märtyrerin in Rom 3. Jh. (Patronin der Kinder u. Gärtner)	*Die Keusche, Reine*
	Meinrad	aus Rottenburg, Mönch auf der Reichenau, dann Einsiedler, Märtyrer 9. Jh.	*Im Rate mächtig*
	Patroklus	von Troyes, Märtyrer 3. Jh.	*Ruhm des Vaters*
22.	Vinzenz	Diakon in Saragossa, Märtyrer 3./4. Jh. (Patron Portugals; Patron der Weinbauern u. Holzarbeiter)	*Der Siegreiche*
	Vinzenz	(Pallotti) 1795–1850, ital. Gründer der »Gesellschaft des katholischen Apostolates« (Pallottiner/innen), Heiligsprechung am 20.1.1963	
23.	Heinrich	(Seuse) aus Konstanz, Dominikaner, Mystiker u. Prediger 13./14. Jh.	*Geschickter Herrscher*
	Ildefons	Mönch in Toledo, Bischof von Toledo 7. Jh.	*Bereit zum Kampf*
	Hartmut	Abt von St. Gallen, dann Einsiedler 9./10. Jh.	*Mit starkem Mut*
24.	Franz	von Sales, Bischof von Genf, Ordensgründer, Kirchenlehrer 16./17. Jh.	*Der Freie*
	Eberhard	Graf Nellenburg, Mönch in Schaffhausen 11. Jh.	*Stark wie ein Eber*
	Vera	Vornehme Frau aus Clermont 4./5. Jh.	*russisch: Glaube*
25.	**Bekehrung des Apostels Paulus**		
	Wolfram	Prämonstratenser, Abt von Wadgassen 12. Jh.	*Wolf und Rabe*

26.	Timotheus	Begleiter des Paulus, Bischof von Ephesus	*Der Gottesfürchtige*
	Titus	Begleiter des Apostels Paulus, Bischof auf Kreta	*Ruhm, Verdienst*
	Paula	Ehefrau u. Mutter in Rom, dann Pilgerin 4./5. Jh.	*Die Bescheidene*
27.	Angela	(Merici) vom Gardasee, Gründerin des Ordens der Ursulinen 15./16. Jh.	*Die Engelhafte, Botin Gottes*
	Julian	erster Bischof von Le Mans (Patron des Bistums)	*Aus dem Geschlecht der Julier; von göttlicher Herkunft*
28.	Thomas	von Aquin, Dominikaner, Kirchenlehrer 13. Jh. (Patron der kath. Schulen)	*Der Zwilling*
	Manfred	Priester und Einsiedler am Comersee 15. Jh.	*Schützender Mann*
29.	Valerius	zweiter (bekannter) Bischof von Trier 3. Jh.	*Starken Geschlechts*
30.	Adelgund	Nonne u. Äbtissin in Maubeuge a.d. Sambre 7. Jh.	*Die edle Kämpferin*
	Martina	Märtyrerin in Rom 3. Jh.	*Die Kämpferin*
	Diethild	Äbtissin in Freckenhorst (b. Münster) 9. Jh.	*Kämpferin des Volkes*
31.	Johannes	(Bosco) aus Becchi. Priester, Ordensgründer (Salesianer) 19. Jh. (Patron der Jugend)	*Gott ist gnädig*
	Eusebius	irischer Mönch in St. Gallen, Einsiedler 9. Jh.	*Der Gottesfürchtige*

Der hl. Einsiedler Antonius und der Jäger 17. Januar

Eines Tages beobachtete ein Jäger, wie Antonius mit seinen Mitbrüdern lachte und scherzte. Da wurde er unwillig und sagte zu sich: »Es sind doch Mönche und Einsiedler. Es schickt sich nicht, dass sie miteinander fröhlich und ausgelassen sind.«

Antonius aber sprach zu ihm: »Leg einen Pfeil an die Sehne und spanne deinen Bogen, so sehr du kannst.« Der Jäger gehorchte. Als er den Bogen wieder abgesetzt hatte, sagte Antonius: »Spanne deinen Bogen ein zweites Mal – und diesmal kräftiger.«

Wieder gehorchte der Jäger. Als Antonius aber ein drittes Mal denselben Befehl an ihn richtete, erwiderte der Jäger: »Das kann ich nicht. Der Bogen würde zerbrechen, wenn ich ihn ein weiteres Mal so stark spanne.«

Da sagte Antonius: »Siehst du, und so ist es auch mit uns, die wir in Gottes Dienst stehen: Würden wir uns über unser Vermögen anspannen, so würden wir daran zerbrechen. Deshalb ist es gut, wenn wir von Zeit zu Zeit in unserer Strenge nachlassen.«

Nacherzählt von Andreas Rode

FEBRUAR
»Leben ist Läuterung«

2. Februar: Darstellung des Herrn –
Mariä Lichtmess

Herkunft und Bedeutung

Im altrömischen Kalender war der Februar der zwölfte Monat im Jahresablauf. Das Jahr wurde begonnen mit dem Frühling. Deshalb war der Februar der Monat der Sühne, der Besinnung, der Läuterung und Reinigung. Februar kommt vom lateinischen *februare* = reinigen. Die Natur, die bald neu erwachen wird, braucht zuvor eine Zeit der Ruhe und der Kräftigung. Dieser Ruhe im Sinne der Läuterung und Reinigung sollte sich auch der Mensch unterwerfen. Meist liegen im Februar Karneval und Aschermittwoch.

Alte Namen

Hornung = Schmutzmonat
auch Taumond, Schmelzmond, Narrenmond

Sternzeichen

Vom 21. Januar bis 19. Februar:
der Wassermann
Den unter diesem Sternzeichen Geborenen sagt man nach, sie seien Menschen mit guten Ideen, manchmal zwar etwas sprunghaft, sonst aber freundlich, interessiert und zu guten Taten fähig. Ihr Stein ist der Bergkristall, ein Symbol der Klarheit und Wahrheit. Es folgt der Fisch.

Bauernregeln

› Fällt viel Regen im Februar,
  gibt's viel Regen das ganze Jahr.
› Wer Hornung's in der Sonne liegt,
  Lenzing's hintern Ofen kriecht.
› Wenn's an Lichtmess stürmt und schneit,
  ist der Frühling nicht mehr weit.
  Ist es aber klar und hell,
  kommt der Frühling nicht so schnell.

Rezept: Matjes, Hausfrauenart

8 Matjesfilets, wenn nötig, über Nacht in Milch oder Wasser einlegen. Dann in Stücke schneiden und in einen Steintopf legen. 4 kleine Äpfel schälen, entkernen und in feine Stücke schneiden. 2 Zwiebeln schälen, vierteln und in Scheiben schneiden. Ein viertel Liter süße Sahne mit Zucker, 1 Teelöffel Senf und 1 Teelöffel Essig verrühren, Äpfel und Zwiebeln zugeben und alles über die Matjes gießen.

Namenstage im Februar

1.	Brigitte	irische Nonne und Äbtissin 5./6. Jh. (Patronin von Irland)	*Die Strahlende, die Schützerin*
	Sigibert III.	König von Austrasien 7. Jh. (Patron Lothringens)	*Durch Sieg bekannt*
2.	Darstellung des Herrn (Mariä Lichtmess; Fest seit dem 5. Jh.)		
	Dietrich	Bischof von Minden 9. Jh.	*Im Volk mächtig*
	Markward	Bischof von Hildesheim 9. Jh.	*Grenzlandwächter*
	Bodo	Gefolgsmann des sächsischen Königs 9. Jh.	*Der Gebieter*
	Alfred	(Delp) 1907–1945, Jesuit, Mitglied des Kreisauer Kreises, am 2.2.45 in Berlin Plötzensee hingerichtet	*Elfenfürst*
	Maria	(Katharina Kasper) 1820–1998, Gründerin der Dernbacher Schwestern (»Arme Dienstmägde Jesu Christi«) Seligspr. am 16. 4.1978	*Die von Gott Geliebte*
3.	Blasius	Bischof von Sebaste in Armenien, Märtyrer 3./4. Jh. (Patron der Ärzte, Musikanten und Windmüller, Helfer gegen Halsleiden; einer der 14 Nothelfer)	*Der Königliche (?)*
	Hannah	Prophetin im Neuen Testament	*Erbarmung, Gnade*
	Ansgar	Benediktiner aus Corbie, Bischof von Hamburg, Glaubensbote 9. Jh. (Apostel des Nordens)	*Gottesspeer*
4.	Rabanus Maurus	fränkischer Benediktiner-Mönch, Bischof von Mainz (Lehrer Germaniens) 8./9. Jh.	*Der Gottgeweihte*
	Veronika	Jüngerin Jesu (Kreuzweg)	*Die Siegbringerin*
	Gilbert	angelsächsischer Ordensgründer 11./12. Jh.	*Kind edler Abkunft*
	Christian	Zisterzienser in Himmerod, Eifel 12./13. Jh.	*Ich bin ein Christ*
5.	Agatha	Jungfrau, Märtyrerin in Catania, Sizilien 3. Jh. (Helferin bei Feuergefahr)	*Die Gute*
	Adelheid	Gräfin, Äbtissin in Vilich u. Köln 10./11. Jh.	*Von edlem Stand*
6.	Dorothea	Jungfrau, Märtyrerin in Kappadozien 3./4. Jh. (eine der 14 Nothelfer)	*Gottesgeschenk*
	Paul	(Miki) japanischer Jesuit, Märtyrer 16. Jh.	*Der Geringe*
	Reinhild	Nonne, Äbtissin in Aldeneyk an der Maas 8. Jh.	*Mächtig im Rat*
	Hildegund	Gräfin, dann Prämonstratenser-Nonne und Äbtissin in Neuß 12. Jh.	*Kämpferin, Schützerin des Glaubens*
7.	Richard	angelsächsischer König aus Wessex 7./8. Jh.	*Der mächtige Fürst*
8.	Hieronymus	(Ämiliani) aus Venedig, Ordensbruder 15./16. Jh.	*Mit heiligem Namen*
9.	Apollonia	Jungfrau, Märtyrerin aus Alexandrien 3. Jh. (Patronin der Zahnärzte)	*Dem Apollo geweiht*
10.	Scholastika	Benediktiner-Nonne u. Äbtissin in Subiaco, Schwester des heiligen Benedikt 5./6. Jh.	*Die Gebildete*
	Bruno	Bischof von Minden 11. Jh.	*Der Braune, der Bär*
11.	Dietbert	Benediktiner-Mönch in Tholey, Bistum Trier (?)	*Bekannt im Volk*
	Anselm	Prämonstratenser-Mönch in Rot bei Memmingen, Abt 12. Jh.	*Gottesstreiter*
12.	Gregor II.	Papst 7./8. Jh.	*Der Wachsame*
	Benedikt	westgotischer Adeliger, Benediktiner-Mönch, Abt aller Klöster in Frankreich 8./9. Jh.	*Der Gesegnete*

13.	Adolf	aus Tecklenburg, Bischof v. Osnabrück 12./13. Jh.	*Edler Wolf*
	Irmhild	angelsächsische Königin, dann Benediktiner-Nonne u. Äbtissin 7. Jh.	*Groß im Kampf*
14.	Cyrill	aus Thessalonike, Missionar bei den Slawen 9. Jh.	*Der Herr*
	Methodius	aus Thessalonike, Glaubensbote bei den Slawen, Bischof von Mähren 9. Jh.	*Der Verfechter seiner Sache*
	Valentin	Bischof von Terni, Märtyrer 3. Jh. (Patron der Liebenden)	*Der Starke*
15.	Siegfried	angelsächsischer Mönch, Glaubensbote in Skandinavien, Bischof 10./11. Jh. (Patron Schwedens)	*Der durch Sieg Frieden schafft*
	Drutmar	Mönch in Lorsch, Abt von Corvey 10./11. Jh.	*Wegen Kraft berühmt*
16.	Juliana	Jungfrau, Märtyrerin in Nikomedien 3./4. Jh.	*Die Jugendliche*
17.	Benignus	Glaubensbote in Burgund, Märtyrer (?)	*Der Wohltätige*
18.	Simon	Apostel, Märtyrer	*Gott hat erhört*
	Konstantia	Verwandte Kaiser Konstantins 3./4. Jh.	*Die Standhafte*
19.	Irmgard	Gräfin von Aspel 11. Jh.	*Von Gott Beschützte*
	Hadwig	Prämonstratenser-Äbtissin in Cappenberg 12. Jh.	*Die Kämpferin*
20.	Falko	Bischof von Maastricht 5./6. Jh.	*Der Falke*
	Amata	Klarissen-Nonne (Nichte Klaras von Assisi) 13. Jh.	*Die Geliebte*
21.	Petrus	Damianus, aus Ravenna, Mönch, Kardinal 11. Jh.	*Der Fels*
	Gunthild	Benediktiner-Nonne im Elsass 12. Jh.	*Die Kämpferin*
22.	Isabella	aus Frankreich, Klarissin, Einsiedlerin 13. Jh.	*Gott hat geschworen*
	Margareta	von Cortona, Büßerin 13. Jh.	*Die Perle*
23.	Polykarp	Schüler des Apostels Johannes, Bischof von Smyrna, Märtyrer 1./2. Jh.	*Reich an Früchten*
	Romana	römische Einsiedlerin 3./4. Jh.	*Die Römerin*
24.	Matthias	Apostel, Märtyrer (Patron der Diözese Trier, Patron der Metzger u. Schmiede, der Bauhandwerker, Bäcker und Schneider)	*Geschenk Gottes*
	Irmengard	Markgräfin von Baden, Gründerin der Abtei Lichtental bei Baden-Baden 13. Jh.	*Allumfassender Schutz, von Gott Beschützte*
25.	Walburga	angelsächsische Adlige, Glaubensbotin in Deutschland, Äbtissin in Heidenheim 8. Jh. (Patronin des Bistums Eichstätt, Patronin der Landwirtschaft)	*Waltende Schützerin*
	Adeltrud	Äbtissin in Maubeuge 7. Jh.	*Edle Frau*
26.	Dionysius	erster Bischof von Augsburg (?), Märtyrer	*Sohn Gottes*
	Mechthild	Einsiedlerin in Sponheim 12. Jh.	*Mächtige Kämpferin*
27.	Markward	Mönch in Ferneres, Abt in Prüm 9. Jh.	*Grenzlandwächter*
28.	Romanus	Mönch und Abt in Burgund 4./5. Jh.	*Der Römer*
	Silvana	Jungfrau, Märtyrerin 4./5. Jh.	*Waldschützerin*
29.	Oswald	Bischof von Worcester und York 10. Jh.	*Gottes Kraft waltet*

FRÜHLING

Ein Aufatmen bei den meisten Menschen – endlich werden die Tage länger und wärmer. Die Erde bricht auf, erstes Grün scheint hervor, es drängt uns nach draußen. In allen Gegenden fand in der Vergangenheit das große Winteraustreiben statt. In verschiedensten Abwandlungen wird ein Kampf zwischen Winter und Sommer gespielt. Nach langem Hin und Her siegt am Schluss natürlich der Sommer, der Winter wird verjagt, Frühlingsfeste werden gefeiert. Neues Leben beginnt. Erster Bote des Frühlings ist das Schneeglöckchen, das durch den Schnee hervorbricht.

Jetzt fängt das schöne Frühjahr an

Fränkische Volksweise

1. Jetzt fängt das schö - ne Früh-jahr an, und al - les fängt zu blü - hen an auf grü - ner Heid und ü - ber - all.

2. Es blühen Blümlein auf dem Feld,
   sie blühen weiß, blau, rot und gelb,
   es gibt nichts Schönres auf der Welt.

3. Jetzt geh ich über Berg und Tal,
   da hört man schon die Nachtigall
   auf grüner Heid und überall.

Legende vom Schneeglöckchen

Als Gott sein Schöpfungswerk vollendet hatte, als Gras, Bäume und Blumen in ihren üppigen Farben prangten, da schuf er zuletzt den Schnee. Aber er ließ ihn ohne Farbe. Seine Farbe sollte der Schnee sich selbst aussuchen und von irgendeinem anderen Geschöpf erbitten.

Da ging der Schnee zum Gras, zum Veilchen, zur Rose, zur Sonnenblume und zu zahllosen anderen bunten Gewächsen und bat jeden: »Gib mir etwas von deiner Farbe!« Aber niemand wollte die Bitte erfüllen. Sie lachten den Schnee obendrein noch aus.

Traurig setzte sich der Schnee an den Weg und klagte: »Wenn mir niemand seine Farbe gibt, werde ich unsichtbar bleiben wie der Wind, den auch niemand sieht. Und ich werde so böse und gehasst sein wie er!«

Der Schnee hatte geglaubt, niemand höre seine Klage. Aber ein kleines, unscheinbares Schneeglöckchen, das neben ihm aus der Erde spross, hatte ihn doch gehört. Es sprach zum Schnee: »Wenn dir mein bescheidenes Mäntelchen gefällt, magst du es gerne nehmen.«

Dankbar nahm es der Schnee an und seither ist er weiß. Das Schneeglöckchen aber ist die einzige Blume, die er in seiner Nähe duldet, alle anderen hasst er und tötet sie mit seiner eisig kalten Berührung.

Natur erleben

Wir säen und wir pflanzen

Nach einer alten Bauernregel geht am Tag der heiligen Gertrud, am 17. März, »die erste Gärtnerin« in den Garten. Nach dem langen »Winterschlaf« beginnt nun wieder die Garten- und Feldarbeit.

Wenn wir ein Stückchen Garten haben, ist es ganz selbstverständlich, dass wir ihn gemeinsam entrümpeln, umgraben, besäen und bepflanzen können. – Ein ganz kleines Gartenbeet können wir aber auch erhalten, wenn wir uns einen Kübel oder eine große Blumenschale besorgen, sie mit guter Erde füllen und einiges säen oder pflanzen.

> Die ersten Saaten: Möhren, Petersilie, Lauch (Porree), Sellerie, Spinat.
> Im April und Mai: Verschiedene Kohlsorten, Erbsen, Salat.

Es macht nicht nur Freude, den Boden vorzubereiten, zu säen und zu pflanzen; spannend ist vor allem zu beobachten, wie die ersten Keime aus dem Boden kommen und wachsen.

Wir sehen uns in der Natur um

> Zugvögel kehren zurück: Wir können eine Liste anfertigen, an welchem Tag wir welchen Vogel zum ersten Mal sehen.
> Blumen beginnen zu blühen: Wir beobachten, in welcher Reihenfolge die verschiedenen Farben in der Natur auftauchen.
> Vögel fangen an zu singen: Wir versuchen, Vogelstimmen zu unterscheiden.
> Nester werden gebaut: Wir können Nistkästen bauen. Wir beobachten, wo welche Vögel brüten.

Frühlingsspiele

Wolf und Hase

Auf einer großen Wiese oder auf einem Platz stehen sich ein Wolf auf der einen und eine ganze Reihe Hasen auf der anderen Seite gegenüber. Nun wird gerufen:

»Hase, Hase, aus dem Busch!
Wolf, Wolf, drein!«

Nach dem letzten Wort versuchen die Hasen, die Seite des Wolfes zu erreichen. Wer aber von dem Wolf abgeschlagen wird, muss ihm die restlichen Hasen fangen helfen. Wenn alle Hasen gefangen sind, wird der zum Wolf, der zuerst oder zuletzt gefangen wurde.

Hase im Kohl

Auf dem Boden werden Kreise gezeichnet, und zwar zwei weniger, als Spieler mitmachen. In jeden dieser »Kohlköpfe« setzt sich ein »Hase«. Von den beiden übrig gebliebenen Spielern ist der eine ebenfalls ein Hase, der andere der »Fuchs«. Auf der Flucht vor dem bösen Fuchs springt der Hase in einen Kohlkopf hinein, sodass der dort bisher sitzende Hase hinaus muss und vom Fuchs gejagt wird. Ein gefangener Hase wird zum Fuchs, der Fuchs wird zum Hasen und muss sofort einen sicheren Kohlkopf suchen.

Futtersuche

Vier oder mehr Spieler bilden eine Gruppe. Jede Gruppe wählt sich ein Tier, dessen Laut (»Wau-Wau«, »Piep-Piep« ...) der Gruppe als Verständigungsmittel dient, sowie einen Gruppenführer. Vor Spielbeginn hat der Spielleiter in einem abgegrenzten Spielfeld möglichst viele Dinge verteilt (z. B. Erbsen oder Büroklammern ...), die nicht leicht aufzuheben sind. – Eine Spielzeit wird vereinbart. Auf ein Signal des Spielleiters beginnen alle Spieler, die Dinge zu suchen. Hat ein Spieler etwas gefunden, so muss er mit seiner Tierstimme laut seinen Gruppenführer herbeirufen, denn nur dieser darf die Dinge einsammeln, und zwar mit der linken Hand aufnehmen und in der rechten Hand verwahren. Je lauter er von allen Seiten gerufen wird, desto schwieriger wird sich das Ganze gestalten. Gesiegt hat die Gruppe, die bei Spielende den größten »Futter«-Vorrat hat.

Besondere Tage und Feste

19. März – Fest des heiligen Josef

Es ist nicht viel, was wir von der Lebensgeschichte des hl. Josef wissen. Er war Zimmermann, stammte aus dem Geschlechte Davids und war mit Maria, der späteren Mutter Jesu, verlobt. Die Heilige Schrift nennt ihn gerecht und treu. Er wird einbezogen in das Geheimnis der Menschwerdung Jesu und

sorgt als »Nährvater« für das Kind und den heranwachsenden Jesus.

Die Volksfrömmigkeit hat den heiligen Josef erst verhältnismäßig spät entdeckt. Dann aber – im frühen Mittelalter – breitet sich seine Verehrung schnell aus. Das Zeichen der Lilie, das vor allem auf alten Bildern des heiligen Josef zu sehen ist, geht zurück auf eine Legende:

Josef sei durch ein Wunder der Ehemann Marias geworden. Man habe Stäbe für alle unverheirateten Männer aus dem Geschlecht Davids in den Tempel gebracht. Auf diese Weise sollte der von Gott vorherbestimmte Mann für Maria gefunden werden. Nur der Stab Josefs sei zur Lilie erblüht.

Sichtbar wird an dieser wie auch an anderen Legenden, dass Josef ein von Gott Erwählter ist, der sich nicht in den Vordergrund drängt, sondern bescheiden und unauffällig im Hintergrund des ganzen Christus-Geschehens bleibt. Eine neuere Entwicklung ist, dass der

In der Mitte aller Überlegungen in der Welt der Arbeit muss immer der Mensch stehen. Bei aller geforderten Sachgerechtigkeit muss doch stets die Achtung vor der unantastbaren Würde des Menschen bestimmend sein, nicht nur des einzelnen Arbeiters, sondern auch ihrer Familien, nicht nur der Menschen von heute, sondern auch der kommenden Generationen ... Strukturelle Umgruppierungen mögen sich nach genauester Prüfung als notwendig erweisen. Niemals jedoch dürfen dabei Arbeiter, die viele Jahre ihr Bestes gegeben haben, die allein Leidtragenden sein! Steht solidarisch zusammen und helft ihnen, wieder eine sinnerfüllte Tätigkeit zu finden. Dafür habt ihr schon ermutigende Beispiele gegeben.

Papst Johannes Paul II.
am 16. November 1980 in Mainz

Josefstag zu einem Aktionstag geworden ist, an dem von katholischen Jugendverbänden auf die Situation benachteiligter Jugendlicher aufmerksam gemacht wird.

Der heilige Josef gilt als Patron der Handwerker und Arbeiter. Als solchen feiert ihn die Kirche am 1. Mai.

1. Mai – Tag der Arbeit

Es scheint seltsam, dass wir den »Tag der Arbeit« feiern, indem wir nicht arbeiten. Darin liegt aber ein Sinn: Arbeit wird menschlich, wenn wir die Möglichkeit haben, von ihr zu lassen, Pause zu machen, Abstand von ihr zu nehmen.

Zweiter Sonntag im Mai: Muttertag

Weil Gott nicht überall sein konnte, schuf er die Mütter.
Arabisches Sprichwort

Der Muttertag wurde erst 1907 von einer Lehrerin aus Philadelphia, Miss Anna Garris, »erfunden«. Die Idee hat sich schnell verbreitet und wurde 1922 auch in Deutschland als Brauch übernommen. In den Vereinigten Staaten von Amerika kam es 1914 sogar zu einem Kongressbeschluss, den Präsident Wilson mit den Worten verkündete, »den zweiten Sonntag im Mai als öffentlichen Ausdruck für die Liebe und Dankbarkeit zu feiern, die wir den Müttern unseres Landes entgegenbringen«.

Mütterlein, wenn es dich nicht gäbe!

Wir wären nie gewaschen
und meistens nicht gekämmt,
die Strümpfe hätten Löcher
und schmutzig wär das Hemd.
Wir äßen Fisch mit Honig
und Blumenkohl mit Zimt,
wenn du nicht täglich sorgtest,
dass alles klappt und stimmt.
Wir hätten nasse Füße
und Zähne schwarz wie Ruß
und bis zu beiden Ohren
die Haut voll Pflaumenmus.
Wir könnten auch nicht schlafen,
wenn du nicht noch mal kämst
und uns, bevor wir träumen,
in deine Arme nähmst.
Und trotzdem! Sind wir alle
auch manchmal eine Last:
Was wärst du ohne Kinder?
Sei froh, dass du uns hast.

Eva Rechlin

MÄRZ
»Die Welt im Umbruch«

25. März: Verkündigung des Herrn

Herkunft und Bedeutung

Bei den Römern war dieser Monat nach dem Kriegs- und Wettergott Martius benannt, von dem auch der Planet Mars mit dem düsteren Rot seinen Namen hat. Im altrömischen Kalender war der März der erste Monat des Jahres. Zunächst ist der März ein Monat des Kampfes und des Umbruchs: Der Winter wird besiegt, der Frühling hält seinen Einzug. So nehmen in diesem Monat die Tage um eine Stunde zu. Der März gilt damit auch als heiterer Monat.

Im Märzen der Bauer

1. *Im Märzen der Bauer die Rösslein einspannt; / er setzt seine Felder und Wiesen instand, / er pflüget den Boden, er egget und sät / und rührt seine Hände frühmorgens und spät.*

2. *Die Bäurin, die Mägde, sie dürfen nicht ruhn, / sie haben im Haus und im Garten zu tun; / sie graben und rechen und singen ein Lied; / sie freun sich, wenn alles schön grünet und blüht.*

3. *So geht unter Arbeit das Frühjahr vorbei; / da erntet der Bauer das duftende Heu; / er mäht das Getreide, dann drischt er es aus. / Im Winter, da gibt es manch fröhlichen Schmaus.*

Lied aus Mähren; Text: Walther Hensel 1923

Alte Namen

Lenzing, Lenz-Monat, Frühlings-Mond, alles Namen, die auf den Frühlingsbeginn hinweisen.

Sternzeichen

Vom 20. Februar bis 20. März: der Fisch
Den unter diesem Sternzeichen Geborenen sagt man nach, sie seien empfindsam und beeinflussbar, oft auch künstlerisch begabt. Sie seien selbstlos und hilfsbereit, könnten aber auch ablehnend und hart sein, also beweglich wie ein Fisch im Wasser. Ihr Stein ist der strahlend blaue Saphir, ein Symbol des klaren Himmels. Es folgt der Widder.

Bauernregeln

› März nicht zu trocken und nicht zu nass, füllet den Bauern die Kisten und Fass.
› Lang Schnee im März bricht dem Korn das Herz.
› Im Märzen kalt und Sonnenschein, wird's eine gute Ernte sein.
› So viel Nebel im Märzen steigen, so viel Wetter im Sommer sich zeigen.

Namenstage im März

1.	Albin	Mönch, Bischof von Angers 5./6. Jh.	*Der edle Freund*
	Roger	aus Frankreich, Bischof von Bourges 13./14. Jh.	*Stark wie ein Speer*
2.	Karl	(der Gute) von Flandern 11./12. Jh.	*Freier Mann*
	Agnes	von Böhmen, Klarissen-Äbtissin in Prag 13. Jh.	*Die Keusche, Reine*
3.	Kunigunde	Ehefrau Kaiser Heinrichs II., dann Nonne in Kaufungen 10./11. Jh. (auch am 13. Juli) (Mitpatronin des Bistums Bamberg, Patronin der Kinder und der Schwangeren)	*Die für ihre Sippe Kämpfende*
	Friedrich	Pfarrer in Friesland, dann Prämonstratenser-Mönch und Abt in Mariengaarde 12. Jh.	*Friedensfürst, schützender Herrscher*
4.	Rupert	Benediktiner-Mönch in Lüttich, Abt in Köln-Deutz, Schriftsteller 11./12. Jh.	*Der von Ruhm Glänzende*
	Kasimir	polnischer Königssohn 15. Jh. (Patron von Polen und Litauen, Patron der Jugend)	*Der Friedensstifter*
5.	Dietmar	aus Bayern, Bischof von Minden 12./13. Jh.	*Aus berühmtem Volk*
	Oliva	Jungfrau, Märtyrerin in Brescia 2. Jh.	*Ölbaum*
6.	Fridolin	von Säckingen, Mönch, Glaubensbote 6./7. Jh. (Patron der Schneider, Patron des Viehs, Patron für gutes Wetter)	*Der Friede*
	Mechthild	Einsiedlerin in Hochsal bei Waldshut 11. Jh. (?)	*Mächtige Kämpferin*
	Coletta	von Corbie, Ordensfrau, Reformerin des Klarissenordens 14./15. Jh.	*(?)*
7.	Perpetua	vornehme Frau aus Karthago, Märtyrerin 2./3. Jh.	*Die Ewige*
	Felizitas	Sklavin aus Karthago, Märtyrerin 2./3. Jh.	*Die Glückliche*
	Volker	Mönch und Glaubensbote bei den Wenden, Märtyrer 12. Jh.	*Held im Heeresvolk*
	Reinhard	Benediktiner-Mönch, Abt in Stablo 11./12. Jh.	*Der kluge Berater*
8.	Johannes	(von Gott) aus Portugal, Gründer eines Krankenpflegeordens 15./16. Jh.	*Gott ist gnädig*
9.	Bruno	von Querfurt, Bischof von Magdeburg, Glaubensbote bei den Preußen 10./11. Jh.	*Der Gepanzerte; der Braune, der Bär*
	Franziska	römische Adelige, Ehefrau und Mutter, dann Ordensgründerin 14./15. Jh.	*Die Freie*
10.	Gustav	schwedischer Einsiedler 9. Jh.	*Stab Gottes*
11.	Rosina	Jungfrau, Märtyrerin (Bistum Augsburg)?	*Die Rose*
12.	Almut	Nonne und Äbtissin bei Marburg 10./11. Jh.	*Von edler Gesinnung*
	Beatrix	Prämonstratenser-Nonne bei Treis/Mosel 13. Jh.	*Die Glücksbringerin*
13.	Paulina	Ehefrau, dann Nonne im Thüringer Wald 11./12. Jh.	*Die Geringe*
	Leander	aus Cartagena, Mönch, Bischof von Sevilla 6. Jh.	*Der Volksmann*
	Judith	Nonne und Äbtissin in Ringelheim 11. Jh.	*Die Frau aus Juda*
14.	Mathilde	Königin, gründet Kloster Quedlinburg 9./10. Jh.	*Mächtige Kämpferin*
	Einhard	Mainfranke, Künstler am Kaiserhof, Laienabt 9. Jh.	*Der Furchterregende*
15.	Klemens	(Maria Hofbauer) aus Mähren, Redemptorist, Seelsorger in Wien (Apostel von Wien) 19. Jh.	*Der Milde, der Gütige*
	Zacharias	Grieche, Papst 8. Jh.	*Gott hat sich erinnert*
	Luise	(de Marillac) aus Paris, Ehefrau u. Mutter, dann Mitgründerin der Vinzentinerinnen 16./17. Jh.	*Ruhmvolle Kämpferin*

16.	Gummar	aus Belgien, Adeliger am Hofe des Königs Pippin, dann Einsiedler 8. Jh.	*Der im Kampf Berühmte*
17.	Gertrud	Königstochter, Äbtissin von Nivelles 7. Jh. (Patronin der Armen, der Gärtner u. Reisenden)	*Die Speerstarke*
	Patrick	Glaubensbote, Bischof von Irland 4./5. Jh. (Patron Irlands, Patron der Bergleute u. Schmiede)	*Der Adelige*
18.	Cyrill	Bischof von Jerusalem, Kirchenlehrer 4. Jh.	*Der Herr*
	Eduard	König von England, Märtyrer 10. Jh.	*Schützer des Besitzes*
19.	Josef	**Bräutigam der Gottesmutter Maria** (Patron Böhmens, Bayerns u. Österreichs, Patron des Bistums Osnabrück, Zweiter Patron des Bistums Münster, Patron der Kirche, der Handwerker, der Sterbenden)	*Gott möge vermehren*
20.	Wolfram	Bischof von Sens, Missionar in Friesland 7. Jh.	*Wolf und Rabe*
	Irmgard	deutsche Kaiserin (Lothar I.), Gründerin des Klosters Erstein 9. Jh.	*Allumfassender Schutz, die von Gott Beschützte*
21.	Christian	Abt in Köln 10./11. Jh.	*Ich bin Christ*
22.	Lea	begüterte römische Witwe 4. Jh.	*Die Kuhäugige*
	Elmar	(Elke) Prämonstratenser-Abt in Lidlum, Friesland, Märtyrer 14. Jh.	*Durch Adel glänzend*
	Clemens	(August Graf von Galen) 1878–1946 Kardinal u. Bischof von Münster, Unerbittlicher Gegner des Nationalsozialismus	*Der Milde, Gütige*
23.	Turibio	(Mongrovejo), Bischof von Lima, Peru, 16./17. Jh.	*(?)*
	Rebekka	Frau des Patriarchen Isaak (s. Gen 24)	*Die Kuhäugige*
24.	Katharina	schwedische Adelige, Ehefrau, Nonne 14. Jh.	*Die Reine*
	Elias	Leiter des Prämonstratenser-Stifts im Rheinland 12. Jh.	*Der Herr ist dein Gott (?)*
25.	**Fest der Verkündigung des Herrn/Mariä Verkündigung (Fest seit der Mitte des 6. Jh.) (Annunziata, Emanuel, Manuela, Ancilla, Manuel)**		
	Jutta	Einsiedlerin in Bernried 12. Jh.	*Die Gottesbekennerin*
26.	Ludger	(Lindger), friesischer Adeliger, Glaubensbote bei den Friesen u. Sachsen, erster Bischof von Münster 8./9. Jh. (zweiter Patron des Bistums Essen)	*Weithin bekannt durch seinen Eifer*
	Larissa	Märtyrerin 4. Jh.	*Die Lorbeerbekränzte*
27.	Frowin	Mönch in St. Blasien, Abt in Engelberg 12. Jh.	*Der weise Freund*
28.	Guntram	fränkischer König 6. Jh.	*Der kluge Kämpfer*
29.	Helmut	Bischof von Winchester 9. Jh.	*Der mutige Schützer*
	Ludolf	aus Sachsen, Prämonstratenser-Mönch, Bischof von Ratzeburg, Märtyrer 13. Jh.	*Kämpft wie ein Wolf*
30.	Diemut	Einsiedlerin in Wessobrunn 11./12. Jh.	*Aus mutigem Volk*
	Dodo	Mönch in Mariengaarde, dann Einsiedler 13. Jh.	*Den Eltern gehörend*
31.	Cornelia	Jungfrau, Märtyrerin in Nordafrika?	*Die Starke*
	Benjamin	Diakon, Glaubensbote in Persien, Märtyrer 5. Jh.	*Sohn des Südens*

Der früheste Ostertermin kann am 22. März, der späteste am 25. April sein. (Näheres siehe unter »Kleine Geschichte des Osterfestes«, Seite 379.)

APRIL
»In der Entscheidung«

Leiden, Tod und Auferstehung Jesu

Herkunft und Bedeutung

Im altrömischen Kalender war der April der zweite Monat des Jahres. Seinen Namen hat er von dem lateinischen Wort *aperire* = öffnen. Vom römischen Dichter Ovid wurde er als der Monat besungen, der die Erde, die Knospen und die Blüten ebenso öffnet wie die Herzen der Menschen.

Alte Namen

Launing, weil das wechselhafte launische »Aprilwetter« nicht genau wissen lässt, ob dieser Monat noch zum Winter oder schon zum Frühling oder gar zum Sommer gehört. Ostermond, weil im April meist die Passions- und Osterzeit liegt.

Sternzeichen

Vom 21. März bis 20. April: der Widder
Den unter diesem Sternzeichen Geborenen sagt man nach, sie seien oft draufgängerisch, sagten ehrlich ihre Meinung und könnten sich schlecht zu einer Sache entschließen – also mit dem Kopf durch die Wand!? Ihr Stein ist der rot-braun und weiß gestreifte Sardonyx. Es folgt der Stier.

Bauernregeln

> Wenn der April Spektakel macht,
> gibt's Heu und Korn in voller Pracht.
> Wenn der April wie ein Löwe kommt,
> so geht er wie ein Lamm.
> Der April die Blume macht,
> der Mai gibt ihr die Farbenpracht.

Rezept: Osterhasen aus Hefeteig

600 g Mehl, 40 g Hefe, ¼ l lauwarme Milch, 100 g Butter, 2 Eier, 1 Prise Salz, 60 g Zucker, abgeriebene Schale von ½ Zitrone, 1 Eigelb, 1 Eiweiß, 40 g Puderzucker (rote Lebensmittelfarbe, Mandeln, Zuckerwerk). – Für das Backblech Butter.

Hefeteig ansetzen und gehen lassen. Aus Pappe Osterhasen-Schablonen schneiden. Den Teig 1 cm dick ausrollen, Osterhasen ausschneiden und auf das gefettete Backblech legen. Die Hasen mit dem verquirlten Eigelb bestreichen und 15 Minuten gehen lassen. Bei 210 °C 10 bis 15 Minuten backen. Das Eiweiß mit dem Puderzucker verrühren, evtl. mit Lebensmittelfarbe färben, die Hasen damit bestreichen und mit Mandeln und Zuckerwerk verzieren.

Namenstage im April

1.	Irene	Märtyrerin in Thessalonike 3./4. Jh.	*Friedensbringerin*
	Hugo	Bischof von Grenoble 11./12. Jh.	*Der Geistvolle*
2.	Franz	von Paula, Einsiedler u. Ordensgründer 15./16. Jh.	*Der Freie*
	Sandrina	aus Sulmona in Italien, Klarissin 14./15. Jh.	*Aus Sanderein*
3.	Liutbirg	vom Sulzgau, Einsiedlerin bei Wendhausen 9. Jh.	*Schutz für das Volk*
4.	Isidor	Bischof von Sevilla, Kirchenlehrer 6./7. Jh. (Nationalheiliger Spaniens)	*Geschenk Gottes*
5.	Vinzenz	(Ferrer) aus Valencia, Volksprediger 14./15. Jh.	*Der Siegreiche*
	Juliana	aus Lüttich, Augustiner-Nonne (Einführung des Fronleichnamsfestes) 12./13. Jh.	*Die Jugendliche*
6.	Wilhelm	von Aebelholt, Augustiner-Mönch u. Abt 12./13. Jh.	*Willensstarker Schutz*
7.	Johannes	(Bapt. de la Salle) Priester und Ordensgründer aus Köln, Prämonstratensermönch in der Eifel, Begründer des franz. Volksschulwesens 17./18. Jh.	*Gott ist gnädig*
	Hermann Josef*	Mystiker, 12./13. Jh. (Patron der Schulkinder)	*Der Mann im Heer*
8.	Walter	franz. Benediktiner, Abt in Pontoise 11. Jh.	*Waltender Herr*
	Beate	aus Mecklenburg, Äbtissin in Ribnitz 14. Jh.	*Die Glückselige*
9.	Waltrud	Ehefrau u. Mutter, dann Äbtissin im Hennegau 7. Jh.	*Waltende Göttliche*
10.	Hulda	Prophetin im Alten Testament 7. Jh. v. Chr.	*Maulwurf (hebräisch)*
	Engelbert	Mönch in Admont, Abt, Schriftsteller 13./14. Jh.	*Glänzend wie ein Engel*
11.	Stanislaus	Bischof von Krakau, Märtyrer 11. Jh. (Patron Polens)	*Als standhaft berühmt*
	Reiner	aus Friesland, Einsiedler in Osnabrück 12./13. Jh.	*Berater des Volkes*
	Gemma	(Galgani) aus Lucca, Mystikerin 1878–1903	*Edelstein, Schmuck*
12.	Zeno	aus Mauretanien, Bischof von Verona 4. Jh.	*Gott (Zeus) gehörend*
	Herta	römische Jungfrau, Märtyrerin 3./4. Jh.	*Die starke Kämpferin*
13.	Martin I.	Papst, Märtyrer 7. Jh.	*Der Kriegerische*
	Hermenegild	König von Austrasien, Märtyrer 6. Jh.	*Opfergabe für Gott*
	Ida	von Boulogne, Gräfin 11./12. Jh.	*Die (göttliche) Frau*
14.	Hadwig	Gräfin von Meer (bei Neuß), Prämonstratenser-Nonne u. Äbtissin 12. Jh.	*Die Kämpferin*
	Lidwina	aus Rotterdam, Mystikerin 14./15. Jh.	*Die vor Leid Weinende*
	Ernestine	Gräfin von Rheinhessen, dann Karmeliter-Nonne zu Neuburg a. d. Donau 18. Jh.	*Die ernste Kämpferin*
15.	Huna	Ehefrau aus dem Elsass, Wäscherin 7. Jh.	*Die Junge*
	Nidker	Bischof von Augsburg 8./9. Jh.	*Der Kampfspeer*
16.	Benedikt	(Josef Labre) französ. Pilger 18. Jh.	*Der Gesegnete*
	Bernadette	(Soubirous) aus Lourdes, Nonne 1844–1879	*Die Bärenstarke*
17.	Eberhard	Prämonstratenser-Mönch in Rot bei Memmingen, Abt in Obermarchtal 12. Jh.	*Stark wie ein Eber*
	Rudolf	Knabe aus Bern, Märtyrer 13. Jh.	*Ruhmeswolf*

* früher am 21.5. gefeiert

Maria, Trösterin der Betrübten: Samstag nach dem 4. Sonntag der Osterzeit (Patronin von Land und Bistum Luxemburg).
Der früheste Ostertermin kann am 22. März, der späteste am 25. April sein.
(Näheres siehe unter »Kleine Geschichte des Osterfestes«, Seite 379).

18.	Aya	(Agia) fränkische Ehefrau, dann Nonne 7./8. Jh.	*Schreckenerregende*
19.	Leo IX.	aus dem Elsass, Papst 11. Jh.	*Der Löwe*
	Gerold	(Holger) Einsiedler im Groß-Walsertal 10. Jh.	*Mit dem Speer waltend*
	Autbert	Mönch von Corvey 9. Jh.	*Berühmter Erbe (?)*
	Werner	Knabe aus dem Hunsrück, Märtyrer 13. Jh.	*Wehrmann*
20.	Odette	aus Brabant, Nonne 12. Jh.	*Reichtum, Glück*
	Hildegund	aus Neuß, Pilgerin 12. Jh.	*Glaubenskämpferin*
21.	Konrad	aus Parzham, Kapuziner in Altötting 1818–1891	*Der kühne Ratgeber*
	Anselm	lombardischer Adeliger, Mönch u. Abt, Bischof von Canterbury, Kirchenlehrer 11./12. Jh.	*Gott schützt, Gottesstreiter*
22.	Kajus	Papst (aus Dalmatien) 3. Jh.	*aus Caieta (?)*
	Wolfhelm	aus rheinischem Adel, Mönch, Abt 11. Jh.	*Der Schützer*
23.	Adalbert	Bischof von Prag, Glaubensbote in Preußen, Märtyrer 10. Jh. (Apostel der Preußen)	*Durch Adel glänzend*
	Georg	römischer Soldat, Märtyrer 3./4. Jh. (einer der 14 Nothelfer, Patron Englands, Patron des Bistums Limburg, der Bauern)	*Bauer, Landmann*
	Gerhard	aus Köln, Bischof von Toul 10. Jh.	*Starker Speer*
24.	Fidelis	von Sigmaringen, Kapuziner-Mönch in der Schweiz, Märtyrer 16./17. Jh. (Zweiter Patron Vorarlbergs u. der Bistümer Freiburg u. Feldkirch)	*Der Getreue, der Zuverlässige*
	Wilfrid	angelsächsischer Benediktiner-Mönch, Bischof von York, Glaubensbote 7./8. Jh.	*Der den Frieden will*
	Egbert	angelsächsischer Mönch, Bischof 7./8. Jh.	*Der Schwertberühmte*
25.	Markus	Evangelist, Begleiter des Apostels Paulus (Patron von Venedig, Patron der Glasmaler und Bauarbeiter, Helfer gegen Blitz und Hagel)	*Gott (Mars) geweiht*
	Erwin	fränkischer Mönch, Bischof in Lobbes 8. Jh.	*Freund des Volkes*
	Hermann	Markgraf von Baden, dann Bruder in Cluny 11. Jh.	*Der Mann im Heer*
26.	Trudbert	iroschottischer Glaubensbote, Einsiedler im Breisgau, Märtyrer 7. Jh.	*Berühmt durch seine Kraft*
	Kletus	zweiter Nachfolger des Petrus, Märtyrer 1. Jh.	*?*
	Ratbert	aus Soissons, Mönch in Corbie, Lehrer 8./9. Jh.	*Glänzender Ratgeber*
27.	Petrus	(Kanisius) aus Nimwegen, Jesuit, Kirchenlehrer 16. Jh. (Patron des Bistums Innsbruck)	*Der Fels*
	Zita	Magd in Lucca 13. Jh.	*Die Fruchtbare*
28.	Peter	(Chanel) franz. Missionar in Australien 19. Jh.	*Der Fels*
	Hugo	aus Burgund, Abt in Cluny 11./12. Jh.	*Der Geistvolle*
29.	Katharina	von Siena, Dominikanerin, Kirchenlehrerin 14. Jh. (Patronin Italiens, Patronin der Sterbenden)	*Die Reine*
	Irmtrud	Kaisertochter, Äbtissin des Klosters Hasnon 9. Jh.	*Die große Frau*
	Dietrich	von Theoreida, Zisterzienser-Mönch, Glaubensbote im Baltikum, Bischof, Märtyrer 12./13. Jh.	*Im Volk mächtig*
30.	Pius V.	aus Alessandria, Papst 16. Jh.	*Der Fromme*
	Rosamunde	Ehefrau, dann Einsiedlerin bei Vernon 11. Jh.	*Ruhmvolle Schützerin*
	Pauline	(von Mallinckrodt) 1817–1881, Gründerin der Kongregation der »Schwestern der Christlichen Liebe« zur Betreuung Blinder, Seligspr. am 14. 4. 1985	*Die Geringe, die Bescheidene*

MAI
»Das Fest der Augen«

Bitttage – Prozession – Wallfahrten

Herkunft und Bedeutung

Der Mai hat seinen Namen von der Erd- und Wachstumsgöttin Maia. Sie wurde von den Griechen auch Mütterchen oder Amme genannt. Der zweite Namens-Pate ist der Göttervater Jupiter Maius, der Gebieter über Blitz, Donner, Regen und Sonnenschein.

Alte Namen

Weidemonat (Winnemond), später umgedeutet zu Wonnemond = Monat der Liebe und der Blüten. Auch Marienmonat.

Sternzeichen

Vom 21. April bis 20. Mai: der Stier
Den unter diesem Sternzeichen Geborenen sagt man nach, sie seien geduldig, vorsichtig und zufrieden. Sie liebten die Ruhe, äßen gern und wohnten gut. Sie sollen zwar nicht leicht in Wut geraten, aber wenn, dann ...
Ihr Stein ist der blutrote Karneol. Es folgt der Zwilling.

Bauernregeln

› Mairegen auf die Saaten,
  dann regnet's Dukaten.

Maria, Maienkönigin

Maria Maienkönigin,
dich will der Mai begrüßen.
O segne seinen Anbeginn
und uns zu deinen Füßen.
Maria, dir befehlen wir,
was grünt und blüht auf Erden.
O lass es eine Himmelszier
in Gottes Garten werden.

Behüte uns mit treuem Fleiß,
o Königin der Frauen,
die Herzensblüten lilienweiß
auf grünen Maiesauen!
Die Seelen kalt und glaubensarm,
die mit Verzweiflung ringen,
o mach sie hell und liebewarm,
damit sie freudig singen.

O lass sie gleich der Nachtigall
im Liede sich erschwingen
und mit der Freude hellstem Schall
die Maienlieder singen.
Zu dir sich wenden froh empor,
wie Blumen zu der Sonne
und preisen mit dem Engelchor
dich einst in ewiger Wonne!

Nach Guido M. Görres (1842)

Namenstage im Mai

1.	Josef	der Arbeiter (seit 1955)	
	Arnold	von Hiltensweiler, Gründer eines Klosters 12. Jh.	*Herrscher, adlergleich*
2.	Athanasius	Patriarch von Alexandrien, Kirchenlehrer 3./4. Jh.	*Der Unsterbliche*
	Sigismund	König der Burgunder, Märtyrer 6. Jh.	*Schützer des Sieges*
	Boris	Fürst der Bulgaren, dann Mönch 9./10. Jh. (Nationalheiliger der Bulgaren)	*Stark wie ein Bär, der Kämpfer*
3.	Jakobus	(der Jüngere) Apostel, Märtyrer	*Der Fersenhalter (hebr.)*
	Philippus	Apostel, Märtyrer (Patron der Hutmacher u. Bäcker)	*Der Pferdefreund*
	Alexander I.	Papst 2. Jh.	*Verteidiger, Helfer*
	Viola	Jungfrau aus Südtirol, Märtyrerin 3./4. Jh.	*Das Veilchen*
4.	Florian	römischer Beamter, Märtyrer 3./4. Jh. (Helfer in Feuersnot und Wassergefahr: Patron von Oberösterreich, Patron des Bistums Linz)	*Der Blumenreiche*
	Guido	aus Ravenna, Benediktiner-Abt in Pomposa 11. Jh.	*Der Mann aus dem Wald*
	Valeria	Frau aus Lorch 3./4. Jh.	*Stark von Geschlecht*
5.	Godehard	(Gotthard) aus Niederbayern, Mönch u. Abt in Niederalteich, Bischof von Hildesheim 10./11. Jh.	*Stark durch Gott*
	Jutta	von Sangerhausen, Ehefrau, dann Einsiedlerin bei Kulmsee 13. Jh.	*Die Gottesbekennerin*
6.	Antonia	Märtyrerin in Cirta 3. Jh.	*Die vorn Stehende*
	Gundula	Märtyrerin aus Mailand 3. Jh.	*Die Kämpferin*
	Markward	aus Pruntrud in der Schweiz, Prämonstratenser-Mönch u. Abt von Wüten 12. Jh.	*Grenzlandwächter*
7.	Gisela	von Bayern, Königin von Ungarn, dann Äbtissin in Niedernburg 10./11. Jh.	*Von edler Abkunft*
	Notker	(der Stammler) aus St. Gallen, Mönch und Dichter 9./10. Jh.	*Der Speerschleuderer*
8.	Desideratus	(Desire) aus Soissons, Bischof von Bourges 6. Jh.	*Der Begehrte*
	Friedrich	aus Schwaben, Abt in Hirsau 11. Jh.	*Friedensfürst*
	Wolfhild	von Bayern, Gräfin von Bregenz, dann Nonne in Wessobrunn 12. Jh.	*Die wie ein Wolf kämpft*
9.	Beatus	Einsiedler am Thuner See 1./2. Jh. (?) (Patron der Schweiz, Helfer gegen Krebs)	*Der Selige*
	Ottokar	Markgraf von Traungau 12. Jh.	*Schützer des Besitzes*
	Volkmar	Mönch u. Abt in Niederalteich, Märtyrer 13. Jh.	*Berühmt im Volk*
10.	Gordian	römischer Märtyrer (?)	*Aus der Stadt Gordian*
11.	Gangolf	aus Burgund, Ritter, Märtyrer 8. Jh.	*Der Mutige*
	Mamertus	Bischof von Vienne (Einführung der Bitttage) 5. Jh.	*Sohn des Mars*
12.	Pankratius	römischer Märtyrer 3. Jh. (Patron der Erstkommunionkinder; »Eisheiliger«)	*Allherrscher*
13.	Servatius	Bischof von Tongern 4. Jh. (»Eisheiliger«)	*Erhalter, Erretter*

14.	Christian	jugendlicher Märtyrer, Galatien 3./4. Jh.	*Ich bin ein Christ*
	Bonifatios	Märtyrer in Tarsos, Kilikien/Kleinasien (»Eisheiliger«)	*Der Wohltäter*
15.	Rupert	von Bingen, Einsiedler 8. Jh.	*Von Ruhm beglänzt*
	Sophia	Jungfrau, Märtyrerin 3./4. Jh. (»Eisheilige«)	*Weisheit*
	Isidor	Bauer bei Madrid 11./12. Jh. (Patron der Bauern)	*Geschenk Gottes*
16.	Johannes	(Nepomuk) Generalvikar des Erzbischofs von Prag, Märtyrer 14. Jh. (Patron Böhmens, Mitpatron des Bistums Salzburg, Patron der Beichtväter, der Brücken, Helfer gegen Verleumdung)	*Gott ist gnädig*
17.	Walter	Mönch von Mondsee 12. Jh.	*Waltender Herr*
	Bruno	Bischof von Würzburg 11. Jh.	*Der Braune, der Bär*
	Paschalis	(Baylon) aus Aragonien, Franziskaner-Bruder 16. Jh.	*Am Osterfest Geborener*
18.	Johannes I.	Papst 6. Jh.	*Gott ist gnädig*
	Erich IX.	König von Schweden 12. Jh.	*An Ehre reich*
	Burkhard	Pfarrer von Beinwil im Aargau 12. Jh.	*Der starke Schützer*
	Dietmar	Glaubensbote in Holstein 12. Jh.	*Im Volk berühmt*
	Felix	aus Contalice in Umbrien, Kapuziner 16. Jh.	*Der Glückliche*
19.	Alkuin	aus York, Gelehrter, Abt in Tours 8./9. Jh.	*Der edle Freund*
	Kuno	(Konrad) aus der Oberpfalz, Mönch, Abt in Siegburg, Bischof von Regensburg 11./12. Jh.	*Der kühne Ratgeber*
	Ivo	(Hélory) aus der Bretagne, Einsiedler 13./14. Jh.	*Der(Bogen)Kämpfer*
20.	Bernhardin	von Siena, Franziskaner, Volksprediger 14./15. Jh. (Patron der Wollweber)	*Stark wie ein Bär*
	Valeria	römische Märtyrerin (?)	*Aus starkem Geschlecht*
	Elfriede	angelsächsische Königin, dann Einsiedlerin 8. Jh.	*Von den Elfen behütet*
21.	Erenfried	Pfalzgraf von Lothringen 10./11. Jh.	*Schützer der Ehre*
	Wiltrud	Gräfin von Ardei, Prämonstratenser-Nonne 12. Jh.	*Willensstarke Frau*
22.	Julia	Sklavin in Karthago, Märtyrerin 3. Jh. (Patronin von Korsika)	*Die Glänzende*
	Emil	Märtyrer, Karthago 3. Jh.	*Der Eifrige*
	Rita	von Cascia, Ehefrau, Nonne, Mystikerin 14./15. Jh.	*Die Perle*
	Renate	Herzogin von Bayern 16./17. Jh.	*Die Wiedergeborene*
23.	Desiderius	Bischof von Langres, Märtyrer 4./5. Jh.	*Der Begehrte*
24.	Esther	Perserkönigin (Altes Testament)	*Stern*
	Dagmar	Königin von Dänemark 12./13. Jh.	*Der helle Tag*
25.	Beda	Benediktiner in Wearmouth, Gelehrter 7./8. Jh.	*Der Beter*
	Gregor VII.	Papst (Investiturstreit) 11. Jh.	*Der Wachsame*
	Heribert	Prämonstratenser-Abt in Knechtsteden 12. Jh.	*Der im Volk Berühmte*
	Urban I.	Papst 3. Jh. (Patron der Winzer)	*Städter, Gebildeter*
26.	Philipp	(Neri) aus Florenz, Priester, gründet die Vereinigung der Oratorianer 16. Jh. (Volksheiliger Roms)	*Der Pferdefreund*
	Alwin	Benediktiner, Bischof von Elmham 10./11. Jh.	*Der edle Freund*

27.	Augustinus	Mönch in Rom, Glaubensbote in England, Bischof von Canterbury 6./7. Jh.	*Der Erhabene*
28.	Wilhelm	von Aquitanien, Feldherr, dann Mönch 8./9. Jh.	*Willensstarker Schutz*
	Germanus	aus Autun, Einsiedler, dann Mönch u. Abt, Bischof von Paris 5./6. Jh.	*Der Brüderliche*
29.	Maximin	aus Poitiers, Bischof von Trier 4. Jh.	*Der Größte*
	Irmtrud	von Millendonk, Äbtissin in Dietkirchen 13. Jh.	*Die große Frau*
30.	Johanna	von Orleans, Kriegerin u. Mystikerin, Märtyrerin (Nationalheilige Frankreichs)	*Gott ist gnädig*
	Reinhild	aus Westfalen, Märtyrerin 12./13. Jh.	*Die Mächtige im Kampf*
	Ferdinand III.	Spanischer König (Kastilien) 12./13. Jh.	*Der den Frieden wagt*
31.	Helmtrud	(Hiltrud), Einsiedlerin in Neuenheerse 10. Jh.	*Die schützende Frau*
	Petronilla	Märtyrerin 1./2. Jh. (?)	*Der Fels, der Stein*
	Mechthild	aus Andechs, Nonne u. Äbtissin in Dießen u. Edelstetten (Schwaben) 12. Jh.	*Mächtige Kämpferin*

Heiligste Dreifaltigkeit: Erster Sonntag nach Pfingsten
Fronleichnam: Donnerstag nach dem Dreifaltigkeitssonntag (zehn Tage nach Pfingsten)
Herz-Jesu-Fest: Freitag nach dem zweiten Sonntag nach Pfingsten

Eine Rose für Rita 22. Mai

Einst, Rita lebte bereits im Kloster der Augustinerinnen, war sie so schwer erkrankt, dass es unsicher war, ob sie die nächsten Tage überleben würde. Da besuchten sie einige Verwandte. Als diese Rita fragten, ob sie irgendeinen Wunsch hätte, den sie ihr erfüllen könnten, antwortete sie: »Eine Rose aus dem Garten meiner Eltern!«

Nun war es aber mitten im Januar. Den Verwandten schien es, als fantasiere Rita bereits im Fieber. Um die Kranke aber nicht unnötig aufzuregen, ging einer der Besucher hinaus und tat, als ob er ihr den Wunsch erfüllen wollte. Als er aber zum Garten von Ritas Eltern kam, fand er – trotz des eisigen Frostes – tatsächlich eine einzelne Blüte an dem ansonsten völlig kahlen Rosenstock. Er brach die Blume ab und brachte sie zu Rita ins Kloster.

Dieser Legende verdankt die hl. Rita den Ruf, bei Gott scheinbar Unmögliches erbitten zu können. Sie gilt bis heute als Helferin in ausweglosen Situationen.

Nacherzählt von Andreas Rode

SOMMER

Auch das ist Kunst, ist Gottes Gabe,
aus ein paar sonnenhellen Tagen
sich so viel Licht ins Herz zu tragen,
dass, wenn der Sommer längst verweht,
das Leuchten immer noch besteht.

Johann Wolfgang von Goethe

Sommer:
> Sonnenzeit
> Reifezeit
> Ferienzeit
> Urlaubszeit
> Reisezeit
> Erlebniszeit
> ...

Sommer:
> die Tage sind länger
> die Nächte sind kürzer
> ein Mehr an Zeit zum Leben
> ...

Vom Sinn des Reisens

Das deutsche Wort »Sinn« kommt von dem althochdeutschen *sinnan* und heißt »reisen, streben, wandern«. Sinn heißt also auch: »auf dem Weg sein, unterwegs sein«. Unser ganzes Leben ist ein langer Weg, eine große Reise. Die Zeichen am Weg entdecken, sich an diesen Zeichen orientieren, das heißt nach dem Sinn zu fragen und zu suchen.

»Kleine Münzen – Große Hilfe«

Unter diesem Motto läuft seit Jahren eine Aktion des Caritas-Verbandes.
Wenn Millionen von Urlaubern aus dem Ausland zurückkommen, dann bringen sie außer Erinnerungen, Souvenirs und Eindrücken meist auch eine Menge Kleingeld mit nach Hause. Mit diesen »Groschen« anderer Länder wissen sie daheim nichts mehr anzufangen. Durch die Sammlung solcher »Restdevisen« sind in der Vergangenheit bereits Millionenbeträge zusammengekommen, die für vielfältige Aufgaben genutzt werden konnten.
Abgegeben werden können diese Kleingeld-Beträge in jedem Pfarramt oder bei Caritas-Dienststellen oder bei einer Sonntagskollekte nach dem Urlaub.

Der kleine Nachtwächter

Einmal, in einer Nacht voller Blütenduft und Sternengeflimmer, ging der kleine Nachtwächter mit seiner Laterne am Rande der Wiesen entlang. Da sah er plötzlich, genau vor seinem rechten Fuß, ein vierblättriges Kleeblatt. »Oh«, sagte der kleine Nachtwächter erfreut. Er bückte sich und pflückte es ab. Weil ein vierblättriges Kleeblatt Glück bringt, beschloss er, die Leute zu wecken. Denn das Glück ist schöner, wenn man es mit anderen teilt.

»Steht auf!«, rief er. »Ich habe ein vierblättriges Kleeblatt gefunden!« Da kamen die Leute zu ihm heraus: die Blumenfrau, der Dichter, der Drehorgelmann, das Luftballonmädchen und der Bauer. Sie setzten sich vor ihre Häuser und hielten Ausschau nach dem Glück. Ob es von links kommen würde, von rechts oder gar von oben? Sie ließen die Blicke wandern und lauschten in die Nacht.

Am Waldrand spielten die Rehe, und die Fuchsmutter balgte sich mit ihren Kindern herum. Ganz in der Nähe geigte eine Grille, und der sanfte Nachtwind pflückte Blütenflocken von den Bäumen und ließ sie über die Dächer rieseln.

Da spazierten fünfzehn Mäuschen die Dorfstraße entlang. Immer eines ein bisschen kleiner als das andere.

Der Mond spiegelte sich im Dorfteich. Das sah so hübsch aus, dass die Frösche einen Kreis um ihn bildeten und ihm ein Froschlied sangen. Das Bächlein murmelte. In der uralten Kastanie saßen die Eulen und träumten mit leuchtenden Augen in die Nacht.

Die Leute waren ganz still. Sie schauten den Hasen zu, die auf der Wiese Männchen machten, und hörten die Glockenblumen läuten. »Wann kommt denn endlich das Glück?«, fragte da plötzlich das Luftballonmädchen.

»Pst«, antwortete der kleine Nachtwächter und legte den Finger an den Mund. »Es ist längst da. Die ganze Nacht ist angefüllt mit Glück. Spürt ihr es nicht?«

Gina Ruck-Pauquèt

Geh zu den Menschen,
lebe mit ihnen zusammen,
liebe sie,
diene ihnen,
lerne von ihnen,
fang an mit dem,
was sie wissen,
und bau auf dem,
was sie haben.
Aus Afrika

Zu Hause Urlaub machen

Unsere eigene Heimat entdecken

> Was gibt es alles in unserer Stadt, in den Dörfern ringsum, in der näheren Umgebung?
> Eine Wanderkarte kaufen, jeden Tag oder jeden Sonntag in eine andere Himmelsrichtung laufen, Rad fahren; markante Gebäude – Kirchen, Rathäuser, Fachwerkhäuser, Denkmäler – »untersuchen«.
> Was ist bei uns anders als anderswo?
> Redensarten, Lieder, Trachten, Koch- und Backrezepte, Feiertage und Bräuche, Landschaftsformen, Pflanzen entdecken und entschlüsseln.
> Wie war es früher hier?
> Mit älteren Menschen sprechen, Heimat- und Freilichtmuseen besuchen, in alten Büchern stöbern.

Mit einer oder mehreren anderen Familien etwas unternehmen

> Was lässt sich alles draußen finden, und was könnten wir damit machen? Aus Steinen lassen sich Steinmännchen kleben und bemalen – Stöcke können wir schnitzen und verzieren – Blumen lassen sich pressen und mit ihnen Glückwunschkarten gestalten.
> Wie wäre es mit einem gemeinsamen großen Sommerfest? – Das Fest wird sicher umso besser gelingen, je mehr Personen möglichst viel vorbereiten und gestalten – vom Schmuck bis zum Programmablauf, von der Beleuchtung bis zum Essen und Trinken. Und wenn das ganze Fest noch unter ein Motto gestellt wird, etwa »Zirkus« oder »Auf der Ritterburg« oder »Auf der Arche Noah«, dann ist die Vorbereitung schon ein halbes Fest.

Einfach mal etwas anderes tun

Unter freiem Himmel schlafen – Sonnenaufgang erleben – Lagerfeuer machen, Stockbrot backen – Einen Blumenstrauß pflücken – Barfuß gehen – Eine Nachtwanderung machen – Im Regen wandern – Ein besonderes Buch lesen – Malen, basteln, spielen – Einen Tag nur das essen, was die Natur bietet – Jemanden besuchen – Eine Quelle suchen – Einen Tag ohne Auto auskommen – Aufmerksam hören, schmecken, riechen.

Sommerspiele

Luftballon-Laufen

Das bekannte »Eierlaufen« können wir abändern, wenn wir statt eines Eies einen Luftballon auf einen Esslöffel legen und damit Einzel- oder Stafetten-Rennen durchführen. Das ist viel spannender!

Wenn es einmal richtig knallen soll …

… dann können wir die Brötchentüten-Stafette machen. Wir bilden Gruppen zu je 3–5 Spielern und kennzeichnen eine Strecke von etwa 5 Metern. Am Ziel stehen möglichst ein Tisch, Stühle oder ein anderes »Podest«. – Vom Start läuft die Nr. 1 jeder Gruppe mit einer Papiertüte zum Ziel, klettert auf das »Podest«, bläst stehend die Tüte auf und lässt sie zwischen den Händen platzen. Schnell zurück und die Nr. 2 ist dran …

Teppiche und Girlanden

Ein Spiel für den Wald, denn hierzu brauchen wir Blätter von Bäumen und Sträuchern und Tannennadeln. Wir teilen uns in zwei Gruppen auf und kennzeichnen eine Strecke von etwa 2 Metern, z.B. zwischen zwei Bäumen. Jede Gruppe soll nun eine Girlande aus Blättern und Tannennadeln herstellen in der Länge der vereinbarten Strecke.

Die Aufgabe kann erschwert werden, wenn nur Blätter bestimmter Bäume genommen werden dürfen.

Je länger, je lieber

Wir bilden zwei oder mehr Gruppen. Auf ein Startsignal hin versucht jede Gruppe, eine möglichst lange Schlange aus allem verfügbaren Material zu knüpfen, z.B. Taschentücher, Hemden, Gürtel, Bindfaden. Im Freien können Naturmaterialien bestimmt werden, z.B. werden Blätter mit Tannennadeln zu einer Schlange zusammengesteckt oder Grashalme werden verknotet. Wer hat nach einer gewissen Zeit die längste Schlange?

Eine Sonnenuhr bauen

Das wissen wir alle: Die Sonne zieht ewig ihren Kreis. Aber haben wir schon einmal daran gedacht, dass wir die Sonnenstrahlen »ausnutzen« und eine Sonnenuhr bauen können? Wir benötigen einen dünnen Holzstab, der im Winkel von 45°, mit der Spitze nach Norden zeigend, in den Boden gesteckt wird. Nun können wir mithilfe einer normalen Uhr jede Stunde dort markieren, wohin die Spitze des Schattens jeweils fällt. Die Stunden-Markierungen können wir noch besonders gestalten und schmücken.

15. August – Kräuterweihe an »Mariä Himmelfahrt«

Die Kirche feiert das Fest »Mariä Himmelfahrt« am Ende des Sommers und trägt zu Ehren Marias, »der Blume auf dem Felde und der Lilie der Täler«, mit der Kräuterweihe die Gaben der Natur in ihren Gottesdienst hinein. Der alte Brauch der Kräuterweihe hat sich aus Legenden um Maria entwickelt. Nach einer dieser Legenden ließen die Apostel das Grab der Gottesmutter noch einmal öffnen, aber sie fanden darin nicht mehr den Leichnam, sondern Blumen. Eine andere Legende erzählt, dass dem Grab in dem Augenblick, in dem Maria in den Himmel aufgenommen wurde, ein wunderbarer Duft wie von Kräutern und Blumen entstiegen sein soll.

Der Kräuterbund

Für den Kräuterbund werden verschiedene Blumen und Kräuter gesammelt. Was alles zu diesem Bund gehört, unterscheidet sich jeweils nach Landschaft. Viele Pflanzen sind nur aus dem Dialekt dem Namen nach bekannt, sodass uns heute das Finden und Bestimmen der Kräuter schwerfällt.

Zum Kräuterbund gehören von alters her: Wermut, Kamille, Schafgarbe, Tausendgüldenkraut, Johanniskraut, Pfefferminze, Holunder, Königskerze und Getreide. – In manchen Gegenden wird in die Mitte des Kräuterbundes ein dicker Apfel gesteckt, der nach der Weihe unter den Familienmitgliedern verteilt und gegessen wird.

Der Kräuterbund kann zu Hause an einen besonderen Platz gestellt oder gehängt und so auch getrocknet aufbewahrt werden.

Zur Segnung der Kräuter

Allmächtiger Gott,
du hast Himmel und Erde erschaffen.
Wir Menschen brauchen zum Leben,
was die Erde hervorbringt.
Ihre Gaben und Kräfte
dienen uns auch zur Heilung.
Viele ihrer Pflanzen sind uns Arznei.
Segne daher diese Kräuter und Früchte,
die wir zum Fest der Aufnahme
Mariens in den Himmel gesammelt haben.
Heile, was krank ist.
Richte auf, was darniederliegt.
Schenke uns die Vollendung,
die du Maria gegeben hast.
Darum bitten wir dich
durch Jesus Christus, unseren Herrn.
Amen.

JUNI
»Öffnen aller Sinne«

24. Juni: Johannes der Täufer

Herkunft und Bedeutung

Der Juni ist bei den Römern nach der Göttin Juno, der Gattin des Göttervaters Jupiter, benannt worden. Sie galt als die »jugendlich Blühende«, war die Göttin der Gestirne und Stifterin und Hüterin der Ehe unter den Menschen.

Alte Namen

Brachmond: Dieser Name stammt aus der Zeit der Dreifelderwirtschaft. Im Juni ging man daran, das dritte, das Brachfeld zu bearbeiten.
Rosenmonat = Zeit des Blühens und Duftens.

Sternzeichen

Vom 21. Mai bis 21. Juni: die Zwillinge
Den unter diesem Sternzeichen Geborenen sagt man nach, sie seien sehr gesellig, hätten gern »viel um die Ohren«, seien geschickt und intelligent. Der einzige Feind sei die Langeweile. Ihr Stein ist der weinfarbene Topas, der die wilden Begierden stillen und die Fantasie zügeln soll. Es folgt der Krebs.

Bauernregeln

› Soll gedeihen Korn und Wein,
   muss im Juni warm es sein.
› Reif in der Juninacht
   den Bauern Beschwerde macht.

Rezept: Rhabarberkuchen

300 g Mehl, 100 g Zucker, 1 P. Vanillin-Zucker,
1 Prise Salz, 1 Ei, 200 g Butter oder Margarine
Belag: 1 kg Rhabarber, 2 Eier, 65 g Zucker,
¼ l saure Sahne

Das Mehl auf ein Backblech geben, eine Mulde machen und Zucker, Vanillin-Zucker, Salz und Eier hineingeben und alles mit einem Pfannenmesser verhacken. Erst dann die grob zerteilte Butter oder Margarine daraufgeben, nochmals alles verhacken und zum Schluss rasch verkneten.
Den Mürbeteig ausrollen, in eine Springform legen, mit einer Gabel mehrmals einstechen und bei 220 °C 10 Minuten vorbacken. Den geputzten, geschnittenen Rhabarber darauf verteilen, 15 Minuten bei gleicher Hitze weiterbacken. Eier und Zucker schaumig schlagen, die Sahne unterrühren, die Masse über den Kuchen verteilen und bei leicht gedrosselter Hitze etwa 15 Minuten stocken lassen.

Namenstage im Juni

1.	Justin	aus Neapel, Philosoph, Märtyrer 1./2. Jh.	*Der Gerechte*
	Roman	irischer Missionsbischof in der Bretagne 6. Jh.	*Der Römer*
	Liutgard	aus Sachsen, Gründerin des Klosters Bassum 9. Jh.	*Schützerin des Volkes*
2.	Marzelinus	Priester, Märtyrer in Rom 3./4. Jh.	*Dem Mars geweiht*
	Petrus	römischer Märtyrer 3./4. Jh.	*Der Fels*
	Armin	Märtyrer in Ägypten oder Abessinien (?)	*Der Anstürmende*
	Erasmus	Bischof von Antiochien/Syrien, Märtyrer 3./4. Jh. (einer der 14 Nothelfer)	*Der Liebenswürdige*
	Eugen I.	Papst 7. Jh.	*Der Hochgeborene*
3.	Karl	(Lwanga) Märtyrer in Uganda (1865–1886)	*Freier Mann*
	Hildburg	Ehefrau, dann Einsiedlerin in Pontoise 11./12. Jh.	*Schützerin im Kampf*
	Johannes	(XXIII.; Angelo Guiseppe Roncalli) 1881–1963, kündigte schon 3 Monate nach seiner Papst-Ernennung (1958) das (1962 beginnende) Zweite Vatikanische Konzil an	*Gott ist gnädig*
4.	Klothilde	Frankenkönigin 5./6. Jh.	*Berühmte Kämpferin*
	Werner	von Eilerbach, Benediktiner in St. Blasien, Abt in Wiblingen bei Ulm 11./12. Jh.	*Wehrmann*
	Christa	Jungfrau, Märtyrerin in Kilikien (?)	*Die Christin*
5.	Bonifatius	(Winfrid) angelsächsischer Mönch, Glaubensbote in Deutschland, Bischof, Märtyrer 7./8. Jh. (»Apostel Deutschlands«, Patron des Bistums Fulda)	*Der Wohltäter (Winfried: Freund des Friedens)*
	Meinwerk	Bischof von Paderborn 10./11. Jh.	*Mutiger Wirker*
6.	Norbert	aus Xanten, Prämonstratenser-Mönch, Wander-prediger, Bischof von Magdeburg 11./12. Jh.	*Nordglanz*
	Kevin	irischer Mönch 6./7. Jh. (Patron von Dublin)	*(?)*
	Klaudius	Abt von Condat, Bischof von Besançon 7./8. Jh.	*Der Lahme*
7.	Dietger	Mönch in Fulda, Abt von Herrieden 8./9. Jh.	*Aus speerstarkem Volk*
	Robert	Angelsachse, Mönch, Abt von Newminster 12. Jh.	*Glänzend von Ruhm*
8.	Helga	Einsiedlerin im Bregenzer Wald 11./12. Jh.	*Die Gesunde, Heile*
	Engelbert	Prämonstratenser in Ursberg u. Schäftlarn 12. Jh.	*Glänzend wie ein Engel*
9.	Ephräm	(der Syrer) Diakon, Kirchenlehrer 4. Jh.	*Fruchtland (?)*
10.	Bardo	aus der Wetterau, Bischof von Mainz 10./11. Jh.	*Der Bärtige*
	Heinrich	von Bozen, Tagelöhner 13./14. Jh.	*Geschickter Herrscher*
	Maurin	Abt in Köln, Märtyrer 9./10. Jh.	*Der Mohr, der Schwarze*
	Diana	(Andalò) Dominikaner-Nonne in Bologna 13. Jh.	*Römische Jagdgöttin*
11.	Barnabas	Begleiter des Apostels Paulus, Märtyrer	*Sohn des Trostes*
	Adelheid	von Schaerbeek, Zisterzienserin, Brüssel 13. Jh.	*Von edlem Stande*
12.	Leo III.	Papst 8./9. Jh.	*Der Löwe*
	Odulf	aus Brabant, Priester, dann Mönch 9. Jh.	*Herr des Besitzes*
	Eskil	englischer Missionar in Schweden, Märtyrer 11. Jh.	*(?)*
13.	Antonius	von Padua, Franziskaner, Prediger, Kirchenlehrer 12./13. Jh. (Patron der Liebenden, Bergleute u. Reisenden, Helfer beim Suchen verlorener Sachen)	*Der vorn Stehende*
14.	Burchard	Mönch in Regensburg, Bischof von Meißen 10. Jh.	*Der starke Schützer*
	Gottschalk	Fürst der Wenden, Märtyrer 11. Jh.	*Der Knecht Gottes*

15.	Vitus	jugendl. Märtyrer in Sizilien 3./4. Jh. (einer der 14 Nothelfer, Patron von Pommern, Sachsen, Böhmen, Niedersachsen und Sizilien)	*Der Lebensstarke*
	Lothar	aus dem Moselgau, Bischof von Sées (Orne) 8. Jh.	*Ruhmreicher Held*
	Gebhard	Bischof von Salzburg 11. Jh.	*Der Freigebige*
16.	Benno	aus Sachsen, Bischof von Meißen 11./12. Jh. (Patron der Bistümer Dresden-Meißen u. München, Patron der Stadt München, Fischer u. Tuchmacher)	*Der Bärenstarke*
	Luitgard	aus Tongern, Zisterzienserin, Brüssel 12./13. Jh.	*Schützerin des Volkes*
17.	Fulko	Mönch, Bischof von Reims, Märtyrer 9. Jh.	*Mann aus dem Volk*
	Euphemia	aus Andechs, Äbtissin 12. Jh.	*Gute Vorbedeutung*
18.	Felicius	aus Aquitanien, Einsiedler an der Mosel 4. Jh.	*Der Glückliche*
19.	Romuald	aus Ravenna, Benediktiner-Mönch, dann Einsiedler, Ordensgründer 10./11. Jh.	*Der Ruhmreiche*
	Rasso	Graf von Dießen-Andechs 10. Jh.	*Der Ratgeber*
20.	Adalbert	aus Lothringen, Mönch in Trier, Missionsbischof in Russland, erster Bischof von Magdeburg 10. Jh.	*Durch Adel glänzend*
	Benigna	Zisterzienserin in Trebnitz, Märtyrerin 13. Jh.	*Die Wohltätige*
21.	Aloysius	(Gonzaga) Jesuit, Rom 16. Jh. (Patron der Jugend, Helfer bei Augenleiden)	*Der ganz Weise*
	Radulf	von Chors, Bischof von Bourges 9. Jh.	*Der Ratwolf*
22.	Paulinus	aus Bordeaux, Ehemann u. Vater, dann Bischof von Nala (Kampanien) 4./5. Jh.	*Der Geringe*
	John	(Fisher) aus Yorkshire, Bischof von Rochester, Märtyrer 15./16. Jh.	*Gott ist gnädig*
	Thomas	(Morus) aus London, Märtyrer 15./16. Jh.	*Der Zwilling*
	Eberhard	Mönch in Bamberg, Bischof von Salzburg 11./12. Jh.	*Stark wie ein Eber*
	Achatius	Soldat, Märtyrer 2. Jh. (einer der 14 Nothelfer)	*Der Gute*
23.	Edeltraud	angelsächsische Königin, dann Nonne und Äbtissin in Essex 7. Jh. (Helferin bei Augen- u. Halsleiden)	*Adelige Treue*
24.	Johannes	der Täufer, Bußprediger, »Der Vorläufer Jesu« (Patron der Mönche, Gastwirte, Maurer, Zimmerleute u. Bauern; Patron des Bistums Gurk-Klagenfurt)	*Gott ist gnädig*
	Theodulf	Abtbischof von Lobbes 8. Jh.	*Aus kriegerischem Volk*
25.	Gohard	Bischof von Nantes, Märtyrer 9. Jh.	*Stark durch Gott*
	Eleonore	Königin von England, dann Benediktinerin 13. Jh.	*Gott ist mein Licht*
	Dorothea	von Montau, Ehefrau u. Mutter, dann Einsiedlerin, Mystikerin 14. Jh.	*Gottesgeschenk*
26.	Anthelm	von Chignin, Kartäuser, Bischof von Belley 12. Jh.	*Schützer des Hauses*
	Johannes	römischer Beamter, Märtyrer 4. Jh.	*Gott ist gnädig*
	Paulus	römischer Beamter, Märtyrer 4. Jh.	*Der Geringe*
27.	Cyrill	Bischof von Alexandrien, Kirchenlehrer 4./5. Jh.	*Der Herr*
	Hemma	Gräfin von Gurk, Benediktinerin 10./11. Jh. (Patronin von Kärnten, Helferin bei Augenleiden)	*Die starke Kämpferin*
28.	Irenäus	aus Kleinasien, Bischof von Lyon, Märtyrer 2./3. Jh.	*Der Friedfertige*
	Ekkehard	von Halberstadt, Abt, Gründer der Huysburg 11. Jh.	*Der Schwertstarke*

29.	Petrus	**Apostel, Märtyrer** (Patron der Maurer, Fischer, Schlosser, Uhrmacher, Schmiede; Patron der Diözese Berlin; Wetterpatron)	*Der Fels*
	Paulus	**Apostel, Märtyrer** (Patron der Diözese Münster; Patron der Weber, Seiler, der Theologen, der kath. Presse, der Mission)	*Der Kleine, Geringe*
	Gero	aus Thüringen, Bischof von Köln 10. Jh.	*Gebieter des Speeres*
	Judith	Einsiedlerin bei Niederalteich 11. Jh.	*Die Frau aus Juda*
30.	Otto	aus Schwaben, Bischof von Bamberg, Glaubensbote in Pommern 11./12. Jh. (»Apostel der Pommern«, Mitpatron der Bistümer Berlin u. Bamberg)	*Besitz, Glück*
	Ehrentrud	aus Worms, Äbtissin in Salzburg 7./8. Jh.	*Die ehrenwerte Frau*
	Bertram	aus Paris, Bischof von Le Mans 6./7. Jh.	*Glänzend wie ein Rabe*
	Theobald	aus der Champagne, Einsiedler in Luxemburg und Salanigo 11. Jh. (Patron der Bauern u. Schuster)	*Der Tapfere im Volk*
	Ernst	von Pardubitz, Bischof von Prag 14. Jh.	*Der ernste Kämpfer*

Die Legende von den Siebenschläfern 27. Juni

In Ephesus lebten einst sieben junge Männer. Diese sieben – sie hießen Constantinus, Dionysius, Johannes, Malchus, Martinianus, Maximianus und Serapion – waren fromme Christen. Nun kam es aber zur Zeit des Kaisers Decius wieder zu einer grausamen Christenverfolgung. Die sieben aber wollten den Glauben an Jesus Christus nicht verleugnen. Darum flohen sie vor den Soldaten des Kaisers und verbargen sich in einer Berghöhle. Aber ihre Verfolger waren hartnäckig: Es gelang ihnen, die Flüchtlinge aufzuspüren. Und als die Soldaten nun vor dem Eingang der Höhle standen, in die sich die jungen Christen geflüchtet hatten, sagten sie zueinander: »Was sollen wir unser Leben riskieren, indem wir versuchen diese sieben Männer herauszuholen. Die Höhle hat nur diesen einen Eingang. Wenn wir den zumauern, werden die sieben dort drinnen elendiglich verhungern und verdursten.«

Und sie taten, wie sie gesagt hatten. Nun waren die sieben also lebendig begraben, denn aus der Höhle gab es für sie keinen Ausweg. Da ließ Gott, der Herr, einen tiefen Schlaf über sie herabsinken. 187 Jahre später, die Zeit der Christenverfolgungen war vorüber, kam ein Bauer auf den Gedanken, die nahe bei der Stadt gelegene Höhle als Schafstall zu nutzen. Mit seinen Werkzeugen brach er Stein um Stein aus der Mauer heraus, bis er den Höhlenzugang freigelegt hatte. Da erst erwachten die sieben heiligen Schläfer. Und da sie Hunger hatten, lief einer von ihnen, um Brot zu holen. Doch zu seinem Erstaunen hatte sich die Stadt verändert. Er traf keinen einzigen Bekannten, und als er dem Bäcker für das Brot eine Goldmünze mit dem Bild von Kaiser Decius gab, rief er höchste Verwunderung hervor. Da ging der Bischof mit einigen zur Höhle und fand alle Sieben lebend vor. Und sie erhoben sich, priesen Gott und bekannten ihren Glauben an die Auferstehung.

Nacherzählt von Andreas Rode

JULI

»Sehnsucht unter der Sonne«

2. Juli: Mariä Heimsuchung

Herkunft und Bedeutung

Benannt nach Gajus Julius Cäsar, der 46 vor Christus im Römischen Reich die Kalenderreform durchführte. Der Kalender wurde endgültig auf 365 Tage festgesetzt. Der Monat hieß bis dahin Quintilis (der Fünfte) und wurde Cäsar zu Ehren in Julius umbenannt, da es der Monat seines Geburtstages war.

Wer recht in Freuden wandern will

1. *Wer recht in Freuden wandern will,*
   der geh der Sonn entgegen.
   Da ist der Wald so kirchenstill,
   kein Lüftchen mag sich regen.
   Noch sind nicht die Lerchen wach,
   nur im hohen Gras der Bach
   singt leise den Morgensegen.

2. *Die ganze Welt ist wie ein Buch*
   darin uns aufgeschrieben
   in bunten Zeilen manch ein Spruch,
   wie Gott uns treu geblieben;
   Wald und Blumen, nah und fern,
   und der helle Morgenstern
   sind Zeugen von seinem Lieben.

T.: E. Geibel 1839, M.: G. Klauer (1827–1854)

Alte Namen

Heumond = Heuernte-Monat

Sternzeichen

Vom 22. Juni bis 22. Juli: der Krebs
Den unter diesem Sternzeichen Geborenen sagt man nach, sie seien freundliche, gefühlvolle Menschen, auch wenn sie dies nicht immer zeigten. Sie hätten viel Fantasie und träumten gerne. Für ihre Mitmenschen sollen sie manchmal recht anstrengend sein. Ihr Stein ist der bläulich graue oder auch gelblich braune Chalzedon, der Gram und Sorgen abwehrt. Es folgt der Löwe.

Bauernregeln

> Was im Herbste soll geraten,
> das muss die Julisonne braten.
> Wenn's im Juli nicht donnert und blitzt,
> wenn im Juli der Schnitter nicht schwitzt,
> der Juli dem Bauern nicht nützt.
> Einer Reb' und einer Geiß
> ist's im Juli nie zu heiß.

Namenstage im Juli

1.	Theoderich	(Dietrich), Abt in der Nähe von Reims 5./6. Jh.	*Im Volk mächtig*
2.	**Mariä Heimsuchung (Fest seit dem 14. Jh.)**		
	Wiltrud	Äbtissin in Hohenwart (Oberbayern) 11. Jh.	*Die willensstarke Frau*
3.	Thomas	Apostel und Märtyrer (Patron von Ostindien, Patron der Schreiner u. Zimmerleute)	*Zwilling*
4.	Ulrich	Bischof von Augsburg 9./10. Jh. (Patron von Stadt und Bistum Augsburg, Patron der Winzer u. Fischer, der Reisenden u. Sterbenden)	*Der Glänzende, der Prächtige*
	Berta	Ehefrau, dann Äbtissin von Blangy 7./8. Jh.	*Die Glänzende*
	Elisabeth	Königin von Portugal, später Nonne 13./14. Jh.	*Gott hat geschworen*
	Hatto	Mönch und Einsiedler in Ottobeuren 10. Jh.	*Der Kampf*
5.	Antonius	(Maria Zaccaria) ital. Arzt, dann Priester 16. Jh.	*Der vorn Stehende*
	Kyrilla	lybische Jungfrau, Märtyrerin 3./4. Jh.	*Die Herrin*
6.	Maria	(Goretti) ital. Bauernmädchen, Märtyrerin 1890–1902 (Patronin der Jugend)	*Die von Gott Geliebte*
	Goar	aus Aquitanien, Einsiedler bei St. Goar 5./6. Jh.	*Der Krieger, Kämpfer*
7.	Willibald	angelsächsischer Glaubensbote, Bischof von Eichstätt 8. Jh. (Patron des Bistums Eichstätt)	*Willensstark, kühn*
	Edelburg	Königstochter von Essex, Nonne u. Äbtissin 7. Jh.	*Edle Schützerin*
8.	Kilian	irischer Mönch, Bischof von Würzburg, Märtyrer 7. Jh. (Patron von Stadt u. Bistum Würzburg, von Süd-Thüringen; Patron der Winzer)	*Der Einsiedler, der Kirchliche*
	Edgar	(Der Friedfertige) König in Angelsachsen 10. Jh.	*Schützer des Erbes*
9.	Agilolf	Bischof von Köln 8. Jh.	*Der Schreckenswolf*
10.	Alexander	römischer Märtyrer 2. Jh.	*Verteidiger, Helfer*
	Knud	König von Dänemark, Märtyrer 11. Jh. (Patron von Dänemark)	*Der Waghalsige*
	Erich	König von Schweden, Märtyrer 12. Jh. (Nationalheiliger Schwedens)	*An Ehre reich*
11.	Benedikt	von Nursia, Ordensgründer 5./6. Jh. (»Vater des abendländischen Mönchtums«, Patron Europas, der Schulkinder u. Sterbenden)	*Der Gesegnete*
	Ludwig	Landgraf von Thüringen, Gemahl Elisabeths 13. Jh.	*Der berühmte Kämpfer*
	Olga	(Helga) Gemahlin des Großfürsten von Kiew 10. Jh.	*Die Gesunde, Heile*
	Oliver	Bischof in Irland, Märtyrer 17. Jh.	*Der Ölbaumpflanzer*
	Rachel	zweite Frau Jakobs (Altes Testament)	*Mutter*
	Sigisbert	Mönch, Einsiedler in der Schweiz 7./8. Jh.	*Durch Sieg bekannt*
12.	Felix	Soldat aus Afrika, Märtyrer 3./4. Jh.	*Der Glückliche*
13.	Heinrich II.	Deutscher Kaiser, Gemahl der hl. Kunigunde (3. März) 10./11. Jh. (Patron des Bistums Bamberg)	*Geschickter Herrscher*
	Arno	Bischof von Würzburg 9. Jh.	*Herrscht wie ein Adler*
	Mildred	englische Königstochter, Nonne 7./8. Jh.	*Die milde Frau*
	Sara	Einsiedlerin in der Lybischen Wüste 4. Jh.	*Fürstin*
	Silas	(Silvan) Begleiter des Apostel Paulus	*Der Waldbewohner*
	Joel	Sohn des Pathuel, war einer der »kleinen Propheten« im Alten Testament	*Jahwe ist Gott*

14.	Goswin	Mönch, Märtyrer 9. Jh.	*Gottes Freund*
	Kamillus	ital. Priester, Gründer eines Ordens (Kamillianer) 16./17. Jh. (Patron der Krankenpflege)	*Diener Gottes (?)*
	Roland	von Chézery bei Genf, Zisterzienser-Abt 12. Jh.	*Der Siegesmutige*
	Ulrich	aus Regensburg, Mönch in Cluny 11. Jh.	*Der Glänzende*
15.	Bonaventura	Franziskaner, Ordensgeneral, Bischof von Albano, 13. Jh. (Patron von Lyon, der Arbeiter u. Kinder)	*Gute Zukunft*
	Bernhard	von Baden, Feldherr Kaiser Friedrichs III. 15. Jh.	*Stark wie ein Bär*
	Egon	(Egino) Mönch und Abt in Augsburg 11./12. Jh.	*Der Schwertstreiter*
	Gumbert	von Ansbach, Abt, Bischof von Würzburg 8. Jh.	*Der berühmte Kämpfer*
	Waldemar	(Wladimir) Großfürst von Kiew 10./11. Jh.	*Berühmter Herrscher*
16.	Elvira	Äbtissin in Trier 11./12. Jh.	*Schützerin*
	Irmgard	Tochter König Ludwigs des Deutschen, Nonne und Äbtissin am Chiemsee 9. Jh.	*Allumfassender Schutz, von Gott Beschützte*
	Reinhild	(Reineldis) Jungfrau in Brabant, Märtyrerin 7. Jh.	*Mächtig im Kampf*
	Carmen	Marienfest »Gedächtnis Unserer Lieben Frau vom Berge Karmel«	*Die Sängerin*
17.	Alexius	römischer Patrizier, Einsiedler 4./5. Jh. (?)	*Hilfe, Schutz, Abwehr*
	Charlotte	Karmeliter-Nonne in Frankreich, Märtyrerin 18. Jh.	*Die freie Frau*
	Gabriele	Karmeliter-Nonne in Frankreich, Märtyrerin 18. Jh.	*Streiterin Gottes*
	Donata	eine der ersten Märtyrerinnen aus Afrika 2. Jh.	*(Gottes) Geschenk*
18.	Arnold	Lautenspieler Karls des Großen, Freund der Armen 8./9. Jh. (Patron der Sänger u. Musiker)	*Der Adlergleiche*
	Arnulf	fränk. Ehemann, Mönch, Bischof von Metz 6./7. Jh.	*Adler und Wolf*
	Friedrich	Bischof von Utrecht 9. Jh.	*Friedensfürst*
19.	Bernulf	(Bernold) Bischof von Utrecht 11. Jh.	*Stark wie Bär u. Wolf*
20.	Margarete	Jungfrau, Märtyrerin in Antiochien 3./4. Jh. (eine der 14 Nothelfer, Patronin der Schwangeren)	*Die Perle*
	Bernward	Bischof von Hildesheim 12. Jh.	*Stark wie ein Bär*
21.	Laurentius	von Brindisi, Kapuziner, Kirchenlehrer 16./17. Jh.	*Der Lorbeerbekränzte*
	Daniel	Prophet 7./6. Jh. v. Chr. (Patron der Bergleute)	*Gott ist Richter*
22.	Maria	(Magdalena) Jüngerin Jesu (Patronin der Frauen, Gärtner und Winzer)	*Von Gott Geliebte*
	Eberhard	Kapuziner-Abt in Georgenthal bei Gotha 12. Jh.	*Stark wie ein Eber*
	Verena	Gefährtin Ursulas 3. Jh. (?) (s. 21. Okt.)	*Die Ehrfürchtige*
23.	Birgitta	schwedische Adelige, Ehefrau, dann Nonne 14. Jh. (Patronin Schwedens, Helferin in Todesnot)	*Die Strahlende*
	Liborius	Bischof von Le Mans 4. Jh. (Patron des Bistums Paderborn)	*Der Freie (?)*
24.	Christophorus	legendarische Gestalt (Nothelfer bei Unwetter, Patron der Kraftfahrer, Reisenden)	*Christusträger*
	Christina	italienische Märtyrerin (?) (Patronin der Müller)	*Die Christin*
	Luise	franz. Adelige, Ehefrau, dann Klarissin 15./16. Jh.	*Ruhmvolle Kämpferin*
	Siglind	Ehefrau, dann Nonne, Äbtissin in Italien 7. Jh.	*Sieg durch den Schild*

25.	Jakobus	(d. Ältere) Apostel und Märtyrer (Patron von Spanien u. Portugal, der Pilger, Winzer u. Apotheker)	*Der Fersenhalter*
	Thea	Märtyrerin in Palästina, 3./4. Jh.	*Von der Insel Thera*
	Thomas	von Kempen, Priester und Schriftsteller 14./15. Jh.	*Zwilling*
26.	Joachim	Vater Marias	*Gott richtet auf*
	Anna	Mutter Marias (Patronin der Bergleute, der Ehe; Patronin von Westfrankreich)	*Gott hat sich erbarmt, die Anmutige*
	Christiane	Tochter eines engl. Königs 8. Jh. (?)	*Die Christin*
27.	Berthold	Mönch in St. Blasien, Abt in Carsten 11./12. Jh.	*Berühmter Herrscher*
	Natalie	Ehefrau und Märtyrerin in Cordoba, Spanien, 9. Jh.	*Weihnachten Geborene*
28.	Beatus	Priester und Einsiedler in Trier 7. Jh.	*Der Glückselige*
	Innozenz I.	Papst 4./5. Jh.	*Der Unschuldige*
29.	Martha	von Bethanien (Patronin der Hausfrauen)	*Herrin*
	Flora	römische Sklavin, Märtyrerin 3. Jh.	*Die Blume, Blühende*
	Luzilla	römische Sklavin, Märtyrerin 3. Jh.	*Die Leuchtende*
	Olaf II.	König von Norwegen 10./11. Jh. (auch am 10. Juli)	*Nachfahre des Urahns*
30.	Petrus	(Chrysologus) Bischof von Ravenna 4./5. Jh.	*Der Fels*
	Beatrix	römische Märtyrerin 3./4. Jh.	*Die Glücksbringerin*
	Ingeborg	dänische Prinzessin, franz. Königin 12./13. Jh.	*Gott möge schützen*
31.	Ignatius	von Loyola, Offizier, Priester, Gründer des Jesuitenordens 15./16. Jh. (Patron der Exerzitien)	*Der Feurige*
	Germanus	Bischof von Auxerre 4./5. Jh.	*Der Brüderliche*

König Olaf von Norwegen versetzt mit seinem Glauben Berge 29. Juli

Als König Olaf II. gen Norden segelte, um das Land zu erobern und zum Glauben zu bekehren, da führte er sein Schiff dicht an die gefährlichen Klippen des Festlandes heran. Und als sie fast bis an die Felsen herangekommen waren, da stellte er sich in den Bug des Schiffes und schlug ein Kreuzzeichen. Sofort öffneten sich die Berge vor ihm wie ein Tor und ließen das Schiff passieren. So machte es Olaf immer wieder, bis sie am Ziel waren. Die Felswände hinter ihnen blieben weit geöffnet, so wie sie sich für Olaf aufgetan hatten. So stehen sie noch heute und bilden Norwegens Fjorde.

Nacherzählt von Andreas Rode

Gedenktag des hl. Olaf ist in Deutschland der 29. Juli, der allgemeine Gedenktag ist der 10. Juli.

AUGUST
»Maß des vollen Lebens«

15. August: Mariä Aufnahme in den Himmel

Herkunft und Bedeutung

Benannt nach dem römischen Kaiser Augustus (63 vor bis 14 nach Christus). Er hatte in diesem Monat die meisten seiner Siege errungen und änderte den früheren Monatsnamen Sixtilius (= der Sechste) in seinen eigenen Namen.

Alte Namen

Ernting, Erntemond

Auf der Wiese

Mitten auf der Wiese
sitzt die kleine Liese
im grünen, grünen Gras.
Sie träumt sich sacht in Schlummer,
da kommt ein großer Brummer
und fliegt ihr auf die Nas.

»Weg, weg, du dummer Brummer!
Störst mich in meinem Schlummer!
Willst weg! Was soll denn das?«
Der Brummer brummt gemütlich:
»Ach, Lieschen, sei doch friedlich,
ich mache ja nur Spaß!«

Emil Weber

Sternzeichen

Vom 23. Juli bis 23. August: der Löwe

Den unter diesem Sternzeichen Geborenen sagt man nach, sie seien sehr großzügig, aber auch ein bisschen eitel. Sie liebten Reichtum und Pracht, regten sich über Kleinigkeiten nicht auf. Ihr Stein ist der Jaspis, den es in rötlicher, grünlicher oder auch bläulicher Färbung gibt. Es folgt die Jungfrau.

Bauernregeln

> Ist's in den ersten Wochen heiß,
>   so bleibt der Winter lange weiß.
> Im August der Morgenregen
>   wird vor Mittag sich nicht legen.

Rezept: Eis-Schokolade

Wir brauchen: Milch, Kakao (Fertigpulver), Nuss- oder Sahneeis, Schlagsahne, Vanille-Zucker, Schokoladenstreusel. Einen richtig gut schmeckenden, kräftigen Kakao zubereiten, in den Kühlschrank stellen, bis er gut kalt ist. Den Kakao in ein großes Glas gießen, eine große Kugel Eis hineingeben, die Sahne mit dem Zucker steif schlagen und einen großen Löffel voll auf den Kakao geben, obenauf Schokoladenstreusel streuen.

Namenstage im August

1.	Alfons	(Maria) von Liguori, Priester, Gründer des Redemptoristenordens, Bischof 17./18. Jh.	*Der Edelwillige*
	Petrus Faber	franz. Jesuit, Gefährte des Ignatius 16. Jh.	*Der Fels*
2.	Eusebius	ital. Bischof 3./4. Jh.	*Der Gottesfürchtige*
3.	Benno	Gründer von Einsiedeln, Bischof von Metz 10. Jh.	*Der Bärenstarke*
	Burchard	Propst des Stiftes Rot an der Rot 12. Jh.	*Der starke Schützer*
	Lydia	wohlhabende Frau in Lydien (s. Apg 16,14–40) 1. Jh.	*Die Frau aus Lydien*
4.	Johannes	(Maria) Vianney, Pfarrer von Ars 18./19. Jh. (Patron der Beichtväter)	*Gott ist gnädig*
5.	Dominika	Frau aus Florenz, Mystikerin 15./16. Jh.	*Dem Herrn gehörig*
	Oswald	englischer König 7. Jh.	*Gottes Kraft waltet*
6.	Gilbert	Mönch, erster Abt von Maria Laach 12. Jh.	*Kind edler Herkunft*
	Hermann	von Köln, Prämonstratenser in Cappenberg 12. Jh.	*Der Mann im Heer*
	Praxedis	(Adelheid) zweite Gemahlin Heinrichs IV. 11. Jh.	*Die Wohltätige (?)*
7.	Afra	Jungfrau, Märtyrerin in Augsburg 3./4. Jh. (Mitpatronin der Bistümer Augsburg u. Dresden-Meißen, Patronin der Büßerinnen)	*Die Afrikanerin*
	Sixtus II.	Papst, Märtyrer 3. Jh. (Patron der Winzer u. der schwangeren Frauen)	*Der Feine*
	Kajetan	von Tiene, Mitgründer der Theatiner 15. /16. Jh.	*Der aus Caieta*
	Janusz	(Korczak) 1878–1942, Arzt und Pädagoge; Leiter des jüd. Waisenhauses in Warschau. Starb mit 200 Waisenkindern im Konzentrationslager Treblinka	*Gott ist gnädig*
8.	Cyriakus	Diakon, Märtyrer in Rom 3./4. Jh.	*Dem Herrn gehörig*
	Dominikus	spanischer Priester, Gründer der Dominikaner 12./13. Jh. (Patron von Cordoba, Madrid u. Palermo, Patron d. Schneider u. Näherinnen)	*Dem Herrn gehörig*
9.	Altmann	von Paderborn, Bischof von Passau 11. Jh.	*Der erfahrene Mann*
	Edith	(Stein) 1891–1942, Karmelitin, Philosophin, Märtyrerin in Auschwitz, Seligspr. am 1.5.1987	*Die um Besitz Kämpfende*
10.	Asteria	(Astrid) Jungfrau, Märtyrerin in Bergamo 3./4. Jh.	*Heller Stern*
	Laurentius	Diakon in Rom, Märtyrer 3. Jh. (Patron von Rom, Spanien, Merseburg, Nürnberg, Helfer der Armen, in Feuersnot)	*Der Lorbeerbekränzte*
11.	Klara	von Assisi, Klarissen-Nonne 12./13. Jh. (Patronin gegen Fieber u. Augenleiden)	*Die Helle, die Lautere*
	Nikolaus	von Kues, Bischof von Brixen, Gelehrter 15. Jh.	*Der Volksbesieger*
	Philomena	Jungfrau, Märtyrerin 2./3. Jh. (?)	*Die Geliebte*
	Susanna	römische Märtyrerin 6. Jh.	*Lilie*
	Henry	(John Newman) 1801–1890, engl. Kardinal, einer der bedeutendsten ökumenischen Theologen	*Geschickter Herrscher*
12.	Radegund	Frankenkönigin, dann Nonne 6. Jh.	*Schützerin des Rates*

13.	Gerold	Bischof von Oldenburg (später Lübeck) 12. Jh.	*Mit dem Speer waltend*
	Ludolf	Abt von Corvey 10. Jh.	*Kämpft wie ein Wolf*
	Wigbert	angelsächsischer Missionar, Abt in Fritzlar 8. Jh.	*Der berühmte Kämpfer*
	Pontianus	Papst 2./3. Jh.	*Von der Insel Pontia*
	Hippolyt	Gelehrter u. Schriftsteller in Rom 2./3. Jh. (Patron von Stadt u. Bistum St. Pölten)	*Der das Pferd loslässt*
14.	Eberhard	Abt, Gründer des Klosters Einsiedeln 10. Jh.	*Stark wie ein Eber*
	Maximilian	(Kolbe) Priester, Märtyrer 1894–1941	*Der größte Nacheiferer*
	Meinhard	Mönch, Glaubensbote, Bischof in Livland 12. Jh.	*Der Starke und Mächtige*
	Werenfrid	angelsächsischer Mönch u. Glaubensbote 8. Jh.	*Schützer des Friedens*
15.	**Mariä Aufnahme in den Himmel (Fest seit dem 7. Jh.)**	(Patronin der Bistümer Hildesheim, Aachen, Speyer, Freiburg)	
	Mechtild	von Magdeburg, Mystikerin, Zisterzienserin 13. Jh.	*Mächtige Kämpferin*
	Tarsitius	römischer Diakon, Märtyrer 3. Jh.	*Der Kühne, Mutige*
16.	Altfrid	Bischof von Hildesheim, Gründer des Frauenstiftes Essen 8./9. Jh.	*Im Frieden erfahren*
	Rochus	von Montpellier, Pfleger von Pestkranken 14. Jh. (Patron gegen Pest und Seuchen)	*Der Sorgende*
	Stephan I.	König von Ungarn 10./11. Jh. (Patron von Ungarn)	*Der Kranz, die Krone*
17.	Hyazinth	aus Oppeln, Dominikaner, Glaubensbote 13. Jh.	*Die Hyazinthe (Blume)*
	Jutta	(Guda) Gräfin von Arnstein, Einsiedlerin 12. Jh.	*Die Gottesbekennerin*
18.	Helene	Mutter Kaiser Konstantins, Auffindung des Kreuzes Jesu 3./4. Jh. (Patronin der Schmiede und Färber)	*Die Leuchtende*
	Klaudia	Klarissen-Nonne und Äbtissin in Genf 15. Jh.	*Die Hinkende*
19.	Johannes	(Eudes) Volksmissionar in Frankreich 17. Jh.	*Gott ist gnädig*
	Sebald	Einsiedler und Glaubensbote in Nürnberg 8. oder 10./11. Jh. (Patron von Nürnberg)	*Kühner Sieger*
20.	Bernhard	von Clairvaux (»Zweiter Gründer« der Zisterzienser), Kirchenlehrer 11./12. Jh. (Patron von Burgund, der Bienenzüchter, Helfer bei Unwetter)	*Stark wie ein Bär*
	Hugo	Zisterzienser-Mönch in Tennenbach 13. Jh.	*Der Geistvolle*
	Oswin	angelsächsischer König, Märtyrer 7. Jh.	*Freund Gottes*
21.	Balduin	von Rieti, Zisterzienser in Clairvaux 12. Jh.	*Der tapfere Freund*
	Gratia	spanische Klosterfrau, Märtyrerin 12. Jh.	*Die Liebliche*
	Pius X.	Papst 1835–1914	*Der Fromme*
22.	Sigfrid	von Wearmouth, Benediktiner-Mönch und Abt 7. Jh.	*Frieden durch Sieg*
23.	Rosa	von Lima/Peru, Dominikanerin, Mystikerin 16./17. Jh. (Patronin von Lateinamerika)	*Die Rose*
24.	Bartholomäus	Apostel, Märtyrer (Patron der Bauern u. Hirten)	*Furchenziehersohn*
	Isolde	Nonne in Mauberge 11. Jh.	*Die Schwertwaltende (?)*
25.	Elvira	französische Jungfrau, Märtyrerin (?)	*Schützerin des Heiligen*
	Josef	von Calasanza (Spanien), Priester 16./17. Jh.	*Gott möge vermehren*
	Ludwig IX.	französischer König 13. Jh. (Patron der Bäcker, Bauarbeiter, Buchdrucker, Pilger)	*Berühmter Kämpfer*

26.	Gregor	Glaubensbote, Abt in Utrecht 8. Jh.	Der Wachsame
27.	Gebhard	Bischof von Konstanz 10. Jh. (Patron des Bistums Feldkirch)	Der Freigebige
	Monika	aus Tagaste in Numidien, Ehefrau, Mutter des hl. Augustinus 4. Jh. (Patronin der Mütter)	Die Einsame
28.	Adeline	Zisterzienserin, später Äbtissin 12. Jh.	Von edlem Wesen
	Augustinus	aus Tagaste, Bischof von Hippo, Kirchenvater 4./5. Jh. (»Lehrer des Abendlandes«, Patron der Theologen u. Buchdrucker, Helfer bei Augenleiden)	Der Ehrwürdige
	Elmar	Glaubensbote, Bischof von Lüttich 7./8. Jh.	Durch Adel glänzend
29.	Beatrix	Zisterzienser-Nonne, Priorin in Lier 13. Jh.	Die Glücksbringerin
	Sabine	römische Märtyrerin 2. Jh.	Sabinerin (Stamm)
	Theodora	aus Ägina, Ehefrau, dann Nonne 9. Jh.	Gottesgeschenk
30.	Amadeus	Zisterzienser-Abt, Bischof von Lausanne 12. Jh.	Liebe Gott!
	Heribert	von Worms, Bischof von Köln 10./11. Jh.	Der im Volk Berühmte
31.	Paulin	Bischof von Trier 4. Jh.	Der Geringe
	Raimund	von Katalanien, Priester 13. Jh. (Patron werdender Mütter)	Durch Rat schützend

Augustinus und das Kind am Meer 28. August

Eines Tages, so wird erzählt, ging Augustinus über das Geheimnis der Dreieinigkeit Gottes nachsinnend am Meer spazieren. Er war schon eine Weile gegangen, da sah er am Strand ein Kind. Das Kind kauerte ganz dicht am Wasser. Augustinus wurde neugierig. Er ging leise hin, um zu sehen, was das Kind da tat. Als er näher kam, sah er, dass das Kind mit einem kleinen Löffel Wasser aus dem Meer nahm und in eine kleine Kuhle schüttete, die es in den Sand gemacht hatte.

»Was tust, du da?«, fragte Augustinus.

»Ich will das Meer ausschöpfen«, antwortete das Kind.

»Aber«, sagte Augustinus, »du musst doch einsehen, dass das nicht geht. Das Meer ist doch riesengroß, du wirst es nie ausschöpfen können.«

Da sah das Kind ihm ins Gesicht und erwiderte: »Augustinus, ist Gott nicht noch viel größer als dieses Meer? Und doch versuchst du mit deinem begrenzten Verstand den unendlichen Gott zu verstehen – so wie ich mit meinem kleinen Löffel das Meer auszuschöpfen versuche, das immerhin endlich ist.«

Da erkannte Augustinus plötzlich, mit wem er gesprochen hatte. Doch im selben Moment war das Kind verschwunden.

Nacherzählt von Andreas Rode

HERBST

Herbst

Bunt mit seinen Farben
Reich mit seinen Früchten
Lustig mit seinen Festen
Traurig mit seinem Abschied

Septembermorgen

Im Nebel ruhet noch die Welt,
noch träumen Wald und Wiesen:
Bald siehst du, wenn der Schleier fällt,
den blauen Himmel unverstellt,
herbstkräftig die gedämpfte Welt
in warmem Golde fließen.

Eduard Mörike

Bunt sind schon die Wälder

T: Johann Gaudenz von Salis-Seewis 1782
M: Johann Friedrich Reichardt 1799

1. Bunt sind schon die Wäl - der, gelb die Stop - pel - fel - der,
und der Herbst be - ginnt. Ro - te Blät - ter fal - len,
grau - e Ne - bel wal - len, küh - ler weht der Wind.

2. Wie die volle Traube
aus dem Rosenlaube
purpurfarbig strahlt!
Am Geländer reifen
Pfirsiche, mit Streifen
rot und weiß bemalt.

3. Flinke Träger springen,
und die Mädchen singen,
alles jubelt froh.
Bunte Bänder schweben
zwischen hohen Reben
auf dem Hut von Stroh.

4. Geige tönt und Flöte
bei der Abendröte
und im Mondesglanz;
junge Winzerinnen
winken und beginnen
lust'gen Ringeltanz.

Der Herbstwind und seine Großmutter

Der Herbstwind jagt in jedem Jahr abends und nachts seine Großmutter so wild durch den Wald, dass ihr Haarschopf aufgelöst nach allen Seiten flattert. Bricht dann am anderen Tag die Sonne durch, dann schimmern unzählige zarte weiße Großmutterhaare an den Bäumen und Sträuchern, wo sie hängen geblieben sind.

Deswegen können die Menschen den Herbstwind nicht leiden, sie fliehen davor und schließen sich in ihre Häuser ein. Der Herbstwind rächt sich dafür und rüttelt an Türen und Fenstern. Und er heult und brüllt, die Geschichte mit seiner Großmutter sei ganz und gar erlogen. Die Elfen seien es gewesen, sie hätten die ganze Nacht getanzt, bis der Tag anbrach, dann seien sie beim ersten Strahl ihrer Todfeindin Sonne voller Entsetzen davongehuscht und ihre hauchfeinen Kleider hätten sich im Gestrüpp verfangen. Der Herbstwind brüllt: »Elfengespinst ist es, was da herumschwebt, und nicht die Haare von meiner Großmutter, ich hab nämlich keine«, und schon heult er aufbrausend um die nächste Ecke ...

»Altweibersommer«

Im September gibt es häufig ganz unverhofft ein paar warme Tage, den »Altweibersommer«.

Der Name »Altweibersommer« kommt von den feinen, silbern glänzenden Fäden, die an solchen Sonnentagen im Herbst an den Zweigen hängen und durch die Lüfte schweben wie seidig glänzendes Greisenhaar. Für diese Fäden gibt es eine ganz natürliche Erklärung: Es sind die feinen Fäden von unzähligen Zwergspinnen, die damit durch die Luft segeln. Als die Großeltern von den Großeltern unserer Großeltern noch Kinder waren, da hatten sie für manches, was um sie herum auf der Erde und in der Luft geschah, keine Erklärungen, wie wir sie heute haben. Aber sie hatten für alles eine Geschichte und einen Namen ...

Erntedank

Herbst, das ist auch die Zeit,
Dank zu sagen
für die Ernte dieses Jahres.

Kornfelder fressende Mähdrescher, schwerlastige Traktoren und andere Maschinen haben stimmungsvolle Bilder von Schnittern und goldenen Garben zur Erntezeit verdrängt. Industrie und Chemie produzieren in unserer Landwirtschaft immer höhere Erträge. Butterberge und Überproduktion von Obst und Gemüse haben bei uns jeden Gedanken an Not und Sorge um eine gute Ernte weit verdrängt.

Früheren Generationen war die Notwendigkeit zum Danken aufgrund vielfältiger Abhängigkeiten nur zu offensichtlich. Die Sorge um ein gutes Wetter wurde hineingenommen in das Bittgebet vor Christi Himmelfahrt: »Dass du die Früchte des Feldes segnen und erhalten wollest! Wir bitten dich, erhöre uns!« Alle Hände hatten in der Erntezeit zu tun, um das gute Wetter zu nutzen und eine Missernte abzuwenden: Das Korn wurde gemäht, gebunden und aufgerichtet, um nach einigen Tagen des Trocknens in die Scheune gefahren zu werden. Das Einbringen der letzten Fuhre wurde so zu einem besonders wichtigen Ereignis im Ablauf des Jahres. Erntewagen und Erntewerkzeuge wurden besonders geschmückt. Alles mündete ein in ein großes Erntedankfest, bei dem mit reichlich Essen und Trinken, Spielen und Tanzen gefeiert wurde.

Die Erntedankfeier wurde zum Höhepunkt der alltäglichen Lebenssorge, »sein Brot zu verdienen«.

Liebet das Brot, den Hort des Hauses.
Achtet das Brot, den Lohn der Arbeit.
Ehret das Brot, den Segen der Scholle.
Vergeudet nicht das Brot,
den Reichtum des Volkes.
Spruch auf einer Brötchentüte

Erntedank in der Familie feiern

Unser Tischgebet überdenken

Wenn wir im Vaterunser beten »Unser tägliches Brot gib uns heute!«, dann meinen wir nicht nur das Essen, das täglich auf unseren Tisch kommt, dann beten wir auch um unser ganzes Leben, um Arbeit und Freizeit, um Kleidung und Wohnung.

Im Tischgebet drücken wir aus, dass alles Geschenk ist: »Herr, segne uns und diese Gaben, die wir von deiner Güte nun empfangen, durch Christus, unsern Herrn. Amen.«

› Wir können es mit einem Tischgebet neu versuchen, wenn es bei uns kein Brauch mehr ist.

› Wir können ein noch gebräuchliches Tischgebet einmal langsamer, »andächtiger« sprechen.

› Wir können zwei bis drei unterschiedliche Tischgebete aussuchen.

Einen Erntegang unternehmen

Wir machen einen Spaziergang durch Wiesen und Wälder, um die »Früchte des Feldes« – Kräuter, Beeren, Pilze, Nüsse – zu ernten und zu Hause entsprechend zuzubereiten (Tee, Marmelade usw.).

Für unser Erntedankfest schmücken

Machen wir – ausgestattet mit einem Korb oder einer Tasche, mit Gartenschere oder Taschenmesser – einen Spaziergang und sammeln, was wir zum Schmuck brauchen können.

› Bunte Herbstblätter eignen sich für Einladungen, zum Bekleben von Papier-Tischdecken, für Kränze, Sträuße.

› Eicheln, Bucheckern, Kastanien, Tannen- und Kiefernzapfen, aber auch trockene Blüten, Gräser und Binsen können zu Wandschmuck oder lustigen Tieren verarbeitet werden.

Erntedank, da denke ich an ...

E infahren der Ernte

R attern der Mähdrescher

N ahrung

T ischschmuck zum Erntedankfest

E rntekranz

D rachen steigen lassen

A rbeiten im Garten

N otleidende in der Dritten Welt

K ornfelder

Wir bauen einen Drachen

Die Ernte ist eingefahren. Auf den
Stoppelfeldern ist jetzt Platz genug.
Höchste Zeit, den Drachen zu
bauen. Wenn dann der Oktober-
wind kommt, steigt und steigt
unser Drachen. Bloß
nicht die Leine loslassen!

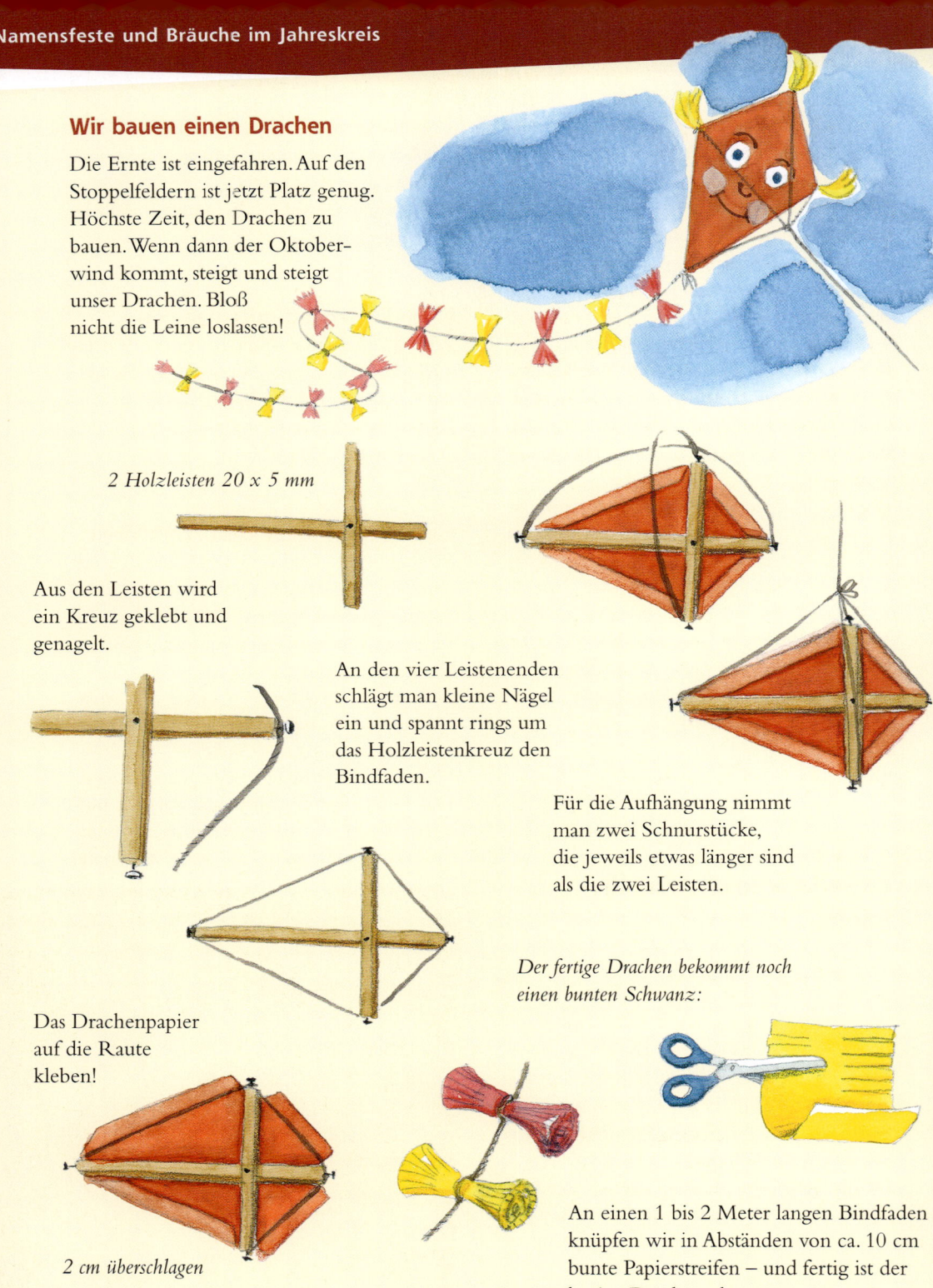

2 Holzleisten 20 x 5 mm

Aus den Leisten wird
ein Kreuz geklebt und
genagelt.

An den vier Leistenenden
schlägt man kleine Nägel
ein und spannt rings um
das Holzleistenkreuz den
Bindfaden.

Für die Aufhängung nimmt
man zwei Schnurstücke,
die jeweils etwas länger sind
als die zwei Leisten.

*Der fertige Drachen bekommt noch
einen bunten Schwanz:*

Das Drachenpapier
auf die Raute
kleben!

2 cm überschlagen

An einen 1 bis 2 Meter langen Bindfaden
knüpfen wir in Abständen von ca. 10 cm
bunte Papierstreifen – und fertig ist der
lustige Drachenschwanz.

Jetzt brauchen wir nur noch den richtigen Wind!

Besondere Tage und Feste

1./2. November
Allerheiligen – Allerseelen

»Der November geht aufs Gemüt.« – So sagen viele, und sie mögen diesen Monat nicht. Es gibt in diesem Monat so viele Vorboten des eigenen Sterbens: den Gang zum Friedhof, Volkstrauertag, Buß- und Bettag, Totensonntag, die fallenden Blätter, Nebel, Dunkelheit ... Und gerade am ersten Tag des Novembers feiert die Kirche das Fest Allerheiligen. Das Gedächtnis aller Heiligen ist von Papst Gregor IV. im 9. Jahrhundert für die ganze Kirche vorgeschrieben worden. Allerheiligen ist sozusagen das »Familienfest« der Kirche. Gefeiert werden an diesem Tag alle Heiligen. Besonders auch die, die nicht offiziell zum Kreis der Heiligen gehören, jedoch durch ihr heiligmäßiges Leben Vorbild wurden. Wir dürfen uns auch daran erinnern, dass bereits der Apostel Paulus alle Christen »Heilige« nennt.

Die vielen Menschen, die im Laufe der Jahrhunderte ihren Glauben lebten und als Vorbilder verehrt wurden, sagen uns an ihrem und an unserem Fest: Unser Ende ist nicht das Grab, sondern der Himmel, die Gemeinschaft mit dem lebendigen Gott. Deshalb liegen die beiden Feste Allerheiligen und Allerseelen so eng beieinander.

Im Glaubensbekenntnis beten wir »in einem Atemzug«: »Ich glaube an die Gemeinschaft der Heiligen, die Auferstehung der Toten und das ewige Leben.« Allerseelen feiern wir das Gedenken aller Verstorbenen, wir gedenken ihres und auch unseres eigenen Todes. Wir feiern aber damit zugleich unsere Hoffnung auf die Auferstehung der Toten, unseren Glauben an den Sieg des Lebens.

Aus dem Evangelium von Allerseelen

Jesus sagte zu seinen Jüngern:
Glaubt an Gott, und glaubt an mich!
Im Haus meines Vaters gibt es
viele Wohnungen. Wenn es nicht so wäre,
hätte ich euch dann gesagt: Ich gehe,
um einen Platz für euch vorzubereiten?
Wenn ich gegangen bin und einen Platz
für euch vorbereitet habe, komme ich
wieder und werde euch zu mir holen,
damit auch ihr seid, wo ich bin.

Johannes 14,1–3

> Allerheiligen und Allerseelen ist es guter Brauch, dass die Familien zum Friedhof gehen, um ihre Toten zu besuchen.
> Seit dem Mittelalter ist es Tradition, auf den Friedhöfen in der Dunkelheit eine Kerze oder eine Laterne brennen zu lassen. Wir bringen die Gräber unserer verstorbenen Verwandten in Ordnung, schmücken sie mit einem Kranz, mit Blumen oder Zweigen und stellen Lampen auf.

> Sicher gibt es auf unserem Friedhof Gräber, die von keinem gepflegt werden. Vielleicht können wir uns um ein solches Grab kümmern.

> Wir besuchen einen Friedhof und schauen uns auf den Grabsteinen die Bilder und Inschriften an, in denen Menschen ihren Glauben und ihre Hoffnung ausgedrückt haben.

Ich komm – weiß nit, woher.
Ich geh – weiß nit, wohin.
Mich wundert's, dass ich fröhlich bin.
Martin von Biberach

Ich komm, weiß wohl, woher.
Ich geh, weiß wohl, wohin.
Mich wundert's, dass ich traurig bin.
Martin Luther

19. November – Heilige Elisabeth

Die heilige Elisabeth lebte im 13. Jahrhundert und war eine ungarische Königstochter. Bereits mit vier Jahren kommt sie auf die Wartburg. Sie wird Ehefrau des Landgrafen Ludwig von Thüringen und schenkt drei Kindern das Leben. Als ihr Mann auf einem Kreuzzug in Süditalien an der Pest stirbt, muss sie – erst 20 Jahre alt – mit ihren Kindern die Wartburg verlassen. In Marburg gründet sie ein Hospital und stirbt im Alter von 24 Jahren.

Elisabeth ist eine der großen Heiligen der Hingabe und Nächstenliebe. Wie weit sie in ihrer Liebe zu den Armen und Kranken ging, wird an einer Legende deutlich: Einst war ihr Mann auf einer längeren Reise unterwegs. In seiner Abwesenheit nahm Elisabeth einen Aussätzigen im Schloss auf. Sie pflegte ihn nicht nur, sondern legte ihn sogar in das Bett ihres Gemahls. Alle im Schloss waren empört darüber. Als der Landgraf unerwartet heimkehrte, erzählte man ihm von dem seltsamen

Tun seiner Frau. Ein heftiger Groll stieg in ihm auf. Als er aber in sein Gemach trat, öffnete Gott ihm die Augen, sodass er den gekreuzigten Christus in seinem Bett liegen sah. Ludwig blickte zärtlich auf seine Gattin und sagte: »Elisabeth, meine liebe Gattin, solche Gäste sollst du gar oft in mein Bett legen.« Und gemeinsam pflegten sie den Kranken.

Die heilige Elisabeth wurde die Patronin der Caritas. Schon in früheren Jahrhunderten war der Elisabethtag in den Gemeinden Anlass, etwas von den Vorräten für die Armen und Bedürftigen zur Verfügung zu stellen. Entweder wurden diese Geschenke an diesem Tag verteilt oder bis Weihnachten aufbewahrt.

Leben und Fest der heiligen Elisabeth könnten für uns heißen:

> Kranke warten auf einen Besuch.
> Einsame, neu Zugezogene warten auf Kontakt.
> Aussiedler warten auf Kleidung und Möbel.
> Kinder warten auf Freundschaft.
> Jugendliche warten auf Gesprächspartner.
> Alte Menschen warten auf jemanden, der geduldig zuhört.

SEPTEMBER
»Zeit der Fülle und Reife«

8. September: Mariä Geburt

Herkunft und Bedeutung

Mit dem September beginnt die Reihe der Monate, deren Namen auf lateinische Zahlworte zurückgehen. Dass der September der siebte (lateinisch: *septem*) und nicht der neunte Monat ist, hängt mit der Zählweise des altrömischen Kalenders vor Cäsars Kalender-Reform zusammen.

Der Herbst steht auf der Leiter

Der Herbst steht auf der Leiter
Und malt die Blätter an,
Ein lustiger Waldarbeiter,
Ein froher Malersmann.

Er kleckst und pinselt fleißig
Auf jedes Blattgewächs,
Und kommt ein frecher Zeisig,
Schwupp, kriegt der auch nen Klecks.

Die Tanne spricht zum Herbste:
Das ist ja fürchterlich,
Die andern Bäume färbste,
Was färbste nicht mal mich?

Die Blätter flattern munter
Und finden sich so schön.
Sie werden immer bunter.
Am Ende falln sie runter.

Peter Hacks

Alte Namen

Herbstmond = Herbstmonat
Scheiding = Abschiedsmonat
Holzmonat = Nach der Feldernte beginnt wieder die Arbeit im Wald

Sternzeichen

Vom 23. August bis 23. September:
die Jungfrau
Den unter diesem Sternzeichen Geborenen sagt man nach, sie seien freundliche und hilfsbereite Menschen, die immer hübsch bescheiden blieben und mit ihren – sauberen – Füßen immer auf der Erde stünden. Ihr Stein ist der Smaragd, der Jugendfrische und Gesundheit verleiht, der Einigkeit und Freundschaft erhält. Es folgt die Waage.

Bauernregeln

> Septemberregen bringt dem Bauern Segen.
> Wenn im September viel Spinnen kriechen, sie einen harten Winter riechen.
> In viel Septembernebel seh ein Zeichen für viel Winterschnee.

Namenstage im September

1.	Ägidius	Einsiedler in der Provence, Abt von Saint Gilles 7./8. Jh. (einer der 14 Nothelfer)	*Der Schildträger*
	Ruth	Ehefrau, Ahnfrau von David und Jesus	*Freundin (Gottes)*
	Verena	Einsiedlerin bei Zurzach im Aargau 4. Jh. (Patronin der Pfarrhaushälterinnen)	*Die Ehrfürchtige*
	Joschua/Josua	einer der großen Richter in Israel	*Haudegen, Verletzter(?)*
2.	Ingrid	Ehefrau, dann Dominikanerin in Schweden 13. Jh.	*Gottesstreiterin*
3.	Gregor	(der Große) Papst, Kirchenlehrer 6./7. Jh. (Patron der Wissenschaftler, der Maurer, des Chorgesangs)	*Der Wachsame*
	Sophie	Märtyrerin (Minden?)	*Weisheit*
4.	Ida	von Herzfeld, Herzogin von Sachsen 8./9. Jh.	*Die (göttliche) Frau*
	Iris	Tochter des Apostels Philippus (Legende) 1./2. Jh.	*Regenbogen*
	Irmgard	Einsiedlerin in Süchteln, Pilgerin 11. Jh.	*Von Gott Beschützte*
	Rosa	von Viterbo, Klosterfrau 13. Jh.	*Die Rose*
	Rosalia	Einsiedlerin bei Palermo 13. Jh.	*Die Rose*
	Swidbert	(Suitbert) angelsächsischer Glaubensbote, Gründer des Klosters Kaiserwerth 7./8. Jh.	*Durch Kraft glänzend*
	Moses	Alttestamentlicher Prophet und Führer des Volkes Israel	*»Ich habe ihn aus dem Wasser gezogen«*
5.	Roswitha	von Gandersheim, Chorfrau, Dichterin 10./11. Jh.	*Die Hochberühmte*
6.	Gundolf	Bischof von Metz 10. Jh.	*Der Kampfwolf*
	Magnus	Mönch in St. Gallen, Glaubensbote 7./8. Jh. (»Apostel des Allgäus«)	*Der Große*
7.	Dietrich	Bischof von Metz 10. Jh.	*Im Volk mächtig*
	Otto	Markgraf, Mönch, Bischof von Freising 12. Jh.	*Besitz, Glück*
	Regina	fränkische Jungfrau u. Märtyrerin 3./4. Jh.	*Die Königin*
	Judith	Rettete im Alten Testament ihr Volk von den Assyrern	*Die Frau aus Juda*
8.	**Mariä Geburt**	**(seit 7. Jh., im 10./11. Jh. in der ganzen Kirche)**	
	Adrian	röm. kaiserl. Offizier, Märtyrer 3./4. Jh.	*Aus (H)Adria stammend*
	Sergius I.	Papst 7./8. Jh.	*Ein Sergier*
9.	Gorgonius	römischer Märtyrer 3./4. Jh.	*(?)*
	Otmar	(Audomar) fränk. Mönch, Missionsbischof 7. Jh.	*Durch Besitz berühmt*
10.	Nikolaus	Augustiner-Eremit in Tolentino 13./14. Jh.	*Der Volksbesieger*
	Pulcheria	oströmische Kaiserin 4./5. Jh.	*Die Schöne*
11.	Adelmar	(Almar) Priestermönch bei Le Mans 6. Jh.	*Aus berühmtem Adel*
	Maternus	erster (bezeugter) Bischof von Köln 4. Jh.	*Der Mütterliche*
12.	**Mariä Namen**	**(seit 1683 in der ganzen Kirche begangenes Fest)**	*Die von Gott Geliebte*
	Gerfrid	Schüler Liudgers, Bischof von Münster 8./9. Jh.	*Speerschutz*
	Guido	(Wido) von Anderlecht, Pilger 10./11. Jh. (Patron der Küster, Patron von Anderlecht)	*Der Mann aus dem Wald*
	Felix u. Regula	Geschwister, Märtyrer in Zürich 3./4. Jh. (Stadtpatrone von Zürich)	*Felix: Der Glückliche Regula: glaubenstreu*

13.	Johannes	(Chrysostomus) aus Antiochien, Bischof von Konstantinopel	*Gott ist gnädig*
	Notburga	Dienstmagd in Tirol 9./10. Jh. (Volksheilige in Tirol, Patronin der Bauern und Bediensteten)	*Die in Not Schützende*
	Tobias	Sohn des Tobit (Altes Testament, Buch Tobit)	*Gott ist gut*
14.	Kreuzerhöhung	(Fest seit dem 7. Jh.)	
15.	Dolores	Sieben Schmerzen Mariens (seit 1814 in der ganzen Kirche, seit 1423 in Köln)	*Die Schmerzensreiche*
	Ludmila	Herzogin, Märtyrerin 9./10. Jh. (Patronin Böhmens)	*Die beim Volk Beliebte*
	Melitta	bulgarische Märtyrerin 2. Jh.	*Die Biene*
	Notburga	Einsiedlerin bei Hochhausen am Neckar 7. Jh.	*Die in Not Schützende*
	Roland	von Medici, Einsiedler bei Parma 14. Jh.	*Der Siegesmutige*
16.	Cyprian	Bischof von Karthago, Märtyrer 3. Jh.	*Der aus Cypern*
	Kornelius	Papst 3. Jh.	*Der Zornige, Starke*
	Edith	von Wilton, Königstochter 10. Jh.	*Die um Besitz Kämpfende*
	Julia	Äbtissin in Trier 8. Jh.	*Die Glänzende*
17.	Hildegard	von Bingen, Äbtissin, Mystikerin, Gründerin der Klöster Rupertsberg und Eibingen 11./12. Jh.	*Schützerin im Kampf*
	Robert	(Bellarmin) Jesuit in Löwen, Bischof von Capua, Gelehrter 16./17. Jh.	*Von Ruhm glänzend*
18.	Lambert	Bischof von Maastricht, Märtyrer 7./8. Jh. (Patron des Bistums Lüttich, von Freiburg)	*Der im Land Glänzende*
	Richardis	aus dem Elsass, Kaiserin, dann Äbtissin 9. Jh.	*Die mächtige Fürstin*
19.	Januarius	Bischof von Benevent, Märtyrer 3./4. Jh.	*Röm. Gott Janus*
	Igor	Großfürst von Kiew, Mönch, Märtyrer 12. Jh.	*Gottesstreiter*
	Theodor	aus Tarsus, Bischof von Canterbury 7. Jh.	*Gottesgeschenk*
20.	Eustachius	römischer Offizier, Märtyrer 4. Jh. (einer der 14. Nothelfer, Patron der Jäger)	*Der Ährenreiche, der Fruchtbare*
21.	Matthäus	Apostel, Märtyrer	*Geschenk Gottes*
	Debora	Prophetin in Israel 12./11. Jh. v. Chr.	*Die Biene*
	Jonas	Prophet in Israel 8. Jh. v. Chr.	*Die Taube*
22.	Mauritius	römischer Offizier in Oberägypten, Märtyrer 3. Jh. (Patron des Bistums Magdeburg)	*Der Maure, der Mohr*
	Emmeram	aus Westfranken, Bischof von Regensburg 7./8. Jh.	*Hausrabe*
	Gunthild	Dienstmagd bei Treuchtlingen 10./11. Jh. (?) (Patronin der Dienstboten)	*Die Kämpferin*
23.	Gerhild	von Konstanz, Einsiedlerin in St. Gallen 12. Jh.	*Speer im Kampf*
	Linus	Papst, erster Nachfolger des Petrus 1. Jh.	*Der Klagende*
	Thekla	Schülerin des Apostels Paulus, Märtyrerin, 2. Jh. (Patronin der Sterbenden, gegen Pest und Feuer)	*Gottes Ruhm kündend*
24.	Gerhard	aus Venedig, Mönch, Bischof von Csanád in Ungarn, Märtyrer (»Apostel der Ungarn«) 10./11. Jh.	*Der Speerstarke*
	Hermann	(der Lahme), Mönch auf Reichenau, Dichter 11. Jh.	*Der Mann im Heer*
	Rupert	Bischof von Worms, Missionar in Österreich 7./8. Jh. (»Apostel der Bayern«, Patron der Bistümer Salzburg und Graz, der Bergleute)	*Von Ruhm glänzend*
	Virgil	Mönch aus Irland, Bischof von Salzburg 8. Jh. (zweiter Patron der Bistümer Salzburg und Graz)	*Der Stock, die Rute (?)*

25.	Nikolaus	von Flüe, Ehemann, dann Einsiedler, Mystiker 15. Jh. (Patron der Schweiz, der Landleute)	*Der Volksbesieger*
26.	Kosmas und	Ärzte, Märtyrer 3./4. Jh. (Patrone der Kranken,	*Der Ehrbare*
	Damian	Ärzte, Apotheker u. medizinischen Fakultäten)	*Der Bezwinger*
27.	Vinzenz	von Paul, franz. Priester, Ordensgründer 16./17. Jh.	*Der Siegreiche*
	Hiltrud	Einsiedlerin im Hennegau 8. Jh.	*Die schützende Frau*
	Dietrich	Bischof von Naumburg, Märtyrer 11./12. Jh.	*Im Volk mächtig*
28.	Lioba	angelsächsische Glaubensbotin, erste Äbtissin in Tauberbischofsheim 8. Jh.	*Die liebe Kämpferin*
	Wenzel	Herzog, Märtyrer (Patron Böhmens) 10. Jh.	*Ruhmgekrönt*
	Dietmar	(Thiemo) Mönch in Niederaltaich, Bischof von Salzburg, Märtyrer 11./12. Jh.	*Im Volk berühmt*
29.	Gabriel	Erzengel (Patron der Glaubensboten, der Post, Helfer bei Kinderlosigkeit)	*Gott hat sich stark gezeigt*
	Michael	Erzengel (Patron Deutschlands)	*Wer ist wie Gott?*
	Raphael	Erzengel (Patron der Reisenden)	*Gott heilt*
30.	Hieronymus	aus Stridon, Priester u. Kirchenlehrer 4./5. Jh. (Patron der Gelehrten, Lehrer, Schüler und Studenten; Helfer bei Augenleiden)	*Mit heiligem Namen*
	Urs	römischer Soldat, Märtyrer 3./4. Jh. (Patron des Bistums Basel)	*Der Bär*
	Viktor	römischer Soldat, Märtyrer 3./4. Jh. (Patron von Genf, Mitpatron des Bistums Basel)	*Der Sieger*

Erntedank wird in der Regel am ersten Sonntag im Oktober gefeiert.

Empfehlungen der hl. Hildegard von Bingen 17. September

In ihrem Werk »Causae et Curae – Von der Ursache und der Behandlung der Krankheiten« gibt Hildegard folgende Empfehlungen bei Schlafstörungen:

»Wer wegen irgendeiner Störung nicht schlafen kann, soll im Sommer Fenchel und zweimal soviel Schafgarbe nehmen, kurz in Wasser aufkochen, das Wasser auspressen und die noch warmen Kräuter auf die Schläfen, die Stirn und den Kopf auflegen und darauf mit einem Tuch festbinden. Er kann auch grünen Salbei nehmen, ihn ein wenig mit Wein tränken und dann so auf das Herz und den Hals legen, und er wird durch den Schlaf Erholung finden. Denn die Wärme des Fenchels führt das Einschlafen herbei, die Wärme der Schafgarbe stabilisiert den Schlaf und die Wärme des Salbei lässt das Herz langsam schlagen und drückt die Halsgefäße nieder, sodass der Schlaf kommt.«

OKTOBER
»Ende des Daseins«

Rosenkranzmonat – Erntedankfest

Herkunft und Bedeutung
Nach der altrömischen Zählung ist der Oktober der achte Monat (*octo* = acht).

Alte Namen
Weinmond = Monat der Weinlese
Gilhart = Monat der vergilbenden Blätter

Sternzeichen
Vom 24. September bis 23. Oktober:
die Waage
Den unter diesem Sternzeichen Geborenen sagt man nach, sie seien auf Harmonie und Ausgleich bedacht. Sie liebten die Musik, den Tanz und die schönen Feste. Für Arbeit sollen sie nicht unbedingt geschaffen sein. – Ihr Stein ist der wasserblaue Beryll oder Aquamarin, der als Gleichnis der Besonnenheit und Ausgeglichenheit gilt. Es folgt der Skorpion.

Bauernregeln
> Bringt Oktober schon Schnee und Eis, ist's schwerlich im Januar kalt und weiß.

Rezept: Apfel-Gitterkuchen

300 g Mehl, 200 g Butter, 175 g Zucker, 1 Ei, abgeriebene Schale von 1 Zitrone.

Für den Belag: 1 kg säuerliche Äpfel, Saft von 1 Zitrone, 50 g Rosinen, 50 g Zucker, ½ TL gemahlener Zimt, 2 Eier, 1 EL Zucker, 1 EL Vanille-Puddingpulver.

Das gesiebte Mehl mit der Butter, dem Zucker, dem Ei und der Zitronenschale verkneten. Den Teig zugedeckt 2 Stunden im Kühlschrank ruhen lassen.
Die Äpfel schälen, vierteln, vom Kerngehäuse befreien, in dünne Scheibchen schneiden und mit dem Zitronensaft, den Rosinen, dem Zucker und dem Zimt mischen. Den Backofen auf 200 °C vorheizen. Den Teig ausrollen und Boden und Rand einer Springform damit auslegen. Etwas Teig für das Gitter zurückbehalten und in schmale Streifen schneiden. Den Teigboden mit einer Gabel mehrmals einstechen. Die Äpfel darauf verteilen. Die Eier mit der Milch, dem Zucker und dem Puddingpulver verquirlen und über die Äpfel gießen. Die Teigstreifen gitterartig darüberlegen. Den Kuchen auf der mittleren Schiebeleiste 50 bis 60 Minuten backen. Den Kuchen in der Form etwas abkühlen lassen. Zum völligen Erkalten auf ein Kuchengitter legen.

Wenn das Brot, das wir teilen

T: Claus-Peter März; M: Kurt Grahl
Rechte bei den Autoren

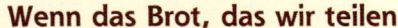

1. Wenn das Brot, das wir tei- len, als Ro - se blüht, und das
Wort, das wir spre-chen, als Lied er- klingt, dann hat Gott un - ter uns
schon sein Haus ge- baut, dann wohnt Gott schon in un - se - rer
Welt. Ja, dann schau - en wir heut Got - tes An - ge - sicht in der
Lie - be, die al - les um - fängt, in der Lie - be, die al - les um - fängt.

2. Wenn das Leid jedes Armen uns Christus zeigt,
und die Not, die wir lindern, zur Freude wird, ...

3. Wenn die Hand, die wir halten, uns selber hält,
und das Kleid, das wir schenken, auch uns bedeckt, ...

4. Wenn der Trost, den wir geben, uns weiterträgt,
und der Schmerz, den wir teilen, zur Hoffnung wird, ...

5. Wenn das Leid, das wir tragen, den Weg uns weist,
und der Tod, den wir sterben, vom Leben singt, ...

Namenstage im Oktober

1.	Theresia	vom Kinde Jesu, Karmeliter-Nonne in Lisieux 1873–1897 (zweite Patronin Frankreichs, Patronin der Missionen)	*Von der Insel Thera* *Die Jägerin(?)*
	Emanuel	Bischof von Cremona 13. Jh.	*Mit uns ist Gott*
	Remigius	gallo-romanischer Adeliger, Bischof von Reims, Glaubensbote 5./6. Jh.	*Der Mann am Ruder*
	Werner	Prämonstratenser, Abt bei Innsbruck 13./14. Jh.	*Wehrmann*
2.	Schutzengelfest	(Fest seit dem 17. Jh.)	
	Hermann	Zisterzienser-Mönch u. Prior in Neuzelle, Märtyrer 14/15. Jh.	*Der Mann im Heer*
3.	Ewald	angelsächsische Priesterbrüder (der schwarze u. der weiße Ewald), Glaubensboten, Märtyrer 7. Jh.	*Der nach Recht und Sitte Waltende*
	Udo	Mönch auf der Reichenau, dann Metten 8./9. Jh.	*Herr über das Erbe*
4.	Franziskus	von Assisi, Gründer des Franziskaner- u. des Klarissen-Ordens 12./13. Jh. (Hauptpatron Italiens, Patron der Kaufleute, Weber u. Armen)	*Der Freie*
	Aurea	Nonne u. Äbtissin in Paris 7. Jh.	*Die Goldstrahlende*
5.	Meinolf	von Paderborn, Diakon, Gründer des Klosters Böddeken 9. Jh.	*Der mächtige Wolf*
	Placidus	Mönch in Subiaco, Schüler Benedikts 6. Jh.	*Der Sanftmütige*
6.	Bruno	von Köln, Mönch und Einsiedler, Gründer des Kartäuser-Ordens 11./12. Jh.	*Der Braune, der Bär*
	Renatus	(René) Bischof von Sorrent 4. /5. Jh.	*Der Wiedergeborene*
7.	Rosenkranzfest	(seit 1575, Sieg über die Türken)	
	Gerold	Pilger aus Köln, Märtyrer 13. Jh.	*Waltend mit dem Speer*
	Justina	Jungfrau, Märtyrerin in Padua 3./4. Jh.	*Die Gerechte*
8.	Simon	(der Greis) frommer Israelit (vgl. Lk 2,25–35)	*Gott hat erhört*
	Demetrius	römischer Soldat, Märtyrer 3./4. Jh.	*Der Fruchtbare*
9.	Dionysius	Glaubensbote in Gallien, Märtyrer in Paris 4. Jh. (einer der 14 Nothelfer, Patron Frankreichs)	*Sohn des Dionysos*
	Johannes	(Leonardi) aus Lucca, Ordensgründer 16./17. Jh.	*Gott ist gnädig*
	Sibylle	von Gages, Zisterzienser-Nonne in Lüttich 13. Jh.	*Gottes Willen kündend*
	Abraham	Biblischer Stammvater	*Vater eines Volkes*
10.	Gereon	römischer Soldat, Märtyrer bei Köln 3. Jh.	*Angesehen im Rat*
	Viktor	Märtyrer in Xanten 3./4. Jh.	*Der Sieger*
	Sara	Ehefrau des Abraham im Alten Testament	*Fürstin*
11.	Bruno	Königssohn, Erzkanzler, Bischof von Köln 10. Jh.	*Der Braune, der Bär*
	Edelburg	Nonne und Äbtissin 7. Jh.	*Edle Schützerin*
	Maria	Mutter vom Guten Rat (Patronin des Bistums Essen)	*Die von Gott Geliebte*
12.	Maximilian	Bischof, Märtyrer (?) 3. Jh. (Patron der Bistümer Passau und Linz)	*Der größte Nacheiferer*
	Edwin	angelsächsischer König, Märtyrer 7. Jh.	*Freund des Besitzes*
	Gottfried	Mönch u. Prior in Arnstein a.d. Lahn 12. Jh.	*Schützer des Guten*
	Herlind	Benediktiner-Nonne, Äbtissin an der Maas 8. Jh.	*Die Schildkämpferin*

13.	Aurelia	Jungfrau, Märtyrerin (?)	*Die Goldene*
	Eduard	angelsächsischer König 11. Jh.	*Schützer des Besitzes*
	Koloman	irischer Pilger, Märtyrer, 10./11. Jh. (Patron Österreichs)	*Der Zellenmann (?)*
14.	Kalixtus I.	Papst 2./3. Jh.	*Der Schönste*
	Alan	aus Flandern, Zisterzienser-Mönch in Clairvaux, Bischof von Auxerre 12. Jh.	*Aus dem Volk der Alanen*
	Burkhard	angelsächsischer Benediktiner, Glaubensbote, Bischof von Würzburg 8. Jh.	*Der starke Beschützer*
	Hildegund	Gräfin von Münchaurach 11. Jh.	*Glaubens-Schützerin*
15.	Theresia	von Avila, Karmeliter-Nonne, Mystikerin, Kirchenlehrerin 16. Jh. (Patronin Spaniens)	*Von der Insel Thera* *Die Jägerin (?)*
	Aurelia	Einsiedlerin in Regensburg 10./11. Jh.	*Die Goldene*
16.	Hedwig	von Andechs, Herzogin von Schlesien, dann Nonne 12./13. Jh. (Patronin Schlesiens, der Brautleute)	*Schlachtenkämpferin*
	Gallus	irischer Glaubensbote am Bodensee, Einsiedler 6./7. Jh. (Patron des Bistums St. Gallen)	*Der Gallier*
	Margareta	(Maria Alacoque), Ordensfrau aus Burgund (Herz-Jesu-Verehrung) 17. Jh.	*Die Perle*
17.	Ignatius	Bischof von Antiochien, Märtyrer 1./2. Jh.	*Der Feurige*
18.	Lukas	Arzt, Gefährte des Apostels Paulus, Evangelist (Patron der Ärzte, Künstler, Metzger u. Notare)	*Der aus Lukanien*
19.	Johannes	(v. Brébeuf), Jesuit aus der Normandie, Glaubensbote in Kanada, Märtyrer 16./17. Jh.	*Gott ist gnädig*
	Paul	(vom Kreuz), Mystiker u. Ordensgründer 17./18. Jh.	*Der Geringe*
20.	Wendelin	fränkischer Einsiedler in den Vogesen 6. Jh. (Patron für Vieh und Feld)	*Wanderer, Pilger*
	Vitalis	Bischof von Salzburg 7./8. Jh. (Patron des Pinzgaues)	*Mutiger Schützer*
21.	Ursula	Jungfrau, Märtyrerin in Köln 3. Jh. (?) (Stadtheilige von Köln, Patronin der Lehrerinnen)	*Bärenstark*
22.	Kordula	Gefährtin der hl. Ursula, Märtyrerin 3. Jh. (?)	*Das kleine Herz*
	Ingbert	Einsiedler im Saargebiet 6. Jh.	*Durch Gott verklärt*
	Salome	Mutter der Apostel Jakobus und Johannes	*Heil, Wohlergehen*
23.	Johannes	von Capestrano, Franziskaner, Wanderprediger in Italien, Österreich, Süddeutschland 14./15. Jh.	*Gott ist gnädig*
	Severin	Bischof von Köln 4./5. Jh. (Patron von Nordwest-deutschland)	*Der Strenge*
	Oda	(Ute) von Metz, Ehefrau u. Mutter 7. Jh.	*Besitzerin des Erbes*
24.	Antonius	(Maria Claret) Ordensgründer aus Spanien, Bischof von Santiago in Kuba 19. Jh.	*Der vorn Stehende*
25.	Chrysanthus	römischer Märtyrer 3./4. Jh.	*Der Goldene*
	Daria	römische Märtyrerin 3./4. Jh.	*Die Besitzerin(?)*
	Ludwig	Graf von Arnstein, Prämonstratenser-Bruder 12. Jh.	*Der berühmte Kämpfer*
26.	Albuin	(Witta) angelsächsischer Bischof in Hessen 8. Jh.	*Der mächtige Freund*
	Josephine	(Leroux) von Cambrai, Klarissin, Märtyrerin 18. Jh.	*Gott möge vermehren*
27.	Wolfhard	von Augsburg, Einsiedler in Verona 11./12. Jh.	*Stark wie ein Wolf*

28.	Simon	Apostel, Märtyrer (Patron der Waldarbeiter, Maurer und Lederarbeiter)	*Gott hat erhört*
	Judas	(Thaddäus) Apostel, Märtyrer (Helfer in Not)	*Der Gepriesene*
	Alfred	König der Angelsachsen 9./10. Jh.	*Elfenfürst*
29.	Ermelind	aus Brabant, Einsiedlerin 6. Jh.	*Die große Kämpferin*
30.	Dietger	aus Thüringen, Glaubensbote in Norwegen 11. Jh.	*Aus speerstarkem Volk*
31.	Wolfgang	aus Schwaben, Benediktiner, Bischof von Regensburg 10. Jh. (Patron der Diözese Regensburg, der Hirten, Schiffer u. Holzarbeiter)	*Der zu den Wölfen (Heiden) geht*
	Jutta	Prämonstratenser-Nonne in Kleve 12./13. Jh.	*Die Gottesbekennerin*

Franziskus predigt den Vögeln 4. Oktober

Einmal kam Franziskus auf seiner Wanderung an einen Ort, an dem sich eine große Vogelschar versammelt hatte. Da waren Tauben und Dohlen, Krähen und Sperlinge und viele andere. Zu Franziskus' Staunen flogen die Vögel aber nicht fort, als er sich näherte, sondern blieben sitzen oder hüpften gar auf ihn zu. Da bat er voll Freude, sie möchten doch bleiben und seine Predigt hören. Die Vögel reckten die Hälse und blickten zu Franziskus hin. Da begann er zu predigen: vom himmlischen Vater, der ihnen ihr Gefieder und alles andere, was sie zum Leben brauchten, geschenkt hatte und auch weiter für sie sorgte. Und während er predigte, ging Franziskus zwischen den Vögeln auf und ab, sodass sein Gewand ihre Köpfe und Rücken streifte. Schließlich blieb er stehen, beendete seine Predigt, segnete die Vögel und erlaubte ihnen, woanders hinzufliegen.

Ein anderes Mal kam Franziskus in eine kleine Stadt. Die Bewohner der Stadt hießen Franziskus freudig willkommen und versammelten sich auf einem Platz, um seiner Predigt zu lauschen. Doch die Schwalben, die auf den Dächern rings um den Platz nisteten, machten ein solches Geschrei, dass die Worte des Heiligen kaum zu verstehen waren. Da rief er laut: »Meine lieben Schwestern Schwalben! Jetzt habt ihr genug geredet. Jetzt lasst mich einmal zu Wort kommen und bleibt ruhig, bis meine Predigt beendet ist!« Da verstummten die Schwalben und warteten ruhig das Ende der Predigt ab. Dann aber zwitscherten sie wieder los, genauso laut wie zuvor.

Nacherzählt von Andreas Rode

NOVEMBER
»Zeit der Trauer«

»Allerseelenmonat«

Herkunft und Bedeutung
Nach der altrömischen Zählung ist der November der neunte Monat (novem = neun).

Alte Namen
Nebelung = Monat des Nebels
Windmond = Monat des Windes

Sternzeichen
Vom 24. Oktober bis 22. November:
der Skorpion
Den unter diesem Sternzeichen Geborenen sagt man nach, sie seien voll Unternehmungsgeist. Sie gingen alle Dinge mit Kraft an, doch seien sie auch vorsichtig und überlegten, was ihre Mitmenschen von ihnen und dem, was sie tun, halten könnten. – Ihr Stein ist der Amethyst, ein violetter, undurchsichtiger Quarz. Es folgt der Schütze.

Bauernregeln
> November im Schnee
  bringt viel Korn und Klee.
> November-Donner hat die Kraft,
  dass er viel Getreide schafft.

November

Solchen Monat muss man loben:
Keiner kann wie dieser toben,
Keiner so verdrießlich sein
Und so ohne Sonnenschein!
Keiner so in Wolken maulen,
Keiner so mit Sturmwind graulen!
Und wie nass er alles macht!
Ja, es ist 'ne wahre Pracht.

Seht das schöne Schlackerwetter!
Und die armen welken Blätter,
Wie sie tanzen in dem Wind
Und so ganz verloren sind!
Wie der Sturm sie jagt und zwirbelt
Und sie durcheinanderwirbelt
Und sie hetzt ohn Unterlass:
Ja, das ist Novemberspaß!

Und die Scheiben, wie sie rinnen!
Und die Wolken, wie sie spinnen
Ihren feuchten Himmelstau
Ur und ewig, trüb und grau!
Auf dem Dach die Regentropfen:
Wie sie pochen, wie sie klopfen!
Schimmernd hängt's an jedem Zweig,
Einer dicken Träne gleich.

Oh, wie ist der Mann zu loben,
Der solch unvernünftges Toben
Schon im Voraus hat bedacht
Und die Häuser hohl gemacht;
Sodass wir im Trocknen hausen
Und mit stillvergnügtem Grausen
Und in wohlgeborgner Ruh
Solchem Gräuel schauen zu.

Heinrich Seidel

Namenstage im November

1.	**Allerheiligen**	(seit dem 9. Jh.)	
	Arthur	(O'Nelly) Ordenspriester aus Irland, Glaubensbote bei den Sarazenen, Märtyrer 13. Jh.	*Stark wie ein Bär*
	Harald	König von Dänemark, Märtyrer 10. Jh.	*Herrscher des Heeres*
	Luitpold	Graf von Wolfratshausen, Einsiedler 13. Jh.	*Der Tapfere im Volk*
	Rupert	(Mayer) Jesuit aus Stuttgart, Männerseelsorger in München, Märtyrer 1876–1945	*Von Ruhm glänzend*
2.	**Allerseelen**	(seit dem 10./11. Jh.)	
	Angela	aus Stolberg, Nonne in Breslau und Wien 1833–1905.	*Die Botin Gottes*
3.	Hubert	Missionar der Ardennen, Bischof von Maastricht/Lüttich 7./8. Jh. (Patron der Jäger u. Schützen)	*Glanz durch Klugheit*
	Pirmin	westgotischer Glaubensbote am Oberrhein, Bischof 8. Jh. (Patron der Pfalz u. des Elsass)	*Der Ruhmreiche(?)*
	Silvia	Mutter des späteren Papstes Gregor d. Gr. 6. Jh.	*Die Waldbewohnerin*
4.	Karl	Borromäus, Bischof von Mailand 16. Jh. (zweiter Patron des Bistums Chur)	*Freier Mann*
	Gregor	aus Kalabrien, Abt in Burtscheid bei Aachen 10. Jh.	*Der Wachsame*
5.	Emmerich	Sohn König Stephans I. von Ungarn 11. Jh.	*Mächtiger Herrscher*
	Berthild	Nonne, Äbtissin in Chelles 7./8. Jh.	*Strahlende Kämpferin*
	Elisabeth und	Eltern von Johannes dem Täufer	*Gott hat geschworen*
	Zacharias		*Gott hat sich erinnert*
6.	Leonhard	fränkischer Einsiedler in Noblac 6. Jh. (Patron der Bauern)	*Starker Löwe (Starkes Band)*
	Modesta	Äbtissin in Trier 7. Jh.	*Die Bescheidene*
	Rudolf	von Büren, Abt, Bischof von Paderborn 11. Jh.	*Ruhmeswolf*
7.	Engelbert I.	Bischof von Köln, Märtyrer 12./13. Jh.	*Wie ein Engel glänzend*
	Willibrord	angelsächsischer Mönch, Bischof der Friesen 7./8. Jh. (zweiter Patron von Land u. Bistum Luxemburg)	*Der Willensstarke*
	Ernst	von Streußlingen, Abt in Zwiefalten 12. Jh.	*Der ernste Kämpfer*
	Gisbert	Prior im Kloster Bebenhausen 12./13. Jh.	*Kind edler Abkunft*
	Karin(a)	Märtyrerin in Angora 4. Jh.	*Die Reine*
8.	Gregor	Angelsachse, Mönch und Abt in Einsiedeln 10. Jh.	*Der Wachsame*
	Gottfried	Mönch, dann Bischof von Amiens 11./12. Jh.	*Schützer des Guten, Friede in Gott*
	Johannes	(Duns Skotus) Schottischer Priester, Gelehrter in Paris und Köln 13./14. Jh.	*Gott ist gnädig*
9.	Theodor	von Euchaita am Pontus, Soldat, Märtyrer (?) 3./4. Jh. (Patron der Soldaten)	*Geschenk Gottes*
	Roland	Benediktiner-Abt in Flandern 11. Jh.	*Der Siegesmutige*
10.	Leo	(der Große) Papst, Kirchenlehrer 5. Jh.	*Der Löwe*
	Justus	Glaubensbote in England, Bischof von Rochester, dann von Canterbury 6./7. Jh.	*Der Gerechte*

11.	Martin	von Tours, Soldat, Einsiedler, Bischof von Tours 4. Jh. (Patron der Bistümer Mainz, Rottenburg und Eisenstadt in Österreich; der Reisenden, Flüchtlinge, Tuchhändler)	*Der Kämpfer, der Kriegerische*
12.	Josaphat	Bischof von Polazk (Russland), Märtyrer 16./17. Jh.	*Gott sprach Recht*
	Diego	aus Andalusien, Einsiedler u. Glaubensbote 15. Jh.	*Der Fersenhalter*
	Kunibert	Diakon in Trier, Bischof von Köln 7. Jh.	*Glanzvoller Herkunft*
13.	Wilhelm	Einsiedler in Niederalteich 11. Jh.	*Willensstarker Schutz*
	Stanislaus	(Kostka) aus Polen, Jesuit in Rom 16. Jh.	*Durch Treue berühmt*
14.	Alberich	Mönch, dann Bischof von Utrecht 8. Jh.	*Starker Herrscher*
15.	Albert	(der Große) aus Lauingen, Dominikaner, Bischof von Regensburg, Kirchenlehrer 13. Jh. (Patron der Naturwissenschaftler u. Studenten)	*Durch Adel glänzend*
	Leopold III.	Markgraf von Österreich 11./12. Jh. (Patron von Österreich, der Stadt Wien, St. Pölten und Graz)	*Der Kühne im Volk*
16.	Margarete	in Ungarn geboren, Königin von Schottland 11. Jh.	*Die Perle*
	Otmar	Benediktiner-Mönch, Abt in der Schweiz 7./8. Jh. (Patron des Bistums St. Gallen)	*Durch sein Erbe berühmt*
17.	Gertrud	(die Große) Nonne, Äbtissin, Mystikerin in Helfta 13./14. Jh. (Patronin von Tarragona und Peru)	*Die gewaltige Speerkämpferin*
	Hiltrud	Nonne in Bingen 12. Jh.	*Die schützende Frau*
	Hilda	angelsächsische Nonne u. Äbtissin 7. Jh.	*Kämpfende Schützerin*
	Viktoria	aus Cordoba, Jungfrau, Märtyrerin 3. Jh.	*Die Siegerin*
18.	Odo	aus Aquitanien, zweiter Abt von Cluny 9./10. Jh.	*Besitz, Reichtum*
19.	Elisabeth	von Thüringen, Landgräfin, Ehefrau u. Mutter, 13. Jh. (Patronin von Thüringen u. Hessen, zweite Patronin des Bistums Fulda; Patronin der Caritas, der Witwen, Bettler u. Bäcker)	*Gott hat geschworen*
	Mechthild	von Hackeborn, Nonne, Mystikerin 13. Jh.	*Mächtige Kämpferin*
20.	Bernward	Bischof von Hildesheim 10./11. Jh.	*Stark wie ein Bär*
	Edmund	König von Ostengland, Märtyrer 9. Jh.	*Schützer des Besitzes*
	Korbinian	Gründer des Bistums Freising 7./8. Jh. (Patron des Bistums München-Freising)	*Rabe (?)*
21.	Johannes	von Meißen, Franziskaner-Mönch 15. Jh.	*Gott ist gnädig*
	Amalberg	Äbtissin von Susteren 8./9. Jh.	*Retterin aus Not*
22.	Cäcilia	römische Jungfrau, Märtyrerin 3. Jh. (?) (Patronin der Kirchenmusik und der Musiker)	*Die Blinde*
23.	Kolumban	irischer Glaubensbote, Abt in Luxeuil 6./7. Jh.	*Der Täuberich*
	Felizitas	römische Märtyrerin (?)	*Die Glückeliche*
	Klemens I.	dritter Nachfolger des Petrus 1./2. Jh.	*Der Milde*
	Detlev	aus Mecklenburg, Bischof von Ratzeburg 14./15. Jh.	*Sohn des Volkes*
24.	Flora	aus Córdoba, Jungfrau, Märtyrerin 8. Jh.	*Die Blume*
25.	Katharina	von Alexandrien, Märtyrerin 3./4. Jh. (eine der 14 Nothelfer, Patronin der Hochschulen)	*Die Reine*
	Egbert	aus Lothringen, Abt in Münsterschwarzach 11. Jh.	*Der Schwertberühmte*
26.	Konrad	Bischof von Konstanz 10. Jh. (Patron des Bistums Freiburg)	*Der kühne Ratgeber*
	Ida	Äbtissin in Köln 11. Jh.	*Die (göttliche) Frau*

27.	Modestus	Bischof in Maria-Saal (Karantanien) 8. Jh.	*Der Bescheidene*
	Oda	Einsiedlerin in Brabant 7./8. Jh.	*Besitz, Reichtum*
28.	Günther	von Melk, Herzog in Bayern, Gründer der Abtei Kremsmünster 8. Jh.	*Der Mann im Kampf*
29.	Jutta	Zisterzienser-Nonne, Äbtissin von Heiligental in Unterfranken 13. Jh.	*Gottesbekennerin*
30.	Andreas	Apostel, Märtyrer (Patron Russlands, Schottlands, des Ermlandes u. Griechenlands; Patron der Fischer, Metzger u. Seiler)	*Der Männliche*

Jesus Christus, der König – Christkönigfest: Letzter Sonntag im Kirchenjahr

Der hl. Albertus Magnus wird alt 15. November

Albertus war inzwischen hochbetagt, und noch immer hielt er in Köln seine Vorlesungen. Eines Tages aber, als er mit gewohnter Klugheit seinen Schülern eine philosophische Argumentation darlegte, da verließ ihn mitten im Satz auf einmal das Gedächtnis, und er wusste nicht mehr, was er sagen wollte. Verwirrt schwieg er. Und erschrocken sahen seine Zuhörer auf den großen, weisen Lehrer, der so plötzlich verstummt war.

Noch immer schwieg Albertus. Dann aber öffnete er den Mund, und mit einer Stimme, die ganz verändert klang, sagte er: »Lasst mich euch etwas aus meiner Jugend erzählen. Als ich ein junger Mann war, voller Wissensdurst und Neugierde auf die Welt, da betete ich eines Tages, wie ich es häufig tat, zu Maria. Sie möge, so bat ich, bei Gott für mich erwirken, dass ich durch mein Studium zu höherer Erkenntnis und größerem Wissen gelangte und dennoch niemals meinen Glauben verlöre. Da erschien mir die Muttergottes und sagte: Albertus, bleibe im Gebet und im Stu-

dium gleichermaßen fest und ausdauernd. Dann wird dir Gott eine doppelte Gnade erweisen: Dein Wissen wird groß sein und durch deine Weisheit wird Gott die ganze Christenheit erleuchten. Und doch sollst du in der Stunde deines Todes von unerschütterlichem Glauben erfüllt sein. Denn bevor du stirbst, wird Gott dir all deine Klugheit und all dein Wissen nehmen, damit du wieder wirst wie ein Kind. So wirst du gläubig und in kindlichem Vertrauen diese Welt verlassen. Kurz vor deinem Tode wirst du deshalb inmitten einer öffentlichen Vorlesung und vor vielen Zuhörern dein Gedächtnis verlieren.« Wieder schwieg Albertus lange. Dann sagte er mit leiser Stimme: »Ich glaube, meine lieben Freunde, die Zeit ist nahe, da ich nach Hause zurückkehren darf.«

Nacherzählt von Andreas Rode

DEZEMBER
»Licht im Dunkel«

Advent – Weihnachten

Herkunft und Bedeutung

Nach der altrömischen Zählung ist der Dezember der zehnte Monat (*decem* = zehn).

Alte Namen

Wolfsmond = Die Dunkelheit verschlingt das Licht
Schlachtmond = Es gilt, sich nach schmackhaften Vorräten umzusehen
Heiligmond = Heiliger Monat
Heils- oder Christmonat = Weihnachtsmonat

Sternzeichen

Vom 23. November bis 21. Dezember:
der Schütze
Den unter diesem Sternzeichen Geborenen sagt man nach, sie seien fröhliche Leute, machten gerne Reisen, sagten ihre Meinung offen heraus, könnten auch mal wütend werden und würden von den meisten Menschen geschätzt. Im Übrigen brauche der Schütze seine persönliche Freiheit. Ihr Stein ist der tiefrote oder orangefarbene Hyazinth. Er soll gegen Feindschaft helfen und zu frischer Lebenslust erwecken. Es folgt der Steinbock.

Bauernregeln

> Sturm im Dezember und Schnee,
> da schreit der Bauer Juchhe.
> Wenn dunkel der Dezember war,
> dann rechne auf ein gutes Jahr.
> Watet die Krähe zur Weihnacht im Klee,
> sitzt sie zu Ostern im Schnee.

Allmächtiger Gott,
sieh gütig auf dein Volk,
das mit gläubigem Verlangen
das Fest der Geburt Christi erwartet.
Mache unser Herz bereit
für das Geschenk der Erlösung,
damit Weihnachten für uns alle
ein Tag der Freude und der
Zuversicht werde.
Darum bitten wir durch Jesus Christus.
Amen.
Tagesgebet der Kirche am
3. Adventssonntag

Namenstage im Dezember

1.	Natalie	Ehefrau, Märtyrerin aus Rom 3./4. Jh.	*Weihnachten Geborene*
	Blanka	aus Kastilien, Königin von Frankreich 12./13. Jh.	*Die Leuchtende*
	Charles	(de Foucauld) 1858–1916, Ordensmann, Missionar bei den Tuaregs, Märtyrer, Genossenschaft der »Kleinen Brüder u. Schwestern Jesu«	*Freier Mann*
2.	Luzius	von Chur, Glaubensbote 5./6. Jh. (Patron des Bistums Chur u. der Kantone Graubünden u. Tessin; Landespatron v. Liechtenstein)	*Licht-Träger*
	Bibiana	Jungfrau, Märtyrerin 4. Jh.	*Die Lebendige*
3.	Franz Xaver	aus Spanien, Jesuit und Glaubensbote in Ostasien 16. Jh. (Patron der Westmission, der Seereisenden)	*Der Freie*
	Emma	von Lesum, sächsische Gräfin 10./11. Jh.	*Die Allumfassende*
	Gerlind	elsässische Herzogin 7./8. Jh.	*Speer (aus Lindenholz)*
4.	Barbara	Jungfrau, Märtyrerin in Nikomedien 3./4. Jh. (eine der 14 Nothelfer, Patronin der Bergleute, Architekten und Sterbenden)	*Die Ausländerin*
	Johannes	aus Damaskus, Mönch, Kirchenlehrer 7./8. Jh.	*Gott ist gnädig*
	Christian	Zisterzienser-Mönch in Polen, Missionsbischof in Preußen 12./13. Jh.	*Ich bin Christ*
	Adolf	(Kolping) 1813–1865, Priester aus Köln, Gründer des »Kath. Gesellenvereins«, Seligspr. am 27.10.1991	*Edler Wolf*
5.	Anno	aus Schwaben, Bischof von Köln 11. Jh.	*Der Adler*
	Hartwich	von Sponheim, Bischof von Salzburg 10./11. Jh.	*Starker Kämpfer*
	Reginhard	Bischof von Lüttich 10./11. Jh.	*Der kluge Berater*
	Niels	(Stensen) aus Kopenhagen, Arzt, dann Priester und Missionsbischof 17. Jh.	*Volksbesieger*
6.	Nikolaus	Bischof von Myra 3./4. Jh. (einer der 14 Nothelfer, Patron von Russland, der Schiffer, Gefangenen, Bäcker, Kaufleute, Apotheker und Juristen)	*Volksbesieger*
7.	Ambrosius	aus Trier, Bischof von Mailand, Kirchenlehrer 4. Jh. (Patron von Mailand; Patron der Bienenzüchter)	*Der Unsterbliche, Göttergleiche*
	Gerald	aus Regensburg, Bischof von Ostia 11. Jh.	*Herr mit dem Speer*
8.	\multicolumn{2}{Hochfest der ohne Erbsünde empfangenen Jungfrau und Gottesmutter Maria (Maria Immaculata) Fest seit dem 8. Jh. in der Ostkirche, seit 1708 in der ganzen Kirche (Patronin des Bistums Köln)}	
	Konstantin	Zisterzienser-Mönch, Abt in Orval 12. Jh.	*Der Standhafte*
9.	Eucharius	erster (bekannter) Bischof von Trier 3. Jh.	*Der Anmutige*
	Liborius	(Wagner) aus Thüringen, Priester bei Schweinfurt, Märtyrer 16./17. Jh.	*Der Freie (?)*
10.	Diethard	Zisterzienser-Mönch u. Abt in Friesland 12. Jh.	*Aus mächtigem Volk*
	Angelina	serbische Fürstin, dann Äbtissin 15./16. Jh.	*Botin Gottes*
	Eulalia	Spanische Märtyrerin aus dem 3. Jh.	*Die Wohlredende*
11.	Damasus I.	Papst 4. Jh.	*Der Bezwinger*
	Tassilo III.	Herzog von Bayern 8. Jh.	*Der kleine Dachs*
12.	Johanna	(Franziska de Chantal) Ehefrau u. Mutter, dann Ordensgründerin 16./17. Jh.	*Gott ist gnädig*
	Dietrich	Benediktiner-Abt in Kremsmünster 11. Jh.	*Im Volk mächtig*

13.	Luzia	aus Syrakus, Jungfrau, Märtyrerin 3./4. Jh. (Patronin der Kantone Graubünden u. Tessin, der Blinden)	*Licht-Trägerin*
	Odilia	(Ottilie) aus dem Elsass, Äbtissin 7./8. Jh. (Patronin des Elsass)	*Herrin aller Güter*
	Jost	(Jodokus) Bretonischer Fürst, Einsiedler u. Pilger 7. Jh. (Patron der Kranken u. Pilger)	*Der Fersenhalter (AT: Esau)*
14.	Johannes	vom Kreuz, Spanischer Karmeliter-Mönch, Mystiker und Kirchenlehrer 16. Jh.	*Gott ist gnädig*
	Bertold	aus Regensburg, Mönch, Volksprediger 13. Jh.	*Glänzender Herrscher*
15.	Christiane	Jungfrau aus Georgien 4. Jh.	*Die Christin*
	Wunibald	aus Südengland, Glaubensbote in Franken 8. Jh.	*Lustvoll und kühn*
16.	Adelheid	aus Burgund, Kaiserin 10. Jh.	*Die edle Schöne*
	Sturmius	aus Oberösterreich, Mönch u. Abt in Fulda 8. Jh.	*Der Sturm*
17.	Lazarus	aus Bethanien, Freund Jesu	*Gott hilft mir*
18.	Philipp	Prämonstratenser, Bischof von Ratzeburg 12./13. Jh.	*Der Pferdefreund*
19.	Konrad	von Liechtenau, Prämonstratenser-Mönch 13. Jh.	*Der kühne Ratgeber*
20.	Eido	Bischof von Meißen 10./11. Jh.	*Besitz, Reichtum*
21.	Hagar	Magd Saras, der Frau Abrahams, Mutter des Ismael	*Vom Hagriten-Stamm*
	Richard	aus England, Gelehrter, dann Zisterzienser-Mönch in Friesland 13. Jh.	*Der mächtige Fürst*
22.	Jutta	von Sponheim, Benediktiner-Nonne 11./12. Jh.	*Gottesbekennerin*
	Marian	aus Irland, Mönch in Köln, Fulda u. Mainz 11. Jh.	*Der Seemann*
23.	Johannes	Priester und Professor in Krakau 14./15. Jh.	*Gott ist gnädig*
	Dagobert	König von Austrasien, Märtyrer 7. Jh.	*Der Gute u. Glänzende*
	Viktoria	römische Jungfrau, Märtyrerin 3./4. Jh.	*Die Siegerin*
	Ivo	aus Beauvais, Bischof von Chartres 11./12. Jh.	*Ebenholzbogenschütze*
	Marie Marguerite	Ordensgründerin »Graue Schwestern der Liebe« in Kanada 18. Jh.	*Die von Gott Geliebte*
24.	**Heiliger Abend**		
	Adam	Stammvater	*Der Mann aus Erde*
	Eva	Stammmutter (Patronin der Gärtner u. Schneider)	*Die Leben-Schenkende*
	Hanno	Mönch in Trier, Abt in Magdeburg, Bischof von Worms 10. Jh.	*Gott hat Mitleid*
25.	**Weihnachten, Hochfest der Geburt des Herrn (seit dem 4. Jh.)**		
	Eugenia	Jungfrau, Märtyrerin in Rom 3. Jh.	*Von edler Abkunft*
	Anastasia	Jungfrau, Märtyrerin aus Illyrien 3./4. Jh. (Patronin der Pressezensur)	*Vom Tod Erstandene*
26.	Stephanus	Diakon der Urgemeinde in Jerusalem, Märtyrer (Patron der Bistümer Passau u. Wien, der Maurer, Zimmerleute, Weber u. Schneider; »Pferde-Patron«)	*Der Bekränzte*
27.	Johannes	Apostel u. Evangelist (zweiter Patron der Diözese Meißen, Patron der Buchdrucker u. -händler, der Bildhauer u. Maler, der Notare u. Winzer)	*Gott ist gnädig*
	Fabiola	römische Adelige, Ehefrau, Büßerin 4. Jh.	*Die kleine Fabierin*

28.	Fest der unschuldigen Kinder (Fest seit dem 6. Jh.)		
29.	Thomas	(Becket) aus London, Bischof von Canterbury, Märtyrer 12. Jh.	*Zwilling*
	David	König Israels 11./10. Jh. v. Chr.	*Liebling, Geliebter*
	Lothar	deutscher Kaiser, dann Mönch in Prüm 8./9. Jh.	*Ruhmreicher Held*
	Reginbert	Mönch, Gründer der Abtei in St. Blasien 10. Jh.	*Der kluge Berater*
30.	Felix I.	Papst 3. Jh.	*Der Glückliche*
	Richard	von Arnsberg, Prämonstratenser-Mönch 12. Jh.	*Der mächtige Fürst*
31.	Silvester	Papst 3./4. Jh.	*Der im Walde Lebende*
	Kolumba	Jungfrau in Sens (Frankreich), Märtyrerin (?) 3. Jh.	*Die Taube*
	Melanie	röm. Adelige, Ehefrau, dann Klosterfrau 4./5. Jh.	*Die Schwarze*

Herzog Tassilo und die Linde 11. Dezember

Noch heute steht vor den Mauern des Klosters Wessobrunn eine mächtige Linde, deren Stamm einen Umfang von über zehn Metern aufweist. Dazu gibt es folgende Legende:

Vor vielen Jahren kam der Bayernherzog Tassilo zu dieser Linde. Seit Tagen waren er und sein Knecht, der Jäger Wezzo, auf der Jagd hinter einer Hirschkuh hergehetzt. Nun wollten sie erschöpft rasten. Weil sie von der anstrengenden Hetzjagd durstig geworden waren, ging Wezzo auf die Suche nach einer Quelle, während sich Tassilo behaglich im Schatten des Baumes auf dem Gras ausstreckte und in kürzester Zeit einschlief.

Tassilo hatte einen seltsamen Traum. Er sah nämlich den Himmel geöffnet und wie einst Jakob, der biblische Stammvater, erblickte er eine Leiter, auf der Engel herauf- und herniederstiegen. Da erwachte Tassilo aus seinem Traum, und als er sich verwirrt umschaute, sah er Wezzo, der eilig zur Linde zurückkam

und berichtete, er habe ganz in der Nähe eine dreifache Quelle gefunden. Tassilo aber erzählte ihm von seinem Traum und sagte schließlich: »Ich glaube fest daran, dass Gott mir ein Zeichen geben wollte, indem er mich an diesem Ort solches träumen ließ. Ich werde hier ein Kloster gründen, und weil du, Wezzo, einen Brunnen, eine dreifach sprudelnde Quelle gefunden hast, soll das Kloster Wessobrunn heißen.«

Nacherzählt von Andreas Rode

303

Advents- und Weihnachtszeit

Auf, werde licht,
denn es kommt dein Licht,
und die Herrlichkeit des Herrn
geht leuchtend auf über dir.

Jesaja 60,1

Warum Bräuche wichtig sind

Vom »Abenteuer« des Advents

Die beiden Wörter »Abenteuer« und »Advent«
haben eine gemeinsame Wurzel: »Abenteuer«
stammt vom mittelhochdeutschen *aventuire*,
d. h. Begebenheit, Erlebnis, Wagnis ab und
geht zurück auf das lateinische
advenire = ankommen, sich ereignen bzw.
adventus = Ankunft.
Auch in anderen modernen Sprachen gibt es
ähnliche Verbindungen.

Englisch
advent: Advent
adventure: Abenteuer, Wagnis
adventurous: abenteuerlich, gewagt, kühn

Italienisch
avvenire: geschehen, eintreten,
sich ereignen
avvento: Advent
avventurare: wagen
avventura: Abenteuer

Französisch
avenir: Zukunft
avent: Advent
aventurer: wagen
aventure: Abenteuer, Wagnis

Advent ist die Vorbereitungszeit auf die *Ankunft* des Herrn, die Menschwerdung Gottes
im Kind zu Betlehem. Und Advent ist ein Weg
voller Ereignisse, Erlebnisse, *Abenteuer* auf
Weihnachten hin. Im 6. Jahrhundert hat Papst
Gregor der Große die Zahl der Adventssonntage auf vier festgesetzt.

Advent und Weihnachten ist Familienzeit.
Keine andere Jahreszeit kennt so viele Symbole und Zeichen, Traditionen und Bräuche,
Feste und Feiern. Sie haben ihren festen Platz
in den Familien und darüber hinaus in Kindergärten, Schulen und Pfarrgemeinden.
Symbole und Zeichen, Traditionen und
Bräuche, Feste und Feiern verknüpfen den
christlichen Glauben mit dem konkreten Leben in unseren Familien. Sie greifen Alltags-
erfahrungen der Menschen auf, vertiefen sie
und deuten sie aus dem Glauben. Sie verstehen sich als »Brückenschlag« zwischen Leben
und Glauben: Sie bringen Glauben ins Leben
und Leben in den Glauben. Sie helfen uns,
unser Leben und unseren Glauben über all
unsere Sinne zu begreifen. Und sie »sprechen« eine Sprache, die Kinder und Eltern
gleichermaßen anspricht.

»... Es muss feste Bräuche geben.«
»Was heißt fester ›Brauch‹?«, sagte der
kleine Prinz.
»Auch etwas in Vergessenheit Geratenes«,
sagte der Fuchs. »Es ist das, was einen Tag
vom andern unterscheidet, eine Stunde von
den andern Stunden.«

Antoine de Saint-Exupéry

Sankt Martin

11. November

Der heilige Martin gehört zu den volkstümlichen Heiligen. Zahlreiche Kirchen, Klöster und Einrichtungen sind nach ihm benannt, viele Bräuche mit seinem Namen verbunden. Seit dem 16. Jahrhundert finden am Vorabend des Martinstages Laternenumzüge statt. Sie erinnern an den beim Volk sehr beliebten Bischof Martin und seine vielen guten Taten. Im Mittelpunkt vieler Martinsumzüge steht das Spiel um die Mantelteilung. Der Legende nach hat Martin einst als Soldat seinen Mantel mit dem Schwert in zwei Stücke gehauen und mit einem armen, frierenden Bettler geteilt.

In alter Zeit begann die Adventszeit übrigens bereits mit dem Martinsfest und dauerte bis zum 6. Januar.

Aus dem Leben des Heiligen

Der heilige Martin wurde um 316 im heutigen Ungarn geboren. Sein Vater, ein römischer Offizier, wurde bald darauf nach Pavia in Oberitalien versetzt und nahm die Familie mit. Dort begann Martin sich – gegen den ausdrücklichen Willen seiner Eltern – für das Christentum zu interessieren, er besuchte die Gottesdienste und ließ sich in den christlichen Glauben einführen. Mit 15 Jahren wurde er, wie sein Vater, zunächst Soldat. Bei seinen Kameraden war er, auch wegen seiner Gutmütigkeit und Bescheidenheit, außerordentlich geschätzt. Die Begegnung mit dem Bettler war schließlich der letzte Anstoß: Mit 18 Jahren ließ Martin sich taufen. Sobald es ihm möglich war, quittierte er den Dienst bei der Truppe und ersuchte beim Kaiser um Entlassung: »Bis heute habe ich dir gedient«, erklärte er ihm, »gestatte nun, dass ich jetzt Gott diene.«

Sulpicius Severus (geb. 363, gest. 420), ein Freund und Bewunderer Martins, hat als Erster – noch zu Lebzeiten des Heiligen – über die Begegnung Martins mit dem Bettler berichtet:

Einmal, er besaß schon nichts mehr als seine Waffen und ein einziges Soldatengewand, da begegnete ihm im Winter, der ungewöhnlich rau war, sodass viele der eisigen Kälte erlagen, am Stadttor von Amiens ein notdürftig bekleideter Armer. Der flehte die Vorübergehenden um Erbarmen an. Aber alle gingen an dem Unglücklichen vorbei. Da erkannte der Mann voll des Geistes Gottes, dass jener für ihn vorbehalten sei, weil die anderen kein Erbarmen übten. Doch was tun? Er trug nichts als den Soldatenmantel, den er umgeworfen, alles Übrige hatte er ja für ähnliche Zwecke verwendet. Er zog also das Schwert, mit dem er umgürtet war, schnitt den Mantel mitten durch und gab die eine Hälfte dem Armen, die andere legte er sich selbst wieder um. Da fingen manche der Umstehenden an zu lachen, weil er ihnen im halben Mantel verunstaltet vorkam. Viele aber, die mehr Einsicht besaßen, seufzten tief, dass sie es ihm nicht gleichgetan und den Armen nicht bekleidet hatten, zumal da sie bei ihrem Reichtum keine Blöße befürchten mussten.

In der folgenden Nacht nun erschien Christus mit jenem Mantelstück, womit der Heilige den Armen bekleidet hatte, dem Martinus im Schlafe. Er wurde aufgefordert, den Herrn genau zu betrachten und das Gewand, das er verschenkt hatte, wiederzuerkennen. Dann hörte er Jesus laut zu der Engelschar, die ihn umgab, sagen: »Martinus hat mich mit diesem Mantel bekleidet.«

Mit Martin hat übrigens auch die Bezeichnung »Kapelle« zu tun: Der Name für die Seitenräume von Kirchen oder für freistehende Andachtsbauten kommt von *cappa*, dem halben Mantel Martins, der nach der Teilung übrig blieb und in Frankreich zur verehrtesten Reliquie wurde. In Amiens wurde dafür ein Heiligtum gebaut, die *capella*. Zu ihrer Betreuung wurde ein Geistlicher bestimmt: der *cappellanus* oder Kaplan.

Martin begab sich nach Poitiers (Frankreich) zu Bischof Hilarius. Er baute sich außerhalb der Stadt eine Einsiedlerzelle. Um den Armen der Umgebung zu helfen, verzichtete er auf ein bequemes Leben und auf vornehme Kleider. Im Jahre 371 wurde der beliebte Mönch von der großen Mehrheit des Volkes und der Geistlichen gegen seinen Willen zum Bischof von Tours gewählt. Dennoch lebte er auch weiterhin wie ein einfacher Mönch. Bischof Martin ist in die Geschichte eingegangen als selbstloser Beschützer und Helfer des armen Volkes. Schon bald nach seinem Tod im Jahr 397 begann das Volk, ihn als Heiligen zu ehren. Bis heute spiegelt sich das wider in dem reichen Brauchtum zu seinem Festtag am 11. November.

Martinsbrauchtum

Der Martinszug

In den letzten Jahren ist fast überall der alte Brauch des Martinszuges wieder aufgelebt. Die Kinder begleiten mit ihren Fackeln Sankt Martin, der hoch zu Pferde ihnen voranreitet, und singen dabei Martinslieder. In vielen Gemeinden wird im Anschluss an den Martinszug die Legende von der Mantelteilung nachgespielt.

Das Martinsgeschenk

In Hungerzeiten bekamen die Kinder früher eine große Tüte mit nicht alltäglichen Süßigkeiten und anderen Köstlichkeiten als Geschenk: Bonbons, Schokolade, Äpfel, Nüsse. Heute erhalten die Kinder – in Erinnerung an die freigebigen Taten des heiligen Martin – eine Brezel oder einen Weckmann geschenkt.

Das Martinssingen/ der Martinspfennig

Der Martinitag war einst Pacht- und Zinstag. Die Pächter gaben an diesem Tag ihren Gutsherren den Pachtzins in Form von Naturalien (Getreide und Vieh). Für die reichen Gutsbesitzer war es ein ertragreicher Tag, an dem es ihnen leichtfiel, sich erkenntlich zu zeigen. Die Kinder zogen damals von Haus zu Haus, sangen ihre Lieder und erhielten eine Wurst, ein paar Eier oder eben den Martinspfennig. Auch heute noch ziehen in einigen Gegenden Kinder mit ihren Fackeln von Tür zu Tür.

Die Martinsgans

Wie der heilige Martin und die nach ihm benannten Gänse zusammengefunden haben, ist umstritten. Nach einer Legende sollen ihn die Gänse durch ihr Geschnatter verraten haben, als er sich in den Gänsestall verkroch, um nicht das schwere Amt eines Bischofs von Tours übernehmen zu müssen. Nach einer anderen Legende hat sich Bischof Martin bei einer Predigt durch das Geschnatter der Gänse gestört gefühlt. Ein Volksmärchen berichtet von einer Gans, die den heiligen Martin als Nothelfer pries, als sie dem Wolf im letzten Augenblick entkam.

Wie auch immer, die Gänse waren um den Martinstag voll gemästet. Die Zeit des adventlichen Fastens stand kurz bevor. Es war eine der letzten Gelegenheiten zum festlichen Schmaus. Äußerer Anlass war der Zins- und Lohntag für die Mägde und Knechte.

Das Martinsfeuer

Das Martinsfeuer wird am Vorabend oder Abend des Martinstages – meist unmittelbar nach dem Martinszug – angezündet. Vor allem auf dem Land sammeln die Kinder schon Tage vorher Reisig, Holz und Stroh; in manchen Gegenden schichtet jede Straße ihr »Martinsfeuer« auf. Die Kinder tanzen um das Feuer. Wenn es zur Glut geworden ist, springen sie darüber.

Wir basteln Laternen

Kastenlaterne

Aus Fotokarton wird der Mantel erstellt. Die ausgeschnittenen Formen werden mit Buntpapier transparent hinterlegt. Boden und Deckel werden durch dickere Pappe verstärkt. Die Kerze kann folgendermaßen am Boden befestigt werden:

In den Deckel einer Streichholzschachtel wird ein Loch geschnitten; darin wird die Kerze stramm eingepasst und von der anderen Seite mit einer Heftzwecke befestigt. Die Schachtel wird nun mit der Kerze auf den Boden geleimt.

Nach dem gleichen Prinzip kann auch eine Zylinder- oder eine Sechskantlaterne erstellt werden.

Faltlaterne

Ein dünner Karton wird einmal gefaltet und von der Knickstelle her mehrmals eingeschnitten. Anschließend wird eine Röhre geformt und geklebt. Nun wird die Form gestaucht. Ein Zylinder aus farbigem Transparentpapier kann dann eingefügt werden; dieser macht das Licht farbig und die Laterne stabiler. Drahtbügel und Boden mit der Kerze können zum Schluss angebracht werden.

Runkelrüben-Laterne

Vielleicht gibt es irgendwo in erreichbarer Nähe einen Landwirt, der noch Runkelrüben anbaut. Wenn ihr euch dort eine dicke Rübe besorgen könnt, lässt sich daraus eine herrliche Laterne bauen: Oben ein Stück waagerecht abschneiden und die Rübe mit einem Löffel möglichst weit nach unten und zu den Seiten aushöhlen. In die Rübe Augen, Nase und Mund schnitzen. Das zuerst abgeschnittene Stück kann nun als »Kopfbedeckung« verwendet werden.

In die Rübe eine Kerze stellen und die fertige Laterne auf einen Stock stecken.

Laterne, Laterne

Volkstümliches Martinslied

1. La - ter - ne, La - ter - ne, Son - ne, Mond und Ster - ne!

Bren - ne auf, mein Licht, bren - ne auf, mein Licht,

a - ber nur mei - ne lie - be La - ter - ne nicht!

2. Laterne, Laterne, Sonne, Mond und Sterne!
   Sperrt ihn ein, den Wind, sperrt ihn ein, den Wind,
   er soll warten, bis wir zu Hause sind!

3. Laterne, Laterne, Sonne, Mond und Sterne!
   Bleibe hell mein Licht, bleibe hell mein Licht,
   denn sonst strahlt meine liebe Laterne nicht!

Advent

Advent heißt Ankunft, Ankunft des Herrn auf Erden. Advent ist Erinnerung und Erwartung, Vergangenheit und Zukunft.

Wir erinnern uns: Jesus Christus ist zu uns Menschen gekommen, er ist Mensch geworden. Voller Sehnsucht erwartete das Volk Israel seinen Erlöser, den Messias. Immer mehr wuchs die Hoffnung auf den, den Gott versprochen hatte. Endlich wurde er geboren. An dieses Ereignis denken Christen im Advent und bereiten sich auf das Fest vor, an dem das erste Kommen Jesu Christi gefeiert wird.

Advent ist zugleich Wegweiser in die Zukunft. Unsere Erwartung wird auch hingelenkt auf die zweite Ankunft des Herrn am Ende der Tage. Auch in unserer Zeit warten die Christen wie einst das Volk Israel auf den, der einst kommen soll in großer Herrlichkeit: Jesus, der Christus. So ist der Advent geprägt von erwartungsvoller Vorfreude. Wenn an den Adventssonntagen eine Kerze nach der anderen angezündet wird und es von Woche zu Woche in den Wohnungen heller wird, dann soll in den Menschen die Vorfreude auf die Ankunft Jesu Christi wachsen.

Adventskranz

Woher der Adventskranz kommt

Die Schar junger Leute, die sich 1833 zur Adventszeit im »Rauen Haus« nahe Hamburg versammelt hatte, brauchte keine Überlegungen anzustellen, wen sie mit teuren Weihnachtsgeschenken zu bedenken habe. Sie war nämlich so bettelarm, dass sie heilfroh war, ein Heim gefunden zu haben, eben jenes »Raue Haus«, ein Asyl für verwahrloste Jugendliche, dessen Gründer und »guter Geist« der evangelische Pfarrer Johann Hin-

rich Wichern war. Bei einer Kerzenandacht zur Adventszeit scharten sich seine Schützlinge um ein Kreuz, an dessen vier Enden jeweils eine Kerze befestigt war. Später wurde der Kronleuchter im Betsaal des »Rauen Hauses« mit zahlreichen Kerzen geschmückt, darunter vier dicke für die Adventssonntage. Dieser Vorläufer des Adventskranzes wurde von 1860 an mit Tannenzweigen geschmückt.

Was der Adventskranz bedeutet

Der *Adventskranz*, aus grünen Zweigen gesteckt oder geflochten und mit roten Kerzen und violetten Bändern geschmückt, will uns den Sinn der Adventszeit erschließen helfen. Die grünen Zweige sind Zeichen der Hoffnung: Jesus Christus wird kommen.
Die roten Kerzen sind Zeichen der Liebe: Jesus Christus ist für alle Menschen gekommen.
Die violetten Bänder sind Zeichen der Umkehr: Jesus Christus fordert zu »neuem Leben« auf.

Adventskranz selbst binden

2 Bündel großer Tannenzweige,
4 Kerzenhalter, 4 Kerzen, Blumendraht,
evtl. Kordeln, violette Bänder,
Tannen- oder Lärchenzapfen

Wir schneiden viele kleine Zweige (etwa 10 Zentimeter) von den großen Tannenzweigen ab. Aus den langen Ästen, die übrig bleiben, binden wir einen Ring und umwickeln ihn mit Blumendraht. Rundherum befestigen wir dann jeweils 2 bis 3 kleine Zweige. In den fertigen Kranz stecken wir die Kerzenhalter mit den roten Kerzen. Wir können den Kranz mit Kordeln, violetten Bändern, Tannen- oder Lärchenzapfen noch weiter schmücken.

Ein ungewöhnlicher Adventskranz

*Altes Rad eines Fahrrades, 1 Dose Buntlack
oder Goldbronze, 4 kleine Kuchenförmchen,
4 rote Kerzen, 6 m violettes, breites Samtband,
Alleskleber*

Wir überspritzen das alte Rad mit Buntlack oder Goldbronze und lassen es trocknen. Dann kleben wir die Kuchenförmchen in gleichem Abstand auf das Rad und stellen die Kerzen hinein. Das breite Samtband schneiden wir in vier gleich lange Stücke (je 1 ½ m) und befestigen sie über Kreuz an dem Rand des Rades. Die vier Bänder binden wir oben nach etwa 80 cm zu einer Schleife zusammen. Wir können diesen Adventskranz zwischen den Speichen mit Tannenzweigen, Tannen- oder Lärchenzapfen verzieren.

Adventskalender

Der Advent ist für die Kinder eine lange Zeit. Ihnen fällt das Warten schwer; ungeduldig zählen sie die Tage bis Weihnachten. Der Adventskalender hilft ihnen dabei. Mit seinen Überraschungen und kleinen Geschenken steigert er die Vorfreude. Noch größer ist die Freude, wenn der Adventskalender selbst gebastelt ist.

Eine Adventsuhr

*1 großer Bogen Fotokarton, 1 Stück Pappe,
24 Streichholzschachteln, Buntpapier, Alleskleber*

Wir bekleben zuerst die 24 Streichholzschachteln mit Buntpapier. Jede Schachtel erhält ein Datum (1 bis 24). Wir legen die Streichholzschachteln, geordnet wie das Zifferblatt einer Uhr, auf den großen Bogen Fotokarton. Wenn alle richtig liegen, kleben wir sie der Reihe nach auf. Aus Pappe schneiden wir einen größeren und einen kleineren Zeiger aus, bekleben sie mit Buntpapier und heften sie in die Mitte des Innenkreises. In

die einzelnen Streichholzschachteln legen wir (oder die Eltern) »kleine Überraschungen«. Das können kleine Geschenke und Süßigkeiten oder auch Zettel mit Vorschlägen und Vorsätzen sein, etwa: Heute backen wir gemeinsam Plätzchen, oder: Heute putze ich alle Schuhe der Familie.

Wichtelspiel im Advent

Wichtel, auch Heinzelmännchen genannt, sind kleine Lebewesen aus Märchen und Sagen, die den Menschen durch ihre Dienste helfen und ihnen Freude bereiten wollen, ohne dass sie sich zu erkennen geben. In der Adventszeit kann auch in der Familie – aber auch im Kindergarten, in der Schule oder in der Kinder- bzw. Jugendgruppe – »gewichtelt« werden.

Ihr schreibt auf kleine Zettelchen die Namen eurer Eltern und Geschwister und legt sie gefaltet in einen Hut. Dann zieht jeder aus der Familie einen Zettel. Niemand darf verraten, welchen Namen er gezogen hat. Denn er ist nun bis Weihnachten dessen »Wichtel«, der unerkannt bleiben muss. Jeden Tag will er ihm heimlich eine kleine Freude machen. Die Mutter findet auf ihrem Nachttisch eine rote Rose; der Vater staunt morgens über seine blitzblanken Schuhe; die Kinder entdecken in ihrer Anoraktasche einmal eine Glaskugel, ein andermal eine kleine Tafel Schokolade. Heiligabend wird dann das große Geheimnis gelüftet.

Barbara

4. Dezember

In vielen Familien ist es zu einem guten Brauch geworden: Am Fest der heiligen Barbara holen sie einen Forsythien-Zweig oder einen winterharten Kirschzweig ins Haus, legen ihn über Nacht in lauwarmes Wasser und stellen ihn am anderen Tag in einen Krug mit Wasser. Alle drei Tage wird das Wasser gewechselt. In der Wärme des Hauses treiben die Knospen. Um Weihnachten brechen dann die Blüten hervor. Sie erinnern an den Spross aus der Wurzel Jesse. Sie sind ein schönes Zeichen für die Geburt Christi.

Dieser Brauch geht zurück auf die Legende von der heiligen Barbara: In der Zeit, in der Christen verfolgt und getötet wurden, lebte ein reicher heidnischer Kaufmann mit seiner Tochter Barbara im fernen Morgenlande. Als er von einer längeren Reise zurückkehrte, erfuhr er, dass seine Tochter von Jesus gehört hatte und Christin geworden war.

Da wurde der Vater sehr zornig. Er hatte für Barbara einen reichen jungen Mann ausgesucht. Den sollte sie heiraten.

Eine Christin würde der junge Mann jedoch niemals zur Frau nehmen. Deshalb befahl der Vater seiner Tochter, ihren Glauben aufzugeben. Aber sie wollte Christin bleiben. Da sperrte der Vater sie in den finsteren Keller eines Turmes. Doch alles, was er tat, blieb vergebens. Barbara ließ von ihrem Glauben nicht ab.

Schließlich ließ der Vater seine Tochter ins Gefängnis werfen. Auf dem Wege dorthin verfing sich ein Kirschzweig in ihrem Kleid. Den stellte Barbara in einen kleinen Krug mit Wasser. An dem Tag, an dem der Zweig aufblühte, wurde sie zum Tod verurteilt. »Du schienst wie tot«, sagte Barbara zu dem Zweig. »Aber du bist aufgeblüht zu schönerem Leben. So wird es auch mit meinem Tod sein. Ich werde zu neuem, ewigem Leben aufblühen.«

Die Bergleute verehren die heilige Barbara als ihre Schutzpatronin. Wie in den finsteren Turm fällt auch in den tiefen Kohlenschacht kein Tageslicht. Festlich begehen die Bergleute vielerorts den Barbara-Tag. Sie rufen die Heilige an, für sie bei Gott zu bitten, dass ihnen in der Tiefe kein Unheil zustößt.

Nikolaus

6. Dezember

Der heilige Nikolaus lebte im 4. Jahrhundert und war Bischof von Myra in Kleinasien, der heutigen Türkei. Im 11. Jahrhundert wurden seine Gebeine vor den Sarazenen nach Bari (Italien) in Sicherheit gebracht. Dort ruhen sie heute noch. Über den heiligen Nikolaus als Freund der Kinder und Schutzheiligen der Schiffer und Kaufleute gibt es zahlreiche Legenden. Wegen seiner Freigebigkeit und Hilfsbereitschaft wurde er vom ganzen Volk verehrt und geliebt.

Zur Erinnerung an den guten Bischof von Myra stellen die Kinder am Vorabend des Nikolaustages Schuhe bzw. Stiefel vor die Tür oder hängen Strümpfe an den Kamin. In vielen Familien ist es üblich, dass ein naher Verwandter oder Freund als Nikolaus auftritt, von den guten und weniger guten Taten der Kinder berichtet und kleine Geschenke und Süßigkeiten aus seinem großen Sack verteilt. Früher erhielten die Kinder vom Nikolaus noch einen Streich mit der Rute. Das war ursprünglich keine Strafe, sondern eine Segensgeste: die Rute als der lebendige Zweig, der

Eine Legende berichtet, wie Nikolaus einem armen Vater zur Aussteuer für seine heiratsfähigen Töchter verhalf. Da der Vater kein Geld besaß, musste er die Mädchen auf die Straße schicken, wo sie sich ihr Geld selbst verdienen sollten. Als Nikolaus davon hörte, war er voller Mitleid. Er warf dem Vater in drei Nächten drei Goldklumpen in die Stube. So kamen die drei Mädchen zu ihrer Aussteuer und konnten wenig später heiraten.

In einer anderen Version der Legende heißt es, Nikolaus habe das Gold durch den Schornstein direkt in die Strümpfe der Mädchen geworfen, die am Kamin zum Trocknen hingen.

Lasst uns froh und munter sein

Volkstümliches Nikolauslied

Lasst uns froh und mun-ter sein

und uns recht von Her-zen freun.

Lus-tig, lus-tig tra-le-ra-la-la,

bald ist Nik-laus-a-bend da,

bald ist Nik-laus-a-bend da.

2. Bald ist unsre Schule aus, und wir ziehn vergnügt nach Haus. Lustig, lustig, traleralera …

3. Dann stell ich den Teller auf, Niklaus legt gewiss was drauf. Lustig, lustig, traleralera …

4. Steht der Teller auf dem Tisch, sing ich nochmals froh und frisch: Lustig, lustig, traleralera …

5. Wenn ich schlaf, dann träume ich: Jetzt bringt Niklaus was für mich! Lustig, lustig, traleralera …

6. Wenn ich aufgestanden bin, lauf ich schnell zum Teller hin. Lustig, lustig, traleralera …

7. Niklaus ist ein guter Mann, dem man nicht gnug danken kann. Lustig, lustig, traleralera …

bei einer Berührung Fruchtbarkeit verheißt. Mit der Zeit vergaß man diesen Sinn der Rute. Sie wurde zur Bestrafung der Kinder missbraucht.

Nikolaus und Jonas mit der Taube

Schon viele Monate lang brannte die Sonne Tag für Tag auf die Erde. Das Gras wurde braun und raschelte dürr im Wind. Auf den Feldern verdorrte das Korn. Selbst an den großen Bäumen begann das Laub zu welken. Keine Wolke zeigte sich am Himmel. Es wollte und wollte nicht regnen. Die Wasserstellen waren längst ausgetrocknet. Nur die tiefsten Brunnen spendeten noch Wasser. Die Frauen schöpften daraus. In Krügen trugen sie das kostbare Wasser auf ihren Köpfen heim. Die Tiere fanden nicht ein grünes Kraut. Auch die Menschen litten Hunger. Über das ganze Land brach eine Hungersnot herein.

In der Stadt Myra waren die Vorratskammern längst leer. Selbst für viel Geld gab es keinen Bissen mehr zu kaufen. Die Kinder weinten und schrien nach Brot. Doch die Mütter konnten ihnen nicht einmal eine harte Kruste geben. Die Ratten liefen bereits bei hellem Tag durch die Straßen und suchten in den Gossen nach Nahrung. Aber sie fanden nichts. Da näherten sich eines Tages drei Schiffe dem Hafen am Meer. Sie kamen aus der fernen Stadt Alexandria. Schwer beladen waren sie und lagen tief im Wasser. Sie wollten Korn in die Kaiserstadt Konstantinopel bringen.

Nikolaus war zu dieser Zeit Bischof in der Stadt Myra. An dem Tag, als die Schiffe auf den Hafen zuhielten, war er auf dem Weg zu einem Kranken. Unterwegs bemerkte er einen Jungen, der die Straße zum Hafen hinablief. Trotz aller Eile barg er behutsam eine blaue Taube an seiner Brust.

»Wer bist du?«, fragte der Bischof den Jungen und schritt neben ihm her. »Ich bin Jonas mit der Taube.«

»Deine Taube ist ein schöner Vogel«, sagte der Bischof. »Sie ist müde und matt«, klagte der Junge. »Vorgestern gab ich ihr das letzte Maiskorn, das ich hatte. Seit gestern rührt sie keinen Flügel mehr.«

»Wohin willst du so eilig?«, fragte der Bischof. Da antwortete der Junge: »Ich will zum Hafen, Herr Bischof. Da sollen drei Schiffe festgemacht haben.« »Drei Schiffe?« Der Bischof staunte: »Was wollen denn Schiffe in unserem Hafen? Bei uns gibt es nichts mehr, was sie einladen könnten.«

»Die Schiffe sind voll beladen«, sagte der Junge. »Kornschiffe sind es. Sie kommen aus Alexandria und wollen nach Konstantinopel weitersegeln.«

Da nahm Nikolaus den Jungen bei der Hand und ging mit ihm zum Hafen. Schiffe, mit Korn hoch beladen, das konnte die Rettung für die Menschen in Myra bedeuten. Aus Korn kann man Mehl mahlen. Aus Mehl wird Brot gebacken. Brot stillt den Hunger. Korn bedeutete das Ende der Hungersnot. Niemand musste mehr vor Hunger sterben. Brot, das war Hoffnung in Todesnot.

Auf dem freien Platz vor dem Hafen drängten sich viele Menschen. Sie waren herbeigeeilt, weil sie die Kornschiffe sehen wollten. Jeder hoffte, dass er Korn kaufen könnte.

»Ich werde Korn für meine Taube bekommen«, sagte der Junge. Weil sein Magen vor Hunger knurrte, fügte er hinzu: »Und auch für mich möchte ich Korn haben.«

Doch es war kein Jubel zu hören. Niemand stieß einen Freudenschrei aus. Stumm standen die Menschen und starrten auf die Schiffe. An der Bordwand der Lastschiffe hatten sich die Matrosen versammelt. Sie trugen Lanzen in den Händen. Drohend richteten sie die Spitzen ihrer Waffen gegen die Menge. Jonas mit der Taube hielt die Hand des Bischofs ganz fest. Er hatte Angst vor den finsteren Gesichtern der Matrosen.

Nikolaus drängte sich bis zur Hafenmauer durch. »Wo ist der oberste Kapitän dieser Schiffe?«, rief er. »Ich möchte mit dem obersten Kapitän sprechen.« »Ich bin der oberste Kapitän«, antwortete ein großer, schwarzbärtiger Mann. »Kann ich zu dir auf das Schiff kommen?«, fragte der Bischof.

»Komm auf das Schiff, aber komm allein!«, sagte der Kapitän.

Zwei Matrosen schoben ein schmales Brett vom Schiff bis auf die Ufermauer. Nikolaus ließ die Hand des Jungen los und schritt über den schwankenden Steg. Die Planke wippte. Dem Bischof wurde ein wenig schwindelig. Da lief Jonas mit der Taube ihm leichtfüßig

nach, ergriff wieder seine Hand und führte den Mann sicher hinüber. Beide gelangten heil an Bord des Schiffes.

»Was willst du von mir?«, fragte der Kapitän. »Du siehst, Kapitän, die Leute in Myra leiden großen Hunger. Nirgendwo in der ganzen Gegend kann man Brot kaufen. Deine Schiffe sind bis an den Rand gefüllt. Verkaufe den Leuten einen Teil deiner Ladung.«

»Das darf ich nicht«, antwortete der Kapitän. »In Alexandria ist die Ladung genau gewogen worden. Kein Korn zu viel, kein Korn zu wenig. Du weißt selber, was mit einem Kapitän geschieht, der seine Ladung nicht bis auf das letzte Pfund in Konstantinopel abliefert. Der Kaiser lässt ihm den Kopf abschlagen.«

»Aber die Leute müssen sterben, wenn du ihnen nicht hilfst«, sagte der Bischof. Einen Augenblick lang dachte der Kapitän nach. Dann aber schüttelte er den Kopf und sagte: »Mein Hals ist mir näher als euer Hunger. Wenn ich zwei Köpfe besäße, dann würde ich einen wohl wagen, um euch aus der Not zu helfen.«

»Hat nicht der Heiland mit fünf Broten die große Volksmenge satt gemacht? Sind nicht damals zwölf Körbe voll Brot übrig geblieben?«, fragte der Bischof. »Hilf uns, und kein Körnchen wird an dieser Ladung fehlen.«

»Ich kenne die Jesusgeschichte sehr gut«, sagte der Kapitän. »Wenn das stimmt, dass mir kein einziges Korn fehlen wird, dann will ich dir helfen.« Der Kapitän zog ein Stück Kreide aus der Tasche. Er kletterte an der Strickleiter bis zum Wasser hinunter. Genau dort machte er einen Kreidestrich an die Bordwand, wo das Wasser die Schiffsplanken berührte. Neugierig beugte sich Jonas mit der Taube über die Reling und schaute ihm zu. »Wir werden es sehen«, sagte der Kapitän listig. »Ihr könnt von dem Korn nehmen, soviel ihr wollt.

Doch ihr tragt es nicht weg, sondern schüttet es auf das Pflaster des freien Hafenplatzes. Wenn die Ladung leichter wird, hebt sich mein Schiff ein wenig aus dem Wasser. Der Kreidestrich steigt dann höher hinauf. Wenn das geschieht, müsst ihr das ganze Korn wieder einladen. Ihr gebt euch dann zufrieden.« Nikolaus nickte.

»Stimmt aber dein Wort«, fuhr der Kapitän fort, »dann steigt das Schiff kein Stückchen und der Kreidestrich wird genau in der Höhe des Wasserspiegels bleiben. Die Ladung wird, wie du gesagt hast, nicht leichter. In diesem Falle könnt ihr alles Korn behalten, was ausgeladen wird.« Die Matrosen lachten. Sie kannten ja das Ergebnis im Voraus.

»Warum lachst du?«, fragte Jonas mit der Taube den alten Matrosen, der neben ihm stand. »Hat je ein Mensch erlebt, dass ein Schiff sich nicht aus dem Wasser hebt, wenn es ausgeladen wird?«, antwortete der Matrose.

»Bischof Nikolaus lügt nicht, wart es nur ab«, sagte Jonas mit der Taube.

Da streichelte der alte Matrose mit seinen rauen Händen ganz zart das Kopfgefieder der Taube, bückte sich, griff eine Handvoll von den Körnern und steckte sie dem Jungen in die Tasche. »Da«, sagte er, »damit du nicht ganz vergebens geglaubt hast.«

Einige Männer aus Myra durften über die Planke kommen und das Schiff betreten. Sie luden das Korn in Säcke, hoben die Last auf ihre Schultern und schleppten sie an Land. Dort schütteten sie die goldenen Körner auf das glatte Straßenpflaster. Allmählich wuchs der Körnerhaufen zu einem kleinen Hügel.

»Schluss jetzt«, rief der Kapitän. »Wir wollen sehen.«

Alle Männer aus Myra mussten das Schiff verlassen. Der Kapitän beugte sich über die Bordwand und schaute nach dem Kreidestrich.

Er traute seinen Augen nicht und kletterte die Leiter hinunter. Der Kreidestrich und der Wasserspiegel standen immer noch auf gleicher Höhe. Ungläubig starrte er auf die schwarzen Planken. Doch es gab keinen Zweifel, das Schiff war nicht leichter geworden. Vielleicht ist es noch nicht genug, dachte er und befahl: »Weiter! Nehmt mehr von dem Korn!«

»Siehst du?«, sagte Jonas mit der Taube zu dem alten Matrosen. Dann hockte er sich auf die Planken des Schiffes nieder. Er hatte für sich selbst noch keinen Bissen von dem Korn genommen. Seine Taube aber pickte Korn um Korn aus seiner hohlen Hand.

Viele Säcke leerten die Männer aus. Der Berg von Korn wurde schließlich so hoch, dass kein Mensch darüber hinwegschauen konnte. Der Kapitän aber wandte kein Auge von dem Kreidestrich. Doch der stieg nicht eine Fingerbreite aus dem Wasser. Das Schiff hob sich nicht. Auch die Matrosen sahen es jetzt: Im Schiffsbauch wurde das Korn nicht weniger, so viel die Männer auch davon herausschleppten.

»Genug, ihr Männer«, sagte schließlich der Bischof. »Das Korn reicht aus. Wir haben genug zu essen bis zur nächsten Ernte. Und für die neue Saat wird das Korn auch reichen. Die Hungersnot hat ein Ende.«

Da fielen alle, die dabei gewesen waren, auf die Knie nieder. Sie lobten und dankten Gott. Die einen dachten dabei an das Wunder, das sie mit eigenen Augen gesehen hatten, und die anderen dachten an die Hungersnot, aus der sie so wunderbar gerettet worden waren. Die Matrosen aber legten ihre Lanzen nieder und verließen die Schiffe. Die Menschen von Myra reichten ihnen die Hände. Sie waren glücklich und jubelten Bischof Nikolaus zu. Der bestimmte Männer, die von dem Korn an die Leute austeilten. Jonas mit der Taube ritt hoch auf den Schultern eines alten Matrosen vom Schiff hinab auf den Platz am Hafen. »Er hat es von Anfang an geglaubt«, rief der alte Matrose laut über den Platz.

Willi Fährmann

Wir basteln einen Nikolausstiefel

Wir malen zuerst auf einem Bogen Papier einen Stiefel und schneiden ihn aus. Dann legen wir ihn auf den Stoff (etwa ¼ m Karo-Baumwolle) und schneiden daraus zwei Stiefelhälften. Die beiden rechten Seiten legen wir aufeinander und nähen sie zusammen. Dann ziehen wir den Stiefel auf rechts. Durch den oberen Rand des Stiefels können wir eine Kordel ziehen. Nun können wir den Nikolausstiefel an jede Türklinke hängen.

Wir braten Äpfel

1–2 Äpfel pro Person, Korinthen,
Marmelade, Mandeln

Wir reiben zuerst die Äpfel trocken ab, stechen das Kerngehäuse heraus und füllen die Äpfel mit Korinthen und Marmelade. Dann schneiden wir die Mandeln in kleine Stifte und stechen sie in die Apfelschale. Anschließend lassen wir die Äpfel etwa 20 Minuten im Backofen braten. Wir können auch eine andere Füllung wählen, z. B. Marzipan, Nüsse, Zimt dazugeben usw. Der Fantasie und dem Geschmack sind keine Grenzen gesetzt.

Der heilige Bischof Nikolaus von Myra

Zum Bild auf Seite 319

Im Mittelfeld unserer Ikone steht Nikolaus in bischöflichem Ornat, gekleidet in das Polystavrion, mit der rechten Hand segnend; auf seiner linken Hand, die ein Manipel verhüllt, trägt er das Evangelium. Umrahmt wird der Heilige von Szenen, die von seinem Leben berichten. In Höhe seines Kopfes sind – wie bei vielen Nikolausikonen – Christus und Maria in Medaillons gemalt. Um dieses Mittelfeld mit dem leuchtend roten Grund sind 14 Szenen angeordnet, die im Einzelnen Folgendes darstellen (jeweils von links nach rechts): in der oberen Reihe die Geburt des Heiligen, seine Taufe, seine Unterweisung in der Schule und seine Weihe zum Diakon. In der zweiten Reihe folgt seine Weihe zum Bischof und seine Erscheinung vor den gefangenen Feldherren, denen er im Kerker Trost zuspricht. In der dritten Reihe erscheint er dem Kaiser Konstantin und verhindert die Hinrichtung von drei unschuldigen Bürgern, indem er dem Scharfrichter in den Arm fällt. Die vierte Reihe zeigt eine Dämonenaustreibung und die Erscheinung vor den in Seenot geratenen Seeleuten. In der untersten Reihe finden wir die Rettung eines Ertrinkenden, die Rückführung des geraubten Sohnes zu seinen Eltern, die Beisetzung des heiligen Nikolaus und die Überführung seiner Gebeine nach Bari in Süditalien.

Der heilige Nikolaus mit Szenen aus seinem Leben,
russische Ikone, 15. Jahrhundert

Adventskrippe/Adventsspiel

Spiel mit Krippenfiguren

Maria und der Engel

Die Figuren der Maria und des Engels werden zunächst auf einem Schrank, einem Tischchen oder einer Fensterbank aufgestellt. Die Eltern erzählen, wie der Engel Maria die Frohe Botschaft brachte und den Heiland ankündigte.

Maria und Elisabeth

Die beiden Figuren der Maria und der Elisabeth werden im Zimmer weit voneinander entfernt aufgestellt. Jeden Tag wird die Marienfigur der anderen ein Stückchen nähergeführt.

Die Eltern berichten, wie Maria zu ihrer Cousine Elisabeth geht. Der Weg führt über das Gebirge und dauert mehrere Tage.

Die Hirten

An dem Platz, wo später die Krippe stehen soll, werden schon jetzt die Hirtenfiguren aufgestellt.

Die Eltern erzählen, wie die Hirten vor den Toren Betlehems auf dem Felde lagern.

Auf dem Weg nach Betlehem

Die Figuren der Maria und des Josef werden so aufgestellt, als ob sie auf einer Wanderung wären oder vor einer Tür stünden. Sie können auch der Figur des Wirtes gegenübergestellt werden.

Die Eltern erzählen, wie sich Maria und Josef auf den Weg von Nazaret übers Gebirge nach Betlehem machen. Sie vermitteln besonders die Enttäuschung und die Not, die Maria und Josef erleben, als sie keine Herberge finden.

Die hl. drei Könige

Von einer entfernten Zimmerecke aus werden die Figuren der drei Könige jeden Tag näher zur Krippe gestellt. Der Stern zieht mit ihnen.

Die Eltern schildern die Mühen der Wanderer auf dem Weg vom Morgenland nach Betlehem und ihr Vertrauen auf den wegweisenden Stern.

Jesu Geburt

Bis zum Heiligen Abend ist der Stall vollständig aufgebaut. Alle Figuren – die von Maria und Josef, die der Hirten und der Tiere und die des Jesuskindes – bekommen ihren Platz. Die Eltern erzählen von dem Wunder der Heiligen Nacht: Gott schenkt uns seinen Sohn. Sie lesen das Weihnachtsevangelium vor.

Ankunft der Könige

Auch nach Weihnachten geht das Spiel mit den Krippenfiguren weiter. Die Figuren der drei Weisen aus dem Morgenland werden im Stall aufgestellt.

Die Eltern erzählen von Herodes, der die Könige bittet, ihm zu sagen, wo Christus geboren sei. Dann berichten sie von der

Ankunft der Könige in Betlehem, und wie diese das Kind in der Krippe als Herrscher der Welt anerkennen.

Übrigens: Eine gute Kinderbibel kann zeigen, wie Jesus-Geschichten erzählt werden können.

Krippenfiguren selbst gemacht

Krippenfiguren lassen sich aus den verschiedensten Materialien herstellen, aus Papier und Karton, aus Holz und Ton, aus Styropor und Steinen, aus Pappe oder Lego-Steinen. Aber auch die Gestalten – Menschen wie Tiere – müssen sich nicht auf die beschränken, die üblicherweise bei Krippen zu sehen sind. Da jede Krippendarstellung der Fantasie entspringt (und auch entspringen darf und soll), spricht nichts dagegen, auch »ungewohnte« Menschen und Tiere als Krippenfiguren auftreten zu lassen, eine alttestamentliche Person oder jemanden aus unserer Zeit, einen Wolf oder eine Giraffe ...

Krippenfiguren aus Papier und Styropor

Farbiger Karton wird kegelförmig zusammengeklebt und bildet den Körper eines Menschen. Darauf wird eine Styropor-Kugel als Kopf befestigt, das Gesicht mit Filzstift bemalt. Haare aus Wolle und die Kopfbedeckung aus Filz oder Karton werden aufgeklebt. Arme, Hände und Kleidung können aus Karton oder Stoff aufgeklebt oder einfach aufgemalt werden. Durch weitere Ausschmückungen und Bemalungen entstehen ganz individuelle Personen-Typen. Die unterschiedliche Größe der Kegel lässt verschieden große Figuren entstehen.

Krippenfiguren aus Wellpappe

Wellpappe gibt es in verschiedenen Farben zu kaufen; es kann aber auch einfach normale Wellpappe (Verpackungsmaterial) bemalt werden. Weiter braucht man eigentlich nur noch Klebstoff.

Das Profil der Figuren wird doppelt ausgeschnitten und nur an den Rändern oben zusammengeklebt, damit sie unten auseinandergebogen und so zum Stehen gebracht werden können.

Krippenfiguren aus Ton oder Knetmaterial

Je nach Alter und Kunstfertigkeit lassen sich »abstrakte« oder sehr naturgetreue Figuren aus Ton oder anderem Knetmaterial formen. Die Tonfiguren müssen an der Luft getrocknet werden, bevor sie entweder gebrannt oder mit Wasserfarben bemalt und mit Klarlack besprüht werden.

Der Stall

Ein Stall für diese Krippen ganz origineller und rustikaler Art entsteht aus Materialien, die draußen, am besten im Wald, zu finden sind: Baumwurzeln, (Birken-)Holzstücke, Tannenzapfen, Moos, Gräser, Steine ... Am besten sich bei einem Sonntagsspaziergang mit der ganzen Familie auf die Suche machen!

Weihnachten

Weihnachten – Geburtsfest Jesu Christi

Weihnachten ist kein Fest, das wir Menschen erfunden haben. Weihnachten feiern wir, weil Gott selbst gehandelt hat in dieser Welt, an uns Menschen. Keine menschliche Leistung wird hier gefeiert, sondern die Menschwerdung Gottes selber, der Geburtstag Jesu Christi, des Sohnes Gottes. Er, der nicht alles von oben regelte, sondern das Leben hier mit uns durchlebte. Er, der auch dem Ärmsten noch Bruder wurde und seine Last teilte. So ist uns die Menschenliebe Gottes in Jesus Christus erschienen.

Weil dieses Leben Jesu Christi Menschen überzeugt hat, feiern sie den Tag der Geburt, den Tag der Menschwerdung Gottes bis heute. Wir feiern seinen Geburtstag. Denn durch seine Geburt und Menschwerdung ist ein neuer Impuls, eine neue Richtung in diese Welt gekommen: Liebe ist möglich – trotz allem! Dies dürfen wir uns feiernd alle Jahre bewusst machen.

So können wir wenigstens in diesen Tagen etwas davon spüren, dass sich unser Leben für Augenblicke ändert und in aller Welt die Bereitschaft wächst, es noch einmal mit Liebe und Nächstenliebe zu wagen.

Wir tun Dinge, die uns sonst schier unmöglich scheinen. Vertrauen bricht auf zwischen Menschen, die sich voller Misstrauen begegnet sind. Kinder und Eltern, mitunter durch einen Graben von Missverständnissen getrennt, überwinden sich und damit die Kluft und beschenken einander. Da sind in der Bekanntschaft oder Nachbarschaft einsame Menschen. Nun geht uns auf einmal auf: Mensch, du könntest sie einladen, du könntest sie besuchen.

Wir wissen alle, der weihnachtliche Frieden droht eine Illusion zu sein. Spätestens am 2. Januar sieht alles wieder anders aus. Vor dieser Gefahr könnten uns einige Fragen, oder besser noch: einige Vorsätze bewahren. Gerade die kleinen Dinge, kleine Schritte sind hier wichtig: Mit wem müsste ich noch einmal sprechen? Wem schreiben? Wer wartet auf meinen Besuch? Wo ist ein neuer Anfang möglich? Wem könnte ich womit eine kleine Freude bereiten?

Liebe ist möglich – trotz allem. Diese Tage der Weihnacht zeigen es.

Kleine Geschichte des Weihnachtsfestes

Der genaue Tag der Geburt Jesu ist unbekannt. Die Evangelien geben darüber keine Auskunft. Seit dem vierten Jahrhundert feiern die Christen Weihnachten. Um diese Zeit entstanden die beiden großen Feste der Weihnachtszeit. Die römische Kirche hat den 25. Dezember gewählt. Dieser Tag galt im ganzen Mittelmeerraum als Geburtstag des unbesiegbaren Sonnengottes, den auch die Römer verehrten. Zugleich war er der Tag der Wintersonnenwende. Die Kirche feiert damit Christus als die wahre Sonne und das »Licht der Welt«, das den heidnischen Sonnengott vertreibt.

Die Kirchen des Ostens haben den 6. Januar bevorzugt. Sie feiern hier nicht nur das Fest

Was ist Weihnachten?

Der Engel aber sagte:
Freut euch,
denn heute ist euch in der Stadt Davids
der Retter geboren.

Eine ältere Frau

Weihnachten ist für mich schon lange kein Fest mehr. An diesen Tagen fühle ich mich besonders einsam und verlassen. Kein Besuch, kein Gespräch – nichts. Jeder feiert in seiner Familie. Da werden alte Leute einfach vergessen. Ich bin immer froh, wenn Weihnachten vorbei ist.

Ein Jugendlicher

Weihnachten ist bei uns zu Hause nichts los. Meine Eltern wollen so feiern wie früher, mit viel andächtiger Stimmung. Ich bin aber kein Kind mehr. Ich habe jetzt andere Vorstellungen von Weihnachten. Die Tage werden wohl wieder ganz schön langweilig. Viel Essen, viel Trinken, viel Fernsehen – Jahr für Jahr »dieselbe Leier«.

Eine Mutter

Wenn Weihnachten da ist, bin ich fix und fertig. Tagelang in der Stadt herumlaufen, die vollen Einkaufstaschen schleppen, die Festtagsmenüs vorbereiten, den Weihnachtsschmuck herrichten, an Tausende von Kleinigkeiten denken und was es sonst noch alles gibt. An den Tagen selbst komme ich auch kaum zur Ruhe. Wenn Weihnachten vorbei ist, werde ich erst einmal tief aufatmen.

Ein Arzt

Weihnachten habe ich Bereitschaftsdienst. Der ist an solchen Tagen besonders anstrengend. Ständig rufen Leute an, die sich den Magen verdorben haben: Sie haben sich einfach überfressen oder zu viel getrunken. Schlimm sind die dringenden Notfälle: Selbstmordversuche. Das geht einem ganz schön unter die Haut. Von wegen »Weihnachtsfrieden«.

Ein Kind

Meine Wunschliste ist in diesem Jahr ganz schön lang geworden. Hoffentlich denken meine Eltern an alles! Sonst ist Weihnachten doch mehr für Erwachsene. Die unterhalten sich nur untereinander, wenn Besuch kommt. Wir Kinder haben ja unsere Geschenke bekommen. Damit müssen wir zufrieden sein. Dabei könnten wir zusammen spielen oder singen. Meine Mutter meint aber, das könnten wir besser an anderen Tagen tun. Warum denn nicht Weihnachten?

Ein Geschäftsmann

Die Leute kaufen wie verrückt. Als wenn es nach Weihnachten nichts mehr gäbe. Und immer anspruchsvoller werden sie! Weihnachten fliege ich in den Süden: weit weg von Glockengeläut und Weihnachtsgesang. Die Lieder kann ich schon nicht mehr hören. Haben Sie mal den ganzen Tag diese Musik um die Ohren! Nein, Weihnachten ist für mich schon seit Jahren »gestorben«. Ein gutes Geschäft schon, aber sonst ...

der Geburt Jesu, sondern auch den Tag, an dem Jesus getauft und von seinem Vater als sein Sohn der Welt vorgestellt wurde: »Du bist mein geliebter Sohn, an dir habe ich Gefallen gefunden« (Markus 1,11), und schließlich auch sein erstes Wunder bei der Hochzeit zu Kana, durch das er seine Gottheit offenbarte (siehe dazu auch 6. Januar, S. 340). Darum nennen wir dieses Fest auch »Erscheinung des Herrn«: Christus erscheint als der wahre König, dem alle Könige huldigen. Aus diesem Grund wird es auch das Fest der Heiligen Drei Könige genannt.

> Das deutsche Wort »Weihnacht« ist schon sehr alt. *Wîh* ist althochdeutsch und bedeutet »heilig«, »geweiht«. Es ist keine andere Nacht so heilig wie diese, in der Gott in Jesus Christus Mensch wurde.

Weihnachtsbräuche

Die Weihnachtskrippe wird 1223 zum ersten Male durch den heiligen Franz von Assisi in Greccio (Italien) in einer Kirche aufgestellt. Wie die Hirten in Betlehem pilgerten die Gläubigen zur Krippe. Schon bald standen Krippen in vielen Kirchen und Klöstern, später auch in Schulen und Wohnungen. Um diese Zeit entwickelten sich auch zahlreiche Krippenspiele, die das Weihnachtsevangelium anschaulich darstellen wollten.

Der Weihnachtsbaum geht zurück auf vorchristliches Brauchtum. Zur Feier der Wintersonnenwende wurden in den zwölf Raunächten grüne Zweige als Schutz und Zaubermittel und zur Beschwörung des Sommers geschlagen. In allen Kulturen und Religionen ist der immergrüne Baum Wohnstätte der Götter und damit Zeichen des Lebens gewesen. Fruchtbarkeit und Wachstum wer-

den angezeigt. Auch in der Heiligen Schrift spielt der Baum eine große Rolle: vom Paradiesbaum bis zum Baum des Kreuzes.

Der Brauch, einen Christbaum aufzustellen, kam im Elsass und im Schwarzwald um 1509 auf. Er wurde von Martin Luther und den Reformatoren zum Weihnachtssymbol der Protestanten erklärt. In den Kriegen gegen Napoleon wurde die Tanne zum Freiheitssymbol aller Deutschen. Sie hält gegen Ende des 19. Jahrhunderts auch Einzug in die katholischen Kirchen und Wohnungen. Der Christbaum steht für den Paradiesbaum, an dem die »Früchte des Lebens« hängen, symbolisiert durch Äpfel, Nüsse, Gebäck und im übertragenen Sinne durch goldene Christbaumkugeln und silbernen Christbaumschmuck. Am Ende der Weihnachtszeit wird der Christbaum »geplündert«; vom Baum des Lebens werden die Früchte des Lebens gepflückt.

Der Brauch der Weihnachtsbescherung ist eigentlich älter als das Weihnachtsfest selbst. Schon in vorchristlicher Zeit wurden am Fest des Sonnengottes und der Sonnenwende Geschenke verteilt. An diesem Tag erhielten die römischen Beamten und die Sklaven ebenso wie in Germanien das Gesinde von ihren Dienstherren Geschenke als Dank für ihre Dienste. Die Weihnachtsgeschenke haben für Christen einen tieferen Sinn: Sie beschenken einander, weil Gott allen Menschen seinen Sohn geschenkt hat.

Die Weihnachtsbescherung geht zurück auf Martin Luther. Er schaffte um 1535 in seiner Familie die bis dahin allein übliche Nikolausbescherung ab. Statt des heiligen Nikolaus bringt nun der »Heilige Christ« oder das Christkind die Gaben; der Nikolaus wird schließlich zum Weihnachtsmann. In Holland hat sich die ursprüngliche Tradition um »Sinterklas« bis in die heutige Zeit erhalten. Dass das Beschenken auf Weihnachten überging, mag auch durch die Ausbreitung des Weihnachtsbaumes befördert worden sein.

Wir schmücken
den Weihnachtsbaum

> Wir übersprühen *Kiefern*- bzw. *Tannenzapfen* oder *Walnüsse* mit Goldbronze und hängen sie mit einem Goldfaden auf.
> Wir sägen aus *Sperrholz* verschiedene Symbole der christlichen Weihnachtsbotschaft, z. B. Engel, Sterne, Kerzen, aus und malen die Anhänger bunt an.
> Wir packen kleine *Geschenke* in *Buntpapier* ein und hängen sie mit einem Faden auf.
> Wir fädeln kleine und große *Holzperlen* auf und binden sie zu einem Kranz zusammen.
> Wir falten aus *Buntpapier* verschiedene *Sterne* und hängen sie mit Bindfäden auf.
> Wir legen je vier *Strohhalme* übereinander und binden sie mit einem dünnen Faden zu einem *Strohstern* zusammen.
> Wir basteln Kugeln und Sterne aus *Granulat*. Wir legen zunächst das Backblech des Backofens mit Alufolie aus. Aus Metallstreifen formen wir Sterne oder Kreise und legen sie auf das Backblech. Dann füllen wir die Formen mit Granulatkörnern aus. Das Backblech wird für etwa zehn Minuten bei einer Temperatur von 200 °C in den Backofen geschoben. Die Granulatkörner zerschmelzen zu einer festen Masse. Die hart gewordenen Formen durchbohren wir abschließend mit der erhitzten Spitze einer Stricknadel. Durch das Loch ziehen wir ein buntes Band.

Wir basteln Geschenke

Kerzenständer aus Walnussschalen

Bierdeckel, Filz, Walnussschalen, Klebstoff, Kerzen und kleine Tannenzweige

Wir verkleiden einen Bierdeckel mit Filz und kleben darauf drei bis fünf halbe Nussschalen. In der Mitte muss noch Platz für die Kerze bleiben. Zwischen den Nussschalen können wir noch kleine Tannenzweige aufkleben.

Schmuckdose

Käsedose, buntes Glanzpapier oder Stoffreste, Schere, Alleskleber

Wir bekleben die Käsedose außen und innen nach einem vorher entworfenen Muster mit Glanzpapier oder Stoffresten.

Jahreskalender

*12 Zeichenblätter, Wasserfarben, Wachsmalstifte usw.,
eine Kordel*

Wir denken uns zunächst für jeden Monat
ein Motiv und eine bestimmte Maltechnik
aus. Dann fertigen wir die einzelnen Blätter
an. Auf die untere Hälfte des Blattes schreiben wir jeweils das Kalendarium. Abschließend lochen wir die Blätter oben und ziehen
sie auf einer Kordel auf.
Übrigens: an diesem Geschenk können sich
alle Kinder der Familie beteiligen. Die Eltern
werden sich über diese »Gemeinschaftsarbeit«
bestimmt freuen.

Der Heilige Abend

Die Familie feiert Weihnachten am Heiligen
Abend – vor oder nach dem Weihnachts-
gottesdienst. Eltern und Kinder, Großeltern
und alleinstehende Verwandte und Freunde
versammeln sich um den Weihnachtsbaum
und die Krippe. Es sollen sich möglichst alle
an der Gestaltung der Familienfeier beteiligen. Dazu hier einige Vorschläge:

> Die Kinder haben vorher auf einer selbst
> gefertigten Schmuckkarte den Ablauf der
> Feier aufgeschrieben.

> Die vier Kerzen am Adventskranz werden
> entzündet, und alle singen die vierte Stro-
> phe des Liedes »Wir sagen euch an den lie-
> ben Advent« (siehe Seite 332).

> Das Krippenspiel (siehe Seite 320) erreicht
> seinen Höhepunkt: Das Jesuskind wird in
> die Krippe gelegt.

> Die (älteren) Kinder haben eine Krippen-
> collage mit Bildern aus unserer Zeit ange-
> fertigt und stellen sie nun um die Krippe.

> Die Kerzen des Christbaumes werden ent-
> zündet.

> Vater oder Mutter liest das Weihnachts-
> evangelium (siehe nächste Seite) vor; die
> Kinder haben dazu eine Bildergeschichte
> entworfen und zeigen die einzelnen Bilder
> an der entsprechenden Textstelle vor. Oder
> sie schauen sich die Bilder einer Kinder-
> bibel an.

> Die jüngeren Kinder sagen Gedichte auf; die
> älteren lesen eine moderne Weihnachtsge-
> schichte vor.

> Alle singen gemeinsam Weihnachtslieder.

> Eltern und Kinder sprechen jeweils eine
> Fürbitte zum Thema »Frieden«.

> Die Geschenke, mit Namen versehen, wer-
> den *nacheinander* aus einem großen Korb
> verteilt, sodass sich jeder mit jedem mit-
> freuen kann.

> Nach dem Essen bleibt Zeit zum Spielen,
> Reden, Vorlesen, Geschichtenerzählen,
> Musikhören usw.

> Die Großeltern erzählen, wie sie früher
> Weihnachten gefeiert haben.

> Großeltern, Eltern, Verwandte und Freunde
> zeigen alte Fotos der Familie und rufen die
> Geschichte der Familie in Erinnerung.

Die Frohe Botschaft von Weihnachten

In jenen Tagen erließ Kaiser Augustus den Befehl, alle Bewohner des Reiches in Steuerlisten einzutragen. Dies geschah zum ersten Mal; damals war Quirinius Statthalter von Syrien. Da ging jeder in seine Stadt, um sich eintragen zu lassen. So zog auch Josef von der Stadt Nazaret in Galiläa hinauf nach Judäa in die Stadt Davids, die Betlehem heißt; denn er war aus dem Haus und Geschlecht Davids. Er wollte sich eintragen lassen mit Maria, seiner Verlobten, die ein Kind erwartete. Als sie dort waren, kam für Maria die Zeit ihrer Niederkunft, und sie gebar ihren Sohn, den Erstgeborenen. Sie wickelte ihn in Windeln und legte ihn in eine Krippe, weil in der Herberge kein Platz für sie war.

In jener Gegend lagerten Hirten auf freiem Feld und hielten Nachtwache bei ihrer Herde. Da trat der Engel des Herrn zu ihnen, und der Glanz des Herrn umstrahlte sie. Sie fürchteten sich sehr; der Engel aber sagte zu ihnen: Fürchtet euch nicht; denn ich verkünde euch eine große Freude, die dem ganzen Volk zuteilwerden soll: Heute ist euch in der Stadt Davids der Retter geboren; er ist der Messias, der Herr. Und das soll euch als Zeichen dienen: Ihr werdet ein Kind finden, das, in Windeln gewickelt, in einer Krippe liegt. Und plötzlich war bei dem Engel ein großes himmlisches Heer, das Gott lobte und sprach: Verherrlicht ist Gott in der Höhe, und auf Erden ist Friede bei den Menschen seiner Gnade.

Als die Engel sie verlassen hatten und in den Himmel zurückgekehrt waren, sagten die Hirten zueinander: Kommt, wir gehen nach Betlehem, um das Ereignis zu sehen, das uns der Herr verkünden ließ. So eilten sie hin und fanden Maria und Josef und das Kind, das in der Krippe lag. Als sie es sahen, erzählten sie, was ihnen über dieses Kind gesagt worden war. Und alle, die es hörten, staunten über die Worte der Hirten.

Maria aber bewahrte alles, was geschehen war, in ihrem Herzen und dachte darüber nach. Die Hirten kehrten zurück, rühmten Gott und priesen ihn für das, was sie gehört und gesehen hatten; denn alles war so gewesen, wie es ihnen gesagt worden war.

Lukas 2,1–20

Die Geburt Christi

Ein unbekannter Meister hat um 1140 dieses Täfelchen aus Elfenbein geschnitzt, das zwei Szenen aus der Weihnachtsgeschichte des Evangelisten Lukas vereint.

Die Hauptszene (Lk 2,1–7) spielt sich innerhalb der Mauern Betlehems ab, das hier als ein durch Mauern und Türmchen eingegrenzter, geschützter Platz nach Art eines mittelalterlichen Städtchens vorgestellt wird. In einem Futtertrog für die Tiere liegt das Kind Jesus, in Windeln gewickelt, den Kopf ein wenig erhoben und durch einen Heiligenschein mit Kreuz als Christuskind gekennzeichnet.

Ochs und Esel schauen durch Fenster auf den Neugeborenen, obwohl sie in der Weihnachtserzählung des Evangeliums nicht vorkommen. Doch schon in frühchristlicher Zeit hat man sich an das Wort des Propheten Jesaja (1,3) erinnert: »Der Ochse kennt seinen Besitzer und der Esel die Krippe seines Herrn« und es mit der Weihnachtsgeschichte des Lukas verknüpft: Die Tiere kennen ihren Besitzer, doch die Menschen wissen nicht, wer unter ihnen weilt und wem sie gehören. Ochs und Esel an der Krippe sind als Aufruf zu verstehen, sich von den Tieren nicht beschämen zu lassen und das Kind in der Krippe als den Herrn anzuerkennen.

Die Mutter Maria als Wöchnerin ist die beherrschende Gestalt auf diesem Schnitzbild. Aber mit ihrer Rechten lenkt sie den Blick von sich weg auf das unscheinbare Kind. Josef bildet das Gegengewicht zu den beiden liegenden Figuren. In einer Gebärde der Nachdenklichkeit stützt er seinen Kopf mit der rechten Hand. So wird sein Grübeln über die Schwangerschaft Marias angedeutet (Mt 1,18–25).

Die zweite Szene (Lk 2,8–14) ereignet sich außerhalb der Stadtmauern, in unserem Relief am oberen und unteren Bildrand. Unten kündet ein Engel den Hirten mit ihrer Herde die Frohbotschaft: »Heute ist euch der Retter geboren in der Stadt Davids; er ist der Christus, der Herr« (Lk 2,11). Der Engel weist auf die Geburtsszene; zwei Hirten haben sich bereits auf den Weg gemacht, sie schauen über die Mauer nach oben. Die Hand des vorderen ist wie zum Gruß erhoben. Zwei weitere Engel über der Mauer kommen von rechts und links hinzu. Ihre Botschaft ist der Glaubenskern des Weihnachtsevangeliums: »Verherrlicht ist Gott in der Höhe, und auf Erden ist Friede bei den Menschen seiner Gnade« (Lk 2,14).

Die große Sternblume über dem Christuskind erinnert an die Erzählung von den Sterndeutern (Mt 2,1–12), die dem Kind huldigen als Vertreter der Heidenwelt. Der strahlende Stern sagt: Hier »kam das wahre Licht, das jeden Menschen erleuchtet, in die Welt« (Joh 1,9).

Du, Betlehem im Gebiet von Juda,
bist keineswegs die unbedeutendste
unter den führenden Städten von Juda;
denn aus dir wird ein Fürst hervorgehen,
der Hirt meines Volkes Israel.
Micha 5,1; Matthäus 2,6

Geburt Christi
Elfenbein-Relief, um 1140

Weihnachtsgedichte

Für jüngere Kinder

Christkind ist da,
sangen die Engel im Kreise
über der Krippe immerzu.
Der Esel sagte leise: I-a
und der Ochs sein Muh.
Der Herr der Welten
ließ alles gelten.
Es dürfen auch nahen
ich und du.

Josef Guggenmos

Heut ist die wunderbare Nacht
Da Christus uns geboren.
Nun freut euch alle, singt und lacht.
Denn niemand ist verloren.

Ihr ruhet in der Hand des Herrn.
So macht euch keine Sorgen.
Seid glücklich, habt einander gern.
Und liebt euch auch noch morgen.

Gina Ruck-Pauquèt

Geboren ist das Kind zur Nacht
für dich und mich und alle,
drum haben wir uns aufgemacht
nach Betlehem zum Stalle.

Sei ohne Furcht, der Stern geht mit,
der Königsstern der Güte,
dem darfst du trauen, Schritt für Schritt,
dass er dich wohl behüte.

Und frage nicht und rate nicht,
was du dem Kind sollst schenken.
Mach nur dein Herz ein wenig licht,
ein wenig gut dein Denken,

mach deinen Stolz ein wenig klein,
und fröhlich mach dein Hoffen –
so trittst du mit den Hirten ein,
und sieh: die Tür steht offen.

Ursula Wölfel

Für ältere Kinder

Flucht nach Ägypten

nicht
ägypten
ist fluchtpunkt
der flucht

das kind
wird gerettet
für härtere tage

fluchtpunkt
der flucht
ist
das kreuz

Kurt Marti

Begebenheit

Es begab sich aber zu der Zeit,
da die Bibel ein Bestseller war,
übersetzt in mehr als
zweihundert Sprachen,
dass alle Welt sich fürchtete:
vor selbst gemachten Katastrophen,
Inflationen, Kriegen, Ideologien,
vor Regenwolken, radioaktiv,
und Raumschiff-Flotillen,
die spurlos verglühn.

Als die Menschenmenge auf dem Wege war,
ungeheuer sich vermehrend,
hinter sich die
Vernichtungslager der Vergangenheit,
vor sich die
Feueröfen des Fortschritts,
und alle Welt täglich
geschätzt und gewogen wurde,
ob das atomare Gleichgewicht stimmt,
hörte man sagen:
Lasst uns nach Betlehem gehen.

Arnim Juhre

Das Lächeln des Gotteskindes

Möge in Freude und Leid
das Lächeln des Mensch gewordenen
Gotteskindes mit dir sein
und du ihm innig verbunden.

Mögest du glücklich sein
gerade heute an diesem Tag
und das Besondere erkennen:
das kleine Geschenk.

Möge das Kind in der Krippe
euer Haus segnen.
Und mögen die, die darin wohnen,
von ihm gesegnet sein.

Irischer Segenswunsch

Licht machen

Schau genau:
Nur die Kerze
Kannst du entzünden,
nicht das Licht!

Das Licht ist ewig;
immer und überall
kann es in Erscheinung treten.

Lass das Licht
In dir leuchten.
Es wird dein Licht,
das deine Finsternis erhellt.

Elmar Gruber

Vier Kerzen

Eine Kerze für den Frieden,
die wir brauchen,
weil der Streit nicht ruht.

Für den Tag voll Traurigkeiten
eine Kerze für den Mut.

Eine Kerze für die Hoffnung
Gegen Angst und Herzensnot,
wenn Verzagtsein unsern Glauben
heimlich zu erschüttern droht.

Eine Kerze, die noch bliebe
als die wichtigste der Welt:
eine Kerze für die Liebe,
voller Demut aufgestellt,

dass ihr Leuchten den Verirrten
für den Rückweg ja nicht fehlt,
weil am Ende nur die Liebe
für den Menschen wirklich zählt.

Elli Michler

Advents- und Weihnachtslieder

Wir sagen euch an den lieben Advent

T: Maria Ferschl; M: Heinrich Rohr
© Verlag Herder, Freiburg

1. Wir sagen euch an den lieben Advent. Sehet,
Wir sagen euch an eine heilige Zeit. Machet

die erste Kerze brennt.
dem Herrn die Wege bereit.

1. — 4. Freut euch, ihr

Christen, freuet euch sehr! Schon ist nahe der Herr._____

2. Wir sagen euch an den lieben Advent.
Sehet, die zweite Kerze brennt.
So nehmet euch eins um das andere an,
wie auch der Herr an uns getan.

3. Wir sagen euch an den lieben Advent.
Sehet, die dritte Kerze brennt.
Nun tragt eurer Güte hellen Schein
weit in die dunkle Welt hinein.

4. Wir sagen euch an den lieben Advent.
Sehet, die vierte Kerze brennt.
Gott selber wird kommen, er zögert nicht.
Auf, auf, ihr Herzen, und werdet licht.

T: Alter Weihnachtsruf, 17. Jh.;
M: Walter Rein (aus: Bruder Singer, BA 1250)
© Bärenreiter-Verlag, Kassel

Nun sei uns willkommen

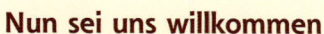
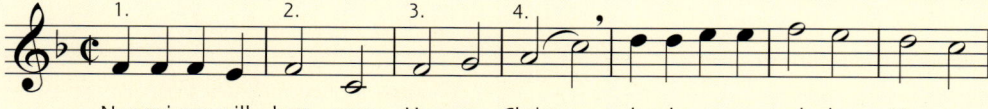

Nun sei uns willkommen, Herre Christ, der du unser aller Herre

Wiederholung   4. Schluss   3. 2. 1.

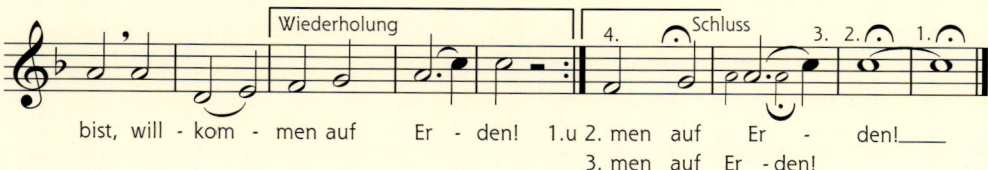

bist, willkommen auf Erden! 1.u 2. men auf Erden!_____
3. men auf Erden!
4. men!

Kommet, ihr Hirten

Aus Böhmen, 1870

1. Kom - met, ihr Hir - ten, ihr Män - ner und Fraun,
   kom - met, das lieb - li - che Kind - lein zu schaun.

Chris - tus, der Herr ist heu - te ge - bo - ren, Fürch - tet euch nicht.
den Gott zum Hei - land euch hat er - ko - ren.

2. Lasset uns sehen in Betlehems Stall,
   was uns verheißen der himmlische Schall.
   Was wir dort finden, lasset uns künden,
   lasset uns preisen in frommen Weisen.
   Halleluja.

3. Wahrlich, die Engel verkündigen heut
   Betlehems Hirtenvolk gar große Freud.
   Nun soll es werden Frieden auf Erden,
   den Menschen allen ein Wohlgefallen.
   Ehre sei Gott.

Stern über Betlehem

T und M: Alfred Hans Zoller
© Gustav Bosse Verlag, Kassel

1. Stern ü - ber Bet - le - hem, zeig uns den Weg,___ führ uns zur Krip - pe hin,

zeig wo sie steht,___ leuch - te du uns vo - ran, bis wir dort sind,___

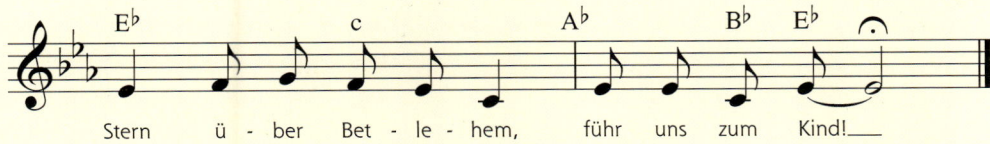

Stern ü - ber Bet - le - hem, führ uns zum Kind!___

2. Stern über Betlehem, nun bleibst du steh'n
   und lässt uns alle das Wunder hier seh'n,
   das da geschehen, was niemand gedacht,
   Stern über Betlehem, in dieser Nacht.

3. Stern über Betlehem, wir sind am Ziel,
   denn dieser arme Stall birgt doch so viel!
   Du hast uns hergeführt, wir danken dir.
   Stern über Betlehem, wir bleiben hier!

Fest der Solidarität: Adveniat

An Weihnachten wird in allen katholischen Kirchen der Bundesrepublik Deutschland Geld für die **»Aktion Adveniat«** gesammelt. Dieses Hilfswerk für die Kirche in Lateinamerika wurde 1960 gegründet und unterstützt seit dieser Zeit Tausende von Projekten, die die dortigen Lebensverhältnisse der Menschen verbessern helfen. Andere Länder kennen entsprechende Aktionen.

Ein Vorschlag: Weihnachten ist ein Fest der Solidarität. Der »Weihnachtszehnt« – ein Zehntel der Summe für unsere Geschenke – gehört den Menschen in den armen Ländern der »Dritten Welt«, gehört der »Aktion Adveniat«.

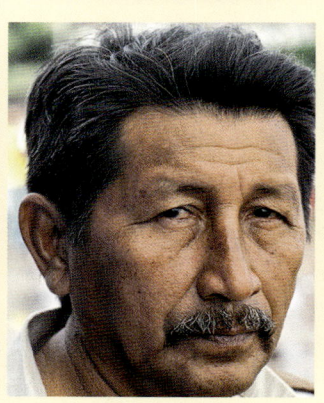
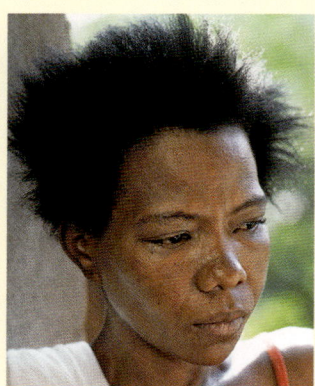

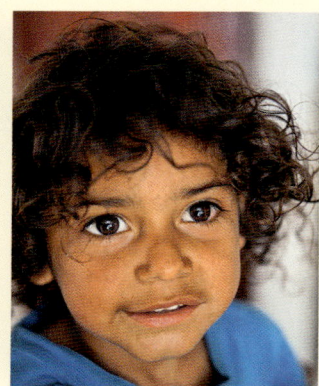

Tag der Unschuldigen Kinder

28. Dezember

Im Mittelalter – bis etwa 1300 – war dieser Tag ein Fest der Kinder: In den Klöstern und Schulen »regierten« an diesem Tag allein die Kinder. Sie wählten einen »Kinderbischof«, der das Regiment führte. In den Familien sagten die Kinder ihren Eltern und älteren Geschwistern mit gereimten Sprüchen ihre Meinung. Der Tag der Unschuldigen Kinder erinnert an den Kindermord in Betlehem durch König Herodes.

Als Herodes merkte,
dass ihn die Sterndeuter getäuscht hatten,
wurde er sehr zornig,
und er ließ in Betlehem und
der ganzen Umgebung alle Knaben
bis zum Alter von zwei Jahren töten,
genau der Zeit entsprechend,
die er von den Sterndeutern erfahren hatte.
Damals erfüllte sich, was durch
den Propheten Jeremia gesagt worden ist:
Ein Geschrei war in Rama zu hören,
lautes Weinen und Klagen:
Rahel weinte um ihre Kinder und
wollte sich nicht trösten lassen,
denn sie waren dahin.

Matthäus 2,16–18

Dieser Tag ist auch ein Gedenktag für alle Kinder, die für Christus Zeugnis abgelegt haben und für ihn gestorben sind. Heute werden an diesem Tag in vielen Gemeinden die Kinder und deren Eltern gesegnet.
In Erinnerung an das alte Brauchtum haben unsere Kinder einen »Wunsch frei«. Sie können vorschlagen, was wir in der Familie an diesem Tag miteinander tun.

Die Armut nimmt im täglichen Leben sehr konkrete Züge an, in denen wir das Leidensantlitz Christi erkennen sollten, der uns fragend und fordernd anspricht:

› in den Gesichtern der Kinder, die schon vor ihrer Geburt mit Armut geschlagen sind,
› in den Gesichtern der jungen Menschen ohne Orientierung,
› in den Gesichtern der Indios und der Afroamerikaner, die am Rand der Gesellschaft leben,
› in den Gesichtern der Landbevölkerung, die sich in innerer und äußerer Abhängigkeit befindet,
› in den Gesichtern der Arbeiter, die Schwierigkeiten haben, ihre Rechte zu verteidigen,
› in den Gesichtern der Unbeschäftigten und Arbeitslosen,
› in den Gesichtern der Alten, die von der Fortschrittsgesellschaft ausgeschlossen werden.

Ihre Armut ist nicht Zufall, sondern das Ergebnis wirtschaftlicher, sozialer, politischer und anderer Gegebenheiten und Strukturen.

Aus dem Wort der lateinamerikanischen Bischöfe in Puebla aus dem Jahr 1979

Jahreswende

*Wer dich durch das alte Jahr
geführt hat,
dem dankst du,
wenn das neue anbricht.*
Aus Afrika

Silvester

Der letzte Tag des Jahres heißt Silvester. Der heilige Silvester war Papst (314–355) in der Zeit nach der Christenverfolgung. Unter Kaiser Konstantin erhält das Christentum endlich seine Freiheit. So konnte Silvester die Kirche nach langer Zeit der Unruhe und Bedrohung in eine Periode des Friedens führen. Er ist deshalb der »richtige« Heilige zum Anbruch eines neuen Jahres.

Die Jahreswende – der letzte Tag im abgelaufenen Jahr und der erste Tag im neuen Jahr – wird in den meisten Familien festlich und gemütlich begangen. Das ist eine gute Tradition. Seit alters hat das gemeinsame Essen im Kreis der Familie eine besondere Bedeutung. Der Mensch »zwischen den Jahren« wurde als besonders gefährdet angesehen. Die Familie mit Verwandten und Freunden schützte den Einzelnen und schloss gewissermaßen einen Kreis um ihn, durch den kein Dämon eindringen konnte. Hier findet auch ein alter Brauch seinen tieferen Grund: Durch Feuerwerk und Knallerei um Mitternacht sollten einst die bösen Geister vertrieben werden.

Am Silvesterabend gehen die Gedanken zurück. Eltern und Kinder halten Rückblick. Die wichtigsten Ereignisse des Jahres – Geburt, Taufe, Erstkommunion, Einschulung, Schul- oder Arbeitsplatzwechsel, Verlobung, Hochzeit, Krankheit, Tod – werden in Erinnerung gerufen. Fotos, Dias, Briefe, Glückwunschschreiben, Zeitungen, Urlaubskarten verlebendigen den Rückblick. Es gibt Anlässe genug zu danken: den Eltern, den Kindern, den Geschwistern, den Freunden und nicht zuletzt Gott.

Um Mitternacht schauen die Menschen nach vorne. Was wird das neue Jahr alles bringen – an Freude und Glück, an Sorgen und Leid? Die Menschen stoßen auf das neue Jahr an und wünschen sich Glück, Gesundheit und ein langes Leben. In vielen Familien und Nachbarschaften werden diese Wünsche von einem Feuerwerk, Ausdruck der Freude, begleitet.

Spruch für die Silvesternacht

*Man soll das neue Jahr
nicht mit Programmen
beladen wie ein krankes Pferd.
Wenn man es allzu sehr beschwert,
bricht es zu guter Letzt zusammen.*

*Je üppiger die Pläne blühen,
umso verzwickter wird die Tat.
Man nimmt sich vor,
sich schrecklich zu bemühen,
und schließlich hat man den Salat.*

*Es nützt nicht viel, sich rotzuschämen.
Es nützt nichts, und es schadet bloß,
sich tausend Dinge vorzunehmen.
Lasst das Programm
und bessert euch drauflos!*

Erich Kästner

Kindern aufzusagen

Ein Jahr ist zu Ende.
Nun gebt euch die Hände
und sagt: Alles Gute,
Gesundheit und Glück!
Beschließt in Gedanken,
euch nicht mehr zu zanken,
und denkt an die Sünden
vom Vorjahr zurück!

Bleibt nett und verträglich,
und drückt euch nicht täglich
vorm Waschen und Lernen
auf listige Art!
Tuts auch nicht verdrießlich!
Es bleibt euch ja schließlich,
ob schneller, ob langsamer,
doch nicht erspart!

Ein Jahr will beginnen.
Im Glockenturm drinnen
erschrecken die Tauben
vom Bimm und vom Bumm.
Seid nicht wie die Tauben!
Ihr müsst an euch glauben.
Stapft fröhlich ins Neujahr
und dreht euch nicht um!

James Krüss

Zum neue Jahr

In Ihm sei's begonnen,
Der Monde und Sonnen
An blauen Gezelten
Des Himmels bewegt.
Du Vater, du rate!
Lenke du und wende!
Herr, dir in die Hände
Sei Anfang und Ende,
Sei alles gelegt!

Eduard Mörike

Rezepte zum Jahreswechsel

Neujahrsbrezel

350 g Mehl, 30 g Hefe, knapp ⅛ l Milch,
50 g Butter, 3 Esslöffel saure Sahne, 1 Ei,
40 g Zucker, ¼ Teelöffel Salz, 1 Messerspitze
Muskat, abgeriebene Schale einer halben Zitrone,
zum Bestreichen: 1 Eigelb

Mehl in eine Schüssel geben und mit der zer-
bröckelten Hefe und der Milch zu einem
Vorteig verrühren. Nach etwa 15 Minuten
die flüssige Butter und die übrigen Zutaten
zu dem Vorteig geben und alles zu einem
glatten festen Hefeteig kneten. An einem
warmen Ort diesen Teig wieder 15 Minuten
gehen lassen. Anschließend aus dem Teig
drei Stränge von 50 cm Länge rollen, die zu
den Enden hin dünner werden. Daraus einen
Zopf flechten und ihn zu einer Brezel formen. Auf einem gefetteten Backblech nochmals 20 Minuten an einem warmen Ort gehen lassen. Vor dem Backen die Oberfläche
mit Eigelb bestreichen. Backen: 35 bis 40 Minuten, 180 bis 200 °C/Stufe 3.

Gott, unser Vater,
der Quell und Ursprung alles Guten,
gewähre euch seinen Segen
und erhalte euch im neuen Jahr
unversehrt an Leib und Seele.
Amen.

Er bewahre euch im rechten Glauben,
in unerschütterlicher Hoffnung
und in der Geduld unbeirrbarer Liebe.
Amen.

Eure Tage ordne er in seinem Frieden,
eure Bitten erhöre er heute und immerdar;
am Ende eurer Jahre
schenke er euch das ewige Leben.
Amen.

Silvesterpunsch

Berichten zufolge sollen Punschgetränke bereits im 16. Jahrhundert bei festlichen Anlässen eine große Rolle gespielt haben. Der
Name »Punsch« ist allerdings erst seit dem
17./18. Jahrhundert belegt. Er leitet sich ab
aus dem altindischen Wort *pontscha* (fünf) und
deutet auf die fünf notwendigen Grundbe-
standteile hin: Arrak (aus Reis gewonnener
Branntwein), Zucker, Zitronensaft, Wasser
oder Tee und Gewürze. Heute ist der Punsch
ein Heißgetränk, das besonders gern im Winter getrunken wird.

Damit Sie Ihren großen und kleinen Gästen
in der Silvesternacht einen kräftigen Punsch
anbieten können, finden Sie hier zwei Re-
zepte ohne Alkohol:

Orangenpunsch (heiß)

Saft von 8 Orangen und 2 Zitronen,
4 Esslöffel Zucker, Schale von 1 Zitrone und
1 Orange (ungespritzt) spiralenförmig abschälen,
1 l heißer Tee.

Schwarzer Punsch (kalt)

pro Glas: ⅛ l schwarzen Johannisbeersaft,
eine halbe Zitrone und eine Orange (auspressen),
Zitronenlimonade, zwei Eiswürfel, ein Strohhalm.

Fest der Erscheinung des Herrn

6. Januar (Dreikönigstag)

Der Engel zeigt den Sterndeutern den Weg.
Relief in der Kathedrale Saint Lazare
in Autun, 12. Jahrhundert

Als Jesus zur Zeit des Königs Herodes in Betlehem in Judäa geboren worden war, kamen Sterndeuter aus dem Osten nach Jerusalem und fragten: Wo ist der neugeborene König der Juden? Wir haben seinen Stern aufgehen sehen und sind gekommen, um ihm zu huldigen. Als König Herodes das hörte, erschrak er und mit ihm ganz Jerusalem. Er ließ alle Hohenpriester und Schriftgelehrten des Volkes zusammenkommen und erkundigte sich bei ihnen, wo der Messias geboren werden solle. Sie antworteten ihm: In Betlehem in Judäa; denn so steht es bei dem Propheten:

Du, Betlehem im Gebiet von Juda, bist keineswegs die unbedeutendste unter den führenden Städten von Juda; denn aus dir wird ein Fürst hervorgehen, der Hirt meines Volkes Israel.

Danach rief Herodes die Sterndeuter heimlich zu sich und ließ sich von ihnen genau sagen, wann der Stern erschienen war. Dann schickte er sie nach Betlehem und sagte: Geht und forscht sorgfältig nach, wo das Kind ist, und wenn ihr es gefunden habt, berichtet mir, damit auch ich hingehe und ihm huldige. Nach diesen Worten des Königs machten sie sich auf den Weg. Und der Stern, den sie hatten aufgehen sehen, zog vor ihnen her bis zu dem Ort, wo das Kind war; dort blieb er stehen. Als sie den Stern sahen, wurden sie von sehr großer Freude erfüllt. Sie gingen in das Haus und sahen das Kind und Maria, seine Mutter; da fielen sie nieder und huldigten ihm. Dann holten sie ihre Schätze hervor und brachten ihm Gold, Weihrauch und Myrrhe als Gaben dar. Weil ihnen aber im Traum geboten wurde, nicht zu Herodes zurückzukehren, zogen sie auf einem anderen Weg heim in ihr Land.

Matthäus 2,1–12

Kleine Geschichte des Festes

Das Fest der Erscheinung des Herrn ist für die Kirchen des Ostens – die orthodoxen Christen – ein besonderes Festereignis, ihr Weihnachtsfest. Sie feiern die Taufe Jesu. Nach dem Festgottesdienst ziehen Priester und Gläubige in einer Prozession zum Taufbrunnen. Dort erbittet der Priester über das Wasser den »Segen des Jordans«. Die Gläubigen schöpfen Wasser aus dem Taufbrunnen und nehmen es als Erinnerung an ihre Taufe, aber auch als Schutz gegen Dämonen und zur Heilung von Krankheiten mit nach Hause. Anders als die westlichen Kirchen, die die Begegnung der drei Weisen aus dem Morgenland mit dem neugeborenen Messias in den Mittelpunkt des Festes stellen, feiern die Kirchen des Ostens weniger das Kind in der Krippe als vielmehr den Jesus, der nach der Taufe im Jordan seine öffentliche Tätigkeit beginnt.

Ein wenig von der Größe dieses orthodoxen Festtages ist seit der Liturgiereform auch wieder in die römisch-katholische Kirche zurückgekehrt. Am Sonntag nach dem Fest der Erscheinung wird die Taufe Jesu gefeiert, eine Woche später erinnert die Lesung an das Wunder Jesu bei der Hochzeit zu Kana. Dass alle drei Begebenheiten sich als Offenbarungen Gottes verstehen, darauf weisen schon die äußeren Zeichen hin. Die Weisen aus dem Morgenland leitet ein wunderbarer Stern sicher nach Betlehem. Bei der Taufe im Jordan bezeichnet eine Stimme aus der Höhe Jesus als den »geliebten Sohn«. Bei der Hochzeit zu Kana weist sich eben dieser Jesus durch ein Wunder, die Verwandlung von Wasser in Wein, als der verheißene Messias aus.

Dass diese drei Ereignisse »Theophanie« oder »Epiphanie« genannt werden, hat seinen Ursprung nicht nur im Christentum. Die Griechen bezeichneten jede Begegnung mit einem der Götter als Theophanie, und die Römer beschrieben den Besuch des Kaisers,

der als »Gott« verehrt wurde, in einer der entfernten Provinzen als Epiphanie. Beide Namen wurden durch die christlichen Kirchen auf Jesus übertragen: Er und kein anderer ist die wirkliche Offenbarung.

Fest der Heiligen Drei Könige

Die westliche Kirche hat von diesen drei Ursprüngen des Festes eigentlich nur die Offenbarung des neugeborenen Messias vor den Sterndeutern aus dem Osten in Erinnerung gehalten. Das Evangelium spricht weder von Königen noch davon, dass es drei waren. Im Volk wurde dieses Fest bezeichnenderweise zum »Dreikönigstag«. Im 9. Jahrhundert wurden die drei Könige erstmals mit Namen genannt: Caspar, Melchior, Balthasar. Sie wurden als Vertreter der drei Menschenrassen und der damals bekannten drei Erdteile angesehen: Europa, Asien, Afrika. Nach alter Überlieferung wurden im 4. Jahrhundert die Reliquien der drei Weisen gefunden und in Mailand aufbewahrt. 1164 schenkte Kaiser Barbarossa die Gebeine dem Erzbischof von Köln. Dieser ließ daraufhin von dem berühmtesten Goldschmied seiner Zeit den kostbaren Dreikönigsschrein anfertigen, der noch heute im Chorraum des Kölner Domes steht.

Sternsingen

Mit dem Fest der Erscheinung sind seit alters zahlreiche Volksbräuche verbunden. Bereits im 15. Jahrhundert gab es volkstümliche Spiele und Umzüge. Sie waren verbreitet von den Alpenländern über Westfalen und den Kölner Raum bis nach Flandern und den Niederlanden. 1958 wurde der noch vielerorts geübte Brauch des Sternsingens als »Aktion Dreikönigssingen« in allen Bistümern der Bundesrepublik eingeführt. Jungen und Mädchen, als Caspar, Melchior und Balthasar verkleidet, ziehen in den Pfarrgemeinden von Haus zu Haus. Die »Dreikönigssänger« besuchen die Familien, aber auch alte, kranke und alleinstehende Menschen. Wie Missionare verkünden sie in Gebet und Gesang auf frohe und anschauliche Weise die Botschaft von der Geburt des Heilandes. Mit geweihter Kreide schreiben sie den alten Segensspruch über die Haustür:

20 * C + M + B + 12

Die Anfangsbuchstaben der Namen Caspar, Melchior, Balthasar sind die gleichen wie die des alten Segensspruches:

Christus Mansionem Benedicat
Christus möge das Haus segnen!

Das Geld, das die Sternsinger bei ihrem Umzug sammeln, kommt Kindern in aller Welt zugute. Es wird verwendet für Kindergärten, Schulen, Waisenhäuser, Jugendzentren oder Kinderkrankenstationen in der Dritten Welt.

Wir kommen daher aus dem Morgenland

T: Maria Ferschl; M: Heinrich Rohr
© Verlag Herder, Freiburg

1. Wir kom - men da - her aus dem Mor - gen - land, wir
kom - men, ge - führt von Got - tes Hand. Wir wün - schen euch ein
fröh - li - ches Jahr: Kas - par, Mel - chior und Bal - tha - sar.

2. Es führt uns der Stern zur Krippe hin,
   wir grüßen dich Jesus mit frommem Sinn.
   Wir bringen dir unsere Gaben dar:
   Weihrauch, Myrrhe und Gold fürwahr.

3. Wir bitten dich: Segne nun dieses Haus
   und alle, die gehen da ein und aus!
   Verleihe ihnen zu dieser Zeit
   Frohsinn, Frieden und Einigkeit!

4. Wir tun die geweihte Kreide herfür:
   Nun lasst uns schreiben an eure Tür!
   So wünschen wir euch ein gesegnetes Jahr:
   Kaspar, Melchior und Balthasar!

Die Legende vom vierten König

Außer Caspar, Melchior und Balthasar war auch ein vierter König aus dem Morgenland aufgebrochen, um dem Stern zu folgen, der ihn zu dem göttlichen Kind führen sollte. Dieser vierte König hieß Coredan.

Drei wertvolle rote Edelsteine hatte er zu sich gesteckt und mit den drei anderen Königen einen Treffpunkt vereinbart. Doch Coredans Reittier lahmte unterwegs. Er kam nur langsam voran, und als er bei der hohen Palme eintraf, war er allein. Nur eine kurze Botschaft, in den Stamm des Baumes eingeritzt, sagte ihm, dass die anderen drei ihn in Betlehem erwarten würden.

Coredan ritt weiter, ganz in seinen Wunschträumen versunken. Plötzlich entdeckte er am Wegrand ein Kind, bitterlich weinend und aus mehreren Wunden blutend. Voll Mitleid nahm er das Kind auf sein Pferd und ritt in das Dorf zurück, durch das er zuletzt gekommen war. Er fand eine Frau, die das Kind in Pflege nahm. Aus seinem Gürtel nahm er einen Edelstein und vermachte ihn dem Kind, damit sein Leben gesichert sei. Doch dann ritt er weiter, seinen Freunden nach. Er fragte die Menschen nach dem Weg, denn den Stern hatte er verloren. Eines Tages erblickte er den Stern wieder, eilte ihm nach und wurde von ihm durch eine Stadt geführt. Ein Leichenzug begegnete ihm. Hinter dem Sarg schritt eine verzweifelte Frau mit ihren Kindern. Coredan sah sofort, dass nicht allein die Trauer um den Toten diesen Schmerz hervorrief. Der Mann und Vater wurde zu Grabe getragen. Die Familie war in Schulden geraten, und vom Grabe weg sollten die Frau und die Kinder als Sklaven verkauft werden. Coredan nahm den zweiten Edelstein aus seinem Gürtel, der eigentlich dem neugeborenen König zugedacht war. »Bezahlt, was ihr schuldig seid, kauft euch Haus und Hof und Land, damit ihr eine Heimat habt!«

Er wendete sein Pferd und wollte dem Stern entgegenreiten – doch dieser war erloschen. Sehnsucht nach dem göttlichen Kind und tiefe Traurigkeit überfielen ihn. War er seiner Berufung untreu geworden? Würde er sein Ziel nie erreichen?

Eines Tages leuchtete ihm sein Stern wieder auf und führte ihn durch ein fremdes Land, in dem Krieg wütete. In einem Dorf hatten Soldaten die Bauern zusammengetrieben, um sie grausam zu töten. Die Frauen schrien und Kinder wimmerten. Grauen packte den König Coredan, Zweifel stiegen in ihm auf. Er besaß nur noch einen Edelstein – sollte er denn mit leeren Händen vor dem König der Menschen erscheinen?

Doch dies Elend war so groß, dass er nicht lange zögerte, mit zitternden Händen seinen letzten Edelstein hervorholte und damit die Männer vom Tode und das Dorf von der Verwüstung loskaufte. Müde und traurig ritt Coredan weiter. Sein Stern leuchtete nicht mehr.

Jahrelang wanderte er. Zuletzt zu Fuß, da er auch sein Pferd verschenkt hatte. Schließlich bettelte er, half hier einem Schwachen, pflegte dort Kranke; keine Not blieb ihm fremd. Und eines Tages kam er am Hafen einer großen Stadt gerade dazu, als ein Vater seiner Familie entrissen und auf ein Sträflingsschiff, eine Galeere, verschleppt werden sollte. Coredan flehte um den armen Menschen und bot sich dann selbst an, anstelle des Unglücklichen als Galeerensklave zu arbeiten.

Sein Stolz bäumte sich auf, als er in Ketten gelegt wurde. Jahre vergingen. Er vergaß, sie zu zählen. Grau war sein Haar, müde sein zerschundener Körper geworden. Doch irgendwann leuchtete sein Stern wieder auf. Und was er nie zu hoffen gewagt hatte, geschah. Man schenkte ihm die Freiheit wieder;

an der Küste eines fremden Landes wurde er an Land gelassen.

In dieser Nacht träumte er von seinem Stern, träumte von seiner Jugend, als er aufgebrochen war, um den König aller Menschen zu finden. Eine Stimme rief ihn: »Eile, eile!«

Sofort brach er auf, er kam an die Tore einer großen Stadt. Aufgeregte Gruppen von Menschen zogen ihn mit, hinaus vor die Mauern. Angst schnürte ihm die Brust zusammen. Einen Hügel schritt er hinauf. Oben ragten drei Kreuze. Coredans Stern, der ihn einst zu dem Kind führen sollte, blieb über dem Kreuz in der Mitte stehen, leuchtete noch einmal auf und war dann erloschen.

Ein Blitzstrahl warf den müden Greis zu Boden.

»So muss ich also sterben«, flüsterte er in jäher Todesangst, »sterben, ohne dich gesehen zu haben? So bin ich umsonst durch die Städte und Dörfer gewandert wie ein Pilger, um dich zu finden, Herr?« Seine Augen schlossen sich. Die Sinne schwanden ihm.

Da aber traf ihn der Blick des Menschen am Kreuz, ein unsagbarer Blick der Liebe und Güte. Vom Kreuz herab sprach die Stimme: »Coredan, du hast mich getröstet, als ich jammerte, und gerettet, als ich in Lebensgefahr war; du hast mich gekleidet, als ich nackt war!«

Ein Schrei durchbebte die Luft – der Mann am Kreuz neigte das Haupt und starb.

Coredan erkannte mit einem Mal: Dieser Mensch ist der König der Welt. Ihn habe ich gesucht in all den Jahren. – Er hatte ihn nicht vergebens gesucht; er hatte ihn doch gefunden.

Nach einer alten russischen Legende

Herr, in deiner Hand verwandelt sich die Welt.
Du sprichst:
Ich bin die Auferstehung und das Leben!
Und alles ändert sich vor unseren Augen.
Unsere Freude, die so rasch vorübergeht,
wird uns zum Anfang ewiger Freude,
der Augenblick des Glücks
zu einem Zeichen ewiger Fülle und Freiheit.
In Christus ist die Erde auferstanden.
In ihm ist der Himmel auferstanden.
In ihm ist die Welt auferstanden.

Jörg Zink

Fastenzeit und Osterzeit

Fastnacht – Fasching – Karneval

Fest der Narren

So unterschiedlich die Tage vor Beginn der Fastenzeit auch bezeichnet und gefeiert werden, so haben sie doch ihren gemeinsamen Ursprung vor allem in einem Festtag des Mittelalters, den man das »Fest der Narren«

Fasenacht – Fasnet – Fastelovend

... und wie die vielfältigen regionalen Bezeichnungen sonst noch heißen, gehen zurück auf das mittelhochdeutsche Wort *vastnaht* oder *vasnaht*. Um 1200 wird so der Tag vor Aschermittwoch als »Vorabend der Fastenzeit« bezeichnet. Bald wird die Bezeichnung auf die drei Tage vor Aschermittwoch ausgedehnt. Möglicherweise steckt darin ursprünglich auch noch das alte Wort *faseln* im Sinne von »gedeihen, fruchtbar sein«, denn bis zum 12. Jahrhundert wurde mit dem närrischen Unfug zu Frühlingsbeginn die Vertreibung der Wintergeister gefeiert (vgl. heute noch den im Schwäbisch-Alemannischen üblichen »Narrensprung« oder die Basler Fasnacht, von der das Foto S. 347 stammt).

Das süddeutsche Wort **Fasching** kommt von dem im 13. Jahrhundert gebräuchlichen *vaschanc*, eine Umbildung von *vastganc*, womit eine »Fastenprozession«, also ein Umzug gemeint ist. Vielleicht klingt darin auch »schenken« im Sinne von »ausschenken« an.

Manche vermuten hinter **Karneval** den *carrus navalis*, einen Schiffskarren, mit dem nach heidnischem Glauben die Götter der Fruchtbarkeit wieder Einzug hielten. Evtl. kommt daher heute noch die Schiffsform mancher Karnevalswagen in den Umzügen. Ein anderer Ursprung könnte *carne vale*, übersetzt »Fleisch, leb wohl«, sein – ein Hinweis auf die kommende Fastenzeit, in der kein Fleisch mehr gegessen werden sollte.

nannte. Er wurde entweder um den 1. Januar gefeiert oder auch zu Beginn der Fastenzeit. Sonst fromme Priester und hoch angesehene Bürger zogen mit Masken durch die Straßen, sangen ihre Lieder und machten sich lustig über Gott und die Welt. Manchmal bekleideten sich auch einfache Studenten mit Gewändern ihrer Oberen oder auch ihrer Fürsten und Bischöfe und machten sich lustig über die Bräuche an Kirche und Hof. Es gab sogar so etwas wie einen »Spottkönig« oder einen »Bubenbischof«, der dem ganzen Fest vorstand. Hier mussten selbst die höchsten Persönlichkeiten damit rechnen, »auf den Arm genommen zu werden«. Dieses Fest war gerade unter Christen weit verbreitet. Darin wird deutlich, dass die Freude eine Grundhaltung der Christen ist und in solcher Freude selbst menschliche Maßstäbe einmal auf den Kopf gestellt werden können. Die Ordnung unserer Welt ist eben nicht das Letzte. So könnte dieses Fest auch spielerisch die Verheißung Gottes zum Ausdruck bringen, dass die Letzten die Ersten und die Kleinen groß sein werden. Fest der Narren bedeutet heute noch: über sich selbst und die anderen lachen können, nicht in Trauer und Sorge vergehen. So wie es im Alten Testament heißt:

Überlass dich nicht der Sorge,
schade dir nicht selbst durch dein Grübeln!
Herzensfreude ist Leben für den Menschen,
Frohsinn verlängert ihm die Tage.
Überrede dich selbst und
beschwichtige dein Herz,
halte Verdruss von dir fern!
Denn viele tötet die Sorge,
und Verdruss hat keinen Wert.
Neid und Ärger verkürzen das Leben,
Kummer macht vorzeitig alt.
Jesus Sirach 30,21–24

Narrenbräuche

Heute sind die Narrenbräuche recht verschieden. In manchen katholischen Gegenden wie im Rheinland werden sie geradezu
überschwänglich gefeiert. Hier beginnt die
Fastnacht bzw. der Karneval bereits am *Donnerstag vor Aschermittwoch* mit der »Weiber-
fastnacht« oder dem »unsinnigen Donnerstag«. Dies ist der Tag der Frauen. In manchen
Städten stürmen die Frauen die Rathäuser
und übernehmen symbolisch das Regiment
für die kommenden Tage. In anderen Städten und Orten dürfen sich an diesem Tag
Männer allenfalls als Frauen verkleidet in
den Gasthäusern und bei den Festen sehen
lassen.

Der *Fastnachts-* bzw. *Karnevalssonntag* spielt
sich vor allen Dingen auf den Straßen ab.
Männer und Frauen, Jungen und Mädchen
ziehen verkleidet in Fantasiekostümen, als In-
dianer oder Piraten, als Kater oder Prinzessin,
mit oder ohne Masken durch die Straßen.
Der *Rosenmontag* ist vor allem im Rheinland
der Tag der großen Umzüge, die von Karne-
valsgruppen und –gesellschaften veranstaltet
werden. In manchen Gegenden finden diese
auch am *Faschingsdienstag* statt.
In der Nacht zum Aschermittwoch wird die
Fastnacht oder der Karneval mit der Ver-
brennung einer Strohpuppe beendet. Hier
wird der Karneval – aber hoffentlich nicht
die Freude – verbrannt und symbolisch zu
Grabe getragen.

Wir backen zu Karneval

Fastnachtskrapfen

¼ l Wasser, etwas Salz, 80 g Schmalz
oder Margarine, 200 g Mehl, 5–6 Eier,
1 gestrichener TL Backpulver,
65 g Rosinen und etwas Puderzucker

Wasser, Salz und Fett (Pflanzenfett oder Öl)
bringt man in einem Topf zum Kochen.
Dann nimmt man den Topf vom Feuer und
schüttet das gesiebte Mehl hinein, rührt es zu
einem glatten Kloß und erhitzt ihn unter
Rühren noch 1 Minute. Darauf gibt man den
heißen Kloß in eine Schüssel und rührt nach
und nach die Eier darunter. Der Teig muss so
vom Löffel reißen, dass lange Spitzen hängen
bleiben.
Nun das Backpulver in den kalten Teig rühren und danach die gewaschenen und abge-
tropften Rosinen unterrühren. Mit einem in
heißes Fett getauchten Teelöffel sticht man
kleine Bällchen ab, die, in siedend heißem
Fett schwimmend, auf beiden Seiten hellbraun gebacken werden. Dann nimmt man
sie mit einem Schaumlöffel heraus, lässt sie
gut abtropfen und wälzt sie in Puderzucker.

Gebet

Schenke mir eine gute Verdauung, Herr,
und auch etwas zum Verdauen.
Schenke mir Gesundheit des Leibes,
mit dem nötigen Sinn dafür,
ihn möglichst gut zu erhalten.

Schenke mir eine heilige Seele, Herr,
die das im Auge behält,
was gut ist und rein,
damit sie im Augenblick der Sünde
nicht erschrecke,
sondern das Mittel findet,
die Dinge wieder in Ordnung
zu bringen.

Schenke mir eine Seele,
der die Langeweile fremd ist,
die kein Murren kennt und
kein Seufzen und Klagen,
und lass nicht zu,
dass ich mir allzu viel Sorgen mache
um dieses sich breitmachende Etwas,
das sich »Ich« nennt.

Herr, schenke mir Sinn für Humor,
gib mir die Gnade,
einen Scherz zu verstehen,
damit ich ein wenig Glück kenne
im Leben
und anderen davon mitteile.
Amen.

Thomas Morus (1478–1535)

Es ist leicht,
das Leben schwer zu nehmen.
Es ist schwer,
das Leben leicht zu nehmen.

Die Fasten- und Osterzeit: Ein Weg von der Wüste zum blühenden Garten

Der Prophet Jesaja verheißt diese österliche
Hoffnung in Bildern der Wüste:
»In der Wüste brechen Quellen hervor,
und Bäche fließen in der Steppe.
Der glühende Sand wird zum Teich und
das durstige Land zu sprudelnden Quellen.
An dem Ort, wo jetzt die Schakale
sich lagern, gibt es dann Gras, Schilfrohr
und Binsen.«
Jesaja 35,6b–7

Fastenzeit
Wüstenzeit

Fastenzeit
Weg durch die Wüste zur Oase

Fastenzeit
sechs Wochen Zeit bis Ostern

Fastenzeit
sechs Wochen Vorbereitung auf Ostern

Fastenzeit
ein langer, oft beschwerlicher,
aber auch hoffnungsvoller Weg

Was ist Fastenzeit?

Der Weg von Aschermittwoch bis Ostern,
das ist ein Weg
> von der Wüste zum Garten
> vom Tod zum Leben
> vom Dunkel ins Licht
> vom Fasten zum Feiern
> von der Entbehrung zur Erfüllung
> vom Durst zum Wasser
> vom Baum des Todes zum Baum des Lebens

Was ist Fasten?

Fasten ist heute modern. Es gibt Fastenkuren,
um den Körper zu entschlacken, um gut aus-
zusehen, um gesund zu bleiben, um sportliche Leistungen zu verbessern.
Fasten im Sinne der Bibel aber ist mehr. Es
meint nicht »hungern um«, sondern »befreien
von«. Fasten befreit uns von falschen Zwängen und Abhängigkeiten, von Eitelkeiten und
Vorurteilen. Es macht uns frei für uns selbst,
für unseren Nächsten, für Gott.

Wenn ihr fastet, macht kein finsteres Gesicht
wie die Heuchler.
Sie geben sich ein trübseliges Aussehen,
damit die Leute merken,
dass sie fasten. Amen, das sage ich euch:
Sie haben ihren Lohn bereits erhalten.
Du aber salbe dein Haar,
wenn du fastest, und wasche dein Gesicht,
damit die Leute nicht merken, dass du fastest,
sondern nur dein Vater,
der auch das Verborgene sieht;
und dein Vater, der das Verborgene sieht,
wird es dir vergelten.
Matthäus 6,16–18

Die Wüste weint

Ein Missionar beobachtete das seltsame Ge-
baren eines Beduinen. Immer wieder legte
sich dieser der Länge nach auf den Boden
und drückte sein Ohr an den Wüstensand.
Verwundert fragte ihn der Missionar: »Was
machst du da eigentlich?« Der Beduine richtete sich auf und sagte: »Freund, ich höre, wie
die Wüste weint, sie möchte ein Garten sein!«

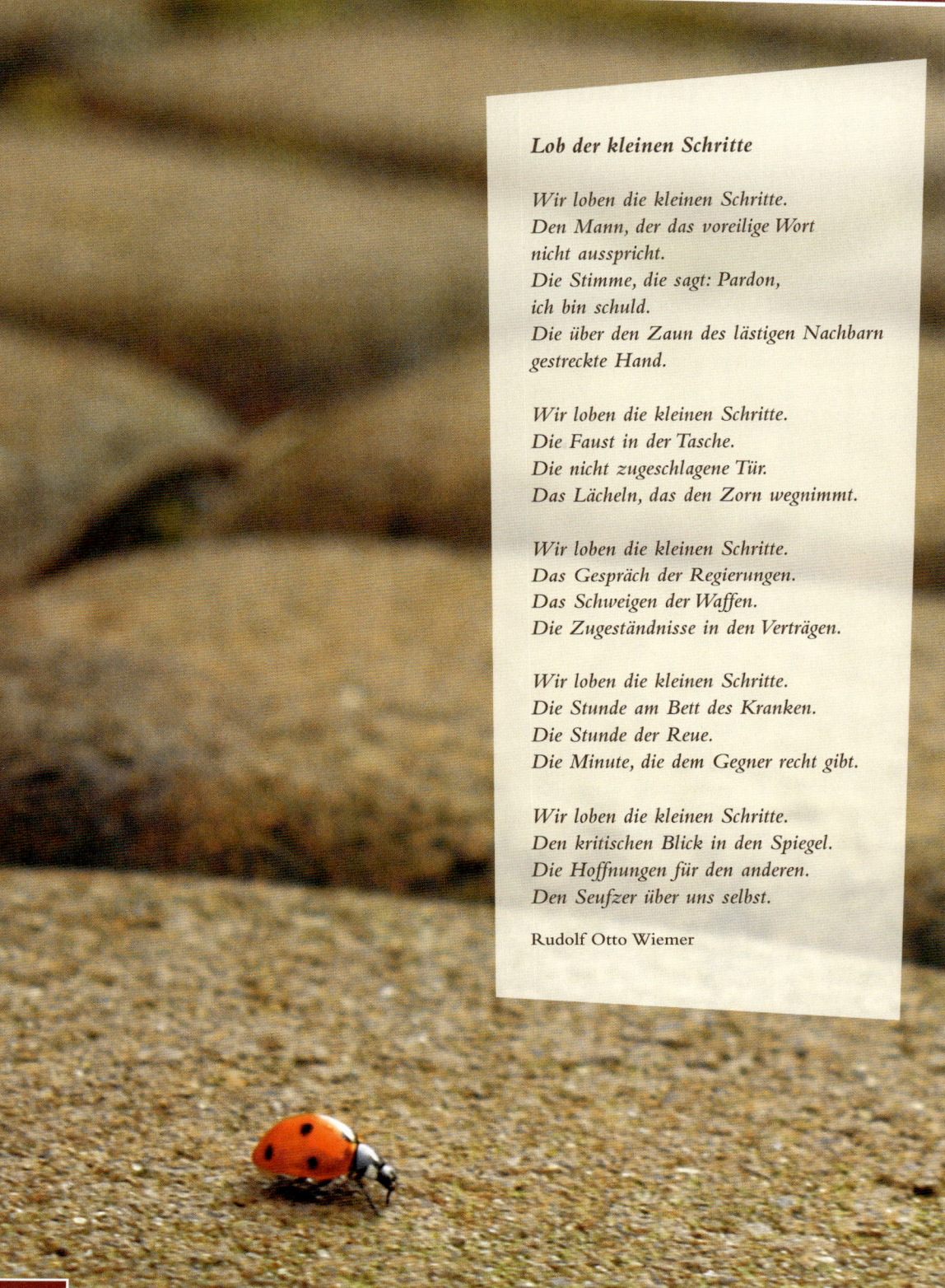

Lob der kleinen Schritte

Wir loben die kleinen Schritte.
Den Mann, der das voreilige Wort
nicht ausspricht.
Die Stimme, die sagt: Pardon,
ich bin schuld.
Die über den Zaun des lästigen Nachbarn
gestreckte Hand.

Wir loben die kleinen Schritte.
Die Faust in der Tasche.
Die nicht zugeschlagene Tür.
Das Lächeln, das den Zorn wegnimmt.

Wir loben die kleinen Schritte.
Das Gespräch der Regierungen.
Das Schweigen der Waffen.
Die Zugeständnisse in den Verträgen.

Wir loben die kleinen Schritte.
Die Stunde am Bett des Kranken.
Die Stunde der Reue.
Die Minute, die dem Gegner recht gibt.

Wir loben die kleinen Schritte.
Den kritischen Blick in den Spiegel.
Die Hoffnungen für den anderen.
Den Seufzer über uns selbst.

Rudolf Otto Wiemer

Aschermittwoch

Entdecken, was für mich wertvoll und lebensnotwendig ist

Es gibt ein sehr ernstes Spiel: »Was würde ich mitnehmen, was wäre meine eiserne Ration, wenn ich mich einschränken müsste, wenn ich mit meinem Leben Ernst machen möchte?« Die Fastenzeit könnte so etwas wie ein Ernstfall dieses »Spieles« sein.

Noch ein zweiter Gedanke bestimmt den Aschermittwoch: Wir werden an den Tod erinnert, im Zeichen des Aschenkreuzes wird uns der Tod förmlich als unser »Markenzeichen« auf die Stirn gedrückt. Gestern noch der Trubel und die Ausgelassenheit des Karnevals mit all seinem Flimmer und den Illusionen. Und über Nacht die Zumutung des Wortes: »Bedenke, Mensch, dass du Staub bist und wieder zum Staub zurückkehren wirst.« Stellen wir uns vor, tagtäglich käme – wie es früher in Klöstern der Fall war – jemand an unseren Arbeitsplatz, um uns auszurichten: »Denken Sie daran, was Sie tun, ist entbehrlich und im Grunde gar nicht so wichtig. Bald werden Sie sowieso nicht mehr da sein.« Ob wir das aushalten und verkraften würden?

Das Zeichen der Asche lenkt den Blick auf unsere Unzulänglichkeiten und die Begrenztheit unseres Lebens. Die Form des Kreuzes verweist uns aber zugleich auf unseren Glauben und unsere Hoffnung, dass aus unseren Unzulänglichkeiten neues Leben entstehen kann – wenn wir bereit sind umzukehren.

Dieser Grundakkord der ganzen Fastenzeit klingt in den Texten des Aschermittwoch-Gottesdienstes immer wieder an:

Kehrt um zu mir von ganzem Herzen!
Joel 2,12

Lasst euch mit Gott versöhnen!
2 Korinther 5,20

Kehrt um und glaubt an das Evangelium!
Markus 1,15

Aschenkreuz

Die Asche ist Zeichen menschlicher Gebrechlichkeit und Sterblichkeit, aber auch Zeichen neuen Lebens. In frühen Zeiten wurde mit Asche gewaschen: Asche hat reinigende Kraft. Asche wurde den Sündern auf das Haupt gestreut: Asche reinigt von Schuld und gibt Kraft zu neuem Leben.

Die Asche für die Spendung des Aschenkreuzes wird aus den verbrannten Palmzweigen des Vorjahres bereitet und vom Priester gesegnet. Sie wird so für uns zum Zeichen des Weges vom Tod zu neuem Leben: Die Zweige des Jubels und der Freude müssen verbrannt werden, durch den Tod hindurchgehen, um zum Zeichen des Kreuzes, des Todes und der Auferstehung zu werden.

Dieses »Umkehren«, »Sich-versöhnen-Lassen«, »Glauben« wird verwirklicht durch Gebet, Fasten und Almosen.

Das sind für uns altbekannte Begriffe; vielleicht allzu bekannt, sodass wir mit ihnen oft nicht mehr allzu viel anfangen können. Und doch – es sind lebenswichtige Ausdrucksformen unseres Glaubens.

Gebet – mein Leben vor Gott stellen

> Gott danken für alles, was ich habe und kann und anderen verdanke.
> Gott bitten, mich in meinen Unzulänglichkeiten und Bedürfnissen anzunehmen.
> Gott loben und preisen und ihn als Urheber und Erhalter alles Guten bekennen.

Gebet ist sprechender Glaube.

Aus der Weisung zur kirchlichen Bußpraxis

Gebet: Wir entsprechen dem Geist Jesu und dem Wunsch der Kirche, wenn wir in der Fastenzeit neu auf Gottes Zuwendung zu uns antworten und uns besonders darum bemühen, persönlich zu beten und das Familien- oder Gemeinschaftsgebet zu erneuern. Zum Beispiel das Morgen- und Abendgebet, das Tischgebet oder den »Engel des Herrn«. Gemeinschaft mit Gott sollten wir in dieser Zeit auch suchen durch Lesen der Heiligen Schrift, Besuch der Fastenpredigt, Teilnahme an Besinnungstagen, Exerzitien, Zeiten der Stille, Kreuzweg- oder Rosenkranzandachten, nicht zuletzt durch den Empfang des Bußsakramentes und durch die Mitfeier der Eucharistie auch an den Werktagen.

Fasten – mein Leben bedenken und ändern

> Ich könnte auf vieles verzichten. – Ich genieße zu viel aus Gedankenlosigkeit, aus Gewöhnung. – Ich könnte mich einschränken.
> Ich lebe oft im eingefahrenen Trott. – Ich könnte einiges ändern, was sich bei mir im Umgang mit anderen eingeschlichen hat.
> Ich könnte meine Zeit neu einteilen, anders mit meiner Zeit umgehen.

Fasten ist verzichten können.

Aus der Weisung
zur kirchlichen Bußpraxis

Fasten und Verzicht: Das eigentliche Fasten bleibt an allen Werktagen der Fastenzeit angeraten. Wer nicht so einschneidend fasten kann, sollte sich wenigstens bewusst einschränken im Essen, Trinken und Rauchen oder im Gebrauch des Fernsehens und auf Partys, Tanzveranstaltungen und ähnliche Vergnügungen verzichten. In solchem Verzicht gewinnen wir neue Freiheit für Gott, für den Menschen neben uns und gegenüber den eigenen Wünschen und Bedürfnissen.

Wir üben damit zugleich als Einzelne und als weltweite Glaubensgemeinschaft jedes Jahr neu die Haltung jenes Konsumverzichtes ein, ohne den die Menschheit ihre Zukunft nicht bestehen wird.

Almosen – mein Leben teilen

› Mich von der Not und den Sorgen anderer treffen lassen.
› Das, auf was ich verzichte, für andere übrig haben.
› Nicht nur teilen, sondern auch abgeben, weggeben.

Almosen geben ist Ernstnehmen meines Glaubens.

Aus der Weisung
zur kirchlichen Bußpraxis

Almosen und Werke der Nächstenliebe: Seit alters haben die Christen es als einen besonderen Sinn des Fastens angesehen, mit den Armen zu teilen. Für uns gilt heute: Jeder Christ soll je nach seiner wirtschaftlichen Lage jährlich ein für ihn spürbares Geldopfer für die Hungernden und Notleidenden in der Welt geben. Mehr noch als sonst im Jahr sollen wir Christen in der Fastenzeit uns sorgen um Menschen in leiblicher und seelischer Not, um Alte, Kranke und Behinderte, um mutlose, ratlose und verzweifelte Menschen, in denen uns Christus begegnet.

Anregungen zum
gemeinsamen Tun

Mut zu unkomplizierten
Einladungen

Wenn wir jemanden einladen, haben wir häufig das Gefühl, uns etwas »aufzuladen«: Herrichten der Wohnung, Bewirtung, die Zeit gestalten. Es haben sich bestimmte Formen eingebürgert, der eine möchte den anderen übertreffen, in einer Gegen-Einladung mehr bieten.

Laden Sie doch einfach jemanden ohne besonderen Anlass ein! Geben Sie Ihren Gästen das Gefühl, bei Ihnen »zu Hause« zu sein – anstatt »zu Besuch«! Gehen Sie doch einfach mal bei anderen vorbei. Es gibt sicher jemanden, der sich darüber freuen würde.

Freitage – Fastenspeisen

Klassische Fastenspeisen sind: Gemüsesuppen, Fischsuppen, Wein- und Biersuppen, Wassersuppen mit Reis, Graupen und Grieß, Milchsuppen und Kaltschalen, alle Brot- und Semmelspeisen und Aufläufe, Pfannkuchen, Hirsebrei, Hülsenfruchtgerichte und Hülsenfruchtbrei, alle Milch- und Käsespeisen.

Das früher strenge Freitagsgebot, kein Fleisch zu essen, ist heute gelockert. Wir können trotzdem unseren »Essensfahrplan« überdenken. Es gibt auch weitere Möglichkeiten, den Freitag zu einem »anderen« Tag werden zu lassen: Abendgestaltung, Wochenende sinnvoll vorbereiten, Zeit haben für die Kinder, für den Ehepartner.

Ein Hungertuch gestalten

Das Hungertuch ist ein liturgischer Brauch, der bis ins 11. Jahrhundert zurückgeht. Zu Beginn der Fastenzeit wurde der Altarraum vom Kirchenschiff durch einen Vorhang getrennt. Man sprach auch vom »Fasten der Augen«. Später wurden die Hungertücher

Lebensweisheiten

Es gibt Menschen,
die fangen Fische,
und solche,
die nur das Wasser trüben.
Aus Persien

Es ist besser, ein Licht anzuzünden,
als die Finsternis zu verfluchen.
Aus Afrika

Das Lächeln, das du aussendest,
kehrt zu dir zurück.
Aus Indien

Wenn einer allein träumt,
ist es nur ein Traum.
Wenn viele gemeinsam träumen,
ist das der Anfang eines neuen Lebens.
Aus Brasilien

Wer großen Hunger hat,
isst die Kartoffel mit der Haut.
Aus Haiti

Es ist das Herz, das gibt,
die Finger geben nur her.
Aus Afrika

Wer keine Zeit hat für andere,
ist ärmer als ein Bettler.
Aus Nepal

Man kann Weinenden
nicht die Tränen abwischen,
ohne sich die Hände
nass zu machen.
Aus Südafrika

kleiner und mit Bildern aus der Leidensgeschichte Jesu bemalt. Vor einigen Jahren ist dieser Brauch von »Misereor« (siehe S. 361) neu belebt worden.

> Wenn in unserer Kirche während der Fastenzeit ein Hungertuch hängt, versuchen wir, miteinander die Bildaussagen zu entdecken, zu verstehen und zu deuten.
> Wir können ein eigenes Familien-Hungertuch herstellen. Wir brauchen ein Stück weißes Betttuch. Darauf können wir mit Finger- oder Plaka-Farben eine Bildfolge malen. Wir können eine Batik anfertigen oder auch das Tuch mit Farbpapier, Naturprodukten oder anderen kleinen »Abfällen« bekleben.

Das Kreuz – Zeichen des Heils

Das Kreuz, Zeichen unseres Heiles und unserer Erlösung, ist das zentrale Zeichen der österlichen Bußzeit.

> Als Familie können wir in der Fastenzeit den Kreuzweg gehen, in der Kirche oder einen Kreuzweg draußen, den es sicherlich irgendwo in unserer Umgebung gibt.
> Mit der Familie können wir auch einmal eine bewusste »Kreuzfahrt« unternehmen: in Kirchen, auf Plätzen, auf Berghöhen usw. unterschiedliche Kreuzdarstellungen entdecken.
> Wir können miteinander ein Kreuz für unsere Wohnung herstellen, aus Holz, aus Ton, aus Mosaiksteinen. Wir können ein Kreuz malen oder ein Kreuz aus Bildern zusammenfügen.

In der Familie von Gott sprechen

> So wie mir zumute ist: suchend und fragend, hoffend und dankend, mutlos und unsicher, lobend und singend.
> Von meiner Schuld und von meinem Versagen, von meinen Ängsten und von meinem Zögern.
> Von den Mitmenschen, von ihren Sorgen und ihrem Leid, von ihrer Freude und ihrem Glück.
> Von Gottes Nähe zu uns, von ihm als dem Grund unserer Zuneigung und Liebe.

Die Liturgie der Fastenzeit

Die Geschichten der Evangelien an den Sonntagen der Fastenzeit spiegeln den »spannenden« Weg der Geschichte Gottes mit uns Menschen und darin zugleich unseren eigenen Weg wider. Auch hier gibt es den Rhythmus und die Spannung

> von Aufbruch und Ziel,
> von Entbehrung und Segen,
> von Leiden und Freude,
> von Fasten und Feiern,
> von Tod und Leben,
> von Tiefen und Höhen,
> von Durst und Wasser,
> von Dunkel und Licht,
> von menschlicher Schuld und göttlicher Erlösung.

Unser Glaube und damit auch das Kirchenjahr haben ihre Mitte in der Auferstehung Jesu Christi, im Osterfest. Der Apostel Paulus formuliert dies in seinem 1. Brief an die Gemeinde in Korinth mit den Worten:

Wenn es keine Auferstehung der Toten gibt,
ist auch Christus nicht auferweckt worden.
Ist aber Christus nicht auferweckt worden,
dann ist unsere Verkündigung leer
und unser Glaube sinnlos.
1 Korinther 15,13–14

Die Fastenzeit führt über 40 Tage zu dieser Mitte unseres Glaubens hin.

Die Zahl 40 hat in der Heiligen Schrift eine besondere Bedeutung. Es ist die Zahl der Erwartung, der Vorbereitung, der Buße, des Fastens.

> 40 Tage und Nächte dauerte die Sintflut.
> 40 Jahre zogen die Israeliten durch die Wüste, bevor sie das Gelobte Land erreichten.

> 40 Tage weilte Moses auf dem Berge Sinai.
> 40 Tage hindurch forderte der Philister Goliat die Israeliten heraus, bis David ihm entgegentrat.
> 40 Tage brauchte der Prophet Elija, um in der Kraft von Brot und Wasser zum Gottesberg Horeb zu wandern, wo Gott ihm erschienen ist.
> 40 Tage lang predigte Jonas Buße in der Stadt Ninive.
> 40 Tage lang fastete Jesus in der Wüste und wurde dann vom Teufel versucht.
> 40 Tage hindurch erschien Jesus nach seiner Auferstehung den Jüngern und sprach mit ihnen vom Reich Gottes.

Die Lesejahre

Schon in den frühchristlichen Gemeinden las man in der heiligen Messe – nach der Gewohnheit des jüdischen Gottesdienstes – Texte aus dem Alten Testament. Dazu kam die »Lehre der Apostel« (Apg 2,42), gemeint sind insbesondere die Erinnerungen an die Worte und Taten Jesu, wie sie bald auch in den Evangelien niedergeschrieben wurden. Hieraus entwickelte sich mit der Zeit das Schema eines Lesegottesdienstes: Jedes Jahr wiederholten sich die Lesungen und Evangelien. Nach dem Wunsch des Zweiten Vatikanischen Konzils sollten mehr Texte aus dem Alten und Neuen Testament in einem längeren Zeitrhythmus vorgetragen werden. Die 1969 eingeführte neue Leseordnung für die Sonntage erstreckt sich über drei Jahre und wird in drei Lesejahre (Jahr A – B – C) unterteilt. Die Bibeltexte im Wortgottesdienst der sonntäglichen Eucharistiefeier wiederholen sich jetzt alle drei Jahre.

In einer vierzigtägigen »österlichen Bußzeit« besinnen sich die Gemeinden und die einzelnen Gläubigen auf die Mitte ihres Glaubens. Sie sollen Leben, Leiden und Sterben Jesu heute – jedes Jahr neu – nachvollziehen und in der heiligen Messe feiern.

Die Evangelien an den Sonntagen dieser Vorbereitungszeit machen uns in allen drei Lesejahren (Lesejahr A – B – C) mit entscheidenden Situationen des Lebensweges Jesu vertraut.

1. Fastensonntag »In die Wüste gehen«

Jesus muss vor seinem öffentlichen Auftreten, bevor er die Botschaft von seinem Vater, vom Reiche Gottes verkündet, hinaus in die Wüste.

Darauf führte ihn der Geist vierzig Tage lang in der Wüste umher, und dabei wurde Jesus vom Teufel in Versuchung geführt.
Die ganze Zeit über aß er nichts;
als aber die vierzig Tage vorüber waren, hatte er Hunger.
Lukas 4,1–2

Jesus wird in der Wüste – dem Ort der Einsamkeit, der Entscheidung und der Gotteserfahrung – auf die Probe gestellt. Wird er andere Lebensmöglichkeiten ergreifen als die, die ihm von seinem Vater aufgetragen sind?

Das Evangelium ist in allen drei Lesejahren die Geschichte von der Versuchung Jesu, die uns in drei Evangelien berichtet wird:
– *Lesejahr A:* Matthäus 4,1–11
– *Lesejahr B:* Markus 1,12–15
– *Lesejahr C:* Lukas 4,1–13

Ach, nur Perlen!

Ein Araber hatte sich in der Wüste verirrt. Zwei Tage hatte er nichts zu essen und war in Gefahr, vor Hunger zu sterben – bis er endlich auf eine der Wassergruben traf, aus denen die Reisenden ihre Kamele tränken. Daneben sah er im Sand einen ledernen Sack liegen. »Gott sei gelobt«, sagte er, als er ihn aufhob und befühlte. »Das sind, glaube ich, Datteln und Nüsse; wie will ich mich an ihnen erquicken und laben!« In dieser süßen Hoffnung öffnete er den Sack, sah, was er enthielt, und rief enttäuscht aus: »Ach, es sind nur Perlen!«

2. Fastensonntag »Unterwegs in das Land der Verheißung«

An diesem Sonntag taucht für einen Augenblick das Land der Verheißung auf in der Erzählung von der Verklärung Jesu.

Jesus nahm Petrus, Jakobus und dessen Bruder Johannes beiseite und führte sie auf einen hohen Berg. Und er wurde vor ihren Augen verwandelt … Da erschienen plötzlich vor ihren Augen Mose und Elija und redeten mit Jesus. Und Petrus sagte zu ihm: Herr, es ist gut, dass wir hier sind. Wenn du willst, werde ich hier drei Hütten bauen, eine für dich, eine für Mose und eine für Elija.
Matthäus 17,1–4

Die Jünger, Petrus allen voran, erliegen der »Versuchung der Verklärung«. Sie möchten auf dem Berge, ihrem Land der Verheißung, bleiben, nicht wieder hinunter in die Niederungen des alltäglichen Lebens gehen. Aber Jesus reißt sie aus ihren Illusionen: Sie sind noch unterwegs und längst nicht am Ziel. Der Weg führt erst durch Kreuz und Tod zur Auferstehung.

Die Verklärung Jesu wird in den drei Lesejahren nach folgenden Evangelien vorgetragen:
– *Lesejahr A:* Matthäus 17,1–9
– *Lesejahr B:* Markus 9,2–10
– *Lesejahr C:* Lukas 9,28–36

3. Fastensonntag
»Vor der Entscheidung«

In den drei Lesejahren hören wir an diesem – wie auch an den beiden folgenden Sonntagen – verschiedene Erzählungen. Sie haben ihre Gemeinsamkeit darin, dass Jesus uns klar vor eine Entscheidung stellt.

Jesus sagt der Frau am Jakobsbrunnen:
Wer von diesem Wasser trinkt, wird wieder
Durst bekommen; wer aber von dem Wasser
trinkt, das ich ihm geben werde, wird niemals
mehr Durst haben; vielmehr wird das Wasser,
das ich ihm gebe, in ihm zur sprudelnden
Quelle werden, deren Wasser ewiges Leben
schenkt.
Johannes 4,13–14

Im Gespräch mit der Frau am Jakobsbrunnen, in der Tempelreinigung und im Gleichnis vom unfruchtbaren Feigenbaum werden die Geduld, aber auch die Entschiedenheit Jesu deutlich: Wir Menschen mögen schuldig werden, wir mögen uns verirren, trotzdem sind wir gefordert, Frucht zu bringen. Wir müssen uns für ihn entscheiden und dürfen seiner Zusage sicher sein, dass er uns Wasser reicht, das uns ewiges Leben schenkt.

Die Texte in den drei Lesejahren:
– *Lesejahr A:* Johannes 4,5–42
   (Das Gespräch am Jakobsbrunnen)
– *Lesejahr B:* Johannes 2,13–25
   (Die Tempelreinigung)
– *Lesejahr C:* Lukas 13,1–9
   (Gleichnis vom unfruchtbaren Feigenbaum)

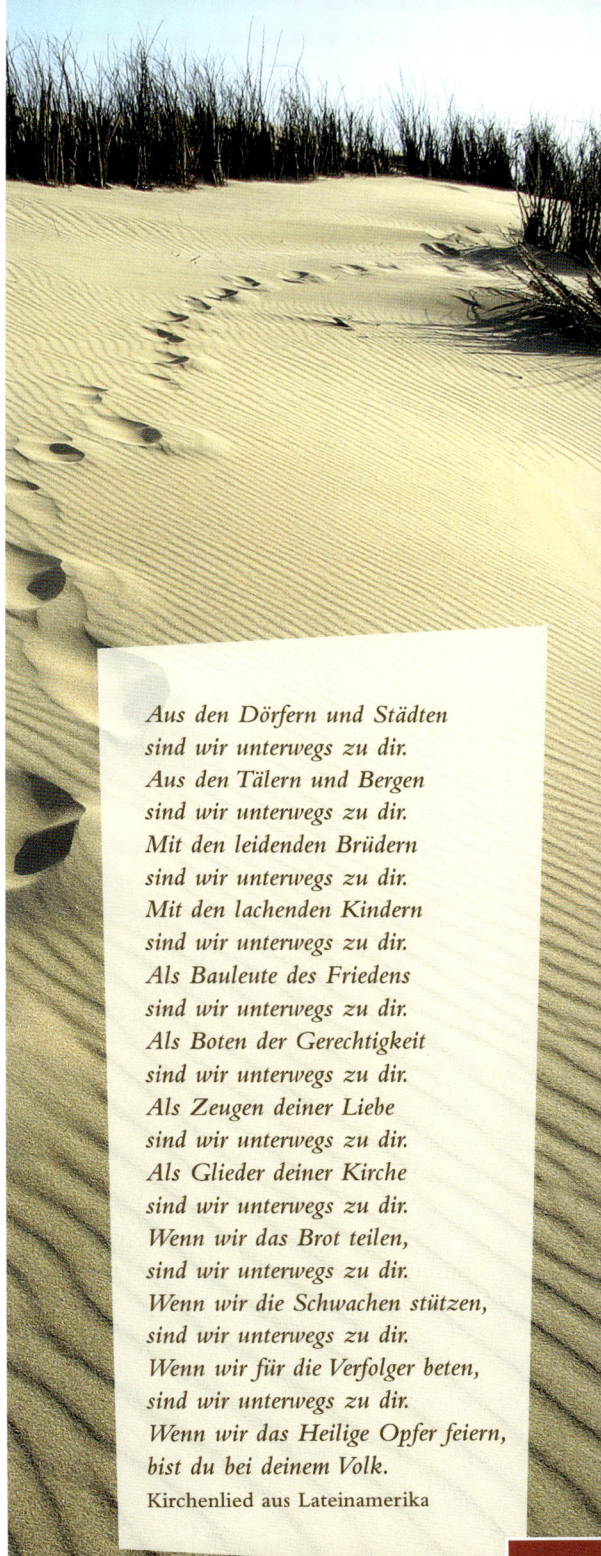

Aus den Dörfern und Städten
sind wir unterwegs zu dir.
Aus den Tälern und Bergen
sind wir unterwegs zu dir.
Mit den leidenden Brüdern
sind wir unterwegs zu dir.
Mit den lachenden Kindern
sind wir unterwegs zu dir.
Als Bauleute des Friedens
sind wir unterwegs zu dir.
Als Boten der Gerechtigkeit
sind wir unterwegs zu dir.
Als Zeugen deiner Liebe
sind wir unterwegs zu dir.
Als Glieder deiner Kirche
sind wir unterwegs zu dir.
Wenn wir das Brot teilen,
sind wir unterwegs zu dir.
Wenn wir die Schwachen stützen,
sind wir unterwegs zu dir.
Wenn wir für die Verfolger beten,
sind wir unterwegs zu dir.
Wenn wir das Heilige Opfer feiern,
bist du bei deinem Volk.
Kirchenlied aus Lateinamerika

Die Frau und die Zwiebel

Es lebte einmal ein altes Weib, das war sehr, sehr böse. Eines Tages starb sie. Diese Alte hatte in ihrem Leben keine einzige gute Tat vollbracht. Da kamen denn die Engel, ergriffen sie und warfen sie in den Feuersee. Ihr Schutzengel aber stand da und dachte: Kann ich mich denn keiner einzigen guten Tat von ihr erinnern, um sie Gott mitzuteilen? Da fiel ihm etwas ein, und er sagte zu Gott: Sie hat einmal, sagte er, aus ihrem Gemüsegärtchen ein Zwiebelchen herausgerissen und es einer Bettlerin gegeben. Und Gott antwortete ihm: Nimm, sagte er, dieses selbe Zwiebelchen, und halte es ihr hin in den See, sodass sie es ergreifen und sich herausziehen kann, und wenn du sie aus dem See herausziehen kannst, so möge sie in das Paradies eingehen, wenn aber das Zwiebelchen reißt, so soll sie bleiben, wo sie ist. Der Engel lief zum Weib und hielt ihr das Zwiebelchen hin: Nun, sagte er zu ihr, fass an, und wir wollen sehen, ob ich dich herausziehen kann. Und er begann vorsichtig zu ziehen – und zog sie beinahe schon ganz heraus. Als aber die anderen Sünder im See bemerkten, dass sie herausgezogen wurde, klammerten sie sich alle an sie, damit man auch sie mit ihr zusammen herauszöge. Aber das Weib war böse, sehr böse und stieß sie mit ihren Füßen zurück und schrie: Nur mich allein soll man herausziehen und nicht euch; es ist mein Zwiebelchen, nicht eures. Wie sie aber das ausgesprochen hatte, riss das kleine Pflänzchen entzwei. Und das Weib fiel in den Feuersee zurück und brennt dort noch bis auf den heutigen Tag. Der Engel aber weinte und ging davon.

Fjodor M. Dostojewski

4. Fastensonntag »Licht aus dem Dunkel«

Im Mittelpunkt der Evangelien-Texte stehen Menschen, die blind sind oder blind waren, denen aber von Jesus Licht angeboten und geschenkt wird.

*Jeder, der Böses tut, hasst das Licht
und kommt nicht zum Licht,
damit seine Taten nicht aufgedeckt werden.
Wer aber die Wahrheit tut,
kommt zum Licht, damit offenbar wird,
dass seine Taten in Gott vollbracht sind.*
Johannes 3,20–21

*Wir müssen, solange es Tag ist, die Werke
dessen vollbringen, der mich gesandt hat;
es kommt die Nacht, in der niemand mehr
etwas tun kann. Solange ich in der Welt bin,
bin ich das Licht der Welt.*
Johannes 9,4–5

Jesus öffnet bei der Heilung dem Blindgeborenen nicht nur die leiblichen Augen, sondern öffnet ihm die Augen zum Glauben. – Im Gespräch mit Nikodemus bietet sich Jesus selbst als das Licht zur Rettung und zur Wahrheit an. – Der barmherzige Vater lässt dem Sohn die Freiheit, in das Dunkel der Welt hinauszuziehen; doch nach seiner Umkehr darf er weiterleben im Licht des Vaters, reicher beschenkt als zuvor.

Die Texte in den drei Lesejahren:
- *Lesejahr A:* Johannes 9,1–41
  (Heilung des Blindgeborenen)
- *Lesejahr B:* Johannes 3,14–21
  (Gespräch mit Nikodemus)
- *Lesejahr C:* Lukas 15,1–3.11–32
  (Gleichnis vom barmherzigen Vater)

Nacht und Tag

Ein Rabbi fragte seine Schüler: »Wann ist der Übergang von der Nacht zum Tag?« – Der erste Schüler antwortete: »Dann, wenn ich ein Haus von einem Baum unterscheiden kann.« – »Nein«, gab der Rabbi zur Antwort. – »Dann, wenn ich einen Hund von einem Pferd unterscheiden kann«, versuchte der zweite Schüler eine Antwort. »Nein«, antwortete der Rabbi. Und so versuchten die Schüler nacheinander, eine Antwort auf die gestellte Frage zu finden.

Schließlich sagte der Rabbi: »Wenn du das Gesicht eines Menschen siehst und du entdeckst darin das Gesicht deines Bruders oder deiner Schwester, dann ist die Nacht zu Ende und der Tag ist angebrochen.«

Jüdische Geschichte

5. Fastensonntag
»Sterben, um zu leben«

Mit dem »Passionssonntag« rückt das Leiden Jesu in dramatische Nähe. Es sind letztlich drei Todes- und zugleich drei Lebens- und Auferstehungs-Geschichten, die uns an diesem Sonntag in den drei Lesejahren begegnen.

Amen, Amen, ich sage euch:
Wenn das Weizenkorn nicht in die Erde fällt
und stirbt, bleibt es allein;
wenn es aber stirbt, bringt es reiche Frucht.
Wer an seinem Leben hängt, verliert es;
wer aber sein Leben in dieser Welt
gering achtet, wird es bewahren
bis ins ewige Leben.
Johannes 12,24–25

In der Geschichte von der Auferweckung des Lazarus offenbart Jesus den trauernden Menschen seine Macht auch über den Tod. – In dem Gleichnis vom Weizenkorn deutet er sein eigenes Leben: Erst durch den Tod bringt er reiche Frucht für andere. – Die Ehebrecherin, die nach jüdischem Gesetz dem Tod verfallen ist, wird von Jesus nicht verurteilt. Ihr wird die Chance zu einem neuen Leben gegeben.

Die Texte in den drei Lesejahren:
– *Lesejahr A:* Johannes 11,1–45
  (Auferweckung des Lazarus)
– *Lesejahr B:* Johannes 12,20–33
  (Gleichnis vom Weizenkorn)
– *Lesejahr C:* Johannes 8,1–11
  (Jesus und die Ehebrecherin)

Wer leben will

V/A 1. Wer le - ben will wie Gott auf die - ser Er - de,

V muss ster - ben wie ein Wei - zen - korn, **V/A** muss ster - ben, um zu le - ben.

2. |: Er geht den Weg, den alle Dinge gehen; :|
 er trägt das Los, er geht den Weg,
 |: er geht ihn bis zum Ende. :|

3. |: Der Sonne und dem Regen preisgegeben, :|
 das kleinste Korn in Sturm und Wind
 |: muss sterben, um zu leben. :|

4. |: Die Menschen müssen füreinander sterben. :|
 Das kleinste Korn, es wird zum Brot,
 |: und einer nährt den andern. :|

T: Huub Oosterhuis 1965 »Wie als een god wil leven«,
Übertragung Johannes Bergsma 1969
© Verlag Herder, Freiburg
M: bei Charles Edmond Henri de Coussemaker 1856

6. Fastensonntag (Palmsonntag) »Hosanna – ans Kreuz mit ihm«

Jesus, sein ganzes Leben, steht unmittelbar vor dem Ziel. Die letzte Entscheidung naht. Er ist in Jerusalem angekommen. Die Möglichkeit, vom Volk als von Gott gesandter Messias angenommen zu werden, liegt vor ihm. Doch dann schlägt der triumphale Empfang innerhalb weniger Tage um in den Ruf: »Ans Kreuz mit ihm!«

Die Leute aber, die vor ihm hergingen
und die ihm folgten, riefen:
Hosanna dem Sohne Davids!
Gesegnet sei er,
der kommt im Namen des Herrn.
Hosanna in der Höhe!
Matthäus 21,9

Der Statthalter fragte sie:
Wen von beiden soll ich freilassen?
Sie riefen: Barabbas!
Pilatus sagte zu ihnen:
Was soll ich dann mit Jesus tun,
den man den Messias nennt?
Da schrien sie alle:
Ans Kreuz mit ihm!
Matthäus 27,21–22

Am Palmsonntag hören wir beide Geschichten: die Erzählung vom Einzug in Jerusalem und die Passionsgeschichte. Das Gesamtthema der »österlichen Bußzeit« klingt hier noch einmal in seiner ganzen Spannung auf.

Die Texte in den drei Lesejahren:
- *Lesejahr A:* Matthäus 21,1–11 (Einzug) Matthäus 26,14–27,66 (Passion)
- *Lesejahr B:* Markus 11,1–10 (Einzug) Markus 14,1–15,47 (Passion)
- *Lesejahr C:* Lukas 19,28–40 (Einzug) Lukas 22,14–23,56 (Passion)

Golgatha

Sie zogen ihn
die Via Dolorosa hinauf,
den Nazarener.
Er trug sein Bündel
ohne Schmerz.
Oben angekommen,
zogen sie ihn aus.
Nackt wie ein archaischer Schädel,
den Blicken der Gaffer ausgesetzt.
Sie beschauten ihn,
ohne ihn zu berühren:
bis die Sonne unterging.
Die Peiniger lösten ihn,
den nackten König der Juden,
aus seinen Fesseln
und übergaben ihm seine Kleider.
Seither,
geht er im Lande umher,
nackt und barfuß,
mit seinen Kleidern in der Hand,
auf der Suche nach einer Bleibe
im Hause der Blinden, die
nichts von Golgatha
gehört haben.

Said, geboren 1947,
iranischer Schriftsteller
im deutschen Exil

Misereor

»Misereor« wurde als Aktion gegen Hunger und Krankheit in der Welt 1958 von den deutschen Bischöfen gegründet. Misereor verfolgt das Ziel, in den Entwicklungsländern einen Beitrag zur Überwindung der Not zu leisten, die Lebensbedingungen für die besonders benachteiligten Bevölkerungsschichten zu verbessern, die soziale Gerechtigkeit in der Welt und einen partnerschaftlichen Austausch zwischen »Erster« (Industrienationen) und »Dritter« Welt zu fördern.
Die Mittel für seine Arbeit erhält das Bischöfliche Hilfswerk durch Spenden aus allen Kreisen der Bevölkerung, vor allem durch die jährliche Fastenaktion der deutschen Katholiken mit der Misereor-Kollekte am Passionssonntag (5. Fastensonntag).
In jedem Jahr steht ein bestimmtes Land im Vordergrund. Über dieses Land stellt Misereor Informationsmaterial zur Verfügung. Bei Misereor können auch weitere Anregungen zum Gestalten und Leben der Fastenzeit bestellt werden, etwa: Hungertuch, Fastenkalender, Gruppeninitiativen (Mozartstr. 9, 52064 Aachen, www.misereor.de; ein Beispiel für ein solches Hungertuch ist auf Seite 352 zu sehen: Es stammt von dem haitischen Künstler Jacques Chéry). Misereor arbeitet eng zusammen mit der evangelischen Hilfsaktion »Brot für die Welt« (Stafflenbergstr. 76, 70184 Stuttgart, www.brot-fuer-die-welt.de).

Mit dem Sonnengesang des heiligen Franziskus durch die Fastenzeit

Vom Aschermittwoch bis zum Samstag

»Gelobt seist du, mein Herr,
durch Sonne, Mond und Sterne ...«
> Beim Abendspaziergang den Sternen-
  himmel betrachten.
> Wo habe ich »blinde Flecken«?
> Heute für jemanden ein Lichtpunkt sein.

1. Fastenwoche

»Gelobt seist du, mein Herr,
durch Wind und Luft ...«
> Fünf Minuten bewusst atmen.
> Wind und Wetter erleben.
> Ursachen der Luftverschmutzung
  in unserer Gegend?
> Was »stinkt« mir am meisten –
  bei mir, bei anderen?
> Frischen Wind in mein Leben,
  in unsere Gemeinde bringen.

2. Fastenwoche

»Gelobt seist du, mein Herr,
durch Schwester Wasser ...«
> Den Wasserverbrauch kontrollieren.
> Was hat sich bei mir/bei uns angestaut? –
  Worüber sollten wir reden,
  damit es weiterläuft?
> Wem steht das Wasser bis zum Hals?
> Die Quelle eines Baches suchen.
  Aus welcher Quelle lebe ich?

3. Fastenwoche

»Gelobt seist du, mein Herr,
durch Bruder Feuer ...«
> »Mehr Pullover, weniger Heizung!«
> Brennt in mir (noch) Feuer der
  Begeisterung und Liebe?

> Was glimmt nur noch in mir und
  könnte wieder entfacht werden?
> Ein »heißes Eisen« anpacken.
> Sich für jemanden den »Mund verbrennen«.

4. Fastenwoche

»Gelobt seist du, mein Herr,
durch Mutter Erde ...«
> Intensiv das Kommen des Frühlings,
  das Aufbrechen der Erde betrachten.
> Frucht der Erde: Unsere Nahrung.
  Wie gehen wir mit Nahrungsmitteln um?
> Mein Konsumverhalten: Nur noch satt,
  auf nichts mehr hungrig?
> Dankbar sein und die Güter der Erde teilen.
> Meine Welt oder Eine Welt?

5. Fastenwoche

»Gelobt seist du, mein Herr,
durch jene, die verzeihen ...«
> Wer verzeiht, dem wird verziehen.
> Den »Richterstuhl« in der Familie
  nicht besteigen.
> Mein Gottesbild: Strafend-richtend
  oder verzeihend-barmherzig?
> Die Hände falten – gefaltete Hände haben
  noch niemanden ge/erschlagen.

6. Fastenwoche

»Gelobt seist du, mein Herr,
durch Bruder Tod ...«
> Etwas, an dem ich hänge, verschenken.
> Das Kreuz eines Mitmenschen sehen
  und tragen helfen.
> Den Friedhof besuchen.
> Die Karliturgie mitfeiern.
> »Bedenke: Aus der Erde bist du genom-
  men, zur Erde kehrst du zurück.«

Der Sonnengesang

des heiligen Franziskus von Assisi

Du höchster, allmächtiger, guter Herr,
dein sind der Lobpreis, die Herrlichkeit
und die Ehre und jegliche Benedeiung.
Dir allein, Höchster, gebühren sie,
und kein Mensch ist würdig,
dich nur zu nennen.

Lob sei dir, du Herre mein,
mit allen deinen Geschöpfen,
zumal dem Herrn Bruder, der Sonne,
denn er ist der Tag,
und er spendet das Licht uns durch sich.
Und er ist schön und strahlend
in großem Glanz.
Dein Sinnbild trägt er, du Höchster.

Lob sei dir, du Herre mein,
durch die Schwester, den Mond,
und die Sterne,
am Himmel hast du sie gebildet
hell leuchtend und kostbar und schön.

Lob sei dir, du Herre mein,
durch Bruder Wind
und durch Lüfte und Wolken
und heiteren Himmel und
jegliches Wetter,
durch welches du deinen Geschöpfen
den Unterhalt gibst.

Lob sei dir, du Herre mein,
durch die Schwester, das Wasser;
gar nützlich ist sie
und demutsvoll und köstlich
und keusch.

Lob sei dir, du Herre mein,
durch Bruder Feuer,
durch den du erleuchtest die Nacht;
und er ist schön
und fröhlich und kraftvoll und stark.

Lob sei dir, du Herre mein,
durch unsere Schwester, die Mutter Erde,
die uns ernähret und lenkt
und mannigfaltige Frucht trägt
und buntfarb'ne Blumen und Kräuter.

Lob sei dir, du Herre mein,
durch jene, die verzeihen durch deine Liebe
und Schwachheit ertragen und Drangsal.
Selig sind, die solches ertragen in Frieden,
denn sie werden von dir, du Höchster, gekrönt.

Lob sei dir, du Herre mein,
durch unseren Bruder, den leiblichen Tod;
ihm kann kein Mensch lebendig entrinnen.
Unheil wird jenen,
die in Todsünden sterben.
Selig sind jene, die in deinem
allheiligen Willen sich finden,
denn der zweite Tod tut ihnen
kein Leid an.

Lobet und preiset den Herren mein
und erweiset ihm Dank
und dient ihm mit großer Demut.

Den »Sonnengesang«, ein Loblied auf die
Schöpfung, schrieb Franziskus, schwer krank
und halb blind, um 1224/1225 in San Damiano.
Als er wenig später im Oktober 1226 starb,
ließ er sich diesen Text vorsingen.

Bevor die Sonne sinkt,
will ich den Tag bedenken.
Die Zeit, sie eilt dahin;
wir halten nichts in Händen.

Bevor die Sonne sinkt,
will ich das Sorgen lassen.
Mein Gott, bei dir bin ich
zu keiner Stund vergessen.

Bevor die Sonne sinkt,
will ich dir herzlich danken.
Die Zeit, die du mir lässt,
will ich dir Lieder singen.

Bevor die Sonne sinkt,
will ich dich herzlich bitten:
Nimm du den Tag zurück
in deine guten Hände.

Christa Werner-Weiß /
Kurt Rommel

Der Kreuzweg

Kleine Geschichte des Kreuzweges

Seit dem 15. Jahrhundert wird das Leiden Jesu Christi in zunächst 7 »Stationen« (»die 7 Fußfälle«) und später in 14 »Stationen« dargestellt. Bildstöcke auf dem Weg zu Kapellen und Kirchen, besonders zu Wallfahrtskirchen, oder auf Anhöhen machen das Geschehen des Leidensweges Jesu anschaulich; in katholischen Kirchen hängen meist Bilder des Kreuzweges.

Ursprung war der Brauch, bei Wallfahrten im Heiligen Land die einzelnen Stätten der Passion nacheinander aufzusuchen. Dies und die vor allem von Franz von Assisi geförderten Passions-Andachten führten zu dem Wunsch, die heiligen Stätten auch fern von Jerusalem nachzuerleben.

Von Station zu Station können gläubige Betrachter den Leidensweg Christi gedanklich und betend nachvollziehen.

Den Kreuzweg beten

In der Begegnung und Auseinandersetzung mit Jesus, der für uns den ersten und eigentlichen Kreuzweg gegangen ist, finden wir uns selbst wieder, entdecken wir die Deutung unseres Lebens. Im Kreuzweg finden wir das Auf und Ab, das Kreuz und Quer unseres Lebens, das durch Jesus Christus verbunden und zur Mitte und zum Ziel gebracht wird. Über den Kreuzweg können wir nicht reden, den Kreuzweg können wir uns nicht einfach anschauen, den Kreuzweg sollten wir betend gehen.

1. Station:
Jesus wird zum Tode verteilt.

Jesus, im roten Königskleid, steht gefesselt da. In stummer Trauer und Ergebenheit erträgt er die Verspottung: Sie zeigen mit dem Finger auf ihn; ihre Gesichter sind voll Hass; das Grün des Kleides ist wie Gift, das der Mensch in seiner Bosheit versprüht.

Herr, wie oft geschieht es auch heute:
Menschen verurteilen und verspotten einander,
machen einander fertig,
geben dem anderen keine Chance.
Menschen zeigen auf das Schlechte im
anderen, um selbst besser dazustehen.

Herr, du leidest mit allen. Wir bitten dich:
> Für alle, die ungerecht behandelt und verurteilt werden: Lass sie fest an den Sieg des Guten glauben.
> Für alle, die über andere urteilen: Lass sie nie vergessen, dass du allein das Innerste eines Menschen kennst und nur dir das Urteil zusteht.

2. Station:
Jesus nimmt das Kreuz auf seine Schultern.

Jesus trägt sein Kreuz. Jeden lädt er ein, das eigene Kreuz auf sich zu nehmen. Dieses tägliche Kreuz kann verschiedene Namen haben: Krankheit, Alter, Einsamkeit, Sorgen, Enttäuschungen, Missverständnisse, zerbrochene Beziehungen, Erfolglosigkeit, Härte des Berufes ...

Du, Herr, trägst dein Kreuz.
Und jeder, der im Vertrauen auf dich
sein Kreuz auf sich nimmt,
darf erfahren: Ich bin nicht allein!
Du, Herr, trägst mich und mein Kreuz!

Herr, voll Vertrauen bitten wir dich:
> Für alle, die jeden Tag geduldig ihr Kreuz auf sich nehmen: Dass sie erfahren dürfen: Du trägst es mit und begleitest sie auf ihrem Lebensweg.
> Für alle, deren Lebenspläne durchkreuzt werden: Lass sie nicht mutlos und ohne Hoffnung sein.

3. Station:
Jesus fällt zum ersten Mal unter dem Kreuz.

Jesus liegt am Boden mit allen, die Opfer des Alkohols, der Droge, der Sucht geworden sind; mit allen, die aussteigen und neu beginnen möchten, aber es so und so oft nicht schaffen. Der Mann auf dem Kreuz mit Glas und Flasche will gar nicht wahrhaben, dass auch er fallen und in die Sucht hineinschlittern kann.

Herr, du kennst unsere Schwächen:
Nicht verzichten können, zu nachgiebig sein,
durch Ausreden das eigene Verhalten
rechtfertigen. Grenzenloser Genuss verspricht
dem Menschen oft Glück und Befriedigung.
Wie viel Unheil und Leid aber
erwächst daraus oft für die eigene Familie,
für die Mitmenschen!

Herr, du stehst wieder auf. Keiner, der am Boden liegt, muss sich aufgeben, denn du hilfst aufstehen. Wir bitten dich:
> Für alle Opfer der Sucht: Dass sie durch ihre Mitmenschen Hilfe erfahren und wieder aufstehen können.

4. Station:
Jesus begegnet seiner Mutter.

Maria neigt sich ganz zu Jesus hin; sie leidet mit ihm. Doch Jesus tröstet sie. Vor allem in der Familie, aber auch im täglichen Umgang miteinander sind wir gerufen, einander zu trösten, anzunehmen und aufzurichten.

Herr, wir danken dir für die Freude,
die wir in der Familie oder
in einer Gemeinschaft erleben dürfen.
Oft finden wir darin die Kraft,
einander zu verstehen und anzunehmen
mit all unseren Grenzen.
Aber wir erleben auch, wie schwer es ist,
miteinander in rechter Weise umzugehen,
wie Eigenliebe und Rechthaberei
das gemeinsame Leben ersticken können.

Herr, wir bitten dich:
> Für alle Familien und Gemeinschaften: Dass es ihnen gelingt, fest verbunden zu bleiben.
> Für alle Familien, die uneins sind: Stärke ihre Bereitschaft, sich zu versöhnen und das Gute zu sehen.

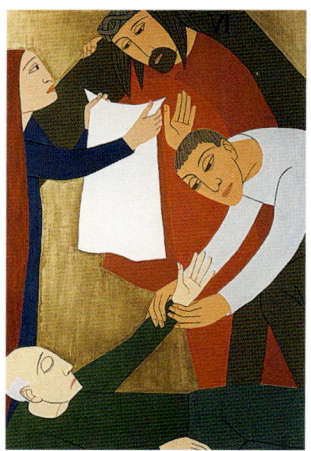

5. Station:
Simon von Zyrene hilft Jesus das Kreuz tragen.

Jesus ist müde; Simon muss das Kreuz eines Fremden tragen. Jesu Einladung an uns lautet: Wir sollen füreinander wie eine offene Tür sein, wie eine offene Hand, bereit zum Helfen; wir sollen zupacken, mitleiden und mittragen, anstatt wegzuschauen und fremdes Leid nicht an uns heranzulassen.

Herr, du weißt, wie leicht wir versucht sind,
wegzuschauen oder abzuschalten,
um die Bilder des Elends und der Not
unserer Welt nicht einzulassen. Und doch:
Jeder hat seine Not und seine Sorgen.
Wie froh sind wir dann, wenn jemand
zu uns steht, uns anhört und uns Halt gibt!

Herr, wir bitten dich:
› Für uns selber: Dass wir für andere wie eine offene Tür sind und ehrlich versuchen, Not zu lindern.

6. Station:
Veronika reicht Jesus das Schweißtuch.

Veronika ist eine mutige Frau: Unbekümmert um das Gerede der anderen reicht sie Jesus das Schweißtuch. Sie ist aufmerksam für fremde Not. Oft mag ein Mensch am Boden liegen; wie sehnt er sich dann nach jemandem, der ihm aufhilft, der ihm Mut zuspricht, der ihm zuhört, der ihm seine Hand reicht!

Herr, die kleinen Zeichen und
Aufmerksamkeiten machen unser Leben hell:
Ein anerkennendes Wort, eine humorvolle
Bemerkung, ein kurzer Besuch, ein verständ-
nisvoller Blick, ein freundlicher Gruß,
eine helfende Hand, ein kleiner Dienst:
In diesen kleinen Zeichen wirst du
selber spürbar.

Herr, wir bitten dich:
› Für alle, die fremde Not nicht sehen wollen: Lass ihnen aufgehen: Wirkliches Glück finden wir nur, wenn wir zum Glück anderer beitragen.

7. Station:
Jesus fällt zum zweiten Mal unter dem Kreuz.

Der Herr liegt wieder am Boden; über dem Kreuz ein Mensch mit einem verbissenen Gesicht; seine Hand umklammert den Geldbeutel; sein Lebensinhalt ist materieller Reichtum.

Herr, wie oft erliegen wir Menschen der Versuchung, uns mit Geld und materiellen Gütern erfülltes Leben »kaufen« zu wollen!

Herr, du liegst am Boden. Aber du stehst wieder auf. So hilfst du auch allen, die sich aus den Fesseln der materiellen Güter lösen möchten, aufzustehen, sich beherrschen zu lernen und über den Dingen zu stehen. Wir bitten dich:

› Für alle, die ihr Glück vom Materiellen erwarten: Lass ihnen aufgehen, dass alles vergeht und dass wahres Glück nur in dir möglich ist.
› Für alle, die sich nach Freude sehnen: Dass sie den Mut haben, für andere da zu sein.

8. Station:
Jesus begegnet den weinenden Frauen.

Jesus spricht zu den Frauen. Die Frauen sind schwanger; sie sind Trägerinnen des Lebens und Mitarbeiterinnen am Schöpfungswerk Gottes. Unsere Einstellung zum Leben wird hinterfragt: zu ungeborenem Leben, Behinderten, Kranken.

Herr, du hast vielen Kranken, Leidenden, Ausgestoßenen und Sündern zu neuem Leben und zu neuer Hoffnung verholfen.
Heute brauchst du uns, um das Leben aller zu ermöglichen.
Wir danken dir für alle Frauen und Männer, die zu Kindern stehen und ihnen helfen, in Liebe aufzuwachsen.
Wir danken dir für alle, die sich für Behinderte einsetzen, die sich mühen im Dienst an kranken oder alten Menschen.

Herr, wir bitten dich:

› Für alle, die treu dem Leben dienen und wenig Dank erfahren: Lass sie die innere Zufriedenheit als Zeichen deiner Nähe erkennen.

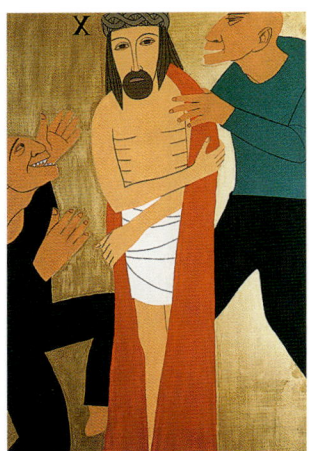

9. Station:
Jesus fällt zum dritten Mal unter dem Kreuz.

Jesus ganz am Boden, als Mensch unserer Zeit erdrückt von der Lawine des Wohlstandes mit seinen Zeichen: Auto, Fernseher, Geld, Zigaretten, Spritze, Tabletten, Flasche.– Reklame gaukelt dem Menschen Erfüllung vor.

Herr: Noch mehr genießen, noch mehr haben, uns noch mehr leisten,
überall mitmachen, ja nichts versäumen –
diese Einstellung verspricht Glück und
Erfüllung. Es ist schwer, gegen den Strom
zu schwimmen, auszusteigen und
einfacher zu leben.

Herr, darum bitten wir dich:
› Für alle, die aus dem Konsumzwang aussteigen wollen: Lass sie in deinem Geist neue Wege gehen.
› Für alle, die sich um den Schutz der Umwelt und des Lebensraumes bemühen: Dass sie sich durch Enttäuschungen und Hindernisse nicht von diesem Weg abbringen lassen.

10. Station:
Jesus wird seiner Kleider beraubt.

Zynisch das Gesicht des in giftigem Grün gekleideten Mannes, der Jesus die Kleider vom Leib reißt; zu einer Fratze entstellt das Gesicht des anderen Soldaten, der sich spöttisch vor Jesus niederkniet.

Herr, du wirst deiner Würde als Mensch
beraubt und leidest mit allen, deren
Menschenwürde mit Füßen getreten wird:
Menschen werden verleumdet, bloßgestellt,
missbraucht; Menschen werden ausgenützt
und hintergangen; Menschen werden
schamlos erniedrigt und ihrer Rechte beraubt.

Herr, darum bitten wir dich:
› Für alle, die andere Menschen schamlos für sich ausnützen: Lass ihnen aufgehen, dass dieser Weg nie zur Freude führen kann.
› Für alle, die sich für die Achtung des Menschen einsetzen: Dass sie fest auf dich vertrauen und die Kraft deines Geistes erfahren.

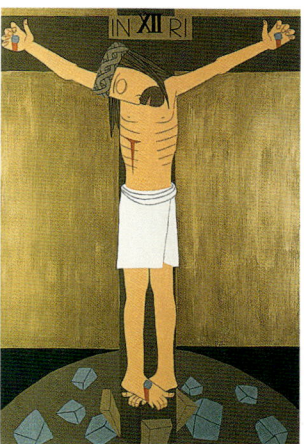

11. Station:
Jesus wird an das Kreuz geschlagen.

Jesus wird von Menschen ans Kreuz geschlagen. Scheinbar siegt die Gewalt, ausgedrückt durch Faust, Hammer, Nagel; mit dem Knie wird Jesus zu Boden gedrückt.

Es ist ungeheuerlich: Du, der Herr,
der den Menschen nur Gutes tun wollte,
wirst von Menschen ans Kreuz geschlagen.
Und doch stehen immer wieder Menschen
auf, die Gewaltlosigkeit und Liebe
zum Nächsten leben. Sie sind Zeichen
deiner Nähe: Sie werden am Ende siegen.

Herr, wir beten:
› Für alle, die auf Gewalt und Macht set-
  zen: Dein Wort stehe ihnen vor Augen:
  Wer zum Schwert greift, kommt durch das
  Schwert um.
› Für alle, die Liebe und Gewaltlosigkeit zu
  leben versuchen: Dass sie immer mit dir
  verbunden bleiben und an den Sieg des
  Guten glauben.

12. Station:
Jesus wird am Kreuz erhöht und stirbt.

Das Kreuz mit Christus ist in die Erde hin-
eingerammt. Kalt und abweisend sieht diese Welt aus mit ihren Bruchstücken. Doch
durch Christus, den Gekreuzigten, wird diese
Welt emporgehoben in das Licht Gottes.
Jesus am Kreuz wird zur Brücke, die Erde
und Himmel verbindet.

Herr, deine Liebe kennt keine Grenzen.
Du lässt dich von armseligen Menschen
wie einen Verbrecher hinrichten. Auch heute
betest du am Kreuz: »Vater, vergib ihnen,
denn sie wissen nicht, was sie tun!«

Herr, du bist die Brücke, die Gott uns gebaut
hat, damit wir aus unserem Dunkel hinfinden
in dein Licht. Wir bitten:
› Für alle, die unter dem Dunkel und der
  Grausamkeit leiden: Dass sie mit allen Kräften das Gute versuchen und die Hoffnung
  nicht aufgeben.
› Für alle, die sich in Schuld und Sünde verstrickt haben: Dass sie sich von dir befreien
  lassen.

13. Station:
Jesus wird vom Kreuz herab-genommen und in den Schoß seiner Mutter gelegt.

Trauer spricht aus Mariens Antlitz. Sie hält ihren toten Sohn. Eine Mutter weint um ihr Kind: Es ist verhungert; als Bahre dient eine Schachtel.

Gott und Vater: Maria steht für alle Mütter und Eltern, die heute um ihre Kinder weinen – wenn die Söhne im Krieg fallen, wenn junge Menschen im Rausch der Geschwindigkeit auf der Straße sterben, wenn sie von heimtückischen Krankheiten hinweggerafft werden, wenn sie Opfer der Arbeit werden, wenn sie durch Drogen-missbrauch ihr junges Leben zerstören.

Herr, wir bitten:
> Für alle Eltern, deren Kinder unerwünsch-te Wege gehen: Dass sie das Vertrauen nie abbrechen lassen.
> Für die Angehörigen von Verstorbenen: Dass sie das Schwere ertragen im Blick auf dein Kreuz und mit den Verstorbenen ver-bunden bleiben.

14. Station:
Der heilige Leichnam Jesu wird ins Grab gelegt.

Jesus ist ins Grab gelegt. Noch im Tod strahlt er Ruhe aus. Maria ist ganz ergeben in Gottes Willen. Hinter Maria öffnet sich ein langer, dunkler Tunnel: Mit ihm ist der Tod ver-gleichbar. Aber jeder Tunnel hat einen Aus-gang: Tod ist nicht Ende, sondern Durchgang zum Leben.

Gott und Vater: Jeden Tag sterben Menschen. Der Tod scheint das letzte Wort über den Menschen zu sprechen. Er fragt nicht nach Alter, Herkunft, Beruf, Vorbereitung. Jeder ist ihm ausgeliefert. Wie viele Tränen bringt er zum Fließen, wie viel Leid verursacht er in der Welt!

Herr, wir bitten:
> Für alle, die trauern: Dass sie den Tod nicht als Ende ansehen, sondern als Durchgang in dein ewiges Leben.
> Für alle, die Angst haben vor dem Sterben: Dass sie immer in Verbindung mit dir le-ben.

15. Station:
Halleluja! Christus lebt!

Christus, der Auferstandene, ist die leuchtende Mitte; von ihr strahlt Freude, Hoffnung, Leben aus. Für jeden Menschen, der dem auferstandenen Christus nachfolgt, ist täglich Auferstehung möglich: Aus Feindschaft auferstehen zu Versöhnung, aus Trauer zu Freude.

Herr Jesus Christus: Überwunden ist alles Leid und alles Dunkel. Du lebst – und in dir leben alle, die an ihrem Kreuz nicht zerbrechen, sondern darauf vertrauen, dass du es mitträgst, alle, die am Unheil der Welt nicht verzweifeln, sondern bewusst mitbauen am Reich des Friedens.

Für uns bitten wir:
❯ Dass wir unseren Kreuzweg des Lebens als Weg in die Herrlichkeit Gottes sehen und dass wir ihn darum voll Vertrauen gehen: Dazu segne und stärke uns der allmächtige Gott, der Vater und der Sohn und der Heilige Geist!

Dir, Herr, sei Lob und Dank in Ewigkeit!

Zu den Bildern des Kreuzweges

Die Bilder dieses Kreuzweges stammen aus der Pfarrkirche Algund in Südtirol. Sie wurden 1990 von Peter Fellin aus Meran gemalt. Sie wollen zum Nachdenken und Beten anregen. In jeder Station ist durch ein Zeichen oder durch einen Hinweis unser Leben und unsere Zeit mitgemeint: Jesus trägt mit seinem Kreuz auch unsere Not. Entscheidende Anregung zu diesem Kreuzweg hat der Pfarrgemeinderat von Algund beigetragen.
Die Texte zu den einzelnen Kreuzwegstationen können in der Familie, in Gruppen von Eltern mit Kindern oder auch in der Gemeinde gebetet werden. Dabei sollten die Texte abwechselnd von verschiedenen Sprechern gelesen werden.

Karwoche und Kartage

Mit dem Palmsonntag beginnt die Karwoche, auch Stille Woche, Heilige Woche oder Große Woche genannt.

Das Wort »Kar« kommt von dem althochdeutschen »kara« und bedeutet »Klage, Sorge, Kummer, Trauer«.

Die Kartage – von Donnerstagabend bis Samstagabend – bilden den Höhepunkt der Vorbereitung auf Ostern; die Kirche feiert das Leiden, Sterben und den Tod Jesu Christi.

Palmsonntag

Die Liturgie des Palmsonntag verbindet zwei Erinnerungen: das Gedächtnis des Einzugs Jesu in Jerusalem und seines Leidens und Sterbens. Freude und Trauer liegen beieinander.

Der Gottesdienst beginnt mit der Palmweihe in Erinnerung an den Jubel, der Jesus bei seinem Einzug in Jerusalem entgegengebracht wurde:

*Viele Menschen breiteten ihre Kleider
auf der Straße aus, andere schnitten Zweige
von den Bäumen und streuten sie
auf den Weg.*
Matthäus 21,8

Palmbund – Palmbuschen – Palmzweige

Eigentliche oder richtige Palmzweige sind Palmen und Ölzweige. Palmen sind das Symbol für den König; Ölzweige sind das Symbol für den Frieden, den dieser König bringt.

Diese echten Palmzweige werden in unseren Breiten ersetzt – je nach Landschaft unterschiedlich – durch »Palm«-Kätzchen, Buchsbaum, Immergrün, Wacholder, Tannen, Stech-palmen, Haselzweige oder andere Zweige und Knospen. Größe, Zusammensetzung und Schmuck des Palmbundes oder Palmbuschen sind nach Gegend und Überlieferung verschieden geprägt.

Früher wurden die Palmzweige über der Haustür aufgehängt, zum Friedhof getragen, in einen neu gepflügten oder mit Getreide besäten Acker gebracht. In einigen, vor allem ländlichen Gegenden gibt es diese Bräuche auch heute noch.

Wir könnten am Palmsonntag
> die Palmzweige in der Wohnung an einen geeigneten Platz hängen: ans Weihwasserbecken, hinter das Kreuz, über eine Tür …
> den Palmstrauß Taufpaten oder der Familie eines Patenkindes bringen.

Gründonnerstag

An diesem Tag wurden früher die öffentlichen Sünder, die am Aschermittwoch aus der Gemeinschaft ausgeschlossen worden waren, aus ihrer Bußzeit entlassen. Es wurde Versöhnung mit ihnen gefeiert; gemeinsam konnte die Gemeinde wieder das Osterfest feiern.

Von daher stammt wohl auch der Name: Die Büßer waren die Greinenden = die Weinenden. Aus dem Wort »Greindonnerstag« wurde »Gründonnerstag«. Andererseits spielt die Farbe Grün an diesem Tag auch eine besondere Rolle. Früher wurden am Gründonnerstag grüne Messgewänder getragen. – Bis heute ist es mancherorts noch Sitte, Spinat oder anderes grünes Gemüse zu essen. Vermischt ist dies vermutlich mit dem germanischen Brauch, zu Ehren des Donnergottes Thor Nesseln mit grünem Kohl zu essen.

Mit Ausnahme »der Messe zur Ölweihe« in der Bischofskirche – dort weiht der Bischof die Öle für die Taufe, Firmung, Priesterweihe, Krankensalbung und Altarweihe – wird am Morgen dieses Tages keine Messe gefeiert. Erst am Abend versammelt sich die Gemeinde und feiert zum Gedächtnis des Letzten Abendmahles festlich die Eucharistie.

Das Evangelium von der Fußwaschung erinnert uns an den Dienst, den der Herr an uns tut und den wir auch einander leisten sollen.

Als er ihnen die Füße gewaschen,
sein Gewand wieder angelegt und
Platz genommen hatte, sagte er zu ihnen:
Begreift ihr, was ich an euch getan habe?
Ihr sagt zu mir Meister und Herr,
und ihr nennt mich mit Recht so,
denn ich bin es.
Wenn nun ich, der Herr und Meister,
euch die Füße gewaschen habe,
dann müsst auch ihr einander
die Füße waschen.
Ich habe euch ein Beispiel gegeben,
damit auch ihr so handelt,
wie ich an euch gehandelt habe.
Johannes 13,12–15

Die Geste der Fußwaschung vermag das Wort der Verkündigung zu vertiefen. Dabei wäscht der Priester einigen Vertretern der Gemeinde die Füße.

Nach dem Gloria schweigen Glocken und Orgel bis zur Osternacht. Der Volksmund sagt: »Die Glocken fliegen nach Rom«; statt Glocken ertönen Holzratschen oder Klappern.

Der Leib des Herrn wird nach der Messfeier in einer Prozession vom Hauptaltar an einen anderen Ort getragen. Dort wird er aufbewahrt für die Kommunionspendung am Karfreitag und von den Gläubigen in stiller Anbetung verehrt.

Was wir in der Familie tun können

› Vor oder nach dem Gottesdienst gemeinsam Mahl halten in Erinnerung an das Mahl Jesu mit seinen Jüngern.

› Miteinander Vereinbarungen treffen, worauf jedes Familienmitglied bis zum Osterfest zu verzichten bereit ist.

› Etwas Grünes säen, was bis Ostern und darüber hinaus wachsen kann, aufgehen kann, z. B. Weizen, Kohl, Kräuter, Blumen.

› Früher galten Kräuter, die am Gründonnerstag gesammelt wurden, als besonders heil- und segenskräftig. Wir können Kräuter und Blumen sammeln und zu einem Kranz winden, der über den Sommer aufbewahrt und im Herbst an den Erntekranz gesteckt werden kann.

Karfreitag

Am Karfreitag feiert die Kirche keine heilige Messe.

Am Nachmittag, in der Regel um 15 Uhr, zur Todesstunde Jesu, versammelt sich die Gemeinde in der Kirche zu einem Wortgottesdienst zur Erinnerung an das Leiden und Sterben ihres Herrn. Der Tag steht mit seiner Stille und Besinnlichkeit, mit Fasten, Trauergesängen, schweigenden Glocken und schweigender Orgel ganz im Zeichen der Trauer. Die Leidensgeschichte und Verehrung des Kreuzes sind die Mitte des Gottesdienstes.

Karsamstag

Die Kirche und der Altar bleiben leer. Karsamstag ist der große Ruhetag zwischen Tod und Auferstehung. In der Familie ist der Karsamstag der Tag der letzten Vorbereitung auf das Osterfest.

**Kreuzigungsdarstellung
von Matthias Grünewald**
Mittelbild des Isenheimer Altars,
um 1512–1516

Auf der linken Seite Maria Magdalena,
dahinter der Jünger, den Jesus liebte
(Johannes), der die Mutter Jesu tröstet.
Rechts Johannes der Täufer mit dem Lamm
Gottes, geschlachtet zur Rettung aller;
zugleich ist es eine Anspielung auf den
Zusammenhang von Kreuzigung und
Messopfer.

Ostern

Vorbereitungen für das Osterfest

Ostereier bemalen

Der beliebteste und verbreitetste Brauch zu Ostern ist das Bemalen, Verschenken oder Verstecken von Ostereiern. Das Ei ist in allen Kulturen Symbol des Lebens; im Christentum wird das Osterei zum Symbol der Auferstehung.

Seit dem 16. Jahrhundert bringt der Osterhase den Kindern die Eier. Ob das nun daran liegt, dass er als sehr fruchtbares Tier gilt, dass er eigentlich ein missglücktes gebackenes Osterlamm war, dass er nach einer alten Überlieferung nicht schlafen und deshalb ein Symbol der Auferstehung sein soll … – jedenfalls entstand die Mär: Der Osterhase legt die Eier.

> Ostereier brauchen nicht einfach nur bunt angemalt werden. Malen können wir darauf auch: Osterwünsche, Ostersprüche, das Alleluja (sogar mit Noten), die Jahreszahl, eine Osterkerze, ein Kreuz, ein Christuszeichen …, je nach Altersstufe können wir in der Familie Sinnsprüche finden und auf die Eier malen.

> Statt mit gekauften Eierfarben können die Ostereier auch mit Naturfarben gefärbt werden:
> Braun werden die Eier durch Malzkaffee oder durch Zwiebelschalen, die im Wasser aufgekocht werden.
> Grün erhalten wir durch den Sud von Efeu- und Brennnesselblättern, von jungen Haferpflanzen oder Spinatsaft.
> Gelb werden die Eier durch die im Wasser aufgekochten Gewürze Safran und Kümmel.
> Rote Eier erhalten wir durch den Sud der Rote Bete.

Durch die Zugabe von etwas Essig werden die Farben intensiver. Die Eier mit einer Speckschwarte einreiben, solange sie noch heiß sind.

> In Südtirol ist es Brauch, feine Gräser und gefiederte Blättchen von Pflanzen mit einem Leinwandläppchen (Mullbinde) um das Ei zu binden. Farbflotte (käufliche, ungiftige) Eierfarbe ansetzen. Nach dem Färben zeichnen sich die Pflanzenmuster auf dem farbigen Untergrund ab.

> Das gekochte Ei in flüssiges Wachs tauchen. Dann Muster hineinkratzen und in eine Farblösung legen. Nach dem Färben erscheint nur das Eingeritzte farbig.

Ostersträuße und Ostermobiles

Material: Ausgeblasene Eier (die Hälfte mehr, als man zu benötigen gedenkt), Schaschlikstäbe und Korkscheiben, Fäden zum Aufhängen, einige Holzperlen; Wachsmalstifte, Deckfarben, Reste von Bändern, Litzen, Spitzen, Wolle, Kordeln.

Werkzeug und Hilfsmittel: Pinsel, Wasserbehälter, Lappen, Schere, Messer, UHU (Alleskleber); pro Ei ein halbes Streichholz zum Aufhängen.

Arbeitsgang: Ausgeblasenes Ei auf Schaschlikstäbchen stecken, oben und unten durch Korkscheibe vor dem Rutschen oder Sich-Drehen sichern. Schmücken je nach vorhan-

Kleine Geschichte des Osterfestes

Das Datum des Osterfestes hängt mit dem jüdischen Zeit- und Festtagskalender zusammen. Dort begannen die Monate jeweils mit dem Tag des Neumondes. Der erste Monat nach Frühlingsanfang hieß Nisan. Am 14. Nisan, dem Vollmondtag dieses Monats, feierten die Juden ihr Osterfest – Passah oder Pascha – zur Erinnerung an die Errettung aus Ägypten. Bis ins 2. Jahrhundert hinein war der 14. Nisan, ganz gleich auf welchen Wochentag er fiel, dann auch das Datum für das christliche Osterfest. Ein Teil der Christenheit (in Kleinasien) behielt diesen Termin bei, während sich Rom und damit der größere Teil der Kirche für den auf den 14. Nisan folgenden Sonntag entschied. Das 1. Konzil von Nizäa (325) beschloss die endgültige Regelung: Ostern wird alljährlich am Sonntag nach dem ersten Frühlingsvollmond gefeiert. Damit ist eine Schwankungsbreite von fünf Wochen (22. März–25. April) gegeben.

Das Osterfest ist eines unserer ältesten Feste. Schon Paulus scheint eine Jahresfeier des Todes und der Auferstehung Christi gekannt zu haben.

Im 4. Jahrhundert wurde Ostern als christliches Fest, als »Fest der Feste«, hoch geschätzt und ausgiebig gefeiert: Es gab nicht mehr nur eine Gesamtfeier von Tod und Auferstehung, sondern die drei österlichen Tage von Gründonnerstagabend bis Ostersonntag mit der Feier des gekreuzigten, begrabenen und auferstandenen Herrn.

Nach dem heiligen Beda (8. Jahrhundert) kommt der Name »Ostern« vermutlich von einer germanischen Gottheit Ostera oder Eostre, einer Göttin des strahlenden Morgenrots und des aufsteigenden Lichtes.

Heute nehmen die meisten Forscher jedoch an, dass hinter »Ostern« das althochdeutsche Wort *eostarun* – Morgenröte (vgl. unser Wort »Osten«) steht, und zwar als Übersetzung der lateinischen Bezeichnung *albae* für die Osterwoche. So wurde die Osterwoche nämlich wegen der weißen Gewänder der Neugetauften genannt. Neben »weiß« konnte *alba* (Plural: *albae*) aber auch für »Morgenlicht, Morgenröte« gebraucht werden.

Allen Erklärungsversuchen liegt die Vorstellung von Christus als der im Osten aufgehenden Sonne zugrunde.

Nach altem Glauben hüpft die Sonne aus Freude über den Auferstandenen am Ostermorgen mehrmals empor.

denem Material mit verschiedenen Farben und Motiven. Zum Aufhängen wird das Streichholzstück – mit einem Faden verbunden – senkrecht in die obere Eiöffnung geschoben. Es legt sich quer, sobald man den Faden anzieht. Stört das zweite – zum Ausblasen der Eier notwendige – Loch, verdeckt man es durch eine Perle oder eine schnell angefertigte Quaste aus Wollfäden.

Tipp: Mobiles lassen sich leichter auspendeln, wenn man sie von unten nach oben aufbaut.

Osterkerzen herstellen

In der Familie können wir Osterkerzen selbst herstellen. Dazu brauchen wir Wachsreste (alte Kerzenstümpfe) oder Zierwachs. Wir können die Kerzen gießen oder ziehen oder vorgefertigte Kerzen mit Ostersymbolen verzieren. Eine Osterkerze kann auch in den Wochen der Fastenzeit »wachsen«, indem wir sie jede Woche weiterschmücken. Die selbst hergestellte Osterkerze begleitet uns über die Osterfeiertage hinaus durch die ganze Osterzeit. Eine Osterkerze ist ein sinnvolles Geschenk für die Taufpaten der Kinder. Vielleicht laden wir die Paten der Kinder ein, oder wir besuchen sie an einem Wochenende. Am Osterfest erinnern uns die Taufkerzen an unsere Taufe. Wir stellen die Taufkerzen der Kinder und unsere eigenen an einem hervorgehobenen Platz auf und entzünden sie während der Mahlzeiten am Osterfest.

Die Osterspeisen segnen

In manchen Gemeinden lebt heute der alte Brauch wieder auf, im Ostergottesdienst Speisen zu segnen. Zu diesen Speisen, in einen geschmückten Korb gelegt, gehören Eier und Salz, Speck oder Schinken, Wurst, Butter, Meerrettich und selbst gebackenes Brot. Diese gesegneten Osterspeisen werden verschenkt oder im Kreis der Familie als erstes Ostermahl gegessen.

Das Osterfeuer

Das Feuer ist eines der kostbarsten Güter der Menschheit. Es galt in früheren Zeiten als Gabe der Götter und war den Menschen heilig. Das Feuer schenkt Wärme und Licht. Es ermöglicht Leben und Wachstum. Von daher war das Feuer stets Symbol der Sonne, die alles erwärmt und erhellt, die Leben gibt. Wenn die Sonne nach dem Winter wieder höherstieg, entzündete man die »Frühlingsfeuer«, die die lebensspendende Sonne begrüßen sollten. Von ihnen erwartete man sich zugleich auch Wachstum, Fruchtbarkeit und Abwehr von Krankheiten und allen Übeln, die im Feuer vernichtet werden sollten.

Noch heute sind in einigen Gegenden besondere »Feuerbräuche« zur Osterzeit verbreitet. So gibt es das »Feuerräderlaufen« in Westfalen. Große, mit Stroh umwickelte Holzräder, auf denen österliche Sprüche eingeschnitzt sind, werden brennend zu Tal gerollt. Nach alter Sitte verspricht man sich von den Flammenrädern Segen für die Felder.

Im Christentum löste das geweihte Osterfeuer den heidnischen Brauch der »Frühlingsfeuer« ab. Bereits seit dem 8. Jahrhundert beginnt die Feier der Auferstehung des Herrn mit der Weihe des Osterfeuers. Es soll aus einem Stein geschlagen werden – wohl als Hinweis auf das Hervorgehen Jesu aus dem Felsengrab. Das Osterfeuer ist Symbol für den auferstandenen Christus. Er ist die aufgehende Sonne, die Leben schenkt, »Leben in Fülle«.

Die Feier der Osternacht

In der Nacht oder am frühen Morgen des Ostersonntags begehen die Christen das Fest der Auferstehung. Kein Mensch war Zeuge der Auferstehung. Die Jünger sahen den toten Herrn, sie sahen das Grab. In der Begegnung mit dem Lebendigen erfahren sie Ostern: Sie glauben, dass er wieder gegenwärtig ist. Diesen Glauben sagen sie mit menschlichen Worten weiter. Das Geheimnis der Osternacht bleibt Gottes Geheimnis. Wir können uns nur in Bildern eine Vorstellung machen von diesem unbegreiflichen Geschehen: Leben ist stärker als der Tod. Aus Dunkel wird Licht. Dies feiern wir Christen in der Osternacht.

Die Feier der Osternacht besteht aus vier Teilen: Nach der *Lichtfeier* mit der Segnung des Feuers und der Osterkerze und dem feierlichen Lobgesang auf die Osternacht, dem Exsultet, folgt der *Wortgottesdienst* mit den Lesungen aus dem Alten und Neuen Testament, in denen wir von den großen Taten Gottes hören. In der anschließenden *Tauffeier* wird das Taufwasser geweiht und wenn möglich auch die Taufe gespendet. Alle erneuern in der Gemeinschaft der Glaubenden ihr Taufversprechen. Daran schließt sich die *Eucharistiefeier* an.

Frohlocket, ihr Chöre der Engel,
frohlocket, ihr himmlischen Scharen,
lasset die Posaune erschallen,
preiset den Sieger, den erhabenen König!
Lobsinge, du Erde,
überstrahlt vom Glanz aus der Höhe!
Licht des großen Königs umleuchtet dich.
Siehe, geschwunden ist allerorten
das Dunkel.
Auch du freue dich, Mutter Kirche,
umkleidet von Licht und
herrlichem Glanze!
Töne wider, heilige Halle,
töne von des Volkes mächtigem Jubel.

Beginn des Exsultet, des feierlichen Preisgesangs in der Osternacht

Der Text geht auf das 5. Jahrhundert zurück. Die heute gebräuchliche Melodiefassung stammt aus dem 13. Jahrhundert.

Das ist der Tag, den Gott gemacht

T: nach Heinrich Bone 1851
M: nach Johannes Leisentrit 1567

1. Das ist der Tag, den Gott ge-macht, der Freud in al-le Welt ge-bracht. Es freu sich, was sich freu-en kann, denn Wun-der hat der Herr ge-tan.

2. Verklärt ist alles Leid der Welt,
   des Todes Dunkel ist erhellt.
   Der Herr erstand in Gottes Macht,
   hat neues Leben uns gebracht.

3. Nun singt dem Herrn ein neues Lied,
   in aller Welt ist Freud und Fried.
   Es freu sich, was sich freuen kann,
   denn Wunder hat der Herr getan.

Die Osterbotschaft

Als der Sabbat vorüber war, kauften Maria aus Magdala, Maria, die Mutter des Jakobus, und Salome, wohlriechende Öle, um damit zum Grabe zu gehen und Jesus zu salben. Am ersten Tag der Woche kamen sie in aller Frühe zum Grab, als eben die Sonne aufging. Sie sagten zueinander: Wer könnte uns den Stein vom Eingang des Grabes wegwälzen? Doch als sie hinblickten, sahen sie, dass der Stein schon weggewälzt war; er war sehr groß. Sie gingen in das Grab hinein und sahen auf der rechten Seite einen jungen Mann sitzen, der mit einem weißen Gewand bekleidet war; da erschraken sie sehr. Er aber sagte zu ihnen: Erschreckt nicht! Ihr sucht Jesus von Nazaret, den Gekreuzigten. Er ist auferstanden; er ist nicht hier. Seht, da ist die Stelle, wo man ihn hingelegt hatte. Nun aber geht und sagt seinen Jüngern, vor allem Petrus: Er geht euch voraus nach Galiläa; dort werdet ihr ihn sehen, wie er es euch gesagt hat.

Markus 16,1–7

Emmausgang am Ostermontag

Am zweiten Ostertag hören wir im Gottesdienst das Evangelium von den beiden Jüngern auf dem Weg nach Emmaus (Lukas 24,13–35). Von daher entwickelte sich der Brauch des Emmausganges am Ostermontag. Warum diesen Brauch nicht wieder einmal mit einer kleinen Wanderung aufgreifen? Unterwegs sprechen wir, ähnlich wie die beiden Jünger, über das, was sich ereignet hat. Wir erzählen uns, was uns auf unserem Weg durch die Fastenzeit gutgetan hat und was weniger. Oder wir sprechen über die Botschaft von Ostern – was sie für uns, für unsere Familie und für unseren gemeinsamen Lebensweg bedeuten könnte.

Christi Himmelfahrt

In den ersten Jahrhunderten beging die Kirche die 50 Tage nach Ostern bis zum Pfingstfest als eine geschlossene Festzeit. Seit dem 4. Jahrhundert wurde am 40. Tag nach Ostern ein eigenes Fest »Himmelfahrt Christi« gefeiert. Hierdurch sollte die Verherrlichung Jesu Christi, die besondere und neue Art seiner Gegenwart gefeiert werden. Der 40. Tag wurde gewählt in Anlehnung an das Wort: »40 Tage hindurch ist er ihnen erschienen« (Apostelgeschichte 1,3). Der Evangelist Lukas schreibt dazu in der Apostelgeschichte:

Als Jesus das gesagt hatte,
wurde er vor ihren Augen emporgehoben
und eine Wolke nahm ihn auf und entzog
ihn ihren Blicken. Während sie unverwandt
ihm nach zum Himmel emporschauten,
standen plötzlich zwei Männer in weißen
Gewändern bei ihnen und sagten:
Ihr Männer von Galiläa, was steht ihr da
und schaut zum Himmel empor?
Dieser Jesus, der von euch ging und in
den Himmel aufgenommen wurde,
wird ebenso wiederkommen, wie ihr ihn
habt zum Himmel hingehen sehen.
Apostelgeschichte 1,9–11

Was ist »Himmelfahrt«?

»Ich beschwöre euch, meine Brüder, bleibt der Erde treu ...« Dieses Wort stammt von Friedrich Nietzsche. Vielleicht möchte mancher von uns auch angesichts der Vorstellung von Himmelfahrt diesem Ruf folgen: »Bleibt der Erde treu!« Denn heißt Himmelfahrt nicht Abschied von der Erde? Gott zog in eine heile Welt, an einen sicheren Ort, eben in den Himmel? Hat Christus sich unserer Erde entzogen? Müssten nicht gerade wir Christen angesichts der Probleme unserer Zeit rufen: »Komm wieder herunter, Jesus! – Geh mit uns die Probleme dieser Welt an!« Himmelfahrt als Abschied in eine ferne Welt – ein Missverständnis und eine Vorstellung, die immer noch weit verbreitet ist: der Himmel als Ort irgendwo hinter den Sternen.

Weltbild zur Zeit Jesu

Wenn wir verstehen wollen, was Himmelfahrt bedeutet, müssen wir uns bewusst machen, welche Vorstellungen der Welt und des Himmels sich die Menschen zur Zeit Jesu gemacht haben. Die Welt, das war die Erde, eine Scheibe, die auf Säulen in einem großen Urwasser – der Unterwelt – getragen wurde. Der Himmel war das Firmament, die Wolken und der Horizont, den wir mit unseren Augen sehen. Die Welt gliederte sich in drei Stockwerke:
> die *Unterwelt* – der Ort des Bösen;
> die *Erde* – der Ort des Menschen;
> der *Himmel* – der Ort des Guten
    oder die Wohnung Gottes.

Wenn nun Christus wieder bei Gott sein sollte, so musste er eben nach »oben« in den »Himmel«, den Ort Gottes.
Dies konnte man sich nicht anders vorstellen, als dass er durch eine Wolke emporgehoben wurde. Der Evangelist sagt ganz einfach: »Er wurde vor ihren Augen emporgehoben.«

Weltbild heute

Die frühmittelalterlichen Maler und die Maler der Ikonen hatten eine andere Ahnung von dem, was mit Himmel gemeint ist. Sie haben nicht einfach den Himmel »oben« ge-

Zwei Lastkutscher kamen mit vollgeladenen Eselskarren einher. Die Wege waren verschlammt, und die beiden Karren fuhren sich fest. Einer der beiden Kutscher war fromm. Er fiel dort im Schlamm auf die Knie und begann, Gott darum zu bitten, er möge ihm helfen. Er betete, betete ohne Unterlass und schaute zum Himmel.

Währenddessen fluchte der andere wütend, arbeitete aber. Er suchte sich Zweige, Blätter und Erde zusammen. Er schlug auf den Esel ein. Er schob am Karren. Er schimpfte, was das Zeug hielt. Und da geschieht das Wunder: Aus der Höhe steigt ein Engel nieder.

Zur Überraschung der beiden Kutscher kommt er jedoch demjenigen zur Hilfe, der geflucht hat. Der arme Mann wird ganz verwirrt und ruft: Entschuldige, das muss ein Irrtum sein. Sicher gilt die Hilfe dem anderen. Aber der Engel sagte: Nein, sie gilt dir. Gott hilft dem, der arbeitet.

Helder Camara

malt. Sie malten ihn nicht blau, sondern golden. Und sie wählten ihn als Hintergrund, als tragenden Grund, auf dem sie die Menschen darstellten: Der Himmel als tragender Grund der Menschen und der Welt. So ist der Himmel nicht einfach oben, sondern er umgibt uns wie Gott von allen Seiten. Der Himmel ist uns genauso nah, wie Gott uns nahe ist.

Auch in unserer heutigen Sprache ist »Himmel« oder »himmlisch« ein Symbol für alles Gute, Schöne, für Freiheit, Liebe und Glück. So hat sich zwar unser Weltbild verändert, aber nicht das, was die Bibel mit »Himmelfahrt« erzählen wollte.

Die elf Jünger gingen nach Galiläa auf den Berg, den Jesus ihnen genannt hatte. Und als sie Jesus sahen, fielen sie vor ihm nieder. Einige aber hatten Zweifel. Da trat Jesus auf sie zu und sagte zu ihnen: Mir ist alle Macht gegeben im Himmel und auf der Erde. Darum geht zu allen Völkern und macht alle Menschen zu meinen Jüngern; tauft sie auf den Namen des Vaters und des Sohnes und des Heiligen Geistes, und lehrt sie alles befolgen, was ich euch geboten habe. Seid gewiss: Ich bin bei euch alle Tage bis zum Ende der Welt.
Matthäus 28,16–20

»Himmel« beginnt, wo wir Gott begegnen

Christus nimmt nicht Abschied von der Erde bis zur Wiederkehr. Er ist auf neue Weise gegenwärtig: Herr und Gott für die Menschen aller Länder, aller Zeiten, aller Rassen und aller Generationen.

Himmel ist nicht die Bezeichnung eines Ortes, sondern einer Beziehung: Christus ist wieder beim Vater, zu seiner Rechten.

Himmelfahrt feiern heißt nicht, zum Himmel hinaufschauen. Es ist auch kein Fest des Abschieds, sondern Zusage der Gegenwart Gottes und Auftrag für uns. So mahnt der Evangelist Lukas: »Ihr Männer von Galiläa, was steht ihr da und schaut zum Himmel?« (Apostelgeschichte 1,11).

Auch für uns beginnt der »Himmel« auf Erden. Der Himmel ist da, wo wir Gott begegnen und bei ihm sind. Dies geschieht überall dort, wo wir Liebe, Freude und Glück schenken und erfahren.

Der Himmel, das letzte Glück, ist jedoch noch nicht ganz da. Aber wir können den Himmel schon ein wenig aufgehen lassen. Der brasilianische Bischof Helder Camara hat versucht, dies in einem kleinen Gleichnis (siehe oben) zu veranschaulichen.

Pfingsten

Kleine Geschichte des Pfingstfestes

Im Anfang schuf Gott Himmel und Erde;
die Erde aber war wüst und wirr, Finsternis
lag über der Urflut, und Gottes Geist
schwebte über dem Wasser. Gott sprach:
Es werde Licht. Und es wurde Licht.
Genesis 1,1–3

Dieser Text, der am Beginn der Bibel steht, ist das Glaubensbekenntnis der Menschen des Alten Bundes, das in den Schöpfungserzählungen der Hl. Schrift seinen Ausdruck findet und sich durch die Geschichte des auserwählten Volkes hindurchzieht bis zum Pfingstfest der Kirche.

Fest der Ernte

Im jährlich wiederkehrenden Rhythmus des Zeitenlaufes gab es im Gottesvolk des Alten Bundes große Wallfahrtsfeste. Eines davon war Pfingsten, das »Fest der Ernte« (Erntedankfest). Es stand in innerer Beziehung zum »Fest der ungesäuerten Brote« am Beginn der Gerstenernte und wurde fünfzig Tage danach am Ende der Getreideernte gefeiert. Man nannte es auch einfach »Wochenfest«:

Du sollst sieben Wochen zählen. Wenn man
die Sichel an den Halm legt, sollst du
beginnen, die sieben Wochen zu zählen.
Danach sollst du dem Herrn, deinem Gott,
das Wochenfest feiern und dabei eine
freiwillige Gabe darbringen, die du
danach bemisst, wie der Herr, dein Gott,
dich gesegnet hat.
Deuteronomium 16,9–10

So verbanden die gläubigen Israeliten die Freude über die Ernte mit dem Dank an Jahwe, ihren Gott, der ihnen den Reichtum seines Segens darin bewiesen hatte.

Fest des Bundes

In spätjüdischer Zeit trat an die Stelle des Erntedanks immer stärker die Gedächtnisfeier des Geschehens am Sinai, als Gott dem Mose das Gesetz gab. Der Bundesschluss zwischen Israel und Jahwe, der sein Volk aus Ägyptens Knechtschaft befreit und auf wunderbare Weise in das Land seiner Verheißung geführt hat, war durch die »Gesetzgebung« besiegelt worden.

An Pfingsten erneuerte das Gottesvolk in der Gedächtnisfeier seinen Bund mit Gott:

Ihr habt gesehen, was ich den Ägyptern
angetan habe, wie ich euch auf Adlerflügeln
getragen und hierher zu mir gebracht habe.
Jetzt aber, wenn ihr auf meine Stimme hört
und meinen Bund haltet, werdet ihr unter
allen Völkern mein besonderes Eigentum sein.
Mir gehört die ganze Erde, ihr aber sollt
mir als ein Reich von Priestern und
als ein heiliges Volk gehören.
Exodus 19,4–6

Das christliche Pfingstfest

Die Kirche hat an diese religiöse Tradition angeknüpft und feiert bis heute am 50. Tag nach Ostern das Pfingstfest. Sie feiert die Vollendung und Bestätigung der Auferstehung Jesu, seine Erhöhung zum Vater und seine bleibende Gegenwart durch das Wirken des Heiligen Geistes. In der Apostelgeschichte wird erzählt, wie die Jünger Jesu am Pfingstfest neue Kraft und Mut fanden

Pfingsten, Ölgemälde von Emil Nolde, 1909

Das Pfingstereignis

Als der Pfingsttag gekommen war, befanden sich alle am gleichen Ort. Da kam plötzlich vom Himmel her ein Brausen, wie wenn ein heftiger Sturm daherfährt, und erfüllte das ganze Haus, in dem sie waren. Und es erschienen ihnen Zungen wie von Feuer, die sich verteilten; auf jeden von ihnen ließ sich eine nieder. Alle wurden mit dem Heiligen Geist erfüllt und begannen, in fremden Sprachen zu reden, wie es der Geist ihnen eingab.

In Jerusalem aber wohnten Juden, fromme Männer aus allen Völkern unter dem Himmel. Als sich das Getöse erhob, strömte die Menge zusammen und war ganz bestürzt; denn jeder hörte sie in seiner Sprache reden.

Sie gerieten außer sich vor Staunen und sagten: Sind das nicht alles Galiläer, die hier reden? Wieso kann sie jeder von uns in seiner Muttersprache hören: Parther, Meder und Elamiter, Bewohner von Mesopotamien, Judäa und Kappadozien, von Pontus und der Provinz Asien, von Phrygien und Pamphylien, von Ägypten und dem Gebiet Libyens nach Zyrene hin, auch die Römer, die sich hier aufhalten, Juden und Proselyten, Kreter und Araber, wir hören sie in unseren Sprachen Gottes große Taten verkünden. Alle gerieten außer sich und waren ratlos. Die einen sagten zueinander: Was hat das zu bedeuten? Andere aber spotteten: Sie sind vom süßen Wein betrunken.

Apostelgeschichte 2,1–13

*Alle wurden mit dem Heiligen Geist erfüllt
und begannen, in fremden Sprachen zu reden,
wie es der Geist ihnen eingab.*
Apostelgeschichte 2,4

So ist Pfingsten, der 50. Tag, der Tag der Vollendung, der Reife, der Lebensfülle für die Ewigkeit. Hier findet der Brauch der Ostkirche seine Erklärung, an Pfingsten den Boden in den Kirchen mit Gräsern und Blumen zu bedecken: ein Hinweis auf den neuen, nicht mehr zerstörbaren Paradiesgarten, seit Gottes Geist in dieser Welt am Werk ist.
Ähnlich darf schließlich der Pfingstspaziergang der Familie, der Familiengruppen oder der Nachbarschaften gedeutet werden: Im Heiligen Geist sind wir als seine Gemeinde zusammengerufen, gesandt, seine Liebe allen zu bezeugen. Jesus sagt:

*Ich werde den Vater bitten,
und er wird euch einen anderen
Beistand geben,
der für immer bei euch bleiben soll.
Es ist der Geist der Wahrheit.*
Johannes 14,16–17

*Atme in mir, du Heiliger Geist,
dass ich Heiliges denke.
Treibe mich, du Heiliger Geist,
dass ich Heiliges tue.
Locke mich, du Heiliger Geist,
dass ich Heiliges liebe.
Stärke mich, du Heiliger Geist,
dass ich Heiliges hüte.
Hüte mich, du Heiliger Geist,
dass ich das Heilige nimmer verliere.*
Augustinus zugeschrieben

Bilder des Geistes

Ein brausender Wind:
Er wirbelt den Staub der Gewohnheiten auf.

Ein stiller Windhauch:
Er kennt auch das Einfache und Unscheinbare.

Ein weiter Horizont:
Er führt aus der Enge des Alltags heraus.

Ein feuriges Herz:
Er kennt keine Lethargie und Verzweiflung.

Ein helles Licht:
Er vertreibt die Dunkelheit des Lebens.

Ein hellhöriges Ohr:
Er hört zu, wie keiner sonst es tut.

Ein offener Blick:
Er entdeckt alle Probleme und sieht
in das Herz.

Ein ausgestreckter Arm:
Er lebt in der Sehnsucht nach
der Welt Gottes.

Eine rufende Stimme:
Er kennt deine Zeit und deine Fähigkeiten.

*Es gibt
verschiedene Gnadengaben,
aber nur den einen Geist.
Es gibt
verschiedene Dienste,
aber nur den einen Herrn.
Es gibt
verschiedene Kräfte, die wirken,
aber nur den einen Gott:
Er bewirkt alles in allen.*
1 Korinther 12,4–6

Pfingstbrauchtum

Pfingsten war ursprünglich ein Erntefest der Israeliten, ein Dankfest für die gute Ernte, die zwischen Ostern und Pfingsten eingebracht wurde. Es war Brauch, dass das Volk Israel nach Jerusalem aufbrach, um dem Herrn ein Dankopfer zu bringen.

Diese alte Sitte des Aufbruchs spiegelt sich in vielen Bräuchen und Traditionen wider, die heute noch in verschiedenen Landschaften anzutreffen sind, auch wenn sie meist ihren religiösen Hintergrund verloren haben. So sind vielerorts die Pfingstumritte durch Wiesen und Felder bekannt, oft verbunden mit Reiterspielen und Wettritten. In manchen Gegenden ziehen Jungen, mit Schellen und Girlanden behangen, oder Mädchen, als Pfingstbräute geschmückt, durch die Dörfer und sammeln Pfingsteier, Pfingstkuchen und Speck ein. In den Alpenländern wurde früher am Pfingstsonntag das Vieh auf die Weide bzw. auf die Alm getrieben, angeführt vom festlich geschmückten Pfingstochsen.

Der Pfingstausflug

Seit alters zieht es die Menschen an Pfingsten hinaus in die Natur. Der Pfingstausflug ist auch heute noch in vielen Familien gute Tradition. Oft werden befreundete Familien dazu eingeladen. Oder man geht mit der Familiengruppe. Es ist interessanter und vielleicht auch abwechslungsreicher, vor allem für die Kinder, wenn man »mit anderen« durch Wald und Feld zieht. Kleine »Forscheraufträge« oder sportliche Wettkämpfe machen den Ausflug zu einem Erlebnis für Jung und Alt. Die ganze Familie macht mit:

> Wir halten unterwegs Ausschau nach originellen Dingen. Der originellste Fund wird mit einem Sonderpreis belohnt.
> Wir sammeln möglichst viele verschiedene Strauch- und Baumblätter. Wer sie benennen kann, erhält jeweils einen Punkt für seine Familie.
> Wer findet die knorrigste Wurzel im Wald? Von Wurzeln kann man viele Fantasiege-

Komm herab, o Heilger Geist

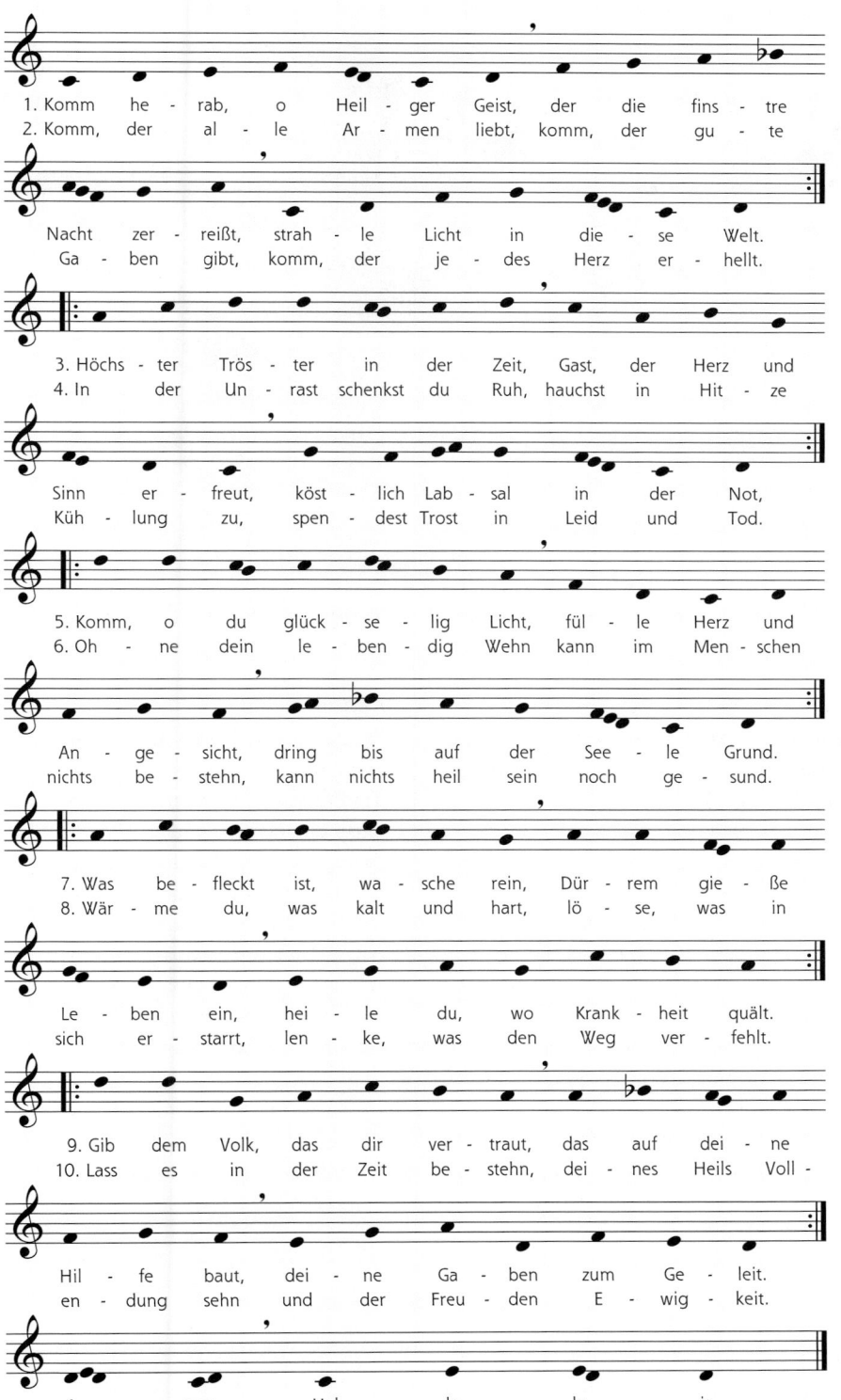

1. Komm he - rab, o Heil - ger Geist, der die fins - tre
2. Komm, der al - le Ar - men liebt, komm, der gu - te

Nacht zer - reißt, strah - le Licht in die - se Welt.
Ga - ben gibt, komm, der je - des Herz er - hellt.

3. Höchs - ter Trös - ter in der Zeit, Gast, der Herz und
4. In der Un - rast schenkst du Ruh, hauchst in Hit - ze

Sinn er - freut, köst - lich Lab - sal in der Not,
Küh - lung zu, spen - dest Trost in Leid und Tod.

5. Komm, o du glück - se - lig Licht, fül - le Herz und
6. Oh - ne dein le - ben - dig Wehn kann im Men - schen

An - ge - sicht, dring bis auf der See - le Grund.
nichts be - stehn, kann nichts heil sein noch ge - sund.

7. Was be - fleckt ist, wa - sche rein, Dür - rem gie - ße
8. Wär - me du, was kalt und hart, lö - se, was in

Le - ben ein, hei - le du, wo Krank - heit quält.
sich er - starrt, len - ke, was den Weg ver - fehlt.

9. Gib dem Volk, das dir ver - traut, das auf dei - ne
10. Lass es in der Zeit be - stehn, dei - nes Heils Voll -

Hil - fe baut, dei - ne Ga - ben zum Ge - leit.
en - dung sehn und der Freu - den E - wig - keit.

A - men. Hal - le - lu - ja.

T: »Veni sancte spiritus«, Übertragung Marie Luise Thurmair und Mark Jenny 1971,
© Verlag Herder, Freiburg; M: Paris um 1200

bilde ableiten: Gesichter, Vögel, Gnome usw. und entsprechende Geschichten erzählen.

> Wir fertigen eine »Collage« mit den Dingen an, die wir innerhalb von zehn bis fünfzehn Minuten im Wald oder am Fluss finden.

> Wir sammeln kleine Vogelfedern. Anschließend beginnt das große Pusten. Von der flachen Hand wird die Feder ins Feld gepustet. Die Weiten der einzelnen Familienmitglieder werden zusammengezählt.

> Vom Rastplatz aus schätzen wir die Entfernung zu einem bestimmten Baum oder Strauch.

> Alle Familienmitglieder stoßen einen Stein der Reihe nach weiter. Die gesamte »Stoßstrecke« wird gemessen.

> Wer findet innerhalb einer festgelegten Zeit den größten Käfer?

> Aus einer bestimmten Entfernung müssen kleine Steine in das Loch eines morschen Baumstumpfes oder Baumstammes geworfen werden. Am Wasser kann ein bestimmter Punkt im Fluss oder im See angezielt werden.

> Wir sammeln verschieden große und geformte (Kiesel-)Steine. Zu Hause können wir sie reinigen, aufeinander kleben und als »Steinmännchen« bunt anmalen.

> In unserem Gebiet leben seltsame Tiere. Ihre Namen stehen auf einem Blatt Papier: Lodress, Schad, Siamee, Radrem, Blaswech, Suma, Brusdas, Plansei, Petsch, Eupar. Jede Familie löst möglichst schnell das Rätsel und schreibt die »richtigen« Tiernamen auf. (Lösung: Drossel, Dachs, Ameise, Marder, Schwalbe, Maus, Bussard, Spaniel, Specht, Raupe).

> Am Rastplatz verstecken sich zwei Drittel aller Ausflügler, während das restliche Drittel »Wache schiebt«. Wer kann sich ganz unbemerkt an den Rastplatz heranschleichen?

> Wir verstecken am Zielort einen Schatz (Bonbons, Schokolade etc.), zu dem bestimmte Pfeile bzw. Spuren oder auch geheimnisvolle Briefe in verschiedenen Verstecken hinführen.

> Wir machen unterwegs eine kleine »Schnitzeljagd«. Eine Familie markiert die weitere Wegstrecke mit Kreide und Pfeilen aus Stöckchen. Selbstverständlich werden auch Irr- und Umwege eingebaut.

> Wir singen Wanderlieder oder machen dazu Bewegungsspiele, z. B.:

Ein Hut (Schritt nach vorn),
ein Stock (Schritt nach vorn),
ein Regenschirm (Schritt nach vorn),
und vorwärts (Schritt nach vorn),
rückwärts (Schritt nach hinten),
seitwärts (Schritt zur Seite),
ran (beide Füße zusammen).

Spiele für draußen

Kettenfangen

Einer ist Fänger, alle anderen sind Läufer. – Der Fänger beginnt, die Läufer zu fangen. Jeder abgeschlagene Läufer fasst den Fänger an und fängt mit. So bildet sich allmählich eine immer länger werdende Kette. Nur die beiden äußeren Läufer mit ihren freien Händen dürfen Läufer abschlagen; ist die Kette gerissen, darf sie nicht fangen, bis sie sich wieder zusammengefügt hat. Es wird so lange gefangen, bis nur noch einer übrig bleibt. Dieser ist dann beim nächsten Spiel der Fänger.

Schwänzchen-Fangen

Es werden zwei Mannschaften gebildet. Alle Teilnehmer stecken sich hinten ein »Parteiband« (z.B. rot oder blau) so an, dass es als Schwänzchen gut sichtbar ist. Auf ein gemeinsames Startsignal hin versucht nun jeder, möglichst viele Schwänzchen der anderen Mannschaft zu rauben. Wer kein Schwänzchen mehr hat, scheidet aus. Sieger ist die Mannschaft, die am Schluss noch ein eigenes Schwänzchen hat.

Wasser-Stafette

Je nach Anzahl der Mitspielenden werden gleich große Mannschaften gebildet. Die Mannschaften stellen sich hintereinander auf; der Erste erhält jeweils einen flachen Teller. Vor jeder Mannschaft steht ein leerer Eimer, in etwa 10 bis 20 Metern Entfernung steht ein mit Wasser gefüllter Eimer.
Nach dem Startsignal läuft der Erste los zu dem Wassereimer, füllt dort den Teller mit Wasser, läuft zurück, schüttet das mitgebrachte Wasser in den leeren Eimer und gibt den Teller an den Nächsten seiner Mannschaft weiter, der dann losläuft zum Wasserholen usw.
Das Spiel kann so lange fortgesetzt werden, bis alle zwei- oder dreimal gelaufen sind, oder es wird eine Zeit festgesetzt. Der Weg zwischen den beiden Eimern kann noch mit Hindernissen, die zu überwinden sind, erschwert werden.
Welche Mannschaft hat zum Schluss das meiste Wasser »transportiert«?

Blinzeln

Alle Mitspieler stehen zu zweit hintereinander im Kreis; der hintere Spieler muss die Hände auf dem Rücken verschränken. Nur ein Spieler steht im Kreis ohne »Vordermann«. Er muss nun versuchen, durch Blinzeln jemanden aus dem Kreis, der vorn steht, zu sich herüberzulocken. Der Angeblinzelte darf, wenn er loslaufen will, von seinem »Hintermann« festgehalten werden, indem dieser ihm schnell die Hände auf die Schultern legt oder ihn umfasst. – Wer allein stehen bleibt, blinzelt weiter, um einen anderen Spieler auf den nun freien Platz zu bekommen.
Wichtig: Darauf achten, dass alle hinteren Spieler die Hände hinter dem Rücken halten! Möglichst schnell spielen!

Fang den Stock!

Hier geht es um Schnelligkeit. Jede beliebige Anzahl von Spielern kann mitmachen. Jeder Spieler braucht einen ungefähr eineinhalb Meter langen Stock. Die Spieler bilden einen Kreis mit einem Abstand von ungefähr zweieinhalb Metern voneinander. Jeder hält seinen Stab senkrecht vor sich, sodass ein Ende den Boden berührt. Sobald der Spielleiter »Wechselt!« ruft, lässt jeder seinen senkrecht stehenden Stab los, rennt zum Stock seines rechten Nachbarn und versucht, diesen Stock zu fassen, bevor er umfällt. Wer den Stock nicht rechtzeitig fängt, scheidet aus. Das Spiel geht so lange, bis nur noch ein Spieler übrig und damit Sieger oder Siegerin ist. – Wenn

das Spiel zu leicht erscheint, kann der Abstand zwischen den Spielern natürlich vergrößert werden.

»Schnitzeljagd«

Ein immer wieder beliebtes Geländespiel: Die Gesamtgruppe teilt sich in eine größere und eine kleinere Mannschaft auf. Die kleinere Gruppe bekommt einen Eimer oder einen Sack mit Sägemehl, Holzspänen oder Papierschnitzeln. Sie macht sich auf den Weg und hat unterwegs mit dem Sägemehl oder mit den Papierschnitzeln Spuren zu hinterlassen. Vor allem an Wegkreuzungen bzw. Abzweigungen ist die Richtung (mit einem Pfeil) anzugeben. (Natürlich können auch Spuren eines »Irrweges« gelegt werden!) Die größere Gruppe begibt sich nach etwa 20 bis 30 Minuten auf die Verfolgung der kleineren Gruppe.

Die »Spurenleger« stellen oder legen am Ende ihres Weges den (leeren) Eimer oder Sack für die Verfolger gut sichtbar ab. Sie dürfen sich nun verstecken: Für die Verfolger wird eine Notiz hinterlassen, in welchem Umkreis sich die Verstecke befinden. Die Verfolger müssen nun suchen.

Tipp: Es empfiehlt sich, den Verfolgern eine Trillerpfeife mitzugeben. Nach einer vorher bestimmten Zeit werden mit dem Pfeifsignal auch all die aus ihren Verstecken geholt, die bislang nicht gefunden worden sind.

Zwei und Zwei = Drei (Beine)

Für je zwei Spieler wird ein Tuch (Halstuch oder Ähnliches) benötigt.

Zwei Spieler bilden ein Paar, wobei die beiden inneren Beine jedes Paares an den Knöcheln mit dem Tuch zusammengebunden werden. Die Paare stellen sich in zwei oder mehr Mannschaften hinter einer Startlinie auf. Nach dem Startsignal läuft jeweils das erste Paar los bis zu einer Wendemarke und läuft zur Mannschaft zurück, um mit Handschlag das nächste Paar »auf die Reise« zu schicken. – Statt Stafette auch als Kreisspiel möglich.

Fronleichnam – das Fest vom leibhaftigen Gott

Wie das Fest Fronleichnam entstand

Am Donnerstag nach dem Dreifaltigkeitssonntag feiern die katholischen Christen das »Hochfest des Leibes und Blutes Christi« – Fronleichnam. Der Legende nach geht Fronleichnam auf eine Vision der Nonne Juliana von Cornillon aus einem Kloster in der Nähe der Stadt Lüttich in Belgien zurück (siehe nächste Seite).

Als das Fest vor über siebenhundert Jahren entstand, bedeutete *vrôn* »heilig, göttlich, herrschaftlich« und *lîcham* oder *lîchnam* »Körperbedeckung«, dann auch »Körper, Leib«. Das Wort Fronleichnam bedeutet also »göttlicher Leib, Leib des Herrn«.

Wie es mit dem Fest weiterging

1264 führt Papst Urban IV. das Fronleichnamsfest für die ganze Kirche ein. Zunächst wird es auf den Donnerstag nach Pfingsten festgelegt (»Alter Fronleichnamstag«), später verschiebt es sich um eine Woche und liegt nun zehn Tage nach Pfingsten (2. Donnerstag nach Pfingsten).

Im Laufe der Zeit entwickelt sich aus einem zunächst eher besinnlichen Feiertag ein prächtiges Prozessionsfest, das schnell an Beliebtheit gewinnt. Man verbindet Altes mit Neuem: Die Prozession an Fronleichnam, bei der »der in der geweihten Hostie gegenwärtige Leib des Herrn gezeigt« wird, bietet den kirchlichen Rahmen für den bereits aus vorchristlicher Zeit stammenden Brauch, im Frühsommer die Felder zu umgehen und zu umreiten.

Seit dem späten Mittelalter führen die Fronleichnamsprozessionen als Flurprozessionen hinaus vor die Dörfer und Städte. Heute beschränken sich die Gemeinden auf innerörtliche Prozessionswege, deren Verlauf mit frischem Grün, Blumen und Fähnchen geschmückt wird. Entweder macht die Prozession Halt an vier Stationsaltären oder sie zieht sternförmig zu einem Altar an einem freien, markanten Ort, an dem Eucharistie gefeiert wird.

Was früher ganz und gar unmöglich erschien, gibt es heute hier und da: Katholische und evangelische Gemeinden beteiligen sich gemeinsam an Prozessionen und Gottesdiensten zum Fronleichnamstag.

Die Vision vom Vollmond mit dem schwarzen Fleck

Es war im Jahre 1209. Juliana hatte bereits mit fünf Jahren ihre Eltern verloren und kam so in das Kloster der Augustinerchorfrauen Mont Cornillon bei Lüttich. Von Kind auf war dort die Kirche ihr Lieblingsort. Seit dem Tag, als sie zum ersten Mal gehört hatte, dass Jesus in der Gestalt des Brotes unter uns gegenwärtig ist, verbrachte sie oft viele Stunden vor dem Tabernakel mit dem Allerheiligsten. Eines Tages – Juliana ist 16 Jahre alt – betet sie wieder ganz versunken vor dem Tabernakel. Da kommt ihr ein Bild vor Augen, das sie zutiefst bewegt. Oftmals hintereinander sieht sie einen leuchtenden Vollmond, der aber durch einen schwarzen Fleck etwas verdunkelt ist. – Was soll das Bild? Juliana denkt tage- und wochenlang darüber nach.

Die Überlieferung erzählt: Christus selbst habe ihr offenbart, dass der Mond das Kirchenjahr bedeute; der schwarze Fleck solle zeigen, dass ein Fest im Kirchenjahr fehle, nämlich ein besonderes Fest von der Gegenwart des Herrn in der Gestalt des Brotes, in der Hostie. Juliana aber sei dazu bestimmt, das Kirchenjahr um dieses Fest zu bereichern.

Über zwanzig Jahre behält Juliana ihr Geheimnis für sich. Inzwischen ist sie Priorin des Klosters geworden. Da wiederholt sich 1230 die Vision. Juliana sucht Rat bei Priestern und Theologen. Ihr Vorschlag eines Festtages zu Ehren des Allerheiligsten stößt durchaus auf Zustimmung. Gleichzeitig mehrt sich aber auch deutlicher Widerstand gegen Julianas strenge Frömmigkeit. Mancher hält sie nur für eine Schwärmerin. Doch Bischof Robert von Lüttich lässt sich von Juliana überzeugen und führt 1246 das Fronleichnamsfest für seine Diözese ein. Aber er stirbt schon kurze Zeit später, die Unterstützung für Juliana schwindet.

Zu dieser Zeit ist Jakob von Troyes Erzdiakon in Lüttich. Die Begegnung mit Juliana bleibt ihm in lebhafter Erinnerung. Als er 1261 zum Papst gewählt wird, ordnet er – nun als Urban IV. – für die ganze Kirche an, von jetzt an das Fronleichnamsfest zu feiern.

Juliana selbst hat dies allerdings nicht mehr erlebt. Sie ist wenige Jahre zuvor, am 5. April 1258, gestorben. Weil ihr immer mehr Unverständnis entgegenschlug, hatte sie 1248 ihr Kloster verlassen und ihre letzten Lebensjahre als Einsiedlerin verbracht.

Gepriesen bist du, Herr, unser Gott,
Schöpfer der Welt.
Du schenkst uns das Brot,
die Frucht der Erde
und der menschlichen Arbeit.
Wir bringen dieses Brot vor
dein Angesicht, damit es uns das Brot
des Lebens werde.
Gebet zur Gabenbereitung

Was wir heute an Fronleichnam feiern können

> Unsere Welt und unser Alltag, unsere Straßen und unsere Wege, unsere Arbeit und unsere Freizeit haben mit Gott zu tun; wir sind »draußen« zu Gott hin unterwegs; Christus ist mit uns unterwegs.

> Christlicher Glaube darf sich nicht hinter Kirchenmauern verschanzen, sondern will öffentlich bezeugt sein.

> Die Vielfalt der Schöpfung – heute auch gerade in ihrer Gefährdung – wird mit auf den Weg und ins Gebet genommen und mit *dem* Lebenszeichen unseres Glaubens »in Berührung« gebracht.

> Christus ist nicht nur Brot unserer privaten Frömmigkeit, sondern »Brot für die Welt«.

> Sammlung im Glauben und im Mahl ruft nach Sendung in die Welt hinein. Aus der eucharistischen *Tischgemeinschaft* soll eine neue *Weggemeinschaft* werden.

> Mit unserer Liturgie auf der Straße stellen wir Christen die kommende Welt dar, in der es keinen Tempel und keine Kirche mehr geben wird; denn dann wird die ganze Welt endlich Gottes Stadt sein.

Die Monstranz

Pater Maurus vom Kloster Ettal erklärt: »Eine Monstranz ist ein kostbares Zeigegerät für den Leib des Herrn. Der Name Monstranz kommt aus dem Lateinischen. Es steckt das Wort *monstrare* drin, und das heißt eben zeigen. In der Mitte der Monstranz ist eine Glaskapsel, und in die Mitte dieser Kapsel wird eine geweihte Hostie gesteckt, also der Leib des Herrn. Auf diese Kapsel hin laufen kostbare Strahlen, die vergoldet oder versilbert sind. Sie sollen zeigen: Das, was da in der Mitte gezeigt ist, ist enorm kostbar, das Kostbarste, das es eigentlich auf der Welt gibt. Erfunden wurde die Monstranz im Mittelalter: Die Menschen hatten das Bedürfnis, Christus anschauen zu können. Und so kamen die Fronleichnamsprozessionen auf. Für jeden sichtbar wird Christus in der Monstranz durch die Straßen der Städte und Dörfer getragen, um damit den Segen aus dem Gottesdienst hinauszutragen in den Alltag.«

Maria und Marienfeste

Meine Seele preist die Größe des Herrn,
und mein Geist jubelt über Gott,
meinen Retter.

Aus dem Magnifikat (Lukas 1,46)

Ave Maria junger Menschen

Ich stelle mir vor, Maria,
dass du jung warst,
lebendig und voller Fragen.
Dass beim Wasserholen
dein schwarzes Haar im Winde wehte,
dass du mit den andern Mädchen
am Brunnen lachtest,
deine Träume und Wünsche erzähltest,
und dass deine dunklen Augen heimlich
den Jungen des Dorfes folgten.

Du wurdest mit Josef verlobt.
Ob du glücklich warst,
wissen wir nicht,
doch du maltest dir sicher dein Leben aus
wie bei andern:
die Hochzeit, das Einssein mit Josef,
Kinder, Arbeit, Nachbarn, Feste –
alles im Glauben an Jahwe geregelt.
Doch ER klopfte plötzlich an.
Du ließest ihn ein,
und alles hat sich geändert.

Ich stelle mir vor, Maria,
dass dir oft elend war
nach dem »Ja«,
dass du es am liebsten zurückgeholt hättest,
auch später, als keiner mehr
über eure »Voreile« klatschte;
auch dann, als Jesus
erwachsen wurde.
Dass du durchgehalten hast,
Maria, ich staune!

Wenn ich dich so vor mir sehe, Maria,
als Mensch, der sein »Ja«
immer mühsam erneuern muss,
hast du mir vieles zu sagen.
Ich grüße dich, Maria,
Mädchen aus Nazaret,
und deinen Sohn, Jesus.
Ich grüße dich, Mutter Gottes!

Christa Peikert-Flaspöhler

Arturo Martini, Kopf der Madonna, 1928

Marienfeste im Kirchenjahr

Hochfest der ohne Erbsünde empfangenen Jungfrau und Gottesmutter Maria
8. Dezember

Noch ehe ich dich im Mutterleib formte, habe ich dich ausersehen; noch ehe du aus dem Mutterschoß hervorkamst, habe ich dich geheiligt.
Jeremia 1,5

Maria ist schon vor ihrer Geburt von Gott dazu auserwählt, den Retter und Erlöser Jesus Christus zu gebären. Ihr bedingungsloses Ja zum Auftrag Gottes konnte sie, so glaubt die Kirche, nur sprechen, weil Gott sie von Anfang an vor jener Schuld bewahrt hat, in die sonst alle Menschen hineingeboren sind. Ohne Erbschuld wurde sie darum von ihrer Mutter Anna empfangen. Indem die Kirche dies bekennt, bekennt sie ihre Ehrfurcht vor Jesus Christus. »Wenn ich von Sünde spreche, nehme ich allein die Jungfrau Maria aus, die ich aus Ehrfurcht vor dem Herrn nicht er-wähnen mag, wenn ich von Sünde spreche«, sagt der heilige Augustinus, einer der größten Kirchenlehrer.

Maria wird so zum Vorbild für die ganze Kirche.

Denn in Christus hat Gott uns alle erwählt vor der Erschaffung der Welt, damit wir heilig und untadelig leben vor Gott; er hat uns aus Liebe im Voraus dazu bestimmt, seine Söhne zu werden durch Jesus Christus und nach seinem gnädigen Willen zu ihm zu gelangen, zum Lob seiner herrlichen Gnade.
So will er die Kirche herrlich vor sich erscheinen lassen, ohne Flecken, Falten oder andere Fehler; heilig soll sie sein und makellos.

Aus der Lesung des Festtages, Epheser 1,4–6a und 5,27

Hochfest der Gottesmutter Maria – Oktavtag von Weihnachten 1. Januar

Die Mutterschaft der Jungfrau Maria lasst uns feiern; Christus, ihren Sohn, den Herrn, wollen wir anbeten.
Aus dem Stundengebet

Als aber die Zeit erfüllt war, sandte Gott seinen Sohn, geboren von einer Frau und dem Gesetz unterstellt, damit er die freikaufe, die unter dem Gesetz stehen, und damit wir die Sohnschaft erlangen.
Weil ihr aber Söhne seid, sandte Gott den Geist seines Sohnes in unser Herz, den Geist, der ruft: Abba, Vater. Daher bist du nicht mehr Sklave, sondern Sohn; bist du aber Sohn, dann auch Erbe, Erbe durch Gott.

Aus der Lesung des Festtages, Galater 4,4–7

Die Geburt Jesu Christi ist der Höhepunkt im Leben Marias. Eine Woche später, am 1. Januar, feiert die Kirche darum die Mutterschaft Marias: Sie bestätigt damit die Glaubenswahrheit, dass Christus wahrer Gott und wahrer Mensch ist, dass er zugleich Sohn Gottes und Sohn einer menschlichen Mutter ist.

Hochfest der Verkündigung des Herrn (Mariä Verkündigung)
25. März

Da sagte ich: Ach mein Gott und Herr,
ich kann doch nicht reden, ich bin ja noch
so jung. Aber der Herr erwiderte mir:
Sag nicht: Ich bin noch so jung. Wohin ich
dich auch sende, dahin sollst du gehen,
und was ich dir auftrage, das sollst du
verkünden.
Jeremia 1,6–7

Neun Monate vor Weihnachten feiert die
Kirche die Verkündigung des Herrn an Maria
und Marias vorbehaltloses Ja zu Gott. Maria
empfängt vom Heiligen Geist ihren Sohn
Jesus Christus. Dabei wird die Eigenart des
göttlichen Handelns mit dem Menschen er-
kennbar. Gott zwingt nicht zum Mittun, Gott
beruft. Es ist entscheidend, dass Maria mit
ihrem gläubigen Ja antwortet.
Diese Verkündigungsszene ist typisch für alle
Berufungen Gottes, auch für unsere Berufung.
Das gläubige Ja Marias kann uns Vorbild sein.

Der Engel Gabriel wurde von Gott in eine
Stadt in Galiläa namens Nazaret zu einer
Jungfrau gesandt. Sie war mit einem Mann
namens Josef verlobt, der aus dem Haus
David stammte. Der Name der Jungfrau war
Maria. Der Engel trat bei ihr ein und sagte:
Sei gegrüßt, du Begnadete, der Herr ist mit
dir. Sie erschrak über die Anrede und über-
legte, was dieser Gruß zu bedeuten habe.
Da sagte der Engel zu ihr: Fürchte dich nicht,
Maria, denn du hast bei Gott Gnade gefun-
den. Du wirst ein Kind empfangen, einen
Sohn wirst du gebären, dem sollst du den
Namen Jesus geben. Er wird groß sein und
Sohn des Höchsten genannt werden. Gott,
der Herr, wird ihm den Thron seines Vaters
David geben. Er wird über das Haus Jakob
in Ewigkeit herrschen, und seine Herrschaft
wird kein Ende haben.
Maria sagte zu dem Engel: Wie soll das geschehen, da ich keinen Mann erkenne? Der
Engel antwortete ihr: Der Heilige Geist wird
über dich kommen, und die Kraft des Höchsten wird dich überschatten. Deshalb wird
auch das Kind heilig und Sohn Gottes genannt
werden. Auch Elisabet, deine Verwandte, hat
noch in ihrem Alter einen Sohn empfangen;
obwohl sie als unfruchtbar galt, sie ist jetzt
schon im sechsten Monat. Denn für Gott ist
nichts unmöglich. Da sagte Maria: Ich bin
die Magd des Herrn, mir geschehe, wie du
es gesagt hast. Danach verließ sie der Engel.

Evangelium des Festtages,
Lukas 1,26–38

Maria – Die Menschenfreundlichkeit Gottes,
Ausschnitt aus dem Zyklus »Das weibliche
Antlitz Gottes« von Lucy D'Souza, 1990

Fest Mariä Heimsuchung
2. Juli

Ja, wahrhaftig selig, die das Wort Gottes vernehmen und es in sich bewahren.
Lukas 11,28

Maria ist schwanger und besucht für etwa drei Monate ihre Verwandte Elisabet, die ebenfalls ein Kind erwartet; ein Sohn soll es sein, Johannes soll er heißen.

Etwa drei Jahrzehnte später wird dieser Johannes als »der Täufer« bekannt sein; er wird neben Jesus die meisten Jünger um sich versammeln und als ein großer Prophet in Israel gelten. Für die Christen war er später der letzte Prophet des Alten Bundes, der Vorläufer Jesu Christi.

Nach einigen Tagen machte sich Maria auf den Weg und eilte in eine Stadt im Bergland von Judäa. Sie ging in das Haus des Zacharias und begrüßte Elisabet. Als Elisabet den Gruß Marias hörte, hüpfte das Kind in ihrem Leib. Da wurde Elisabet vom Heiligen Geist erfüllt und rief mit lauter Stimme: Gesegnet bist du mehr als alle anderen Frauen, und gesegnet ist die Frucht deines Leibes. Wer bin ich, dass die Mutter meines Herrn zu mir kommt? In dem Augenblick, als ich deinen Gruß hörte, hüpfte das Kind vor Freude in meinem Leib. Selig ist die, die geglaubt hat, dass sich erfüllt, was der Herr ihr sagen ließ.

Evangelium des Festtages,
Lukas 1,39–45

Magnifikat

Da sagte Maria:
Meine Seele preist die Größe des Herrn,
und mein Geist jubelt über Gott,
meinen Retter.
Denn auf die Niedrigkeit seiner Magd
hat er geschaut.
Siehe, von nun an preisen mich selig
alle Geschlechter.
Denn der Mächtige hat Großes an mir getan,
und sein Name ist heilig.
Er erbarmt sich von Geschlecht zu
Geschlecht über alle, die ihn fürchten.
Er vollbringt mit seinem Arm
machtvolle Taten.
Er zerstreut, die im Herzen voll
Hochmut sind,
er stürzt die Mächtigen vom Thron
und erhöht die Niedrigen.
Die Hungernden beschenkt er mit
seinen Gaben
und lässt die Reichen leer ausgehen.
Er nimmt sich seines Knechtes Israel an
und denkt an sein Erbarmen,
das er unsern Vätern
verheißen hat,
Abraham und seinen
Nachkommen auf
ewig.

Lukas 1,46–55

Madonna des Erzbischofs Imad, um 1070,
Diözesanmuseum Paderborn

Hochfest der Aufnahme Mariens in den Himmel
15. August

Heute hast du die jungfräuliche Gottesmutter Maria in den Himmel erhoben, als Erste empfing sie von Christus die Herrlichkeit, die uns allen verheißen ist, und wurde zum Urbild der Kirche in ihrer ewigen Vollendung. Dem pilgernden Volk ist sie ein untrügliches Zeichen der Hoffnung und eine Quelle des Trostes.

Aus der Präfation des Tages

In diesem Gebet wird deutlich, dass dieses Fest nicht nur ein Fest Marias ist, sondern auch unser Fest, das Fest der Hoffnung auf die Auferstehung der Toten, das Fest der Lebenden.

Da erschien ein großes Zeichen am Himmel: eine Frau, mit der Sonne bekleidet; der Mond war unter ihren Füßen und ein Kranz von zwölf Sternen auf ihrem Haupt. Und sie gebar ein Kind, einen Sohn, der über alle Völker mit eisernem Zepter herrschen wird. Da hörte ich eine laute Stimme im Himmel rufen: Jetzt ist er da, der rettende Sieg, die Macht und die Herrschaft unseres Gottes und die Vollmacht seines Gesalbten.

Aus der Lesung des Festtages, Offenbarung des Johannes 12,1.5.10

Anna Selbdritt, um 1480, aus Bischofroda bei Eisenach (Thüringen): Anna, die Mutter Marias, wird häufig mit Maria und dem Jesuskind auf ihrem Schoß dargestellt.

Fest Mariä Geburt 8. September

Voll Freude feiern wir das Geburtsfest der Jungfrau Maria, aus ihr ist hervorgegangen die Sonne der Gerechtigkeit, Christus, unser Gott.

Eröffnungsvers des Stundengebetes

Abgesehen von Jesus Christus gibt es nur zwei Heilige, deren Geburtstag die Kirche feiert: Johannes, der Täufer, und Maria. Beide stehen im unmittelbaren Zusammenhang mit dem Christus-Ereignis; beide waren vom ersten Augenblick ihres Daseins an dazu ausersehen, das Kommen Jesu Christi vorzubereiten. Das Fest vom 8. September, neun Monate nach Mariä Empfängnis, ist ein Fest unbefangener Freude. Maria wird gefeiert als die »Morgenröte des Heils und das Zeichen der Hoffnung für die ganze Welt« (Schlussgebet in der Messe). Maria spiegelt die Schönheit und Anmut des durch die Gnade Gottes heilen Menschen wider.

Weitere Formen der Marienverehrung

Neben diesen sechs großen Festtagen gedenkt die Kirche noch an verschiedenen anderen Tagen, den sogenannten »Gedenktagen«, der Gottesmutter Maria, zum Beispiel:

› am 5. August: Maria Schnee (erinnert an die Weihe der berühmten Basilika Santa Maria Maggiore in Rom im Jahr 432. Der Legende nach soll es an der Stelle, an der die Kirche errichtet werden sollte, mitten im Sommer geschneit haben).
› am 22. August: Maria Königin
› am 12. September: Maria Namen
› am 15. September: Gedächtnis der Schmerzen Mariens
› am 7. Oktober: Unsere Liebe Frau vom Rosenkranz.

Hinzu kommen die zwei Marienmonate, der Mai mit seinen »Maiandachten« und der Oktober mit dem regelmäßigen Rosenkranzgebet. Sie können die Gestalt und Sendung Marias in ihrer ganzen Fülle, das heißt in ihrer Bezogenheit auf Christus und in ihrer Bedeutung für uns Menschen, meditativ und betend zu erschließen helfen.

In vielen Gemeinden hat sich bis heute ein Brauch erhalten, der im 15. Jahrhundert entstanden ist: das Ave- oder Angelus-Läuten. Einmal (mittags um 12 Uhr) oder auch dreimal am Tag (morgens, mittags und abends) läutet eine kleine Glocke im Kirchturm, die Angelus-Glocke, und erinnert daran, den »Engel des Herrn« zu beten (siehe S. 210) und so die Menschwerdung Gottes im Schoß der Jungfrau Maria zu preisen.

Das Rosenkranzgebet mit seinen 15 »Gesätzen« ist ebenfalls im 15. Jahrhundert entstanden. Die uralte Tradition, Gebete, vor allem das Vaterunser, an Körnern oder Steinen, später an einer aus Perlen zusammengesetzten Schnur, abzuzählen, wird hier aufgegriffen und weiterentwickelt. Mit »Gesätz« ist jeweils der Satz gemeint, der in die Mitte des »Gegrüßet seist du, Maria«-Gebetes eingeflochten wird. In den drei mal fünf Gesätzen des Rosenkranzes werden litaneiartig die beiden unzertrennlichen Glaubenswahrheiten entfaltet: »Jesus, Sohn Gottes« und »Jesus, Sohn der Jungfrau Maria«. Es gibt den freudenreichen, den schmerzhaften und den glorreichen Rosenkranz. Papst Johannes Paul II. hat einen weiteren Rosenkranz hinzugefügt, den lichtreichen Rosenkranz (siehe S. 405).

Gebete zu Maria

Salve Regina

Sei gegrüßt, o Königin,
Mutter der Barmherzigkeit,
unser Leben, unsre Wonne
und unsre Hoffnung, sei gegrüßt!
Zu dir rufen wir,
verbannte Kinder Evas;
zu dir seufzen wir
trauernd und weinend
in diesem Tal der Tränen.
Wohlan denn, unsere Fürsprecherin,
wende deine barmherzigen Augen uns zu,
und nach diesem Elend* zeige uns Jesus,
die gebenedeite Frucht deines Leibes.
O gütige, o milde,
o süße Jungfrau Maria.

* lat. exilium = Leben in der Fremde, in der
  Verbannung. Der lateinische Text aus dem
  11. Jahrhundert steht im Gotteslob, Nr. 570.

Weitere Mariengebete:
– »Ave Maria«, S. 215
– »Engel des Herrn«, S. 210
– »Magnifikat«, S. 401

Regina caeli

Freu dich, du Himmelskönigin, Halleluja!
Den du zu tragen würdig warst, Halleluja,
er ist auferstanden, wie er gesagt hat,
Halleluja. Bitt Gott für uns, Halleluja.

V: Freu dich und frohlocke,
Jungfrau Maria,
Halleluja,
A: denn der Herr ist wahrhaft auferstanden,
Halleluja.

V: Lasset uns beten. – Allmächtiger Gott,
durch die Auferstehung deines Sohnes,
unseres Herrn Jesus Christus,
hast du die Welt mit Jubel erfüllt.
Lass uns durch seine jungfräuliche
Mutter Maria zur unvergänglichen Oster-
freude gelangen.
Darum bitten wir durch Christus,
unsern Herrn.
A: Amen.

Unter deinen Schutz und Schirm

Unter deinen Schutz und Schirm
fliehen wir, heilige Gottesmutter.
Verschmähe nicht unser Gebet
in unseren Nöten,
sondern errette uns jederzeit
aus allen Gefahren,
o du glorwürdige und gebenedeite
Jungfrau, unsere Frau, unsere Mittlerin,
unsere Fürsprecherin.
Führe uns zu deinem Sohne,
empfiehl uns deinem Sohne,
stelle uns vor deinem Sohne.
Bitte für uns, o heilige Gottesmutter,
dass wir würdig werden der Verheißung
Christi.

Der Rosenkranz

Eröffnung

A: Im Namen des Vaters und des Sohnes und des Heiligen Geistes. Amen.
Ich glaube an Gott ...
V: Ehre sei dem Vater und dem Sohn und dem Heiligen Geist,
A: wie im Anfang so auch jetzt und allezeit und in Ewigkeit. Amen.
V: Vater unser im Himmel ...
A: Unser tägliches Brot gib uns heute ...
V: Gegrüßet seist du, Maria, ... (3 x)
❯ Jesus, der in uns den Glauben vermehre
❯ Jesus, der in uns die Hoffnung stärke
❯ Jesus, der in uns die Liebe entzünde
A: Heilige Maria, Mutter Gottes ... (3 x)
V: Ehre sei dem Vater ...
A: wie im Anfang so auch jetzt ...

Nach dieser Eröffnung folgen die Gesätze des freudenreichen, des schmerzhaften, des glorreichen oder des lichtreichen Rosenkranzes. Jedes Gesätz beginnt mit dem Vaterunser. Es folgt zehnmal das Gegrüßet-seist-du-Maria, wobei jedes Mal nach dem Namen »Jesus« das entsprechende Gesätz eingefügt wird. Das Gesätz schließt mit dem Ehre-sei-dem-Vater.

Die freudenreichen Gesätze

❯ Jesus, den du, o Jungfrau,
  vom Heiligen Geist empfangen hast
❯ Jesus, den du, o Jungfrau,
  zu Elisabet getragen hast
❯ Jesus, den du, o Jungfrau,
  in Betlehem geboren hast
❯ Jesus, den du, o Jungfrau,
  im Tempel aufgeopfert hast
❯ Jesus, den du, o Jungfrau,
  im Tempel wiedergefunden hast

Die schmerzhaften Gesätze

❯ Jesus, der für uns Blut geschwitzt hat
❯ Jesus, der für uns gegeißelt worden ist
❯ Jesus, der für uns mit Dornen gekrönt
  worden ist
❯ Jesus, der für uns das schwere Kreuz
  getragen hat
❯ Jesus, der für uns gekreuzigt worden ist

Die glorreichen Gesätze

❯ Jesus, der von den Toten auferstanden ist
❯ Jesus, der in den Himmel aufgefahren ist
❯ Jesus, der uns den Heiligen Geist
  gesandt hat
❯ Jesus, der dich, o Jungfrau,
  in den Himmel aufgenommen hat
❯ Jesus, der dich, o Jungfrau,
  im Himmel gekrönt hat

Die lichtreichen Gesätze
(nach Johannes Paul II.)

❯ Jesus, der von Johannes getauft wurde
❯ Jesus, der sich bei der Hochzeit zu Kana
  offenbart hat
❯ Jesus, der uns das Reich Gottes
  verkündet hat
❯ Jesus, der auf dem Berg verklärt worden ist
❯ Jesus, der uns die Eucharistie geschenkt hat.

Schutzmantelmadonna, um 1474, aus der Pfarrkirche St. Nikolaus
in Marktdorf (Baden-Württemberg)

Maria, breit den Mantel aus

T und M: nach Innsbruck 1640

1. Ma - ri - a, breit___ den Man - tel aus,

mach Schirm und Schild für uns___ da - raus;

lass uns da - run - ter si - cher stehn,

bis al - le Stürm vo - rü - ber gehn.

1.- 4. Pa - tro - nin vol - ler Gü - te,

uns al - le - zeit___ be - hü - te.

2. Dein Mantel ist sehr weit und breit,
   er deckt die ganze Christenheit,
   er deckt die weite, weite Welt,
   ist aller Zuflucht und Gezelt.

3. Maria, hilf der Christenheit,
   dein Hilf erzeig uns allezeit;
   komm uns zu Hilf in allem Streit,
   verjag die Feind all von uns weit.

4. O Mutter der Barmherzigkeit,
   den Mantel über uns ausbreit;
   uns all darunter wohl bewahr
   zu jeder Zeit in aller G'fahr.

Unsere Nachbarn im Glauben:
Juden – Muslime – Hindus – Buddhisten

Alle Menschen sind Ebenbilder Gottes

Neben den Christen leben in Deutschland auch viele andere Gläubige, die in ihrem Leben auf Gott vertrauen. Die meisten gehören zu den großen Religionsgemeinschaften der Juden, Muslime, Hindus und Buddhisten. Aufgrund ihrer weltweiten Verbreitung nennt man diese Religionen auch Weltreligionen.

Nachbarn im Glauben

Diesen großen Religionen der Welt begegnen wir auch direkt bei uns. Wir haben muslimische Klassenkameraden, eine jüdische Synagoge in unserer Stadt, hinduistische Nachbarn, Kollegen, die sich für den Buddhismus begeistern. Insgesamt leben in Deutschland etwa:

> 24,6 Millionen katholische Christen
> 24,2 Millionen evangelische Christen
> 4,5 Millionen Muslime
> 1,3 Millionen orthodoxe und orientalische Christen
> 270.000 Buddhisten
> 104.000 Juden
> 95.000 Hindus

Darüber hinaus gibt es noch eine Reihe kleinerer Religionsgemeinschaften bei uns. Über dreißig Prozent der Menschen in Deutschland bekennen sich zu keiner Religionsgemeinschaft.

Das Foto auf S. 408/409 stammt vom **25. Weltgebetstag der Religionen für den Frieden** am 27. Oktober 2011 in Assisi. Diese Treffen gehen zurück auf Papst Johannes Paul II., der im Oktober 1986 zum ersten Mal zu einem solchen Friedensgebet nach Assisi eingeladen hatte. Viele folgten diesem Aufruf: Es kamen Vertreter der verschiedensten christlichen Glaubensgemeinschaften und auch fünfzig Repräsentanten nichtchristlicher Religionen.

Als Christen glauben wir, dass jeder Mensch – unabhängig von seiner Religion – ein Ebenbild Gottes ist. Das bestimmt auch unseren Umgang miteinander und unser Verhalten zueinander. Von daher hat das Zweite Vatikanische Konzil auch erklärt:

Wir können aber Gott, den Vater aller, nicht anrufen, wenn wir irgendwelchen Menschen, die ja nach dem Ebenbild Gottes geschaffen sind, die brüderliche Gesinnung und Tat verweigern.
Das Verhalten des Menschen zu Gott, dem Vater, und sein Verhalten zu den Menschenbrüdern stehen so eng im Zusammenhang, dass die Schrift sagt: »Wer nicht liebt, kennt Gott nicht.«

Fremdheit überwinden – miteinander feiern

Moschee – Sabbat – Ramadan – Synagoge – Lichterfest – Kopftuch – Rabbi – Kalif ... Vieles erscheint uns an den anderen Religionen fremd. Fremd ist alles, was man nicht genau kennt. Fremdheit kann nur überwunden werden, wenn man sich füreinander interessiert. Am besten lernt man eine Religion kennen und verstehen, wenn man ihre Feste kennen und verstehen lernt – also das, woran sich eine Religion und die Menschen, die ihr angehören, »fest machen«. Wie im Christentum wird in allen Religionen das Wichtigste immer gefeiert und als Festtag begangen. Wenn wir miteinander leben und einander verstehen wollen, lohnt es sich, die Feste der anderen kennenzulernen und womöglich auch mitzuerleben. Als Christen können wir die Initiative ergreifen und hin und wieder unsere andersgläubigen Nachbarn zu unseren christlichen Festen einladen.

Der Glaube und die Feste der Juden

Christen und Juden wissen sich in besonderer Weise verbunden. Die Juden sind sozusagen die Eltern der Christen. Schließlich wurde Gott selbst Mensch im Volk der Juden. Jesus Christus war ein Jude, geboren von seiner jüdischen Mutter Maria. Bis heute gilt: Jude ist, wer von einer jüdischen Mutter geboren wurde.

Die jüdische Religion hat ihren Ursprung in der Geschichte des Volkes Israel. Nach der mündlichen und schriftlichen Überlieferung wurde das jüdische Volk von Gott (Jahwe) auserwählt, um unter seinem Schutz und seiner Weisung zu leben. Diese göttlichen Weisungen sind in den ersten fünf Büchern des Alten Testamentes, der Tora, aufgeschrieben. Dazu gehören vor allem die Zehn Gebote und das Gebot der Nächstenliebe (Levitikus 9,18). Mit der Zerstörung des Jerusalemer Tempels 70 n. Chr. durch die Römer endete der bis dahin übliche Opferkult. Die Synagogen gewannen als Versammlungsräume eine immer größere Bedeutung und wurden zum Mittelpunkt des liturgischen religiösen Lebens. Der Synagogengottesdienst ist ein reiner Wortgottesdienst. Höhepunkt sind die Lesungen aus der Tora. Weil die Tora von so großer Bedeutung ist, werden die Tora-Rollen mit besonderer Achtsamkeit und Ehrerbietung behandelt.

Das Alte Testament als die Heilige Schrift der Juden wird auch von den Christen als Teil ihrer Heiligen Schrift anerkannt. Im Unterschied zu den Christen aber erwarten die Juden noch den Messias, den endgültigen Heil- und Friedensbringer. Mit ihren Festen feiern die Juden die Heilstaten Gottes in ihrer Geschichte.

Der Sabbat

Das wichtigste Fest der Juden ist der wöchentliche Sabbat. Es ist der Tag der Erinnerung, dass Gott die Welt erschaffen hat und am siebten Tag ruhte, ein Tag, der Gott gehört. Der Mensch soll an diesem Tag Abstand nehmen vom Alltag und Gott danken für seine Schöpfung und sein Weggeleit aus der Gefangenschaft in Ägypten. Deshalb ist es ein Tag der Ruhe für alle Menschen und darüber hinaus auch für die Arbeitstiere.

Achte auf den Sabbat: Halte ihn heilig, wie es dir der Herr, dein Gott, zur Pflicht gemacht hat. Sechs Tage darfst du schaffen und jede Arbeit tun. Der siebte Tag ist ein Ruhetag, dem Herrn, deinem Gott, geweiht. An ihm darfst du keine Arbeit tun: du, dein Sohn und deine Tochter, dein Sklave und deine Sklavin, dein Rind, dein Esel und dein ganzes Vieh und der Fremde, der in deinen Stadtbereichen Wohnrecht hat. Dein Sklave und deine Sklavin sollen ausruhen wie du. Denk daran: Als du in Ägypten Sklave warst, hat dich der Herr, dein Gott, mit starker Hand und hocherhobenem Arm dort herausgeführt. Dann hat es dir der Herr, dein Gott, zur Pflicht gemacht, den Sabbat zu halten.
Deuteronomium 5,12–15

Der Sabbat beginnt mit dem Sonnenuntergang am Freitag und endet mit dem Sonnenuntergang am Samstagabend. Er wird am Freitag zu Hause mit dem Lichtersegen und dem gemeinsamen Mahl eröffnet und dann am Samstag mit einem Gottesdienst in der Synagoge gefeiert. Zu Hause ist er danach ein Tag des Erzählens, Spielens, gemeinsamen Essens und der Erholung.

Das jüdische Festjahr

Im Judentum werden die Jahre von Beginn der Schöpfung an gezählt, wie sie sich aus den biblischen Zeitangaben errechnen lassen. Demnach schuf Gott die Welt im Jahr 3761 v. Chr. Von daher zählen die Juden z.B. im Jahr 2015 n. Chr. das Jahr 5774 bzw. 5775 (das jüdische Jahr beginnt im Herbst).

Der Jahreszyklus stellt eine Mischung aus Sonnen- und Mondjahr dar. Jeder Monat beginnt mit dem Neumond. Nach ihm werden die Kalendertage bis zum nächsten Neumond berechnet. Der erste Monat ist der Frühlingsmonat *Nisan*. Er beginnt mit dem ersten Frühlingsneumond. In ihm findet dann auch das große Pessachfest statt. Das neue Jahr aber beginnt erst im siebten Monat. Damit soll der Unterschied zwischen der Zeit Gottes (Beginn der Schöpfung, die am Neujahrstag gefeiert wird) und der Weltzeit deutlich werden, die sich am Lauf der Sonne orientiert und deren Beginn im Frühling mit dem ersten Monat gefeiert wird.

Da das Mondjahr gegenüber dem Sonnenjahr ca. 11 Tage zu kurz ist, müssen innerhalb von 19 Jahren insgesamt sieben Schaltmonate eingefügt werden, um in der richtigen Ordnung zu bleiben. Die jüdischen Feste sind zum einen an die Jahreszeit gebunden, wie etwa die Feier von Aussaat und Ernte, zum anderen gehen sie zurück auf besondere Ereignisse in der Geschichte Israels.

Purim (Losfest)

Mit diesem ausgelassenen Fest wird die Rettung der Juden während der babylonischen Gefangenschaft gefeiert, wie sie im märchenhaft ausgeschmückten Buch *Ester* beschrieben wird: Der Perserkönig plant, angestachelt durch seinen Minister Haman, alle Juden in seinem Reich umbringen zu lassen. Der Tag wird durch Los festgesetzt. Ester aber gelingt es, den König umzustimmen. – Das Fest wird ähnlich gefeiert wie Karneval, mit Musik, Tanzen, Verkleidung, gutem Essen und Trinken. Charakteristisches Gebäck sind die Hamantaschen.

Pessach / Pascha

Dieses ursprüngliche Frühlingsfest erinnert an die Befreiung des Volkes Israel aus der ägyptischen Gefangenschaft. Der Name Pessach bedeutet »vorüberschreiten, verschonen«: Im Alten Testament wird erzählt, wie Gott die Israeliten verschonte, als er die erstgeborenen Kinder der Ägypter töten ließ. Es war die letzte der zehn Plagen, die Gott als Druckmittel gegen den Pharao einsetzte, damit er die Israeliten aus der Sklaverei entließ. Am Abend des Pessachfestes findet eine feierliche Mahlzeit statt mit einer festen Abfolge von symbolischen Handlungen und Gebeten. Ein Kind stellt die wichtige Frage: »Warum ist dieser Abend ganz anders als die anderen?«, und der Vater erzählt von Gottes Rettungstat und verweist auf die Zukunft, in der Israel die Erlösung durch Gott erwartet. Mit dem

Einweihung der restaurierten, 1904 erbauten Synagoge in der Berliner Rykestraße im August 2007: Feierlich werden die Torarollen in den Toraschrein gebracht.

Pessachfest sind die »Tage der ungesäuerten Brote« verbunden. Während dieser acht Tage darf nur Brot gegessen werden, das ungesäuert ist – »Mazzen« genannt –, in Erinnerung an die Zeit der Wüstenwanderung des Volkes Israel, bei der es wegen der Eile des Aufbruchs aus Ägypten auch nur ungesäuertes Brot essen konnte. Man nennt dieses Brot auch »Brot des Elends«.

Schawuot (Wochenfest)

Fünfzig Tage nach Pessach wird in einem weiteren Fest gefeiert, dass Mose die Zehn Gebote von Gott auf dem Berg Sinai empfangen hat. Für dieses Fest werden in der Synagoge die Torarollen und der Toraschrein mit Blumen geschmückt. Es ist ein Tag großer Freude. Ursprünglich war Schawuot ein Erntefest: Sieben Wochen nach Pessach konnte der Beginn der Weizenernte gefeiert werden. Man brachte die ersten Weizengarben als Dankopfer nach Jerusalem in den Tempel.

Tescha be Av (Tag zum Gedenken der Tempelzerstörung)

Dieser Tag wird als Trauer- und Fastentag begangen und erinnert an die Zerstörung des Tempels von Jerusalem, des zentralen Heiligtums der Juden (587 v. Chr. durch die Babylonier und ein zweites Mal 70 n. Chr. durch die Römer; die Klagemauer in Jerusalem ist der Rest der alten Tempelberganlage). Der Name bedeutet »9. Tag im Monat Av«.

Rosch ha Schana (Neujahrsfest)

»Rosch ha Schana« bedeutet wörtlich »Haupt des Jahres«. Das neue Jahr beginnt mit dem siebten Monat (nach unserem Kalender: Ende September/Anfang Oktober). Daran schließt sich eine zehntägige Fastenzeit an. Der Neujahrstag selbst wird als sehr stiller, ernster Tag begangen. Höhepunkt ist das Blasen des Schofar, eines Widderhorns.

Hamantaschen (Rezept zum Purimfest)

Füllung für den Hefeteig

½ Glas Wasser, ½ Glas Zucker, 100 g Mohn, geriebene Zitronenschale, ½ Glas Semmelbrösel, 3 Esslöffel Rosinen, Saft einer halben Zitrone

Hefeteig: 10 g Hefe in lauwarmer Milch aufquellen lassen. Mit 700 g Mehl vermischen und zugedeckt eine Stunde stehen lassen.

Zubereitung der Füllung: Das Wasser mit dem Zucker kochen, bis der Zucker sich auflöst. Den Mohn dazugeben und auf kleiner Flamme kochen, bis das Wasser von dem Mohn aufgesaugt ist. Den Zitronensaft und die geriebene Zitronenschale dazugeben. Wenn die Mischung dick wird, den Topf von der Platte nehmen und die Semmelbrösel sowie die Rosinen dazugeben. Abkühlen lassen.

Den Teig zu einer 3 mm dicken Scheibe ausrollen. Mithilfe eines Glases Kreise von ca. 10 cm Durchmesser ausstechen. Einen Teelöffel der Füllung auf jeden Kreis häufen. Den Kreisrand mit Eiweiß bestreichen. Den Rand des Teiges an drei Stellen anheben und diesen zu einer Triangel formen; dabei die Teigränder fest zusammenkleben, damit sich die Hamantaschen beim Backen nicht öffnen. Die Hamantaschen auf ein gefettetes Backblech legen und 30 Minuten aufgehen lassen. Die Oberseite der Taschen mit Milch bepinseln und im vorgewärmten Ofen ca. 25 Min. backen, bis sie hellbraun sind. Anschließend mit Puderzucker bestreuen. (Ergibt ca. 36 Hamantaschen.)

Jom Kippur (Versöhnungstag)

Jom Kippur bildet den Abschluss der zehntägigen Fastenzeit nach Neujahr. Er ist der strengste Fastentag, an dem vor allen Dingen um Vergebung der Schuld gebetet wird. Im

Die Klagemauer in Jerusalem, zu der täglich viele Juden kommen, um dort zu beten. Bei der Mauer handelt es sich um Reste der Tempelberganlage aus der Zeit des Herodes.

alten Israel gehörte zum Versöhnungstag der Brauch, einem Bock symbolisch die Schuld zu übertragen und ihn in die Wüste zu treiben (»Sündenbock«).

Ein Gottesleugner kam einmal am Vorabend zu Schawuot zum Rabbi, um mit ihm über den Feiertag zu diskutieren. Das heißt: Er suchte eigentlich nach einem Anlass, um sich über die jüdischen Bräuche lustig zu machen. »Rabbi«, sagte er, »ich hab herausgefunden, warum wir Juden zu Schawuot nur Milchiges essen.« Der Rabbi begriff sofort, dass der Frechling ihn zum Narren halten wollte und antwortete nur: »Lass hören!« Lacht ihm der Obergescheite ins Gesicht und erklärt: »Man isst deshalb Milchiges, weil am Tag, an dem uns die Tora gegeben wurde, doch alles Rindvieh zum Berg Sinai lief.« Lächelt der Rabbi und gibt ihm recht: »Gut gesagt! Bevor wir Juden die Tora beim Berg Sinai angenommen haben, waren wir wirklich wie Rindvieh. Wir wussten von nichts, nichts von guten Taten, nichts von Menschlichkeit. Erst durch die Annahme der Tora wurden wir Menschen. Aber jene Juden, die bis zum heutigen Tag die Tora nicht angenommen haben, sind Rindvieh geblieben.«

Sukkot (Laubhüttenfest)

Das Laubhüttenfest zählt mit Pessach und Schawuot zu den drei Hauptfesten. Es ist das Erntedankfest der Juden und erinnert zugleich an die Wüstenwanderung des Volkes Israel ohne feste Behausung: Es werden Laubhütten mit einem Dach aus Blättern und Zweigen an oder auf den Häusern gebaut, in denen man sich sieben Tage aufhält und feiert. An Sukkot schließt sich das »Fest der Torafreude« an, *Simchat Tora*.

Chanukka (Weihefest)

Dieser Tag ist der Wiedereinweihung des Tempels von Jerusalem nach dem erfolgreichen Aufstand des Judas Makkabäus gegen die griechische Fremdherrschaft im Jahr 165 vor unserer Zeitrechnung gewidmet. Hauptzeremonie ist das Entzünden des achtarmigen Chanukka-Leuchters in den Familien. Deshalb wird das Fest auch als Lichterfest bezeichnet. Häufig stellt man für jedes Familienmitglied einen Leuchter ins Fenster. Ähnlich wie die Christen zu Weihnachten beschenkt man an diesem Weihefest, das in unseren Dezember fällt, die Kinder.

Der Glaube und die Feste der Muslime

Die erste Sure des Korans

Im Namen Gottes des allbarmherzigen Erbarmers.
Gelobt sei Gott, der Herr der Welten!
Der Allbarmherzige, der Erbarmer,
Der König des Gerichtstags.
Dir dienen wir, dich rufen wir um Hilf' an.
Führ uns den Weg, den graden!
Den Weg derjenigen, über die du gnadest,
Derer, auf die nicht wird gezürnt,
und derer, die nicht irrgehn.

Übersetzung: Friedrich Rückert

Oft werden die Angehörigen des Islam bei uns einfach Mohammedaner genannt – nach dem Gründer Mohammed. Sie selber nennen sich aber Muslime, ein arabisches Wort, das übersetzt heißt »die in den Stand des Heils Eingetretenen«. Islam (arab.) bedeutet »Ergebung in den Willen Allahs«.

Christentum und Islam sind verbunden im Glauben an den einen Gott, den Schöpfer des Himmels und der Erde. Sie verehren Abraham als ihren Urvater. Jesus wird von den Muslimen allerdings nicht als Sohn Gottes gesehen, aber als Prophet anerkannt. Auch die Mutter Jesu, Maria, wird von vielen Muslimen verehrt.

Gegründet wurde der Islam von Mohammed (570–632 n. Chr.), der 610 n. Chr. in der Wüste bei Mekka seine Berufung zum Propheten erlebte. Später schrieb er vieles auf, was Gott ihm offenbarte. So entstand der Koran, die Heilige Schrift der Muslime. Die muslimische Zeitrechnung beginnt mit dem Jahr 622, als Mohammed nach Medina auswanderte. Die Vereinigung der arabischen Welt war die Grundlage für die Entwicklung und Ausbreitung des Islam. Typisch ist hier die enge Verbindung zwischen Religion, Staat und Gesellschaft. Die Kalifen, so heißen die Nachfolger Mohammeds, sind sowohl religiöse als auch politische Führer.

Ähnlich wie im Christentum hat sich die Religion des Islam mit der Zeit in unterschiedlichen Konfessionen entwickelt.

Die größte Gruppe sind die Sunniten, die besonders in Nordafrika, auf der arabischen Halbinsel und in Pakistan leben. Die Gruppe der Schiiten bildet die Mehrheit der Muslime im Iran und Irak. Auslöser für die Spaltung war der Streit um die Nachfolge des Propheten Mohammed. Den Schiiten zufolge musste das ein unmittelbarer Nachkomme bzw. Verwandter sein, nämlich Ali, der Vetter Mohammeds. Bei den Schiiten ist die Märtyrerfrömmigkeit besonders ausgeprägt.

Islamische Frömmigkeit

Zentrum des islamischen Glaubens ist der Koran, der normalerweise laut gelesen wird. Weil nur der arabische Text rezitiert werden darf, gibt es eigene Koranschulen, in denen Arabisch gelernt wird. Die Frömmigkeit des Islam beruht auf fünf Säulen:

1. Das Glaubensbekenntnis »Es ist kein Gott außer Allah, und Mohammed ist der Gesandte Allahs«.
2. Das fünfmal täglich vorgeschriebene Gebet in Richtung Mekka sowie das Freitagsgebet als Wochengottesdienst in der Moschee. Hier gilt Teilnahmepflicht. Arbeitsruhe ist aber nicht vorgeschrieben.
3. Die Armensteuer, die einmal jährlich je nach Einkommen zu entrichten ist.
4. Das Fasten im Monat Ramadan von Sonnenaufgang bis Sonnenuntergang. Hier sind keinerlei Speisen und Getränke und auch keine sexuellen Handlungen erlaubt.

Dieser Wandteppich zeigt die kalligrafisch gestalteten Namen Allah (Mitte) und der vier Propheten Moses, Jesus, Mohammed und David (im Uhrzeigersinn von links unten bis rechts unten).

Grundsätzlich sind Muslimen Alkohol und Schweinefleisch nicht gestattet.

5. Möglichst einmal im Leben sollte eine Wallfahrt nach Mekka stattfinden.

Das feierliche und kunstvolle Rezitieren und Hören des Korantextes stellt für die Muslime die Begegnung mit dem göttlichen Wort und dadurch mit Gott selbst dar, gleichsam eine Wiederholung des Offenbarungsereignisses: »Den Koran zu lesen oder zu rezitieren heißt, in der Gegenwart Gottes zu stehen« (Ch. J. Adams). Diese Interpretation wird durch eine Prophetenüberlieferung gestützt, wo es heißt:

Immer wenn eine Gruppe in einem Gotteshaus zusammentrifft, um die Gottesschrift zu rezitieren und einander zu belehren, lässt sich auf sie die göttliche Anwesenheit hernieder, die Barmherzigkeit bedeckt sie, die Engel strecken ihre Flügel über sie aus, und Gott erinnert sich ihrer unter denen, die Ihm nahestehen.

Gebet und Gebetshaltungen

Jeden Tag sind Muslime zum fünfmaligen Gebet verpflichtet, bei Sonnenaufgang, am Mittag, am Nachmittag, bei Sonnenuntergang und nach Ende der Dämmerung. Der Ruf zum Gebet erfolgt in den arabischen Ländern vom Minarett der Moschee aus. Der Boden, auf dem gebetet wird, muss rituell rein sein. Deshalb wird dafür ein Gebetsteppich oder auch ein Tuch benutzt, und die Schuhe werden ausgezogen.

Freitag – wöchentlicher Feiertag der Muslime

Im Koran wird der Freitag als ein besonderer Tag für die Muslime erwähnt:

O, ihr Gläubigen, wenn der Ruf zum Gebet am Freitag erschallt, dann eilt zum Gedenken Gottes und lasst den Handel ruhen!
Sure 62, Verse 9–11

Das Freitagsgebet nimmt deshalb einen besonderen Stellenwert ein. Das tägliche Gebet kann man überall verrichten; das Freitagsgebet dagegen nur in der Moschee, in der Versammlung der islamischen Gemeinschaft. Die Feier des Freitags beginnt für die Muslime schon mit dem Sonnenuntergang am Donnerstag. Beim Nachtgebet wird hier länger als sonst aus dem Koran gelesen. Das Freitagsgebet findet dann in der Zeit des Mittagsgebetes statt, nachdem sich die Sonne nach Westen geneigt hat. Vor dem verpflichtenden Gebet findet eine Predigt statt, ohne die das Freitagsgebet nicht gültig ist. Eigentlich sollten Männer und Frauen (getrennt) daran teilnehmen. In Mekka, Medina und Jerusalem geschieht dies noch heute. Oft sehen sich allerdings nur die Männer zur Teilnahme verpflichtet. Den Frauen wird sie aber empfohlen. Die Vorbeter und Prediger in den Moscheen werden »Imam« genannt.

Die Feste des Islam

Grundlage des islamischen Kalenders ist das Mondjahr mit 12 Monaten, die jeweils 29 oder 30 Tage zählen. Die Monatsanfänge werden aber nicht mit genauem Datum vorher festgelegt, sondern durch Beobachtung der Neumondsichel. Da dies ortsabhängig ist, kommt es in verschiedenen Gegenden unter Umständen auch zu verschiedenen Monatsanfängen. Ein neuer Tag beginnt mit Einbruch der Dämmerung.

Das Gebet verläuft immer in der gleichen Weise, verbunden mit bestimmten Körperhaltungen. Vielleicht können folgende Sätze auch uns Christen helfen, die Gebetshaltungen der Muslime zu verstehen:

Groß ist Gott.

Ich habe mich an den gewandt, der Himmel und Erde erschaffen hat.

Heilig ist mein Herr.

Groß ist Gott, heilig mein Herr, Schöpfer und Helfer.

O Gott, verzeih mir die Sünden, sei mir gnädig und leite mich auf dem rechten Weg, behüte mich vor allem Bösen.

Friede sei mit euch und Gottes Gnade.

Muslime treffen sich zum Gebet – hier in der Moschee in Duisburg-Marxloh, der größten Moschee in Deutschland, die 2008 eingeweiht wurde.

Backlawa – Nussschnitten (Rezept)

Für den Teig

2 Packungen gefrorener Blätterteig,
250 g Nüsse gehackt
(Haselnüsse, Pistazien, Walnüsse oder Mandeln),
3 Esslöffel Zucker, 250 g zerlassene Butter

Für den Sirup

250 g Zucker, 125 ml Wasser,
1 Esslöffel Zitronensaft,
1 Esslöffel Orangenblütenwasser

So wird es gemacht

Sirup herstellen: Den Zucker in Wasser und Zitronensaft auflösen und kochen, bis die Masse dick wird. Orangenblütenwasser dazugeben und noch etwas kochen lassen. Den Sirup abkühlen lassen.

Backlawa anfertigen: Blätterteig dünn ausrollen, eine große Auflaufform fetten. Eine Lage Blätterteig hineinlegen und mit Butter bepinseln.
Die gehackten Nüsse mit Zucker mischen und auf dem Blätterteig verteilen. Wieder eine Lage Blätterteig darauflegen und mit Butter bepinseln. Diesen Vorgang so lange wiederholen, bis 6 Lagen aufeinanderliegen. Die letzte Lage Blätterteig wiederum mit Butter bepinseln, dann mit einem scharfen Messer diagonal (Gittermuster) einschneiden. Backofen auf ca. 170 °C vorheizen. Backlawa zunächst 30 Minuten backen, danach etwa 10 bis 15 Minuten auf 190 °C weiterbacken. Den kalten Sirup über die heiße Backlawa gießen. Backlawa auskühlen lassen, noch einmal nachschneiden. Auf einem Servierteller anrichten und mit gehackten Nüssen bestreuen.

Ramadan (Fastenmonat)

Der Ramadan, der neunte Monat des islamischen Kalenders, gilt als besonders bedeutsame und heilige Zeit. Es ist der Monat, in dem Mohammed die Offenbarung des Korans empfangen hat. Da der islamische Kalender sich streng am Mondjahr orientiert, rücken der Ramadan und alle anderen Feste des Islam jedes Jahr im Vergleich zum allgemeinen Kalender um rund 11 Tage vor.
Im Ramadan ist Fasten für jeden gläubigen Muslim Pflicht. Es ist eine Zeit der Buße, der Vergebung untereinander und der Solidarität miteinander. Fasten soll symbolisch die Gleichheit zwischen Arm und Reich zum Ausdruck bringen. Gefastet wird vom Sonnenauf- bis Sonnenuntergang. Vom Fasten befreit sind nur Alte, Kranke, Reisende sowie Schwangere oder stillende Mütter. Der Sonnenuntergang wird oft mit großem Getöse angezeigt, sei es mit Sirenen wie in Algerien, sei es mit Kanonendonner wie in der Türkei und Ägypten. Die Nächte des Ramadan sind nach Auffassung der Muslime eine gesegnete Zeit. Die Menschen sitzen lange zusammen und erzählen Geschichten.

Id al-Fitr (Fest des Fastenbrechens, auch Zuckerfest)

Mit diesem großen Fest in der Familie schließt der Fastenmonat Ramadan ab. Es beginnt mit dem Neumond des zehnten islamischen Monats. Oft dauert dieses Fest zwei oder drei Tage. Der eigentliche Grund der Festfreude liegt in der Erinnerung an die Ramadan-Nacht, in der der Koran, die Heilige Schrift, offenbart wurde. In besonderer Weise wird an diesem Festtag auch der Armen gedacht. Für sie werden eigens Nahrungsmittel gesammelt bzw. Geld gespendet. Da bei solchen Anlässen auch viele Süßigkeiten gegessen und verschenkt werden, erhielt das Fest einen zusätzlichen Namen: das »Zuckerfest«.

Ziel der Wallfahrt nach Mekka (Haddsch) ist die Kaaba, die mehrmals umrundet wird.

Idu al-Adha (Opferfest)

Das Opferfest ist das höchste Fest des Islam. Es geht wie das Fastenbrechen auf eine Anweisung Mohammeds zurück. Das Fest erinnert daran, wie Allah den Sohn Ibrahims (Abrahams) vor dem Opfertod rettete. Der zugehörige Korantext (Sure 37, 99 ff.) erinnert an die Geschichte von Abraham und Isaak im Alten Testament (Genesis 22). Traditionell schlachten die Familien ein Schaf nach rituellen Vorschriften, wobei ein Drittel des Fleisches Bedürftige erhalten, ein weiteres Drittel die Verwandtschaft. Das gemeinsame Festmahl ist der eigentliche Höhepunkt. Heute werden anstelle der Schlachtungen oft andere Geschenke verteilt. Der Termin des Opferfestes ist auch ein bevorzugter Zeitpunkt für die Wallfahrt nach Mekka, die ein Muslim einmal im Leben unternehmen sollte. Das Opferfest findet am 10. Tag des Monats Dhul al-Hidscha statt, das ist der 12. Monat des islamischen Kalenders.

Muharram (Neujahrsfest)

Mit dem ersten Tag des ersten Monats im islamischen Kalender, dem ersten Muharram, feiern die Muslime das neue Jahr. Der Tag erinnert an die Auswanderung Mohammeds im Jahr 622 von Mekka nach Medina. Es ist ein Tag des Schenkens und des Almosengebens. Für die Sunniten beginnt mit dem Neujahrsfest ein Monat ernster Besinnung und Einkehr, für die Schiiten ein Trauermonat.

Maulid an-Nabi (Geburtstag des Propheten)

Dieser Tag – der 12. Tag des dritten Monats des islamischen Kalenders – wird nicht in allen islamischen Ländern gefeiert, da im Koran steht, dass alle Propheten gleich geachtet werden sollen, also auch Abraham und Jesus. Wo Mohammeds Geburtstag gefeiert wird, geschieht dies als geselliges Familien- oder auch Kinderfest. Oft werden die Moscheen

Im gesamten islamischen Raum sind die Schwänke und Narreteien von Nasreddin Hodscha äußerst beliebt, einem Schelm und Helden, den man deshalb auch den »türkischen Eulenspiegel« nennt. Hier ein Beispiel: »Nasreddin Hodscha hatte seinen Schülern aufgetragen, jedes Mal, wenn er niese, in die Hände zu klatschen und zu rufen: ›Gott sei gepriesen, Hodscha!‹, im Sinne von: ›Möge es dir wohlergehen, Meister‹. Eines Tages nun fiel der Eimer in den Brunnen, und Nasreddin forderte seine Schüler auf, hinunterzuklettern und ihn herauszuholen. Aber sie fürchteten sich und weigerten sich, ihm zu gehorchen. Also zog er selbst sich aus und trug ihnen auf, ihm ein Seil umzubinden und ihn langsam hinunterzulassen. So stieg er hinunter und ergriff den Eimer.

Die Jungen zogen ihn wieder hoch, aber gerade, als er fast am Rande des Brunnens angekommen war, musste er niesen. Worauf die Kinder – gehorsam nach des Meisters Anordnung – das Seil losließen, fröhlich in die Hände klatschten und im Chor riefen: ›Gott sei gepriesen, Hodscha!‹ Nasreddin fiel unsanft in den Brunnen und verletzte sich heftig beim Fallen. Als er später dann endgültig gerettet wurde, legte er sich auf den Boden und bemerkte stöhnend vor Schmerz: ›Nun Kinder, es war nicht euer Fehler, sondern meiner! Zu viel Ehre tut einem Menschen nicht gut!‹«

mit vielen Lichtern geschmückt. Es wird der Koran rezitiert und gebetet, und man erzählt Geschichten über den Propheten. Jungen, die einen Teil des Korans auswendig können, bekommen Geschenke.

Mohammed wurde um 570 n. Chr. in Mekka geboren und wuchs als Waise im Haus seines Onkels auf. Mit 25 Jahren heiratete er die wohlhabende Kaufmannswitwe Khadischa. Mit etwa 40 Jahren begann er, sich immer wieder in die Berge zurückzuziehen, wo er auch seine ersten Offenbarungen hatte.

Der Koran

Die arabische Wurzel *qara´a* bedeutet »rezitieren, vortragen«. Der Koran enthält also die Rezitation des ewigen Wortes Gottes durch den Propheten Mohammed. Anders als im Christentum, in dem Jesus Christus als Offenbarung und Wort Gottes verstanden wird, gilt im Islam folglich nicht etwa die Person des Propheten Mohammed, sondern der Koran selbst als Offenbarung und endgültiges Wort Gottes. Entsprechend ehrfurchtsvoll behandeln Muslime den Koran. Jene Nacht im Jahr 610 n. Chr., in der Mohammed erstmals das Wort Gottes offenbart wurde, wird bis heute in der Nacht vom 26. auf den 27. Ramadan gefeiert und gilt als heiligste Nacht des Jahres. Insgesamt enthält der Koran 114 Kapitel (Suren) mit 6236 Versen.

Was der Koran ist, weiß fast jeder: das Glaubensbuch der Muslime. Aber dies betont nur unseren Abstand. Außerdem gehen bei uns viele Urteile um über Befremdliches, gar Abschreckendes, das im Koran stehe. Dies reizt kaum jemanden, sich mit ihm zu befassen. So galt der Koran bei uns bislang meist als belanglos. Erst als er mit gewaltsamen Taten in Verbindung gebracht wurde, als Terroristen sich auf ihn beriefen, wurde dies anders. Er geriet in den Widerstreit aggressiver Fronten. Im Internet werden auf unzähligen Seiten mit Koranzitaten ideologische Kämpfe ausgefochten. Aber auch in öffentlichen Auseinandersetzungen, die nach zivileren Diskussionsregeln ablaufen, geht man ähnlich vor: Man holt sich zu Angriff oder Verteidigung einzelne Sätze, die für den Schlagabtausch tauglich scheinen, gewaltsam die einen, auf Frieden bedacht die anderen. Doch das Buch gerät bei solch strategischer Blütenlese völlig aus dem Blick. Ihm wird man so nie begegnen.

Hans Zirker

Der Glaube und die Feste der Hindus

Der Hinduismus ist vor über dreitausend Jahren entstanden. Er hat sich in regional unterschiedlicher Form vorwiegend auf dem indischen Kontinent ausgeprägt. Der Hinduismus kennt keine fest umrissene Glaubenslehre. Man könnte sogar sagen, dass im Hinduismus verschiedene Religionen miteinander verbunden sind. Es gibt deshalb auch keine zentrale Institution oder Leitung für alle Hindus. Götter, Tiere und besondere Gegenstände werden verehrt. In Indien wie in weiten Teilen Asiens ist der Glaube verbreitet, dass alle Lebewesen nach ihrem Tod wiedergeboren werden und so ein ständiger Kreislauf von Leben und Sterben existiert. Unter den zahlreichen Göttergestalten des Hinduismus sind vor allen Dingen bekannt: Brahma, Vischnu und Schiva. Brahma ist der Schöpfer der Welt, Vischnu ihr Bewahrer und Schiva der Fruchtbarkeits- und Vernichtungsgott. Trotz aller Unterschiede können die Hindus verschiedener Richtungen aber weitgehend gemeinsam feiern. »Einheit in der Vielfalt« ist eine oft verwendete Redewendung im modernen Hinduismus.

Gemeinsame Grundlage sind eine umfangreiche Sammlung heiliger Schriften, *Veden* genannt, der Glaube an das *Karma* (Wiederverkörperung der Seele je nach gutem oder bösem Verhalten) und die Einteilung der Menschen in Kasten: Zu den höheren Kasten zählen Priester, Kaufleute und Bauern, die niedrigste stellen die »unberührbaren« Parias dar.

Angestrebt wird die Einheit der Menschenseele (*atman*) mit dem Weltgeist (*brahman*) durch Erkenntnis, Gebete, Askese und meditative Übungen wie Yoga.

Hinduistische Feste

Auch im Hinduismus ist der Mondkalender für die Datierung der Feste wichtig. Die zwölf Monate werden geteilt in eine helle Hälfte – vom Neumond bis zum Vollmond – und eine dunkle Hälfte – vom abnehmenden Mond bis zum Neumond. Manche Tage werden doppelt gezählt, alle drei Jahre wird ein zusätzlicher Monat eingefügt.

Pongal (Erntedankfest)

Das Reis-Erntedankfest ist das größte Fest, vor allem bei den Hindus im Süden Indiens sowie bei den Tamilen auf Sri Lanka. Die meisten Hindus bei uns kommen aus diesen Gegenden. Das Pongalfest geht auf ein altes Fest zur Wintersonnenwende zurück. Hier wird die Wiederkehr der wärmenden Sonne gefeiert. Deshalb zünden auch heute noch junge Leute in vielen Orten vor Sonnenaufgang Freudenfeuer an, die die Dunkelheit erhellen sollen. Dann springen sie, wenn die Flammen erloschen sind, über die Gluthaufen. Das Pongalfest wird gefeiert am ersten Tag des ersten Monats im Jahr, dem Glücksmonat, Tai genannt (Mitte Januar). Zum Fest bringen die Menschen dem Sonnengott den ersten frisch geernteten Reis in ihrer Opferzeremonie dar. Das ganze Haus und vor allem die Küche werden vor dem Fest gereinigt. Das Fest selbst findet in einem kleinen Hof vor dem Haus oder auch im Treppenhaus statt. Hier wird dann ein wunderschönes Muster aus kleinen Steinen oder aber auch aus Reis gelegt. Diese Körner sind für die Vögel des Himmels bestimmt, die sie im Laufe des Tages aufpicken.

Holi (Farbenfest)

Dieses Fest wird im März in Indien gefeiert. Es ist das große Fest zu Ehren Krischnas. Krischna, eine Inkarnation des Gottes Vischnu, ist der beliebteste Gott der Hindus, denn er lehrte die Menschen durch das Vorbild seines eigenen Lebens den liebevollen und fröhlichen Umgang miteinander. Zugleich gilt Krischna als der mächtige Gott, der Dämonen tötet. Das Holifest hat seinen Namen von der Dämonin Holika, auch Putana genannt. Dem grausamen König von Kangsa war geweissagt worden, dass ein auserwähltes Kind ihn töten würde. Als er von der Geburt dieses Kindes hörte, beauftragte er Holika, alle neugeborenen Knaben in der Gegend umzubringen. Doch Krischna besiegte Holika.

Das Holifest ist ein ausgelassenes und fröhliches Frühlingsfest: Die Menschen besprengen einander mit rot gefärbtem Wasser und bestreuen sich mit wohlriechendem farbigem Pulver.

Divali (Lichterfest)

Divali bedeutet Lichterkette. Seit mehr als zwei Jahrtausenden wird in ganz Indien und Sri Lanka in einer Neumondnacht im Spätherbst (meist November) das Lichterfest gefeiert. Auf den Mauern und Fenstersimsen aller Häuser brennen unzählige Öllampen. Man kann dieses zweitägige Familienfest als Europäer eigentlich nur mit dem Weihnachtsfest vergleichen. Allerdings wird es sehr fröhlich und ausgelassen gefeiert mit Feuerwerkskörpern, Raketen und Knallfröschen. Die Kinder rufen auf den Straßen: »Mutter Erde schläft, wer weckt sie auf?« Der Tag gilt auch als Ende des alten Geschäftsjahres und Beginn des neuen Jahres. Lakschmi, die Göttin des Wohlstands, soll in dieser Nacht umherwandern und in besonders saubere und geschmückte Häuser einkehren. Die vielen

Khir – Milchbrei (Rezept)

Zutaten:

2,3 l Vollmilch, 100 g Rundkornreis, 100 g Zucker, 100 g Rosinen, 2 Lorbeerblätter, ½ Teelöffel Kardamom, 2 Esslöffel leicht geröstete Mandelblättchen

Khir ist ein Milchbrei, der sehr kalt serviert wird.

Milch und Zucker in einem großen Topf zum Kochen bringen. Die Hitze so einstellen, dass die Milch immer wieder hochsteigt, aber nicht überkocht. 15 Min. lang mit einem Pfannenwender ständig umrühren. Dann etwa 1 Stunde leicht weiterkochen lassen und umrühren, bis die Milchmenge nur noch etwa 1,5 l beträgt. Reis und Lorbeerblätter hinzugeben, ca. 20 Min. weiterkochen und ständig umrühren. Kardamom, Rosinen und Mandeln hinzufügen, weitere 5 Min. kochen und dann vom Herd nehmen. Zugedeckt abkühlen lassen und vor dem Servieren 2 Stunden in den Kühlschrank stellen.

Öllampen dienen dazu, ihr den Weg zu zeigen. Heute werden aus diesem Grund auch oft elektrische Lichterketten und auf den Dächern hohe Laternenmasten angebracht.
Zum Divali werden Speisen aus Büffelmilch gegessen, denn in dieser herbstlichen Zeit gibt es besonders viel Milch, weil die Tiere nach dem trockenen Sommer mehr frisches Futter finden.

Hinweis:
Einen Überblick über die Feste der Religionen finden Sie im Anhang, S. 444.

Schiva in der bekannten Darstellung als Nataraja, »Herr des Tanzes«. Sein Tanz symbolisiert den Kreislauf von Werden und Vergehen, von Schöpferkraft und Zerstörung.

Krischna tötet die Hexe Putana

Putana begab sich in der Gestalt einer hübschen, jungen Frau zum Haus von Krischnas Pflegemutter Yasoda. Mit ihren gerundeten Hüften, den vollen Brüsten, den Ohrringen und den Blumen im Haar sah sie wunderschön aus und ihre Schönheit wurde durch ihre schmale Taille noch hervorgehoben. Sie schaute jedem mit einem bezaubernden Lächeln in die Augen, und alle waren von ihrer Schönheit gefangen.

Putana nahm Baby-Krischna auf ihren Schoß, und Yasoda schaute ihr dabei zu; doch weil die Hexe so wunderschön gekleidet war und mütterliche Zuneigung für Krischna zeigte, hinderte sie sie nicht daran. Sie wusste nicht, dass Putana wie ein Schwert in einer verzierten Scheide war. Putana hatte ihre Brüste mit einem tödlichen Gift eingerieben und gleich nachdem sie das Kind auf den Schoß genommen hatte, schob sie ihm eine ihrer Brustwarzen in den Mund. Sie erwartete, dass Krischna augenblicklich sterben würde, wenn er an ihrer Brust saugte; Baby-Krischna jedoch griff zornig nach der Brust der Dämonin und saugte ihr zusammen mit der vergifteten Milch die Lebensluft aus dem Körper. Krischna ist so barmherzig, dass er sogar den Wunsch der Hexe Putana erfüllte und sie als seine Mutter annahm, als diese ihm ihre Brustmilch anbot. Um sie jedoch von weiteren Abscheulichkeiten abzuhalten, tötete er sie auf der Stelle. Sie stürzte zu Boden, warf Arme und Beine weit von sich und schrie laut.

Als Putana niederfiel und starb, erzitterten Himmel und Erde unter ungeheurem Krachen, und den Menschen schien es, als fielen Blitze vom Himmel. So endete der Albtraum von der Hexe Putana, und sie nahm wieder ihre wirkliche Gestalt als große Dämonin an.

Der Glaube und die Feste der Buddhisten

Die nach dem Christentum zweitgrößte Weltreligion geht auf den 563 v. Chr. geborenen Prinzen Siddharta Gautama zurück, der nach Verlassen seines Palastes und langer vergeblicher Suche und Askese als »Erleuchteter«, d.h. »Buddha«, schließlich die »Vier Edlen Wahrheiten« fand.

Buddha gründete Mönchs- und Nonnenorden und zog predigend in Nordindien umher. 483 v. Chr. starb er. Fünf Hauptgebote gelten im Buddhismus: nicht töten, nicht stehlen, nicht lügen, kein unerlaubter Geschlechtsverkehr und nichts Berauschendes zu sich nehmen. Gute Taten bewirken, dass man sich immer mehr vom Leiden befreit und dem Nirvana näher kommt. Auch die Meditation soll helfen, aus der Gefangenschaft des eigenen Ichs und eigener Begierden herauszufinden in die selbstlose Glückseligkeit des Nirvana. So entwickelte sich besonders bei den Mönchen eine große Fähigkeit der Selbstbeherrschung, Konzentration und Betrachtung. Buddhas Lehre enthält keine Aussagen über einen konkreten Gott. Für viele Europäer ist der Buddhismus mit seiner Askese, Meditation und Toleranz von großer Anziehungskraft. Manche fasziniert wohl auch vorwiegend die Exotik der Begriffe und Symbole, wie zum Beispiel die Lotusblume oder die Figur des Buddha mit seiner verklärten Gelassenheit. Buddhisten leben vorwiegend in China, Japan, Vietnam, Korea, Kambodscha und anderen Ländern Ostasiens.

In seiner berühmten »Predigt von Benares«, am Beginn seiner Lehrtätigkeit, erklärt der Buddha die Vier Edlen Wahrheiten und den Achtgliedrigen Pfad folgendermaßen:

»Dies, ihr Mönche, sind die vier edlen Wahrheiten. Welche vier? Das Leiden, die Entstehung des Leidens, die Aufhebung des Leidens und der zur Aufhebung des Leidens führende Weg.

Was nun ist das Leiden? Geburt ist Leiden, Alter ist Leiden, Krankheit ist Leiden, Tod ist Leiden, mit Unliebem vereint sein ist Leiden, von Liebem getrennt sein ist Leiden, nicht erlangen, was man begehrt und erstrebt, auch das ist Leiden, kurz die fünf Gruppen des Ergreifens sind Leiden. Das heißt Leiden.

Was ist die Entstehung des Leidens? Es ist der Durst, der zur Wiedergeburt führt, der von Wohlgefallen und Begierde begleitet da und dort Gefallen findet. Das heißt die Entstehung des Leidens.

Was ist die Aufhebung des Leidens? Es ist die restlose Ablehnung und Aufhebung dieses Durstes, der zur Wiedergeburt führt, der von Wohlgefallen und Begierde begleitet da und dort Gefallen findet, sein Aufgeben und seine Unterdrückung. Das heißt die Aufhebung des Leidens.

Und was ist der zur Aufhebung des Leidens führende Weg? Es ist der edle, achtgliedrige Pfad, nämlich rechte Ansicht, rechtes Denken, rechtes Reden, rechtes Handeln, rechtes Leben, rechtes Streben, rechte Wachsamkeit und rechte Sammlung. Das heißt der zur Aufhebung des Leidens führende Weg. Das, ihr Mönche, sind die vier edlen Wahrheiten.«

Die große Stupa von Kathmandu in Nepal, über und über behängt mit Gebetsfahnen.

Buddhistische Feste

Neujahrsfest

Das Neujahrsfest ist in allen Ländern Ostasiens der Höhepunkt des Jahres. Nach alter vorbuddhistischer Überlieferung wiederholen sich die Jahre in einem zwölfjährigen Zyklus. Jedes Jahr wird nach einer alten Legende einem bestimmten Tier zugeordnet. Das erste Tier des Kreislaufs ist die Ratte, es folgen Ochse, Tiger, Hase (oder Katze), Drache, Schlange, Pferd, Ziege (oder Widder), Affe, Hahn, Hund und Schwein. Das Jahr 2012 steht im Zeichen des Drachen. Aus dem Charakter der Tiere wird auf die Besonderheit des jeweiligen Jahres und auf die Eigenheiten der Menschen, die in ihm geboren sind, geschlossen.

Der buddhistische Festkalender ist ein Mondkalender. Die konkrete Kalendergestalt kann aber von Land zu Land je nach Tradition unterschiedlich sein. Die buddhistische Zeitrechnung beginnt mit dem Tod Buddhas, wie er traditionell (nicht im historisch exakten Sinne) berechnet wurde, und somit 543 Jahre früher als die christliche. Das Jahr 2012 unserer Zeitrechnung ist demnach das Jahr 2556 im Buddhismus, bzw. 2555 (so nach der buddhistischen Zeitrechnung in Thailand und Laos).

Neujahrsfest in Vietnam (Januar)

Himmel, Erde und Unterwelt sind für viele Vietnamesen eine untrennbare Einheit. Der Himmelskaiser übt die Kontrolle über alle Menschen aus. Vor Neujahr ruft er seine Abgesandten, die Küchengeister, die in jedem Haushalt mit dem Familiengeschehen besonders eng verbunden sind, damit sie ihm über die Menschen berichten. In Vietnam wird dieses Geschehen mit Theatervorführungen in jedem Dorf nachgespielt. So entsteht eine Art Jahresrückblick. Am Altjahresabend wird ein großes Feuerwerk abgeschossen, das die bösen Geister vertreibt. Dramatischer Höhepunkt ist oft ein Drachentanz: Kopf und Körper der riesigen, bunten Papierdrachen werden von mehreren Männern und Jungen

Vietnamesische Frühlingsrollen
(Rezept)

Zutaten
Reisblätter (Reispapier), Bier, Öl

Für die Füllung
*200 g Gehacktes vom Schwein; 200 g Krabben,
10 g Morcheln, 20 g Kokosflocken, 2 gequirlte Eier,
2 Knoblauchzehen, 30 g Glasnudeln,
1 große Zwiebel, Salz, Pfeffer, evtl. Glutamat*

Für die Fischsoße
*Zucker, Sambal Oelek, etwas Zitrone
oder Essig, Fischsoße und eine Mohrrübe,
evtl. etwas Kokosmilch*

Die Morcheln werden in Wasser eingeweicht,
die Glasnudeln gekocht. Dann alle Zutaten
für die Füllung zerkleinern, gut mischen und
eine kleine Portion zum Abschmecken an-
braten (evtl. Glutamat als Geschmacksver-
stärker). Etwa 15 Min. ziehen lassen. Für das
Durchfeuchten der Reisblätter braucht man
eine lange Fläche und Geschirrtücher. Die
Reisblätter werden durch eine Schale mit
warmem Bier gezogen, auf die Tücher gelegt
und mit Tüchern abgedeckt. So werden etwa
12 Reisblätter vorbereitet. Dann 2 Esslöffel
Füllung in die Mitte geben, die Seiten einschlagen und das Ganze zusammenrollen. In
einer Pfanne mit hohem Rand reichlich Öl
erhitzen und die Rollen dicht nebeneinander
hineinlegen. 5 Min. braten, umdrehen und
weitere 10 Min. bei mittlerer Hitze braten.
Für die Fischsoße braucht man 3 Teile Wasser
und 1 Teil gekaufte Fischsoße. Das Wasser
erhitzen und etwas Zucker darin auflösen.
Die Fischsoße und nach Geschmack etwas
Zitrone oder Essig und das Sambal Oelek
hinzufügen. Eventuell Kokosmilch zum Ma-
rinieren nehmen. Für das Auge kommt etwas
geriebene rohe Mohrrübe in die Soße.
Zum Essen nimmt man die Frühlingsrollen
in die Hand und taucht sie in die Fischsoße.
Man kann die Rollen auch in kleine Salat-
blätter wickeln und dann stippen.

getragen. Diese Figur kämpft gegen das Böse
in Gestalt eines Mannes mit einer hässlichen
Maske. Der Drache ist der Glücksbringer, ihm
werden Erfolg und Vitalität zugeschrieben.
Alle Häuser werden zu diesem Fest mit Blumen geschmückt. Es gibt ein großes Festessen
um Mitternacht. Eine besondere Spezialität
der Vietnamesen, die bei keinem Neujahrsfest
fehlen darf, sind die Frühlingsrollen.

Vesakh (Buddhas Geburtstag)
Dieses Fest wird in allen asiatischen Ländern
gefeiert, in denen der Buddhismus verbreitet ist. Es wird meist im Mai begangen – der
Name ist vom Monat »Vesakha« abgeleitet –, aber es gibt auch hier lokal unterschiedliche Traditionen. Nach der Datierung
des westlichen Buddhismus fällt das Fest auf
den ersten Tag nach einer Vollmondnacht
im Mai.
Der Name »Buddhas Geburtstag« ist nicht
ganz wörtlich zu nehmen, denn der genaue
Geburtstag ist nicht bekannt. Eigentlich wird
das Gedenken an die Erleuchtung des Reli-
gionsstifters gefeiert, der als Siddharta Gautama in einer Fürstenfamilie geboren wurde:
Einer Überlieferung nach soll Buddha am
gleichen Tag der jeweiligen Jahre sowohl geboren und erleuchtet worden als auch gestorben sein.
Das Fest kann sehr unterschiedlich gefeiert
werden. Die Traditionen reichen von einem
fröhlichen, eher karnevalartigen Charakter
bis zu einem eher von Besinnlichkeit geprägten Tag, wo man sich an Buddha und
dessen Lehre erinnert und sich zu Gebet und
Meditation in den Pagoden trifft.
Das Fest wird geprägt vom Gedanken des
Schenkens. Meist wird es als Lichter- und
Fahnenfest begangen, oft finden Prozessionen
durch festlich geschmückte Straßen statt. In
manchen Ländern werden an diesem Tag gefangene Vögel freigelassen, was als gute Tat
gilt und zugleich die erstrebte Befreiung aus
dem Kreislauf der Wiedergeburt symbolisiert.

Le Vu Lan – Verstorbenen-Gedenktag in Vietnam (November)

Le Vu Lan ist ein Feiertag der Besinnung. In allen Pagoden, den buddhistischen Gotteshäusern, werden die Gläubigen aufgefordert, ihre Versäumnisse und Vergehen wieder gutzumachen und großzügig gegenüber Freunden und Feinden zu sein, nicht zuletzt auch gegenüber den bereits verstorbenen Angehörigen. Es werden bestimmte Speisen vorbereitet und zu den Gräbern der Angehörigen gebracht oder auf Bambus-Tabletts vor das Haus gestellt. Mit dieser Geste lädt die Familie die Verstorbenen ein, an dem gemeinsamen Mahl teilzunehmen. Auf die Tabletts mit den Speisen werden Räucherstäbchen gesteckt. Wenn diese verloschen sind, können Kinder und arme Leute die Speisen mitnehmen und essen.

Le Vu Lan ist auch der Festtag der Mütter. Diejenigen, deren Mütter noch leben, erhalten eine rote, die anderen eine weiße Rose. Weiß ist in Vietnam die Farbe der Trauer. So tragen die Angehörigen von Verstorbenen zur Beerdigung weiße Stirnbinden und in man-

Die Blinden und die Sache mit dem Elefanten

In einer großen Stadt waren alle Einwohner blind. Eines Tages besuchte ein König dieses Gebiet und lagerte mit seinem Gefolge in der Wüste vor der Stadt. Er besaß einen großen Elefanten, den alle Menschen bewunderten, die ihn sahen. Auch die Blinden wollten den Elefanten kennenlernen und eine Anzahl von ihnen eilte – wie Narren – zu ihm, um seine Gestalt und Form festzustellen. Da sie ihn ja nicht sehen konnten, tasteten sie ihn mit ihren Händen ab. Jeder berührte irgendeines seiner Glieder, gewann davon eine Vorstellung und bildete sich ein, etwas zu wissen, weil er einen Teil fühlen konnte.

Als sie in die Stadt zurückkehrten, erzählten sie den neugierigen Menschen, die zurückgeblieben waren, etwas über das Aussehen und die Gestalt des Elefanten: Einer, der das Ohr des Elefanten betastet hatte, meinte: »Er ist ein großes, raues Etwas, breit und weit wie eine Decke.« Einer, der den Rüssel betastet hatte, meinte: »Er ist lang und innen hohl, wie eine Röhre.« Und der, der die dicken Beine gefühlt hatte, sprach: »Soweit ich erkennen konnte, ist er mächtig und fest wie eine Säule.«

Nach einer alten buddhistischen Geschichte

chen Gegenden auch weiße Gewänder über ihrer Kleidung. Die Mutter ist zugleich das Symbol der Erde. So wird zu diesem hohen Fest die umgebende Natur besonders gepflegt und auch für ihre Erhaltung in der Zukunft gesorgt.

Eine Buddha-Statue im klassischen Lotussitz, die linke Hand geöffnet im Schoß liegend, die rechte zu einer Ermutigungsgeste erhoben.

ANHANG

Stammbaum der jungen Familie

Kinder

Eltern

Großeltern

Wichtige Lebensstationen und Sakramentenkalender

Hochzeit

»Verbunden in Liebe und Treue«

Tag

_____

_____

Kinder

Geburt

»Eingezeichnet in Gottes Hand«

Name

Tag

Ort

Name

Tag

Ort

Name

Tag

Ort

Name

Tag

Ort

Taufe

»Wiedergeboren aus dem Wasser und dem Heiligen Geist«

Tag

Paten

Pfarrgemeinde

Tag

Paten

Pfarrgemeinde

Tag

Paten

Pfarrgemeinde

Tag

Paten

Pfarrgemeinde

Ort _____

Kirche _____

Trauzeugen _____

_____

Erstkommunion

»Vereint am Tisch des Herrn«

Tag _____

Pfarrgemeinde _____

Tag _____

Pfarrgemeinde _____

Tag _____

Pfarrgemeinde _____

Tag _____

Pfarrgemeinde _____

Firmung

»Besiegelt mit der Gabe Gottes, dem Heiligen Geist«

Tag _____

Pate _____

Pfarrgemeinde _____

Firmspender _____

Tag _____

Pate _____

Pfarrgemeinde _____

Firmspender _____

Tag _____

Pate _____

Pfarrgemeinde _____

Firmspender _____

Tag _____

Pate _____

Pfarrgemeinde _____

Firmspender _____

Namenstage

Das Zeichen > verweist auf Ableitungen des gleichen Namens bzw. auf andere Namen.

Abraham 9.10.
Achatius 22.6. > Achaz
Adalbert 23.4./20.6. > Bert, Albrecht
Adam 24.12.
Adelgund 30.1. > Aida, Edelgund, Ackel, Adele
Adelheid 5.2./11.6./16.12. > Heidrun, Adelaide, Alette, Heidi, Alice, Elke
Adeline 18.8. > Alina
Adelmar (Almar) 11.9.
Adeltrud 25.2.
Adolf 13.2./4.12. > Adi, Dolf, Adje, Adolfa, Adolfine
Adrian (Hadrian) 8.9.
Ägidius (Egid) 1.9. > Gilles
Ämilian (s. Emil)
Afra 7.8.
Agatha 5.2. > Agat, Aget
Agilolf (Hagilolf) 9.7.
Agnes 21.1./2.3. > Ines
Alan 14.10. > Allen
Alberich 14.11. > Aubry
Albert 15.11. > Adalbert
Albin 1.3. > Albein
Alena (s. Magdalena)
Albuin 26.10.
Alexander 3.5./10.7. > Alex, Alec, Sandro, Alexandra, Alexa, Sandra, Sascha, Sandor, Axel
Alexius 17.7. > Axel, Alexis
Alfons 1.8.
Alfred 2.2./28.10. > Fred, Freddy, Altfried
Alice 9.1.
Alkuin 19.5.
Almud 12.3.
Aloysius 21.6. > Alois, Aloisia, Lois, Louis
Altfrid 16.8.
Altmann 9.8.
Alwin 26.5. > Albinus, Alwina

Amadeus 30.8.
Amalberg 21.11. > Amalie, Alma, Amely, Amélie
Amata 20.2.
Ambrosius 7.12.
Amiliana (s. Emilie)
Anastasia 25.12. > Nastenka
Andreas 30.11. > Andrea, Andi, Anders
Angela 4.1./27.1./2.11. > Angelika, Angelina
Angelina 10.12.
Anna 26.7. > Annette, Anika, Annike, Anita, Anja, Nadja, Anuschka, Anke, Anabel (la), Antje, Nancy
Anno 5.12. > Hanno
Anselm 11.2./21.4. > Selma
Ansgar 3.2. > Oskar
Anthelm 26.6.
Antonia 6.5. > Nina
Antonius 17.1./13.6./5.7./24.10. > Toni, Tonius, Anton, Antek
Apollonia 9.2.
Armin 2.6.
Arno 13.7.
Arnold 15.1./1.5./18.7. > Arne, Arnd, Arno
Arnulf 18.7. > Ulf
Arthur 1.11. > Artur
Astrid (Asteria) 10.8. > Asta
Athanasius 2.5.
Augustinus 27.5./28.8. > Gustav, Tino
Aurea 4.10.
Aurelia 13.10./15.10.
Autbert 19.4.
Aya (Agia) 18.4.

Balduin 21.8. > Baldwin, Boudouin
Balthasar 6.1.
Barbara 4.12. > Babette, Bärbel, Bettina, Barbro
Bardo 10.6.
Barnabas 11.6.
Bartholomäus 24.8. > Bartel

Basilius 2.1.

Beate 8.4. > Bea

Beatrix 17.1./12.3./30.7./29.8. > Beate, Britta, Gitta, Beatrice

Beatus 9.5./28.7.

Beda 25.5.

Benedikt 12.2./16.4./11.7. > Bent, Bendix, Bennet, Bengt, Benita

Benigna 20.6. > Benke, Benina

Benignus 17.2.

Benjamin 31.3. > Ben

Benno 16.6./3.8. > Benjamin

Bernadette 16.4. > Berna, Bernarde

Bernhard 20.5./15.7./20.8. > Bernd, Björn, Berna, Bernharda

Berno 14.1.

Bernulf 19.7.

Bernward 20.7./20.11.

Berta 4.7.

Berthild 5.11.

Bert(h)old 27.7./14.12. > Bechtel, Bert, Berti

Bertram 30.6.

Bibiana 2.12.

Birgitta 23.7. > Gitta, Brigitte

Blanka 1.12. > Bianka

Blasius 3.2.

Bodo 2.2.

Bonaventura 15.7.

Bonifatius 5.6.

Boris 2.5.

Brigitte 1.2. > Britta

Bruno 10.2./9.3./6.10./11.10. > Brunhilde

Burchard 14.6./3.8. > Burkhard

Burkhard 18.5./14.10. > Buri, Burk

Cäcilia 22.11. > Silke, Cilli, Cécile, Sissi, Silja

Carla (s. Karl)

Carmen 16.7. > Carmela, Carmelia, Carmelina, Carmina

Carolin, Caroline (s. Karl)

Chantal (s. Johanna)

Charlotte 17.7. > Lotte

Christa 4.6. > Christiane, Christel

Christian 4.2./21.3./14.5./4.12. > Carsten, Kersten, Kirsten

Christiane 26.7./15.12. > Christel, Nina

Christina 22.6./24.7. > Christine, Christa, Christel, Kerstin, Kristin, Kirstin, Nina

Christophorus 24.7.

Chrysanth 25.10.

Clemens 22.3. > Clementia, Clementine

Coletta 6.3. > Colet, Colinette

Cornelia 31.3. > Conny, Nelli, Nelia, Nele

Cyprian 16.9.

Cyriakus 8.8.

Cyrill 14.2./18.3./21.6.

Dagmar 24.5.

Dagobert 23.12.

Damasus 11.12.

Damian 26.9. > Damien, Damiano

Daniel 21.7. > Daniela, Dan

Daria 25.10.

David 29.12. > Dave, Davide

Debora(h) 21.9.

Demetrius 8.10.

Desideratus 8.5. > Désirée

Desiderius 23.5.

Detlev 23.11.

Diana 10.6.

Diego 12.11.

Diemut 30.3. > Dietmut

Dietbert 11.2.

Dietger 7.6./30.10. > Gottlieb, Götz

Diethard 10.12.

Diethild 30.1.

Dietlind 22.1.

Dietmar 2.1./5.3./18.5./28.9. > Thiemo

Dietrich 2.2./29.4./7.9./27.9./12.12. > Dieter, Dirk, Thilo, Till, Tillmann

Dionysius 26.2./9.10. > Denis, Danny, Denise

Dodo 30.3.

Dolores 15.9.

Dominika 5.8. > Domenika

Dominikus 8.8. > Dominic, Dominik

Donata 17.7. > Donatus

Dorothea 6.2./25.6. > Doris, Dora, Thea, Dorena, Dorle, Dascha

Drutmar 15.2.

Eberhard 9.1./24.1./17.4./22.6./22.7./
  14.8. > Ebert, Eppo
Edelburg 7.7./11.10.
Edeltraut 23.6. > Ortrud
Edgar 8.7.
Edith 9.8./16.9.
Edmund 20.11.
Eduard 18.3./13.10. > Edi, Eddi, Ted,
  Edward
Edwin 12.10.
Egbert 24.4./25.11.
Egon (Egino) 15.7.
Ehrentrud 30.6.
Eido 20.12.
Einhard 14.3.
Ekkehard 28.6. > Heiko, Edgard, Eike, Einar
Eleonore 25.6. > Lenore, Nora
Elfriede 20.5. > Elfi, Effi
Elias 24.3.
Elisabeth 4.7./5.11./19.11. > Ella, Elly, Lisa,
  Lilli, Lilly, Lillo, Elisa, Ilse, Else, Elsbeth,
  Betty, Bettina, Lia, Liah
Elmar 22.3./28.8.
Elvira 16.7./25.8. > Elmire
Emil 22.5.
Emilie 5.1. > Emily, Emely
Emma 3.12.
Emmanuel 1.10. > Manuel, Mendel
Emmeran 22.9.
Emmerich 5.11. > Imre, Mirko
Engelbert 10.4./8.6./7.11.
Ephräm 9.6.
Erasmus 2.6. > Elmo
Erenfried 21.5.
Erhard 8.1.
Erich 18.5./10.7. > Erik, Erika
Ermelind 29.10. > Irmlinde
Ernestine 14.4. > Erna
Ernst 30.6./7.11.
Erwin 25.4.
Eskil 12.6.
Esther 24.5.
Eucharius 9.12.
Eugen 2.6.
Eugenia 25.12.
Eulalia 10.12.

Euphemia 17.6.
Eusebius 31.1./2.8.
Eustachius 20.9.
Eva 24.12. > Evi, Evelyn, Evita
Ewald 3.10.

Fabian 20.1. > Fabien, Fabio
Fabiola 27.12. > Fabia
Falko 20.2.
Felix 18.5./12.7./12.9./30.12.
Felicius 18.6.
Felizitas 7.3./23.11. > Felicie
Ferdinand 30.5. > Fendel, Ferdl
Fidelis 24.4. > Fidelio
Flora 29.7./24.11. > Florina, Fleur
Florian 4.5. > Flora, Florence, Florianne,
  Florentia
Franz(iskus) 24.1./2.4./4.10./3.12. > Frank,
  Franco
Franziska 9.3. > Fanny, Frances, Franzi, Cissi
Fridolin 6.3.
Friedrich 3.3./8.5./18.7. > Fritz, Friedel,
  Fred, Fridolin, Friedhelm, Friederike,
  Frika, Fenja, Finja
Frowin 27.3.
Fulko 17.6.

Gabriel 17.7./29.9. > Gabriele, Gabi, Gabor
Gallus 16.10. > Galla, Gallo
Gangolf 11.5. > Wolfgang
Gebhard 15.6./27.8.
Gemma 11.4.
Genovefa 3.1.
Georg 23.4. > Jürgen, Jörg, Georgine,
  Georgia
Gerald 7.12. > Gerwald
Gereon 10.10.
Gerfrid 12.9.
Gerhard 23.4./24.9. > Gerd, Gert, Gerrit,
  Gard
Gerhild 23.9.
Gerlind 3.12.
Germanus 28.5./31.7. > Germann,
  Germaine
Gero 29.6.
Gerold 19.4./13.8./7.10.

Gertrud 17.3./17.11. > Gerda, Gesine,
   Gertraud, Gela
Gilbert 4.2./6.8. > Gisbert
Gisbert 7.11.
Gisela 7.5. > Gesine, Gisa, Silke
Goar 6.7.
Gohard 25.6.
Gordian 10.5.
Gorgonius 9.9.
Goswin 14.7.
Gottfried 13.1./12.10./8.11. > Golo,
   Geoffrey, Götz
Gotthard (Godehard) 5.5.
Gottschalk 14.6.
Gratia 21.8. > Graziella
Gregor 2.1./10.1./12.2./25.5./26.8./3.9./
   4.11./8.11.
Gudula 8.1. > Gudrun
Guido 4.5./12.9. > Wido
Gumbert 15.7.
Gummar 16.3.
Gundolf 6.9.
Gundula 6.5.
Günther 28.11. > Gunther, Gunnar
Gunthild 21.2./22.9.
Guntram 28.3.
Gustav 10.3.

Hadrian (s. Adrian)
Hadwig 19.2./14.4.
Hagar 21.12.
Hanna (s. Johanna)
Hannah 3.2.
Hanno 24.12. > Anno
Harald 1.11. > Harold, Herold
Hartmut 23.1.
Hartwich (Hartwig) 5.12. > Herwig
Hatto 4.7.
Hedwig 16.10. > Hedi, Hedda
Heinrich 19.1./23.1./10.6./13.7./11.8.
   > Heinz, Heiner, Heiko, Henri, Henry,
   Henning, Heino, Henriette, Harry,
   Henrik, Enzio, Jette
Helena 18.8. > Ellen, Ilona, Ilka, Lena, Lene,
   Leni, Hela, Nelly
Helga 8.6./11.7. > Olga, Hella, Ilga

Helmtrud/Hiltrud 31.5./27.9./17.11.
Helmut 29.3.
Hemma 27.6. > Emma
Heribert 25.5./30.8. > Herbert
Herlind 12.10.
Hermann 7.4./25.4./21.5./6.8./24.9./2.10.
Hermengild 13.4.
Herta 12.4.
Hieronymus 8.2./30.9. > Jero, Jerome
Hilarius 13.1. > Hilaria
Hilda 17.11. > Hilde
Hildburg 3.6.
Hildegard 17.9. > Hilde, Bernhilde, Hilke
Hildegund 6.2./20.4./14.10.
Hippolyt 13.8.
Hubert 3.11.
Hugo 1.4./28.4./20.8. > Hugh, Hauk,
   Hauke
Hulda 10.4.
Huna 15.4.
Hyazinth 17.8.

Ida 13.4./4.9./26.11.
Ignatius 31.7./17.10.
Igor 19.9.
Ildefons 23.1.
Ingbert 22.10.
Ingeborg 30.7. > Inge, Inka
Ingrid 2.9.
Innozenz 28.7. > Innozentia
Irenäus 28.6.
Irene 1.4. > Ira, Irin, Irina, Iria
Iris 4.9.
Irmengard 24.2.
Irmgard 19.2./20.3./16.7./4.9.
Irmhild 13.2.
Irmina 3.1. > Irma, Henna, Hermine
Irmtrud 29.4./29.5.
Isabella 22.2. > Isa, Bella, Isabel
Isidor 4.4./15.5.
Isolde 24.8.
Ivo 19.5./23.12. > Ivonne, Yvonne

Jakob(us) 3.5./25.7./13.12. > Jascha, Jost,
   Jacqueline, Giacomo, James, Jim
Januarius 19.9.

Janusz 7.8.

Jette (s. Heinrich)

Joachim 26.7. > Jochen, Achim, Kim

Joel 13.7.

Johanna 30.5./12.12. > Jane, Janina, Jenny, Jennifer, Jessika, Jeanne, Hanna, Jeannette, Juanita, Jana, Chantal (nach Johanna Franziska von Chantal 12.2.)

Johannes 31.1./8.3./7.4./16.5./18.5./3.6./ 22.6./24.6./26.6./4.8./19.8./13.9./9.10. /23.10./8.11./21.11./4.12./14.12./ 23.12./27.12. > Jan, Iwanka, Jens, Hans, Janos, Gianni, Gion, Jannik, Jannick, Yannik, Yanick, John, Jannis (?)

Jonas 21.9.

Josaphat 12.11.

Joschua 1.9.

Josef 19.3./25.8. > Jupp, Beppo

Josephine 26.10. > Josefa, Josefine

Jost (Jodokus) 13.12.

Judas 28.10.

Judith 13.3./29.6./7.9. > Jutta

Julia 22.5./16.9. > Julietta, July, Ulli, Jill, Julika, Julitta, Lilli, Lilly, Jule, Lia, Liah

Julian 9.1./27.1. > Julius

Juliana 16.2./5.4. > Julitta, Liane

Justin 1.6.

Justina 7.10.

Justus 10.11.

Jutta (Guda) 13.1./25.3./5.5./17.8./31.10./ 29.11./22.12. > Judith

Kajetan 7.8.

Kajus 22.4.

Kalixtus 14.10.

Kamillus 14.7.

Karin(a) 7.11.

Karl 2.3./3.6./4.11./1.12. > Karola, Karoline, Karla, Carla, Karel, Lola, Lolita, Carolin, Caroline

Kasimir 4.3.

Kaspar 6.1. > Jasper

Katharina 24.3./29.4./25.11. > Katja, Katrin, Katinka, Karina, Karin, Karen, Nina, Kathleen, Käthe

Kevin 6.6.

Kilian 8.7.

Klara 11.8. > Klarissa, Clarine, Claire, Chiara, Kiara, Clara

Klaudia 18.8.

Klaudius 6.6. > Claudia, Claude

Klemens 15.3./23.11. > Klementia, Klementius

Kletus 26.4.

Klothilde 4.6.

Knud 10.7. > Knut

Koloman 13.10. > Kaiman

Kolumba 31.12.

Kolumban 23.11.

Konrad 21.4./19.5./26.11./19.12. > Konny, Kuno, Kurt, Kord

Konstantia 18.2./8.12. > Konstanze, Conny

Korbinian 20.11.

Kordula 22.10. > Corinna, Kora

Kornelius 16.9.

Kosmas 26.9. > Kosima

Kunibert 12.11.

Kunigunde 3.3. > Gunda, Kunissa

Kyrilla 5.7.

Lambert 18.9.

Larissa 26.3. > Lara

Laurentius 21.7./10.8. > Lorenz, Lars, Laura, Lauren, Lasse (?)

Lazarus 17.12. > Eleasar

Lea 22.3. > Leah, Leila

Leander 13.3.

Leo 19.4./12.6./10.11. > Leon

Leonhard 6.11. > Leonie, Lennard, Lennart

Leopold 15.11.

Liborius 23.7./9.12. > Bores, Bors, Bories

Lidwina 14.4.

Lilli/Lilly (s. Elisabeth, Julia)

Linus 23.9.

Lioba 28.9.

Liutburg 3.4.

Liutgard 1.6.

Lothar 15.6./29.12.

Ludmilla 15.9.

Ludger 26.3.

Ludolf 29.3./13.8.

Ludwig 11.7./25.8./25.10. > Lewis, Lutz, Klodwig, Luis, Louis
Luise 15.3./24.7. > Louisa, Luisa
Luitgard 16.6.
Luitpold 1.11.
Lukas 18.10.
Luzia 13.12. > Lucie
Luzilla 29.7.
Luzius 2.12.
Lydia 3.8.

Magdalena 22.7. > Marlene, Lena, Lene, Magda, Madien, Alena
Magnus 6.9.
Mamertus 11.5.
Manfred 28.1.
Margarete 22.2./20.7./16.10./16.11. > Peggy, Margot, Marita, Meta, Esmeralda, Ghita, Marga, Margit, Marg(r)itta, Rita, Marga, Greta (?)
Maria 2.2./6.7./22.7./12.9. > Mariele, Marita, Marika, Marylin, Miri(j)am, Muriel, Mia, Ria, Marion, Maja, Mascha, Merle, Mira
Marianus 22.12.
Marius (Maro) 4.1./19.1.
Markus 25.4. > Marcel, Mark, Marc
Markward 2.2./27.2./6.5.
Martha 29.7.
Martin 13.4./11.11.
Martina 30.1.
Marzelinus 2.6. > Marcel
Marzellus 16.1.
Maternus 11.9.
Matthäus 21.9. > Matthias
Matthias 24.2. > Mattis, Matt, Maurice
Mathilde 14.3. > Metje
Maurin 10.6.
Mauritius 22.9. > Moritz
Maurus 15.1.
Maximilian 29.5. > Max
Maximin 29.5.
Mechthild 26.2./6.3./31.5./15.8./19.11.
Meinhard 14.8.
Meinolf 5.10. > Meino, Menko
Meinrad 21.1.

Meinwerk 5.6.
Melanie 31.12. > Mela
Melchior 6.1.
Melitta 15.9. > Melissa, Melina
Methodius 14.2.
Michael 29.9. > Michaela, Michel, Michelle, Mika
Mildred 13.7.
Modesta 6.11.
Modestus 27.11.
Monika 27.8. > Mona
Moses 4.9.

Natalie 27.7./1.12. > Natascha, Noel
Nidker 15.4.
Niels/Nils 5.12.
Nikolaus 11.8./10.9../25.9./6.12. > Klaus, Nikola, Nicole, Coletta, Colin, Niels, Nick, Niklas, Nico, Niko
Norbert 6.6.
Notburga 13.9./15.9. > Burga, Burgel
Notker 7.5.

Oda (Uta) 23.10./27.11. > Ottilie
Odette 20.4.
Odilia (= Ottilie) 13.12.
Odilo 3.1./18.1.
Odo 18.11.
Odulf 12.6.
Olaf 29.7. > Ole
Olga 11.7. > Helga
Oliva 5.3.
Oliver 11.7. > Olivia, Oliva
Oswald 29.2./5.8. > Isolde, Uwe
Oswin 20.8.
Otmar 9.9./16.11.
Otto 30.6./7.9. > Udo
Ottokar 9.5.

Pankratius 12.5.
Paschalis 17.5. > Pascal
Patrick 17.3. > Pat, Patty, Paddy, Patricia
Patroklus 21.1.
Paula 26.1. > Paola, Paolo
Paulin 11.1./22.6./31.8.
Paulina 13.3./30.4. > Pauline

Paulus 10.1./6.2./26.6./29.6./19.10. > Paul
Perpetua 7.3.
Petronilla 31.5.
Petrus 21.2./27.4./28.4./2.6./29.6./30.7./
    1.8. > Peter, Petra
Philippus 3.5./26.5./18.12. > Philipp, Fips
Philomena 11.8. > Mena
Pia 6.1.
Pierre 28.4. (Peter)
Pirmin 3.11.
Pius 30.4./21.8.
Plazidus 5.10.
Polykarp 23.2.
Pontianus 13.8.
Praxedis 6.8.
Priska 18.1. > Priscilla
Pulcheria 10.9.

Rabanus 4.2.
Rachel 11.7. > Rahel
Radegund 12.8.
Radulf 21.6. > Ralf
Raimund 7.1./31.8. > Ramon, Ramona,
    Roy
Ramona 23.2.
Raphael 29.9. > Raphaela
Rasso 19.6. > Ratho
Ratbert 26.4.
Ratmund 19.1.
Rebekka 23.3.
Regina 7.9. > Gina, Regine
Reginbert 29.12.
Reginhard 5.12.
Regula 12.9.
Reiner 14.1./11.4. > Rainer, Rene,
    Renke
Reinhard 7.3./5.12. > Reiner, Renz, Hartl,
    (Reginhard)
Reinhild (Reineldis) 6.2./30.5./16.7.
Rein(h)old 7.1. > Reinald, Reinand,
    Rendel
Remigius 1.10. > Romey
Renate 22.5. > Rena, Reni, Nata
Renatus 6.10. > René
Richard 7.2./21.12./30.12. > Ric(h)arda,
    Rike, Dick

Richardis 18.9.
Rita 22.5.
Robert 7.6./17.9. > Bobby, Robin
Rochus 16.8. > Rocco
Roger 4.1./1.3. > Rüdiger
Roland 14.7./15.9./9.11.
Romana 23.2.
Romanus 28.2./1.6. > Romana,
    Romano
Romuald 19.6.
Rosa 23.8./4.9. > Rosita, Rose, Rosel
Rosalia 4.9.
Rosamunde 30.4.
Rosina 11.3.
Roswitha 5.9.
Rudolf 17.4./6.11. > Rolf
Rüdiger 4.1./1.3. > Roger
Rupert 4.3./15.5./24.9./1.11. > Robert
Ruth 1.9.

Sabine 29.8. > Bina
Salome 22.10. > Selma
Sandrina 2.4.
Sara 13.7./10.10. > Sally, Sarah, Sarina
Scholastika 10.2.
Sebald 19.8. > Siegbald
Sebastian 20.1. > Bastian, Basti, Bastin
Sergius 8.9.
Servatius 13.5.
Severin 8.1./23.10. > Sören
Sibylle 9.10.
Siegfried 15.2./22.8. > Sigurd
Sigi(s)bert 1.2./11.7.
Sigismund 2.5.
Siglind 24.7.
Sigrid 7.1.
Silas 13.7. (= Horst) > Silvan, Silvio
Silvana 28.2. > Silvan
Silvester 31.12.
Silvia 3.11. > Silva, Sylvia
Simeon 8.10.
Simon 18.2./28.10. > Simone
Sixtus 7.8.
Sophia 15.5./3.9. > Sonja, Sofie, Sofia,
    Sophie
Stanislaus 11.4./13.11. > Stenzel

Stephan(us) 16.8./26.12. > Stephanie, Steffen, Steve, Fanny, Steffi, Istvan

Sturmius 16.12.

Susanna 11.8. > Sue, Susi, Sanna, Susan

Suitbert 4.9. > Sven

Tarsitius 15.8.

Tassilo 11.12.

Tatiana 12.1. > Tatjana, Tanja

Thea 25.7.

Thekla 23.9.

Theobald 16.1./30.6. > Dewald

Theoderich (Dietrich) 1.7.

Theodor 19.9./9.11. > Theo, Torsten, Ted, Fodor

Theodora 29.8. > Fedora, Fjodora

Theodulf 24.6. > Detlef

Theresia 1.10./15.10. > Teresita, Tracy, Teresa, Tessa, Thea, Resi

Thomas 28.1./22.6./3.7./25.7./29.12. > Tom

Tillo (Tillmann) 16.1.

Timotheus 26.1. > Tim, Timmy, Timothy

Titus 26.1.

Tobias 13.9.

Turibio 23.3.

Trudbert 26.4.

Udo 3.10. > Otto

Ulrich 4.7./14.7. > Ul(l)i, Udo, Ulrike, Uwe, Ulla

Urban 25.5.

Urs 30.9.

Ursula 21.10. > Ulla, Uschi

Ute (Oda) 23.10. > Uta, Utta

Valentin 7.1./14.2. > Valentina

Valeria 4.5./20.5.

Valerius 29.1.

Vera 24.1. > Veruschka

Verena 22.7./1.9. > Elvira, Farina, Vreni, Rena

Veronika 4.2. > Frauke, Froni, Veronia

Viktor 30.9./10.10. > Vico

Viktoria 17.11./23.12. > Vicky

Vinzenz 22.1./5.4./27.9. > Vincent

Viola 3.5. > Violetta, Violet

Virgil 24.9.

Vitalis (Helmut) 20.10.

Vitus 15.6. > Veit

Volker 7.3.

Volkmar 9.5.

Walburga 25.2. > Burgl, Burga, Burgis, Wally

Waldemar 15.7. > Wladimir

Walter 22.1./8.4./17.5.

Waltraud 9.4.

Wendelin 20.10.

Wenzel 28.9.

Werenfrid 14.8.

Werner 19.4./4.6./1.10.

Wigbert (Wipert) 13.8. > Wibke

Wilhelm 1.1./10.1./6.4./28.5./13.11. > Willi, Wim, Bill, Wilhelmine, Helma, Wilma, Minka, Helmine

Willibald 7.7.

Willibrod 7.11.

Wiltrud 6.1./21.5./2.7.

Winfrid (s. Bonifatius)

Wolfgang 31.10.

Wolfhard 27.10.

Wolfhelm 22.4.

Wolfhild 8.5.

Wolfram 25.1./20.3.

Wunibald 15.12.

Zacharias 15.3./5.11.

Zeno 12.4.

Zita 27.4.

Kirchliche Feiertage von 2014 bis 2034

Daten der beweglichen Feste und Wochentage von feststehenden Feiertagen

Jahr	Neujahr	Aschermittwoch	Karfreitag	Ostern	Ostern (orthodox)
2014	Mittwoch	5. März	18. April	20. April	20. April
2015	Donnerstag	18. Februar	3. April	5. April	12. April
2016	Freitag	10. Februar	25. März	27. März	1. Mai
2017	Sonntag	1. März	14. April	16. April	16. April
2018	Montag	14. Februar	30. März	1. April	8. April
2019	Dienstag	6. März	19. April	21. April	28. April
2020	Mittwoch	26. Februar	10. April	12. April	19. April
2021	Freitag	17. Februar	2. April	4. April	2. Mai
2022	Samstag	2. März	15. April	17. April	24. April
2023	Sonntag	22. Februar	7. April	9. April	16. April
2024	Montag	14. Februar	29. März	31. März	5. Mai
2025	Mittwoch	5. März	18. April	20. April	20. April
2026	Donnerstag	18. Februar	3. April	5. April	12. April
2027	Freitag	10. Februar	26. März	28. März	2. Mai
2028	Samstag	1. März	14. April	16. April	16. April
2029	Montag	14. Februar	30. März	1. April	8. April
2030	Dienstag	6. März	19. April	21. April	28. April
2031	Mittwoch	26. Februar	11. April	13. April	13. April
2032	Donnerstag	11. Februar	26. März	28. März	2. Mai
2033	Samstag	2. März	15. April	17. April	24. April
2034	Sonntag	22. Februar	7. April	9. April	9. April

Anmerkungen

Der Termin des Osterfestes: Das Konzil von Nizäa hat im Jahr 325 für die gesamte Christenheit festgelegt, dass das Osterfest am ersten Sonntag nach dem Frühlingsvollmond gefeiert werden soll. Frühester Termin kann der 22. März, spätester der 25. April sein. Dies gilt als Berechnungsgrundlage für die Christen im Westen wie auch für die Orthodoxen. Allerdings ergibt sich ein Unterschied, weil das Datum des orthodoxen Osterfestes nach dem alten julianischen Kalender berechnet wird (vgl. S. 234). So kommt es zu einer Abweichung von bis zu fünf Wochen zwischen dem Osterfest der Katholiken und Protestanten sowie dem der Orthodoxen. Damit verschieben sich entsprechend auch die Festtage wie Karfreitag, Christi Himmelfahrt und Pfingsten.

Christi Himmelfahrt	Pfingsten	Fronleichnam	1. Advent	Weihnachten (25. Dez.)	Lesejahr
29. Mai	8. Juni	19. Juni	30. November	Donnerstag	A
14. Mai	24. Mai	4. Juni	29. November	Freitag	B
5. Mai	15. Mai	26. Mai	27. November	Sonntag	C
25. Mai	4. Juni	15. Juni	3. Dezember	Montag	A
10. Mai	20. Mai	31. Mai	2. Dezember	Dienstag	B
30. Mai	9. Juni	20. Juni	1. Dezember	Mittwoch	C
21. Mai	31. Mai	11. Juni	29. November	Freitag	A
13. Mai	23. Mai	3. Juni	28. November	Samstag	B
26. Mai	5. Juni	16. Juni	27. November	Sonntag	C
18. Mai	28. Mai	8. Juni	3. Dezember	Montag	A
9. Mai	19. Mai	30. Mai	1. Dezember	Mittwoch	B
29. Mai	8. Juni	19. Juni	30. November	Donnerstag	C
14. Mai	24. Mai	4. Juni	29. November	Freitag	A
6. Mai	16. Mai	27. Mai	28. November	Samstag	B
25. Mai	4. Juni	15. Juni	3. Dezember	Montag	C
10. Mai	20. Mai	31. Mai	2. Dezember	Dienstag	A
30. Mai	9. Juni	20. Juni	1. Dezember	Mittwoch	B
22. Mai	1. Juni	12. Juni	30. November	Donnerstag	C
6. Mai	16. Mai	27. Mai	28. November	Samstag	A
26. Mai	5. Juni	16. Juni	27. November	Sonntag	B
18. Mai	28. Mai	8. Juni	3. Dezember	Montag	C

Lesejahr: Nach Anordnung des Zweiten Vatikanischen Konzils sollten in den sonntäglichen Eucharistiefeiern mehr Texte aus dem Alten und Neuen Testament verwendet werden. Während sich die frühere Leseordnung jedes Jahr wiederholte, erstreckt sich die neue Leseordnung über drei Jahre und wird in die drei Lesejahre A, B und C unterteilt.

Da das Kirchenjahr mit dem 1. Adventssonntag beginnt, reicht das Lesejahr vom 1. Advents-sonntag des vorausgegangenen bürgerlichen Jahres bis zum Sonntag vor dem 1. Advent dieses Jahres.

(Beispiel: Dem Jahr 2014 ist in der Übersicht oben das Lesejahr A zugeordnet. – Dieses Lesejahr reicht vom 1. Advent 2013 bis zum Sonntag vor dem 1. Advent 2014, dem Christkönigssonntag.)

Feste der Religionen von 2014 bis 2024

Jüdische Feiertage	2014	2015	2016	2017
Purim (Losfest)	16. März	5. März	24. März	12. März
Pessach/Pascha	15. April	4. April	23. April	11. April
Schawuot (Wochenfest)	4. Juni	24. Mai	12. Juni	31. Mai
Tescha be Av (Gedenken der Tempelzerstörung)	5. Aug.	26. Juli	14. Aug.	1. Aug.
Rosch ha Schana (Neujahr)	25. Sept.	14. Sept.	3. Okt.	21. Sept.
Jom Kippur (Versöhnungsfest)	4. Okt.	23. Sept.	12. Okt.	30. Sept.
Sukkot (Laubhüttenfest)	9. Okt.	28. Sept.	17. Okt.	5. Okt.
Simchat Tora (Fest der Torafreude)	17. Okt.	16. Okt.	25. Okt.	13. Okt.
Chanukka (Weihefest)	17. Dez.	7. Dez.	25. Dez.	13. Dez.

Islamische Feiertage	2014	2015	2016	2017
1. Muharram (Neujahr)	25. Okt.	14. Okt.	3. Okt.	22. Sept.
Maulid an-Nabi (Geburtstag des Propheten)	13. Jan.	3. Jan./ 23. Dez.	12. Dez.	1. Dez.
Beginn Ramadan	28. Juni	17. Juni	6. Juni	26. Mai
Id al-Fitr (Fest des Fastenbrechens)	28. Juli	17. Juli	6. Juli	26. Juni
Id al-Adha (Opferfest)	4. Okt.	23. Sept.	12. Sept.	2. Sept.

Anmerkung zum islamischen Kalender

Der islamische Kalender verschiebt sich als Mondkalender jedes Jahr um etwa elf Tage gegenüber unserem Kalender. Die tatsächlichen Festdaten lassen sich über Kalenderberechnungen nicht ganz exakt vorherbestimmen, weil die Beobachtung der Neumondsichel ausschlaggebend für den Monatsbeginn und die Festtage ist. Deshalb können sich Abweichungen um ein bis zwei Tage vom hier errechneten Datum ergeben. Der Festtag beginnt am Vorabend mit Sonnenuntergang.

Buddhismus und Hinduismus

Für den Buddhismus und Hinduismus ist es kaum möglich, längere Zeit im Voraus einen Überblick über die verschiedenen Feiertage zu geben. Zu unterschiedlich sind von Land

2018	2019	2020	2021	2022	2023	2024
1. März	21. März	10. März	26. Febr.	17. März	7. März	21. März
31. März	20. April	9. April	28. März	16. April	6. April	23. April
20. Mai	9. Juni	29. Mai	17. Mai	5. Juni	26. Mai	12. Juni
22. Juli	11. Aug.	30. Juli	18. Juli	7. Aug.	27. Juli	13. Aug.
10. Sept.	30. Sept.	19. Sept.	7. Sept.	26. Sept.	16. Sept.	3. Okt.
19. Sept.	9. Okt.	28. Sept.	16. Sept.	5. Okt.	25. Sept.	12. Okt.
24. Sept.	14. Okt.	3. Okt.	21. Sept.	10. Okt.	30. Sept.	17. Okt.
2. Okt.	22. Okt.	11. Okt.	29. Sept.	18. Okt.	8. Okt.	25. Okt.
3. Dez.	23. Dez.	11. Dez.	29. Nov.	19. Dez.	8. Dez.	26. Dez.

2018	2019	2020	2021	2022	2023	2024
12. Sept.	1. Sept.	20. Aug.	10. Aug.	30. Juli	19. Juli	8. Juli
21. Nov.	10. Nov.	29. Okt.	19. Okt.	8. Okt.	27. Sept.	16. Sept.
15. Mai	5. Mai	23. April	13. April	2. April	22. März	10. März
15. Juni	5. Juni	24. Mai	14. Mai	3. Mai	10. April	10. April
21. Aug.	11. Aug.	30. Juli	20. Juli	9. Juli	28. Juni	16. Juni

zu Land, von Region zu Region die verwendeten religiösen Kalender; aber auch die Festtraditionen und Feiertage selbst können ganz unterschiedlich sein.

Es gibt jedoch inzwischen einige engagierte Internetseiten, die aktuelle Jahresüberblicke mit umfassenden interreligiösen Kalendern veröffentlichen, z.B.:

› Homepage des Beauftragten für Integration und Migration des Senats von Berlin:

Dort kann unter www.berlin.de/lb/intmig/publikationen/kalender/ alljährlich ein sorgfältig erstellter interkultureller Kalender heruntergeladen werden. Gegen eine Schutzgebühr von 0,50 € ist das Kalenderposter (DIN A3, vierfarbig) auch zu bestellen bei: Beauftragter des Berliner Senats für Integration und Migration, Potsdamer Straße 65, 10785 Berlin, Tel. 030/9017-2357, Fax 030/9017-2320, e-mail: Integrationsbeauftragter@intmig.berlin.de

Kleines Glaubenslexikon

In dieser Übersicht werden wichtige Begriffe aus Kirche und Glauben kurz erläutert. Über das Stichwortverzeichnis (S. 453) können Sie weitere Informationen finden.

Abendmahl In Erinnerung an das letzte gemeinsame Mahl Jesu mit seinen Jüngern am Abend vor seinem Tod bezeichnen die reformatorischen Kirchen und kirchlichen Gemeinschaften ihre entsprechenden Feiern bis heute als Abendmahl. Die Abendmahlsfeier der katholischen Kirche ist die heilige Messe oder Eucharistiefeier.

Altar In den katholischen und evangelischen Kirchen ein Tisch aus Stein, Holz oder Metall, an dem die heilige Messe bzw. das Abendmahl gefeiert werden. In der katholischen Kirche ist dieser Tisch oft mit Kerzen und Blumen geschmückt. Es sind Reliquien (sterbliche Überreste von Heiligen) darin eingearbeitet als Zeichen der Verbundenheit mit den Christen früherer Zeiten.
In der evangelischen Kirche wird oft die Bibel auf dem Altar ausgestellt.

Altes Testament Der erste, größere Teil der Bibel wird Altes oder auch »Erstes« Testament genannt. Testament heißt hierbei Bund. Es geht um die Geschichte des Bundes Gottes mit den Menschen von der Schöpfung bis zur Erwartung der Wiederkunft Gottes. Das Alte Testament ist auch die Heilige Schrift der Juden.

Ambo (griechisch *anabainein* = hinaufsteigen) Ein Lesepult in katholischen Kirchen, an dem Priester, Diakon oder Lektor die Lesungen, das Evangelium sowie die Fürbitten vorlesen und von dem aus der Priester die Predigt hält.

Amen (hebräisch = so sei es) Dieses Wort ist die Zustimmung der Gemeinde zu Rede, Gebet und dem Segen. Es wird von der Gemeinde meist zum Ende des entsprechenden Gebetes gemeinsam gesprochen.

Apostel (griechisch = Abgesandter) Jemand, der von Jesus Christus direkt als »Gesandter« beauftragt worden ist. Von ihnen wird in der Bibel berichtet.
Das Matthäusevangelium und das Markusevangelium nennen folgende Apostel: 1. Simon Petrus – 2. dessen Bruder Andreas – 3. Jakobus (der Ältere) und 4. dessen Bruder Johannes, die beiden Söhne des Zebedäus – 5. Philippus – 6. Bartholomäus – 7. Thomas – 8. Matthäus (der Zöllner, evtl. identisch mit dem Evangelisten Matthäus) – 9. Jakobus (der Jüngere) oder Jakobus, Sohn des Alphäus – 10. Judas Thaddäus – 11. Simon der Zelot (Simon der Eiferer) – 12. Judas Ischariot.

Ave Maria Der lateinische Beginn des Gebetes zur Gottesmutter Maria »Gegrüßet seist du Maria«. Es gehört nach dem Vaterunser zu den meistgesprochenen Gebeten der Katholiken (Text siehe S. 215).

Basilika (griechisch = Königshalle) In altrömischer Zeit verstand man unter Basilika eine längliche Halle, meist mit Eingang an der Schmalseite. Dieser Name wurde auf Kirchengebäude übertragen, die nach deren Vorbild gestaltet wurden.

Bergpredigt Diese erste große Rede Jesu steht im Matthäusevangelium (Kap. 5–7). In der Bergpredigt findet sich eine klassische Zusammenfassung der Lehre Jesu.

Betlehem (hebräisch = Haus des Brotes) Stadt auf einem Bergrücken, 7 km südlich von Jerusalem. Betlehem war die Heimatstadt von König David und wird in den verschiedenen Evangelien als Geburtsort Jesu genannt.

Bibel Die heilige Schrift der Christen. Im ersten Teil der Bibel (»Altes Testament«) sind die Erfahrungen des Volkes Israel mit Gott aufgezeichnet, im zweiten Teil (»Neues Testament«) die Worte und Taten Jesu, die Erlebnisse der Apostel, Briefe an die ersten christlichen Gemeinden und die »Geheime Offenbarung« des Johannes als eine Vision vom Ende der Welt. Das Alte und Neue Testament bilden gemeinsam so etwas wie die Urkunde der Christen vom Bund Gottes mit den Menschen. Die Bibel ist im Laufe vieler Jahrhunderte entstanden. Zunächst haben sich Menschen ihre Erlebnisse mit Gott erzählt, später wurden diese Erzählungen aufgeschrieben. Das Wort »Bibel« kommt aus dem Griechischen und heißt übersetzt »Buch«. Weil es für die Christen die wichtigsten Texte sind, werden diese »die heilige Schrift« oder eben einfach »das Buch«, also »die Bibel«, genannt.

Bischof Der oberste Hirte, Lehrer und Priester einer Diözese. Innerhalb der katholischen Kirche gelten die Bischöfe als die Nachfolger der Apostel, die die Botschaft von Jesus weitergeben sollen.

Bistum siehe Diözese

Buß- und Bettag In der evangelischen Kirche ein Tag der Besinnung, der Gewissensprüfung und der Umkehr zu Gott. Bis 1994 war der Buß- und Bettag gesetzlicher Feiertag.

Caritas (lateinisch = Nächstenliebe) Damit wird ein Grundauftrag der Kirche bezeichnet: Dienst am Nächsten. In der evangelischen Kirche wird dies mit Diakonie bezeichnet. Es ist zugleich die Kurzform für den deutschen Caritasverband, gegründet 1897, eine Einrichtung der katholischen Kirche auf Bundesebene, in den Diözesen und Pfarreien, die sich in vielfältiger Weise mit vielen sozialen Einrichtungen (Krankenhäuser, Altenpflegeeinrichtungen, Beratungsstellen, Kindertagesstätten usw.) um Menschen in besonders schwierigen Lebenslagen kümmert.

Christus (griechisch = der Gesalbte) Es ist die griechische Übersetzung des hebräischen Wortes »Messias«, das heißt Gesalbter/Gesandter Gottes. Wenn die frühen Christen Jesus den »Christus« nennen, dann sagen sie damit: Jesus ist der Messias, der Gesalbte und Gesandte Gottes. Christus ist somit kein Name, sondern ein Ehrentitel. Er wurde im Alten Testament für Könige, Priester und Propheten verwendet, die mit Öl für ihre Aufgabe gesalbt wurden. Im Neuen Testament wird Jesus als »Christus« bezeichnet, weil er der erwartete König ist, mit dem das Reich Gottes beginnt. Später wird der Name zusammengezogen zu Jesus Christus.

Dekalog (griechisch = zehn Gebote, siehe dort)

Diakon (griechisch = Diener) Der Diakon ist ein geweihter Mitarbeiter des Bischofs und des Pfarrers. Zu seinen wichtigsten Aufgaben gehört es, den Menschen beizustehen, wenn sie in Not sind.

Diaspora (griechisch = Zerstreuung) Eine Minderheit von Menschen einer Religion oder einer Konfession, die unter vielen Andersgläubigen oder Mitgliedern anderer Konfessionen leben.

Diözese/Bistum Ein Bereich von Pfarrgemeinden in einem Land, denen ein Bischof als Leiter vorsteht. Meist wird dort ein Heiliger oder eine Heilige als Bistumspatron/in verehrt. In der Bischofskirche befindet sich in der Regel das Grab eines Schutzpatrons. *Diözesen in Deutschland:* Aachen, Augsburg, Bamberg, Berlin, Bremen, Dresden-Meißen, Eichstätt, Erfurt, Essen, Freiburg, Fulda, Görlitz, Hildesheim, Hamburg, Köln, Limburg, Magdeburg, Mainz, München-Freising, Münster, Osnabrück, Paderborn, Passau, Regensburg, Rottenburg-Stuttgart, Speyer, Trier, Würzburg
Diözesen in Österreich: Eisenstadt, Feldkirch, Gurk-Klagenfurt, Innsbruck, Linz, Salzburg, St. Pölten, Wien
Diözesen in der Schweiz: Basel, Chur, Lausanne-Genf und Freiburg, Lugano, Sitten, St. Gallen

Dogma Verpflichtender Glaubenssatz, der sich auf die Bibel und die Überlieferung stützt und vom Lehramt der Kirche (Papst oder Konzil) als verbindlich formuliert ist.

Dreifaltigkeit/Dreieinigkeit Der Glaube an die Dreifaltigkeit/Dreieinigkeit besagt, dass der eine Gott in drei Personen existiert, im Vater, im Sohn und im Heiligen Geist. Das Bekenntnis zum dreieinigen Gott ist so etwas wie die kürzeste Zusammenfassung des christlichen Glaubens. Gott Vater, der die Welt erschaffen hat; Gott Sohn, der Mensch geworden ist und so Gott in der Welt erfahrbar gemacht hat; der Heilige Geist, der den Menschen in allen Zeiten beisteht und nach Gottes Willen leben und handeln lässt. In jeder »Gestalt« Gottes begegnet uns also der eine Gott.

Engel In der Bibel ist an vielen Stellen von Engeln die Rede. Sie gelten als Boten Gottes: Sie bringen den Menschen Botschaften von Gott. Durch sie ist Gott den Menschen besonders nah. Deshalb sprechen Menschen auch von Schutzengeln: Darin drückt sich der Glaube aus, dass ihr ganz persönliches Leben von Gott behütet und beschützt wird.

Enzyklika Ursprünglich allgemeines Rundschreiben des Bischofs, heute nur noch des Bischofs von Rom, des Papstes, in dem er zu Fragen des kirchlichen, des gesellschaftlichen oder des politischen Lebens Stellung nimmt.

Erbsünde Menschen sind oft verstrickt in Schuld und Sünde. Dies soll mit dem Wort Erbsünde ausgedrückt werden. Wir sind sozusagen erblich belastet, weil wir in Verhältnisse hineingeboren werden, in denen ein Leben ohne Schuld und Sünde und eine ungebrochene Beziehung zu Gott eigentlich unmöglich sind. Nur durch Jesus Christus wird dem Menschen ein Weg aus dieser Verstrickung eröffnet. Er befreit von aller Schuld. Er gibt immer wieder die Chance, trotz aller Verstrickung in Schuld und Sünde stets neu zu beginnen, das Gute zu leben und zu tun.

Erlösung Befreiung des Menschen aus dem Zustand der Verstrickung in das Böse und der Gottesferne durch die Zuwendung, Liebe und Vergebungsbereitschaft Jesu. Dafür nimmt er sogar das Leiden und den Tod in Kauf.

Evangelisch Die ursprüngliche Bedeutung ist: dem Evangelium, der Botschaft Jesu, entsprechend leben. Heute versteht man darunter vor allem jene Kirchen und christlichen Gemeinschaften, die aus der Reformation im 16. Jahrhundert hervorgegangen sind. Begründet durch Martin Luther (1483–1546), berufen sie sich auf das Evangelium als alleiniges Richtmaß ihres Denkens und Handelns. Die evangelische Kirche in Deutschland – abgekürzt EKD oder EKiD – ist die Vereinigung aller evangelischen Landeskirchen in der Bundesrepublik. Sie besteht seit 1948.

Evangelium (griechisch = gute Botschaft) Die Christen verkünden das Evangelium von Jesus Christus, also die »gute Botschaft«, dass mit Jesus eine neue Zeit des Heils für alle Menschen angefangen hat. Die Inhalte dieser guten Botschaft finden sich vor allen Dingen in den vier Evangelien, die im Neuen Testament enthalten sind. Ihre Verfasser heißen: Matthäus, Markus, Lukas und Johannes.

Ewiges Leben/Ewigkeit Damit ist keine endlose oder unendlich ausgedehnte Zeit gemeint, die nach dem Tod beginnt, sondern ein intensives Leben bei Gott, das wir uns jetzt nur in Bildern vorstellen können, wie Himmel, Licht, Freude, Frieden, Gerechtigkeit. Etwas davon können wir schon in diesem Leben erleben. Immer dann beginnt schon Ewigkeit in unserer Zeit.

Fegefeuer Die Vorstellung vom Fegefeuer als einem Ort zwischen Himmel und Hölle ist von der Predigt des Apostels Paulus geprägt, der von der Möglichkeit spricht, gerettet zu werden »wie durch Feuer hindurch« (1 Korinther 3,15). Gemeint ist damit, dass wir durch den Tod in eine letzte Entscheidung hineinkommen und im Angesicht Gottes uns so sehen, wie wir wirklich sind – Weinen und Klagen über das, was wir versäumt und verfehlt haben; Lachen und Freude über das, was wir an Gutem erfahren oder getan haben. Dies ist unter Umständen ein schmerzlicher Übergang, eine Zeit der Reinigung, der Läuterung und des Schmerzes. So wie das Geborenwerden eines Menschen bei aller Freude mit Schmerzen verbunden ist, ist vorstellbar, dass auch das Wiedergeborenwerden zum ewigen Leben schmerzlich sein kann. Dies kann mit dem Bild des Fegefeuers zum Ausdruck kommen.

Gebet Beten heißt, sein Leben vor Gott bringen. Christen gehen davon aus, dass Gott sich vom Menschen ansprechen lässt. Er ist da! Zwar braucht Gott nicht unser Gebet, da er um uns weiß, aber Menschen brauchen das Beten, um sich nicht in sich zu verschließen, sondern ihr Leben zum Ausdruck und zur Sprache bringen zu können in Lob und Dank, in Bitte und Klage. Dies kann in vorformulierten oder freien Worten, in Gesten und Liedern, in Stille oder in Gemeinschaft geschehen. Im Glauben wissen Christen, dass Gott sie wahrnimmt.

Gebot siehe Zehn Gebote

Gemeinde Damit ist sowohl eine örtliche Bürgergemeinde wie auch die Glaubensgemeinschaft von Christen bzw. eine Organisationsform der Kirche gemeint.

Gemeindereferenten/innen sind praktisch-theologisch ausgebildete, hauptberufliche Mitarbeiter/innen in der Seelsorge einer oder mehrerer Gemeinden. Sie sind vorwiegend in Katechese, Jugendarbeit, Religionsunterricht und Gottesdienstvorbereitung/Gestaltung tätig. Manche haben auch eine Beauftragung, kirchliche Begräbnisse durchzuführen.

Glaubensbekenntnis (Credo) Es fasst die wichtigsten Glaubenssätze in einprägsamer Form zusammen. Es entstand in den ersten Jahrhunderten der Kirchengeschichte. Heute gibt es zwei offizielle Texte, die alle christlichen Kirchen verwenden: das Apostolische Glaubensbekenntnis (siehe S. 215) seit der frühen Kirche und das Große Glaubensbekenntnis (siehe Gotteslob Nr. 356) aus dem 4. Jahrhundert.

Gnade Gott ist »gnädig« und barmherzig. Das heißt in der Bibel: Gott meint es gut mit den Menschen. Es ist die ungeschuldete und unverdiente Liebe und Hilfe Gottes, die den Menschen befähigt, das Böse zu lassen, das Gute zu tun und das Heil zu erlangen.

Golgota Ort der Kreuzigung Jesu. Dieser Platz der Hinrichtung und des Begräbnisses lag außerhalb der Stadtmauer von Jerusalem.

Gotteslob Das Gotteslob ist das katholische Einheitsgesangbuch aller deutschsprachigen Bistümer.

Heilige Heilige sind Menschen, die in einem besonderen Maße für Gott und die Mitmenschen eintreten (oft unter Einsatz ihres Lebens, siehe auch »Märtyrer«). Diese Vorbilder in Leben und Glauben werden in der katholischen und orthodoxen Kirche als Heilige verehrt und um Fürbitte gebeten. Die evangelische Kirche erkennt Heilige als Zeugen des göttlichen Wirkens an, sie werden jedoch nicht verehrt.

Heiligsprechung Menschen, die den Glauben in ganz besonderer Weise gelebt haben und sich für ihn einsetzten werden nach ihrem Tod aufgrund eines sorgfältig durchgeführten Verfahrens, von der Kirche durch den Papst, mit einer feierlichen Zeremonie in den Kreis der Heiligen aufgenommen. Sie dürfen daraufhin auf der ganzen Welt kirchlich verehrt werden.

Hochamt Als Hochamt (früher auch Levitenamt, Missa solemnis oder Hohe Messe) wird in der römisch-katholischen Kirche die feierliche heilige Messe an Sonn- und Feiertagen bezeichnet.

Hölle Bildhafter Ausdruck des Glaubens dafür, dass ein Mensch sein Leben unwiderruflich verfehlen kann, wenn er zur Liebe unfähig geworden ist. Die Hölle ist das Gericht des Menschen über sich selbst, wenn er aufgrund seiner freien Entscheidung gegen die Weisungen Gottes, insbesondere gegen das Liebesgebot verstoßen hat. Auch wenn Gott nicht will, dass das Leben der Menschen zur Hölle wird und eine Hölle bleibt, so kann sich der Mensch sein Leben in eigener Freiheit doch zur Hölle machen – vielleicht auf ewig. Die Rede von der Hölle zeigt den Ernst und die Würde der menschlichen Freiheit, die zwischen Leben und Tod wählen kann. Hölle ist keine Ortsbeschreibung, sondern die Warnung vor dem tödlichen Leben in völliger Unzufriedenheit (siehe auch Teufel).

Hostie (lateinisch = Opfer) In den christlichen Kirchen wird das Abendmahlsbrot so bezeichnet. Es hatte zunächst die Form flacher, runder Weizenkuchen. Heute benutzt man Oblaten, die haltbar und leicht zu handhaben sind, im Mund zergehen und nicht krümeln. In der evangelischen Kirche werden beim Abendmahl zunehmend auch Brotstücke verwendet.

Jahwe Jahwe ist der biblische Gottesname. Nach biblischer Überlieferung (Exodus 3,14) offenbart Gott in der Wüste Mose seinen Namen »Jahwe«, was bedeutet: »Ich bin da – Ich werde da sein.«

Jesus Der Name »Jesus«, den der Engel Maria nannte, hebräisch »Jehoschua« oder »Joschua«, bedeutet übersetzt: »Gott rettet« bzw. »Gott hilft«.

Kanzel Die Kanzel ist ein erhöhter Ort in Kirchen, Synagogen und Moscheen, von dem aus die Predigt gehalten und das Wort Gottes verkündet wird.

Kardinal Dieser kirchliche Titel wird vom Papst verliehen, berechtigt den Träger zur Papstwahl und verpflichtet ihn zur besonderen Mitverantwortung an der Gesamtleitung der Kirche (»Senat des Papstes«).

Katechese/Katecheten Katechese ist die Einführung in das christliche Leben, ein Vertrautmachen mit dem Leben aus dem Glauben. In der katholischen Kirche werden diejenigen Katecheten/innen genannt, die Kinder, Jugendliche und Erwachsene auf die Sakramente der Taufe, Erstkommunion, Firmung und Ehe vorbereiten. In manchen Gegenden werden auch die Religionslehrer/innen so genannt.

Katechismus Ein Lehrbuch der Kirche, in dem ihre Glaubenslehre in konzentrierter und lehrhafter Form dargelegt ist.

Kelch Ein Kelch wird bei der Feier des christlichen Abendmahls, der hl. Messe, für den Wein verwendet und geht auf die biblischen Berichte über das letzte Mahl Jesu mit seinen Jüngern zurück.

Kirchenjahr Es beginnt, anders als das Kalenderjahr, am ersten Adventssonntag und umfasst die beiden großen Festkreise um die Hochfeste Weihnachten und Ostern. Die dazwischenliegenden Wochen werden nach den jeweiligen Sonntagen im Jahreskreis gezählt.

Kloster (lat. *claustrum* = verschlossener Raum) Ein Haus oder Gebäudekomplex für Männer (Mönche) oder Frauen (Nonnen oder Ordensfrauen), die zu einem kirchlichen Orden gehören und nach den Regeln der Armut, Ehelosigkeit und des Gehorsams leben.

Kommunion (lat. *communio* = Gemeinschaft) Bezeichnet den Empfang der Eucharistie, des Leibes und Blutes Christi in den Gestalten von Brot und Wein.

Konfirmation Etwa im Alter von 14 Jahren werden evangelische Jungen und Mädchen in einem feierlichen Gottesdienst zu mündigen Gliedern ihrer Kirche erklärt. Sie bekennen sich dabei zu ihrer Taufe und übernehmen mit der Konfirmation alle Rechte und Pflichten eines evangelischen Christen.

Konzil Eine Versammlung, bei der sich Bischöfe aus aller Welt zusammenfinden und sich über Fragen beraten, die die ganze Kirche betreffen. Das letzte große Konzil fand 1962–1965 in Rom im Vatikan statt und wird auch das Zweite Vatikanische Konzil genannt.

Kreuzzeichen Es ist ein Zeichen für den Glauben an Jesus den Gekreuzigten und für den Glauben an den dreifaltigen Gott. Es gibt verschiedene Formen: das große Kreuzzeichen über Kopf und Oberkörper; das kleine Kreuzzeichen, das auf die Stirn gezeichnet wird, und der Gruß vor der Lesung des Evangeliums in der heiligen Messe mit drei kleinen Kreuzzeichen auf Stirn, Mund und Herz.

Kurie Verwaltung der Kirche in Rom und in jedem Bistum.

Küster (lateinisch *custos* = Wächter, Hüter) Auch Mesner oder Sakristan genannt, verantwortlich für das Kirchengebäude und die Vorbereitung der Gottesdienste sowie für die liturgischen Geräte und Gewänder.

Laie (griechisch = zum Volk gehörend) In der Kirche war Laie ursprünglich eine Ehrenbezeichnung für alle, die zum Volk Gottes gehören. Später wurde der Name zur Bezeichnung für die Mitglieder der Kirche, die nicht geweiht sind.

Lehramt Die der Kirche von Jesus Christus verliehene Vollmacht, Wahrheiten des Glaubens und des christlichen Lebens zu verkünden und auszulegen. Papst und Bischöfe üben das Lehramt aus.

Lektor (lateinisch = Leser) Lektoren lesen in Gottesdiensten aus der Bibel vor. Es ist ein freiwilliger Dienst, der von Mitgliedern der Gemeinde ausgeübt wird.

Liturgie Liturgie bezeichnet die Handlungen und Abläufe eines Gottesdienstes, die in Ordnungen festgelegt sind.

Luther, Martin (1483–1546) war Augustinermönch und Theologe. Am 31. Oktober 1517 veröffentlichte er in Wittenberg 95 Thesen zu den Missständen der damaligen Kirche. In der Folge der Auseinandersetzung kam es zur Kirchenspaltung und Entstehung der evangelischen Kirchen. Kern der lutherischen Lehre ist die reformatorische Erkenntnis, dass der Mensch »allein aus Gnade« gerechtfertigt sei.

Märtyrer (griechisch *martys* = Zeuge) Eine Bezeichnung für Christen, die trotz Verfolgung an ihrem Glauben festhielten. Ab dem 2. Jahrhundert wird dies eingeschränkt auf solche, die deshalb den Tod erlitten.

Messdiener (lateinisch *ministrare* = dienen) Wird auch Ministrant genannt und ist die Bezeichnung für einen »Altardiener« in der katholischen Kirche. Häufig ministrieren Jungen und Mädchen, sobald sie zur Erstkommunion gegangen sind. In manchen evangelischen Kirchen gibt es entsprechende Funktionen.

Messe Seit dem 6. Jahrhundert ist dies die Bezeichnung für die Abendmahlsfeier in der katholischen Kirche. Das Wort stammt aus der lateinischen Schlussformel der Messe (*missa est* – »ihr seid entlassen«). Da mit den kirchlichen Feiertagen und Festen oft Jahrmärkte und große Treffen verbunden waren, bürgerte sich das Wort auch im wirtschaftlichen Bereich in anderer Bedeutung ein: für große Ausstellungen/Messen.

Messias (hebräisch = Gesalbter) Im Alten Testament wurden Könige und Priester mit duftendem Öl gesalbt und so in ihr Amt eingesetzt. Der Gesalbte ist vor allem der versprochene Retter, auf den Israel wartet. Das griechische Wort für Messias ist Christus.

Mission Mission heißt Sendung und bezeichnet den Auftrag, die Botschaft von Jesus Christus und die Einladung zu einem christlichen Leben in der ganzen Welt zu verbreiten (»Gehet hin zu allen Völkern der Welt und macht die Menschen zu meinen Jüngern. Tauft sie im Namen des Vaters und des Sohnes und des Heiligen Geistes und lehrt sie, alles zu befolgen, was ich euch aufgetragen habe«, sagt Jesus vor seiner Himmelfahrt im Matthäusevangelium, Kapitel 28,19).

Mönch Mitglied in einer Männer-Ordensgemeinschaft (siehe Orden).

Monstranz (lateinisch monstrare = zeigen) Ein kostbares, mit Gold und Edelsteinen gestaltetes Zeigegerät mit einem Fensterbereich, in dem meist eine geweihte Hostie zur Verehrung und Anbetung ausgestellt wird. In der katholischen Kirche wird die Monstranz auch im Rahmen von Prozessionen, u.a. an Fronleichnam, verwendet.

Neues Testament Altes und Neues Testament sind für die Christen die zwei großen Teile der Bibel. Im Neuen Testament beschreiben die vier Evangelien das Leben und die Taten von Jesus, seinen Tod und seine Auferstehung. Die Apostelgeschichte und viele Briefe geben Auskunft über die Verkündigung der frühen Christinnen und Christen. Dazu kommt noch die sogenannte »Offenbarung des Johannes« (Apokalypse).

Nonne Mitglied in einer Frauen-Ordensgemeinschaft (siehe Orden).

Ökumene Im Bereich der Religion meint Ökumene die Zusammenarbeit aller Religionen, vorwiegend die der evangelischen, orthodoxen und katholischen Kirche, im Bemühen um die Einheit der christlichen Kirche.

Orden (lateinisch = Regel) Ein Orden ist eine Gemeinschaft in der Kirche, deren Mitglieder (Mönche bzw. Nonnen) sich in einem feierlichen Versprechen (Gelübde) zur Einhaltung bestimmter Ordensregeln verpflichten. Solche Verpflichtungen sind vor allem persönliche Besitzlosigkeit (Armut), Gehorsam (gegenüber Gott und Ordensvorgesetzten) und Ehelosigkeit.

Papst Er hat in der römisch-katholischen Kirche die oberste Lehr- und Rechtsgewalt. Seine Titel sind u.a. Bischof von Rom, Stellvertreter Christi, Nachfolger Petri und Souverän des Vatikanstaates.

Passion (lateinisch = Leiden) Aus den Passionserzählungen erfahren wir im Neuen Testament vom Leidensweg Jesu, beginnend mit der Gefangennahme über die Kreuzigung bis zum Begräbnis.

Pastor (lateinisch = Hirte) So wird je nach Region ein Pfarrer bezeichnet (siehe Pfarrer).

Pastoralreferent/in Neben den Gemeindereferent/innen ein weiterer hauptberuflicher Dienst in der Kirche. Nach einer umfassenden theologischen Ausbildung übernehmen sie Aufgaben in Katechese, Bildungsarbeit, Jugendarbeit und Gottesdienstgestaltung.

Pate Tauf- und Firmpaten sollen zusammen mit den Eltern Helfer und Partner bei der religiösen Orientierung der Kinder und Jugendlichen sein. Sie sprechen bei der (Kinder-)Taufe stellvertretend das Glaubensbekenntnis und sind Zeugen der Taufe und Firmung.

Pfarrer Ein Pfarrer ist im Auftrag des Bischofs für die Seelsorge eines bestimmten Gebietes zuständig, für eine oder mehrere Pfarreien.

Pharisäer Pharisäer waren eine strenge religiöse Gemeinschaft im Judentum zur Zeit Jesu.

Priester (griechisch = Ältester) Er ist Mitarbeiter des Bischofs und wird von ihm geweiht. Zu den Aufgaben eines Priesters gehört es, die Frohe Botschaft zu verkünden, mit der Gemeinde Gottesdienst zu feiern, die Sakramente zu spenden und als Seelsorger für die Nöte der Menschen da zu sein.

Propheten (griechisch = Verkünder, Sprecher, Rufer) Sie sind von Gott berufen, seinen Willen dem Volk und den Mächtigen zu verkünden. Insbesondere verurteilen sie ungerechtes Verhalten gegenüber den Armen und Schwachen. Von ihnen ist vor allem im Alten Testament die Rede.

Protestantismus Mit diesem Wort bezeichnet man heute alle aus der Reformation hervorgegangenen evangelischen Kirchen und die damit verbundene Tradition. Die Bezeichnung geht auf einen Protest evangelischer Fürsten und Städte gegen einen für sie ungünstigen Beschluss des Reichstags zu Speyer (1529) zurück. Hier setzten sich die Vertreter evangelischer Gebiete im Reich für Martin Luther ein und wollten »unter Protest« an den Reformen festhalten.

Reformation Eine Erneuerungsbewegung der Kirche im 16. Jahrhundert, die vor allen Dingen mit der Person Martin Luthers (1483–1546) und seinen 95 Thesen zur Reform der Kirche verbunden ist. Sie breitete sich schnell aus und führte schließlich zur Spaltung der Kirche in eine katholische und eine evangelische (protestantische, reformatorische). Die Bemühungen um eine erneute Einheit werden als Ökumene bezeichnet.

Reliquien Darunter versteht man die sterblichen Überreste von Heiligen sowie Gegenstände, die vermutlich aus deren Besitz stammen. Diese »handfesten« Erinnerungen an ein großes Vorbild werden verehrt, in hoher Wertschätzung aufbewahrt und wollen damit sichtbares Zeichen des Vorsatzes sein, diesem Heiligen auch über dessen Tod hinaus verbunden zu bleiben.

Requiem (lateinisch = Ruhe) Ein anderer Name für die Messe für Verstorbene (Exequien), für die man um »ewige Ruhe« bittet.

Rosenkranz Der Rosenkranz ist eine Gebetskette, bestehend aus fünf Gruppen mit zehn Perlen und je einer etwas größeren Perle dazwischen. Im betenden Vollzug steht das Kreuz für das Apostolische Glaubensbekenntnis, die dickeren Perlen für das Vaterunser und die kleinen Perlen für das Ave Maria.

Satan siehe Teufel

Schutzengel Bereits in den alten Schriften sind Engel als Boten und Verherrlicher Gottes und Beschützer des Menschen bekannt. In nachbiblischer Zeit entwickelte sich dann die Vorstellung, dass jeder Mensch persönlich einen Schutzengel an seiner Seite hat.

Schutzpatron Im Katholizismus ist dies ein Heiliger, dem man einen lokalen bzw. spezifischen Wirkungskreis zuspricht und unter dessen Schutz man sich stellt.

Spiritualität (lateinisch *spiritus* = Geist) Bezeichnet die Gestaltung des ganzen Lebens aus dem Geist des christlichen Glaubens.

Tabernakel Ein künstlerisch, meist wertvoll ausgestalteter Tresor, in dem die Hostien nach der hl. Messe aufbewahrt werden (Katholiken glauben, dass darin der auferstandene Christus gegenwärtig ist).

Talar Der Talar ist das knöchellange schwarze Priesterkleid, das bei Gottesdiensten, Andachten und Sakramentenspendungen sowie öffentlichen Anlässen getragen wird. Bei Bischöfen ist es purpurviolett, bei Kardinälen rot, beim Papst weiß.

Teufel Mit dem Teufel verbunden ist die Vorstellung von einem Urheber alles Bösen; er ist Symbol für die Macht des »Geistes, der stets verneint« und zerstört; deshalb auch im Griechischen *diábolos*, d.h. Zerstörer genannt. In der Bibel ist der Satan ein Gegner und Verführer des Menschen und ein Gegenspieler Gottes.

Theologie (griechisch = Rede von Gott) Die Wissenschaft, die die Offenbarung Gottes zu verstehen und in eine Lebenspraxis umzusetzen versucht.

Trinität (lateinisch = Dreiheit) siehe Dreifaltigkeit

Vatikan Der Vatikan in Rom ist zugleich Palast (mit Museen, Gärten und Bibliotheken) und Sitz des Papstes, des Oberhauptes der katholischen Kirche. Nach den Lateranverträgen mit Italien von 1929 ein souveräner Staat mit eigenen diplomatischen Vertretungen, Nuntiaturen genannt.

Vikar Ein Gemeindegeistlicher, der nicht Gemeindeleiter (Pfarrer) ist. Es ist die im süddeutschen Raum übliche Bezeichnung für einen Hilfsgeistlichen bzw. den Kaplan. In der Regel sind es junge Männer, die ihre ersten Dienststellen antreten.

Wallfahrt Das Ziel einer Wallfahrt ist ein Ort, an dem Menschen die Nähe Gottes auf besondere Weise erfahren haben. Für die Christen war Jerusalem mehr als tausend Jahre das wichtigste Ziel ihrer Pilgerreisen. Später wurden Rom und Santiago de Compostela zu viel besuchten Wallfahrtszielen. In Deutschland sind dies insbesondere Trier, Kevelaer und Altötting, aber auch viele andere Orte.

Weihrauch Der Weihrauch wird bildhaft als »Aufsteigen von Gebeten zu Gott« verstanden. In der katholischen und in der orthodoxen Kirche wird Weihrauch bei Gottesdiensten verwendet. Er ist eine Mischung aus aromatischen, wohlriechenden Harzkügelchen verschiedener orientalischer Bäume und Sträucher, die ihren Wohlgeruch verströmen, wenn sie auf einer glühenden Kohle langsam verbrennen und dabei weißen Rauch aufsteigen lassen.

Weihwasser Das »Weihwasser« erinnert an die Taufe der Christen. In der Osternacht wird das Wasser gesegnet und kann in den darauffolgenden Tagen von den Gläubigen mit nach Hause genommen werden.

Weltreligionen Damit sind die fünf großen Religionen gemeint, zu denen sich viele Millionen Menschen bekennen: die Christen, die Juden, die Muslime, die Hindus und die Buddhisten.

Zehn Gebote Sie stehen im Alten Testament im Buch Exodus 20,2–17 und im Buch Deuteronomium 5,6–21. Hier wird berichtet, dass Mose die Zehn Gebote von Gott am Berg Sinai empfangen hat. Sie gelten als Wegweiser, durch die der Mensch das von Gott geschenkte Leben bewahren und schützen kann.

Zölibat Der Zölibat bezeichnet die Ehelosigkeit der Priester, Ordensfrauen und Mönche in der katholischen Kirche. Die Ehelosigkeit ist für diese Personen von der Kirche verpflichtend vorgeschrieben.

Stichwortverzeichnis

Alphabetisches Verzeichnis

Stichworte, die **blau** gedruckt sind, verweisen auf ein ganzes Kapitel des Buches.

Biblische Erzählungen

Gebete

Gedichte

Geschichten

Lieder

Back- und Kochrezepte

Bastelanregungen

Spiele

Quellenverzeichnis

Textquellen

14 Rose Ausländer, aus: Dies., Im Aschenregen die Spur deines Namens. Gedichte und Prosa 1976. © S. Fischer Verlag GmbH, Frankfurt am Main 1984

17 © Barbara Cratzius, Erben – Norbert Höchtlein, aus: Hans-Joachim Gelberg (Hrsg.), Großer Ozean. © Verlag Beltz & Gelberg, Weinheim 2000

18 Max Frisch, aus: Ders , Tagebuch 1946–1949. © Suhrkamp Verlag, Frankfurt am Main 1950

30 Bertolt Brecht, aus: Ders., Gesammelte Gedichte, Bd. 4. © Suhrkamp Verlag, Frankfurt am Main 1993

33 Antoine de Saint-Exupéry, aus: Ders., Wind, Sand und Sterne. © 1939 und 2010 Karl Rauch Verlag, Düsseldorf. – Michel Quoist, aus: Josef Dirnbeck, Unser ja. Hochzeits- und Ehetexte, Verlag Styria, Graz 1975

35 Christine Busta, aus: Dies., Wenn du das Wappen der Liebe malst. © Otto Müller Verlag, Salzburg ³1995

43 Ingeborg Bachmann, aus: Dies., Werke. Bd. 1: Gedichte. © Piper Verlag GmbH, München 1978

48 Was Treue alles vermag ... Aus: Leiterbrief 182/4/1974. Mit Genehmigung des Jugendsekretariats der Chrischona-Gemeinde, Uster

52 Rose Ausländer, aus: Dies., Ich höre das Herz des Oleanders. Gedichte 1977–1979. © S. Fischer Verlag GmbH, Frankfurt am Main 1984 – Zum Thema Scheidung ausführlicher in: Peter Neysters/Karl Heinz Schmitt, Zeiten der Liebe. Kösel-Verlag, München 1991, S. 304–331

53 Anthony de Mello, aus: Ders., Eine Minute Weisheit, übersetzt von Ursula Schottelius. © Verlag Herder, Freiburg i. Br., Neuausgabe 2011, S. 155

54 Wilhelm Willms, aus: Ders., Mitgift. Eine Gabe, mitgegeben in die Ehe. © Butzon & Bercker, Kevelaer ¹⁰1996, S. 45

55 Gebet für einen verstorbenen Ehepartner. Gotteslob Nr. 26,2/Erzbischöfliches Ordinariat Bamberg

56 Nach: Gerhard Kiefel, Du. © Gütersloher Verlagshaus, Gütersloh, in der Verlagsgruppe Random House GmbH, München

58 © Peter Maiwald, Düsseldorf (†)

59 Gebet für ein Kind vor der Geburt, Gotteslob Nr. 25,1/Erzbischöfliches Ordinariat Bamberg

64 Klaus Hoffmann. © Stille Music, Berlin

65 © Martin Gotthard Schneider, Freiburg

68 Wilhelm Willms, aus: Ders., Mitgift. Eine Gabe, mitgegeben in die Ehe. © Butzon & Bercker, Kevelaer ¹⁰1996, S. 45

74 Elisabeth Borchers, aus: Dies., Wer lebt. © Suhrkamp Verlag, Frankfurt am Main 1986

77 Josef Guggenmos, aus: Ders., Was denkt die Maus am Donnerstag. © Beltz Verlag, Weinheim und Basel, Programm Beltz & Gelberg, Weinheim 1998

79 Richard von Weizsäcker, Rede bei der Eröffnungsveranstaltung der Tagung der Bundesarbeitsgemeinschaft Hilfe für Behinderte, 1. Juli 1993, Gustav-Heinemann-Haus in Bonn

79 Willi Hoffsümmer, aus: Ders., Geschichten zur Taufe (Topos Taschenbuch 210). © Matthias-Grünewald-Verlag, Mainz ⁴1999, S. 93

82 Stoßseufzer (Titel ergänzt), aus: Jo Carr/Imogene Sorley, Herr, segne dieses Chaos. Christliches Verlagshaus, Stuttgart ¹⁴1992

85 Kindergebet: traditionell

87 Erich Kästner, Ansprache zum Schulbeginn (Auszug), aus: Ders., Die kleine Freiheit. © Atrium Verlag, Zürich und Thomas Kästner

91 © Wilhelm Lenzen, Geilenkirchen

92 Mit dem an einem Tisch? Aus: Dietrich Steinwede, Was ich gesehen habe. © Vandenhoeck & Ruprecht, Göttingen ²1980

93 Gebet. Aus: Wegzeichen. Georgs-Verlag, Düsseldorf 1980 – Helmut Thielicke, aus: Ders., Das Wunder der Kirche. © Gütersloher Verlagshaus, Gütersloh, in der Verlagsgruppe Random House GmbH, München

94 Nach: E. Walter, Die katholische Messe, in: Gottesdienst – Vielfalt in der Einheit. Hrsg. v. d. Arbeitsgemeinschaft Christlicher Kirchen, Baden-Württemberg

103 Hermine König, aus: Dies., Was ich dir sagen will. © Kösel-Verlag, in der Verlagsgruppe Random House GmbH, München 1992, S. 113

106 Friedrich August Kloth. Aus: Auf dem Weg zur Ehe, hrsg. v. Deutschen Katecheten-Verein, München 1981

108 Zumutungen des Glaubens, leicht geändert und gekürzt nach Monika Jakobs, Heilende Zumutung: Buße und Versöhnung, in: Katechetische Blätter 1/2012, S. 20. © Kösel-Verlag, in der Verlagsgruppe Random House GmbH, München – Martin Buber. Quelle unbekannt

112 Bibeltext aus: Kinder-Bibel. Mit Bildern von Sieger Köder. © Verlag Katholisches Bibelwerk, Stuttgart ⁸2010

120 Aus: Diözesaner Informations- und Materialdienst, Würzburg 1/1980

122 Hirtenbrief 1984

127 Hanns Dieter Hüsch, aus: Ders., Ich möcht ein Clown sein. © tvd-Verlag, Düsseldorf ²2006, S. 35f. (gekürzt)

128 Wind wird in der Bibel ... Aus: Hermine König/Karl Heinz König/Karl Joseph Klöckner, Dein Reich komme. © Kösel-Verlag, in der Verlagsgruppe Random House GmbH, München 1976, S. 32

129 Glaubensbekenntnis, Karl Rahner. © Jesuiten, München

136 Joan Osbourne, One of us (1995). Deutsche Übersetzung (Auszug) nach »Materialbrief Popmusik und Religion (PuR 3)« Deutscher Katecheten-Verein, München 1999, S. 8/9. – Jörg Zink, aus: Ders., Was bleibt zwischen Eltern und Kindern?. © Verlag Kreuz, Stuttgart 1973, S. 33

139 © Paul Roth/Erben, Kirchheim

141 Christine Lavant. © Otto Müller Verlag, Salzburg

142 Anton Rotzetter, aus: Ders., Gott, der mich atmen lässt. © Verlag Herder, Freiburg i. Br. [17]2002

146 Wilhelm Willms, aus: Ders., der geerdete himmel. © 1974 Butzon & Bercker, Kevelaer [7]1986, S. 5

147 Alexander Solschenizyn. Quelle unbekannt

151 Gebete aus: Walter Boscheinen/Heinrich Heming, Wie ich euch geliebt habe. Kolping Verlag, Köln 1978

153 Marie Luise Kaschnitz, Auszug aus: Ich bekam einen Brief von einer Gleichaltrigen in: Dies., Gesammelte Werke in sieben Bänden. Dritter Band: Die autobiographische Prosa II. © Insel Verlag, Frankfurt am Main 1982

155 Heinrich Böll, aus: Ders., »Werke. Kölner Ausgabe, Band 23«. © Kiepenheuer & Witsch, Köln 2007

156 Christa Peikert-Flaspöhler, aus: Dies., Zu den Wassern der Freunde. Gedichte. © 1979 Lahn-Verlag, Kevelaer [3]1983, S. 58

159 Alexander Wutzler. Aus: Jetzt, Jugendmagazin der Süddeutschen Zeitung

160 »Noch ein langes Programm« (nach Saadi), aus: Karl Heinz Schmitt/Peter Neysters, Jeder Tag voll Leben. Kösel-Verlag, in der Verlagsgruppe Random House GmbH, München 1996, S. 117

161 Rudolf Otto Wiemer, aus: Ders., Der Augenblick ist noch nicht vorüber, Kreuz Verlag, Stuttgart 2001 © Rudolf Otto Wiemer/Erben, Hildesheim

163 Auch ein Testament. © Hans Orths, Viersen

164 Huub Oosterhuis, Ich steh vor dir. Deutsch von Lothar Zenetti. © Verlag Herder, Freiburg i. Br.

165 Aus: Dein Name ist über uns ausgerufen. Zur Goldenen Hochzeit. Hrsg. v. Bistum Essen

166 Aus: Treue-Briefe, Paderborn

169 Hermann Hesse: Aus dem Gedicht »Aufhorchen«, aus: Ders., Sämtliche Werke, Bd. 10: Die Gedichte © Suhrkamp Verlag, Frankfurt am Main 2002

173 Nach Leo Tolstoi, Der Tod des Iwan Iljitsch (gekürzt)

174 Bleibe bei uns, Herr. Leicht erweitert nach Gottes- lob Nr. 18/7

175 Georg Thurmair. © Verlag Herder, Freiburg i. Br. – Gerda und Rüdiger Maschwitz, aus: Dies., Kursbuch Beten. © Kösel-Verlag, in der Verlagsgruppe Random House, München 2009, S. 152

183 Ernst Ginsberg, aus: Ders., Abschied. Erinnerungen, Theateraufsätze, Gedichte. Hrsg. v. Elisabeth Brock- Sulzer. © Verlags AG Die Arche, Zürich 1965, 1991

184 Wie Kinder sich den Tod vorstellen, aus: Johanna Klink, Kind und Leben. Patmos Verlag, Düsseldorf [2]1976

185 Großmama stirbt, aus: Antoinette Becker/Elisabeth Niggemeyer, Ich will etwas vom Tod wissen. Ravensbur- ger Buchverlag 1983. © A. Becker Nachlass

187 Herr, ich verstehe den Tod nicht, aus: Renate Frankemölle-Stieler u.a.: Gebete für heute. Bernward Verlag, Hildesheim [4]1974 (Rechte beim Autor) – Kinderaussagen, aus: Hans Dieter Osenberg (Hrsg.), Das Leben ist schön – Das Leben ist schrecklich. © Hans Dieter Osenberg, Saarbrücken

189 Lebensregeln. Aus: Jörg Zink, Die Mitte der Nacht ist der Anfang des Tages. © Verlag Kreuz im Verlag Herder, Freiburg i. Br. 2010 – Erich Fried, aus: Ders., Lebensschatten. © Verlag Klaus Wagenbach, Berlin 1981

203 Peter Müller, aus: Ders., Meine Sehnsucht bekommt Füße. © Kösel-Verlag, in der Verlagsgruppe Random House GmbH, München 2009, S. 16

205 Reiner Kunze, aus: Ders., gespräch mit der amsel. © S. Fischer Verlag GmbH, Frankfurt am Main 1984

208 Jörg Zink. © www.hufeisen.com

211 Thomas Moore, zit. nach Josef Griesbeck, Das Brot ist uns geschenkt, Echter Verlag, Würzburg 2006, S. 21 – Kindergebete: traditionell

213 Bleibe bei uns, Herr. Gotteslob 18/7. © Verlag Friedrich Pustet, Regensburg – Friedrich Dörr nach einem alten lateinischen Abendhymnus, zit. nach Gottes- lob Nr. 696

214 © Kurt Marti, CH-Bern

217 Jewgeni Jewtuschenko. Quelle unbekannt

218 Antoine de Saint-Exupéry, aus: Ders., Der Kleine Prinz. © 1950 und 2008 Karl Rauch Verlag, Düsseldorf

219 © Irmela Wendt, Dörentrup

221 Aus: »Für eine Zukunft in Solidarität und Gerech- tigkeit.« Wort des Rates der Evangelischen Kirche in Deutschland und der Deutschen Bischofskonferenz zur wirtschaftlichen und sozialen Lage in Deutschland (1997), Abschnitt 168, 173

222, 223 Familien-, Was-Du-Willst-, Einladungs- Sonntag, aus: Wir sagen Euch an: Advent. Ein Kalender für die Advents- und Weihnachtszeit, 1980. Hrsg. v. Bis- tum Essen, Dezernat für Pastorale Dienste

225 © Christa Peikert-Flaspöhler, Kassel

232 © Bruno Horst Bull, München

242 Dietrich Bonhoeffer, aus: Ders., Widerstand und Ergebung © Gütersloher Verlagshaus, Gütersloh, in der Verlagsgruppe Random House GmbH, München

245, 263, 272, 276, 280, 295, 299, 303 Legenden aus: Andreas Rode, Das Jahresbuch der Heiligen. © Kösel-Verlag, in der Verlagsgruppe Random House GmbH, München 2008, S. 52, 339, 427f. (gekürzt) 467, 606, 707, 817, 892

253 © Eva Bartoschek-Rechlin/Erben

254 Im Märzen der Bauer (Textfassung: Walther Hensel). Aus: Bruder Singer (BA 1250). © Bärenreiter- Verlag, Kassel

265 © Gina Ruck-Pauquèt, Bad Tölz

268 Aus: Segnungen. Hrsg. v. d. Liturgischen Kommis- sion der Diözese Rottenburg

287 Peter Hacks, aus: Ders., Der Flohmarkt. © Eulenspiegel Verlag, Berlin 2001

290 zit. nach: Hildegard von Bingen, Heilwissen. Übersetzt und hrsg. von Manfred Pawlik, Freiburg u.a. 1984, S. 224f.

306 Antoine de Saint-Exupéry, aus: Ders., Der Kleine Prinz. © 1950 und 2008 Karl Rauch Verlag, Düsseldorf

313 Barbara. Nach: Willi Fährmann, in: Wir sagen Euch an: Advent. Ein Kalender für die Advents- und Weih- nachtszeit, 1978. Hrsg. v. Bistum Essen, Dezernat für Pastorale Dienste

315 Willi Fährmann, aus: Willi Fährmann/Jutta Mirt- schin, Nikolaus und Jonas mit der Taube. © Echter- Verlag, Würzburg 2003

320 Spiel mit Krippenfiguren. Aus: Wir sagen Euch an: Advent. Ein Kalender für die Advents- und Weihnachts-

zeit, 1978. Hrsg. v. Bistum Essen, Dezernat für Pastorale
Dienste

323 Aussagen zu Weihnachten. Aus: Wir sagen Euch an:
Advent. Ein Kalender für die Advents- und Weihnachts-
zeit, 1981. Hrsg. v. Bistum Essen. © Angela Stachels,
Köln

330 © Erben Josef Guggenmos, Irsee – © Gina Ruck-
Pauquèt, Bad Tölz – Ursula Wölfel, aus: Gertrud Mielitz,
Sei uns willkommen schöner Stern. © Verlag Ernst
Kaufmann, Lahr. – Kurt Marti, aus: Ders., geduld und
revolte. die gedichte am rand. © Radius Verlag, Stuttgart,
Neuauflage 2002 – Arnim Juhre, aus: Ders., Frieden will
geboren sein. © Lutherisches Verlagshaus, Hannover
2001 – Peter Neysters, aus: Ders. (Hg.), Mögen deine
Wünsche den Himmel erreichen. Irische Segensworte
für alle Anlässe. © Verlag Herder, Freiburg i. Br., 2007 –
Elmar Gruber, aus: Ders. Mein Adventskalender. © Don
Bosco Verlag, München – Elli Michler, aus: Dies., Ich
wünsche dir Zeit. © Don Bosco Verlag, München ⁶2011

336 Erich Kästner, aus: Doktor Erich Kästners Lyrische
Hausapotheke. © Atrium Verlag, Zürich und Thomas
Kästner

337 James Krüss, aus: Ders., Der wohltemperierte
Leierkasten. © 1961 C. Bertelsmann Jugendbuch Ver-
lag, in der Verlagsgruppe Random House GmbH,
München

344 Jörg Zink, aus: Ders., Wie wir beten können.
© Verlag Kreuz, Stuttgart ²2011, S. 159

350 Rudolf Otto Wiemer, aus: Ders., Lob der kleinen
Schritte. Friedrich Reinhardt Verlag, Basel 1981.
© Rudolf Otto Wiemer/Erben, Hildesheim

358 Aus: Fjodor M. Dostojewski, Die Brüder Karama-
soff. © der deutschen Übersetzung 1906, 1985 Piper
Verlag GmbH, München

361 SAID. © Verlag Sankt Michaelsbund, München

362 Mit dem Sonnengesang des heiligen Franziskus
durch die Fastenzeit. Pfarrei St. Franziskus, Dortmund-
Scharnhorst

364 Bevor die Sonne sinkt, in: Neue geistliche Lieder
(BE 285). © Gustav Bosse Verlag, Kassel

366 Kreuzweg. Texte zu den Kreuzwegstationen nach
»Kreuzweg aus der Pfarrkirche Algund/Südtirol«, Pfarrer
Franz Pixner

384 Helder Camara, aus: Ders., Mach aus mir einen
Regenbogen, Nr. 77. Pendo Verlag AG. Zürich 1981

398 Christa Peikert-Flaspöhler, aus: Dies., Heut singe
ich ein anderes Lied. © Rex Verlag, Luzern 1992

413 Rezept übersetzt von Michal Kaiser, aus dem
hebräischen Kochbuch: Ruth Sirkis »Mehamipbach
beahava« (Von der Küche mit Liebe). Zmora, Bitan,
Modan, Tel Aviv 1975

414 Ein Gottesleugner. Aus: Hermann Hakel, Wenn der
Rebbe lacht. © Kindler Verlag, München 1970

416 Das feierliche und kunstvolle Rezitieren … aus:
Andreas Renz/Stephan Leimgruber, Christen und
Muslime. © Kösel-Verlag, in der Verlagsgruppe Random
House, München ³2009, S. 253

418 Rezept aus: Nariman Zeitun, Arabische Küche
oder Essen wie bei Mutter in Beirut. Asfahani Verlag,
Hamburg 1991

420 Aus: Nasreddin Hodscha, 666 wahre Geschichten,
übersetzt und herausgegeben von Ulrich Marzolph,
Neue Orientalische Bibliothek. © Verlag C. H. Beck,
München 2002

420 Der Koran, gekürzt und bearbeitet nach: Clauß
Peter Sajak/Ann Kathrin Muth, Kippa, Kelch, Koran.
Interreligiöses Lernen mit Zeugnissen der Weltreligio-
nen, Folienmappe. © Kösel-Verlag, in der Verlagsgruppe
Random House GmbH, München 2010, S. 36f. – Hans
Zirker, aus: Ders., Erfahrungen mit einem fremden
Buch, in: Katechetische Blätter 5/2004, S. 316 © Kösel-
Verlag, in der Verlagsgruppe Random House GmbH,
München

422 Rezept von B. Chatterjee, Berlin, aus: Gertrud
Wagemann, Feste der Religionen. © Kösel-Verlag, in der
Verlagsgruppe Random House GmbH, München 2002,
S. 184

423 Krischna tötet die Hexe Putana, aus: Bhaktivedanta
Swami Prabhupada, Krischna. Die Quelle aller Freude.
The Bhaktivedanta Book Trust, Los Angeles/USA 1987

424 Die Vier Edlen Wahrheiten, aus: Erich Frauwallner,
Geschichte der Indischen Philosophie. © Otto Müller
Verlag, Salzburg 1953, 183f.

426 Rezept von Tam, Berlin, aus: Gertrud Wagemann,
Feste der Religionen. © Kösel-Verlag, in der Verlagsgruppe Random House GmbH, München 2002, S. 160

427 Le Vu Lan, nach: Gertrud Wagemann, Feste der
Religionen. © Kösel-Verlag, in der Verlagsgruppe
Random House GmbH, München 2002, S. 167f.
Die Darstellungen der Feste der Religionen in diesem
Kapitel, vor allem zu Hinduismus und Buddhismus,
verdanken insgesamt viel den Erläuterungen von
Gertrud Wagemann in dem eben genannten Buch. –
Die Blinden und die Sache mit dem Elefanten. Fassung
von Rainer Oberthür, aus: Ders., Neles Tagebuch.
© Kösel-Verlag, in der Verlagsgruppe Random House
GmbH, München 2006, S. 134

Die biblischen Texte sind in der Regel nach der
Einheitsübersetzung der Heiligen Schrift zitiert.
© Katholische Bibelanstalt, Stuttgart.
Einige Quellenangaben waren trotz Bemühungen des
Verlags nicht oder nur ungenau möglich. Der Verlag ist
für weiterführende Hinweise dankbar.

Bildnachweis

60, 61 Aus: Lennart Nilsson/Lars Hamberger, Ein Kind
entsteht. Mosaik bei Wilhelm Goldmann Verlag, in der
Verlagsgruppe Random House GmbH, München ⁸2010,
S. 102,105 und 121. © Scanpix, Stockholm

103 Sieger Köder, Motiv 3 »Das Mahl« aus dem Misereor-Hungertuch »Hoffnung den Ausgegrenzten«.
© MVG Medienproduktion, Aachen 1996

109 Marc Chagall, Rückkehr des verlorenen Sohnes,
1975, Privatsammlung. © VG Bild-Kunst, Bonn 2012;
Foto: © akg-images, Berlin

134 Kruzifix, 14. Jh., Neumünster, Würzburg. Aus:
Jürgen Lenssen (Hg.), Das Neumünster zu Würzburg,

Regensburg: Schnell & Steiner 2010, S. 66; Foto: Ulrich Kneise, Eisenach

144 Heilung des Aussätzigen, Echternacher Evangeliar, um 1040. Germanisches Nationalmuseum, Nürnberg

148 Blindenheilung. Ölgemälde des sog. Meisters der Sammlung des Manna, um 1475. Privatsammlung Dordrecht/NL. © Museum Catharijneconvent, NL-Utrecht, Foto: Ruben de Heer

251 Gerhard Marcks, Maria und Joseph, Birnbaumholz leicht vergoldet, 1926. Erzbischöfliches Diözesanmuseum, Köln

286 Die hl. Elisabeth speist die Armen. Aus dem Elisabeth-Zyklus, Heiliggeist-Hospital, Lübeck. © Foto: G. Jost, Kassel

319 Der heilige Nikolaus mit Szenen aus seinem Leben. Russische Ikone, Ende 15. Jh., Ikonenmuseum Recklinghausen, Inv. Nr. 0432. Foto: Jürgen Spiler, Dortmund

323 Ewald Mataré, Engel über dem Portal zum Bischofshaus in Essen, 1955 © Domschatz Essen, Foto: Martin Engelbrecht (†), Essen

329 Geburt Christi, Elfenbein. Museum Schnütgen, Köln. Foto: Kösel-Archiv

339 Der Engel zeigt den Drei Königen im Traum den Weg. Romanisches Kapitell aus der Kathedrale in Autun

352 Jacques Chery, Misereor-Hungertuch aus Haiti, 1982. © MVG Medienproduktion, Aachen

365–373 Peter Fellin, Kreuzweg, 1990. Pfarrkirche in Algund/Südtirol. Fotos: Rotter

376/377 Matthias Grünewald, Isenheimer Altar. Erste Schauseite, Mitteltafel: Christus am Kreuz. Museum Unterlinden, Colmar. © Foto: Joseph S. Martin/Artothek, Weilheim

382 Egbert-Codex, Ende 10. Jh., Stadtbibliothek Trier, Ms. 24, fol. 86v: Ostermorgen – Die drei Frauen am Grabe

386 Emil Nolde, Pfingsten. Ölbild, 1909 (WvZ Urban 318) © Nolde Stiftung Seebüll. Neue Nationalgalerie, Berlin

398 Arturo Martini, Kopf der Madonna, 1982, Holz bemalt, Mailand, Privatsammlung. © akg-images/Electa, Berlin

400 Lucy D'Souza, Maria – Die Menschenfreundlichkeit Gottes. Aus dem Zyklus »Das weibliche Antlitz Gottes«, 1990. © Lucy D'Souza, Niddatal

402 Anna Selbdritt, Skulptur aus Bischofroda, 1480. © akg-images, Berlin. Foto: Schütze/Rodemann

404 Martin Schongauer, Engel der Verkündigung, um 1472. Ausschnitt vom Marienaltar aus der Kirche des Antoniterklosters von Isenheim (linker Flügel, Außenseite). Museum Unterlinden, Colmar. © akg-images, Berlin. Foto: Joseph S. Martin

405 Martin Schongauer, Maria der Verkündigung, um 1472. Ausschnitt vom Marienaltar aus der Kirche des Antoniterklosters von Isenheim (rechter Flügel, Außenseite). Museum Unterlinden, Colmar. © akg-images, Berlin. Foto: Joseph S. Martin

406 Schutzmantelmadonna, um 1470, Markdorf

Fotonachweis

Adveniat, Essen: 334

AP Photo/Markus Schreiber: 412

dpa Picture-Alliance: 408/409

gettyimages, Design Pics/Leah Warkentin: 74/75

Islamarchiv, Soest: 416, 419

iStockphoto: David Sucsy 84, Aldo Murillo 106/107

Hans-Jörg Karrenbrock, A-Sankt Nikolai: 90, 142, 150, 151, 267

Dietmar Kattinger, Vechta: 131, 203

Christian Klenk, Eichstätt: 5, 36, 38, 69, 71, 95, 97, 240, 393

KNA-Bild, Bonn: 27, 268, 380, 417

Kunterbunt/Heidi Velten, Leutkirch-Ausnang: 126, 127, 388

photocase.com: itlookslikemaik/nailaschwarz/Fotoline/FrozenDaiquiri: 17, 47, 68, 226

Shutterstock: Alena Ozerova 45, bikeriderlondon 46, Joca de Jong 56/57, Melissa Schalke 62, Irena Misevic 64

Waldhäusl/Insadco, A-Waidhofen/Ybbs: 70

Karin Wintterle, Erdmannshausen: 186, 189

Alle übrigen Fotos: Fotolia.com: Karen/LanaK/Daniel Fleck/lucazzitto/photocrew/Renata Osinifka/Esther Hildebrandt/Picture-Factory/hwahl3/Markus Bormann/foto76/Jean-Yves Foy/Andriy Bezuglov/Elena Kovaleva/Svetlana Nikolaeva/Pavel Savchenkov/Stephan Sühling/Lars Koch/ksp_creative/Jan Lassen/victoria p./Gordon Bussiek/Václav Mach/wira91/brozova/Mammut Vision/sakura/DeVice/kids.4pictures/Vera Kuttelvaserova/Huntstock/Monkey Business/Yuri Arcurs/absolut/Elena Schweitzer/flucas/lunaundmo/Lena S./contrastwerkstatt/ Gerhard Seybert/Dmitry Ersler/Photography/Luftbildfotograf/Dmytro Konstantynov/Claudia Paulussen/Pascal06/Antoine Beyeler/felinda/Fotofreundin/mickey120/konradbak/Brebca/Anton Sokolov/BildPix.de/Angela/Olivier Le Moal/Stephan Leyk/Irina Fischer/Dmitrieva Daria

Die Autoren

Vor inzwischen 30 Jahren, 1982, ist das Hausbuch »Durch das Jahr – durch das Leben« zum ersten Mal erschienen. Damals spürten Karl Heinz Schmitt und Peter Neysters in ihrer Arbeit mit Familien, dass viele Dinge, die sie aus der eigenen Familie kannten, nicht mehr selbstverständlich waren: die Gestaltung von Festen und Zeiten im Lebenslauf und Jahreskreis, brauchbare Bräuche, hilfreiche Gebete: Oft fehlten einfach wichtige Informationen. Woran sich orientieren? Auch vieles im Zusammenleben der Familie war frag-würdig geworden – im wahrsten Sinne des Wortes.

So haben sie weitere Kollegen mit Familienerfahrung gesucht, um ein hilfreiches und praktisches Buch zu verfassen, vor allem für Eltern mit manchen »Rest-Erinnerungen« eines christlich geprägten eigenen Elternhauses. Das Interesse war und ist überraschend groß.

Viel Zeit ist inzwischen vergangen. Von denen, die die erste Ausgabe des Buches mit entworfen haben, sind einige schon gestorben: Klaus Tigges, Referent für Gemeindekatechese im Erzbistum Köln, später Krankenhaus- und Gefängnisseelsorger († 1992), Hubert Rüenauver, Referent für Erwachsenenseelsorge und Theologische Erwachsenenbildung im Bistum Limburg († 2002) und Hermann Garritzmann, Bildungsreferent in Paderborn mit den Schwerpunkten Ehe- und Familienbildung und Eine-Welt-Arbeit († 2006).

Leopold Haerst, verheiratet und Vater einer erwachsenen Tochter, ist Geschäftsführer des Deutschen Katecheten-Vereins in München, der sich um die Vermittlung christlichen Lebens in unserer Zeit bemüht. Heinrich Heming, inzwischen pensionierter ehemaliger Diözesanfamilienseelsorger und Seelsorgeamtsleiter im Bistum Essen, ist heute tätig in der Seelsorge »vor Ort«.

Peter Neysters und Karl Heinz Schmitt haben die Neufassung des Buches übernommen und konnten dabei auf eine Menge Rückmeldungen und eigene Erfahrungen im Umgang mit dem Buch zurückgreifen:

Peter Neysters, verheiratet, drei erwachsene Kinder, vier Enkelkinder, ist auch nach seiner Tätigkeit als Leiter der Abteilungen »Ehe und Familie« sowie »Sakramentenpastoral« im Bistum Essen weiter in der Ehe- und Familienarbeit engagiert.

Karl Heinz Schmitt war von 1979 bis 2003 Professor für Erziehungswissenschaft mit den Schwerpunkten Erwachsenenbildung und Gemeindekatechese und von 2003 bis 2010 Rektor der Katholischen Hochschule Nordrhein-Westfalen. Er ist nach wie vor in der Aus- und Fortbildung von pastoralen und pädagogischen Mitarbeitern tätig.

Das Buch des Lebens aber hat kein Inhaltsverzeichnis. Man muss sich von Seite zu Seite, von Kapitel zu Kapitel durcharbeiten und sich sogar vom Ende noch überraschen lassen.